Geschlechterverhältnisse und Nachhaltigkeit

Sabine Hofmeister
Christine Katz
Tanja Mölders (Hrsg.)

Geschlechterverhältnisse und Nachhaltigkeit

Die Kategorie Geschlecht in den Nachhaltigkeitswissenschaften

Verlag Barbara Budrich
Opladen • Berlin • Toronto 2013

Bibliografische Information der Deutschen Nationalbibliothek
Die Deutsche Nationalbibliothek verzeichnet diese Publikation in der Deutschen Nationalbibliografie; detaillierte bibliografische Daten sind im Internet über http://dnb.d-nb.de abrufbar.

Gedruckt auf säurefreiem und alterungsbeständigem Papier.

Alle Rechte vorbehalten.
© 2013 Verlag Barbara Budrich, Opladen, Berlin & Toronto
www.budrich-verlag.de

    ISBN   978-3-8474-0010-3
    eISBN 978-3-86649-563-0 (eBook)

Das Werk einschließlich aller seiner Teile ist urheberrechtlich geschützt. Jede Verwertung außerhalb der engen Grenzen des Urheberrechtsgesetzes ist ohne Zustimmung des Verlages unzulässig und strafbar. Das gilt insbesondere für Vervielfältigungen, Übersetzungen, Mikroverfilmungen und die Einspeicherung und Verarbeitung in elektronischen Systemen.

Umschlaggestaltung: bettina lehfeldt graphic design, Kleinmachnow
Satz: R + S, Redaktion + Satz Beate Glaubitz, Leverkusen
Druck: paper & tinta, Warschau
Printed in Europe

Inhaltsverzeichnis

Dank		11
Vorwort von Anne Dudeck		13
Einleitung		17

I Grundlegungen und Orientierungen ... 31

1. Grundlegungen im Themenfeld Geschlechterverhältnisse und Nachhaltigkeit ... 33
Sabine Hofmeister, Christine Katz, Tanja Mölders

1.1 Einführung ... 33
1.2 Geschlechter- und Nachhaltigkeitswissenschaften: Strukturmerkmale, -ähnlichkeiten und Forschungsprinzipien ... 34

1.2.1 Parteilichkeit, Betroffenheit und das Spannungsfeld Wissenschaft – Politik ... 37
1.2.2 Interdisziplinarität ... 40
1.2.3 Transdisziplinarität ... 42
1.2.4 (Selbst)Reflexivität und Herrschaftskritik ... 44

1.3 Analyseperspektiven ... 47

1.3.1 Geschlecht als Differenzkategorie ... 50
1.3.2 Geschlecht als epistemologische Kategorie ... 55
1.3.3 Geschlecht als Strukturkategorie ... 62
1.3.4 Geschlecht als Prozesskategorie ... 67

1.4 Zusammenführung und Ausblick ... 72

2. Orientierungen im Themenfeld Geschlechterverhältnisse und Nachhaltigkeit ... 77

2.1 Einführung ... 77
Sabine Hofmeister, Christine Katz, Tanja Mölders

2.2 Forschungsbereiche im Themenfeld Geschlechterverhältnisse und Nachhaltigkeit. Einleitung ... 78
Sabine Hofmeister, Christine Katz, Tanja Mölders

2.2.1 Ökofeminismus ... 79
Christine Katz

2.2.2 Feministisch ökologische Ökonomik ... 86
Sabine Hofmeister

2.2.3 Gender & Environment ... 91
Tanja Mölders

2.3 Forschungsansätze im Themenfeld Geschlechterverhältnisse und Nachhaltigkeit. Einleitung ... 96
Sabine Hofmeister, Christine Katz, Tanja Mölders

2.3.1 Ökofeminismus und Social Ecology: Janet Biehl ... 98
Christine Katz

2.3.2 Materialistischer Ökofeminismus: Mary Mellor ... 104
Sabine Hofmeister

2.3.3 Ökofeminismus und Dualismuskritik: Val Plumwood ... 108
Christine Katz

2.3.4 Queer Ecofeminism – Queer Ecology: Catriona Sandilands/ Mortimer-Sandilands ... 115
Christine Katz

2.3.5 Subsistenzansatz: Veronika Bennholdt-Thomsen, Maria Mies, Claudia von Werlhof und Vandana Shiva ... 123
Sabine Hofmeister

2.3.6 (Re)Produktivität: Adelheid Biesecker und Sabine Hofmeister ... 129
Sabine Hofmeister

2.3.7 Natur- und Technikwissenschaftskritik: Donna Haraway ... 136
Sabine Hofmeister

2.4 Zusammenführung und Ausblick ... 141
Sabine Hofmeister, Christine Katz, Tanja Mölders

II Forschungs- und Handlungsfelder der Nachhaltigkeitswissenschaften und -politik ... 151

1. Einführung ... 153
   Sabine Hofmeister, Christine Katz, Tanja Mölders

2. Wissenschaft und Forschung ... 160

   2.1 Forschung und Lehre – Hochschulen als Orte der Integration von Gender und Nachhaltigkeit ... 160
   Angela Franz-Balsen

   2.2 Kommentar: Nachhaltigkeitsforschung und Geschlechterforschung: Parallele Welten? ... 169
   Sabine Höhler

   2.3 Kommentierte Bibliographie ... 174
   Sabine Hofmeister, Christine Katz, Tanja Mölders unter Mitarbeit von Jana Bundschuh, Stephanie Roth

3. Wirtschaften und Arbeiten ... 178

   3.1 Wirtschaften und Arbeiten in feministischer Perspektive – geschlechtergerecht und nachhaltig? ... 178
   Adelheid Biesecker und Daniela Gottschlich

   3.2 Kommentar: Wirtschaften und Arbeiten in feministischer Perspektive – praxistauglich und problemlösend? ... 190
   Babette Scurrell

   3.3 Kommentierte Bibliographie ... 195
   Sabine Hofmeister, Christine Katz, Tanja Mölders unter Mitarbeit von Jana Bundschuh, Stephanie Roth

4. Raumentwicklung ... 200

   4.1 Nachhaltige Raumentwicklung und Geschlechterverhältnisse .. 200
   Anja Thiem

   4.2 Kommentar: Deutungsvielfalt von Nachhaltigkeit und Geschlechtergerechtigkeit in der Raumplanung ... 209
   Sybille Bauriedl

   4.3 Kommentierte Bibliographie ... 213
   Sabine Hofmeister, Christine Katz, Tanja Mölders unter Mitarbeit von Jana Bundschuh, Stephanie Roth

5.	**Mobilität**	218
5.1	Verkehrs- und Mobilitätsforschung aus der Genderperspektive *Christine Ahrend und Melanie Herget*	218
5.2	Kommentar: Die Bedeutung von Nachhaltigkeits- und Gender-Aspekten im ÖPNV – Praxisperspektive *Sylvie Grischkat und Astrid Karl*	227
5.3	Kommentierte Bibliographie *Sabine Hofmeister, Christine Katz, Tanja Mölders unter Mitarbeit von Jana Bundschuh, Stephanie Roth*	232
6.	**Klimawandel und -politik**	235
6.1	Geschlechterperspektiven auf Klimawandel und -politik *Sybille Bauriedl*	235
6.2	Kommentar: Gender und Klimapolitik: Von Resistenzen, Blockaden und neuen Ufern *Ulrike Röhr*	245
6.3	Kommentierte Bibliographie *Sabine Hofmeister, Christine Katz, Tanja Mölders unter Mitarbeit von Jana Bundschuh, Stephanie Roth*	250
7.	**Ressourcenpolitik und Infrastruktur**	253
7.1	Zwischen Identität und Dekonstruktion – Wasserwirtschaftliche Infrastruktur aus der Perspektive von Gender und Intersektionalität *Bettina Knothe*	253
7.2	Kommentar: Genderspezifische Ansätze und Forschungsperspektiven für die Energiewende *Helga Kanning*	262
7.3	Kommentierte Bibliographie *Sabine Hofmeister, Christine Katz, Tanja Mölders unter Mitarbeit von Jana Bundschuh, Stephanie Roth*	267
8.	**Natur und Landschaft**	269
8.1	Schutz, Nutzung und nachhaltige Gestaltung – Geschlechteraspekte im Umgang mit Natur *Christine Katz und Tanja Mölders*	269

Inhaltsverzeichnis 9

8.2 Kommentar: Geschlechteraspekte im Umgang mit Natur –
    Anmerkungen aus der behördlichen Naturschutzpraxis 277
    Barbara Petersen

8.3 Kommentierte Bibliographie 282
    *Sabine Hofmeister, Christine Katz, Tanja Mölders unter
    Mitarbeit von Jana Bundschuh, Stephanie Roth*

9. Konsum- und Lebensstile 286

9.1 Nachhaltiger Konsum, Lebensstile und
    Geschlechterverhältnisse 286
    Ines Weller

9.2 Kommentar: Nachhaltiger Konsum im Spannungsfeld
    gesellschaftlicher Leitbilder 296
    Martina Schäfer

9.3 Kommentierte Bibliographie 301
    *Sabine Hofmeister, Christine Katz, Tanja Mölders unter
    Mitarbeit von Jana Bundschuh, Stephanie Roth*

10. Zeit(en) 304

10.1 Sustainability and Gender from a Time-ecological Perspective 304
     Barbara Adam

10.2 Kommentar: „Nachhaltigkeit" neu denken. Timescape – ein
     kritisch feministischer Zugang zum Nachhaltigkeitsdiskurs 313
     Sabine Hofmeister

10.3 Kommentierte Bibliographie 317
     *Sabine Hofmeister, Christine Katz, Tanja Mölders unter
     Mitarbeit von Jana Bundschuh, Stephanie Roth*

11. Governance, Partizipation, Empowerment 320

11.1 Bedeutet „Governance" Partizipation – und Partizipation
     „Empowerment"? 320
     Uta von Winterfeld

11.2 Kommentar: Win-win oder The winner takes it all? 329
     Claudia von Braunmühl

11.3 Kommentierte Bibliographie 333
     *Sabine Hofmeister, Christine Katz, Tanja Mölders unter
     Mitarbeit von Jana Bundschuh, Sebastian Heilmann, Stephanie
     Roth*

III Fazit
Die Kategorie Geschlecht: Neue Perspektiven für die Nachhaltigkeitswissenschaften 339
Sabine Hofmeister, Christine Katz, Tanja Mölders

Quellenverzeichnis 352

Autorinnen 400

Dank

Kein Buchprojekt würde realisiert, wenn nicht viele Menschen mitdenken und daran mitarbeiten würden. Viele von ihnen stehen nicht namentlich auf dem Buchdeckel oder im Verzeichnis der Autorinnen – ihre Mitarbeit wird nicht direkt sichtbar, obwohl sie unverzichtbar und für dieses Buch unerlässlich gewesen ist. Vor allem ihnen soll an dieser Stelle gedankt werden.

Frau Beate Carle hat mit ihrem großartigen und engagierten Lektorat wesentlich dazu beigetragen, dass aus einer Sammlung von Einzeltexten ein Buch werden konnte. Sie hat uns in einem an vielen Stellen auch handwerklich recht anspruchsvollen Prozess zur Seite gestanden und ihn bis zur „letzten Seite" mit viel Geduld und Beharrlichkeit begleitet. Dies gilt auch für Stephanie Roth und Sara Grauthoff, die uns durch ihr engagiertes Mittun bei der Zusammenstellung des Buchmanuskripts sehr geholfen haben. Jana Bundschuh, Stephanie Roth und Sebastian Heilmann hatten außerdem an der Erstellung einer kommentierten Bibliographie großen Anteil. Ohne die vielen Stunden Lebenszeit, die Sie und Ihr in dieses Projekt eingebracht haben/ habt, wäre das Buch nicht entstanden. Sehr herzlichen Dank dafür!

Für ihre wertvollen inhaltlichen Anregungen und Ergänzungen, die uns an mancher Stelle „zu denken" gegeben, immer bereichert und zum Gelingen des Projektes wesentlich beigetragen haben, danken wir insbesondere Daniela Gottschlich. Unser Dank gilt auch der Nachwuchsforschungsgruppe „PoNa – Politiken der Naturgestaltung" gefördert durch das Bundesministerium für Bildung und Forschung im Förderschwerpunkt Sozial-ökologische Forschung. Sie hat nicht nur ihren beiden Leiterinnen Zeit für die Mitwirkung an diesem Buch geschenkt, sondern auch in organisatorischer Hinsicht zum Gelingen des Projektes beigetragen.

Doch braucht ein Buch nicht nur viel Zeit, sondern auch finanzielle Unterstützung, die uns von verschiedenen Seiten zuteil geworden ist: Die Universitätsgesellschaft der Leuphana Universität Lüneburg sowie die Leuphana Universität Lüneburg über den „Gleichstellungsfonds" haben uns ein sehr gutes Lektorat und technisch organisatorische Hilfe ermöglicht – Aufgaben, die wir ohne diese großzügige Unterstützung nicht hätten wahrnehmen können. Vielen Dank dafür!

Schließlich möchten wir allen Autorinnen, die sich auf unser Projekt eingelassen und durch ihre Textbeiträge zum Gelingen beitragen haben, sowie dem Barbara Budrich Verlag sehr herzlich für die sehr gute und engagierte Zusammenarbeit danken.

Sabine Hofmeister, *Christine Katz* und *Tanja Mölders*
Lüneburg, im Mai 2012

Vorwort

Mit dem hier vorliegenden Band werden die Bedeutung und die Entwicklung der Kategorie Geschlecht in den Nachhaltigkeitswissenschaften aufgezeigt und kritisch beleuchtet. Die Beiträge bieten sowohl theoretische Orientierungen und Systematisierungsvorschläge innerhalb des Themenfeldes als auch vertiefende Einblicke in einzelne Forschungs- und Handlungsfelder der Nachhaltigkeitswissenschaften und -politik. Die zahlreichen, von ausgewiesenen Wissenschaftlerinnen und Praxisakteurinnen beigetragenen Texte verdeutlichen, dass eine Integration der Kategorie Geschlecht in die Nachhaltigkeitswissenschaften zweierlei bedeutet: Kritik und Vision. In der hier angelegten kritischen Perspektive werden Macht- und Herrschaftsverhältnisse in Bezug auf Frauen und andere soziale Gruppen in Verbindung mit Naturverhältnissen sichtbar. Visionär wird eine Perspektive auf Möglichkeitsräume und Alternativen, auf veränderte Beziehungen zwischen Menschen sowie zwischen Menschen und Natur eröffnet. Nachhaltigkeitswissenschaften sind – gerade, weil hier unbequeme Fragen gestellt und Zweifel an Gewissheiten angemeldet werden dürfen und sollen – gut beraten, die Kategorie Geschlecht konsequent einzubeziehen. In dieser emanzipatorischen Ausrichtung werden Nachhaltigkeitswissenschaften zukunftsfähig.

Mit diesem Band ist ein weiterer „Baustein" in der Genderorientierung der Leuphana Universität Lüneburg gelegt worden: Die Leuphana Universität steht für ein Konzept der strukturellen und inhaltlichen Integration von „Gender" in Lehre, Forschung und Organisation. Dies ist in einem der Leitziele aus dem Hochschulentwicklungsplan dokumentiert:

> „Die Universität fühlt sich der Idee von Diversität und Gender-Mainstreaming in ihren strukturellen Entwicklungen verpflichtet. Das Konzept des ‚integrativen Gendering' setzt sie konsequent um. In der Ausgestaltung bezieht sie sich auf Geschlechtergerechtigkeit und Gleichstellung, Leitgedanken von ‚Diversity & Inclusion' und die Realisierung einer familienfreundlichen Hochschulkultur." (verabschiedet vom Senat 2008)

Eine Grundlage für diese von der Hochschule getragene Art der Selbstverpflichtung liegt in dem Projekt „GenderKompetenz" (2004 bis 2011), das im Frauen- und Gleichstellungsbüro angesiedelt war und in den sieben Jahren bedeutende Schwerpunkte in der Ausgestaltung des „integrativen Gendering" geprägt hat. Diese Strategie wurde landes- wie auch bundesweit rezipiert und als Anregung für weitere Entwicklungen aufgenommen.

Einen herausragenden Arbeitsschwerpunkt bildete 2006 die internationale Tagung „Zukunft Bologna!? Gender und Nachhaltigkeit als Leitideen für eine neue Hochschulkultur" (Dudeck/ Jansen-Schulz 2007). Daraus entstand u.a. die Initiative, gemeinsam mit Studierenden verschiedener Disziplinen das Gender-Diversity-Portal der Leuphana Universität zu erarbeiten. Es ging 2009 online.

Für die weitere Implementierung im Bereich der Lehre ging es nun darum, didaktische und methodische Ansätze zu erarbeiten und fachspezifische Erkenntnisse der Frauen- und Geschlechterforschung in der Lehrplanung inhaltlich und strukturell zu berücksichtigen (Dudeck/ Jansen-Schulz 2006).

Die Leuphana Universität und auch ihre beiden Vorgängerhochschulen waren aktiv und erfolgreich in der Einwerbung von Gastprofessuren aus dem „Maria-Goeppert-Mayer-Programm für internationale Frauen- und Genderforschung". Vier Gastprofessorinnen bereicherten in den Jahren 2002/2003, 2004/2005, 2006/2007 und 2008 Forschung und Lehre jeweils für ein Semester im Kontext von Umweltwissenschaften und Nachhaltigkeit. Die seinerzeit aufgebauten Netzwerke tragen noch heute.

Auch in dem neu ausgeschriebenen Maria-Goeppert-Mayer-Programm für „Gender-Professuren" war die Leuphana Universität erfolgreich: Die Besetzung der Professur „Empirische Grundschulpädagogik mit dem Schwerpunkt Genderforschung" kann in 2012 erfolgen.

Wichtig war auch in 2010 die internationale wissenschaftliche Konferenz zum Thema: „Von der Internationalisierung der Hochschule zur transkulturellen Wissenschaft" (Cremer-Renz/ Jansen-Schulz 2012). Mit ihrer inhaltlichen Ausgestaltung standen Entwicklungen seit der „Internationalen Frauenuniversität" (ifu) im Jahre 2000 im Fokus.

Ein weiteres Format, um Geschlecht als Forschungskategorie sichtbar und reflektierbar zu machen, ist die Ringvorlesung. Im Wintersemester 2009/2010 lag sie in der Verantwortung von Kolleg_innen der Leuphana Universität verschiedener Fachdisziplinen zum Thema „Vielfalt und Geschlecht – relevante Kategorien in der Wissenschaft" (Jansen-Schulz/ van Riesen 2011). Im Sommersemester 2012 stellen externe Wissenschaftlerinnen und Wissenschaftler unter dem Thema „Geschlechterdimensionen im Transformationsprozess – Von der Frauenbewegung zur Geschlechter- und Intersektionalitätsforschung" ihre Forschungskontexte vor.

Die bereits in Teilbereichen vorhandene Integration von „Geschlechterforschung" in den Wissenschaftsinitiativen der Leuphana Universität Lüne-

Vorwort

burg „Bildung", „Kulturwissenschaften", „Nachhaltigkeit" und „Wirtschaftswissenschaften" wurde durch einen von der Wissenschaftlichen Kommission Niedersachsen (WKN) eingeforderten Selbstbericht zu „Gender in der Forschung" sichtbar. Gleichwohl sei an dieser Stelle auch auf eine Gefahr dieses integrativen Ansatzes verwiesen, die darin besteht, unsichtbar zu sein/zu werden. Hier geht es um einen Balanceakt, der an der Leuphana Universität durch aktive Vernetzung und kritische Reflexion unterstützt wird.

Im Dezember 2011 wurde ein umfangreicher Bericht fertiggestellt. Es wurde dokumentiert, dass sich über 30 Wissenschaftler_innen dem Forschungsgebiet „Gender-Diversity" zuordnen und es wurden sechs Forschungseinheiten identifiziert, die einen strukturierten Selbstbericht erstellten. Zu den inhaltlichen Dimensionen von Genderforschung wird darin u.a. ausgeführt: „Die Integration von Genderforschung in die Forschungsinhalte unterstützt inter- und transdisziplinäre Forschung, die ihrer Ausrichtung nach problemorientierte, anwendungsbezogene und damit auch gesellschaftlich relevante Frage- und Problemstellungen bearbeitet und in die Gesellschaft zurückgibt." (Leuphana Universität Lüneburg 2011: 5)

Besonders für die Nachhaltigkeitswissenschaften sei abschließend hervorgehoben: An der Leuphana Universität wird ein Wissenschaftsverständnis verfolgt, dass über ökologische Konzepte hinaus ein weites Feld umfasst, in dem auch Geschlechterforschung einen wesentlichen Platz finden kann.

Das von den Kolleginnen hier vorgelegte Buch ist ein weiterer Meilenstein in diesem zukunftswirksamen dialogischen Verständnis und Verhältnis. Ich wünsche dem Buch viele interessierte und kritische Leserinnen und Leser!

Anne Dudeck
Frauen- und Gleichstellungsbeauftragte (1995 bis 2012)

Einleitung
Geschlechterverhältnisse in der nachhaltigen Entwicklung

Sabine Hofmeister, Christine Katz, Tanja Mölders

„Man kommt nicht als Frau zur Welt, man wird es" (de Beauvoir 1951/1949: 281). Dieser häufig zitierte Satz steht für den Beginn der feministischen Theoriedebatte[1], die im Kontext der neuen Frauenbewegung in den 1970er Jahren eingesetzt hatte. Sie kreiste von Beginn an um die Frage, was das Natürliche am Geschlecht sei – und was gerade nicht natürlich ist. Geschlechterverhältnisse verweisen daher unmittelbar auf das Verhältnis der Gesellschaft zur Natur. Und umgekehrt: Gesellschaftliche Naturverhältnisse – wie sie beispielsweise ihren Ausdruck in der sog. ökologischen Krise finden – verweisen auf die Verhältnisse zwischen den Geschlechtern.

Die Erkenntnis, dass die Geschlechter- und die Naturfrage direkt verklammert sind, ist so jung wie die Frauen- und Geschlechterforschung[2] auch. Bis in die zweite Hälfte des 20. Jahrhunderts hinein wurde das, was Menschen gesellschaftlich auf Frau- *oder* Mann-Sein festlegt, unhinterfragt mit biologischen Unterschieden begründet (Hausen 1976) – eine Begründung, die auch deshalb immanent Probleme aufwirft, weil selbst auf Basis biologisch naturwissenschaftlicher Erkenntnisse die Zuordnung zu einem Geschlecht

---

1 Das Adjektiv „feministisch" steht für eine Standpunkt bezogene Forschungsrichtung. Feministische Wissenschaft und Theorieentwicklung ist weder auf ein Gegenstandsfeld noch auf einen bestimmten Analyse- und/oder paradigmatischen Ansatz festgelegt, sondern zeichnet sich durch Parteilichkeit und Betroffenheit im Blick auf die Geschlechterdimension (I.1.2.1) und deren Vermittlung mit anderen Formen gesellschaftlicher Ungleichheitsstrukturen, wie z.B. Klasse, „Rasse", Ethnizität, Sexualität, aus. Mit der Verwendung von „Geschlecht", „Geschlechterverhältnissen" u.a. in der feministischen Wissenschaft verbunden ist das Mitdenken von Überschneidungen und wechselseitigen Beziehungen zu anderen Kategorien sozialer und politischer Strukturierung (Walgenbach 2007; zu Intersektionalität auch I.1.3.1, I.1.4).
2 Der in den 1970er und 1980er Jahren gängige Begriff Frauenforschung wurde zunehmend durch „Geschlechterforschung" abgelöst. Zu den substanziellen Unterschieden beider Forschungstypen vgl. z.B. Faulstich-Wieland (2006: 130).

nicht belegt werden kann³. Auf diese theorieimmanenten Widersprüche naturalistischer Begründungsstränge für soziale Unterschiede zwischen den Geschlechtern wie vor allem auf die Interessen, die hinter solchen Positionen stehen, hatte die Frauen- und Geschlechterforschung⁴ sehr frühzeitig hingewiesen (z.b. Hagemann-White 1984). Die These, dass es sich bei dem Konzept der Zweigeschlechtlichkeit ausschließlich um eine soziale Übereinkunft handele, wurde durch sozialkonstruktivistische Positionen (z.b. Butler 1991) weiter gestützt. „[...Ü]ber (die Natur) des Menschen lässt sich nicht mehr, aber auch nicht weniger sagen, als dass sie gleichursprünglich mit Kultur ist." (Gildemeister/ Wetterer 1992: 210 zit. nach Villa 2007: 21) Damit rückte das „Gewordensein" von Geschlecht in den Vordergrund der Frauen- und Geschlechterdebatten, die schließlich in die Frage danach, *wie* „Geschlecht" gemacht wird und/oder wie es sich „macht", einmündete. Mit der Zurückweisung jeglicher auf Natur verweisender Argumente für Zweigeschlechtlichkeit und für soziale Ungleichheitslagen zwischen Männern und Frauen wuchs die Gewissheit, dass die Diskriminierung von Frauen und die Herrschaft von Männern gebrochen werden können. Was sozial konstruiert ist, ist veränderlich. Das Ziel der politischen Frauenbewegung war damit einerseits realistisch. Andererseits erschwerte der Verlust der Universalkategorie Frauen die gezielte Ansprache einer als weiblich bezeichneten Personengruppe und verunmöglicht identitätspolitische Forderungen. Im akademischen Umfeld war es zwar gelungen, eine gesellschaftstheoretische Perspektive auf „Geschlecht" und Geschlechterverhältnisse zu entwickeln⁵ – ein Grund dafür, dass sich die Geschlechterwissenschaften vor allem in den Geistes- und Sozialwissenschaften verorteten und mittlerweile eine weitgehende Anerkennung insbesondere in der Soziologie erreichten (Hofmeister/ Katz 2011: 366). In diesen Fachkulturen fand lange Jahre kaum eine Auseinandersetzung mit dem Gegenstand Natur statt. „,Natur' ist eines der Themen, wenn nicht das Thema schlechthin, das der feministischen Theorie [...] abhanden gekommen

---

3 Die naturwissenschaftlich medizinisch begründeten Unterscheidungsmerkmale zwischen „weiblich" und „männlich" sind vielfältig: unterschieden werden das Chromosomengeschlecht, das Keimdrüsengeschlecht, das morphologische Geschlecht, das Hormongeschlecht sowie geschlechtstypische Merkmale des Gehirns; sie sind außerdem nicht binär strukturiert und nicht notwendig kongruent (Faulstich-Wieland 2006: 101).

4 Insbesondere auch kritische Naturwissenschaftlerinnen haben darauf aufmerksam gemacht (z.B. Bleier 1984).

5 Die Schwierigkeit, mit einem sozialkonstruktivistischen Verständnis von Geschlecht in der gesellschaftspolitischen Praxis umzugehen, zeigt(e) sich jedoch u.a. darin, dass die meisten der politischen Initiativen und Programme weiterhin Frauen oder weiblich geprägte Alltagswirklichkeiten adressieren, d.h. auf die Förderung von Frauen oder ihre strukturelle Anpassung an männlich geprägte Lebenswelten setzen. Der wissenschaftliche Geschlechterforschungs- und der politische Diskurs der Frauenbewegung drifteten dadurch mehr und mehr auseinander.

ist" (Lettow 2012: 167). Dies führte dazu, dass sowohl die Frage nach dem Geschlechter-Naturbezug als auch die nach den Gesellschaft-Natur-Beziehungen zusehends in den Hintergrund rückten. Nichtmenschliche Natur konnte bleiben, was sie immer schon war: Untersuchungsobjekt der Naturwissenschaften und eine faktische, universelle und unveränderliche Tatsache – gegeben also.

Allerdings wurde diese anscheinend unumstößliche Faktizität von „Natur" aufgrund anderer Entwicklungen und anderer Debatten fragwürdig: Mit wachsendem Bewusstsein über die Art und Qualität sog. ökologischer Krisenphänomene – Luft- und Gewässerverschmutzungen und „Waldsterben" in den 1970er und 1980er Jahren, Klimawandel und Biodiversitätsverluste seit den 1990er Jahren – zeigte sich immer deutlicher, dass die Annahme einer konstanten Natur – d.h., einer Natur, die der Gesellschaft vorgegeben ist und deren Leistungen als dauerhaft nutzbare und selbstverständlich verfügbar gelten – nicht standhält (Immler 1985). Vielmehr wurde „Natur" als ein Ko-Produkt erkannt, dessen Qualität nur dann zukunftsfähig gestaltet werden kann, wenn die Vermittlung zwischen Gesellschaft und Natur und ihre Bedingungen entsprechend um- und ausgestaltet werden. In diesen „ökologischen" Diskursen ist das Gegensatzverhältnis zwischen Gesellschaft/ Kultur und Natur nach und nach als durchlässig und brüchig (an)erkannt worden.

Erst in der Folge der politischen und wissenschaftlichen Debatten um eine *Nachhaltige Entwicklung* (ab Mitte der 1990er Jahre) geriet die wissenschaftliche „Ökologie- bzw. Umweltdebatte" dann auch immer mehr zu einer *sozial-ökologischen* Frage – genauer: zu einer Debatte um die sozial-ökologische Krise (u.a. Becker/ Jahn 1989/1987). Sie führte schließlich zu einem veränderten öffentlichen Bewusstsein über die Formen der Problembewältigung und beeinflusste grundlegend auch die wissenschaftliche (Umwelt)Forschung. Im sozial-ökologischen Diskurs fungierte Geschlecht von Beginn an als eine Schlüssel- und Querschnittskategorie (Scheich/ Schultz 1987; Becker et al. 1999; dazu I.2.2.3). Es öffnete sich ein breiter werdender Diskussionsraum, in dem die strukturellen und systematischen Ähnlichkeiten der in gesellschaftliche Natur- und Geschlechterverhältnisse eingeschriebenen Dichotomisierungen[6] und Hierarchisierungen thematisiert werden konnten. Es entstand ein – wenngleich noch immer kleiner – Forschungsraum, in dem sozial-ökologische Untersuchungsfragen als Geschlechterfragen konzipiert und in den Kontext einer nachhaltigen Entwicklung gestellt wurden.

Denn die Produktivität von Geschlechterfragen in Nachhaltigkeitskontexten basiert zum anderen auch auf den Strukturmerkmalen und -ähnlichkeiten von Geschlechterwissenschaften und Nachhaltigkeitsforschung. In der Zu-

---

6   Wir verwenden „Dichotomie(n)" – statt „Dualismus/ Dualismen" –, wenn wir auf die Prozesse der Zweiteilung/ Grenzziehungen („Dichotomisierung/ Dichotomisierungen") aufmerksam machen möchten.

sammenschau lassen sich auffällige Synergien auch in methodologischer und methodischer Hinsicht erkennen (I.1.2): Beide Wissenschaftsfelder sind je für sich hoch komplex. Und beide Felder sind explizit normativ geprägt: Die wissenschaftliche Analyse und Problemlösung sind vom (politischen) Anliegen, dem Willen zur Veränderung, nicht ablösbar. In beiden Feldern brechen fachdisziplinär strukturierte Wissenschaftslandschaften auf: Sowohl Geschlechter- als auch Nachhaltigkeitswissenschaften konstituieren sich als inter- und transdisziplinäre Forschungs-, Lehr- und Lernfelder. Durch das gezielte Einbeziehen anderer als wissenschaftlicher Wissensformen und die Erfahrung und Problemsicht betroffener Akteur_innen weitet sich das gängige Wissenschaftsverständnis (I.1.2.3) Gerade diese Art von Wissenschaft wird gebraucht, wenn es nicht nur darum geht, lebensweltliche Probleme (besser) zu verstehen, sondern auch Wissensbestände problemlösungsorientiert zu generieren.[7] Es geht also in beiden Feldern um die Rückgewinnung wissenschaftlicher Wahrnehmungsfähigkeit für lebensweltliche Probleme und für die Entwicklung von Problemlösungen, um eine neue Aufmerksamkeit und Wertschätzung für die Lebenswelt und eine Anerkennung verschiedener Wissensformen.

Gerade im Blick hierauf verfügen die Frauen- und Geschlechterwissenschaften über eine Tradition, an die die Nachhaltigkeitswissenschaften anschließen (könnten). Auch dieses (vergleichsweise junge) Wissenschaftsfeld braucht Geschlecht als eine Basiskategorie (Hofmeister/ Mölders 2006). Zu zeigen, dass die Integration der Geschlechterperspektive in nachhaltigkeitsorientierte wissenschaftliche Problemstellungen produktive Potenziale für die Nachhaltigkeitswissenschaften generiert, ist unser Anliegen, das auch diesem Band zugrunde liegt.

Dieses Anliegen ist allerdings nicht neu – wir knüpfen damit an eine in die 1980er Jahre zurückreichende Geschichte an: an die feministische Umweltforschung.

---

7 Bereits Ende der 1960er und in den 1970er Jahren hatte diese Erkenntnis zu Reformmodellen in der Lehre und Forschung auch an europäischen Universitäten geführt, Modelle, die aktuell – mit Orientierung auch von Teilen der Wissenschaften am Leitbild Nachhaltige Entwicklung und in den Gender Studies – reformuliert werden. Die Einsicht in die Notwendigkeit, segmentierte Wissensbestände zu integrieren und sie zu kontextualisieren (inter- und transdisziplinäre wissenschaftliche Arbeit) stand am Anfang der Frauen- und Geschlechterforschung und löste hier eine breite methodologische und methodische Debatte aus (u.a. Mies 1978; Müller 1984; Thürmer-Rohr 1984; vgl. I.1.2).

Geschlechterverhältnisse in der nachhaltigen Entwicklung

Übersicht: Systematisierung der Begriffe um „Geschlecht"[8]

Geschlecht(er)	... wird für Frauen und Männer sowie Geschlecht jenseits dieser Zuordnungen verwendet;
Geschlechterordnung(en)	... wird hier als Oberbegriff für die auf die Relationen zwischen den Geschlechtern verweisenden Begriffe „Geschlechterbeziehung(en)"/ Geschlechterverhältnis(se) verwendet;
Geschlechterbeziehung(en)	... wird hier als relationaler Begriff verwendet, der sowohl auf soziale Bezogenheiten zwischen den Geschlechtern verweist als auch auf deren Beschaffenheit, d.h. auf Beziehungsweisen (z.B. persönlich-sachlich, solidarisch-konkurrenzhaft); „(Beziehungen) beruhen auf Freiwilligkeit oder Herrschaft" (Becker-Schmidt 2001/1998: 213);
Geschlechterverhältnis(se)	... wird hier als relationaler Begriff verwendet, der insbesondere auf die gesellschaftliche Verfasstheit der Beziehungen/ Bezogenheiten zwischen den Geschlechtern verweist (Sozialbeziehungen); Geschlechterverhältnisse sind (historisch) geprägt durch Abgrenzungen und Hierarchisierungen; wir verwenden den Begriff i.d.R. im Plural[9], um zu verdeutlichen, dass sich in sozial ausdifferenzierenden Gesellschaften plurale Bezogenheiten (auch und v.a. in der Verknüpfung mit anderen Ungleichheitskategorien) ergeben; zugleich kann von einer – auf allen gesellschaftlichen Ebenen und Institutionen wirksam werdenden – Disparität zwischen den Genusgruppen gesprochen werden.
Gender	... der englische Begriff Gender bezeichnet das soziale Geschlecht im Unterschied und in Abgrenzung zum biologischen Geschlecht („Sex"); sowohl der Begriff als solcher (Braidotti 1994b: 8f.)[10] als auch das mit dem Begriffspaar Gender – Sex verbundene Trennungsverhältnis zwischen Kulturellem/ Gesellschaftlichem vs. Natürlichem/ Biologischem sind in der Geschlechterforschung umstritten; wir verwenden den Begriff daher nur im Kontext dieser – auf der Sex-Gender-Differenz basierenden – Forschungsperspektive sowie im Kontext der englischsprachigen Debatten.

Quelle: eigene Darstellung in Anlehnung an Becker-Schmidt (2001/1998: 211f.) und Becker-Schmidt/ Knapp (2000: 153f.)

---

8 Auch wenn die Kategorie Geschlecht sowie damit verbundene Begriffe wie Geschlechterbeziehungen oder -verhältnisse zentral für den gesamten Band sind, existieren doch keine allgemeingültigen Definitionen, die – einmal eingeführt – einen eindeutigen Bezugspunkt bilden. Entsprechend ist auch die Übersicht vor allem als ein Versuch zu lesen, Begriffe zu klären und voneinander abzugrenzen – nicht etwa die Begriffsverwendung zu fixieren.

9 Damit weichen wir von der von Becker-Schmidt/Knapp (2000: 153f.) vorgeschlagenen Begriffsverwendung ab.

10 Insbesondere Braidotti (1994a, b), aber auch z.B. Knapp (1998) weisen zudem auf die mit dem Transfer des Begriffs aus den angloamerikanischen in die europäischen und deutschen Debatten verbundenen Probleme hin.

Von der feministischen Umweltforschung zur Nachhaltigkeitsforschung

Es waren die Besonderheiten der sich in den 1980er Jahren im Kontext der Frauen- und Ökologiedebatte (DIE GRÜNEN im Bundestag/ AK Frauenpolitik 1987) ausbildenden feministischen Umweltforschung, die das Fundament für eine (sozial-ökologische) Nachhaltigkeitsforschung schufen.

„Das Umweltproblem ist nicht geschlechtsneutral", so lautet der Titel einer der frühen Publikationen zum Zusammenhang von Umwelt und Geschlecht (Buchen et al. 1994). Feministische Umweltforschung zielte von Anbeginn – sowohl in der Theorieentwicklung, z.B. in naturwissenschafts- und technikkritischer Perspektive, als auch in der problem- und anwendungsorientierten Forschung – auf die Generierung von „Übersetzungswissen" (Schultz 1994: 164ff.). Im Zentrum feministischer Kritik standen die Natur- und Technikwissenschaften und ihre ambivalente Position vom Mitverursacher von Umweltproblemen zum Hauptakteur der Krisenbewältigung, der in diesen Wissenschaftskulturen vorherrschende Objektivitäts-, Rationalitäts- und Universalismusanspruch und die damit einhergehende Entkontextualisierung von Wissen sowie die durch die Datensammlung generierten (unreflektierten) Verallgemeinerungen und Abstraktionen, die blind für soziale Differenzierungen und Herrschaftsverhältnisse machen (Schultz 1999; Weller 2004; Hofmeister et al. 2002, dazu I.1.3.2). Es galt, das naturwissenschaftlich generierte Wissen zu „Natur" und „Umwelt" sowie zu den Verursachungszusammenhängen sog. Umweltprobleme in soziale und gesellschaftliche Kontexte einzubetten. Die Ziele und Konzepte des neu entstandenen Politikfeldes Umweltschutz wurden damit kritisierbar, und zugleich konnte neues konzeptuelles Wissen über die Einschreibungen von „Geschlecht" in und für gendersensible Politiken im Umweltbereich geschaffen werden. Für die feministische Umweltforschung der frühen Jahre bedeutete dies, dass sie ...

- ... problemorientiert ansetzte, d.h. die Problemgenese in die Forschung einbezog,
- ... partizipativ und transdisziplinär angelegt war, d.h. Alltagserfahrungen, lebensweltliches Wissen und die besondere Problemsicht der verschiedenen Frauen und Männer in die Forschung integrierte,
- ... bei der Entwicklung von Gestaltungsvorschlägen geschlechter- und sozial differenzierend von den unterschiedlichen Akteur_innen in ihren jeweiligen Alltagswirklichkeiten ausging, und schließlich, dass sie
- ... eine Folgenabschätzung ihrer Vorschläge geschlechterdifferenzierend vornahm. (Dazu Schultz 1994: 164ff.)

Feministische Umweltforschung war also zu keiner Zeit universell und abstrakt, sondern zielte auf die Generierung von kontextualisiertem Gestaltungswissen (ebd., Schultz 1996a). Damit war ein Forschungszugang angelegt, der unmittelbar vorwegnahm, was in der Nachhaltigkeitsforschung als Anspruch formuliert wurde: die Integration fachdisziplinärer Wissensbestände sowie die Verbindung von natur- und technikwissenschaftlichen Sichtweisen und Denkmustern mit sozial- und kulturwissenschaftlichen. In der feministischen Umweltforschung wurden also die theoretischen und methodischen Grundlagen einer kritischen geschlechterbezogenen Nachhaltigkeitsforschung geschaffen, noch bevor die politische Debatte um Nachhaltige Entwicklung und in der Folge die Ausbildung von Nachhaltigkeitsforschung eingesetzt hatte (auch Hofmeister 2004).[11]

Die sich seit Mitte der 1990er Jahre zunächst in der außeruniversitären Forschung, ab 2000 nach und nach auch in universitären Zusammenhängen etablierende Nachhaltigkeitsforschung beruft sich wissenschaftsprogrammatisch im Kern auf dieselben Anliegen, die feministische Umweltforscher_innen von Anfang an umgetrieben hatten: auf die Integration von ökologischem und sozialwissenschaftlichem Wissen sowie auf die Einbettung und Rückbindung wissenschaftlicher Forschung in lebensweltliche Kontexte.

Nachhaltigkeitsforschung ist normativ und umsetzungsorientiert – sie generiert Wissen auf verschiedenen Ebenen:

- Orientierungs- und Zielwissen (normative Ebene)
- Systemwissen (analytische Ebene)
- Transformations- und Gestaltungswissen (operative Ebene)
(Hayn et al. 2003: 4; Pohl/ Hadorn 2006: 32f.)

Die sich mit Beginn der 2000er Jahre dynamisch entwickelnde Nachhaltigkeitsforschung schuf – mindestens im wissenschaftlichen Raum – für das Forschungsfeld Geschlechterverhältnisse und Nachhaltigkeit selten einen eigenen Ort (mit Ausnahme des in Deutschland eingerichteten Förderprogramms Sozial-ökologische Forschung, in dem „Gender & Environment" als eine in der Forschung zu berücksichtigende Problemdimension angelegt war; dazu I.2.2.3). Das Themenfeld kann noch immer als in wissenschaftlichen Kontexten marginalisiert gelten (Schäfer et al. 2006; Katz et al. 2003).

Anders präsentiert sich dies mit Blick auf die politischen Debatten um das Leitbild Nachhaltige Entwicklung: Dass Geschlechtergerechtigkeit eine Grundvoraussetzung für nachhaltige Entwicklung darstellt, gilt seit der Un-

---

11 Allerdings entfaltete sich der Diskurs um nachhaltige Entwicklung vor dem Hintergrund tief greifender Brüche und Umbrüche: In den seit den 1990er Jahren an Dynamik gewinnenden Prozessen des ökonomischen und sozialen Strukturwandels („Globalisierung") sowie in den Entwicklungen neuer Technologien begann sich nun auch diskursiv eine Verschiebung dessen abzuzeichnen, was zu Beginn der Frauen- und Ökologiedebatte als Relationen der Natur- und Geschlechterverhältnisse im Spannungsfeld zwischen „produktiven" und „reproduktiven" Tätigkeiten und Leistungen schon herausgearbeitet worden war. Beide Kategorien – Natur und Geschlecht – nehmen für sich und in ihrer Verbindung neue Formen an.

terzeichnung der Agenda 21 (BMU o.J.) in Rio de Janeiro 1992 international als unumstritten. Während das Themenfeld also in internationale Diskurse weitgehend eingegangen ist, wird es in Deutschland nachhaltigkeitspolitisch weniger beachtet, was anhand von zwei wichtigen politischen Handlungsfeldern besonders deutlich wird: So wurde...

- ... in der Nationalen Nachhaltigkeitsstrategie (Die Bundesregierung 2002) Geschlechtergerechtigkeit auf ein Verteilungsproblem in Bezug auf die ungleichen Erwerbseinkommen von Frauen und Männern reduziert, als ein Querschnittsthema jedoch vernachlässigt (Hofmeister/ Weller 2008).[12]
- Auch die Integration des Themenfeldes Geschlechterverhältnisse und Nachhaltigkeit in Deutschland sowohl in den Programmen als auch in der Forschung zu Bildung für nachhaltige Entwicklung (BNE) ist bislang nicht gelungen (z.b. Krikser/ Nüthen 2010; Franz-Balsen i.d.Bd.).[13]

Schauen wir also zunächst auf den internationalen Diskurs zur Geschlechtergerechtigkeit in der nachhaltigen Entwicklung.

Genese der Debatten zu Nachhaltigkeit und Geschlechterverhältnissen im internationalen Kontext[14]

Die politischen und wissenschaftlichen Debatten zu Geschlechterverhältnissen, Natur und Nachhaltigkeit wurzeln in den (internationalen) Friedens-, Frauen- und Umweltbewegungen, wobei der umweltbezogene Diskurs deutlich weniger Einfluss hatte als der entwicklungs- und frauenpolitische (z.B. Wichterich 1992). Während zunächst – ab den 1970er Jahren – Frauen vor allem als direkt Betroffene und Opfer von Umweltveränderungen betrachtet wurden, wurden sie schließlich auch als eine produktive Ressource „entdeckt". Dies gab den Impuls für die Etablierung des Ansatzes Women in Development (WID) in der Entwicklungspolitik, mit dem das bislang ungenutzte „Humankapital" in Entwicklungsprogramme integriert und die (frauen)politische Blindheit überwunden werden sollte. Ende der 1980er Jahre im

---

12 Vgl. hierzu auch verschiedene Stellungnahmen der AG Frauen und der Leitstelle Geschlechtergerechtigkeit und Nachhaltigkeit, auch zum Fortschrittsbericht 2004 (genanet: www.genanet.de).
13 Die anhaltende Geschlechtsblindheit (ebenso wie die Ausblendung anderer Problemfelder, wie explizit Armut und Alphabetisierung) wird von dem Vorsitzenden des Deutschen Nationalkomitees für die UN-Dekade BNE, Gerhard de Haan (2006: 7), mit einer spezifischen nationalen Ausprägung des Konzeptes BNE begründet, die dieses vor Überfrachtung und Diffusion schützen soll.
14 Vgl. zu den internationalen Debatten auch Hofmeister/ Katz (2011: 367ff.).

Vorfeld des Weltgipfels in Rio de Janeiro wurde der WID-Ansatz sukzessive zu Women – Environment – Development (WED) ausgebaut (Dankelmann/ Davidson 1988). Frauen galten nun als privilegierte „Umweltmanagerinnen". Diese Funktionalisierung von Frauen – erst für Entwicklungs-, dann für Umweltbelange – wurde von feministischen Entwicklungssoziologen_innen vielfach kritisiert (Braidotti et al. 1994; Harcourt 1994; Wichterich 1992, 2004).

Auf der Weltfrauenkonferenz in Nairobi 1985, auf der die Verbindung von Frauen- mit Umweltfragen erstmals in das öffentliche Bewusstsein rückte (Shiva 1988; Braidotti et al. 1994), hat das internationale Frauennetzwerk DAWN (Development Alternatives with Women for a New Era) den Empowerment-Ansatz eingeführt und die Machtbildung für benachteiligte soziale Gruppen, die gesellschaftliche Transformation bestehender (geschlechts)hierarchischer Strukturen, die Abkehr von wachstumsorientierten Zivilisationsmodellen und eine grundlegende Neukonturierung bestehender Entwicklungsverständnisse gefordert. Dies bedeutete, dass Frauen nicht nur die Verantwortung für einen schonenden Umgang mit natürlichen Ressourcen zugewiesen wurde, sondern es wurde zugleich erkannt, dass dies untrennbar mit einem Mehr an Verfügungsgewalt und Einflussmöglichkeiten bei politischen und wirtschaftlichen Entscheidungen zu verbinden sei („Sustainable Livelihood"[15]).

Die UN-Konferenz in Rio gilt als Meilenstein in Bezug auf die Mobilisierung und Platzierung feministischer Inhalte und frauenpolitischer Forderungen im Kontext von Umwelt und Entwicklung. Erst dort wurde auch offiziell anerkannt, dass die globale ökologische Krise und die soziale Situation von Menschen zwei Seiten ein und derselben Medaille und zudem über die jeweilige gesellschaftliche Ordnung der Geschlechter miteinander verwoben sind.

Keine der nachfolgenden Konferenzen konnte eine ähnliche Wirkung entfalten. Heute gelingt es internationalen Frauennetzwerken offenbar schlechter, sich mit gemeinsamen Positionen in die zentralen Diskurse zum Verhältnis von Nachhaltigkeit und wirtschaftlicher Globalisierung einzubringen (Wichterich 2004). Einerseits wird ein Zuwachs des „Gender Speech" konstatiert, z.B. werden im Bereich der UN-Klimaverhandlungen und bei internationalen Verhandlungen zur Biodiversitätskonvention Genderaspekte zunehmend berücksichtigt, andererseits ist offensichtlich die politische Wirksamkeit gering. Die realpolitische Bedeutung frauen- und geschlechterpolitischer Themen nimmt faktisch ab (von Winterfeld/ Petersen 2009: 29). Wo die Geschlechterperspektive von der programmatischen auf die Umsetzungsebene

---

15 Als deutsche Übersetzung wurde u.a. die Summe aller materiellen, sozialen und kulturellen Ressourcen der Existenzsicherung vorgeschlagen (Grown/ Sebstad 1989 zit. in Wichterich 2004: 32). Anknüpfend an den frauenpolitischen Empowerment- und den Entitlement-Ansatz von Amartya Sen (1981) zielt „Livelihood" auf die alltägliche Überlebenssicherung in der unmittelbaren natürlichen und sozialen Umwelt; das Konzept setzt also auf lokaler Ebene an, statt auf eine Makrostrategie zu bauen.

heruntergebrochen wird, verschwindet sie (Wichterich 2012: 11). Wichterich (ebd.) spricht von Implementierungslücken, die sie auf ein fehlendes Bewusstsein über die Zusammenhänge zwischen Geschlechter-, Wirtschafts- und Naturverhältnissen zurückführt.

Im Bereich der Entwicklungszusammenarbeit im internationalen Kontext oder bilateral und im Bereich von Wissenschaft und Forschung zu „Gender and Environment" oder „Nature Management" scheint dagegen der Anteil an Projekten zuzunehmen. In der Entwicklungszusammenarbeit wurde bereits in den 1970er Jahren deutlich, dass Unterstützungsmaßnahmen ohne eine angemessene Beteiligung von Frauen als diejenigen, die vorrangig für den existenzsichernden kleinbäuerlichen Umgang mit Naturressourcen zuständig, aber zugleich häufig ohne Besitz- und Zugangsrechte an das Land sind, nicht funktionsfähig implementiert werden können. Entsprechend hielt die Kategorie Geschlecht in diesem Bereich frühzeitig Einzug (z.B. Boserup 1970; Moock 1976). Im Vordergrund von Studien über Geschlechteraspekte in Bezug auf agrarische und forstliche Nutzungen stehen häufig (Fall)Analysen sozialer Verhältnisse und Machtverhältnisse im Kontext von Wald- und Landnutzung sowie Besitzfragen und die genderrelevanten Folgen umwelt- und/oder weltmarktwirtschaftsbedingter Veränderungen für die Bewirtschaftung (Formen, Strukturen, Produkte, Bedingungen, Prozesse). Ausgehend davon, dass sich trotz der ökonomischen und ökologischen Veränderungen offenbar weiterhin geschlechtsdifferente Arbeitsteilungen und Handlungsrationalitäten in der Ressourcennutzung feststellen lassen (Wichterich 2004), befassen sich die meisten dieser Arbeiten mit den Veränderungen des Lebensalltags von Frauen (und Männern). Im Zentrum stehen Fragen nach dem Zugang zu Ressourcen (insbesondere Wasser) und den nach Eigentumsrechten, nach der Bedeutung von Wissen und Verfügungsmacht darüber sowie Fragen der Ernährungssicherung und nach nachhaltigen Bewirtschaftungsformen (z.B. Howard 2003; Wichterich 2002; Ribeiro 2002). Demgegenüber werden Fragen nach der systematischen und kategorialen Verschränkung von Aspekten der Naturbewirtschaftung und des Ressourcenmanagements mit Geschlechterverhältnissen seltener bearbeitet, ebenso selten sind theorieorientierte Zugänge auf Meso- oder Makroebene (z.B. Wichterich 2012). Darüber hinaus ist offen, inwiefern die durch Forschungen zu Geschlechteraspekten in Land- und Forstwirtschaft generierten neuen Erkenntnisse in politische Debatten einmünden und dazu beizutragen vermögen, diese zu „gendern" (Katz/ Mölders i.d.Bd.).

Fragestellung, Anliegen und Ziele, Struktur

Anhand des knappen Überblicks über die Entwicklung des Themenfeldes – sowohl in der deutschsprachigen Forschungslandschaft als auch in der internationalen politischen Diskussion der Zusammenhänge zwischen Nachhaltigkeit und Geschlechterverhältnissen – ist deutlich geworden, dass die Kategorie Geschlecht in Nachhaltigkeitswissenschaften und -politik bislang noch eine marginale Perspektive ist. Auf den ersten Blick mag dies auf die insgesamt schwierigen Beziehungen zwischen den – aus den (vorwiegend natur- und technikwissenschaftlich verfassten) Umweltwissenschaften hervorgegangenen – Nachhaltigkeitswissenschaften einerseits und den (vorwiegend sozial- und kulturwissenschaftlich verfassten) Geschlechterwissenschaften andererseits zurückzuführen sein. Auf den zweiten Blick lassen sich jedoch auch immanente Schwierigkeiten der Wissenschaften und Wissenschaftskulturen ausmachen, die Geschlechterperspektive zu integrieren: So gerät Geschlecht als eine Kategorie, die sowohl auf Natur als auch auf Gesellschaft verweist, allzu leicht in die Fallstricke zwischen Sozialkonstruktivismen einerseits und Essentialismen andererseits; dies ist der Hintergrund für die widerständige und widersprüchliche Weise, in der „Geschlecht" in die Sozialwissenschaften, namentlich in die Soziologie eingegangen ist (Hofmeister/ Katz 2011: 366). In den traditionell natur- und technikwissenschaftlich ausgerichteten Umweltwissenschaften erfuhren Geschlechteraspekte jedoch aus anderen Gründen kaum Beachtung: Die normativ, zum großen Teil herrschaftskritisch ausgerichtete Wissensproduktion, wie sie durch die Frauen- und Geschlechterforschung erfolgt, wurden in einem Wissenschaftsverständnis, das auf Basis der Postulate Universalität, Objektivität und Wertneutralität des Wissens seine normativen Anteile grundsätzlich bestreitet, systematisch als „unwissenschaftlich" verworfen und ausgegrenzt.

Mit der Entwicklung der Nachhaltigkeitswissenschaften als ein explizit normativ verfasstes Forschungs- und Lehrgebiet brechen diese auf die Exklusion der Geschlechterwissenschaften zielenden Argumentationslinien jedoch auf. Zugleich wird deutlich, dass und wie weit Synergien – sowohl auf theoretisch konzeptioneller als auch auf methodologischer und methodischer Ebene – zwischen diesen Wissenschaftsfeldern bestehen (I.1.2, auch Hofmeister/ Mölders 2006). Die Nachhaltigkeitswissenschaften sind daher, wie dargestellt, ein passender Ort zur Integration von Ansätzen der Geschlechterforschung – gerade, weil hier die Zusammenhänge und Wechselwirkungen zwischen Gesellschaft und Natur in den Fokus geraten: Dass Wissen über Natur nicht unabhängig von gesellschaftlichen und historischen Kontexten generiert und gesehen werden kann und dass die Entwicklung von Lösungen für Nachhaltigkeitsprobleme nur interdisziplinär in der Verbindung von Natur- und Technikwissenschaften mit Sozial- und Kulturwissenschaften gelingen kann, wird in diesem Wissenschaftsfeld nicht oder kaum mehr bestritten.

Ansprüche an Wissenschaft und den Prozess der Wissensproduktion, wie sie von feministischen Umwelt- und Nachhaltigkeitsforscher_innen formuliert werden, können in diesem Feld zusehends eingelöst werden. Dass die Geschlechterperspektive dabei nicht nur eine relevante, sondern auch eine notwendige Perspektive für die Analyse und Bewältigung sozialökologischer Probleme darstellt, ist bislang noch wenig verbreitet (Hofmeister/ Mölders 2006; Katz 2006). Hier setzt der vorliegende Band an.

Die Zusammenhänge zwischen gesellschaftlichen Natur- und Geschlechterverhältnissen werden im Kontext der mit dem Leitbild Nachhaltige Entwicklung angestoßenen Forschungen und Debatten ausgeleuchtet: Das Buch gibt einen umfassenden und systematischen Einblick in dieses – quer zu den verschiedenen disziplinären Forschungen liegende sowie die „Interdisziplinen" Geschlechter- und Nachhaltigkeitswissenschaften verbindende – Forschungsfeld.

Dieses Feld wird ausgehend von den Diskursen in der deutschsprachigen Forschungslandschaft mit ausdrücklichen Bezügen auf den internationalen Forschungsstand dargestellt, systematisiert und kritisch reflektiert. Doch ist jeder Versuch, eine Systematisierung eines derart vielschichtigen und heterogenen Forschungsfeldes vorzunehmen, notwendig mit der Gefahr verbunden, Inkonsistenzen aufzudecken, sie zu erneuern oder auch zu erzeugen. Wir sind uns dieser Gefahr bewusst. Wir möchten mit der Vorlage unseres Entwurfs (I.1.3, auch Hofmeister/ Katz 2011) keine Debatten etwa über die „Richtigkeit" der Systematisierung anstoßen, sondern vielmehr eine Diskussion anregen, wie die Zugänge in ihrer Vielfalt stärker theoretisch aufeinander bezogen werden können und wie sich einzelne, im deutschsprachigen Raum wenig rezipierte internationale Beiträge konstruktiv für die Weiterentwicklung des Themenfeldes nutzen lassen. In dieser Hinsicht verstehen wir das Buch zum einen als einen Beitrag, die Theoriediskussion um die Bedeutung der Kategorie Geschlecht in und für die Nachhaltigkeitswissenschaften weiterzuführen, bislang marginalisierte Sichtweisen stärker einzubeziehen und so zur Weiterentwicklung des Forschungsfeldes beizutragen.

Zum anderen soll der vorliegende Band jedoch auch für solche Leser_innen, die einen ersten Zugang zu und einen Überblick über das Forschungsfeld suchen, eine geeignete Quelle sein. Das Buch ist im Ganzen oder in Teilen (vgl. insbes. die in den Kapiteln I.2 und II gesammelten Beiträge zu den „Orientierungen" und den „Forschungs- und Handlungsfeldern" im Themenfeld Geschlechterverhältnisse und Nachhaltigkeit) auch für die Verwendung in der nachhaltigkeits- und/oder geschlechterwissenschaftlichen Bildungsarbeit, vor allem in der Hochschullehre konzipiert – wenngleich es auch (noch) kein „Lehrbuch" in der engeren Wortbedeutung darstellt.

Unsere mit der Konzeption des Buches verbundene Absicht ist es, ...

Geschlechterverhältnisse in der nachhaltigen Entwicklung

- ... das Forschungsfeld aufzuschließen und in seiner Vielfalt und Heterogenität darzustellen,
- ... verschiedene Systematisierungen (I.1.3 und I.2) zu skizzieren und sie kritisch zu reflektieren,
- ... theoretische Entwicklungslinien nachzuzeichnen, d.h. die verschiedenen das Forschungsfeld prägenden Perspektiven und Diskurse in ihren Verschränkungen und Bezogenheiten zu beleuchten und schließlich
- ... anhand der relevanten Forschungs- und Handlungsfelder im Kontext von Nachhaltigkeitsforschung und -politik exemplarisch Forschungszugänge aus der Geschlechterperspektive aufzuzeigen, Forschungsbedarfe zu skizzieren und Weiterentwicklungen anzuregen.

Im Ergebnis zeigt der Band, welche neuen Qualitäten eine die Kategorie Geschlecht berücksichtigende Nachhaltigkeitsforschung auf konzeptioneller und theoretischer Ebene erfährt. Es wird begründet, weshalb Geschlecht und Geschlechterverhältnisse Schlüsselkategorien für die Nachhaltigkeitswissenschaften darstellen und was sie in diesem Forschungskontext zu leisten vermögen.

Das Buch ist in drei Teile gegliedert: In Kapitel I „Grundlegungen und Orientierungen" werden, nachdem die Strukturmerkmale, -ähnlichkeiten und -differenzen zwischen den Wissenschaftsfeldern dargestellt wurden, die theoretischen und analytischen Zugänge zur thematischen Schnittfläche Natur- und Geschlechterverhältnisse vorgestellt und im Blick auf ihre expliziten oder impliziten Beiträge zur Nachhaltigkeitsforschung diskutiert (I.1). Deutlich wird, dass die Übergänge zwischen den Zugängen fließend sind: So können die verschiedenen mit der Kategorie Geschlecht verbundenen Analyseperspektiven nicht etwa unmittelbar auf die Forschungsansätze im Themenfeld Geschlechterverhältnisse und Nachhaltigkeit gespiegelt oder den Forschungsbereichen eindeutig zugewiesen werden (I.2). Dennoch gelingt es, durch die Explikation der Analyseperspektiven eine erste Sondierung und Systematisierung dieses komplexen und heterogenen Forschungsfelds vorzunehmen (auch Hofmeister/ Katz 2011). Wissenschafts- und forschungspraktisch soll die Lektüre dieses Kapitels die Leser_innen vor allem befähigen und ermuntern, sich das Forschungsfeld zu erschließen, es ggf. in eigene Arbeitskontexte, z.B. in Forschung und Lehre, einzubeziehen und auf diesem Weg weiterzuentwickeln.

In Kapitel II „Forschungs- und Handlungsfelder" wird der Forschungsstand zu zehn wichtigen Feldern der Nachhaltigkeitsforschung aus Geschlechterperspektive dargestellt. Es wird gezeigt, welche neuen Erkenntnisse und Handlungsansätze diese Perspektive in den einzelnen Feldern zu generieren vermag. Dabei kommt es uns darauf an, im Blick auf die verschiedenen Themenfelder jeweils verschiedenen Perspektiven Raum zu geben, wie z.B. jenen der Forscher_innen und der Anwender_innen von geschlechterbezogenen Forschungsergebnissen. Dies wird durch die Strukturierung der Einzelkapitel in „Beiträge" und „Kommentare" sowie durch die kommentierten Bibliographien zu den Forschungs- und Handlungsfeldern geleistet.

Mit dem den Band abrundenden Kapitel III „Fazit" schließlich werden die konzeptionell theoretischen Zugänge zum Forschungsfeld auf die Anwendungsfelder gespiegelt. Ziel ist es zu zeigen, was sie an neuem, qualitativ anderem Orientierungs- und Handlungswissen beizutragen vermögen und auch umgekehrt, was sich aus der Perspektive der in den verschiedenen Forschungs- und Handlungsfeldern tätigen Wissenschaftler_innen an Erwartungen und Anforderungen an die konzeptionell theoretische Weiterentwicklung des Querschnittfeldes Geschlechterverhältnisse und Nachhaltigkeit lesen lässt. Deutlich wird, dass und wie die Kategorie Geschlecht zu einer Perspektiverweiterung in den Forschungsfeldern der Nachhaltigkeitswissenschaften führt. Deutlich wird auch, dass und wie das Themenfeld Geschlechterverhältnisse und Nachhaltigkeit in Bezug auf seine Bedeutung in den verschiedenen Forschungs- und Handlungsfeldern weiter zu differenzieren und zu entwickeln sein wird.

I Grundlegungen und Orientierungen

1. Grundlegungen im Themenfeld Geschlechterverhältnisse und Nachhaltigkeit

Sabine Hofmeister, Christine Katz, Tanja Mölders

1.1 Einführung

Im Folgenden werden wir zeigen, wie Geschlecht als Analysekategorie in Forschungen im Schnittfeld der Geschlechter- und Nachhaltigkeitswissenschaften eingeht. Wie und zu welchem Zweck wird „Geschlecht" im Zusammenhang mit Natur, Umwelt und Nachhaltigkeit thematisiert? Welche Perspektive wird mithilfe der Kategorie Geschlecht eingenommen und mit welchem Erkenntnisinteresse? In diesem Abschnitt wird es also darum gehen, die verschiedenen Erkenntnisebenen der Forschungen im Themenfeld Geschlechterverhältnisse und Nachhaltigkeit zu sondieren und zu systematisieren.

Im Blick auf die zahlreichen und heterogenen Forschungsbereiche und -ansätze (I.2) wird deutlich, dass sich die im Folgenden dargestellten Erkenntnisebenen und Perspektiven auf Geschlecht als Analysekategorie z.T. stark überschneiden und durchmischen (Hofmeister/Katz 2011).[1] Eine direkte Zuordnung der Konzepte und Ansätze zu den Analyseperspektiven ist daher nicht möglich. Dies bildet den Hintergrund, vor dem wir die Untersuchung der vier zentralen Perspektiven, in denen Geschlecht als Analysekategorie verwendet wird, der Darstellung der Konzepte und Ansätze voranstellen.

Ausgehend von der Beobachtung, dass die Nachhaltigkeitsforschung auffällige methodologische und methodische Parallelen zur Frauen- und Geschlechterforschung aufweist, werden wir in einem ersten Schritt (I.1.2) die Strukturmerkmale von und -ähnlichkeiten zwischen Nachhaltigkeits- und Geschlechterwissenschaften vergleichend herausarbeiten. Denn deutlich wird, dass in der jüngeren Nachhaltigkeitsforschung vergleichbare Fragen, Probleme und Dilemmata auftreten, wie sie im Rahmen der Frauen- und Geschlechterwissenschaften seit den 1970er Jahren breit diskutiert worden sind, wenn-

---

[1] Beispielsweise ist die Perspektive auf Geschlecht als Kategorie der kritischen Analyse von Wissenschaft häufig eingewoben in die Analyse sozialer und ökonomischer Geschlechterverhältnisse in Bezug auf Gesellschaft-Natur-Beziehungen (z.B. zum „Subsistenzansatz" I.2.3.5) oder auch in Forschungen zu den Bedingungen der Transformation dieser Beziehungen in Richtung Nachhaltigkeit (z.B. zu „Gender & Environment" I.2.2.3).

gleich sie hier auch auf andere Weise wahrgenommen und behandelt werden. Dies betrifft vor allem die Fragen nach dem Gegenstand der Forschung: Was ist „Geschlecht"? Was ist „Natur"? Tangiert ist die Frage nach dem Spannungsverhältnis zwischen Wissenschaft und Politik, in das beide Wissenschaften als normative eingebunden sind: Wie verortet sich eine Wissenschaft, die sich bewusst als „parteilich" versteht, in diesem Spannungsfeld? Und betroffen sind schließlich Fragen nach der Verortung dieser Wissenschaften in der Wissenschaftslandschaft: Hat eine sich als „Querschnittswissenschaft" ausbildende Forschungsrichtung den Charakter einer Fachdisziplin? Wenn ja, in welcher Bedeutung? Wenn nein, wie verortet sie sich in Hinblick auf diejenigen Disziplinen, an die sie anschließt? Wie positioniert sich eine Wissenschaft, die sich lebensweltlicher, außerwissenschaftlicher Probleme annimmt, als eine „Transdisziplin"? Wie also verhält sich Wissenschaft zu der Praxis, an die sie anschließt und die zu verändern ihr Anliegen ist? Unter diesen Aspekten zeigen sich deutliche Parallelen zwischen beiden Wissenschaftsfeldern, die im Folgenden näher betrachtet werden.

1.2 Geschlechter- und Nachhaltigkeitswissenschaften: Strukturmerkmale, -ähnlichkeiten und Forschungsprinzipien

Dass unter den genannten Aspekten die Parallelen zwischen Frauen- und Geschlechterforschung und Nachhaltigkeitsforschung augenfällig werden, hängt vor allem mit dem gemeinsamen Gegenstand beider Wissenschaften zusammen. So ist die Frauen- und Geschlechterforschung in der Frage nach der Geschlechterdifferenz immer auch mit der Frage nach dem Verhältnis von Gesellschaft und Natur konfrontiert: Im Ringen um eine Antwort darauf, was Frauen und Männer voneinander unterscheidet, ist der Bezug auf Natur und Körperlichkeit schon angelegt. Das Verhältnis zwischen biologischem und sozialem Geschlecht ist auch (und gerade) dann Thema, wenn die Festlegung auf eine bestimmte Form von „Natürlichkeit" des Frau- oder Mannseins vermieden werden soll und kritisiert wird – wenn es also darum geht, Argumentationsweisen, mit denen Frauen auf das biologische Geschlecht reduziert werden, als essentialistische zurückzuweisen und die soziale Konstruktion von Geschlecht in den Mittelpunkt zu stellen (I.1.3.3). Die Frage nach den Beziehungen zwischen Natur und Gesellschaft ist daher notwendig eingewoben in die Frage nach den Geschlechterbeziehungen. Und dasselbe gilt auch umgekehrt: Die Frage nach den gesellschaftlichen Naturverhältnissen impliziert immer auch die Frage nach den Geschlechterverhältnissen (Scheich/ Schultz 1987), denn „Umweltprobleme sind nicht geschlechtsneutral" (Buchen et al. 1994).

Das in dieser Verbindung aufscheinende Essentialismus-Konstruktivismus-Dilemma hat die Frauen- und Geschlechterforschung durch ihre Entwicklung hindurch begleitet. Nach wie vor ist es nicht gelöst. Zwar ist es mit Ausbildung der Kategorie Geschlecht als ein soziales Konstrukt und mit dem Verständnis von Weiblichkeit und Männlichkeit als ein kulturelles Symbolsystem, das das Soziale strukturiert (I.1.3.3), gelungen, eine gesellschaftstheoretische Perspektive zu eröffnen. Dies hat schließlich dazu beigetragen, dass Frauen- und Geschlechterforschung sich als ein in den Sozialwissenschaften anerkanntes Forschungsfeld zu etablieren vermochte. In der Schnittfläche zu Umwelt- und Nachhaltigkeitsthemen – d.h. in der geschlechterorientierten Umwelt- und Nachhaltigkeitsforschung – bricht das Dilemma jedoch notwendigerweise auf. Dass die Verbindungen und Synergien zwischen Geschlechter- und Nachhaltigkeitsforschung noch vergleichsweise wenig erforscht und ausgearbeitet sind, hat wesentlich damit zu tun, dass sich die Geschlechterwissenschaften (mit Ausnahme der feministischen Umwelt- und Nachhaltigkeitsforschung) selbst überwiegend in den Sozial- (und Kultur)Wissenschaften verortet haben. Als Ganze haben die Geschlechterwissenschaften es jedoch bislang nicht gewagt, die Grenzen zwischen den Wissenschaftskulturen, den Sozial-/ Kulturwissenschaften einerseits und den Natur-/ Ingenieurwissenschaften andererseits, zu überschreiten. Dies führte schließlich dazu, dass die hier interessierende Frage nach den Verbindungen zwischen Geschlechter- und gesellschaftlichen Naturverhältnissen nicht im Fokus der Geschlechterwissenschaften steht.[2]

Für die Nachhaltigkeitswissenschaften dagegen gilt, dass sie sich über ihren Ort als eine die Wissenschaftskulturen übergreifende „Querschnittswissenschaft" bewusst sind. Nachhaltigkeitsforschung versteht sich als interdisziplinäre Wissenschaft und verortet sich in der Schnittfläche von und als Mittlerin zwischen Natur- und Sozialwissenschaften (BMBF 2000; Brand 2000). Die Frage nach den Beziehungen zwischen Gesellschaft und Natur wird hier explizit bearbeitet. Und doch findet das Essentialismus-Konstruktivismus-Dilemma, das in den Geschlechterwissenschaften zentral und explizit geworden ist, in diesem Forschungsfeld erstaunlich wenig Beachtung. Bislang hat die interdisziplinäre Strukturierung der Umwelt- und Nachhaltigkeitswissenschaften noch nicht zu einer grundlegenden Transformation der in sie eingehenden Einzeldisziplinen geführt, so dass die klassische biologisch-ökologische Sichtweise auf „Natur" entweder kaum infrage gestellt wird (Essentialismus) oder eine dezidiert sozialwissenschaftliche Perspektive auf „Natur" als Ergebnis sozialer Interaktionen und Deutungen eingenommen

---

2 Vgl. die gängigen Hand- und Lehrbücher zur Geschlechterforschung (u.a. Becker/ Kortendiek 2004; Faulstich-Wieland 2006; Becker-Schmidt/ Knapp 2000; Althoff et al. 2001; Löw/ Mathes 2005), in denen Natur-, Umwelt- und Nachhaltigkeitsthemen nicht oder nur am Rande behandelt werden.

wird (Konstruktivismus)³. In der dominierenden biologisch-ökologischen Sichtweise wird Natur meist noch unhinterfragt als eine ontologische Kategorie behandelt – als eine Differenzkategorie zu Gesellschaft/ Kultur und dieser vorgängig. Zwar werden die gesellschaftlichen Anteile an „Natur" in physisch materieller Dimension gesehen und (an)erkannt, erkenntnistheoretisch wird die soziale Gewordenheit und das Herstellen von „Natur" jedoch nur selten konsequent thematisiert und/oder in die Forschung integriert.⁴ Dass mit der Kategorie Natur, soweit sie als eine (auch) soziale und mithin sozial- und kulturwissenschaftlich zu bearbeitende Kategorie Geltung beansprucht, Fragen in die Nachhaltigkeitswissenschaften eingetragen werden – wie die Fragen nach den theoretischen, methodologischen und methodischen Konsequenzen für Nachhaltigkeitsforschungen –, scheint die Nachhaltigkeitswissenschaften im Mainstream jedoch (bisher) kaum zu tangieren. Die Natur-Kultur-Frage, die Gleichursprünglichkeit von Natur und Kultur, wie sie im Geschlechterdiskurs immer wieder aufscheint, wird hier eher am Rande diskutiert. In dem Maße jedoch, in dem die Kategorien Geschlecht und Geschlechterverhältnisse in nachhaltigkeitswissenschaftliche Problemformulierungen hineingedacht werden, wird dieser Diskurs unausweichlich. Doch noch werden feministische Theorien und Konzepte auch in den Umwelt- und Nachhaltigkeitswissenschaften eher marginalisiert. Die Tatsache, dass die Frage nach den gesellschaftlichen Naturverhältnissen die Frage nach den Geschlechterverhältnissen immer schon einschließt, ist in den Umwelt- und Nachhaltigkeitswissenschaften mindestens im Mainstream⁵ der Forschung (noch) weitgehend unverstanden geblieben (Hofmeister/ Katz 2011: 365f.).

Wenn wir davon ausgehen, dass die Kategorie Geschlecht als eine Vermittlungskategorie in Bezug auf das Verhältnis Gesellschaft-Natur sowie als eine dieses Verhältnis strukturierende Kategorie (Mölders 2010a: 59) nachhaltigkeitswissenschaftlich in hohem Maße produktiv ist, gilt es, sich die Forschungsprinzipien und Strukturmerkmale von Frauen- und Geschlechterfor-

---

3   Vgl. für eine solche konstruktivistische Perspektive in der Nachhaltigkeitsforschung z.B. Dingler (2003), Luks et al. (2003), Bauriedl et al. (2008).
4   Umwelt- und Nachhaltigkeitswissenschaften deuten „Natur" nicht als unabhängig von gesellschaftlichen Einflüssen. Das gängige Verständnis von den Gesellschaft-Natur-Beziehungen beruht vielmehr auf der Annahme, dass Ökosysteme durch sozio-ökonomische Aktivitäten „überformt", „beeinträchtigt", „geschädigt" werden, wodurch ihre „natürliche" Beschaffenheit, ihre „natürlichen" Funktionen – ja, die „Natürlichkeit" der Natur selbst – verändert wird. Häufig bleibt dabei unhinterfragt, dass es „Natur" als Natur jenseits ihrer anthropogenen Überformung „gibt". In diesem Verständnis zielen Umwelt- und Nachhaltigkeitswissenschaften auf die Entwicklung von Ansätzen, mit denen es gelingt, „Natur" als Natur zu erhalten und/oder sie wiederherzustellen.
5   Durch Förderprogramme zur Nachhaltigkeitsforschung, in denen Geschlecht als eine Querschnittskategorie angelegt ist, wie z.B. der Förderschwerpunkt „Sozial-ökologische Forschung" (BMBF 2000), beginnt sich diese Situation allmählich zu verändern (I.2.2.3).

schung vor Augen zu führen, um sie in Hinblick auf die daraus entstehenden methodologischen und methodischen Probleme den Nachhaltigkeitswissenschaften gegenüberzustellen. Dabei orientieren wir uns an den zentralen methodologischen Postulaten der Frauen- und Geschlechterforschung – Parteilichkeit, Interdisziplinarität und kritische Selbstreflexion (Aulenbacher/ Riegraf 2009: 10ff.) –, die wir im Blick auf das für die Nachhaltigkeitswissenschaften explizit gewordene Postulat Transdisziplinarität ergänzen.

1.2.1 Parteilichkeit, Betroffenheit und das Spannungsfeld Wissenschaft – Politik

Die Genese der Frauen- und Geschlechterforschung – in Deutschland in den 1970er Jahren entstanden – steht in direkter Verbindung mit der sich politisch artikulierenden (neuen) Frauenbewegung: Ausgehend von einer im politischen Raum laut gewordenen Kritik an den bestehenden gesellschaftlichen Verhältnissen, durch die Frauen in allen gesellschaftlichen Bereichen benachteiligt, diskriminiert und marginalisiert wurden, sowie an der Ausblendung und Abwertung weiblicher Alltags-, Lebens- und Wahrnehmungsweisen und deren gesellschaftlichen Bedingungen in (Sozial)Wissenschaften begann sich eine Forschungsrichtung zu etablieren, die von vornherein nicht nur auf Benennung, Beschreibung und Analyse von Ungleichheiten gerichtet war, sondern dies immer auch schon mit der politischen Intention, diese zu verändern, verbunden hat. Frauen- und Geschlechterforschung versteht sich daher von Anfang an als eine parteiliche Wissenschaft – als normativ in dem Sinn, dass sie das politische Interesse an Frauenemanzipation, d.h. an der Veränderung gesellschaftlicher Verhältnisse zugunsten von Frauen mit dem Ziel einer umfassenden Verwirklichung von Chancengleichheit bezogen auf den Zugang zu allen gesellschaftlichen Ressourcen, grundsätzlich mitverfolgte. Wissenschaft und Politik sind dabei beidseitig verflochten: Will Frauenforschung einerseits Erkenntnisse generieren, die in die politische Praxis einfließen – dieser Argumentationsmaterial, Anhalt und Orientierung geben –, so empfängt sie umgekehrt auch durch die politische Bewegung Impulse und Orientierungen aus den Problemen, die sich praktisch stellen (Knapp 2007/ 1988: 265). Frauen- und Geschlechterforschung ging es also zu keinem Zeitpunkt etwa nur darum, Erklärungs- oder Systemwissen (Wissen um bestehende Ungleichheit und Ungerechtigkeit) zu generieren, sondern immer zugleich um das Anliegen, Transformationswissen (Wissen darüber, wie Ungleichheiten abgebaut und aufgelöst werden können) zu gewinnen. Frauen- und Geschlechterforschung, soweit sie sich als feministische Wissenschaft versteht, konstituiert sich in der Bezugnahme auf politische Ziele.

Analoges gilt auch für die Nachhaltigkeitswissenschaften. Sie konstituieren sich auf der Basis des politischen Leitbildes Nachhaltige Entwicklung seit Mitte der 1990er Jahre. Die Transformation gesellschaftlicher Naturverhältnisse in Richtung einer nachhaltigen Beziehung als politisches Anliegen ist für diese Wissenschaft konstitutiv. Daher geht es auch hier nicht nur darum, Wissen über bestehende nichtnachhaltige Strukturen, Wirtschafts- und Lebensweisen und deren Ursachen zu erzeugen (Erklärungs- oder Systemwissen), sondern zugleich auch Wissen darüber zu ermöglichen, wie diese in Richtung Nachhaltigkeit verändert werden können (Ziel-, Orientierungs- und Handlungs-, Gestaltungs- oder Transformationswissen) (BMBF 2000; Grunwald/ Kopfmüller 2006). Das mit dem Politikkonzept Nachhaltigkeit zentral verbundene Gerechtigkeitspostulat prägt die Nachhaltigkeitswissenschaften als eine prinzipiell normative und dies explizierende Wissenschaft[6]. Für beide Forschungsrichtungen ist daher die Bindung zwischen Wissenschaft und Politik in der zweiseitigen Verflechtung, wie Knapp (2007/1988: 265) sie für die Frauenforschung beschreibt, konstitutiv.

Die aus diesem Verhältnis resultierenden Konsequenzen sind jedoch nicht unproblematisch. In der Frauen- und Geschlechterforschung ist dies früh deutlich geworden. An dieser Frage hatte sich – entlang der „methodischen Postulate zur Frauenforschung" (Mies 1978)[7] – in den 1970er und 1980er Jahren eine massive und kontroverse Debatte entzündet: Ausgehend von der Prämisse, dass Frauenforschung und Frauenpolitik prinzipiell untrennbar seien, verstand Mies (ebd.) Frauenforschung als Forschung aus Sicht und im Interesse der Betroffenen. Sie leitete daraus verschiedene methodologische und methodische Postulate[8] ab, die u.a. auch den Status der Frauen- und Geschlechterforschung als auf politische Praxis gerichtete und praxisnahe (transdisziplinäre) Wissenschaft festlegten (I.1.2.3). Die sich an diesem Postulat und den daraus abgeleiteten Prämissen für die feministische Forschung anschließende Kritik richtete sich vor allem gegen die in diese Position eingelassene Annahme, Forschungsfragen, -gegenstände und -perspektiven seien ausschließlich aus politischen Zielen ableitbar. So weist beispielsweise Thürmer-Rohr (1984: 77) darauf hin, dass eine Vermengung von Wissenschaft mit Politik – oder gar die Unterordnung von Wissenschaft unter politische Vorgaben – zum Scheitern verurteilt sei, weil es „die" feministische Position, und „die" Feministinnen als solche nicht gäbe; zum anderen verführe

---

6   Wissenschaft und Forschung sind als gesellschaftliche Handlungsfelder generell nicht wertfrei; die zugrunde liegenden Werthaltungen und Interessen werden jedoch i.d.R. nicht offengelegt (I.1.3.2).
7   Vgl. hierzu und zur Rezeption: Müller (2004).
8   Mies (1978) betitelt ihren Beitrag mit „methodische Postulate", verweist jedoch im Kern auf die aus ihrer Sicht zentralen Forschungsprinzipien und -prämissen der Frauenforschung. Sie formuliert also eher methodologische Postulate. „Grundlegende Überlegungen, Entscheidungen und deren Begründungen zu Beginn jeder wissenschaftlichen Forschung werden unter dem Begriff Methodologie gefasst. Methodologie heißt wörtlich ‚Nachdenken über den Weg' bzw. ‚Methodentheorie'" (Sturm 2004: 342).

die Annahme, dass dem so sei, dazu, dass wissenschaftliche Ergebnisse verfälscht würden. Eine Wissenschaft, die zudem in der Wahl ihrer Forschungsfragen und -gegenstände in politische Debatten eingebunden sei und sich von politisch artikulierten Zielen abhängig mache, sei prinzipiell unfrei; dies spreche grundsätzlich gegen eine Fusionierung von Wissenschaft mit Politik (Pross 1984). Feministische Wissenschaft müsse demgegenüber auf Unabhängigkeit und auf inhaltliche und methodische Pluralität angelegt sein sowie politischen Strategien zuwiderlaufende Problemformulierungen wagen, um sich als eine kritische Wissenschaft zu begründen. So betont auch Knapp (2007/1988: 279f.), dass die Parteinahme für Frauen zwar unverzichtbarer Bestandteil des Forschungsmotivs sei, Ungleichheit erzeugende Verhältnisse zu verändern, im Forschungsprozess jedoch erst fruchtbar gemacht werden könne, wenn sie zurücktritt: „[…] das, was wir zur Kenntnis nehmen, darf nicht durch die politische Optik vorweg bestimmt werden" (ebd.: 280). Zugleich erzeuge, so Knapp (ebd.: 267ff.), die politisch-praktische Verpflichtung der Frauenforscher_innen durch den Anspruch der Umsetzbarkeit einen „Positivierungsdruck". Dieser könne sich zuungunsten der analytischen Differenzierung auswirken – ja, sogar zu einer „Ikonisierung" des Weiblichen führen, wie sie u.a. am Begriff des „weiblichen Gegenstandsbezugs" ausführt (ebd.: 273ff., dazu Mies 1980; I.2.3.5).

Parteinahme und (frauen)politisches Engagement handelte den Frauen- und Geschlechterforscher_innen den Vorwurf der Unwissenschaftlichkeit ein (Aulenbacher/ Riegraf 2009: 12). Die bis heute anhaltende Debatte zum Thema Parteilichkeit und zum Verhältnis von Wissenschaft und Politik, die ihren Ausgangspunkt in der Methodendiskussion nahm, sowie die Überzeugung, dass der unauflösbare Zusammenhang von „Erkenntnis und Interesse" (Habermas) auch und gerade für die eigene Forschung gilt, führte jedoch schließlich zu dem für diesen Forschungstyp charakteristischen hohen Anspruch an Erkenntniskritik und Selbstreflexion (I.1.2.4).

In den Nachhaltigkeitswissenschaften wird die Frage nach dem Verhältnis von wissenschaftlicher Erkenntnis und Erkenntnisprozess zu Nachhaltigkeitspolitiken vergleichbar breit und explizit nicht debattiert. Dies ist der Grund, warum einige Wissenschaftler_innen sich dezidiert kritisch gegenüber dem Nachhaltigkeitsdiskurs positionieren und ihn beispielsweise als „Strategie modernisierter Herrschaftssicherung" (Eblinghausen/ Stickler 1996) kritisieren (insbes. Brand 1994, 2000; Spehr 1996; Spehr/ Stickler 1997; Görg/ Brand 2002). Dass Parteilichkeit, Normativität und politisches Engagement für die Mehrzahl der Nachhaltigkeitsforscher_innen keine – mindestens keine öffentlichen diskutierten – Themen sind, mag auf den ersten Blick verwundern. Welche politischen Implikationen mit den verschiedenen Nachhaltigkeitsforschungen verbunden sind und wie methodologisch und methodisch darauf reagiert wird, dass sie die Forschungsmotive und -fragen anleiten, wird – mit Ausnahme der feministischen Nachhaltigkeitsforschung (Schäfer et al. 2006) – kaum verhandelt. Politische Motive scheinen nur implizit auf, indem Nachhaltigkeitskonzepte als solche äußerst heterogen formuliert und postuliert werden[9]. Mit Ausnahme der Gerechtigkeitspostulate und des Integrationsgebots gibt es kaum einen Konsens darüber, was die Ziele von Nachhaltigkeitspolitik sind. Das heißt, die Annahme einer einzigen (politischen) Position, die den Nachhaltigkeitswissenschaften eine inhaltliche Richtung vorgibt, kann hier (ebenso wie in der Frauen- und Geschlechterforschung) nicht unterstellt werden. Die Bedeutung des Spannungsverhältnisses zwischen Politik und Wissenschaft in methodologischer und methodischer Hinsicht wird jedoch in diesem Kontext nur selten explizit diskutiert. Indem Nachhaltigkeit als kontrovers strukturiertes Diskursfeld (Brand/ Fürst 2002: 22) verstanden wird, ist es möglich, unterschiedliche Perspektiven und Zugänge sichtbar zu machen, Verständigungsaufgaben zu identifizieren (Feindt et al. 2008) oder reflexive Steuerungsstrategien zu entwickeln (Voß 2008a, b). Solcherart „Aushandlungsräume" (Forschungsverbund „Blockierter Wandel?" 2007: 139ff.) sind jedoch niemals machtfrei und die beteiligten und nicht beteiligten menschlichen und nichtmenschlichen Akteure sind mit unterschiedlicher Gestaltungsmacht ausgestattet, weshalb die Frage nach den Macht- und Herrschaftsverhältnissen unumgänglich ist. Eben diese Frage wird jedoch im Mainstream der Nachhaltigkeitsforschung nicht oder zu selten gestellt. Die Frage nach den (normativen) Orientierungen der Nachhaltigkeitswissenschaften und der Vorwurf der Machtblindheit hängen somit unmittelbar zusammen.

1.2.2 Interdisziplinarität

Weil die Frauen- und Geschlechterforschung viele Quellen der Herrschaft verfolgt (Becker-Schmidt 2007/1993: 125), ist sie keine i.e.S. disziplinäre Wissenschaft[10], sondern grundsätzlich auf Erkenntnisse anderer Wissenschaften angewiesen[11]. Dies galt und gilt bis heute als unumstritten. Frauen- und Geschlechterforschung hat sich von Anfang an als eine „Interdisziplin" auf-

---

9   Vgl. beispielsweise die Differenz zwischen den Konzepten sog. „starker" und „schwacher" Nachhaltigkeit (Grunwald/ Kopfmüller 2006: 37ff.), aus denen sich unterschiedliche, sogar widersprüchliche Forderungen an Nachhaltigkeitspolitiken herleiten.
10 Wir verstehen „disziplinäre" Wissenschaft als paradigmatisch verortete Wissenschaft in der Auslegung von Kuhn (1976/1967); in diesem Sinne kann es eine disziplinäre Frauen- und Geschlechterforschung nicht geben, wohl aber in einzelnen Disziplinen verankerte Frauen- und Geschlechterforschungen (z.B. soziologische Forschung zum Thema Frauen und Geschlecht oder Frauenforschung in der Literaturwissenschaft).
11 Bereits mit dem frühen Werk von de Beauvoir „Das andere Geschlecht" (1951/1949) wird deutlich, dass Frauenforschung ohne umfangreiche Kenntnisse aus den disziplinären Wissenschaften – hier insbesondere: Geschichte, Biologie, Medizin, Ethnologie und Psychologie – keine Aussagen treffen kann.

gestellt (Löw/ Mathes 2005: 7ff.; Bock 1977: 18ff.). Durch die interdisziplinäre Konstitution dieser Wissenschaft gelang es weitgehend, der „Disziplinierung des Wissens" zu entgehen und die Kritikfähigkeit trotz Integration in die Wissenschaftsstrukturen zu erhalten (Aulenbacher/ Riegraf 2009: 14). Knapp (2007/1988: 266) weist allerdings darauf hin, dass sich Frauenforschung, soweit sie sich – jenseits ihres Anspruchs auf Interdisziplinarität – in einem historisch entstandenen Kontext als „Wissenschaft" begreift und zu legitimieren hat, im Rahmen der Regeln der „scientific community" und nach deren Kriterien agiert; insbesondere auf methodologischer und methodischer Ebene schließt sie damit an (einzel)wissenschaftliche Regeln an, um deren Probleme sie weiß und die sie kritisiert. Die von solchen „heimlichen Erbschaften" für die Frauenforschung ausgehenden Probleme werden in Bezug auf die Erkenntnisse und Aussagen der Frauenforschung selbst angelegt und kritisch reflektiert (Knapp 2007/1988: 268ff.; I.2.4)[12]. Die in jüngerer Zeit, in der eine universitäre Institutionalisierung der Geschlechterforschung auch in Deutschland (nicht zuletzt aufgrund der mit dem sog. Bologna-Prozess einsetzenden Fragmentierung von Studiengängen) zuzunehmen beginnt, erneut aufkeimende Frage nach den Möglichkeiten für eine Disziplin „Gender Studies" wird vor diesem Hintergrund entlang der verschiedenen Wissenschaftsverständnisse der Forscher_innen kontrovers diskutiert (Kahlert 2005: 44).

Mit Bezug auf die Umwelt- und Nachhaltigkeitsforschung weist Weller (2005: 171ff.) zum einen darauf hin, dass der Integrationsanspruch einer die Wissenschaftskulturen, Sozial- und Naturwissenschaften, überschreitenden Forschungsperspektive besondere Herausforderungen mit sich bringt, wenn es gelingen soll, beide Perspektiven in der Problemformulierung und Zielsetzung zu integrieren. Zum anderen zeigt sie am Beispiel der feministischen Umweltforschung, dass „Geschlecht" eine Integrationsperspektive darstellt. In der geschlechterbezogenen Umwelt- und Nachhaltigkeitsforschung sei, so zeigt sie exemplarisch für den Forschungsbereich Gender and Environment (I.2.2.3), der „Brückenschlag" zwischen den großen Wissenschaftswelten, Natur- und Technikwissenschaften einerseits und Gesellschaftswissenschaften andererseits, gelungen.

Auch die Nachhaltigkeitswissenschaften sind als ein interdisziplinäres Wissenschaftsfeld angetreten, diesen „Brückenschlag" zu wagen (Grunwald/ Kopfmüller 2006: 149f.). Dies jedoch verweist nicht allein auf die interdisziplinäre, sondern insbesondere auch auf die transdisziplinäre Verfasstheit beider Forschungstypen.

---

12 Knapp (2007/1988) führt die auch von Frauenforscherinnen vertretenen abstrakten Aussagen zu „Frauen" und „Weiblichkeit", d.h. universalisierende, idealisierende, positivistische und i.d.S. „entwirklichte" Zuschreibungen von bestimmten Eigenschaften an „die" Frauen u.a. auf methodische Fehler zurück.

1.2.3 Transdisziplinarität

Der Begriff Transdisziplinarität, d.h. die Zusammenarbeit von wissenschaftlichen mit außerwissenschaftlichen Akteur_innen im Forschungsprozess, spielte in den frühen Debatten der Frauen- und Geschlechterforschung noch keine Rolle. Doch aufgrund der in diesen Forschungstypus eingelassenen (politischen) Anliegen und der Betroffenheit der Forscher_innen galt die transdisziplinäre Verfasstheit dieser Forschung als selbstverständlich: Schließlich war es Ziel, die (sonst) ausgeblendeten Lebenskontexte von Frauen sichtbar zu machen (Aulenbacher/ Riegraf 2009: 15) und die Komplexität des „weiblichen Lebenszusammenhanges" (Prokop 1976) durch Ausleuchten des Getrennten und Abgespaltenen zu erfassen. Dies kann nur mit den betroffenen Frauen erreicht werden. Die mit den daraus resultierenden Anforderungen an die Forschungspraxis verbundenen Fragen und Probleme wurden daher auch früh und in umfassender Weise diskutiert. Aufgrund der Entstehungsgeschichte der Frauenforschung aus der politischen Frauenbewegung heraus war es nicht überraschend, dass insbesondere die Frage nach dem Verhältnis von Forscher_innen zu den beforschten Subjekten – im Rahmen sozialwissenschaftlicher Frauenforschung: Frauen, Frauenidentitäten, -lebenswelten und -wahrnehmungen – lebhaft und kontrovers diskutiert wurden. Die „methodischen Postulate" (Mies 1978) waren auf eine intersubjektive, kommunikative, hierarchiefreie und solidarische Zusammenarbeit zwischen den (betroffenen) Forscher_innen und den Frauen, deren Lebensweisen und Wahrnehmungen Gegenstand des Forschungsprozesses sind, angelegt. Damit lag implizit die Vorstellung zugrunde, dass es einen distanz- und hierarchiefreien Forschungsraum zwischen den Forscher_innen und den Beforschten geben könne – hier verstanden als intersubjektive Beziehung. Diese Vorstellung wurde jedoch bald aufgegeben. Die zunächst postulierte Identifikation der Forscher_innen mit den „Beforschten", die von den Forscher_innen Subjektivität, Emotionalität und Solidarität forderte, hatte in der ersten Phase der Methodendiskussion zu einer radikalen Ablehnung quantitativer Erhebungsverfahren geführt. Postuliert wurde demgegenüber die Orientierung insbesondere an Verfahren der „Aktionsforschung" (ebd.). Die vermeintliche Nähe im Verhältnis zu den beforschten Subjekten sowie die aus diesem Postulat resultierende Eingrenzung der methodischen Möglichkeiten der Frauen- und Geschlechterforschung wurde in der Folge als unrealistisch verworfen und als unproduktiv kritisiert: So ließe sich auf Basis von Parteinahme, Solidarität und Empathie im diskursiven Prozess, der bis heute als gemeinsamer Forschungs- und Lernprozess verstanden wird, eben keine hierarchiefreien Beziehungen zwischen Forscher_innen und jenen Menschen, deren Leben untersucht wird, herstellen (Althoff et al. 2001: 69; Thürmer-Rohr 1984). Zwar wären in der Empirie qualitative Methoden eher geeignet, die bis dahin unterschlagenen Lebensrealitäten und -kontexte von Frauen abzubilden, allerdings würden quantitative Erhebungen, z.B. zur Generierung von Wissen über Einkommensunterschiede zwischen Frauen und Männern oder über den geschlechtspezifischen Zugang und die Teilhabe an Erwerbsarbeit, damit nicht überflüssig, sondern sie eigneten sich, erstere zu ergänzen (Müller 1984: 35f.). Mithin könne es kein spezielles „Methodenset" für die (sozialwissenschaftliche) Frauen- und Geschlechterforschung geben, ebenso wenig wie es „weibliche" Methoden gäbe (ebd.). Vielmehr komme es darauf an, die eigene Forschungspraxis kritisch zu reflektieren (Becker-Schmidt 1985).

Tatsächlich verfügt die Geschlechterforschung heute über ein breites Spektrum an Verfahren, die – abhängig von den disziplinären Denkstilen – eingesetzt werden, wobei kontextsensible, ergebnisoffene und antiessentialistische Verfahren präferiert werden müssen, wenn es darum geht, „Geschlecht" als ein relationales Phänomen zu beschreiben (Sturm 2004: 348; Althoff et al. 2001: 188).

Seit Mitte der 1990er Jahre existiert auch in der Umwelt- und Nachhaltigkeitsforschung ein breiter und intensiver Diskurs zur Notwendigkeit von Transdisziplinarität sowie zu den Methoden transdisziplinärer Forschung (u.a. Gibbons et al. 1994; Becker/ Keil 2006: 287ff.; Bergmann et al. 2010).[13] Viele der in den 1970er und 1980er Jahren im Rahmen der Frauen- und Geschlechterforschung behandelten Fragen – Fragen nach der inter- und transdisziplinären Integration von Wissensbeständen auf kognitiver Ebene – tauchen in diesem Kontext erneut auf und werden ausführlich bearbeitet (Becker/ Keil 2006: 292ff.; Bergmann et al. 2010). Andere aber auch nicht. So wird zwar nach dem Status der sog. Praxispartner_innen als Subjekte und Objekte in transdisziplinären Forschungsprozessen auch im nachhaltigkeitswissenschaftlichen Methodendiskurs gefragt (ebd.). Dagegen scheinen das damit verbundene, in der Frauen- und Geschlechterforschung ausführlich diskutierte Problem der Hierarchisierungen – sowohl zwischen den Forscher_innen und ihren außerwissenschaftlichen „Partner_innen" als auch zwischen den (Verbund)Forscher_innen – sowie die daraus resultierenden Konsequenzen in Bezug auf die Forschungsergebnisse in diesem Diskurs nur marginal behandelt. Auf die Erfahrungen und Erkenntnisse der früheren Debatten wird hierbei nur dann zurückgegriffen, wenn sich die nachhaltigkeitswissenschaftliche Forschungsperspektive explizit an der feministischen Theorie- und Methodendebatte orientiert (Forschungsverbund „Blockierter Wandel?" 2007: 159ff.; Schäfer et al. 2006).[14] Die Erfahrung, dass Menschen, deren Lebensumstände und Handlungsmöglichkeiten nicht zu Subjekten der

---

13 Wo sich allerdings Nachhaltigkeits- und Geschlechterwissenschaften konzeptionell und theoretisch verbinden, werden Geschlechterverhältnisse zu einer inter- und transdisziplinären Kategorie (Hummel/ Schultz 2011).

14 Zu den Unterschieden im Verständnis von „Transdisziplinarität" in den Gender Studies und in den Environmental Studies: Scheich (2006: 125ff.).

Forschung „gemacht" werden können (auch dann nicht, wenn die Forscher_innen es wollen und methodisch anlegen), wie auch die Schlussfolgerung, dass Subjekt-Objekt-Beziehungen und Hierarchien im Forschungsprozess nicht generell vermieden, wohl aber in ihrer Dynamik erkannt und kritisch reflektiert werden können (Althoff et al. 2001: 69; Becker-Schmidt 1985), werden in der Forschung zu den methodologischen und methodischen Anforderungen im Bereich der Nachhaltigkeitsforschung noch nicht ausreichend aufgegriffen und genutzt.

1.2.4 (Selbst)Reflexivität und Herrschaftskritik

Feministische Wissenschaft verfolgt eine doppelte Perspektive: Will sie einerseits die „blinden Flecken" ausleuchten, um Ungleichheit, Diskriminierung und Marginalisierung von Frauen in kritischer Absicht aufzudecken, so geschieht dies andererseits nicht interessefrei. Diesem Wissenschaftstyp ist Herrschaftskritik inhärent. Herrschaftskritik ist jedoch immer auch auf die Transformation und Aufhebung jener Verhältnisse gerichtet, die kritisiert werden (u.a. Becker-Schmidt/ Knapp 2000: 7ff.).

Zu Beginn der Frauen- und Geschlechterforschung steht daher nicht zufällig die Debatte um die Kategorie Objektivität (I.3.2). Die Kritik an der traditionellen, androzentrischen Wissenschaft, dass sie die Historizität und Wertabhängigkeit des Forschungsprozesses leugne und mithin Ergebnisse generiere, die den Status einer angeblich herrschaftsfreien und universellen Faktizität beanspruchen (Harding 1990), bedeutet für die eigene Forschung zweierlei: Zum einen folgt aus der Gewissheit, dass Erkenntnisprozesse grundsätzlich wertabhängig sind, die Notwendigkeit, den eigenen Standort – d.h. die eigenen Vorannahmen und Werthaltungen, die von der Problemformulierung bis hin zur theoretischen Verortung und Methodenwahl in den Erkenntnisprozess einfließen und diesen determinieren – radikal zu reflektieren und offen zu legen (Aulenbacher/ Riegraf 2009; Becker-Schmidt/ Knapp 2000: 8; Hark 2007a: 12, 2007b: 242f.; Knapp 2007/1988: 268). Für die Beziehung zu den in die empirische Forschung involvierten Personen, deren Lebensweisen und Wahrnehmungen erforscht werden, bedeutet es, dass die Forscher_innen im Wechselspiel zwischen Nähe und Distanz die eigene Situiertheit und die des Gegenübers kontinuierlich durch einen Reflexionsprozess (prozess- und ergebnisorientiert) begleiten. Reflexion als solche wird zur Voraussetzung und zum Resultat der Forschung und ist in den Forschungsprozess eingebunden. „Feministisches Denken [...] berücksichtigt [...], inwieweit die Subjekte der Wissensproduktion in die Probleme verwickelt sind, die sie erforschen." (Becker-Schmidt/Knapp 2000: 129) Selbstreflexion impliziert also die Aufhellung der „blinden Flecken" im Bewusstsein des Erkenntnissubjekts – ausgehend von der Reflexion der eigenen Lebensgeschichte und wissenschaftlichen Sozialisation aus dem Blickwinkel des Geschlechts, der Hautfarbe und des Herkunftsmilieus (Becker-Schmidt 2009: 296). (Selbst)Reflexivität im Forschungsprozess, in der Bedeutung der „Situierung" des Wissens (Haraway 1996), kann mithin ein Höchstmaß an Objektivität in Bezug auf die Ergebnisse der Forschung sichern, gerade weil sich die Forscher_innen über die Wertabhängigkeit dessen, was sie tun, bewusst sind (Beer 1987; Harding 1990).

Eine weitere Herausforderung an die Reflexivität der Geschlechterforscher_innen stellt sich in Bezug auf ihren Gegenstand: Geschlecht ist eine Kategorie, die durch diese Forschung hindurch selbst infrage gestellt wird (I.1.3). Wird davon ausgegangen, dass das Geschlecht keine vorgesellschaftliche, keine natürliche Wesenseinheit von Menschen ist – dass Geschlechter und Geschlechterdifferenz also immer (auch) gesellschaftlich konstruiert ist (I.1.3.3, I.1.3.4) –, so steht sowohl die eigene geschlechtliche Identität als auch die der Personen, auf die die empirische Untersuchung sich bezieht, infrage. In methodologischer und methodischer Hinsicht folgt aus dieser theoretischen Einsicht, dass Geschlechterforscher_innen grundsätzlich „doppelperspektivisch" vorgehen: Der Blick „von innen" – Zweigeschlechtlichkeit ist gegebene, „wirkliche" Differenz – und der Blick „von außen" – Zweigeschlechtlichkeit ist soziales Konstrukt (Nullhypothese) – wechseln einander ab (Hagemann-White 1993: 75; I.3.4). Dabei setzt die Reflexion des Forschungsgegenstandes die Selbstreflexion der Forscher_in in Bezug auf das eigene Geschlecht und die eigene Rolle im Forschungsprozess voraus. Denn als ein interaktiver Prozess ist dieser immer auch selbst ein sozialer Konstruktionsprozess von Geschlecht. Dieses mehrstufige Verfahren und die damit verbundene doppelte Reflexionsarbeit im Prozess der Dekonstruktion und Rekonstruktion von (sozialer) Geschlechtlichkeit charakterisiert Frauen- und Geschlechterforschung. Es prägt sie auch und gerade in Bezug auf die Wahl ihrer Methoden, die entsprechend kontextsensibel und ergebnisoffen sein müssen (I.1.2.3), und es zwingt sie zu einer „radikalen Differenzierung" (Knapp 2007/1988).

Das Interesse an der gesellschaftlichen Produktion und Reproduktion von „Geschlecht" ist jedoch prinzipiell verbunden mit dem Interesse, Herrschaftsverhältnisse, die diese Prozesse ermöglichen und zu deren Stabilisierung sie beitragen, in kritischer Absicht aufzudecken. Nicht die Konstruktion von Zweigeschlechtlichkeit an sich steht im Zentrum des Erkenntnisinteresses, sondern die Frage, wozu sie dient. Eine der zentralen Erkenntnisse der Frauen- und Geschlechterforschung ist die Einsicht, dass die Herstellung von dualistischen Hierarchisierungen in modernen Gesellschaften Auf- und Abwertungen einschließt. Indem Geschlechterforschung auf Herrschaftskritik zielt, richtet sie ihr Interesse auf Dichotomisierungsprozesse. Sie fragt danach, wer – welche Personen und Institutionen – an diesen Prozessen in welcher Weise und mit welchen (politischen) Intentionen beteiligt sind. Das sichtbar zu machen geschieht nicht interesselos, sondern mit dem Ziel, Herrschaftsverhältnisse zu unterlaufen und sie schließlich im Interesse des Abgespaltenen und Abgewerteten zu verändern. Damit verweist der Begriff Geschlechterverhältnisse auf Relationalität: darauf, dass etwas nur im Verhältnis zu etwas anderem begriffen werden kann. Die Wechselbezüge zwischen dem voneinander dualistisch Getrennten – Frauen und Männer, Natur und Kultur/ Gesellschaft, Privatheit und Öffentlichkeit – sind somit grundsätzlich eingelassen in ein Geflecht von Interessen an Herrschaft, an der Abwertung und Marginalisierung des einen Teils (Becker-Schmidt 2007/1993: 122ff., 1998a, b, 2002: 113ff.; Becker-Schmidt/ Knapp 2000: 50ff.).

In der Reflexion auf den Gegenstand und dem der Forschung inhärenten Interesse zeigt sich ein wesentlicher Anknüpfungspunkt auch und insbesondere für die Nachhaltigkeitsforschung. In deren Zentrum steht die Frage nach der Produktion und Reproduktion gesellschaftlicher Naturverhältnisse. Auch hier geht es nicht allein darum, Herrschaftszusammenhänge in den Natur-Gesellschaft-Beziehungen aufzudecken und sie auf den verschiedenen Ebenen zu dekonstruieren, sondern insbesondere auch darum, Möglichkeiten und Ansätze zu entwickeln, dichotome Strukturen aufzubrechen und auf diese Weise zu nachhaltigen gesellschaftlichen Naturverhältnissen beizutragen (Re-Konstruktion). Denn in der Frage, wie und in welchem Interesse gesellschaftliche Naturverhältnisse hergestellt, wiederhergestellt und als nichtnachhaltige reguliert werden, ist die Frage nach der Dualität und den Dichotomisierungsprozessen zwischen Gesellschaft und Natur immer schon enthalten. Auch hier gelten die Forschungsprinzipien, Kontextbezüge (wieder)herzustellen, das Dissoziierte wieder zusammenzudenken und -zubringen, das Getrennte und Abgespaltene einzudenken (Becker/ Keil 2006: 292). Eine Nachhaltigkeitsforschung, die auf die Transformation gesellschaftlicher Naturverhältnisse gerichtet ist mit dem Ziel, sie nachhaltig zu gestalten, müsste deshalb an denselben Stellen ansetzen wie die kritische Geschlechterforschung auch: Sie müsste explizit Herrschaftskritik üben. Auch im Blick auf ihren Forschungsgegenstand befindet sie sich im gleichen Dilemma zwischen Essentialismus und Konstruktivismus, zwischen Materialität einerseits und Diskursivität, Symbolik und Repräsentation andererseits. Denn auch „Natur" ist eine soziale Konstruktion, die zugleich materiell und physisch in einem hohen Maß wirksam wird, indem sie soziale, ökonomische und kulturelle Entwicklungen (mit)gestaltet. An dem hohen Anspruch, den Geschlechterforscher_innen in Bezug auf die Reflexion des Forschungsprozesses wie des Forschungsgegenstandes sowie an die Selbstreflexion des Wissenssubjekts stellen, sind daher grundsätzlich auch die Nachhaltigkeitswissenschaften zu messen. Er wird hier jedoch nur selten – nämlich vor allem im Schnittfeld zur Geschlechterforschung, d.h. in der feministischen Nachhaltigkeitsforschung – eingelöst.

Wenn wir vor dem Hintergrund der dargestellten Strukturmerkmale, -ähnlichkeiten und -differenzen im Folgenden fragen, wie Geschlecht und Geschlechterverhältnisse als Analysekategorien in der Forschung im Querschnittsbereich Geschlecht-Natur-Nachhaltigkeit verwendet werden, welche unterschiedlichen Perspektiven und Forschungsabsichten damit verbunden sind, dann geht es vorrangig darum zu zeigen, was die Kategorie Geschlecht in Hinblick auf die Analyse von Nachhaltigkeitsproblemen und die Sondierung von Problemlösungen Besonderes zu leisten vermag. Ausgehend von den Strukturmerkmalen der Frauen- und Geschlechterforschung lässt sich erwarten, dass überall dort, wo aus einer Geschlechterperspektive auf Natur-, Umwelt- und Nachhaltigkeitsthemen geblickt wird, die Aspekte Parteilichkeit, Herrschaftskritik und Reflexivität auch auf dieses Forschungsfeld angewendet werden.

1.3 Analyseperspektiven

Die vier ausgewählten Perspektiven[15] – Geschlecht als Differenz- und epistemologische Kategorie, als Struktur- und Prozesskategorie – stehen für jene analytischen Zugänge, die in der Schnittfläche von Geschlechter- zu Umwelt- und Nachhaltigkeitsforschung Anwendung finden – sich also in den Konzepten geschlechterorientierter Umwelt- und Nachhaltigkeitsforschung widerspiegeln und entfalten (I.2). In jeder der vier Analyseperspektiven ist, wie wir zeigen werden, ein jeweils spezifisches Verständnis der Kategorie Geschlecht unterlegt.

Die Struktur der Darstellung folgt zum einen der Theorieentwicklung in der Geschlechterforschung: So steht Geschlecht als identitätspolitische Differenzkategorie an erster Stelle, weil – verbunden mit dem (politischen) Anliegen der Frauen- und Geschlechterforschung, Ungleichheit und Diskriminierung von Frauen sichtbar und kritisierbar zu machen, Geschlecht als empirische Kategorie behandelt und geschlechtsspezifische Unterschiede sichtbar gemacht wurden. Zwar hat dieser Zugang inzwischen nicht an Bedeutung verloren, denn noch immer ist das wissenschaftliche Interesse an nach Geschlechtern disaggregierten Daten auch und gerade in den Umwelt- und Nachhaltigkeitsdebatten groß. Geschlecht als Differenzkategorie ist daher ein Zugang, der für die individuelle Ebene, auf der geschlechtspezifische Unterschiede sichtbar werden, eine hohe Berechtigung hat. Diese Erkenntnisebene wird um die Perspektive auf Geschlecht als Strukturkategorie erweitert. Die Entwicklung der Geschlechterforschung hin zur Untersuchung gesellschaftlich struktureller Bedingungen, die Abwertungen und Diskriminierungen und Ungleichheitslagen produzieren und reproduzieren, geht über die Perspektive auf das Geschlecht als identitätslogische Kategorie, über die Untersuchung

---

15 Die im Folgenden dargestellten Analyseperspektiven fußen wesentlich auf den Systematisierungen in Hofmeister/ Katz (2011: 372ff.).

von (biologischen) Frauen und Männern hinaus. Gefragt wird nach den Orten, an denen Geschlecht als ein „sozialer Platzhalter" (Knapp 2007/1988) in der Gesellschaft fungiert, und danach, wie durch Dichotomisierungsprozesse sowie damit einhergehend durch Exklusions- und Inklusionsprozesse hindurch Ungleichheiten erzeugt, aufrechterhalten und stabilisiert oder auch verschoben werden. Der Fokus der Forschung verlagert sich damit von der Frage nach Geschlechterunterschieden im individuellen Handeln hin zur Untersuchung des gesellschaftlichen Bedingungsgefüges und der Machtverhältnisse, die individuelle Handlungsspielräume rahmen und hervorbringen. Geschlechterverhältnisse strukturieren einerseits Gesellschaften und werden andererseits durch die Dynamik gesellschaftlicher Entwicklungen hindurch als gesellschaftliche Strukturierungen geschaffen, erneuert oder verändert. Schließlich verlagert sich, indem sozialkonstruktivistische Ansätze an Einfluss gewinnen, der Fokus der Theorieentwicklung in der Geschlechterforschung nochmals: Das Konzept der Zweigeschlechtlichkeit wird – sowohl in sozialer Dimension als auch im Blick auf das biologische Geschlecht als solches infrage gestellt oder in radikal konstruktivistischer Sicht ganz aufgegeben. Damit verschiebt sich die Forschungsfrage zunehmend darauf, wie (Zwei)Geschlechtlichkeit in interaktiven Prozessen sozial konstruiert wird („Doing Gender", insbes. West/ Zimmermann 1987; Gildemeister/ Wetterer 1992). Die Perspektive auf Geschlecht als Prozesskategorie wird in der Verbindung der Geschlechter- mit Umwelt- und Nachhaltigkeitsforschung erweitert um „Natur" als Prozesskategorie („Doing Nature") (I.1.3.4). Im Schnittfeld Geschlechter-, Umwelt- und Nachhaltigkeitsforschung wird (radikal) konstruktivistischen Ansätzen jedoch bislang keine allzu große Bedeutung beigemessen. Denn in dieser Forschungsperspektive sind Materialität und Körperlichkeit notwendig zentrale Kategorien („Material Feminism")[16]. Weil die Forschungsinteressen der Nachhaltigkeitswissenschaften die Vermittlungen zwischen Menschen, Gesellschaft und Natur fokussieren und normativ auf die Erhaltung der Reproduktionsfähigkeit sowohl der Gesellschaft als auch der Natur zielen (Jahn/ Wehling 1998: 81), rücken die Wechselbeziehungen zwischen Materialität und sozialer Konstruktion sowie schließlich auch die generative Reproduktionsfähigkeit in das Zentrum der Forschung. Materialität und Körper bleiben daher in dieser Forschungsperspektive zentrale Aspekte. Denn ebenso wie das Phänomen der Zweigeschlechtlichkeit (Becker-Schmidt 2007/1993: 120f.) können auch die Phänomene der sozial-ökologischen Krise nicht einfach dekonstruiert werden. Nicht zufällig fordern daher insbesondere

---

16 Alaimo (2008: 242) fasst unter diese Bezeichnung feministische Theorien zu Körper und Körperlichkeit („feminist corporeal theory"), die feministische Umweltforschung („environmental feminism") sowie die feministische Wissenschaftstheorie („feminist science studies"). Für eine Übersicht über die auf Materialität, Körper und Raum bezogenen Konzepte der Geschlechterforschung vgl. auch Scheich/ Wagels (2011).

feministische Umwelt- und Nachhaltigkeitsforscher_innen (in jüngerer Zeit immer nachdrücklicher) die (Re)Integration von Materialität in die feministische Theoriebildung ein – eingedenk der hiermit verbundenen Schwierigkeiten (Vermeidung essentialistischer Positionen) (z.b. Alaimo 2008; Alaimo/ Hekman 2008a; Bauhardt 2011a: 44ff., 2011c; Bauriedl 2010: 201f.; Lettow 2012; Scheich/ Wagels 2011).

Insbesondere in der Verbindung von Geschlechter- mit Nachhaltigkeitsforschung interessiert, wie wir zeigen werden (I.1.3.2; I.1.3.4), die Frage, wie die sozialen Konstruktionen von Geschlechter- und Naturverhältnissen miteinander verwoben sind, in welchen Prozessen und von wem diese *eine* ineinander verschränkte Konstruktion geleistet wird (Hofmeister/ Katz 2011: 382f.). Sie ist jedoch als ein die feministische Forschung motivierender Fragekomplex nicht neu: Gewissermaßen quer zu einer an der Theorieentwicklung der Geschlechterforschung orientierten Darstellung steht die feministische Wissenschaftstheorie, die – soweit sie sich auf die kritische Analyse auch der Naturwissenschaften bezieht –, immer schon an der Frage interessiert war, wie „Natur" und „Weiblichkeit" in einem ineinander verschränkten, wechselseitigen Prozess erzeugt werden (insbes. Scheich 1993). Die Perspektive auf Geschlecht als eine epistemologische Kategorie (I.1.3.2) hat die feministische Umweltforschung von Beginn an motiviert und begleitet. Als Analyseperspektive ist sie im Blick auf die hier zugrunde liegende Frage, was die Kategorie Geschlecht in den Nachhaltigkeitswissenschaften kritisch analytisch zu leisten vermag, von besonderem Interesse (auch Katz 2006). In dieser Forschungsperspektive konnten und können Erkenntnisse über die Prämissen, Theorien, Methoden und schließlich über die Ergebnisse von Wissenschaften gewonnen werden, die in die Umwelt- und Nachhaltigkeitswissenschaften maßgeblich einfließen und in der interdisziplinären Verfasstheit dieses Wissenschaftstypus über eine hohe Deutungsmacht verfügen.

Wenn wir im Folgenden die Perspektiven, in denen Geschlecht als Analysekategorie verwendet wird, voneinander zu unterscheiden suchen, so geschieht dies ausgehend von dem Anliegen, Forschungszugänge zu sondieren und zu systematisieren. Dabei gehen wir nicht davon aus, dass sie als unterschiedliche Analyseperspektiven parallel zueinander oder im jeweiligen theoretischen Kontext getrennt voneinander in Erscheinung treten. Wir können im Gegenteil zeigen, dass sie in den für das Schnittfeld Geschlechter- und Naturverhältnisse relevanten Theorien und Konzepten, Forschungsbereichen und -ansätzen (I.2) ineinander verschränkt und miteinander verwoben werden. Forschungspraktisch werden die analytischen Zugänge also vielfach „vermischt" (Hofmeister/ Katz 2011). Dies hat einerseits zu Diffusionen und Missverständnissen beitragen – dort, wo die theoretische Rahmung der Kategorie Geschlecht nicht offengelegt und/oder nicht reflektiert wird –, andererseits jedoch auch zur Produktivität und Theoriekreativität in diesem Feld entscheidend beigetragen.

Die Systematisierung der Perspektiven auf Geschlecht als Analysekategorie, wie sie hier dargestellt wird, folgt daher einem hohen, jedoch bewusst gewählten Anspruch. Alle vier Perspektiven eröffnen einen jeweils spezifischen Blick auf die Anwendung der Kategorien Geschlecht und Geschlechterverhältnisse in der und für die Nachhaltigkeitsforschung. Und alle vier Perspektiven sind, wie wir zeigen werden, konzeptionell und theoretisch für das Forschungsfeld relevant: Durch die Perspektive auf Geschlecht und Geschlechterverhältnisse werden „blinde Flecken" in der Nachhaltigkeitsforschung freigelegt, vermeintliche Gewissheiten infrage gestellt, neue Denkformen entwickelt und erprobt sowie neuartige Erkenntnisse generiert. Im Blick auf die erkenntnistheoretischen, methodologischen und methodischen Leistungen der Geschlechterwissenschaften lässt sich zeigen, dass gerade auf Basis der Strukturmerkmale jener und der Strukturähnlichkeiten zwischen beiden Forschungstypen die Verbindung zwischen Geschlechterforschung und der (jüngeren) Nachhaltigkeitsforschung ausgesprochen produktiv wird.

1.3.1 Geschlecht als Differenzkategorie

Mit der (neuen) Frauenbewegung wurde die Unterdrückung und Ausgrenzung von Frauen aus vielen gesellschaftlichen Bereichen als durchgängiges Merkmal patriarchaler Gesellschaften erkannt und in Verbindung mit der Kritik an einer generellen Abwertung und systematischen Benachteiligung von Frauen und Weiblichkeit thematisiert. In der Konsequenz stand daher für die Frauen- und Geschlechterforschung die Geschlechterdifferenz, die Unterschiedenheit von Frauen und Männern hinsichtlich ihrer geschlechtlichen Identität, ihrer Lebensweisen und -bedingungen, ihres Verhaltens und ihrer Wahrnehmungen im Zentrum theoretischer und empirischer Analysen. In kritischer Absicht galt es, Ungleichheit zwischen den Geschlechtern aufzudecken – verbunden mit dem politischen Anliegen, in allen Bereichen gleiche Chancen für beide Geschlechter zu schaffen. Geschlecht wurde hiermit zu einer (politischen) Identitätskategorie. Diese erste Phase der Frauen- und Geschlechterforschung ist daher durch das Gleichheitsparadigma (Friedan 1963; Tong 1989; Dietzen 1993) geprägt.[17]

---

17 In der Literatur werden drei Wellen beschrieben, die je durch spezifische Paradigmen geprägt sind: Das Gleichheitsparadigma kennzeichnet die erste Welle, das Differenzparadigma die zweite und das Heterogenitätsparadigma die dritte Welle der Frauen- und Geschlechterforschung (Frey/ Dingler 2001, auch Plumwood 1986; Tong 1989; Maihofer 1997). Die drei Phasen sind nicht als chronologische Abfolge sich gegenseitig ablösender Paradigmen zu lesen, sondern existieren bis heute nebeneinander. Die an dieser Stelle beschriebene Analyseperspektive, in der Geschlecht als Differenzkategorie fungiert, wird der ersten und zweiten Welle (Gleichheits- und Differenzparadigma) zugeordnet.

Identitätspolitik will über die Setzung eines mit bestimmten Eigenschaften versehenen Kollektivsubjekts „Frauen" die Politik fundieren (Knapp 2001: 81). Dieser auf Gleichstellung ausgerichteten Politik werden Konzepte gegenübergestellt, die jenseits patriarchaler Normen (Benhabib 1992) auf der Selbstbestimmung und Autonomie von Frauen bestehen. Ausgangspunkt des Differenzansatzes ist daher die Annahme über die prinzipielle Gleichheit aller Frauen mindestens in Bezug auf Unterdrückungserfahrung. Die Differenz zu den Männern wird sowohl biologisch (Verschiedenheit aufgrund körperlicher Unterschiede) als auch sozialisationsbedingt (Verschiedenheit aufgrund unterschiedlicher Sozialisationsmuster) argumentiert.[18] In beiden Argumentationssträngen wird die daraus resultierende Homogenität qua Zugehörigkeit zu einer Genusgruppe begründet: Es gibt eine weibliche Identität, die als (oftmals besseres) Gegenmodell zur männlichen konzipiert ist („Ikonisierung" des Weiblichen, Knapp 2007/1988: 268ff.). Dies allerdings verschiebt, so die Kritik, lediglich umgekehrt den Herrschaftsgestus essentialistisch von männlich nach weiblich.

So bescheinigen beispielsweise sozialwissenschaftliche Erhebungen zu Umweltbewusstsein und -verhalten den Frauen umfassendere Problemsichten, eine größere Handlungsbereitschaft für Umweltbelange und schließlich ein größeres Maß an umweltverträglichem Engagement im Alltag (BMU 2006; Empacher et al. 2001; Preisendörfer 2007; Southwell 2000). Aus diesen Befunden zu schließen, dass Frauen die „besseren Umweltschützerinnen" seien oder/und „nachhaltigere" Lebensweisen präferierten, ist jedoch kurz geschlossen: Männer verhalten sich in den gleichen strukturellen Verhältnissen ähnlich umweltbewusst und/oder nachhaltig wie Frauen. Das Differenzparadigma, das der Geschlechterforschung in dieser Frage zugrunde liegt, verleitet zu Fehlschlüssen: So hat hier beispielsweise die Zuständigkeit für die Versorgungsarbeit einen höheren Erklärungswert für das Umweltbewusstsein als die Geschlechterzugehörigkeit (Empacher/ Hayn 2001). Werden Daten zwar geschlechterdisaggregiert erhoben, aber nicht kontextualisiert, Machtverhältnisse nicht mit bedacht, erzeugen sie Fehlinterpretationen (auch Schön et al. 2002; Weller 2004). Es besteht die Gefahr einer „Bestätigungsforschung", die zur Verfestigung von Geschlechterbildern und -klischees beiträgt, statt diese ebenso wie die Bedingungen, Prozesse und Bedeutung ihres Zustandekommens kritisch infrage zu stellen. Die Kritik an identitätspolitisch ausgerichteter, am Differenzparadigma orientierter Geschlechterforschung bezieht sich daher auf die Reichweite (Mikroebene), auf die Aussagekraft ihrer Erkenntnisse und die anti-emanzipatorische Wirkung der

---

18 Die meisten der nationalen und internationalen Arbeiten zu Geschlechterverhältnissen, Natur, Umwelt und Nachhaltigkeit lassen sich dem sozialisationsbedingten Differenzparadigma zuordnen.

daraus abgeleiteten politischen Maßnahmen (Kurz-Scherf 2002; Becker-Schmidt 2006). Ein zweiter kritischer Aspekt der am Differenzparadigma orientierten Forschung fokussiert auf die Frage, was als Norm gesetzt ist, wenn Gleichheit erreicht werden soll. Eine zentrale Kritik der politischen Frauenbewegung, die durch Frauen- und Geschlechterforschung und in diesem Rahmen vor allem durch die feministische Wissenschaftstheorie bestätigt wurde, ist die Gleichsetzung von Normalität mit Männlichkeit. Mit dem Gleichheitsparadigma verbunden ist daher die Implikation, dass Gleichheit zwischen den Geschlechtern durch Anpassung an männlich geprägte Werte und Normen erreicht werden soll („Maskulinisierungsstrategie", Plumwood 1990: 219). Auf der politisch-operationalen Ebene wie auch im Bereich von Wissenschaft und Forschung sind viele Projekte und Maßnahmen ex- oder implizit diesem Paradigma verhaftet. Dies betrifft vor allem die klassische Frauenförderung und Gleichstellungspolitik – auch bezogen auf umwelt- und nachhaltigkeitsrelevante Bereiche. So gehen gleichstellungspolitische Maßnahmen und die diesen zugrunde liegenden Forschungen häufig vom Gleichheitsparadigma aus, ohne die damit implizit übernommene Prägung dieser Arbeits- und Forschungsfelder durch Männer und Männlichkeit kritisch zu reflektieren und mit zu thematisieren (Thiem 2006). Dies wurde in der feministischen Technikforschung bereits frühzeitig reflektiert, und es wurde dafür plädiert, die rein auf Chancengleichheit ausgerichtete Forschungsperspektive zu überschreiten, um die gesellschaftlichen Bedingungen für Frauen im Ingenieurwesen (Arbeitssituationen, Sozialisationsbedingungen) auf die Agenda zu setzen (z.B. Cockburn 1983; McIlwee/ Robinson 1992). Viele der Arbeiten im Bereich geschlechterorientierter Nachhaltigkeits- und Umweltforschung, die identitätspolitisch – und im Sinne eines Empowerment der betroffenen Akteure – angelegt sind, thematisieren das strukturelle Bedingungsgefüge mit.[19]

---

19 Vgl. dazu u.a. Empacher/ Hayn (2001), Hofmeister et al. (2002) und Weller (2004). Im Differenzparadigma (u.a. auch im Kontext des Politikkonzeptes Gender-Mainstreaming) entwickeln sich zunehmend Forschungen, die Geschlechterdifferenzen und Exklusionsprozesse in den Bereichen Natur- und Umweltschutz (Katz/ Mayer 2006a; Mayer et al. 2003; Mölders et al. 2004) sowie in der Waldwirtschaft (Hehn et al. 2010), zu Flächenpolitik in der nachhaltigen Stadtentwicklung (Evers/ Hofmeister 2011), zur Klimaforschung (Bauriedl 2010; Röhr et al. 2004), zu Inklusions- und Exklusionsprozessen in Umwelt- und Nachhaltigkeitspolitiken (Buchholz 1999) und zu Gender-Aspekten bei der Konzeptualisierung und Institutionalisierung umwelt- und nachhaltigkeitspolitischer Maßnahmen (u.a. Röhr et al. 2004) sowie zu Karrierewegen und -chancen von Umwelt- und Nachhaltigkeitswissenschaftlerinnen (Hofmeister et al. 2002; Katz/Mölders 2004) in den Blick nehmen. Eine Studie zur Analyse der Situation von Wissenschaftlerinnen, die sich in den Querschnittsfeldern Umwelt- und Nachhaltigkeitswissenschaften in der Verbindung mit Geschlechterwissenschaften qualifizieren, verdeutlicht das mit dieser Verkürzung verbundene Dilemma: Geschlecht als kriti-

Ein dritter Kritikpunkt an einer an Geschlechterdifferenz orientierten Forschung bezieht sich auf die implizite Annahme der Homogenität. Bezogen auf den Umgang mit Natur und natürlichen Ressourcen wurde das Differenzparadigma zunächst im internationalen Kontext im Rahmen sog. ökofeministischer Ansätze aus der Perspektive von Betroffenheit und Unterordnung konzeptualisiert (Merchant 1987/1980; Mies 1988; Shiva 1988; I.2.3.5). Geschlecht als identitätspolitische Kategorie beruft sich dabei auf die Genusgruppe Frauen. Im globalen Kontext geriet genau dieses Postulat frühzeitig ins Kreuzfeuer der Kritik, ausgelöst von afroamerikanischen Feministinnen, Frauen aus dem Süden und gestützt auf postkoloniale Kritikansätze. Sie haben verdeutlicht, wie stark sich die Lebensentwürfe, die geschlechtlich relevanten Realitäten und Erfahrungen von Frauen im globalen „Norden" und „Süden" unterscheiden und dass eine Subsumierung unter die Universalie „weiße Mittelstandsfrau" dieser Vielfalt nicht gerecht zu werden vermag (hooks 1981; Mohanty 1991). Infolge der Einsicht, dass Identität nicht einzig durch Geschlecht festlegt ist, sondern andere Kategorien zusätzlich konstituierend wirken, rücken die Differenzen innerhalb der Genusgruppen in den Blick (Klinger 1997). Damit verschiebt sich die politische Zielrichtung: Es geht nun nicht mehr um Gleichheit zwischen Frauen und Männern, sondern um die Anerkennung und Einbeziehung von Vielfalt innerhalb der Genusgruppen. Ausgehend hiervon prägt das Heterogenitätsparadigma mehr und mehr die Ansätze der Geschlechterforschung: Die Differenzen entlang verschiedener, Ungleichheit konstituierender Merkmale, insbesondere „Rasse"/ Ethnie, Klasse und Geschlecht, stehen im Mittelpunkt des Forschungsinteresses (Klinger et al. 2007)[20]. Da mehrere unterworfene Positionierungen existieren, müssen Ungleichheit und Unterdrückung stets im Zusammenspiel mehrerer Strukturkategorien begriffen werden. Diese Einsicht hat unter dem

---

sche Analysekategorie macht einerseits die „Glasdecke" für Frauen sichtbar, auch in ihrem Gewordensein und ihrer strukturellen Verfasstheit. Die Bedingungen und Verhältnisse werden jedoch andererseits insbesondere in Bezug auf die unsichtbare Norm männlicher Arbeitswelten (biografisch und strukturell) hin eingeordnet und gedeutet. Die abgeleiteten Forderungen und Maßnahmen sind identitätspolitisch ausgerichtet und trotz struktureller Veränderungsintention meist anpassungsstrategisch gestaltet (Katz et al. 2003).

20 Aus feministischer Sicht wird daran problematisiert, dass zum einen die Gefahr der unterschiedslosen Beliebigkeit jeglicher, weil per se anerkennenswerter Differenz – des Unterdrückers ebenso wie der Unterdrückten (Fraser 1996) – bestehe. Zum anderen reproduziere eine solche Position letztlich das, was sie überwinden will: Weil kein Außerhalb der Gesellschaft existiert, und dies das Subaltern gerade zum unterdrückten Anderen gemacht hat, ist und bleibt es ein Produkt genau jener androzentrischen Herrschaftsordnung (Klinger 1997).

Begriff Intersektionalität[21] Einzug in die feministische Forschung gehalten (Winker/ Degele 2009). Mit der Theorieentwicklung in der Geschlechterforschung und der zunehmenden Bedeutung sog. postmoderner oder/und poststrukturalistischer Diskurse über „Geschlecht" wurde im Rahmen der mit dem Heterogenitätsparadigma verbundenen dritten Welle der Geschlechterforschung Identität als Entität und die gesamte Geschlechterordnung als androzentrische infrage gestellt: Das biologische (Sex) ebenso wie das soziale Geschlecht (Gender) und damit Zweigeschlechtlichkeit als solche wurden als Konstruktionen erkannt (z.b. Butler 1991; Lorber/ Farrel 1991; Hirschauer 1992)[22]. Damit geriet aber auch die Vorstellung von einem „universellen Subjekt" ins Wanken (Hacking 1999, kritisch dazu Knapp 2007/1988). Nach Villa (2008: 264) ist Identität demnach „vor allem eine Frage der wechselseitigen Beziehung zwischen (sozialen, ökonomischen, kulturellen) Kontexten und deren individueller Aneignung und Gestaltung". Subjekte – und damit Identität – sind prozesshaft und instabil (I.1.3.4). Geschlechtsidentität ist ein Effekt von Machtverhältnissen, ist Norm und Zwang gleichermaßen und wird darüber zur politischen Kategorie.

Mit der aus diesen radikal konstruktivistisch argumentierenden geschlechtertheoretischen Ansätzen folgenden Abkehr von der Vorstellung einer abgrenzbaren Identität und Subjekthaftigkeit verbunden sind Probleme für die Geschlechterforschung und für eine Politik gerechter Geschlechterverhältnisse (Benhabib 1992; Frey/ Dingler 2001; Villa 2008):

- Auf lebensweltlicher Ebene ergibt sich ein Spannungsverhältnis zwischen dem Verständnis von „Identität im Prozess" und der empirischen Faktizität „realer" Diskriminierungssituationen von Frauen.

---

21 „Intersektionalität" beschreibt die Überschneidung verschiedener Ursachen von Auf- und Abwertung: Als Schlüsselkategorien sozialer Markierung und Positionierung gilt die Trias „Rasse"/ Ethnie-Klasse-Geschlecht; doch auch andere Faktoren, z.B. Alter, Fremdheit (der Status Migrant_in) oder körperliche Behinderung gelten als Ursachen für Unterdrückung, Diskriminierung und/oder Exklusion. Der Ansatz Intersektionalität wurde von Crenshaw (1989) im Zusammenhang mit postkolonialen und Rassismustheorien entwickelt. Der an diesem Ansatz orientierten Forschung müsse daher eine „matrix of opression" (Harding 1994: 284) unterlegt werden, die genau diese Verflechtungen zum Vorschein bringt (zur Intersektionalitätsanalyse: die Matrix von Anthias 1998). Ein Verständnis von Differenzen, das epistemologisch in Relativismus und politisch in Indifferenz einmündet, wird allerdings vehement abgelehnt (Haraway 1997; Harding 2006).

22 Butler (1991) kritisiert massiv alle identitätspolitischen Versuche, Politik über die Setzung eines mit bestimmten Eigenschaften versehenen Kollektivsubjekts „Frauen" zu fundieren.

- In diesem Spannungsfeld kann politisch nicht mehr eindeutig agiert werden. Unklar wird, wer als Akteur_in kollektiver frauenpolitischer Forderungen auftritt, in wessen Namen und für wen (welche Adressat_innen?).
- Forschungspraktisch wird das Spannungsverhältnis zwischen dem Verständnis von „Identität im Prozess" und der realen Situation der Zweigeschlechtlichkeit (untersucht werden Männer und Frauen) methodologisch und methodisch problematisch.[23]

Ungeachtet dieser Entwicklung, die den Analysezugang über die identitätslogische Differenzkategorie Geschlecht insgesamt infrage stellt, bleibt dieser Zugang im Forschungsfeld geschlechterorientierter Natur-, Umwelt- und/ oder Nachhaltigkeitsdebatten weiterhin notwendig und produktiv: Insbesondere geschlechterdisaggregierte Daten zum Umgang mit stofflichen und energetischen Ressourcen im erwerblichen und nichterwerblichen Bereich, Daten in Bezug auf unternehmerisches Verhalten und Betriebsführung sowie auf Lebensstile und Konsumverhalten geben – vorausgesetzt sie werden alltagsrelevant und kontextualisiert erhoben – wichtige Hinweise auf soziale Strukturmerkmale und Strukturen (Systemwissen), die für die Umwelt- und Nachhaltigkeitswissenschaften, soweit diese an Alltagserfahrungen und -praxis und an einer sozial- und geschlechtergerechten Konzeption von Umwelt- und Nachhaltigkeitspolitiken interessiert sind, unerlässlich erscheinen. Ausgehend von dem Ziel, gesellschaftliche Transformationen hin zu nachhaltigen gesellschaftlichen Naturverhältnissen zu erreichen (Transformationswissen), ist das mithilfe von Geschlecht als Analysekategorie im Differenzparadigma generierte Wissen daher unverzichtbar.

1.3.2 Geschlecht als epistemologische Kategorie

Als epistemologische Kategorie wird Geschlecht auf wissenschaftliche Kategorien, Theorien und Methodologien angelegt. Absicht dabei ist, die „blinden Flecken" in der Wissensproduktion aufzudecken und wissenschaftliche Erkenntnisse in Hinblick auf Auslassungen, Marginalisierungen und Diskriminierungen durch einseitige Normsetzungen auf das männliche Geschlecht sowie auf Essentialisierungen gesellschaftlicher Ungleichheitsstrukturen hin zu analysieren. Unterschieden werden wissenschaftstheoretische Arbeiten und Arbeiten zur historischen und soziologischen Wissenschafts- und Technikforschung. Für den Zusammenhang Geschlechterverhältnisse, Naturverhältnisse und Nachhaltigkeit ist vor allem die wissenschaftstheoretische, auf Naturwissenschafts- und Technikkritik bezogene Tradition der Frauen- und Geschlechterforschung von Bedeutung.[24] Die in 30 Jahren entwickelten kri-

---

23 Vgl. dazu u.a. Hagemann-White (1993), Becker-Schmidt (2007), auch I.1.3.4.
24 Die zahlreichen Ansätze feministischer Wissenschaftstheorie und -kritik mit Bezug auf sozial- und geisteswissenschaftliche Disziplinen, wie z.B. die Geschichts- und Politik-

tisch feministischen Sichtweisen „zur modernen westlichen Wissenschaft und Technik [spielen] [...] in allgemeineren Projekten einer neuen Konzeption von Modernität, Demokratie und sozialem Fortschritt eine wichtige Rolle" (Harding 2010: 316). Ansätze feministischer (Natur)Wissenschafts- und Technikkritik, die ab den 1980er Jahren vorwiegend von US-amerikanischen Forscherinnen entwickelt wurden[25], prägten und prägen auch in Europa wesentlich auch die Diskussionen um Geschlechterverhältnisse, Natur und Nachhaltigkeit (Bleier 1984; Harding 1986; Keller 1986; Hubbard 1990; Schiebinger 1993, 2000; Palm 2008). In Deutschland wie im angloamerikanischen Raum liegen mittlerweile zahlreiche Forschungsergebnisse zu Methoden, Inhalten und Strukturen der Naturwissenschaften vor (Honegger 1991; MWK 1997; Schiebinger 2000; Wiesner 2002; Ebeling/ Schmitz 2006; Mauss/ Petersen 2006; von Winterfeld 2006; Lucht/ Paulitz 2008).

In dieser Tradition verbindet sich die immanente Kritik an einzelnen naturwissenschaftlichen Disziplinen (Physik, Biologie, Chemie), die insbesondere auf die Infragestellung des Objektivitäts- und (Geschlechts)Neutralitätsanspruchs, auf die Dekonstruktion der naturwissenschaftlichen Erkenntnisse und deren Re-Kontextualisierung fokussiert, mit der Kritik an vermeintlich vorsozialen Erkenntnissen über die „Welt, wie sie ist": Indem durch naturwissenschaftliche Theorien und Konzepte hindurch gesellschaftliche Geschlechter- und Naturverhältnisse naturalisiert, enthistorisiert und damit unsichtbar gemacht werden, erscheinen soziale Ungleichheits- und Herrschaftsverhältnisse als natürliche. Diese Reduktion auf das Abstrakte und vermeintlich Faktische hat jedoch, so die Kritik feministischer Umwelt- und Nachhaltigkeitsforscher_innen, keineswegs nur wissenschaftsimmanente, sondern vor allem auch gesellschafts- und (umwelt)politische Folgen. Basierend auf sog. objektive durch naturwissenschaftliche Erkenntnis generierte „Tatsachen" suggerieren normative Setzungen, so willkürlich sie auch sein mögen, (Geschlechts)Neutralität (Schultz 1996b); eingelassen in politische Konzepte, Strategien und Maßnahmen (re)produzieren und stabilisieren sie Machtverhältnisse und Geschlechterhierarchien (am Beispiel Wasser- und Verkehrspolitik Bauhardt 2012). Sogenannte Umwelt- oder ökologische Probleme erscheinen in dieser Sicht als naturwissenschaftlich begreifbar und als tech-

---

wissenschaft, Psychologie, Soziologie und Philosophie, können an dieser Stelle nicht berücksichtigt werden.

25 Vgl. den Überblick über Gender & Science-Ansätze im angloamerikanischen Raum bei Orland/ Rössler (1995). Keller (1995a) unterscheidet für die Geschlechterforschung in den Naturwissenschaften drei Dimensionen: Women in Science (Leistungen von Frauen in den Naturwissenschaften), Science of Gender (naturwissenschaftliche Konstruktionen von Geschlechterdifferenzen) und Gender in Science (Geschlechterideologie in naturwissenschaftlicher Theoriebildung) (dazu auch Katz 2006). In der Perspektive auf Geschlecht als epistemologische Kategorie sind vor allem die zweite und dritte Dimension von Interesse.

nisch lösbar.[26] Soziale und ökonomische Ursachen- und Wirkungszusammenhänge werden in dieser Rationalität nicht wahrgenommen und/oder nicht problematisiert. Folge dieses verkürzten Problemverständnisses war und ist, dass auf Natur- und Umweltschutz gerichtete Politikkonzepte und -strategien eine Verlagerung und Verdrängung der Probleme, nicht aber ihre Lösung bewirkt haben („end-of-pipe"-Politiken). Ansätze feministischer Naturwissenschafts- und Technikkritik wurden und werden vor diesem Hintergrund auch für eine Kritik an der gestaltungsrelevanten Deutungshoheit der Natur- und Umweltwissenschaften genutzt (Scheich 1993; Haraway 1995/1992; Weller 2004; Katz/ von Winterfeld 2006; Schultz 2006; Weber 2007). Zugleich wird in kritischer Perspektive sichtbar, dass mithilfe der Logik der vermeintlich getrennten Sphären von Wissenschaft und Politik spezifische Politiken „gemacht" werden – dass Politikkonzepte und -formen durchgesetzt werden, die, indem sie Naturverhältnisse als gesellschaftliche (Geschlechter)Verhältnisse ausblenden, verkürzte Problemformulierungen und -lösungen induzieren, neue Macht- und Herrschaftsverhältnisse erzeugen und/oder bestehende Ungleichheitslagen verstärken.

Im Mittelpunkt (natur)wissenschaftstheoretischer Analysen aus der Geschlechterperspektive steht die Frage nach den Konzeptualisierungen von „Natur", nach den Begriffen und Vorstellungen von „Natur", wie sie sich in Verbindung mit der darin eingeschriebenen Geschlechtermetaphorik in der Tradition der „geistigen Väter der Neuzeit" (von Winterfeld 2006) entlang wissenschaftlicher Naturerzählungen bis in die Nachhaltigkeitswissenschaften hinein ausbilden und reproduzieren konnten. Gefragt wird nach dem Zusammenhang zwischen zwei dichotomen Konstruktionen: Kultur vs. Natur und männlich vs. weiblich – eine Frage, die früh von Ortner (1974) aufgeworfen und insbesondere von Merchant (1987/1980) in historischer Perspektive ausgearbeitet wurde. Im Diskurs um diese Frage unterscheiden sich zwei Positionen grundlegend voneinander, die sich in den Forschungsbereichen, -konzepten und -ansätzen im Themenfeld Geschlechterverhältnisse und Nachhaltigkeit (I.2) widerspiegeln:

---

26 In diesem Zusammenhang rücken auch die Technikwissenschaften mit ihrem als androzentrisch identifizierten epistemologischen und methodologischen Selbstverständnis sowie ihrem vermeintlich wertneutralen konzeptuellen Bezugsrahmen ins Zentrum feministischer Kritik (Saupe 2002; Paulitz 2008). Das Interesse an feministischer Technikforschung im Kontext der Umweltdebatte war motiviert von der Frage, wie (Risiko)Technologien und technisches Handeln mit (potenziell) hohem Kontroll-, Veränderungs- und Zerstörungspotenzial vergeschlechtlicht sind (Theweleit 1980; Faulkner 2001). Der Großteil der internationalen feministischen Technikforschung, vor allem in und zu den Ländern des Südens, schließt an die Kritiken an westlichen Modernisierungs-, Entwicklungs- und Wachstumsvorstellungen an und reflektiert die damit einhergehenden Ausgrenzungen und Abwertungen weiblicher Lebenskontexte (Harding 2010).

(1) ein naturalistisches Argumentationsmuster, in dem die Kritik an Wissensgenerierung und Technikentwicklung essentialistisch und identitätslogisch festgemacht wird an der (biologischen) Verschiedenheit „männlicher" und „weiblicher" Gegenstandsbezogenheit und der Umgangsweise mit Natur[27],

(2) eine gesellschaftstheoretisch fundierte, die an die Tradition der klassischen kritischen Theorie kritisch anschließt und in Auseinandersetzung mit dieser entwickelte erkenntnistheoretische Position, in der Geschlecht als eine historisch soziale Strukturkategorie herausgearbeitet wird, durch die natur- und technikwissenschaftliche Erkenntnisse geprägt sind; und umgekehrt wird in dieser Position sichtbar, dass die Natur- und Technikwissenschaften gesellschaftliche Herrschaftsverhältnisse entlang der Achse Geschlecht legitimieren und reproduzieren; Wissenschaft ist also einerseits eingebunden in gesellschaftliche Verhältnisse und zugleich bringt sie diese hervor.

Beiden Diskurssträngen liegt die wissenschaftskritische Diskussion der 1970er und 1980er Jahre zugrunde, die (vor allem an marxistische Denktraditionen anknüpfend) dichotomes Denken in gegenläufigen und einander ausschließenden Kategorien (u.a. männlich vs. weiblich, Kultur/ Gesellschaft vs. Natur, rational vs. emotional, produktiv vs. reproduktiv, öffentlich vs. privat) kritisiert, indem sie die diesen Denkstrukturen inhärenten Hierarchisierungen und deren Funktion aufdeckt, den jeweils abgewerteten Pol (Natur, Frau, Reproduktion) unsichtbar zu machen. In dieser kritisch analytischen Perspektive auf Wissenschaft – die sowohl auf die historisch sozialen Prozesse der Wissensgenerierung als auch auf die Erkenntnisse als solche gerichtet ist – gelingt es, gesellschaftliche Natur- und Geschlechterverhältnisse zusammen zu denken und deren Verbindung zu theoretisieren (Scheich 1993). Indem die Orte der Verschiebung und Neuordnung der Pole – der Beziehungen zwischen Kultur und Natur, Männlichem und Weiblichem, (öffentlicher) Produktions- und (privater) Reproduktionssphäre – historisch aufgesucht werden, wird die konstitutive Rolle der (Natur)Wissenschaften in diesen Prozessen in kritischer Absicht entdeckt (ebd.; Schiebinger 2000). Zugleich werden neue politisch-ethische Perspektiven eröffnet, die zur Transformation von Umwelt- und Nachhaltigkeitspolitiken beizutragen vermögen (Alaimo/ Hekman 2008b: 7ff.).

(1) In dem sich auf Grundlage feministischer Wissenschaftskritik in Deutschland entwickelnden subsistenzorientierten oder „ökofeministischen" Diskurs[28] wird explizit von der Grundannahme einer biologisch (mit Gebärfä-

---

27 Diese Tradition wird im deutschsprachigen Raum mit dem „Subsistenzansatz" (u.a. Werlhof et al. 1983; Mies 1988) verbunden (I.2.3.5).
28 V.a. im deutschsprachigen Diskurs wird „Ökofeminismus" nach wie vor häufig ausschließlich mit essentialistischen, naturalisierenden Positionen („kultureller Ökofeminismus") verbunden und entsprechend kritisiert (I.2.2.1). U.a. darauf führen Scheich/

higkeit) begründeten stärkeren Bindung „der Frau" an „die Natur" ausgegangen (I.2.3.5). Diese Position war und ist auch innerhalb der feministischen Umweltforschung heftig umstritten[29]. In wissenschaftstheoretischer Perspektive hat Scheich (Scheich/ Schultz 1987: 33) darauf hingewiesen, dass hiermit eben jene wissenschaftlich und gesellschaftlich konstruierte „Frau = Natur"-Identität reproduziert werde, die es zu kritisieren und aufzubrechen gelte. Denn deren Funktion in modernen Gesellschaften sei es, die Ausgrenzung von Frauen aus dem Vergesellschaftungsprozess und die Abspaltung des Reproduktiven aus der Warenökonomie zu legitimieren und abzusichern. Statt die Ideologie einer vermeintlichen Naturnähe der Frauen weiterzuentwickeln, müsse eine an einem „anderen, weniger auf Ausbeutung gerichteten und mimetischen Naturumgang" interessierte feministische Umweltforschung die „Wiederholung jener Identität [...] aufbrechen und auf der Differenz (zwischen Frau und Natur, d.V.) bestehen" (ebd.). An anderer Stelle wird die identitätslogische, biologistische Orientierung des Ansatzes kritisiert (Knapp 1989: 207ff.), dem eine übergeschichtliche Konstante im Verhältnis Körper-Natur zugrunde liege, die mit Verweis auf die Gebärfähigkeit der Frauen einen biologischen Produktivitätsbegriff begründe, der dem Konzept eines besonderen „weiblichen Gegenstandsbezugs" zugrunde gelegt werde. Diese Argumentationsfigur erlaube es, „historisch entwickelte Herrschafts- und Ausbeutungsverhältnisse zurückzubinden an den biologischen Geschlechtsunterschied" (ebd.: 212). Damit werden durch essentialistische Denkfiguren hindurch eben jene Abwertungen von Frauen und Natur wiederholt und erneuert, die auf Naturalisierung von Ungleichheitsverhältnissen und damit verbunden deren Unsichtbarmachung als gesellschaftliche Verhältnisse aufbauen.

(2) Indem in gesellschafts- und erkenntniskritischer Perspektive die Naturalisierung gesellschaftlicher Geschlechterverhältnisse erkannt und zurückgewiesen wird, wird stattdessen die Bedeutung der (Natur)Wissenschaft in ihrer

---

Wagels (2011: 9) die Verdrängung von Themen, wie Umwelt, Körperlichkeit und Ökologie, aus der Theoriebildung in den Geschlechterwissenschaften zurück.

29 Dessen ungeachtet blieb dieser Ansatz nicht wirkungslos. Insbesondere seine Anschlüsse an entwicklungspolitische Diskursstränge löste eine vergleichsweise breite Rezeption aus. Seit den 1990er Jahren erfährt er zusätzlich Aufschwung durch seine Anschlussfähigkeit sowohl an Teile der Nachhaltigkeits- als auch an Globalisierungsdebatten. In Bezug auf die politischen Implikationen des Ansatzes konnten feministische Umweltwissenschaftlerinnen zeigen, dass und wie weit sich „ökofeministische" Ideen dieser Tradition verbinden und vereinnahmen lassen durch die Tendenz zur „Feminisierung der Umweltverantwortung": Im Ökologiezeitalter werden die „dem weiblichen Geschlecht nach wie vor zugewiesenen ‚Reproduktionsarbeiten' mit einer globalen, ökologischen und gattungsgeschichtlichen Dimension [aufgeladen]" (Schultz 1996a: 200). Für den Zugriff umwelt- und entwicklungspolitischer Konzeptionen auf die in dieser Weise feministisierte Umweltverantwortung prägte Wichterich (1992) den Terminus „Mütterlichkeitskonzept der Umweltpolitik".

Funktion als Transformatorin von Ideologie in Abstraktion – und damit in eine sozial und historisch entkontextualisierte Objektivität – kritisiert (insbes. Scheich 1993, 1995). Der Prozess des Verwebens von gesellschaftlichen Natur- und Geschlechterverhältnissen findet in den Naturwissenschaften durch ihre Theorien und Konzepte hindurch statt. Hier realisiert sich die Spaltung zwischen „männlich" und „weiblich", mit der die gesellschaftliche Konstruktion von „Geschlechtercharakteren" (Hausen 1976) abgesichert wird. Die Materialisierung (natur)wissenschaftlicher Erkenntnisse in Technologie wiederum sichert den Zugriff auf die Ressource Frauen wie auf Natur.

Doch paradoxerweise führt die Entwicklung der Wissenschaften selbst in eine Auflösung der Kategorie Geschlecht als gesellschaftliche Verhältnisse absichernde hinein: Scheich (2001) und Schultz (1996a) zeigen, dass und wie weit auf der Basis der wissenschaftlich-technischen Aneignung der (generativen) Reproduktionsfunktionen in der „TechnoScience" die materielle Grundlage, die bislang zur Legitimation gesellschaftlicher Geschlechterverhältnisse gedient hatte, verloren geht. Konsequenz ist, dass Geschlechterdifferenz nur noch symbolische Dimension hat – zum „Symbol einer abstrakten Differenz (wird), die keinen Inhalt mehr hat" (Scheich 2001: 91). Geschlechterdifferenz wird gerade durch Wissenschaft und Technik ausgehöhlt und unterlaufen. Sie gerät zu einer Kategorie, die bloß noch für imaginäre Realität steht.

Diese natur- und technikwissenschaftliche Erosion sowohl der Geschlechter- als auch der Kultur-Natur-Trennung (vor allem durch Biowissenschaften und -technologien) wird innerhalb der feministischen Wissenschaftsforschung ambivalent interpretiert: Während einerseits der instrumentelle Zugriff auf Natur eine neue Qualität erreiche mit der Folge, dass die technologische Kontrolle und Herrschaft über alles Lebendige zunehme und damit existenzielle Risiken für den Fortbestand lebendiger Vielfalt induziert würden, würden andererseits die Grundannahmen der Moderne (und der modernen Wissenschaft) durchkreuzt, deren Kern die Natur-Kultur-Dualität sei. Für die aus der Implosion moderner Dualismen und aus den grundlegenden Grenzverschiebungen zwischen Technik und Natur, zwischen Menschen und Tieren sowie zwischen Männern und Frauen resultierenden Verbindungen der dichotomen Konstrukte hat Haraway (2003) den Begriff Naturecultures geprägt. In dieser Entwicklung sieht sie (Haraway 1995/1992) Chancen für (subversive) Neuordnungen historisch gewordener Konfigurationen, die im Blick auf die grundlegende Neuordnung der Geschlechterverhältnisse genutzt werden können (I.2.3.7). Die wissenschaftlich-technologisch induzierten Grenzverschiebungen verweisen einerseits darauf, dass Dualismen als Resultate realer gesellschaftlicher Trennungsprozesse und sozialer Konflikte entstanden sind (Becker-Schmidt 1998b: 117), und sie werden andererseits als Chance begriffen, diese zu überwinden. Aus dieser wissenschaftstheoretischen Erkenntnis resultiert die politische Ambivalenz feministischer Forscher_innen im Blick auf ihre Haltung zu jüngeren wissenschaftlich technischen Entwicklungen, z.b. hinsichtlich Biotechnologien wie insbesondere der Gentechnik. Auf diesem Hintergrund plädieren einige feministische Theoretiker_innen dafür, an „Natur" als einem Grenzbegriff festzuhalten, um das Unverfügbare der lebendigen Natur kenntlich zu machen (Gransee 1999: 203).

Wie dabei das Essentialismus-Dilemma, aus dem herauszufinden die kritische feministische Wissenschaftstheorie Möglichkeiten aufgezeigt hat, vermieden werden kann, ist eine Frage, die aktuell insbesondere in der feministischen Umwelt- und Nachhaltigkeitsdebatte diskutiert wird. Dass diese Frage in einem wissenschaftshistorischen Kontext aufscheint, in dem (radikal)konstruktivistische und poststrukturalistische Theorien die (sozialwissenschaftliche) Geschlechterforschung wesentlich prägen, wirkt insofern in das Forschungsfeld Geschlechterverhältnisse und Nachhaltigkeit hinein: Es geht nun darum zu zeigen, dass das Spannungsfeld zwischen Konstruktion/ Symbolik und Materialität in einer Weise auflösbar ist, die es ermöglicht, „zwischen" diesen Denkwelten zu operieren (insbes. Alaimo/ Hekman 2008b; Scheich/ Wagels 2011). Die Suche nach solchen vermittlungstheoretischen Positionen (Kropp 2002) prägt die in der Perspektive auf Geschlecht geführten aktuellen Natur- und Nachhaltigkeitsdebatten (I.2).

Als epistemologische Analysekategorie erweist sich Geschlecht nach wie vor als ausgesprochen widerständig im institutionellen Gefüge der Wissenschaften[30] und (auch deshalb?) als theoriekreativ: Die in der Tradition wissenschaftskritischer Geschlechterforschung analytisch aufgedeckte Funktion von (Natur)Wissenschaft und Technik – der konstitutive Beitrag derselben zur Produktion und Reproduktion gesellschaftlicher Natur- und Geschlechterverhältnisse – hat die feministische Umwelt- und Nachhaltigkeitsforschung bis heute sehr weitreichend beeinflusst. Indem das Objektivitäts- und Neutralitätspostulat der Wissenschaft grundlegend infrage gestellt und statt-

---

30 Unabhängig von diesen aus der Geschlechterperspektive entstandenen Forschungszugängen zeigen sich die Umwelt- und Nachhaltigkeitswissenschaften (noch) überwiegend kritikresistent im Blick auf natur- und technikwissenschaftlich generierte Wissensbestände. Die naturwissenschaftlich technische Sicht auf „Umweltprobleme", die sich auf vermeintlich objektive Fakten stützt, vermag jedoch den stattfindenden Transformationen gesellschaftlicher Naturverhältnisse weder analytisch noch etwa problemlösend und gestaltend gerecht zu werden. Dies hat dazu geführt, dass Nachhaltigkeitsforschungen, wo sie im universitären oder außeruniversitären Raum institutionalisiert werden, sich (wie die Frauen- und Geschlechterforschung auch) inter- und meist auch transdisziplinär aufstellen (dazu I.1.2.2 u. I.1.2.3). Wo es in dieser Konstellation gelingt, gendersensible Theorie- und Kritikansätze in die Umwelt- und Nachhaltigkeitsforschung zu integrieren (z.B. im Förderschwerpunkt Sozial-ökologische Forschung, BMBF 2000), tritt der sich auf Grundlage feministischer Ansätze zur Wissenschaftstheorie und -kritik entfaltende Forschungszugang allmählich aus seinem jahrzehntelangen Schattendasein heraus.

dessen von der gesellschaftlichen Konstruiertheit von Natur- und Geschlechterkonzeptionen ausgegangen wird, entfaltet sich ein Typus von Umwelt- und Nachhaltigkeitsforschung, der prinzipiell nicht nur die Grenzen der Fachdisziplinen, sondern auch die von Sozial- und Naturwissenschaften überschreitet. Auf Basis einer kritischen Positionierung gegenüber historisch gewordenen Natur- und Geschlechterkonzepten kann nicht mehr über eine vor- und außergesellschaftliche Natur und ebenso wenig über eine naturgegebene Geschlechterdifferenz gesprochen werden. Das hat die feministische Wissenschaftstheorie gezeigt: Die Reden von „der Natur" und „der Frau" sind eingelassen in herrschaftsförmige gesellschaftliche Strukturen und in wirkmächtige soziale Beziehungen, in denen die (Natur)Wissenschaften nicht nur eingewoben sind, sondern in denen diese eine konstitutive Rolle bei der Herstellung – wirkmächtiger, Asymmetrien erzeugender und stabilisierender – gesellschaftlicher Natur- und Geschlechterverhältnisse einnehmen. „Natur" und „Geschlecht" sind daher fest eingewurzelt in eine gesellschaftliche Wirklichkeit, in der die Konzeptualisierung beider Kategorien äußerst umkämpft und in hohem Maße politisch ist. Die aus den feministischen Wissenschafts- und Technikdebatten gewonnene Gewissheit über die prinzipielle Kontextgebundenheit der Prozesse der Wissensgenerierung, über die Subjektgebundenheit, Partialität und Situiertheit wissenschaftlicher Erkenntnisse sowie auf Basis der Einsicht, dass Natur- und Technikwissenschaften gesellschaftliche Natur- und Geschlechterverhältnisse als Macht- und Herrschaftsverhältnisse (mit)gestalten und erneuern, fordert dazu heraus, die Kategorie Geschlecht als Analysekategorie als eine verbindliche Forschungsdimension auch und gerade in Hinblick auf die epistemologische Perspektive in die Nachhaltigkeitswissenschaften zu integrieren (Hofmeister/ Mölders 2006; Katz 2006).

1.3.3 Geschlecht als Strukturkategorie

Aufbauend auf die feministischen Wissenschaftstheorien und die hiermit entwickelte Kritik an der Essentialisierung und Biologisierung von Geschlechterunterschieden (I.1.3.2) und die Forschungen zu Geschlecht als identitätspolitische Differenzkategorie aufnehmend (I.1.3.1) wird die Frage, wie Ausschlüsse, Marginalisierungen und Diskriminierungen entlang des Geschlechts in gesellschaftliche Strukturen eingeschrieben ist, über die sozialwissenschaftliche Forschung hinaus auch für Natur-, Umwelt- und Nachhaltigkeitsdiskurse produktiv. Als Strukturkategorie (Beer 1984) wird Geschlecht bzw. Geschlechtszugehörigkeit verstanden als ein „Platzanweiser" (Knapp 2007/1988) innerhalb gesellschaftlicher Zusammenhänge. Das Geschlechterverhältnis wird als Vergesellschaftungsprozess analysiert, der durch die verschiedenen Bereiche der Gesellschaft, die sich wechselseitig ergänzen und stützen, hindurch wirksam wird (Becker-Schmidt 2007/ 1993: 124ff.). Geschlecht kann also vom Individuum abstrahiert, als geschichtlich und gesellschaftlich Konstruiertes begriffen und damit als Bestandteil von Gesellschaft gedacht werden (Becker-Schmidt/ Knapp 1995: 8). Gemeinsam ist den Ansätzen zur sozialen Konstruktion von Geschlecht, dass sie (im Blick auf verschiedene Forschungsgegenstände und aus verschiedenen disziplinären Perspektiven) die Frage nach dem „Wie?" der sozialen Gewordenheit von Geschlecht und Geschlechtlichkeit aufwerfen (Villa 2007: 21ff.). In der Perspektive auf soziale Handlungen werden das Wechselspiel zwischen subjektiver und objektiver Realitätsentwicklung, Verhalten und Verhältnissen sowie die intersubjektiven Beziehungen und die gesellschaftlichen Formen ihrer Gewordenheit und Institutionalisierung erforscht. Entscheidend für diesen analytischen Zugang ist die im Rekurs auf die feministische Theorieentwicklung erfolgte Differenzierung zwischen biologischem Geschlecht, „Sex", und „Gender"[31], dem sozialen Geschlecht. Diese Unterscheidung geht auf die US-amerikanische Debatte zurück[32], in der auf die Differenzierung der Geschlechter auf Grundlage biologischer Unterschiede, d.h. äußere Geschlechtsmerkmale und der damit verbundenen Fixierung der sexuellen Geschlechterdifferenz, mit einer kategorialen Abgrenzung von „Sex" zu „Gender" reagiert wurde (Becker-Schmidt 2007/1993: 117). Der Begriff Gender erlaubt, biologistische Begründungen für soziale Zuweisungen zurückzuweisen (Knapp 2001: 60). Er verweist darauf, dass die Festlegung, was als „weiblich" oder „männlich" gilt, durch gesellschaftliche Machtmechanismen geprägt wird und in Herrschaftsstrukturen eingebettet ist[33]. Die „Naturalisierung der Frau" – sowie die Übertragung des Gegensatzverhältnisses Kultur vs. Natur auf das Geschlechterverhältnis – wird mit dem Argument kritisiert, „dass zwar die Biologie von Natur gegeben, die Geschlechtsrollen jedoch ‚sozial erzeugt' und demnach verändert werden können" (Schultz 2004: 13). Unmittelbar mit der sozial erzeugten Zweigeschlechtlichkeit verbunden ist die Wirkmächtigkeit der sowohl in Geschlechter- als auch in gesellschaftliche Naturverhältnisse eingeschriebenen Hierarchisierungen. Geschlecht kann somit als eine

---

31 Im Begriff Gender sind das Gesamtsystem der Beziehungen zwischen den Geschlechtern und die Frage nach den Geschlechterverhältnissen sowie den damit verbundenen gesellschaftlichen Ungleichheiten angelegt.
32 Darauf, dass die kategoriale Trennung von „Sex" und „Gender" nicht unproblematisch ist, weist insbesondere Braidotti (1994b: 258ff.) hin: Die aus der angloamerikanischen Tradition stammende Kategorie „Gender" hat wenig Relevanz für die feministischen Debatten in den romanischen Sprachräumen – ihre Bedeutung kann dort nicht verstanden werden. Dies hat zur Ausbildung länderspezifischer Theorietraditionen geführt, die sich, weil ihre Entwicklung unabhängig voneinander verlaufen ist, wechselseitig nicht wahrnehmen und nicht aufeinander beziehen (können) (auch Becker-Schmidt/ Knapp 2000: 8ff.).
33 Wenn davon ausgegangen wird, dass die Dichotomisierung der Geschlechter sozial konstruiert ist, führt in Radikalisierung dieser Position diese Denkweise zum Verschwinden der biologischen Geschlechterdifferenz („Sex"). In der Kritik von Judith Butler (1991) wird Biologie zur sozialen Konstruktion.

die Vermittlungszusammenhänge zwischen Natur und Gesellschaft strukturierende Kategorie genutzt werden (Mölders 2010a: 59), und als solche geht sie in die Debatten um Gesellschaft-Natur-Beziehungen und nachhaltige Entwicklung ein. Doch wird auch und gerade in diesen Debatten deutlich, dass aufgrund einer Dominanz (radikal) sozialkonstruktivistischer Theorieansätze die Gefahr besteht, dass die Differenz zwischen den Genusgruppen fiktiv wird (Becker-Schmidt 2007/1993: 117). „So wichtig die Unterscheidung von ‚sex' und ‚gender' ist, um Biologisierungen […] offen legen zu können […], so problematisch wird die strikte Trennung jedoch, wenn mit ihr postuliert wird, sexuelle Fremd- und Selbstzuschreibung habe mit Körperlichkeit als auch einem naturalen Phänomen gar nichts zu tun." (ebd.: 121) „Angesichts seiner gesellschaftlichen und lebensgeschichtlichen Genese kann das Phänomen der Zweigeschlechtlichkeit nicht einfach dekonstruiert werden." (ebd.: 120) Wird der „Geschlechtsnatur" (Sex) jeglicher Einfluss auf die soziale Lebensgeschichte einer Person oder auf die Organisation der Gesellschaft abgesprochen, so wird Natur auf die Funktion des „stummen Substrats" von Subjekt, Gesellschaft und Kultur reduziert. (Klinger 1995 zit. nach Becker-Schmidt/ Knapp 2000: 70).

In der Analyseperspektive auf Geschlecht als Strukturkategorie werden Herrschaftsbeziehungen problematisiert, wie sie in Zusammenhang mit geschlechtsspezifischer Arbeits- und Aufgabenteilung und in der Hierarchisierung zwischen Erwerbs- und Versorgungssphäre auftreten. Hieran knüpfen auch die Nachhaltigkeitswissenschaften unmittelbar an. Denn als normatives Konzept zielt Nachhaltigkeit auf die Herstellung sozialer Gerechtigkeit in der Verbindung mit der Sicherung der physisch materiellen Lebensgrundlagen und damit auf die Überwindung struktureller Hierarchisierung, wie sie sowohl in gesellschaftliche Geschlechter- als auch in Naturverhältnisse eingeschrieben sind. Ausgehend von der zentralen Bedeutung der Integration der drei Dimensionen Ökonomie, Soziales und Ökologie im Leitbild Nachhaltige Entwicklung werden die frühen Ansätze der Frauen- und Geschlechterforschung, die die Einbettung weiblicher Lebenszusammenhänge in die herrschaftsförmigen gesellschaftlichen Strukturen thematisieren, höchst relevant. Dies betrifft insbesondere die Debatten zur Stellung und Funktion der „Hausarbeit" im sozial-ökonomischen Kontext moderner, industriekapitalistischer Gesellschaften (Bock/ Duden 1977). Aus dieser frühen Debatte hervorgegangen ist das Konzept der „doppelten Vergesellschaftung" von Frauen – vergesellschaftet zum einen in einer patriarchal verfassten „Privatsphäre" (Versorgungsarbeit) und zum anderen in der kapitalistisch verfassten Erwerbsarbeitssphäre (Becker-Schmidt et al. 1984; Becker-Schmidt 1985). Auf diese Debatten aufbauend und die Leistungen ökologischer Systeme einbeziehend entwickeln sich in der Perspektive auf Geschlecht als Strukturkategorie konzeptionelle Zugänge zur Nachhaltigkeitsforschung (I.2.2. u. I.2.3).

Kern dieser frühen auf die Strukturkategorie Geschlecht fokussierenden Debatten ist, dass moderne Gesellschaften und ihre Ökonomien wesentlich durch die Trennung zwischen Produktions- und Reproduktionssphäre, zwischen marktvermittelter und „privater" Arbeit geprägt sind (Becker-Schmidt/ Knapp 2000: 41ff.). Dieses Trennungsverhältnis ist in alle gesellschaftlichen Bereiche eingelassen. Die in die Produktions-Reproduktions-Differenz eingeschriebenen Hierarchisierungen wurden zunächst im Blick auf ihre Bedeutung für Geschlechterungleichheit und -ungerechtigkeit reflektiert, dann jedoch früh auch in die kritischen Umwelt- und Nachhaltigkeitsforschungen importiert und in Bezug auf die Analyse gesellschaftlicher Naturverhältnisse genutzt (u.a. Becker/ Jahn 1989/1987; Böhme/ Schramm 1985; Scheich/ Schultz 1987, dazu Biesecker/ Hofmeister 2006: 21ff.). Feministische Kritik ist auf die generelle Infragestellung von Trennungsverhältnissen, Polarisierungen und Dichotomisierungen in modernen Gesellschaften gerichtet: „Dichotomien [v.a. Kultur/ Gesellschaft vs. Natur, Subjekt vs. Objekt, öffentlich vs. privat, männlich vs. weiblich, Anm.d.Verf.] zeichnen sich durch fiktive Überschüsse aus, die der Faktizität nicht entsprechen. Polarisierungen legen nahe, Übergänge und Verflechtungen zu übersehen" (Becker-Schmidt 1998b: 84). Dichotomien sind mit Auf-/ Abwertungen verbunden.[34] Sie verdecken die Bezogenheiten zwischen den dissoziierten Elementen, sozialen Sphären und Institutionen und kaschieren damit den Gesamtkontext sozialer Strukturierung, in dem – in Einem – Geschlechterverhältnisse und gesellschaftliche Reproduktionszusammenhänge ausgeblendet und abgewertet sind. Dualistische Konstruktionen dienen somit der Verschleierung realer Abhängigkeiten, sie schneiden Vermittlungen ab, verdecken soziale Zusammenhänge und Abhängigkeitsverhältnisse und damit den Gesamtzusammenhang gesellschaftlicher Reproduktion (ebd.: 85f.). Kritik an der Gliederung des Denkens durch Zweiteilungen ist immer beides, Erkenntnis- und Gesellschaftskritik zugleich (ebd. mit Verweis auf Adorno).

In der feministischen Nachhaltigkeitsdebatte wird die Gesellschafts- und Erkenntniskritik der Geschlechterwissenschaften aufgenommen und in sozial-ökologischer Perspektive erweitert: In der Logik eines Gegensatzverhältnisses zur Natur konstituieren moderne Gesellschaften das Trennungsverhältnis zwischen Produktivem und „Reproduktivem", indem sie Wesen, Prozesse und Leistungen, denen kein sozialer und ökonomischer Wert beigemessen wird, als „Natur" aus der gesellschaftlichen und ökonomischen Sphäre heraustrennen, von sich abspalten. Dies betrifft sowohl die Produktivität der ökologischen Natur wie auch die lebensweltliche, nicht marktvermittelte

---

34 Die Verknüpfung von Differenz und Hierarchie darf jedoch nicht universell und ahistorisch gesetzt werden: Geschlechterdifferenz geht nicht in allen Kulturen einher mit unterschiedlichen Wertigkeiten und ungleicher Machtverteilung zwischen Männern und Frauen (Becker-Schmidt/ Knapp 2000: 80f.).

Produktivität von „Frauen". Die „ökologische" Krise und die Krise der (weiblichen) Reproduktionsarbeit (Rodenstein et al. 1996) werden als gleichursprünglich gedeutet (Biesecker/ Hofmeister 2006; I.2.3.6). Dieser Forschungsansatz knüpft an die Krisentheorie sozial-ökologischer Forschung an (Becker/ Jahn 1989/1987; Scheich/ Schultz 1987; I.2.2.3).[35]

In der Analyseperspektive auf Geschlecht als Strukturkategorie wird deutlich, dass und wie die vorfindbaren Differenzen in Bezug auf die Wahrnehmung von und den Umgang mit Natur und Umwelt (I.1.3.1) mit gesellschaftlichen Strukturen verbunden und darin eingelassen sind. Diese wiederum sind Bedingung und Ergebnis geschlechtlich markierter Zuweisungsprozesse, können also nicht durch biologische (Geschlechter)Differenzen erklärt werden. Als Strukturkategorie verweist Geschlecht daher auf die Vermitteltheit von symbolischen mit materiellen Aspekten hierarchischer Natur- und Geschlechterverhältnisse (Mölders 2010a: 77ff.). Geschlechterverhältnisse sind somit konstitutiv für alle institutionellen Arrangements in der Gesellschaft – für Bildungs-, Gesundheitssysteme, Arbeitsmärkte ebenso wie für die Institutionen der Umwelt- und Nachhaltigkeitsgovernance. Die Kategorie Geschlecht wird jedoch nicht nur in umwelt- und nachhaltigkeitswissenschaftlichen Analysen der Bedingungs- und Bedeutungskontexte von (individuellem und gesellschaftlichem) Handeln produktiv, sondern sie fordert zugleich zu politischem Handeln heraus, das auf strukturelle Veränderungen und auf die Herstellung der für das Empowerment marginalisierter Bevölkerungsgruppen notwendigen Bedingungen zielt. Damit wird deutlich, dass und weshalb eine am Differenzparadigma orientierte identitätspolitische Strategie der Gleichberechtigung und Gleichbehandlung nicht zwangsläufig zu mehr Geschlechtergerechtigkeit führen kann: Gleichbehandlung auf der Basis von Strukturen der Ungleichheit schreibt Ungleichheit fort, statt sie zu beseitigen. Ungleiche Macht- und Gestaltungsmöglichkeiten sind in alle gesellschaftlichen Bereiche strukturell eingelassen und werden von diesen (wieder) hervorgebracht. Sie gilt es daher perspektivisch in den Blick zu nehmen, um Hierarchisierungen aufzudecken und ihnen entgegenzuwirken. Konzepte und Instrumente wie das Gender-Mainstreaming[36] und das Gender Impact Assessment (GIA)[37]

---

35 Die These von der Gleichursprünglichkeit der Krise gesellschaftlicher Natur- und Geschlechterverhältnisse in der Produktions-Reproduktionsdifferenz hat in der feministischen Nachhaltigkeitsforschung verschiedene Diskurse zu Umwelt- und Nachhaltigkeitspolitiken (vgl. dazu die Forschungs- und Handlungsfelder II).

36 Das Konzept Gender-Mainstreaming zielt auf die „(Re)Organisation, Verbesserung, Entwicklung und Evaluation von Entscheidungsprozessen mit dem Ziel, dass die an politischer Gestaltung beteiligten Akteurinnen und Akteure den Blickwinkel der Gleichstellung zwischen Frauen und Männern in allen Bereichen und auf allen Ebenen einnehmen" (Sachverständigenbericht des Europarats/ Europarat 1998 zit. nach BBR 2002: 1). Es gilt als gleichstellungspolitisches Konzept und ist handlungsleitend für alle Politikbereiche (BMI 2000).

tragen zur Entwicklung einer systematischen Suche nach und Analyse von Genderaspekten in allen gesellschaftlichen Politikbereichen und Institutionen bei.

1.3.4 Geschlecht als Prozesskategorie

Im Differenzparadigma folgt die Frauen- und Geschlechterforschung, wie wir gezeigt haben (I.1.3.1), grundsätzlich zwei Argumentationsmustern: zum einen der Annahme, dass Frauen und Männer sich aufgrund ihrer biologischen Eigenschaften voneinander unterscheiden (essentialistischer Begründungszusammenhang), und zum anderen der These, dass die Geschlechterdifferenz auf Basis unterschiedlicher Sozialisationsmuster hergestellt wird (sozialisationstheoretischer Begründungszusammenhang). Beide Argumente fokussieren auf Geschlechtsidentität.

Der Perspektive auf die Analysekategorie Geschlecht als Prozesskategorie geht die Kritik an beiden Argumentationsmustern voraus. So wurde die essentialistische Begründung der Geschlechterdifferenz zurückgewiesen, indem die Rückführung der Geschlechterdifferenz auf biologische Unterschiede, auf Natur als eine Strategie enttarnt worden ist, mit der ungleiche, ungerechte Geschlechterverhältnisse als universell, überhistorisch und mithin unveränderlich gesetzt werden (I.1.3.2). In dieser Sicht beruht die Unterlegenheit von Frauen auf der „Natur der Frauen", insbesondere auf ihrer potenziellen Fähigkeit zur generativen Reproduktion. Mit der Kritik an der Sozialisationsforschung, die (in feministischer Perspektive) die besondere Sozialisation von Mädchen in Differenz zu Jungen thematisiert, wurden nun auch die Prämissen des sozialisationstheoretischen Argumentationsgangs infrage gestellt: Werden Menschen als Mädchen oder als Jungen sozialisiert, so geht die Annahme, dass es sich „von Natur" entweder um Mädchen oder um Jungen handelt, d.h. die These der Zweigeschlechtlichkeit, dem immer schon voraus (Hagemann-White 1984)[38]. Der sozialisationstheoretische Begründungszu-

---

37 Das Verfahren Gender Impact Assesment (GIA) geht auf einen niederländischen Ansatz zurück und wurde maßgeblich durch das Institut für sozial-ökologische Forschung (ISOE) in Frankfurt am Main im Blick auf Naturwissenschaft und Technikentwicklung erweitert sowie prototypisch ausgearbeitet. Es umfasst eine Relevanzprüfung und Wirkungsanalyse, die Bewertung und Empfehlungen und integriert die Genderperspektive entlang von vier Leitfragen nach: geschlechtsspezifischer Arbeitsteilung, gesellschaftlicher Organisation von Intimität (Körperlichkeit), Gestaltungsmacht in Wissenschaft, Technik und Politik sowie Zugang zu natürlichen Ressourcen (Schultz et al. 2006: 437ff.).

38 „Der Fehler der Theorien geschlechtsspezifischer Sozialisation bestand darin, sich ebenso wenig wie das Alltagsbewusstsein von dem Schein der Natürlichkeit unserer Geschlechterverhältnisse lösen zu können. In ihrer Annahme, zwischen biologischem und sozialen Geschlecht unterscheiden zu können und zu müssen, bleiben sie immer

sammenhang befreit die Geschlechterforschung also gerade nicht aus dem Essentialismus-Dilemma. Damit wurde die Glaubwürdigkeit und Sinnhaftigkeit einer Differenzierung von Sex und Gender zweifelhaft und als biologistisch verworfen (Hagemann-White 1984, 2007/1988; Lorber 1999). Kritisiert wird, dass die die Sozialisationsforschung bis dahin motivierende Frage falsch gestellt war: Statt zu fragen, in welcher Weise sich durch „Geschlecht" unterschiedliche Muster der Sozialisation ergeben, ist das Geschlecht selbst die Dimension, die angeeignet wird (Gildemeister 2005: 204 mit Verweis auf Hagemann-White 1984). Anknüpfend an die ethnomethodologischen Studien von Kessler/ McKenna (1978) sowie Garfinkel (1967) zu Transsexualität plädiert Hagemann-White (2007/1988: 33) für die „Null-Hypothese" – also dafür, „dass es keine notwendige, naturhaft vorgeschriebene Zweigeschlechtlichkeit gibt, sondern nur verschiedene kulturelle Konstruktionen von Geschlecht." Damit verschiebt sie die Forschungsfrage auf die Frage, wie Geschlecht „gemacht wird", auf „Doing Gender" (West/ Zimmermann 1987). Zugleich rückt damit die Perspektive auf Subjekt und Identität in den Hintergrund und verlagert sich auf eine intersubjektive Ebene: „Doing Gender" fokussiert die interaktive Herstellung, Reproduktion und Variation sozialer Regeln und Strukturen, die es ermöglichen, dass Kinder und Jugendliche ein (einziges) Geschlecht erwerben und sich das kulturell symbolische System der Zweigeschlechtlichkeit als Ganzes aneignen (Gildemeister 2005: 205). Gefragt wird also danach, wie sich Geschlechtlichkeit auf individueller, struktureller und symbolischer Ebene aktiv herstellt, reproduziert und verändert. Indem das „Geschlecht, in dieser Sicht, [...] nicht etwas [ist], das wir ‚haben' oder ‚sind', sondern etwas, was wir tun" (Hagemann-White 1993: 68), wird eine andere Forschungsfrage (wie wird Geschlecht in interaktiven Prozessen angeeignet?) formuliert. Neuartige methodologische und methodische Probleme werden damit evident.[39]

Die Verschiebung der Perspektive weg von den Geschlechterunterschieden hin zu den Verhältnisbestimmungen wird ab Mitte der 1990er Jahre – als radikal konstruktivistische Ansätze (insbes. Butler 1991) auch die deutsch-

---

noch biologistisch, denn sie mussten einen – meist diffus abgegrenzten – Teil der kulturellen Vorstellungen über maßgebliche Merkmale der Geschlechterzuordnung als ‚Natur' festschreiben, um davon die bloß anerzogenen Eigenschaften und Erwartungen trennen zu können." (Hagemann-White 2007/1988: 32f.)

39 Wie können wir „Doing Gender" analysieren, wenn wir Frauen oder Männer, Mädchen oder Jungen befragen und/oder beobachten? Die Antwort, die Hagemann-White (1993) auf diese Frage findet, ist die der „doppelten Blickrichtung": Während die empirische Erhebung in der Perspektive der Geschlechterdifferenz erfolgt (durch Erfahrung geleiteter Blick von „innen"), wird bei der Interpretation des Materials der theoriegeleitete Blick (von „außen": es gibt kein Geschlecht) zugrunde gelegt. Sie schlägt also eine Forschungsperspektive vor, in der die Geschlechterdifferenz abwechselnd ernst genommen und außer Kraft gesetzt wird (ebd.: 75).

sprachige Geschlechterdebatte erreicht hatten – zu einer Art „Mainstream" in der Geschlechterforschung. Impulsgeberin für eine prozessorientierte Analyseperspektive war die Einsicht, dass das Klassifikationsprinzip der Zweigeschlechtlichkeit Bestandteil einer reflexiven sozialen Praxis ist, in der Geschlecht angeeignet und zugewiesen wird. „Doing Gender" (später auch „Doing Difference", Fenstermaker/ West 2001), erscheint daher als eine Forschungsperspektive, die auf radikal sozialkonstruktivistischen Theorien aufbaut.

Doch war und ist die prozessorientierte Analyseperspektive nicht etwa an radikal konstruktivistische Theorieansätze gebunden, sondern schließt ebenso an gesellschaftstheoretische und -kritische feministische Theorien an und ergänzt jene Theoreme, die Geschlecht als Strukturkategorie konzeptualisieren (I.1.3.3).[40] So lässt sich die These, dass Geschlechterverhältnisse entlang des sozial-kulturellen Konzepts der Zweigeschlechtlichkeit als hierarchische konzipiert werden, die sich vor allem in der geschlechtsspezifischen Arbeitsteilung und der Lebenspraxis von „Frauen" als doppelt vergesellschaftete Ausdruck verschaffen (Becker-Schmidt 1991), auch in dieser Analyseperspektive abbilden und unterlegen. Indem sie fragt, wie sich Geschlechtlichkeit in der alltäglichen Praxis von Menschen interaktiv herstellt, fragt die „Doing Gender"-Forschung danach, wie Geschlechtlichkeit als kulturell symbolisches System (Hagemann-White) hergestellt wird. Doch ist das soziale Geschlecht nicht nur etwas Gemachtes, sondern auch etwas Gewordenes – Resultat historischer Strukturierungsprozesse (Becker-Schmidt 2007/1993: 122). Symbolische Ordnung und Sozialgefüge stützen sich wechselseitig ab.[41] Zur Beantwortung der Frage, auf welche Weise eine durch hierarchische Strukturierungen gekennzeichnete Gesellschaft Zweigeschlechtlichkeit hervorbringt und im Alltagshandeln kontinuierlich wieder und wieder erneuert, trägt die Perspektive auf Geschlecht als Prozesskategorie in doppelter Weise entscheidend bei.

Mit der Einsicht in die Konstruiertheit vermeintlicher Gewissheiten hat sich zugleich auch der Rahmen möglicher Fragestellungen erheblich erweitert: Zum einen rücken damit alle Aspekte von Gesellschaft mit ihren sozia-

---

40 Hagemann-White (2007/1988: 33) stellt diesen Anschluss her, indem sie auf die gesellschaftlichen Strukturen (z.B. auf die ungleichen Zugangschancen von Frauen und Männern zu Tätigkeiten und Rechten) in bestimmten Kulturen (nämlich solchen, die zwei Geschlechter unterscheiden und sie ungleich setzen, wie die „westlichen") verweist – wohl wissend, dass diese Auffassung nicht von allen Gesellschaften geteilt wird (ebd.: 30ff.).

41 „Das Geschlechterverhältnis ist ein ideelles Gebilde, eine symbolische Ordnung und ein Sozialgefüge, das eine materielle Basis hat. Die beiden Konstruktionen sind nicht identisch, verweisen aber aufeinander. Sie stützen sich gegenseitig ab, haben eine gemeinsame Sozialgeschichte und sind beide durch übergreifende Gesellschaftsformationen vermittelt." (Becker-Schmidt/ Knapp 2000: 61)

len Praktiken als Momente und Orte von Vergeschlechtlichungsprozessen ins Licht. Zum anderen geraten andere Differenzierungskategorien (vor allem „Rasse"/ Ethnie, Klasse) ins Visier und betonen deren Überschneidung, Durchkreuzung und konstitutive Verwobenheit mit der Kategorie Geschlecht (Haraway 1987; Mouffee 1998). Die an der Fragestellung nach den „Achsen der Ungleichheit" (Klinger et al. 2007) ansetzenden feministischen Forschungen werden mit dem Konzept Intersektionalität verbunden (I.1.3.1) – ein Konzept, das an der „alten Einsicht, dass man die Lebenssituation von Frauen nicht begreifen kann, wenn das Feld nur über die Kategorie ‚Geschlecht' erschlossen wird" ansetzt, diese jedoch radikalisiert (Knapp 2009: 316).

Im Schnittfeld zwischen Natur-, Umwelt- und Nachhaltigkeitsforschung und Geschlechterforschung wird die an der Perspektive Geschlecht als Prozesskategorie angelegte Forschung nochmals erweitert: Die in diesem Zusammenhang interessierende Frage ist, ob und wie „Doing Gender" mit „Doing Nature" verwoben ist (Poferl 2001; Nightingale 2006; Weber 2007). Wird Geschlechtlichkeit über die Bedeutungszuschreibungen von Natur (mit)hergestellt? Und umgekehrt: Wird „Natur" durch die Kategorie Weiblichkeit hindurch konzipiert – als „weiblich" gedacht? Die durch die feministische Wissenschaftstheorie entwickelte und wissenschaftshistorisch vielfach belegte These, dass beide Konstruktionen zur gegenseitigen Abstützung von hierarchisierenden Setzungen, Zuweisungen und Ausgrenzungen herangezogen werden (I.1.3.2), wird in der Perspektive auf beide Kategorien, Geschlecht und Natur, als Prozesskategorien neu formuliert (auch Katz/ Mölders i.d.Bd.).

Ein Forschungstyp in diesem Feld richtet sich auf das Zusammenwirken von Natur- und Geschlechterkonstruktionen bei professionell für Natur und Umwelt zuständigen Akteuren. Wie der unterschiedliche Umgang mit der (eigenen) Geschlechterzugehörigkeit das „Gendering" von Berufskonzeptionen (z.B. Verantwortungsverteilung und Bezahlung) stützt, welche wechselseitigen Bezüge zwischen naturgestaltenden Tätigkeiten und Geschlechterkonzeptionen hergestellt werden, wo und wie Geschlechterhierarchien darüber reproduziert, wodurch sie brüchig werden, wird für naturbezogene Berufsfelder in der „Doing Gender"-Perspektive ausgearbeitet.[42] Dabei sind die theoriegeleiteten Verbindungen der Mikro- und Makroebene im Rahmen empirischer Forschungen zu Natur, Geschlecht und Nachhaltigkeit in der prozessbezogenen Analyseperspektive erst ansatzweise entwickelt.[43]

---

42 Z.B. für den Forstbereich: Katz/ Mayer (2006b), Katz (2010, 2011, 2012), Mayer (2010), auch Katz/ Mölders i.d.Bd.

43 Die Erforschung von Geschlecht als Konstruktion ist eng an mikrosoziologische und qualitative Untersuchungen geknüpft. Das gesellschaftskritische Potenzial solcherart Erkenntnisse zu individuellen Handlungspraktiken gilt als gering, wenn diese nicht sozialstrukturell fundiert und kontextualisiert sind (z.B. in Hinblick auf Ressourcen und

Auch auf theoretisch konzeptioneller Ebene wird die Verbindung von „Doing Gender" mit „Doing Nature" augenfällig: Zur Verhältnisbestimmung von Natur und Gesellschaft in der auf Prozesse gerichteten Analyseperspektive sind beispielsweise die Arbeiten mit Bezug auf „Doing Gender" in Naturschutzdiskursen weitreichend. Thematisiert wird die Verschränkung dieser Diskurse mit der symbolischen Geschlechterordnung (Mölders 2010a; Weber 2007; Lucht/ Weber 2006). Denn die Auseinandersetzung über die Begründung und Bestimmbarkeit der zu schützenden Natur im Naturschutzdiskurs weist auffällige Parallelen zur „Doing Gender"-Debatte in der Geschlechterforschung auf: Auch hier hat sich das Verständnis vom Gegenstandsbezogenen (einem spezifischen Naturzustand) weg entwickelt, hin zum Prozesshaften (Hofmeister/ Katz 2011: 388). Ebenso wie „Geschlechtsidentität" wird auch „Natur" in der Naturschutzforschung zunehmend als etwas Prozesshaftes und Dynamisches gedeutet: Als „Wildnis" wird Natur Gegenstand neuer gesellschaftlicher Wertschätzung.

Aus einer feministischen Perspektive, die „Doing Gender" mit „Doing Nature" verbindet, gerät auch die in Nachhaltigkeitsdiskursen dominante Kategorie Naturkapital in die Kritik. Diskutiert wird, welches theoretische Potenzial „Naturproduktivität" (anstelle „Naturkapital") für die Nachhaltigkeitsforschung aufweist. Argumentiert wird, dass erst mit der Kategorie Naturproduktivität „Natur" als zeitliche – als sozial-ökologisch Gewordene (Produkt) und Werdende (Produktivität) – verstanden und im Blick auf Nachhaltigkeit und die Formulierung von Nachhaltigkeitsregeln umfassend theoretisiert werden könne (Biesecker/ Hofmeister 2001; Held et al. 2000). Dies ermögliche eine neue Sicht auf nachhaltige Entwicklung als eine (re)produktive Entwicklung (Biesecker/ Hofmeister 2009). Dieser Argumentationsgang schließt, indem er die sozial lebensweltliche Produktivität der „Frauen" und die Produktivität der „Natur" als Prozesskategorien in Einem theoretisiert, unmittelbar an die „Doing Gender"-Forschung in den Geschlechterwissenschaften an und verbindet sie mit einem „Doing Nature"-Ansatz im Blick auf die Weiterentwicklung der Nachhaltigkeitswissenschaften (I.2.3.6).

Es geht also sowohl in den Geschlechter- als auch in den natur- und nachhaltigkeitsbezogenen Forschungen in feministischer Perspektive mehr um Qualitäten als um Identitäten, mehr um Gemacht-/ Gewordensein und Gemacht-/ Werden als um einen Zustand, weniger um das, was es ist oder wer

---

Machtverhältnisse), Strukturelles und Interpretatives also nicht aufeinander bezogen werden (Krüger 2006; Becker-Schmidt 2008). Zur Überwindung der vermeintlichen Unvereinbarkeit von struktur- und handlungstheoretischen Ansätzen werden unterschiedliche Zugänge formuliert: Bilden (1991) erweitert die geschlechtlichen Aushandlungsprozesse um die Faktoren Macht und materielle Ressourcen, Becker-Schmidt (2008) verfolgt die Perspektive der doppelten Vergesellschaftung, Kahlert (2006) führt Struktur- und Prozesskategorie konzeptionell über die Strukturationstheorie von Giddens zusammen (auch Braun 1995; Mordt 2006).

"wir" – in sozialer, kultureller, ethnischer und geschlechtlicher Hinsicht – sind. Ob und inwieweit die Idee einer „Identität im Wandel" in Verbindung mit neuen Verständnissen von einer „Natur" als Prozess zu Verschiebungen des Essentialismus-Konstruktivismus-Dilemmas führen wird, ist noch offen (dazu Hofmeister/ Katz 2011).

1.4 Zusammenführung und Ausblick

Die vorgenommene Sondierung und Systematisierung der analytischen Zugänge zum Themenfeld Geschlechterverhältnisse und Nachhaltigkeit zeigt, dass die verschiedenen Analyseperspektiven auf Basis der Kategorie Geschlecht einander nicht ausschließen, sondern ergänzen. Obgleich sie auf unterschiedliche Geschlechterkonzeptionen verweisen und auf unterschiedliche Weise in verschiedene Gesellschaftstheorien und -kritiken eingebettet sind, stehen sie nicht nebeneinander, sondern sie sind eher komplementär miteinander verwoben. Mindestens zeichnet sich dies für das Schnittfeld Geschlechter-, Umwelt- und Nachhaltigkeitsforschung ab, in dem alle vier Analyseperspektiven ineinander greifen und sich auf konstruktive Weise miteinander verbinden.

Dabei hat sich Geschlecht als epistemologische Analysekategorie (I.1.3.2) als eine Art „Metaperspektive" erwiesen, die mit den jeweils anderen eine Verbindung eingeht, aus der für die Überschneidung zu natur-, umwelt- oder nachhaltigkeitsbezogenen Forschungen neue und neuartige Erkenntnisse ausgingen und -gehen. Aus der wissenschaftstheoretischen und -kritischen Perspektive auf „Geschlecht" und „Natur" ...

- ... in der Verbindung mit dem Differenzparadigma resultiert die Erkenntnis, dass mit der Exklusion von Forscherinnen aus natur- und technikwissenschaftlichen Disziplinen zugleich auch Forschungsfragen, -perspektiven und -praktiken ausgeschlossen und/oder marginalisiert werden, was schließlich zu verzerrten und einseitigen Theorien, Konzepten und Forschungsergebnissen führt,
- ... in der Verbindung mit Geschlecht als Strukturkategorie resultiert der kritische Blick auf Verkürzungen und Vereinseitigungen in Gesellschafts- und Wirtschaftstheorien, die die „reproduktiven" Leistungen (von Frauen und Natur) ausblenden, sowie konstruktiv die Möglichkeit, den gesamten sozial-ökologischen Reproduktionsprozess zu theoretisieren,
- ... in der Verbindung mit Geschlecht als Prozesskategorie resultiert die Verbindung von „Doing Gender" mit „Doing Nature", mit der ein Neudenken von „Natur" in Verbindung mit „Geschlecht" in nicht essentialistischer Weise ermöglicht wird.

Deutlich geworden ist auch, dass und weshalb die verschiedenen analytischen Perspektiven sich nicht etwa in theoretisch konzeptionelle Zugänge zum Themenfeld Geschlechterverhältnisse und Nachhaltigkeit überführen lassen oder/und in einem einzigen Theorem aufgehen können. Mit zunehmender Bedeutung konstruktivistischer Theorieansätze in der Geschlechterforschung gewann auch die Analyseperspektive auf Geschlecht und Geschlechtlichkeit als eine sich in interaktiven Prozessen herstellende, wiederherstellende und verändernde Kategorie an Bedeutung. Und die prozessbezogene Analyseperspektive auf „Geschlecht" wird auch dort theoretisch produktiv sowie forschungspraktisch und politisch relevant, wo es um die Erklärung struktureller Ungleichheitsstrukturen geht – und wo Vergeschlechtlichungsprozesse in Produktions- und Reproduktionssphäre in Hinblick auf die damit verbundenen Widersprüche, Konflikte und Ungleichzeitigkeiten untersucht werden.[44]

Schließlich kann – ungeachtet der nach wie vor bestehenden Notwendigkeit und Produktivität jeder einzelnen der Analyseperspektiven – festgehalten werden, dass mit der „Wende" hin zu einer Theorieentwicklung, die den Forschungsgegenstand Geschlecht als solchen erklärungsbedürftig erscheinen lässt, eine paradigmatische Verschiebung eingetreten ist, die sich nun auch auf die Querschnittsforschung im Feld Geschlechter- und Naturverhältnisse auszuwirken beginnt. An der Analyseachse „Doing Gender" – „Doing Nature" scheint ein hohes theoretisches Innovationspotenzial auf (Hofmeister/ Katz 2011: 387f.). Denn immer deutlicher werden in geschlechter- und naturbezogenen Diskursen die Parallelen sichtbar: Wie „Geschlecht" ist auch „Natur" Gewordenes und Werdendes, Gemachtes und in (Wieder)Herstellung Begriffenes („Doing Nature") – nicht nur Identität/ Substanz/ Struktur, sondern auch Differenz/ Prozess/ Verhältnis (Janowicz 2011: 28 zit. nach Hummel/ Schultz 2011: 221). In dieser Sicht wird Natur nicht länger als passive Ressource (für die industrielle Produktion wie für die soziale Konstruktion) konzeptualisiert, sondern als eine aktive, agierende Kraft („Agentic Force") (Alaimo 2008; Alaimo/ Hekman 2008b; Tuana 2008). „Nature is agentic – it acts, and those actions have consequences for both the human and nonhuman world" (Alaimo/ Hekman 2008b: 5). Indem die Interaktionen zwischen Natur, Menschen und Gesellschaft in den Blick genommen werden, ohne dass dabei auf die Vorgängigkeit und Vorrangigkeit von entweder Natur oder Kultur insistiert wird, beginnen feministische Theoretiker_innen damit, an einem innovativen Verständnis von der materialen Welt zu arbeiten (Alaimo 2008: 242f.).[45] Die (Re)Integration von Materialität in die feministische Theorie

---

44 Zur Bedeutung des Theorems der „doppelten Vergesellschaftung" (Becker-Schmidt) im Kontext einer (de)konstruktivistisch geprägten Geschlechterforschung, deren Interessen sich zunehmend auf symbolisch-diskursive, kulturelle Aspekte in der Organisation von Geschlechterverhältnissen richtet: Knapp (1998: 42ff.).

45 Alaimo (2008: 242ff.) spricht hiervon als von einem „Material Turn" in der feministischen Theorie.

öffnet einen Blick für die Prozesse der Veränderung gesellschaftlicher Naturverhältnisse, an denen die nichtmenschliche Natur aktiv beteiligt ist; die transformative Kraft der materiellen Welt – konzeptualisiert als Ko-Konstitution, Ko-Emergenz oder Ko-Evolution (Haraway 2003) – kann nun mitgedacht und theoretisiert werden (Scheich/ Wagels 2011: 24). Denn wie „Geschlecht" ist auch „Natur" ein hybrider, sozialer und materialer (sozial-ökologischer) Gegenstand, der sich symbolisch kulturell und physisch materiell (wieder)herstellt und (wieder)hergestellt wird. Wie Geschlechterverhältnisse spiegeln auch Naturverhältnisse symbolische Ordnung und ein Sozialgefüge und haben eine materielle Basis (für das Geschlechterverhältnis Becker-Schmidt/ Knapp 2000: 61). Auch für gesellschaftliche Naturverhältnisse gilt, dass beide Konstruktionen nicht identisch sind, jedoch aufeinander verweisen. Sie stützen sich gegenseitig ab, haben eine gemeinsame Geschichte und sind beide durch übergreifende Gesellschaftsformationen vermittelt. In dem Anliegen, beide Dualismen – Kultur/ Gesellschaft vs. Natur und männlich vs. weiblich – in Einem infrage zu stellen, sie aufzubrechen und sie zu unterlaufen, werden die Synergien zwischen beiden Forschungsfeldern – den Umwelt-/ Nachhaltigkeitswissenschaften und den Geschlechterwissenschaften – offensichtlich.

Gezeigt wurde auch, dass die Erweiterung geschlechterbezogener Forschungen um den Blick auf Differenzierungen innerhalb und jenseits von Frauen und Männern – die Einbeziehung weiterer „Achsen der Ungleichheit" (Klinger et al. 2007), wie „Rasse"/ Ethnizität und Klasse – in methodologischer und theoretischer Hinsicht innovativ ist: methodologisch insofern, als die mit der Einsicht in die Notwendigkeit weiterer Differenzierungen einsetzende Selbstkritik[46] und der „reflexiven Wendung" in der Geschlechterforschung zu einer Radikalisierung der Reflexion auf die eigenen Aussagebedingungen geführt hat (Knapp 1998: 64). Damit haben sich in den Geschlechterwissenschaften „die Ansprüche an Reflexivität in einem Maß erhöht, das anderswo nicht in vergleichbarer Ausprägung zu finden ist." (ebd.: 69) Hieran kann die Forschung im Schnittfeld zu den Nachhaltigkeitswissenschaften unmittelbar anknüpfen und partizipieren. Theoretisch erweist sich die Perspektiverweiterung von „Differenz" auf „Differenzen" als fruchtbar auch und insbesondere für die Querschnittsforschungen zu Geschlecht, Natur und Nachhaltigkeit. Denn wird ausgehend von Haraways Konzept Naturecultures (2003; I.2.3.7) der Blick statt auf „die Natur" auf „Naturen" gerichtet – auf

---

46 Die Geschlechterforschung, die bis dahin angetreten war, die „blinden Flecken" in den vermeintlich objektiven Wissensbeständen anderer Wissenschaften aufzudecken – die die in diesen eingelassenen Hierarchien und Herrschaftsverhältnisse aufgedeckt hat –, wurde nunmehr mit den „blinden Flecken" im eigenen Denken konfrontiert: mit der Ausblendung der Differenzen zwischen Frauen und der eigenen unhinterfragten Gleichsetzung der „Wir-Kategorie" Frau mit einer bestimmten Gruppe von Frauen (heterosexuell, weiß und „mittelständisch").

hybride, nichtmenschliche und menschliche Wesen und Dinge, die in ihrer Vielfältigkeit und Differenziertheit in epistemologische, soziale, ökonomische, kulturelle und sozial-ökologische Prozesse involviert sind und diese aktiv mitgestalten –, hat dies weitreichende Konsequenzen für die Nachhaltigkeitsforschung: Hier ginge es nun nicht allein darum, eine auf soziale und ökonomische Entwicklungsprozesse restriktiv wirkende (und essentialistisch konzipierte) „ökologische" Natur zu theoretisieren – eine Natur, aus deren (universell gültigen) Gesetzmäßigkeiten die „Grenzen" oder „Leitplanken" für das soziale und ökonomische Handeln abgeleitet werden (sollen) –, sondern die Interaktionen zwischen Menschen, Gesellschaften und Natur/en würden in den Blick genommen und in ihrer Wechselseitigkeit reflektiert (z.B. Tuana 2008). Mit dieser Transformation nachhaltigkeitswissenschaftlicher Forschungsfragen sind neue Analyse- und Problemlösungspotenziale verbunden, die dort, wo sie in der (feministischen) Nachhaltigkeitsforschung schon aufscheinen, theoretisch kreativ und forschungspraktisch innovativ zu werden versprechen. Die Anschlussfähigkeit der Nachhaltigkeitswissenschaften an die (natur)wissenschaftstheoretischen Forschungsarbeiten, die die Frauen- und Geschlechterforschung in den letzten Jahrzehnten geleistet hat, liegt dabei auf der Hand: Kritische Nachhaltigkeitswissenschaften, die die Kategorie Natur als essentialistische hinter sich lassen und sich vermittlungstheoretisch orientieren, werden die Objektivitäts-, Universalitäts- und (Geschlechts)Neutralitätsansprüche aller Wissenschaften, insbesondere der Natur- und Technikwissenschaften, infrage stellen und aufzubrechen suchen.

Allerdings verdoppelt sich mit der Perspektive auf sich wandelnde (Geschlechter)Identitäten und auf Natur/en als sozial-ökologische Produkte und Produzent_innen auch das methodologische Dilemma, in dem beide Forschungsperspektiven für sich schon stecken: Wie lassen sich, indem der Ausgangspunkt der Forschung in der Differenzperspektive formuliert wird – es gibt Beziehungen zwischen (verschiedenen) Frauen und Männern und zwischen Gesellschaft/en und Natur/en – die Pole, die diese Differenzen markieren, zugleich infrage stellen? Wie lassen sich die erkennbaren Hybridisierungsprozesse, in denen sich die Pole diskursiv symbolisch und physisch materiell ineinander verschieben, angemessen beschreiben? Wie können die Eigensinnigkeit, Bedeutsamkeit und Wirkmächtigkeit („agency") nichtmenschlicher Natur/en konzeptualisiert werden, ohne dass zugleich die Vorstellung von Subjekt und Subjektivität aufscheint und explizit und/oder implizit mitgenommen wird (Alaimo 2008: 244ff.)? Wie lassen sich solche Verschiebungen und Hybridisierungen innerhalb jener Denkmuster und Begriffssysteme denken, die durch die kritisierten Dualismen strukturell geprägt sind (jedoch die einzigen verfügbaren sind)? Wie also können wir Differenz und diejenigen Prozesse, in denen Differenzen sich verschieben und auflösen, gleichzeitig theoretisieren und analysieren? Und schließlich: Wie lassen sich Natur- und Geschlechterverhältnisse als soziale Konstruktionen je für sich und in ihren wechselseitigen Bezügen zueinander beschreiben, wenn zugleich an Materialität, an lebendigen Naturen und an lebendigen, vergeschlechtlichten Körpern (die als physische Identitäten die für beide Forschungsfelder konstitutiven Grenzbegriffe darstellen) – aus feministischer Sicht festgehalten werden will und muss?[47]

Mit dem theoretischen Rahmenkonzept gesellschaftliche Naturverhältnisse, das sowohl von der Annahme der Differenz als auch von der Verbindung zwischen Gesellschaft/ Kultur und Natur ausgeht (Jahn/ Wehling 1998: 82), liegt ein Entwurf vor, der von der feministischen Umwelt- und Nachhaltigkeitsforschung inspiriert und maßgeblich beeinflusst ist (I.2.2.3). Noch ist nicht absehbar, ob und wie z.B. auf Basis dieses Konzeptes das Essentialismus-Konstruktivismus-Dilemma, das im Forschungsfeld Geschlechterverhältnisse seit Längerem Thema ist, sich nun aber mit Blick auf Geschlechter- und Naturverhältnisse gleichsam verdoppelt, aufgelöst werden kann. Forschungsansätze, die sich vermittlungstheoretisch aufstellen – die sich von einem Denken in Dualismen sowie von dem Wunsch, die Oppositionen zur einen oder zur anderen Seite (naturalistisch oder sozialkonstruktivistisch) auflösen zu wollen, verabschiedet haben, indem sie die Transformation gesellschaftlicher Natur- und Geschlechterverhältnisse konzeptionell theoretisch verknüpfen und eine nachhaltige Gestaltung gesellschaftlicher Naturverhältnisse mit Geschlechtergerechtigkeit verbinden wollen –, scheinen in beiden Forschungsfeldern schon auf und entfalten sich insbesondere in der Überschneidung zwischen diesen. Die hier von feministischen Umwelt- und Nachhaltigkeitsforscher_innen geleistete und noch zu leistende „Übersetzungsarbeit" (Schultz 2001) erweist sich als ausgesprochen produktiv und innovativ, wie der Blick auf die verschiedenen theoretischen und konzeptionellen Ansätze in diesem doppelt quer liegenden Forschungsfeld zeigt (I.2).

---

47 Dazu z.B. Alaimo (2008), Bauhardt (2011c), Bauriedl (2010), Gransee (1999), Kropp (2002).

2. Orientierungen im Themenfeld Geschlechterverhältnisse und Nachhaltigkeit

2.1 Einführung

Sabine Hofmeister, Christine Katz, Tanja Mölders

Wie oben gezeigt (I.1.2) verbindet die Geschlechter- und Nachhaltigkeitsforschung eine normative Rahmung sowie der Anspruch nach inhaltlicher Integration, lebensweltlicher Problemkontextualisierung und nach einer inter- und transdisziplinären Ausrichtung. Geschlechterforschung zeichnet sich darüber hinaus durch eine explizit herrschaftskritische Ausrichtung und durch eine breit angelegte Verwendung sowie ein weites Verständnis der Kategorie Geschlecht aus. Die Ähnlichkeiten in den Strukturmerkmalen und Forschungsprinzipien von Geschlechter- und Nachhaltigkeitswissenschaften wie auch die Verschiedenheit der geschlechteranalytischen Zugänge und Theoriekonzepte innerhalb der Geschlechterforschung fanden und finden auf vielfältige Art und Weise Eingang in das Themenfeld Geschlechterverhältnisse und Nachhaltigkeit und tragen zu dessen inhaltlicher Orientierung und Konturierung bei. Mittlerweile besteht hier eine Fülle an theoretisch-konzeptionellen Perspektiven, thematischen Ausrichtungen und inhaltlichen Forschungszugängen, die umfassend abzubilden, den Rahmen dieses Buches sprengen würde. Wohl wissend um die „Fallstricke" von zusammenfassenden Strukturierungsbemühungen, haben wir für die weitere Betrachtung dennoch zwei übergeordnete Ebenen festgelegt: Wir unterscheiden *Forschungsbereiche und Forschungsansätze*, denen ein wesentlicher Teil der o.g. Vielfalt an Forschungsaktivitäten zum Zusammenhang von Geschlechterverhältnissen und dem Leitbild nachhaltige Entwicklung zugeordnet werden kann.

Im folgenden Kap. I.2.2 gehen wir exemplarisch auf drei verschiedene Forschungsbereiche ein, die für die inhaltlich-konzeptionelle Strukturierung des Themenfelds Geschlechterverhältnisse und Nachhaltigkeit besonders bedeutsam sind. Das sich anschließende Kap. I.2.3 präsentiert einen kleinen Ausschnitt aus der Bandbreite an existierenden und praktizierten Forschungsansätzen[1] zum Zu-

---

1 Forschungsansätze stehen hier für solcherart Versuche, Theoretisierungen zum Zusammenhang von Geschlechter-, Naturverhältnissen und Nachhaltigkeit thematisch zu konkretisieren.

sammendenken der Geschlechter- und der Nachhaltigkeitsperspektive. Die von uns getroffene Auswahl umfasst dabei Ansätze, die sich ex- oder implizit auf einzelne oder mehrere der in I.2.2 eingeführten Ebene der Forschungsbereiche beziehen und diese weiter konkretisieren bzw. theoretisch ausbuchstabieren.

2.2 Forschungsbereiche im Themenfeld Geschlechterverhältnisse und Nachhaltigkeit

Sabine Hofmeister, Christine Katz, Tanja Mölders

Wie bereits erwähnt, ist der Versuch, die vielfältigen Forschungsaktivitäten im Themenfeld Geschlechterverhältnisse und Nachhaltigkeit unter das Dach dreier Forschungsbereiche zu aggregieren, einigermaßen gewagt. Warum wir uns auf die drei Bereiche, Ökofeminismus (I.2.2.1), Feministisch ökologische Ökonomik (I.2.2.2) und Gender & Environment (I.2.2.3) stützen, hat folgende Gründe: Zum einen spiel(t)en sie bei der Herausbildung des Themenfeldes, also entwicklungsgeschichtlich eine maßgebliche Rolle. Zum anderen beziehen sie sich – wenn auch unterschiedlich tiefgründig – auf die wesentlichen Diskurse, die im Zusammenhang mit den Interdependenzen zwischen Geschlecht, Natur, Gesellschaft und Nachhaltigkeit geführt wurden und werden.

In Bezug auf den thematischen Fokus repräsentieren die drei Forschungsbereiche trotz zahlreicher Überschneidungen verschiedene Schwerpunktsetzungen: Im Ökofeminismus geht es um den Zusammenhang zwischen der Unterdrückung von Frauen/ Weiblichkeit mit der Zerstörung von Natur, die feministisch ökologische Ökonomik interessiert insbesondere die geschlechtlich kodierte Trennung der ökonomisch „produktiven" von den „unproduktiven" oder „reproduktiven" Prozessen und Leistungen. Gender & Environment fokussiert die Zusammenführung der sozialwissenschaftlichen Geschlechterforschung mit der feministischen Naturwissenschafts- und Technikkritik unter Einbeziehung der Frage nach der Gestaltungsmacht von Frauen in der Umweltforschung auf der politischen und der Alltagsebene.

Es gibt jedoch bezüglich einiger Grundannahmen und konzeptioneller Ansprüche auch Übereinstimmungen und Gemeinsamkeiten zwischen den Forschungsbereichen: So gehen beispielsweise alle davon aus, dass Naturverhältnisse nicht nur vergesellschaftet, sondern auch vergeschlechtlicht sind und dass die Verbindungen zwischen Natur, Geschlecht und Gesellschaft herrschaftsförmig sind. Gemeinsam ist allen ferner der konzeptionelle Anspruch, zur Theoretisierung der Wechselwirkungen zwischen gesellschaftlichen Geschlechterverhältnissen und dem gesellschaftlichen Umgang mit Natur bzw. den natürlichen Ressourcen beizutragen.

„Den" Ökofeminismus trotz seiner Heterogenität als eigenen Forschungsbereich mit aufzunehmen halten wir aus zweierlei Gründen für angezeigt: Zum einen liefern die ökofeministischen Aktivitäten zahlreiche inhaltlich-konzeptionelle, für die Forschungen im Themenfeld Geschlechterverhältnisse und Nachhaltigkeit interessante und relevante Anknüpfungspunkte. Zum anderen bringen die unter dem Etikett „Ökofeminismus" versammelten Forschungsaktivitäten die wesentlichen und kontroversenreichen Herausforderungen beim Zusammendenken von gesellschaftlichen Natur- und Geschlechterverhältnissen zum Vorschein und verweisen damit sowohl auf die in der Geschlechter- wie auch der Nachhaltigkeitsforschung relevanten Spannungen zwischen Essentialismus und Konstruktivismus, zwischen Materialität und Diskurs, zwischen Differenz und Übereinstimmung sowie Status/ Identität und Prozess. Außerdem erfolgt hierzulande kaum eine Auseinandersetzung mit den vielfältigen ökofeministischen Arbeiten aus dem angloamerikanischen Raum, und ihr Potenzial, gesellschaftliche Natur- und Geschlechterverhältnisse theoretisch zusammenzudenken, wird wenig ausgeschöpft.

2.2.1 Ökofeminismus

Christine Katz

Ökofeminismus als Sammelbegriff für Zugänge und Arbeiten, in der feministische, frauen- und/oder geschlechterrelevante Aspekte mit ökologischen, umwelt- und/oder naturbezogenen Fragen zusammengebracht werden, löst Ambivalenzen aus. Mit ihm wird wenig Homogenität und ein weites Spektrum an Konzepten und Interpretationen verbunden.[2] Insbesondere im deutschsprachigen Diskurs wird mit „dem Ökofeminismus" häufig eine spezifische Richtung assoziiert. Oftmals wird diese fälschlicherweise ausschließlich mit den essentialistisch interpretierten Arbeiten von Maria Mies (1988), Veronika Bennholdt-Thomsen und Claudia von Werlhof (1983) identifiziert. Eine solche Zuordnung reduziert jedoch die ökofeministische Vielfalt, die sich bereits in unterschiedlichen Begrifflichkeiten (critical environmental feminism, radical ecofeminism, feminist environmentalism, ecofeminist political philosophy, queer ecology) zeigt und ignoriert z.B. neuere (als postmodern, politisch philosophisch, radikal und queer bezeichnete) Theorieansätze vor allem aus dem angloamerikanischen Sprachraum zum Zusammendenken von Feminismus bzw. Geschlecht und Ökologie bzw. Natur (z.B. Sturgeon 1997; Sandilands 1999; Mallory 2010; Alaimo 2000), insbesondere auch solche, die dabei Sexualität mit einbeziehen (z.B. Mortimer-Sandilands 2005;

---

2   Die ursprüngliche Verwendung des Begriffs „Ökofeminismus" wird Francoise d'Eaubonne zugeschrieben (d'Eaubonne 1974: 66 zit. nach Braidotti et al. 1994: 161).

Sandilands/ Erickson 2010). Dies führte dazu, dass die wissenschaftlichen Debatten diesseits und jenseits des Atlantiks zur Verbindung von feministischen bzw. Geschlechterfragen mit ökologischen, Umwelt- bzw. Naturgestaltungsproblemen bis heute unter unterschiedlichen Etikettierungen und meist nebeneinander laufen und sich wenig aufeinander beziehen.³

Wie kam es nun zur Herausbildung ökofeministischer Ansätze? Unter Einwirkung der internationalen Frauen-, Friedens- und der in den 1970er Jahren entstehenden Umweltbewegung fanden in den 1980er Jahren die ersten ökofeministischen Gruppen und Konferenzen sowohl in Europa als auch in Nordamerika statt (Sturgeon 1997: 26). Hintergrund war die u.a. wegen ihrer besonderen Betroffenheit zusehends auch von Frauen(gruppen) geäußerte Kritik an der weltweiten Umweltzerstörung. Nicht alle damit einhergehenden politischen, alltagsorientierten, künstlerischen und wissenschaftlichen Aktivitäten waren/ sind jedoch tatsächlich feministisch. Dies betrifft auch bildende Kunst, Essays oder Romane und Gedichte (Vinz 2005: 7).

Der akademische ökofeministische Diskurs entwickelte sich Mitte bis Ende der 1980er Jahre (Warren 1987) – vor allem im Bereich der feministischen Philosophie und häufig in Zusammenhang mit Umweltethik (Twine 2001: 4, dazu die Arbeiten von Plumwood 1993; Mellor 1997; Warren 1994, 2000). Die Dominanz philosophischer Perspektiven erzeugte frühzeitig Unmut („Kolonisierung des Ökofeminismus", z.B. Cook 1998: 246). Neben den internationalen (umwelt)politischen und spirituellen Frauenbewegungen übten die „Deep Ecology" und insbesondere die „Social Ecology" einen starken Einfluss auf die Differenzierung ökofeministischer (Theorie)Konzepte aus (Mellor 1997: 150ff.; Braidotti et al. 1994: 155ff.). Zahlreiche feministische Theoretiker_innen ordne(te)n sich in der einen oder anderen Weise dem sich darauf beziehenden „sozialen Ökofeminismus" zu – wenn es auch mit Blick auf dessen Rahmung durch die „Social Ecology" unterschiedliche und durchaus kontroverse Positionierungen gab. Janet Biehl (1991a), Ynestra King (1983)⁴ und Chiah Heller (1990) reklamierten am deutlichsten ihre „sozialökologischen" Wurzeln – in Abgrenzung zu kulturellen Feministinnen (Braidotti et al. 1994: 165), während Plumwood (1993), Warren (1990) und Mellor (1997) sich zu etlichen Aspekten des Ansätzes der Social Ecology kritisch verhielten und inhaltlich daran abarbeiteten (I.2.3.1 bis I.2.3.3).

---

3   Einen kleinen Ausschnitt aus der ökofeministischen Vielfalt vermittelt Kap. I 2.3 dieses Bandes, in dem fünf verschiedene ökofeministische Forschungsansätze (I.2.3.1-I.2.3.5) vorgestellt werden.

4   Beispielsweise sieht King (1981: 15) Frauen als „naturalized culture in a culture defined against nature" in einer besonderen politischen Mittlerfunktion und zentralen Rolle bei der Versöhnung von Mensch und Natur. Biehl (1991a) hingegen adressiert Männer und Frauen gleichermaßen.Während Biehl jeder spirituellen Annäherung in ökofeministischen Ansätzen eine klare Absage erteilt, möchte King (1983: 19) Intuition und Spiritualität als eigenständige Wissensformen integrieren.

Eine der Grundannahmen des am Institute for Social Ecology in Vermont in den 1960er Jahren von Bookchin[5] maßgeblich entwickelten Konzepts der Social Ecology (im Folgenden auch in der Übersetzung als Sozialökologie verwendet) lautet, dass sich die Unterdrückung der Natur von der Herrschaft zwischen Menschen – dem primären Dominanzverhältnis – ableitet. Sein „sozialökologischer" Gesellschaftsentwurf ist charakterisiert durch ein dialogisches und partnerschaftliches Naturverhältnis – Ausdruck einer im Zustand der Freiheit natürlichen harmonischen Mensch-Mensch und Mensch-Natur-Beziehung, Gemeinschaftlichkeit, individuellen Gleichheit und geschlechtlichen Arbeitsteilung.[6] Letzteres stellt für ihn kein Problem dar, weil s.E. in prähistorischen (tribalen) Gesellschaften – an denen er sich konzeptionell orientiert – zumindest unter materiell kargen Bedingungen mit dieser Aufgabenverteilung keine hierarchischen Beziehungsstrukturen verbunden waren. Im Gegenteil hatten Frauen eine zentrale gesellschaftliche Bedeutung und Stellung inne (Bookchin 1982: 75). Erst mit der Entstehung von Herrschaft wurde auch das Geschlechterverhältnis herrschaftsförmig.[7] Obwohl weder Bookchins Naturbegriff noch sein Frauenbild zu einem herrschaftsstabilisierenden Ansatz passen, haben ihm die mangelnde kritische Aufmerksamkeit gegenüber einem Gender-Bias sowohl in seiner Analyse der Unterdrückungsmechanismen in aktuellen westlichen Gesellschaften als auch im Entwurf seiner alternativen „sozialökologischen" Gesellschaftsvision, einiges an Kritik von feministischer Seite eingebracht (I.2.3.3).

Die bis heute sichtbare Diversität des Ökofeminismus spiegelt sich auch in seiner breiten geografischen Verteilung, mit Aktivitätsschwerpunkten in den USA, Kanada, Nordwesteuropa, Indien und Australien (Twine 2001: 1). Die wohl am meisten international rezipierte ökofeministische Arbeit aus dem globalisierten Süden ist „Staying Alive" von Vandana Shiva (1989a).[8]

---

5   Bookchin gilt als einer der Mitbegründer einer öko-anarchistischen Richtung. Seine Arbeiten dürften nicht nur in anarchistischen Kreisen, sondern aufgrund der Veröffentlichungen im Karin Kramer und dem Trotzdem Verlag auch einer breiteren linkskritischen deutschen Leser_innenschaft bekannt sein (I.2.3.1).
6   Bookchins Überlegungen zur Auflösung des Natur-/ Mensch-Dualismus sind im deutschen sozial-ökologischen Wissenschaftsdiskurs wenig präsent. Seine naturalistische Perspektive steht im deutlichen Gegensatz zum Theoriekonzept der gesellschaftlichen Naturverhältnisse, wie es am Frankfurter Institut für sozial-ökologische Forschung als Analyserahmen einer Sozialen Ökologie und in Anlehnung an die kritische Theorie entwickelt wurde (Becker/ Jahn 2006a; I.2.2.3).
7   Allerdings liefert Bookchin nach Mellor (1997: 152) keine plausiblen Erklärungen dafür, wodurch erstens Hierarchie und Herrschaft in die Welt kamen und zweitens, warum sie als Abweichungen vom „Normalzustand" zu betrachten sind.
8   Eingebettet in naturtheoretische und -philosophische Überlegungen, entfaltet Shiva dort ihre Kritik an der Ausbeutung der sog. Dritten Welt und würdigt das Widerstandspotenzial der indischen Frauen. Sie entwirft dabei das Bild der „Demokratie alles Lebendigen" (Shiva 1989b: 50), in der eine kreative, aktive, produktive, vielfältige, von

Die akademische Gender-Community zeigt(e) erstaunlich wenig Interesse am Ökofeminismus. So findet man beispielsweise kaum ökofeministische Texte innerhalb der Journale zu Feminist oder Women's Studies. Dies gilt vor allem für England, Australien, die USA und den deutschsprachigen Raum. Ökofeminismus als eine Richtung, die sich aus einer feministischen Perspektive mit Gesellschaft-Natur-Beziehungen auseinandersetzt, wurde/ wird vielleicht „nicht gänzlich ignoriert, aber verschwiegen" (Sturgeon 1997: 6) und ist bis heute im „feministischen Mainstream" marginalisiert. Holland-Cunz (1994a: 20) bezeichnet diesen sogar als „a-ökologisch und häufig anti-ökofeministisch". Die eher marginalen essentialistischen Argumentationen gelten weiterhin als repräsentativ für den Ökofeminismus insgesamt und werden als Grund dafür herangezogen, alle Ansätze zur Zusammenführung von Feminismus und Ökologie zu diskreditieren (Braidotti et al. 1994: 161ff.; Twine 2001: 5). Dennoch sind zahlreiche der im Zusammenhang mit diesem Band verhandelten Forschungsarbeiten inhaltlich durchaus ökofeministischen Denkrichtungen zuzuordnen (insbes. Katz/ Mölders i.d.Bd.).

Bis heute gibt es kein zusammenhängendes Theoriegebäude zum Ökofeminismus. Unterschiedlich theoretisch fundierte Beiträge stehen nebeneinander oder sich konträr gegenüber. Sie sind ebenso vielfältig wie die Geschlechterforschung insgesamt und umfassen liberal, traditionelle marxistische, radikal sozialistische und postmodern orientierte Strömungen des Feminismus und damit eben auch unterschiedliche Verständnisse von Natur sowie unterschiedliche Lösungsansätze für Umweltprobleme. Allen gemeinsam ist jedoch die Vision eines gesellschaftlichen, sozial gerechten Zusammenlebens in einer intakten Umwelt sowie die Annahme, dass die westliche Unterdrückung von Frauen (und anderen als untergeordnet adressierte Menschen) bzw. des Weiblichen und Natur konzeptionell zusammenhängen und dass die Prozesse der Abwertung aufeinander verweisen (Ruether 1975; Griffin 1978; Daly 1978; Plumwood 1993; Mellor 1992, b; Braidotti et al. 1994; Twine 2001) oder sich sogar gegenseitig bestärken (Merchant 1987/1980). Entsprechend kann ein anderes, nicht destruktives Naturverhältnis nur in und mit geschlechtergerechten Gesellschaften realisiert werden oder, wie es in der Agenda 21, Kap. 24 als ein Ergebnis der UNCED-Konferenz von Rio 1992 formuliert wurde: „Die erfolgreiche Durchführung dieser Programme hängt von der aktiven Einbeziehung der Frau in die wirtschaftlichen und politischen Entscheidungsprozesse ab" (BMU o.J.: 241).

Versuche, all das, was unter „Ökofeminismus" subsumiert wird, zu systematisieren oder gar zu typologisieren, müssen notwendigerweise scheitern

---

Interdependenz und Aufeinanderbezugnahme geprägte lebendige Natur dem kartesianischen mechanistischen Konzept gegenübergestellt wird. Gesellschaft-Natur-Beziehungen werden als gemeinschaftliches Seinskontinuum, als „continuity between the human and natural" (Shiva 1989a: 40) konzeptualisiert.

Ökofeminismus

(Sturgeon 1997: 178ff.). Denn aufgrund der Heterogenität zwischen und innerhalb einzelner Beiträge fällt eine genauere Zuordnung zu spezifischen ökofeministischen Strömungen schwer. Bereits die den jeweiligen Ökofeminismus charakterisierenden Begrifflichkeiten werden weder eindeutig und einheitlich definiert verwendet noch scharf voneinander abgegrenzt z.b. sozialistischer, sozialer, materialistischer, kritischer und radikaler Ökofeminismus (Twine 2001: 3; Sandilands 1999: 57ff.; Mellor 1997: 178ff.; Warren 1987: 17; Plumwood 1997: 39; Gaard 2010). Ungeachtet dessen findet sich eine Reihe an unterschiedlich ambitionierten Ansätzen, inhaltliche oder chronologische Übersichtlichkeit in die ökofeministische Landschaft zu bringen. Holland-Cunz (1994a: 32f.) ordnet beispielsweise alle ökofeministischen Strömungen dem Differenzparadigma zu und sieht sie im radikalen und sozialistischen Feminismus verankert, nicht jedoch im liberalen Feminismus (I.1.3). Sturgeon (1997: 170ff.) steht einer Typologisierung grundsätzlich skeptisch gegenüber. Sie hält sie für Teil eines Prozesses, der den weißen akademischen Feminismus privilegiert und einen unüberbrückbaren Gegensatz zwischen Theorie und Praxis aufbaut. Warren (1991: 11ff.) hat acht verschiedene – weder als konkurrierend noch als sich gegenseitig ausschließend zu verstehende – Strukturierungsebenen zusammengestellt, auf denen der Zusammenhang zwischen „feminism and the environment" beschrieben werden kann:

Historisch und ursächlich: Hierunter sortiert sie Arbeiten, in denen die aktuelle globale Umweltkrise als Ergebnis patriarchaler Kultur verstanden wird (z.B. Salleh 1988) und die Zeit davor entsprechend als matrifokale, friedliche, matrilineale Agrarära (Eisler 1990; Spretnak 1990; Lahar 1991).

Konzeptionell: Hier ordnet sie Arbeiten ein, in denen die historischen und ursächlichen Zusammenhänge zwischen Frauenunterdrückung und Naturbeherrschung mit einer spezifischen Konzeptualisierung von Frauen und Natur begründet werden, insbesondere bezüglich der westlichen intellektuellen Tradition (z.B. durch Dualismen und Wertehierarchien und/oder eine entsprechende „Herrschaftslogik"; King 1983; Cheney 1987; Griffin 1978; Merchant 1990; Plumwood 1991; Ruether 1975; Warren 1990).

Empirisch und erfahrungsorientiert: Hier ordnet sie Arbeiten zu, die eine empirische Evidenz der Verbindung von Frauen-und Naturunterdrückung dokumentieren, z.b. die stärkere Betroffenheit von Frauen und Natur durch Schadstoffe (Philipose 1989).

Epistemologisch: Hier verweist sie auf Arbeiten, die die Mainstream-Konzepte von Rationalität, Wissen und dem Subjekt-Objekt-Verhältnis kritisieren (Jaggar/ Bordo 1989) bzw. Gegenmodelle dazu entwickeln, z.B. orientiert an verantwortungsbezogenen Erkenntnistheorien (Buege 1991) oder an der kritischen Theorie (Salleh 1988; Mills 1991).

Symbolisch: Hierunter fasst sie Untersuchungen zur symbolischen Assoziation und Abwertung von Frauen und Natur (Salleh 1988; Murphy 1991) und solche, die sich mit alternativer Symbolik z.b. im Rahmen des Göttinnen- oder GAIA-Kults auseinandersetzen (Starhawk 1990; Spretnak 1982).

Ethisch: Hier subsumiert sie Arbeiten, die sich mit einer feministischen Ethik des Umgangs mit „dem Anderen" befassen (z.b. Warren/ Cheney 1991).

Theoretisch: Hierunter sortiert sie Arbeiten zur ökofeministischen Philosophie wie z.b. über die „Social Ecology", „Deep Ecology" und zum Bio-Regionalismus (z.B. Plant 1989).

Politisch (Praxis): Hierunter fasst sie Arbeiten, die die politische und praktische Bedeutung des Ökofeminismus darstellen (z.b. Frauengesundheit und Umwelt betreffende Aspekte) (Spretnak 1989; Warren 1991; King 1981, 1990).

Die von Plumwood (1992: 10) eingeführte Unterteilung in kulturellen und sozialen Ökofeminismus ist wohl die am meisten übernommene.[9] Dem kulturellen Ökofeminismus werden all diejenigen Vertreter_innen zugeordnet, die dazu tendieren, die Verbindung zwischen Frauen und Natur zu essentialisieren, beispielsweise Frauen ein epistemologisch privilegiertes Verstehen von und Zugänge zu Natur zuzusprechen (Mies/ Shiva 1993: 20) oder denen Frauen als empathischer gelten als Männer (Spretnak 1989: 129). Twine (2001: 2) mahnt allerdings zur Vorsicht: Seines Erachtens führe eine zu rasche Etikettierung als essentialistisch in die Irre. Denn eine sorgfältige Analyse der Texte genannter Protagonist_innen illustriere, wie viel ambivalenter und wenig eindeutig die (und deren) diesbezügliche Realität sei. In der Regel befassten sich diese differenzierter als in Sekundärquellen weitergegeben mit dem bis heute ungelösten Problem, dass Materialität zählt, aber mit sozialen Konstruktionen verwoben ist (auch Buege 1994). Der soziale Ökofeminismus historisiert die herrschaftsförmige Frau-Natur-Verbindung, sieht sie als Folge westlicher dualistischer Wirklichkeitskonstruktion, tradiert aus der antiken Philosophie, in der Frauen/ das Weibliche und Natur/ das Körperlich-Materielle in gegenseitigem Verweis aufeinander als minderwertig konzeptualisiert wurden (Plumwood 1992, 1993).[10] Dabei wird auf den historisch spezifischen Zusammenhang zwischen Frauenunterdrückung und Ausbeutung der Natur verwiesen, der zeitgeschichtlich mit der Formierung der modernen Naturwissenschaften zusammenfällt (Merchant 1987/1980; Bordo 1986; Plumwood 1992, 1993). Der soziale Ökofeminismus versucht sich in einer Theore-

---

9 Manche kritisieren diese Einteilung, weil dadurch die Relevanz des kulturellen Ökofeminismus unverhältnismäßig überschätzt würde (z.b. Twine 2001: 3).

10 Diese Konzeption ist keine originär ökofeministische, sondern ist Bestandteil des feministischen Theoriediskurses (I.1.3).

tisierung der Verbindung von Frau und Natur jenseits der Essentialismus-/ Konstruktivismus-Falle. Allerdings bleibt dabei die problematische Vorstellung bestehen, dass Teile der Menschheit (Männer) mehr von der Natur getrennt, denn in ihr situiert seien. Auch wenn der soziale Ökofeminismus der Identitätslogik verhaften bleibt (I.2.3.3), reflektiert und relativiert er die konstruktivistische Maxime, kausale Zusammenhänge ausschließlich als soziokulturelle Konstrukte zu begreifen und damit Natur wie Körperlichkeit zu trägen, passiven Randfiguren zu klassifizieren. Stattdessen gelten der menschliche/gesellschaftliche und der Naturbereich im sozialen ökofeministischen Verständnis als historisch miteinander verwoben und interagierend, aufeinander einwirkend (z.B. Plumwood 1993; Sandilands 1999; Warren 1990, 1996).[11]

Während im globalen Kontext bis heute ökofeministische Zugänge prominent vertreten sind, werden hierzulande die sehr viel differenzierter und vielfältiger als in der deutschen Rezeption erscheinenden Konzeptionen zum Zusammendenken von Feminismus und Ökologie aus dem außereuropäischem Raum mit ihren z.t. ambitionierten Theorieentwürfen aus der Philosophie (Plumwood 1993), der Soziologie (Mellor 1997), der „Social Ecology" (Biehl 1991a, b) sowie die postmodern orientierten Arbeiten von Sturgeon (1997) oder Sandilands (2005) und Sandilands/ Erickson (2010) wenig zur Kenntnis genommen (dazu Vinz 2005: 8). Der mangelnde Bezug der Debatte im deutschen Sprachraum auf neuere Entwicklungen des angloamerikanischen Ökofeminismus mag aber auch damit zusammenhängen, dass hier ökofeministischen Positionen generell eine unangemessene Homogenisierung von Frauen und eine Tendenz zur Essentialisierung unterstellt werden. Nicht selten verläuft die Auseinandersetzung über insbesondere als essentialistisch markierte ökofeministische Arbeiten diffamierend, oberflächlich und nicht am Originaltext (Twine 2001: 4). Dies hat mit dazu beigetragen, dass einige Ökofeminist_innen Ende des 20. Jahrhunderts damit begonnen haben, die Geschichte ihrer eigenen Bewegung zu skizzieren und einige frühe Arbeiten auf der Basis genauer Textanalysen inhaltlich zu verteidigen (z.B. Carlassare 1994; Mellor 1997: 48ff.; Sandilands 1999: 3ff.). Im heutigen ökofeministischen Kontext wird ein naiver Essentialismus ebenso selten vertreten wie radikal konstruktivistische Vorstellungen. Weiterhin sichtbar ist jedoch die existierende Kluft zwischen einem vorwiegend akademisch geführten theoretischen und einem „aktivistischen" Ökofeminismus.

---

11 Plumwood (1992, 1993), Sturgeon (1997), Warren (1990, 1996), Gaard (1997), Sandilands (1999) und Alaimo (2000) argumentieren dabei für das Modell eines kritischen Ökofeminismus.

2.2.2 Feministisch ökologische Ökonomik

Sabine Hofmeister

Die Ökonomiekritik aus feministischer Perspektive[12] blickt auf eine lange Tradition zurück: Schon im 18. Jahrhundert standen die geschlechtsspezifische Arbeitsteilung und die Abtrennung der unbezahlten Frauenarbeit aus dem Gegenstandsbereich der auf marktkoordinierte und warenförmige Prozesse und Leistungen fokussierenden ökonomischen Theoriebildung im Fokus einer aus der Perspektive der Frauen formulierten Kritik (Bauhardt/ Caglar 2010: 7). Dass diese frühen Debatten sichtbar gemacht und um aktuelle Analysen zur kritisch feministischen Theoriegeschichte der Ökonomik angereichert werden konnten, ist das Verdienst wissenschaftshistorischer Forschungen feministischer Ökonom_innen (z.b. Biesecker/ Kesting 2003: 39ff.; Biesecker/ Hofmeister 2006: 75ff.; Hoppe 2002; Kuiper 2001). Auf Basis theoriegeschichtlicher Analysen lassen sich die in die Nachhaltigkeitswissenschaften eingehenden Begriffe, Modelle, Vorannahmen und Paradigmen der Ökonomik kritisch hinterfragen und im Blick auf ihre Potenziale zur (Re)Integration sozialer und ökologischer Aspekte in nachhaltigkeitswissenschaftlicher Perspektive rekonstruieren.

Die feministische Ökonomik, die sich mit Gründung der International Association for Feminist Economics 1992 auch institutionell etabliert hat, schließt an die (neue) politische Frauenbewegung der 1970er und 1980er Jahre an. Bereits in dieser Zeit – lange bevor ein wissenschaftlicher Nachhaltigkeitsdiskurs eingesetzt hatte – werden in dieser Forschungsperspektive Erkenntnisse generiert, die rückblickend für eine ökonomische Theorie der Nachhaltigkeit zentral geworden sind.[13] Es sind vor allem drei Thesen feministischer Ökonomik, die den Brückenschlag zu der – in den 1980er Jahren mit Gründung der International Society of Ecological Economics entstandenen – Ökologischen Ökonomik (O'Hara 2009: 193) und zu nachhaltigkeitswissenschaftlichen Fragen ermöglicht haben:

- Wirtschaften ist mehr als das, was in traditionell ökonomischer Sicht darunter gefasst wird: Es reicht über marktvermittelte Prozesse hinaus, ist ein „sozial-ökologischer Handlungsraum" (Biesecker/ Kesting 2003: 9ff., 193ff.).
- Arbeiten ist mehr als erwerbliche Tätigkeit: Die nicht bezahlten und mithin unsichtbaren Tätigkeiten der Frauen gehen unmittelbar in die Herstel-

---

12 Zur feministischen Ökonomik und ihrer Bedeutung für die Nachhaltigkeitswissenschaften ausführlich Biesecker/ Gottschlich i.d.Bd.
13 Zur Entwicklung des Forschungsbereichs durch Integration feministisch und ökologisch ökonomischer Fragestellungen und Theorieansätze Perkins/ Kuiper (2005: 107ff.).

lung warenförmiger Güter und Leistungen ein; sie sind Grundlage und Teil des Ökonomischen.
- Die Trennung von ökonomisch „produktiven" (über den Markt vermittelten, bezahlten) und unproduktiven oder „reproduktiven" (nicht über den Markt vermittelten, nicht bezahlten) Prozessen und Leistungen, wie sie als Vorannahme der ökonomischen Theoriebildung zugrunde liegt, ist fiktiv; erst die Integration der vermeintlich reproduktiven Leistungen von Frauen und Natur ermöglicht eine Vorstellung von der „ganzen" Wirtschaft.

Henderson (1996: 58) hatte darauf aufmerksam gemacht, dass die Marktwirtschaft nur ein kleiner Teil des produktiven gesellschaftlichen Handelns ausmacht: Die Marktökonomie liegt gleichsam auf den Schichten der öffentlichen (staatlichen und kommunalen), der sozial-kooperativen (informellen und privaten) Sektoren des Wirtschaftens auf. Und alle Schichten des Ökonomischen in der Gesellschaft sind eingebettet in das Produktionssystem Natur, das durch Bereitstellung der stofflichen und energetischen Ressourcen sowie durch ihre Fähigkeiten, stoffliche Abfälle abzubauen, die Grundlage für menschliches Wirtschaften bildet. Dieses Denkmodell kann als Fundament feministisch ökologischer Ökonomik gelten – einer Forschungsrichtung, die sich in verschiedenen Initiativen und Ansätzen ausbildet und deren gemeinsames Anliegen es ist, feministisch ökonomisches mit ökologisch ökonomischem Denken zu verknüpfen (Perkins/ Kuiper 2005). Allerdings fokussierten die sich in den 1970er Jahren etablierende „Dual Economy Debate" und die sog. Hausarbeitsdebatte im deutschsprachigen Raum zunächst auf die Frage nach den Trennungen und Zusammenhängen zwischen der marktlich-erwerblichen („männlichen") Sphäre und der „weiblichen", nichtmarktlichen und nichterwerblichen Sphäre des Ökonomischen. Gemeinsames Anliegen feministischer Ökonom_innen war es, diesen Dualismus kritisch zu analysieren und zu durchbrechen (Madörin 2010: 84; Mellor 2009). Hierzu wurden vielfältige theoretische Zugänge entwickelt, wie z.B. das Konzept „Feminist Environmentalism" – eine der wichtigsten feministisch ökonomischen Schulen in den Ländern des Südens – oder das „Vorsorgende Wirtschaften" im deutschsprachigen Raum (dazu Biesecker/ Gottschlich i.d.Bd.). Oftmals in kritischer Auseinandersetzung mit marxistischen Denktraditionen wurde das Trennungsverhältnis zwischen der (kapitalistisch verfassten) Marktökonomie und der (patriarchal verfassten) Lebensweltökonomie unterschiedlich analysiert und interpretiert; auch die Entwürfe zur Aufhebung dieser Trennung fielen entsprechend verschieden und z.T. widersprüchlich aus (Haug 2001: 774ff.). Eng mit Ökonomiekritik verwoben war die Kritik am in der traditionellen (neoklassischen) und in der marxistischen Ökonomietheorie vorherrschenden Verständnis von „Arbeiten".

Die Kritik an der Reduktion von Arbeit auf Erwerbsarbeit stand früh im Zentrum feministischer Wirtschaftstheorien[14] (z.b. Beer 1983, 1990; Bock/ Duden 1977; Bock 1983; Kontos/ Walser 1979; Mies/ Shiva 1993; Neusüß 1985; von Werlhof 1978 sowie international: Himmelweit/ Mohun 1977; Ferber/ Nelson 1993; Kuiper/ Sap 1995; Waring 1988)[15]. Die Debatten um die unbezahlte (Frauen)Arbeit waren verbunden mit der Kritik an einer verkürzten ökonomischen Bewertung insgesamt. Von hier aus wurde der Zusammenhang zwischen der Aneignung weiblicher Produktivität („Reproduktionsarbeit") und der Aneignung natürlicher Ressourcen, die beide nicht (ausreichend) in die ökonomische Bewertung eingehen, deutlich. So weist Waring (1988: 31f., 2009) in ihrer radikalen Kritik an der ökonomischen Wertrechnung darauf hin, dass die Zerstörung der natürlichen Umwelt – ebenso wie die Ausbeutung der weiblichen Arbeitskraft – aus der Nichtbewertung beider Produktivitäten resultiere (auch Mellor 1997). In der feministischen Perspektive auf die unbezahlte (Frauen)Arbeit wurde sichtbar, dass und in welcher Form die nichtbewerteten produktiven Leistungen von Frauen in die ökonomische Wertschöpfung eingehen und mithin Teil des Ökonomischen sind (Jochimsen/ Knobloch 1997, 2006). Diese Überlegungen münden schließlich auch in Theorieansätze ein, die aus unterschiedlichen Perspektiven die Eigenschaften und Besonderheiten (weiblicher) Sorgearbeit (Care) herausarbeiten[16]: ihre Komplexität und Prozessbestimmtheit (einhergehend mit Gleichzeitigkeit der Handlungen), die Nicht-Trennbarkeit von Produktions- und Konsumtionsprozessen sowie die Bedingung der Anwesenheit einer anderen Person (Subjekt-Subjekt-Beziehung) (Madörin 2010: 88; van Staveren 2010: 31, auch Biesecker/ Gottschlich i.d.Bd.). Die Subjektbezogenheit des Care-Konzeptes führt jedoch dazu, dass es überwiegend als „Social Provisioning" (Power 2004: 7 nach Madörin 2010: 83) begriffen und nur ausnahmsweise explizit auch mit umwelt- und naturbezogenen Tätigkeiten verbunden wird (z.B. Jochimsen 2003: 3)[17]. Obgleich also die ökologische Dimension in der Care-Debatte notwendig eher am Rande behandelt wird, tragen feministische Diskurse zu Sorge-, Vor- und Fürsorgearbeit zur kritischen

---

14 In enger Verbindung mit feministischen Debatten um „Arbeit" steht die Kritik an einer androzentrischen Konstruktion des Menschen in der traditionellen Ökonomik: an der Figur des „Homo oeconomicus" (Ferber/ Nelson 1993; Kuiper 2001 sowie kritisch dazu Habermann 2010).
15 Eine gründliche Auswertung sowohl der englischsprachigen als auch der deutschen Debatte findet sich bei Hoppe (2002: 152ff., auch Wolf, S. 1996).
16 Zu den verschiedenen Ansätzen zu „Care" und „Care-Arbeit" im Überblick Heck (2011), van Staveren (2010: 30ff.) sowie Madörin (2010).
17 Ausdrücklich geschieht dies bei Inhetveen (1994), die die Kategorie Vorsorge auf Hortikultur anwendet und entsprechend die Merkmale versorgungswirtschaftlicher Tätigkeiten für den Umgang mit Naturwesen, -räumen und -zeiten verdeutlicht. Vgl. zur Kategorie in der Landwirtschaft auch Singleton (2010), Harbers (2010).

Analyse von Nachhaltigkeitsthemen wesentlich bei (Biesecker/ Gottschlich i.d.Bd.). Verbunden mit der Kritik an einem auf Erwerbsarbeit reduzierten Verständnis von „Arbeiten" bildet sich die Frage nach dem Trennungsverhältnis zwischen der sog. produktiven und reproduktiven Sphäre des Wirtschaftens heraus – also nach der Ursache und dem Ort der Trennung und des Zusammenhangs zwischen beidem.

Die Diskussion über das Verhältnis und die Organisation von „Produktivem" und „Reproduktivem" im Ökonomischen geht auf die oben erwähnte sog. Hausarbeitsdebatte in den 1970er Jahren zurück. Die Kritik an Theorie und Praxis der traditionellen Ökonomie bezieht sich auf die Abtrennung des sog. Reproduktiven[18]: Sowohl die (sozial) weiblichen Tätigkeiten und Leistungen als auch die der Natur werden aus dem Produktivitätsbegriff der Ökonomik herausgetrennt und als „Naturgaben" dem ökonomischen Handeln vorausgesetzt. Indem Reproduktion sowohl in die feministischen als auch in die ökologischen Diskurse als eine kritische (und visionäre) Kategorie eingegangen ist, konnte sie zu einer Brückenkonzeption der (sozial-ökologischen) Nachhaltigkeitsforschung entwickelt werden (I.2.2.3). In der Kritik an der Produktions-Reproduktionsdifferenz verbindet sich schließlich die feministische mit der ökologischen Ökonomik und bildet sich als eine kritische Theorie nachhaltigen Wirtschaftens aus (Theoriegruppe Vorsorgendes Wirtschaften 2000: 39ff.; Biesecker/ Hofmeister 2006; Biesecker/ Gottschlich i.d.Bd., auch I.2.3.6).

In der Entwicklung feministischer Ökonomik sind die Begriffe „Reproduktion" und „Reproduktionsarbeit" in den letzten 20 Jahren durch „Care" und „Sorgearbeit" weitgehend zurückgedrängt worden. Mit dieser – zunächst anscheinend nur begrifflichen – Verschiebung geht einher, dass die Bedeutung der Sorgearbeit im Kontext der Kritik an gesellschaftlichen Produktions- und Reproduktionsverhältnissen zunehmend in den Hintergrund rückt. Im Vordergrund stehen vielmehr die Charakteristika und Eigenschaften des Caring. Heck (2011: 410) verdeutlicht, dass sich die feministische Ökonomik entlang dieser Begriffsverschiebung von der ökonomischen Analyse und Kritik weiter entfernt hat (auch Haug 2011)[19]. Aus Sicht feministischer Nachhal-

---

18 Haug (2001: 771) weist auf die Missverständlichkeit hin, die mit der Verwendung des Begriffspaares verbunden ist: Die Produktion des Lebens und seine Erhaltung (landläufig als „Reproduktion" bezeichnet) unterscheidet sich gerade nicht unter dem Aspekt der Wiederherstellung von der kapitalistisch verfassten Produktion der Lebensmittel: Auch das Kapitalverhältnis reproduziert sich und wird reproduziert. Sie schlägt dagegen vor, von „lebenserhaltenden und -entwickelnden Tätigkeiten" zu sprechen.

19 Heck (2011: 411) begründet diese Verschiebung in der Begriffsverwendung damit, dass sich in postfordistischen Gesellschaften und mit zunehmender Erwerbstätigkeit von Frauen die Besonderheiten der Frauenarbeit analytisch nicht mehr über die (unbezahlte) Hausarbeit wahrnehmen ließen, auf die der Begriff Reproduktionsarbeit noch ausgerichtet gewesen war. Haug (2011) macht demgegenüber darauf aufmerk-

tigkeitsforschung scheint außerdem die in Care-Debatten vorherrschende Fokussierung auf Mensch-Mensch-Beziehungen (statt auf Gesellschaft-Natur-Beziehungen) problematisch, weil damit die theoretischen Einsichten in die Zusammenhänge zwischen weiblicher und ökologischer (Re)Produktivität verstellt werden könnten.

Der Forschungszugang und die Ergebnisse feministisch ökologischer Ökonomik tragen wesentlich zu einer kritischen und erweiterten Bestimmung der in der Nachhaltigkeitsdebatte zentralen Gerechtigkeitsgebote in intra- und intergenerationaler Dimension sowie zur Integration der Entwicklungsdimensionen von Nachhaltigkeit bei.

In Bezug auf die Gerechtigkeitspostulate zwischen den jetzt lebenden Menschen (intragenerational) verweisen die Ergebnisse feministischer Ökonomik sowohl auf Ungleichheitslagen und Gerechtigkeitsdefizite im Verhältnis zwischen Frauen und Männern[20] als auch auf jene von Frauen und Männern in Ländern des globalen Nordens und des Südens. Der in diesem Feld entwickelten erweiterten Perspektive auf Wirtschaften und Arbeiten ist es zu verdanken, dass insbesondere in den Forschungen zu Ländern des globalen Südens die Zusammenhänge zwischen ökonomischen und ökologischen Fragen – nach der Ressourcensituation, ökologischen Problemlagen, aber auch nach der Verfügbarkeit und dem Zugang zu materiellen Ressourcen – im Blick auf Geschlechterunterschiede und -gerechtigkeit deutlich werden. Die Integration der sozialen und ökologischen Prozesse, Leistungen und Tätigkeiten in ökonomische Theorie und empirische Analyse, wie sie in diesem Forschungsfeld vorangebracht wurde und wird, trägt wesentlich zur Entfaltung eines integrierten Verständnisses von „Entwicklung" bei und ist somit für die Nachhaltigkeitswissenschaften zentral. Nachhaltige Entwicklung bedarf einer über die tradierte Ökonomik hinausreichenden erweiterten Wirtschaftstheorie, die sich in der Verbindung von feministischen und ökologisch ökonomischen Theorieansätzen entfaltet hat. (Zu den in diesem Forschungsbereich entwickelten Konzepten ausführlich Biesecker/ Gottschlich i.d.Bd.)

---

sam, dass mit der Begriffsverschiebung („Care-Syndrom") und dem Eingrenzen der Debatte auf personenbezogene (Dienst)Leistungen ein Verlust an Geschichtsbewusstsein und an Selbstreflexion der feministischen Bewegung sowie an kritischer Gesellschaftstheorie im feministischen Diskurs verbunden sei.

20 Ungleichheitslagen zwischen Frauen und Männern ergeben sich insbesondere aus der geschlechtspezifischen Arbeitsteilung, der, wenngleich in sehr unterschiedlichen Formen und Ausprägungen, eine globale Dimension zukommt: Der Beitrag von Frauen zur Versorgungswirtschaft oder zur „reproduktiven" Sphäre des Wirtschaftens (nach Zeitaufwand) ist höher als jener der Männer; zugleich sind die Einkommen sowie der Zugang und die Verfügung über existenzsichernde Ressourcen (Vermögen, Sozialversicherungsleistungen) zwischen Männern und Frauen ungleich zugunsten der Männer verteilt (z.B. Biesecker/ Hofmeister 2003; Madörin 2010 zu den Industrienationen sowie zur Situation in Ländern des globalen Südens insbes. Agarwal 1992; Mies/ Shiva 1993; Wichterich 2004).

2.2.3 Gender & Environment

Tanja Mölders

Der Ansatz Gender & Environment entstand in den 1980er Jahren am Institut für sozial-ökologische Forschung (ISOE) in Frankfurt am Main als Teil des dort in Entstehung begriffenen Forschungsprogramms Soziale Ökologie.[21] Bezugspunkt der feministischen Auseinandersetzung ist das Konzept der gesellschaftlichen Naturverhältnisse als theoretisches Rahmenprogramm der Sozialen Ökologie (Jahn/ Wehling 1998; Becker/ Jahn 2006a): Ausgehend von der Annahme, dass Natur und Gesellschaft in materieller und in symbolischer Hinsicht als gesellschaftliche Naturverhältnisse miteinander verbunden sind, wird eine doppelseitige Kritik geübt, die sich sowohl auf die Naturalisierung als auch auf die Kulturalisierung von Natur und Gesellschaft bezieht. Die sog. ökologische Krise wird in der Sozialen Ökologie als eine Krise der gesellschaftlichen Naturverhältnisse verstanden. Gefragt wird danach, wie die in die Krise geratenen gesellschaftlichen Naturverhältnisse in Richtung Nachhaltigkeit transformiert bzw. reguliert werden können. Entsprechend sind die Soziale Ökologie und damit auch der Ansatz Gender & Environment Teil einer inter- und transdisziplinär ausgerichteten Nachhaltigkeitsforschung.

Mit ihrer Arbeit „Soziale Ökologie und Feminismus" legten die Sozialwissenschaftlerin Irmgard Schultz und die Physikerin Elvira Scheich 1987 das Fundament für eine feministische Auseinandersetzung in und mit der Sozialen Ökologie (Scheich/ Schultz 1987; Schultz 1995: 10; Schultz/ Wendorf 2006: 41ff.).[22] Dabei lag der sozialwissenschaftliche Beitrag insbesondere in einer gesellschaftskritischen Analyse der Fest- und Fortschreibung von Geschlechterrollen und ihrer hierarchischen Verfasstheit. Die naturwissenschaftliche Perspektive eröffnete einen kritischen Blick auf das Objektivitätspostulat in den Naturwissenschaften und der damit verbundenen Trennung von Forschungssubjekt und -objekt.

> „Die Dimensionen, die von der feministischen Kritik des Geschlechterverhältnisses aufgespannt werden, beziehen sich damit auf Gesellschaftstheorie und Wissenschaftskritik gleichermaßen" (Scheich 1987: 44).

---

21 In internationalen feministischen Debatten wird mit dem Terminus „Gender & Environment" ein weiter gefasster Zugang bezeichnet, der die Verbindungen zwischen gesellschaftlichen Natur- und Geschlechterverhältnissen zu erklären versucht (z.B. Nightingale 2006; Hawkins et al. 2011). Die nachfolgenden Ausführungen beziehen sich jedoch ausschließlich auf den deutschen Ansatz im Kontext der Sozialen Ökologie. Bauhardt (2011c: 94) ordnet die unter dem Dach der Sozial-ökologischen Forschung verhandelten feministischen Ansätze dem „sozialen Ökofeminismus" zu.

22 Auch die Arbeiten der Chemikerin Ines Weller am Institut für sozial-ökologische Forschung haben den Ansatz Gender & Environment maßgeblich beeinflusst (u.a. Schultz/ Weller 1995).

Mit Blick auf das Konzept der gesellschaftlichen Naturverhältnisse wurde postuliert, „dass die sozial-ökologische Krise auf der analytischen Ebene der gesellschaftlichen Beziehungen vor allem auch als KRISE DER GESCHLECHTERBEZIEHUNGEN thematisiert werden müsste" (Schultz 1987: 2, Hervorh. i.Orig.). Diese Forderung wurde ernst genommen: Der Ansatz Gender & Environment wurde integrativer Bestandteil der Sozialen Ökologie. Hier wird die „ökologische Krise" heute „mehrdimensional als eine Krise des Politischen, der Geschlechterverhältnisse und der Wissenschaft verstanden" (Becker 2006: 53). Es wird davon ausgegangen, dass die Basisunterscheidung zwischen Natur und Gesellschaft kulturell immer schon durch andere Unterscheidungen codiert ist –

„hier liegt eine der wesentlichen Ursachen für die gesellschaftsprägende Machtförmigkeit der Geschlechterdifferenz: Die Unterscheidung (als begriffliche Operation) wird in eine Grenzziehung und Ausgrenzung (als soziale Praxis) überführt. Soziale Ökologie als Kritik hat derartige Konstruktionen zu dekonstruieren" (Becker/ Jahn 2006b: 25).

Zu dieser Dekonstruktion leistet ein kritisches Verständnis der Geschlechterkategorie einen wichtigen Beitrag: Als Kritik am Umgang mit Dichotomien wird das sozial-ökologische Geschlechterverständnis auf die wissenschaftliche Unterscheidungspraxis zwischen Natur und Gesellschaft bezogen (Hummel/ Schultz 2011: 221). Die Kategorie Geschlecht besteht dabei nicht losgelöst von Natur und Gesellschaft, sondern ist untrennbar mit der modernen Natur-Gesellschaft-Unterscheidung verbunden (Schultz/ Hummel/ Hayn 2006: 227; Schultz 1987: 21ff., 2006: 377ff.; Hummel/ Schultz 2011: 222). Dies bedeutet, dass die Kritik an einer Entgegensetzung von Essentialismus und Konstruktivismus, die sich in ihren Extremformen als Naturalisierung und Kulturalisierung ausdrücken, die Natur- und Geschlechterverhältnisse in gleicher Weise betrifft (Schultz/ Hummel/ Hayn 2006: 233; Hummel/ Schultz 2011: 221).

Geschlechterverhältnisse werden in der Sozialen Ökologie zum einen als gesellschaftliche Strukturkategorie verstanden, „die die Regulation der gesellschaftlichen Naturverhältnisse bestimmt" (Hummel/ Schultz 2011: 221). Zum anderen werden Geschlechterverhältnisse im Sinne eines „Doing Gender" als Prozesskategorie verstanden: „In sozialen Interaktionssituationen werden Geschlechterverhältnisse von Individuen immer wieder neu generiert" (ebd.).[23]

Beide Verständnisse sind relevant für den aktuellen Fokus in der Sozialen Ökologie, Geschlechterverhältnisse als inter- und transdisziplinäre Kategorie zu begreifen und im Forschungsprozess zu operationalisieren (Schultz/ Hum-

---

23 Lettow (2012) merkt kritisch an, dass die Bezugnahme auf anthropologische Theoreme in der Sozialen Ökologie die Ko-Konstruktion von Natur- und Geschlechterverhältnissen verdecke. Sie schlägt deshalb eine stärkere Einbeziehung praxeologisch ausgerichteter, körpertheoretischer Überlegungen vor (ebd.: 173f.).

mel/ Hayn 2006: 224, 232; Schindler/ Schultz 2006: 93f.; Schultz 2006; Hummel/ Schultz 2011). Die interdisziplinäre Kategorie vermag zwischen den Wissenschaftskulturen zu vermitteln, die transdisziplinäre Kategorie ermöglicht die Integration von wissenschaftlichem und Alltagswissen und verbindet so die Kategorien Alltag, Geschlecht und Bedürfnisse miteinander. Entsprechend wird die „doppelte Erkenntnisperspektive auf Geschlechterdifferenzen" herausgestellt, die sowohl die Gesellschaft und den Alltag als auch die Wissenschaft in den Blick nehme (Schultz/ Hummel/ Hayn 2006: 230). Als inter- und transdisziplinäre Kategorie fungieren Geschlechterverhältnisse als „Eye Opener":

> „Sie eröffnen den Blick für soziale Differenzierungen, Hierarchisierungen und Ausgrenzungen, die dann sozial-empirisch erfasst und für das Ausarbeiten der Gestaltungsperspektiven operationalisiert werden können" (Hummel/ Schultz 2011: 230f.).

Die Entwicklung der Sozialen Ökologie als Wissenschaft von den gesellschaftlichen Naturverhältnissen ist durch mehrere theoretische Bezüge geprägt (Becker 2006). Um Natur- und Geschlechterverhältnisse theoretisch wie empirisch als Vermittlungsverhältnisse erfassen, analysieren und transformieren zu können, sind für die Soziale Ökologie insbesondere solche Ansätze relevant, deren Gegenstand das Verhältnis von Natur und Gesellschaft ist, ohne dieses durch Naturalisierung oder Kulturalisierung zugunsten eines der beiden Pole aufzulösen.

Schultz (1995: 10) weist darauf hin, dass die Soziale Ökologie neben „der Kritischen Theorie, wie sie vor allem von der ‚alten' Frankfurter Schule (Horkheimer, Adorno) formuliert wurde [... und den in, d.Verf.] den achtziger Jahren erarbeiteten Ansätzen einer Naturwissenschafts- und Technikkritik" auch auf „den Ansätzen feministischer Theorie und Kritik" beruht. Das heißt, dass feministische Ansätze nicht einen neben der Sozialen Ökologie bestehenden Ansatz Gender & Environment hervorgebracht haben, sondern dass dieser selbst Teil der Sozialen Ökologie und des Konzeptes gesellschaftlicher Naturverhältnisse ist. Dabei bezieht sich die feministische Interpretation gesellschaftlicher Naturverhältnisse direkt auf die genannten Ansätze: Die Bedeutung von Geschlechterverhältnissen für die und in der Kritischen Theorie wurde ebenso herausgearbeitet wie die Genderdimension von Naturwissenschafts- und Technikkritik (Schultz 2006: 379ff.). Ziel war und ist es, im Rekurs auf unterschiedliche Ansätze aus dem Themenfeld Natur- und Geschlechterverhältnisse eine Verbindung herzustellen zwischen dekonstruktiven und rekonstruktiven Perspektiven auf Natur und Geschlecht (ebd.: 380, 382).

Auf einer inhaltlichen und zugleich normativen Ebene steht – trotz der Veränderungen der erkenntnistheoretischen Zugänge der feministischen Forschung sowie der Umweltforschung unter dem Einfluss dominanter Wissenschaftsdiskurse und wechselnder Leitkonzepte (Hummel/ Schultz 2011: 218f.)

– die Analyse und Bearbeitung sozial-ökologischer Krisen nach wie vor im Zentrum der Sozialen Ökologie. Seit Mitte der 1990er Jahre bildet hierfür die Nachhaltigkeitsforschung einen geeigneten Rahmen.

Der Ansatz Gender & Environment bildet einen Bezugspunkt sowohl für theoretische als auch für empirische Arbeiten im Themenfeld Geschlechterverhältnisse und Nachhaltigkeit (Weller 1995; Schäfer et al. 2006; Biesecker/ Hofmeister 2006; Mölders 2010a). Der Beitrag dieses Ansatzes für die Nachhaltigkeitsforschung im Allgemeinen und die Soziale Ökologie im Besonderen liegt darin, dass ausgehend von unterschiedlichen theoretischen Zugängen feministischer Forschungen erstens die Theorieentwicklung an der Schnittstelle von Natur und Gesellschaft weiterentwickelt wird. Insbesondere das Verständnis von gesellschaftlichen Naturverhältnissen als gesellschaftliche Geschlechterverhältnisse trägt dazu bei, die Kritik an einer Naturalisierung oder Kulturalisierung der Unterscheidung von Natur und Gesellschaft zu schärfen (Schultz/ Hummel/ Hayn 2006: 233). Mit der Verbindung von natur- und sozialwissenschaftlichen Perspektiven auf Natur- und Geschlechterverhältnisse wird zweitens ein inter- und transdisziplinärer Zugang in der Nachhaltigkeitsforschung realisiert. Dieser bezieht sich sowohl auf die personelle Gestaltung des Forschungsprozesses als auch auf die Berücksichtigung unterschiedlicher Wissensformen (Hummel/ Schultz 2011). Drittens ermöglicht der Ansatz Gender & Environment eine herrschaftskritische Perspektive, die Mechanismen der Exklusion und Inklusion in Bezug auf Natur- und Geschlechterverhältnisse aufzudecken vermag. Damit wird nicht nur die Position einer kritischen Nachhaltigkeitsforschung gestärkt, sondern die Nachhaltigkeitsforschung selbst daraufhin befragt, inwiefern sie einen Beitrag zu veränderten Denk- und Handlungsmustern zu leisten vermag (Katz 2006; Forschungsverbund „Blockierter Wandel?" 2007; Gottschlich/ Mölders 2006, 2011; Bauhardt 2011a, b).

Forschungspraktische Wirksamkeit entfaltet der Ansatz Gender & Environment über den Förderschwerpunkt Sozial-ökologische Forschung (SÖF) des Bundesministeriums für Bildung und Forschung (BMBF). Für einen Zeitraum von zehn Jahren (2000-2010) bildete die Soziale Ökologie und das Konzept der gesellschaftlichen Naturverhältnisse den Rahmen für einen Teil der inter- und transdisziplinären Nachhaltigkeitsforschung innerhalb des übergeordneten Rahmenprogramms Forschung für Nachhaltige Entwicklungen (FONA). Im ersten SÖF-Rahmenprogramm war „Gender & Environment" neben „Grundlagenproblemen und Methodenentwicklung" sowie „Umsetzungsproblemen und Praxisbezügen" als eine dritte Problemdimension angelegt und sollte in jedem geförderten Forschungsprojekt bearbeitet werden (Becker et al. 1999: 43ff.; Schultz/ Wendorf 2006: 47f.). In der Evaluation der Sondierungsstudien, die der ersten Förderphase (2000-2005) vorgeschaltet waren, wurde u.a. untersucht, inwiefern eine solche Integration der Genderperspektive in die Forschung rezipiert und umgesetzt wurde (Daschkeit et al. 2002): In drei Sondierungsstudien wurde sich explizit mit der Problemdimension Gender und Nachhaltigkeit beschäftigt (Jungkeit et al. 2002; Schön et al. 2002; Weller et al. 2002). Darüber hinaus wurde festgestellt, „dass die Dimension Gender in den Sondierungsprojekten positiv aufgenommen wurde" (Daschkeit et al. 2002: 565), auch wenn nicht von einer grundsätzlichen Berücksichtigung gesprochen werden könne (ebd.). Die Evaluation schließt mit der kritischen Einschätzung, dass außerhalb der Gendersondierungsstudien „keine wirklichen Integrationsversuche" stattgefunden hätten (ebd.: 566), so dass für die Hauptphase eine Spezifizierung der Genderperspektive in der Sozialen Ökologie gefordert wird. Die Tatsache, dass dieser Forderung sehr unterschiedlich nachgekommen wurde und die spezifischen Zugänge und Schwerpunkte innerhalb der Projekte der ersten Förderphase zu einer weiteren Ausdifferenzierung bei der Betrachtung gesellschaftlicher Natur- und Geschlechterverhältnisse geführt haben, ist im Band „Gender-Perspektiven in der Sozial-ökologischen Forschung. Herausforderungen und Erfahrungen aus inter- und transdisziplinären Projekten" dokumentiert (Schäfer et al. 2006, auch Hummel/ Schultz 2011: 219). Im Rahmenkonzept für die zweite Förderphase (2006-2010) ist die Genderdimension weniger prominent angelegt und stellt keine explizit zu berücksichtigende Problemdimension mehr dar: Die Forscher_innen sollen in der Antragstellung darlegen, „ob und inwieweit die Berücksichtigung des Themenkomplexes Gender für die Durchführung des Projekts als befruchtend gelten kann" (Projektträger im DLR e.V. 2007: 25). Welche Auswirkungen dies auf die Integration von Gender in die aktuelle Sozial-ökologische Forschung hat, kann zum heutigen Zeitpunkt noch nicht beurteilt werden.

Scheich formulierte 1987, dass Soziale Ökologie dann ein feministisches Projekt genannt werden könne, wenn sie die feministische (Grundsatz)Kritik des blinden Flecks nicht mehr nötig habe (Scheich 1987: 43). Heute – 25 Jahre nach dieser Feststellung – lässt sich sagen, dass die Soziale Ökologie insofern ein feministisches Projekt genannt werden kann, als die feministische Wissenschafts- und Gesellschaftskritik konzeptionell wesentlich ist für die Erkenntnisperspektiven sozial-ökologischer Forschungen. Um jedoch die Zusammenhänge zwischen gesellschaftlichen Natur- und Geschlechterverhältnissen umfassend sichtbar zu machen und verstehen zu können, gilt es, die jeweils zugrunde gelegten Zugänge und Kategorien klarer als bisher zu benennen, theoretisch einzuordnen, aufeinander zu beziehen und voneinander abzugrenzen.[24]

---

24 So wird in den Arbeiten zur Sozialen Ökologie auf die feministische Naturwissenschaftskritikerin Haraway und ihr Konzept des Situierten Wissens verwiesen (z.B. Schultz 2006: 380f.; Becker/ Jahn 2006a: 15; I.2.3.7), ohne deren Verständnis einer diskursiven Materialität in Beziehung zu setzen zu der Annahme eines Vermittlungsverhältnisses zwischen stofflich-materiellen und kulturell-symbolischen Aspekten gesellschaftlicher Naturverhältnisse, wie es der Sozialen Ökologie zugrunde liegt.

Heute existiert ein breites Spektrum an Wissen und Detailergebnissen der Frauen- und Geschlechterforschung, auf das in der Sozialen Ökologie zurückgegriffen werden kann (Schultz et al. 2006: 225). Diese Offenheit gegenüber verschiedenen feministischen Zugängen und Verständnissen ist Chance und Hemmschwelle zugleich: Einerseits bietet eine solche Offenheit Möglichkeiten für innovative Differenzierung und Anschärfungen sozial-ökologischer Probleme, andererseits besteht die Gefahr einer nicht zu bewältigenden „Über-Ausdifferenzierung" und Ungerichtetheit (Schultz/ Wendorf 2006: 48).

Während die frühen Arbeiten zum Ansatz Gender & Environment vor allem theoretisch motiviert waren, verstehen sich die aktuelleren Arbeiten vor allem als Beitrag einer inter- und transdisziplinären Forschungsprozessorientierung (Schultz et al. 2006; Hummel/ Schultz 2011). Damit die Soziale Ökologie (auch) als feministisches Projekt einen Beitrag zu einer kritischen Nachhaltigkeitsforschung leisten kann, wäre (wieder) eine stärkere Theorieorientierung wünschenswert.

2.3 Forschungsansätze im Themenfeld Geschlechterverhältnisse und Nachhaltigkeit

Sabine Hofmeister, Christine Katz, Tanja Mölders

In Teil I.1 haben wir die verschiedenen analytischen und theoretischen Zugänge, Prinzipien und Erkenntnisebenen, die die Forschungen im Themenfeld Geschlechterverhältnisse und Nachhaltigkeit kennzeichnen, aufgefächert. Im vorherigen Kap. I.2.2 wurden drei wesentliche themenorientierte Forschungsbereiche skizziert, in denen diese verschiedenen Zugänge und Erkenntnisebenen forschungspraktisch eingesetzt werden. In jedem der Bereiche liegt – wenn auch in verschiedenen Kontexten – das Hauptaugenmerk auf Fragen nach den Natur- und Geschlechterverhältnissen. Insbesondere steht im Vordergrund zu analysieren, wie diese Zusammenhänge konzipiert sind (hierarchisch, dialektisch, hybrid), welche Verbindungslinien sie kennzeichnen, wie die Über-/ Unterordnungen in den Natur- und Geschlechterbeziehungen wechselseitig abgesichert werden und welche Folgen jeweils für die gesellschaftlichen Geschlechter- und Naturverhältnisse und deren nachhaltigkeitsorientierte Gestaltung damit verbunden sind (Hofmeister/ Katz 2011: 386f.).

Im folgenden Kap. I.2.3 wird nun dargelegt, im Rahmen welcher Forschungsansätze diese Fragen bearbeitet werden und wie sich darin jeweils die Zugänge, Prinzipien und Erkenntnisebenen mischen, Verbindungen eingehen und wiederum Transformationen im Themenfeld bewirken. Es wurden von uns dafür solche theoriegeleiteten Ansätze ausgewählt, die die Natur- und

Geschlechterverhältnisse konzeptionell vermitteln und mit dem Anspruch verknüpfen, eine zukunftsverträgliche Gestaltung gesellschaftlicher Naturverhältnisse mit der Überwindung geschlechtercodierter Dominanzverhältnisse zu verbinden. Die vorgestellten Ansätze sind weder chronologisch noch als repräsentativ für das gesamte Themenfeld Geschlechterverhältnisse und Nachhaltigkeit zu verstehen. Bisher stehen sie wenig aufeinander bezogen und oftmals wenig harmonisch nebeneinander. Einige werden zumindest im deutschen Sprachraum nur unzureichend wahrgenommen und entsprechend selten als Theorierahmen in der Forschung genutzt. Wir halten jedoch ihr wissenschaftliches Innovationspotenzial für anregend und sehen etliche Anschlussmöglichkeiten an die Nachhaltigkeitsforschung (ebd.: 384f.).

Den Anfang macht *Janet Biehl* (I.2.3.1), die mit ihrem Forschungsansatz das Anliegen verfolgt, ökofeministische Inhalte mit einer Kritik des Kapitalismus und des Nationalstaates zu verbinden. Sie stützt sich u.a. auf das innerhalb der am Vermonter Institute for Social Ecology entwickelte Konzept der „Ökonomie der Kooperation" und zeigt auf, wo und wie sich ökofeministische Forderungen, Analysen und Ideen in die Theorien und Ansätze der Social Ecology integrieren lassen. Das Anliegen des materialistisch ökofeministischen Ansatzes von *Mary Mellor* ist es, Feminismus, Ökologie und Sozialismus zusammenzuführen (I.2.3.2). Sie weist dabei auf die materiale, körperliche Dimension dieser Verbindung hin: auf die Ver/Einkörperung („embodiness") und die Einbettung aller (menschlichen) Wesen in den „ganzen" Naturzusammenhang. Mit ihrer dialektischen Sicht auf die Beziehung zwischen Sex und Gender knüpft sie an die Frühschriften von Marx an. *Val Plumwood* (I.2.3.3) hat ausgehend von der Kritik an den geschlechtercodierten hierarchischen Dualismen der westlichen Wirklichkeitsordnung eine Perspektive entwickelt, in der Herrschaft als querverbunden betrachtet wird. Identität oder Wesenhaftigkeit wird danach quer zu Kategorien wie Klasse, „Rasse", Gender, Alter, durch Animalisierung, Feminisierung und Naturalisierung hergestellt. Dieser Ansatz eröffnet Möglichkeiten, die Konstruktionen von Natur, die auf Ungleichheitsverhältnisse einwirken und diese wechselseitig (mit)-konstruieren, als eingewobene Systeme der Unterdrückung zu analysieren. *Catriona Mortimer-Sandilands* Ansatz steht für einen radikalen und als „Queer Ecology" bezeichneten ökologischen Feminismus, bei dem in die Zusammenhänge von Feminismus bzw. Geschlecht und Ökologie bzw. Natur Sexualität mit einbezogen wird (I.2.3.4). Ihr Interesse besteht darin, zum einen (historische) Verbindungen zwischen den Diskursen über Sexualität und Natur kritisch in Bezug auf Naturalisierungen von spezifischem Sexualverhalten zu analysieren (z.B. in der Verbindung von sexuellen Tierbeziehungen und Umweltveränderungen). Zum anderen geht es ihr darum zu untersuchen, wie die Gestaltung von Naturräumen dazu genutzt wurde und wird, sexuelle Aktivität zu regulieren – letztlich also um die kritische Auseinandersetzung mit der Heteronormativität von gesellschaftlichen Naturverhältnissen. Der Subsistenzansatz – ein ökonomiekritischer Ansatz aus feministischer Perspektive – von *Veronika Bennholdt-Thomsen, Maria Mies, Claudia von Werlhof und Vandana Shiva* beruht auf der in den politischen Kontexten der (neuen) Frauenbewegung der 1970er und 1980er Jahre breit und kontrovers geführten Debatte über die ökonomische Bedeutung unbezahlter Frauenarbeit und ihren Beitrag zum Funktionieren der kapitalistischen Wirtschaftsordnung (I.2.3.5). Der Ansatz bezieht sich auf die marxistische und auch auf feministische Wissenschaftstheorie und -kritik. Vandana Shiva greift diese Überlegungen (den Begriff der „weiblichen Arbeit") auf und entwickelt darauf aufbauend wie auch auf der Auseinandersetzung mit dem westlichen Entwicklungsbegriff, ihre ökofeministische Kritik in Bezug auf die Folgen im globalen Kontext – insbesondere die „Dritte Welt" – weiter. *Adelheid Biesecker und Sabine Hofmeister* sehen in dem von ihnen an der Schnittfläche von ökologischer und feministischer Ökonomie entwickelten (Re)Produktivitätsansatz den Weg zur Überwindung einer in sich gespaltenen, abstrakten Ökonomik – einer in Wert gesetzten (Produktions)Sphäre und einer abgewerteten, ökonomisch unsichtbaren (Reproduktions)Sphäre – hin zu einer nachhaltigen Entwicklung (I.2.3.6). Die nachhaltige Gestaltung gesellschaftlicher Naturverhältnisse bedarf danach der Zusammenführung durch die Kategorie (Re)Produktivität, durch die alle Produktivitäten in ihrer Unterschiedlichkeit miteinander verbunden sind. Die natur- und technikwissenschaftskritische Perspektive von *Donna Haraway* (I.2.3.7) eröffnet eine neue Sichtweise auf ein nicht instrumentelles Naturverhältnis und einen radikal anderen, partialen Objektivitätsanspruch (situiertes Wissen). Ihr Naturbegriff ist in direkter Wechselbeziehung mit „Geschlecht"/ „Geschlechterverhältnisse" vermittlungstheoretisch angelegt und wird nicht als einseitiger gesellschaftlich kultureller, von Menschen vollzogener, intellektueller und/oder symbolischer Akt der Konstruktion verstanden. Sie distanziert sich vielmehr von radikal konstruktivistischen Ansätzen und sieht den Prozess der Naturherstellung als zugleich materiell, diskursiv und interaktiv, an dem viele Akteure beteiligt sind: Menschen, Naturwesen und Naturdinge, Apparaturen und Instrumente.

2.3.1 Ökofeminismus und Social Ecology: Janet Biehl

Christine Katz

Biehls wissenschaftlich-theoretische Arbeit wurde stark beeinflusst von der Radikalität der politischen Konzepte in den USA der 1970er Jahre. Die von Bookchin maßgeblich geprägte „Social Ecology" hatte großen Einfluss auf ihr Zusammendenken der Ideen des libertären Kommunalismus, der „Social Ecology" (im Folgenden auch in der Übersetzung als Sozialökologie verwendet) und des Ökofeminismus[25] zu einem „neuen" Ökofeminismus, einer Verbindung ökofeministischer Ideen mit dem Theorierahmen der Social Ecology und aufbauend auf der konkreten materialistischen, sozialen, feministischen Analyse eines frühen linken radikalen Feminismus (Biehl 1991a: 14).

Biehl ist es wichtig, ökofeministische Inhalte mit einer Kritik des Kapitalismus und des Nationalstaates zu verbinden, deren Abschaffung sie erreichen möchte. Dabei stützt sie sich u.a. auf das innerhalb der Social Ecology entwickelte Konzept der „Ökonomie der Kooperation", in der die Kommunalisierung mit moralischen Grundsätzen einer nicht wachstumsfixierten Ökonomie verbunden wird. Ihr Wirtschaftsmodell ist von Vielfalt, Kreativität und Freiheit charakterisiert. Es ermöglicht sinnvolle Tätigkeiten, die sich an den Vor-Ort-Bedürfnissen der Kommunen orientieren (ebd.: 26). Biehl hält den Wiedereinzug einer Ethik des Sorgens sowohl in private wie auch öffentliche Belange für dringend erforderlich, wobei sie betont, dass dazu alle Menschen – Männer wie Frauen – fähig sind und befähigt werden können. Ihr Ansatz zielt auf den Umbau von Gesellschaft in eine dezentralisierte Form von Gemeinschaftlichkeit, in der für alle ein öffentliches und privates, erfülltes Leben möglich wird, ohne dass Frauen weiterhin die Zugehörigkeit zur privaten Sphäre zugewiesen würde. Das humanistische Erbe der Aufklärung und das Freiheitsideal der westlich revolutionären Tradition scheinen Biehl dabei als weltliche Basis für das individuelle, private und politische Leben ideal zu sein (ebd.: 23; Biehl 1989a).

Sie zeigt auf, wo und wie sich ökofeministische Forderungen, Analysen und Ideen in die Theorien und Ansätze der Social Ecology integrieren lassen. In weiten Zügen entspricht ihr feministischer Entwurf einer „sozialökologischen" Gesellschaft dem Bookchins. Biehls in Anlehnung an Bookchin formulierter dialektischer Naturalismus konzeptualisiert „Natur als Kontinuum, als kontinuierlichen Entwicklungs- und Differenzierungsprozess, als ein Ineinanderübergehen von Unorganischem, Organischem und Sozialem" (Holland-Cunz 1994a: 176). Ein weiteres, artüberschreitend und jenseits von Materie und Diskurs angelegtes Kontinuum aus Komplementarität, Reziprozität, Mutualität, Hierarchielosigkeit und Kooperation charakterisiert die Wechselbeziehung zwischen menschlicher und nichtmenschlicher Natur in der sog. „Ecocommunity" (Biehl 1991a: 127). Die dazu notwendige Solidarität ist i.E. geschlechtsunspezifisch.

Biehl hat die ökofeministische Bewegung in den USA lange intensiv intellektuell begleitet und ihr ein hohes Potenzial zugesprochen, das Beste der Sozi-

---

25 Ihr Buch „The Politics of Social Ecology" (Biehl 1998b), auf Deutsch „Der libertäre Kommunalismus" (Biehl 1998a), fasste Bookchins Ideen der dialogischen face-to-face-Demokratie zusammen und diente als Grundlage für die Diskussionen der 1. Internationalen Konferenz über Social Ecology in Lissabon 1998

altheorie mit ökologischen Konzepten zu einer antihierarchischen, aufkläreri-
schen Gegenbewegung in Richtung eines nichtherrschaftlichen Umgangs
zwischen Menschen untereinander und mit Natur verknüpfen zu können
(Biehl 1988, 1989a, b). Anfang der 1990er Jahre distanzierte sie sich jedoch
von dieser Position und schlug stattdessen feministischen Theoretiker_innen
vor, sich auf die Weiterentwicklung der Social Ecology zu konzentrieren –
außerhalb ökofeministischer Denkgebäude. Den Ökofeminist_innen hielt sie
vor, sich zu stark vom „kulturellen Feminismus" essentialistisch beeinflusst
haben zu lassen, „Frau und Natur von der linken Theorie abstrahiert und sich
damit selbst eingeschränkt" (Biehl 1991a: 9) zu haben. Ihre Kritik entzündete
sich insbesondere an zwei Sammelbänden „Reweaving the World" (Plant
1989) und „Healing the Wounds" (Diamond/ Orenstein 1990), die sie als exemplarisch für die von ihr im Ökofeminismus diagnostizierte essentialistische
Kehrtwendung ansieht.

So erscheint ihr beispielsweise eine von ihr in den kritisierten Strömungen ausgemachte ökofeministische Gegenposition zur westlichen Kultur völlig unhaltbar, weil damit nicht nur wissenschaftliche und kulturelle Errungenschaften wie z.b. die Entwicklung von Demokratie sowie die Bedeutung auf-
geklärter Rationalität und ökologischer Erkenntnisse zurückgewiesen würden: „[…] this lodges women basically outside the best of that cultural legacy" (Biehl 1991b: 2). Sie bescheinigt insbesondere den spirituell unterlegten
Ansätzen Irr-/Antirationalität (ebd.: 98). Biehl kritisiert nicht nur diejenigen
deterministischen Positionen, die aus biologischen Unterschieden eine „weibliche Natur" und deren größere Naturnähe ableiten, sondern auch jene Strömungen, in denen Unterschiede generell als Sozialkonstruktionen konzipiert
sind (Buege 1994: 45). Denn i.E. ist es entscheidend, dass das Vorhandensein
von Unterschieden jeglicher Art nicht in (Geschlechter)Hierarchien und
Herrschaft mündet. Differenzierungen mit einer „männlichen" oder „weiblichen Natur" zu erklären, schließe die Vorstellung aus, dass auch Männer für-
sorglich sein, sich kümmern könnten. Die Gesellschaft vor der Zerstörung zu
bewahren, die ihr Männer in der Vergangenheit antaten, bleibe dann nur den
Frauen als moralische Aufgabe (Biehl 1991a: 12). Indem den Männern die
Verantwortung für Krieg und Hierarchie zugeschoben werde, bliebe den
Frauen gar nichts anderes übrig, als sich ausschließlich friedvoll und egalitär
zu verhalten. Ein solcher Ökofeminismus gleiche eher einer Anleitung zur
individuellen Veränderung, als dass er sich zu einer gemeinschaftlichen politischen Kraft entwickeln würde (ebd.). Ihre eigenen Ziele beschreibt sie hingegen als politische, nicht als individuelle Lösungen.

Biehl sieht ein weiteres Problem im kulturell geprägten Ökofeminismus
darin, die Unterdrückung von Frauen nicht nur als universell gültig zu betrachten, sondern als Prototyp jeglicher Form von Herrschaft – eine Vorstellung, der insbesondere auch radikale Feministinnen anhängen. Damit wäre
laut Biehl eine geschlechtergerechte Gesellschaft allerdings automatisch herr-

schaftsfrei und die entsprechenden feministischen Theorien würden zu einer Universaltheorie, durch die eine linke kritische Gesellschaftstheorie ersetzbar wird. Dies mache jedoch – so Biehls Vorwurf – alle anderen Formen von Unterdrückung und Ausbeutung unbedeutend, verschleiere sie. Denn Frauen und Natur seien nicht die einzigen Unterdrückten oder „Anderen", und es komme einer Verharmlosung des Kapitalismus und des Etatismus gleich, zu behaupten, es hätte ursprünglich ein herrschaftsfreies (matriarchales) Gesellschaftsmodell gegeben (Biehl 1991a: 15ff.). Um die Diskussion zwischen dem Feminismus und der kritischen Linken neu zu beleben, fordert Biehl, sich schleunigst von dieser Ursprungsthese zu verabschieden und sich mit Gleichgesinnten (d.h. auch mit unterdrückten Männern) zu verbünden. Ökofeminismus als eine universelle emanzipatorische Theorie impliziere die Befreiung von jeglichen Geschlechterrollen – die der Männer und der Frauen – und muss „in einer übergreifenden linken politischen Theorie begründet sein, die all die sozialen Strukturen herausfordert, die die Unterdrückung von Frauen beinhalten" (ebd.: 18).

Hintergründe und Bezüge

Bookchins sozialanarchistische Arbeiten im Rahmen der „Social Ecology" wirkten nachhaltig auf Biehls theoretische Überlegungen ein. Für ihn liegt die Ursache für die ökologische Misere nicht alleine im Kapitalismus, sondern im westlichen gesellschaftshierarchischen Beziehungsprinzip. Um diese Herrschaftsbeziehungen zwischen Menschen untereinander, aber auch gegenüber ihrer nichtmenschlichen Umwelt aufzuheben, bedürfe es einer dezentralen, ökologisch ausgerichteten, partizipativen face-to-face-„Versammlungs"-Demokratie[26] „by bringing human-human relations back to their most ‚natural' and ‚original' form" (Mellor 1997: 151, auch Salhus 2001) und u.a. in Anlehnung an vorhistorische Gesellschaftsformen (tribal communities). Kern des Bookchinschen gesellschaftlichen Befreiungsansatzes bildet die Dimension der Sozialität, mit der er an das Konzept der Mutualität und Symbiose bei Kropotkin (1920/1902) anknüpft.[27] Menschliche Subjektivität ist danach kein evolutionäres exklusives Ergebnis, sondern lediglich eine Form von Subjektivität in der „ökologischen Gemeinschaft", die als „Derivat" einer breiteren Subjektivität anzusehen ist, die der Natur insgesamt innewohnt (Bookchin 1985: 269 zit. nach Holland-Cunz 1994a: 166). Das Soziale dieser Subjektivität gründet in der unmittelbaren Gemeinschaftlichkeit organischer

---

26 Anders als viele grüne Utopien der damaligen Zeit war Bookchins Gesellschaftsvision kein selbstgenügsames ländliches Idyll, sondern gekennzeichnet durch einen losen Verbund selbstgesteuerter Kommunen.
27 Die folgenden Ausführungen zu Bookchins Ansatz basieren im Wesentlichen auf den entsprechenden Analysen von Holland-Cunz (1994a: 164ff.).

Beziehungen, die sich als kreative selbstorganisierende Möglichkeit ihren jeweils spezifischen Ausdruck verschafft und deren strukturierte Komplexität eben nicht aus voneinander isolierten Einzelelementen besteht (ebd.). Bookchins gemeinschaftsorientierte Ethik leitet ihre Werte naturalistisch direkt aus dieser „anderen Ordnung" organischer Subjektivität ab: Die Materialität der Natur selbst sei implizit ethisch, Mutualismus, Freiheit und Subjektivität seien ihr in „keimhafter Form" (ebd.) eingeschrieben und fundieren ihre Sozialität.

Biehls Naturentwurf, der im Grunde dem Bookchins entspricht, verweist auf Lahar (1991) und Shiva (1989a,b), die beide das Motiv des Kontinuums/ Kontinuierlichem mindestens implizit verwenden (Holland-Cunz 1994: 176ff.). Danach sind „,natürliche' und ‚gesellschaftliche' Geschichte [...] als Prozesse der Differenzierung und Vereinigung (zu) verstehen, die Äußerungen von Natur sind, statt sich *aus* Natur *heraus* zu entwickeln" (Lahar 1991: 37 zit. nach Holland-Cunz 1994a: 177).

Beitrag zum Themenfeld Gechlechterverhältnisse und Nachhaltigkeit

Der Beitrag von Janet Biehls Arbeiten zum Themenfeld Geschlechterverhältnisse und Nachhaltigkeit besteht weniger in ihrer kritischen Auseinandersetzung mit dem Ökofeminismus. Denn diese betrifft nur bestimmte Strömungen oder Tendenzen, an denen sich auch viele andere feministische Theoretiker_innen differenziert abgearbeitet haben (z.B. Buege 1994a; Mellor 1997; Plumwood 1986; Warren 1988; Cheney 1987; Holland-Cunz 1994a; Gruen 1992). Für die Debatte um die Zusammenhänge zwischen Gender und Nachhaltigkeit ist ihr Ansinnen, feministische Aspekte mit der Bookchinschen Social Ecology zusammenzubringen, interessant. Damit versucht sie als eine der wenigen, ökofeministische Theorieansätze mit einer kritischen linken materialistischen Politiktheorie zu verbinden. Ihre Beschreibung einer „Ökonomie der Kooperation" in ökologischen Gemeinschaften verbindet kleinskaliges, dezentralisiertes Gemeinschaftswirtschaften mit einer Moral der Fürsorge, um freiheitliche Vielfalt im Privaten und Öffentlichen zu ermöglichen, ohne stereotype hierarchische Geschlechterrollen zu adressieren und/oder zu reproduzieren. Dies ist nicht nur anschlussfähig an die aktuelle „Postwachstumsdebatte" mit neuen Formen des nicht wachstums- und gewinnmaximierten Wirtschaftens jenseits oder innerhalb von Staat und Markt, sondern auch an den Diskurs über Care-Ökonomie (Madörin 2010, 2006) und das Konzept (Re)Produktivität (Biesecker/ Hofmeister 2006) – und damit relevant für das Themenfeld Geschlechterverhältnisse und Nachhaltigkeit. Genauer zu betrachten wären in diesem Zusammenhang die Verbindungslinien, Brüche und Ambivalenzen von Biehls Arbeiten zu den Diskursen der sozialistischen feministischen Theorien sowie eine kritische feministische Auseinandersetzung mit den genderrelevanten „Leerstellen", den Androzentrismen, der Social

Ecology und den dadurch produzierten Schieflagen in Bezug auf das Bedingungsgefüge und die gesellschaftliche Bedeutung struktureller Dominanzverhältnisse in diesem alternativen Gesellschaftsmodell. Holland-Cunz schlug bereits 1994 vor, Biehls naturtheoretischen Ansatz des Kontinuums und die sich daran anschließenden demokratietheoretischen Weiterüberlegungen geschlechterbezogen auszuformulieren. Dies endlich zu realisieren, könnte zu einer feministischen Theoretisierung des Natur-/ Gesellschaftsverhältnisses beitragen, in der Materialität berücksichtigt wird, ohne simplifizierend essentialistisch und reduktionistisch zu sein.

Widersprüche und Kritik

Die Kritik an Biehls Ausarbeitung eines sozialen Ökofeminismus entzündet sich vor allem an den Androzentrismen und Grundannahmen der „Social Ecology", an die sich ihre Überlegungen maßgeblich anlehnen. So wird ihr beispielsweise der nicht hinterfragte Rekurs auf den Rationalitätsentwurf der Moderne vorgehalten, der keinen Raum für eine kritische Auseinandersetzung mit dessen Geschlechtereinschreibungen (und dahinter stehenden Machtverhältnissen und dualistischen Ordnungen) erlauben würde, und auf den sich das Konzept der direkten Demokratie und der politischen Partizipation der Social Ecology dogmatisch stütze (z.B. Salleh 1996: 261; Mellor 1997: 160ff.):

> „While she is critical of ecofeminism's inhabitance of a particular moment of dualism, in her emphatic but uncritical inhabitance of an opposite moment she fails to critique the division itself and produces a political vision that does as much to reify organic dualism as any cultural ecofeminist work." (Sandilands 1999: 63f.)

Kritisiert wird weiterhin, dass jede Form von Geschlechterrelevanz als unzulässig abgelehnt werde (z.B. auch die geschlechtliche Arbeitsteilung wie bei Marx und Engels als unproblematisch angesehen werde), was zum einen ein kritisches Hinterfragen von Universalitäten (z.B. Humanity) verhindern und zum anderen kontextuelle strukturelle Machtverhältnisse und Unterdrückungsmechanismen ignorieren würde (Mellor 1997: 159). Der naturalistische Blick Biehls und der „Social Ecology" basiere auf einer universalistischen Übertragung der Trennung von öffentlich vs. privat auf moderne Industriegesellschaften ohne deren hierarchische Qualitäten kritisch zu analysieren (ebd.: 160). Darin zeige sich auch Biehls Negieren einer Politik des Privaten und ihr geschlechtercodiertes Politikverständnis.

2.3.2 Materialistischer Ökofeminismus: Mary Mellor

Sabine Hofmeister

Anliegen der Soziologin Mary Mellor ist es, „Feminismus", „Ökologie" und „Sozialismus" zusammenzuführen. Alle drei Kategorien haben bei ihr den Status sowohl von Denktraditionen/ Epistemologien als auch von Politikkonzepten/ politischen Bewegungen. Ihren eigenen Forschungsansatz, den „Materialistischen Ökofeminismus" oder „Ökosozialistischen Feminismus"[28], begründet sie folgendermaßen:

> „Feministisch deshalb, weil der Feminismus die zentrale Bedeutung der lebensschaffenden und -erhaltenden Arbeit der Frauen anerkennt [...]. Ökologisch deshalb, weil wir global denken und handeln sollten, um ein Gleichgewicht zwischen den Bedürfnissen der Menschen und der Fähigkeiten der Erde, diese zu erhalten, wiederzuerlangen. Sozialistisch deshalb, weil der Sozialismus das Recht aller Völker, in einer sozial gerechten Gemeinschaft zu leben, anerkennt." (Mellor 1994/1982: 267)

Die Zusammenführung dieser drei Denkrichtungen bestimmt ihren spezifischen Zugang zum Ökofeminismus: „Ökofeminismus" steht für Mellor zunächst für zwei politische Richtungen, die ab Mitte der 1970er Jahre historisch ineinander übergingen und partiell auch durch Personen miteinander vernetzt waren: die „grüne" Bewegung und die Frauenbewegung (Mellor 1997: 1).

Ihr eigener politischer Hintergrund als Sozialistin steht für ihren Zugang zum Zusammenhang von „Frauenfrage" und „Naturfrage", den sie dezidiert und überzeugt als einen nicht essentialistischen Zusammenhang ableitet: Indem sie sich von jenen ökofeministischen Überzeugungen, die den Zusammenhang mit einer besonderen körperlichen Nähe der Frauen (als Mütter) oder mit einer besonderen spirituellen Beziehung der Frauen zur Natur begründen, distanziert (Mellor 2001: 126, 1997: 180f., 1994/1982: 55ff.), stellt sie den Zusammenhang unter dem Aspekt der geschlechtsspezifischen Macht- und Arbeitsteilung über die besonderen sozialen Erfahrungen von Frauen[29]

---

28 Mellor (1997: 196), die ihre sozialistische Überzeugung und die marxistische Denktradition, an die sie anschließt, immer wieder betont, schreibt, dass sie „sozialistisch" als Adjektiv an dieser Stelle nicht verwenden mag, um „Feminismus" und/oder „Ökologie" nicht etwa als Konzepte des Sozialismus zu definieren. Sie verwendet stattdessen „Materialistischer Ökofeminismus" (Mellor 1997). Ihr in die deutsche Sprache übersetztes Buch (1994) enthält im Untertitel das Begriffspaar „ökosozialistischer Feminismus".

29 Mellor verwendet „Frau" in diesem Zusammenhang explizit nicht als eine universelle Kategorie, sondern weist sowohl auf die Unterschiede zwischen Frauen (Mellor 1997: 184) als auch immer wieder auf die Interdependenzen zwischen Geschlecht und anderen Ungleichheitskategorien (insbesondere „Ethnizität", „Rasse" und „Klasse") hin (ebd.: 179).

als diejenigen her, die mehrheitlich Sorgearbeit (Care) leisten, also durch ihr Tun die Verantwortung für die Erhaltung von Leben tragen (Mellor 1997: 184). Während sie einerseits also das soziale und kulturelle Moment – das in der „westlichen/ nördlichen" Kultur vorherrschende dichotomisierende Denken der Gesellschaft/ Kultur-Natur-Beziehung, in dem die Abwertung von Natur/ Frau eingeschrieben ist (Mellor 2001: 132ff., 1997: 180f.) – für den Zusammenhang Frauen und Natur betont, weist sie andererseits deutlich auf die materiale, körperliche Dimension dieses Zusammenhangs hin: auf die Ver-/ Einkörperung („Embodiness") und die Einbettung aller (menschlichen) Wesen in den Naturzusammenhang.

> „Human embodiment is expressed in both a social and a physical form. The body forms the link, even the site, of contestation between the social aspect of humanity and its natural existence. As bodies are sexually marked, embodiment has a complex relationship to gender. Human beings are also embedded as both ecology and biology and the body is also gendered." (Mellor 2001: 121)

„Geschlecht" und „Vergeschlechtlichung" stellen sich in Mellors Konzept also zugleich sozial-kulturell und biologisch her. An beiden Kategorien, Sex und Gender, hält sie daher fest: Frauen und Männer sind Produkte aus sozialen und biologischen Faktoren in deren Wechselbeziehung zueinander (Mellor 1997: 178ff.) – es gibt keinen Ort, von dem aus wir unterscheiden könnten, was am (menschlichen) Körper „natürlich" und was „sozial" sei, Körper seien „soziale Natur" (ebd.: 9 mit Verweis auf Haraway). Auf Basis dieser Überzeugung weist Mellor den Sozialkonstruktivismus zurück: Radikal konstruktivistische Positionen seien mit Ökofeminismus nicht vereinbar (ebd.: 7; Mellor 2001: 125). Zugleich macht sie auf die Schwierigkeit aufmerksam, das Soziale im Zusammenhang mit dem Natürlichen zu theoretisieren (ebd.: 130ff.).

Ihre materialistische Sicht auf die Beziehung zwischen Sex und Gender als eine dialektisch aufeinander bezogene findet eine Entsprechung in ihrer Konzeptualisierung der Mensch/ Gesellschaft-Natur-Beziehung: Hier knüpft sie an die Frühschriften von Marx an und weist auf den dialektischen Charakter der Mensch-Natur-Verbindung in historisch je besonderen Interaktionsformen hin; sie stellt klar, dass sich weder Natur noch Gesellschaft als determinierende Faktoren in diesem Verhältnis erweisen (Mellor 1997: 13). Aufbauend auf dieses Verständnis grenzt sich Mellor dann auch konsequent von solchen „grünen" Ansätzen ab, die nach Lösungen der „ökologischen" Krise auf Basis eines essentialistischen Naturbegriffs suchen („Deep Ecology") (Mellor 1997: 185, 1994: 84ff.). Die Beziehungen zwischen Gesellschaft und Natur sind für Mellor grundsätzlich konflikthaft – die Lösung für die „ökologische" Krise ist daher nicht in einem „harmonischen" Naturverhältnis zu suchen (Mellor 1997: 187f.). Der Weg „zurück zur Natur" sei nicht nur versperrt (Mellor 1994/1982: 117ff.), sondern aus feministischer Sicht auch nicht wünschenswert (ebd.: 227). Mellor (ebd.: 187f.) distanziert sich daher explizit von solchen ökofeministischen Ansätzen, die perspektivisch auf Subsistenzwirtschaft gerichtet und politisch in der Strategie des Konsumverzichts (Mies 1988: 293ff.) eine Lösung sehen (I.2.3.5): Eine solche Haltung würde übersehen, dass Selbstbeschränkung und Subsistenz für diejenigen, die wenig haben, etwas anderes bedeute; Konsumverzicht sei eine Lebensform der gebildeten Mittelschicht in den reichen Industrieländern, für Menschen jedoch, die Wohlstand nicht kennen, sei der Übergang zu post-materiellen Werten keine Option (Mellor 1994/1982: 188). Für Mellor ist soziale Gerechtigkeit in globaler Sicht auf dem Weg in nachhaltige Lebensformen ein unhintergehbares Postulat. Daher gilt es aus ihrer Sicht an den Errungenschaften der Moderne – in wissenschaftlicher, technischer und organisatorischer Hinsicht – festzuhalten; allerdings sind die Prioritäten bei der Verteilung und Verwendung dieser anders zu setzen (ebd.: 269).

Hintergrund und Bezüge

Mellors Ansatz ist als ein originärer theoretischer Zugang zum „Ökofeminismus" (I.2.2.1) und ebenso als ein politisches Programm zu lesen – beides, die politische Überzeugung und die theoretische wie methodische Verankerung der Wissenschaftlerin in der marxistisch sozialistischen Tradition, verbindet sich in ihrem Zugang.

Im Blick auf ihren theoretischen Hintergrund und ihre methodische Zugangsweise schließt sie an Marx an, dessen frühe Werke sie insbesondere nutzt, um die wechselseitige Verbindung zwischen Gesellschaft/ Mensch und Natur zu begründen. In ihrem Verständnis von „Ökologie" als sozialer Ökologie und „Ökologie" als ein gesellschaftskritisches und politisches Programm stützt sich Mellor maßgeblich auf die Arbeiten von Bookchin (1992/ 1989; I.2.2.1; Mellor 1994/1982: 209) und Biehl (1991b; I.2.3.1): Während sie Bookchin darin folgt, dass die Lösung der „ökologischen" Krise nicht in einer unkritischen Verherrlichung von Natur, sondern nur in der Neugestaltung der Gesellschaft – konkret: in der Abschaffung von Herrschaftsformen, wie Rassismus, Sexismus, Kapitalismus und zentralisiertem Staat – liegen kann (Mellor 1994/1982: 107f., 1997: 185), ihn jedoch kritisiert, wo er eine der Natur innewohnende Ethik geltend macht (Mellor 1994/1982: 108f.), verweist sie in ihrer Kritik an spirituellen Ansätzen des Ökofeminismus auf Biehls Argumentation aus sozial ökofeministischer Sicht, die deutlich gemacht habe, dass durch ein „bloßes Vertauschen unserer ‚schlechten' durch ‚gute' Mythen unsere gesellschaftlichen Realitäten nicht verändert werden könnten." (Biehl 1989c: 18 zit. nach ebd.: 64)

Einen weiteren für ihren Ansatz zentralen Bezug stellt die feministische Ökonomiekritik (I.2.2.2) dar: Mit den feministischen Ökonominnen, insbesondere mit Henderson und Waring, verbindet sie die Überzeugung, dass die Dominanz der kapitalistischen Marktwirtschaft aufgehoben werden müsse, um ein gerechtes und ökologisch nachhaltiges Wirtschaften zu ermöglichen (Mellor 1994/1982: 176ff.).

Beitrag zum Themenfeld Geschlechterverhältnisse und Nachhaltigkeit

Indem sie die drei Dimensionen soziale, ökonomische und ökologische Entwicklung kritisch aufnimmt und die Postulate soziale Gerechtigkeit – entlang der Kategorien Geschlecht, „Rasse"/ Ethnizität und Klasse – und ökologisch verträgliches Wirtschaften verknüpft, kann Mellors Konzeption eines „materialistischen Ökofeminismus" als ein Vorschlag zur Gestaltung einer nachhaltigen Gesellschaft gelesen werden. Diese Lesart wird dadurch bekräftigt, dass Mellor explizit die Grundzüge für eine „Naturpolitik" skizziert (Mellor 1997: 191ff.), die sie auf der Basis einer kritisch materialistisch/ strukturalistischen Analyse und Theorie aus der feministischen Perspektive anlegt.

Mit dem von ihr gewählten Zugang – der materialistisch dialektischen Konzeptualisierung der Gesellschaft-Natur-Beziehungen in der Verbindung mit der in gleicher Weise angelegten Analyse der Geschlechterverhältnisse – ist ihr Ansatz als ein vermittlungstheoretischer, weder auf naturalistische noch auf soziozentrische Positionen reduzierender, aus nachhaltigkeitswissenschaftlicher Perspektive weitreichend. Mellors Annahme, dass es auf Grundlage einer konsequent dialektischen Denkweise gelingen könne, Dualismen analytisch zu überwinden (Mellor 1997: 186), lässt sich im Blick auf ihre Analyse bestätigen.

Die Lektüre ihrer beiden Bücher (Mellor 1994/1982, 1997) ermöglicht zudem einen Überblick über das heterogene Spektrum der unter dem Begriff Ökofeminismus versammelten Ansätze (I.2.2.1): Mellor gelingt es, die verschiedenen Stränge des Ökofeminismus nach ihrer Geschichte und Entwicklung darzustellen und den Leser_innen Anhaltspunkte an die Hand zu geben, wie diese miteinander verknüpft sind einerseits, und worin die zentralen Unterschiede und Gegensätze zwischen ihnen liegen andererseits.

Widersprüche und Kritik

Aufbauend auf Mellors Argumentationsgang zum Verhältnis von Mensch/ Gesellschaft zur Natur, das sie aus einer materialistischen Perspektive als ein dialektisches Verhältnis entwickelt, fällt es z.T. schwer, ihr Naturverständnis nachzuvollziehen: Mellor (1997: 185) positioniert die Dialektik der Mensch-Natur-Beziehungen in einem – diesen offenbar vorgängigen – Netzwerk des „ganzen" Naturzusammenhangs (ebd.: 186), in das sie die Menschen eingebettet sieht. Sie verortet ihren Naturbegriff damit explizit in einem Konzept des „ökologischen Holismus", dem die Menschheit immanent ist (ebd.: 185). Menschen sind als Teil der Natur in den ganzen ökologischen Zusammenhang eingebettet, sie sind darin verkörpert. Während Mellor also einerseits –

auf der Basis ihres dialektischen Argumentationsgangs zum Mensch-Natur-Verhältnis – eine durch und durch soziale Natur konzeptualisiert, entwirft sie daneben andererseits ein physisch materiales Naturkonzept, die Vorstellung von einer „ganzen" Natur, in die die Menschen eingebettet (verkörpert) sind. Auf dem Hintergrund dieses Naturverständnisses wird die Frage nach der Gestaltung gesellschaftlicher Naturverhältnisse (mindestens explizit) nicht aufgeworfen. Vielmehr verweist Mellor auf das den Menschen Grenzen setzende Ökosystem (ebd.: 184, 191, Mellor 1994/1982: 21). Eine Gestaltungsaufgabe sieht sie offenbar allein in Bezug auf das Gesellschaftliche. Die Frage danach, wie ein auch in ökologischer Hinsicht nachhaltiges Leben und Wirtschaften aussehen könnte, kann somit nicht hinreichend beantwortet werden.

Obwohl sie Ansätze, die polarisierend und vereinfachend mit Klischees von „der (guten) Frau" im Gegensatz zu „dem (schlechten) Mann" argumentieren, explizit kritisiert, lesen sich einige Passagen in Mellors Texten ähnlich: z.B. jene, in denen sie eine („weibliche") WIR-Welt entwirft, die sie der („männlichen") ICH-Welt gegenüberstellt (Mellor 1994/1982: 240ff., 2001: 135). Dadurch verliert ihr Ansatz etwas an theoretischer Konsistenz und politischer Überzeugungskraft.

2.3.3 Ökofeminismus und Dualismus-Kritik: Val Plumwood

Christine Katz

Plumwood (1939-2008) galt als eine australische Umweltaktivistin und ökofeministische Philosophin in der Tradition des sozialen Ökofeminismus (Sandilands 1999: 64). Ihre Arbeiten versteht sie als Beitrag zu einer sorgfältigen Grundlegung einer feministischen Umweltphilosophie (Plumwood 1997/1993: 2) und zu einem „environmental feminism", den sie (wie auch Warren 1987: 17) als „critical ecological feminism" bezeichnet (Plumwood 1986: 137, 1997: 39). Er basiert auf der Kritik an Dualismen und wird in der feministischen Theorie verortet (Plumwood 1997: 1). Ihren theoretischen Standpunkt entfaltete sie insbesondere in den beiden Büchern „Feminism and the Mastery of Nature" (1997/1993) und „Environmental Culture: The Ecological Crisis of Reason" (2002a). Ihre ökofeministische Orientierung ist inspiriert von feministischer Philosophie (insbes. der Kritik am westlich-modernen Rationalitätskonzept, Plumwood 1997/1993: 4), von der Lebensphilosophie australischer und nordamerikanischer indigener Denker_innen sowie von eigenerfahrener tiefer Beziehung mit der nichtmenschlichen Natur. Insbesondere ein Nahtoderlebnis als Beute eines Krokodils verschob ihren Blick fundamental weg von einer anthropozentrischen Sicht auf die Wirklichkeit hin zur Erkenntnis, Menschen auch als Futter für Tiere und damit als Teil der Nahrungskette zu begreifen (Plumwood 2002b).

Ausgangspunkt ihres Ansatzes – wie auch bei anderen ökofeministischen Philosoph_innen (z.B. Warren 1990, 1991; Cheney 1990) – ist die Kritik an den auf westlich tradierten philosophischen Perspektiven basierenden „arroganten Wissensmodellen und wissenschaftlichen Kulturen" (Plumwood 2002a: 47f.), die sie verantwortlich macht für die derzeitige globale ökologische Krise. Arrogant deswegen, weil die Abhängigkeit des Menschen von der Natur und voneinander – z.b. der Männer von den Frauen sowie der ökonomisch Starken und Entscheidungsmächtigen von den von Machtbefugnissen ausgeschlossenen Anderen – ignoriert werde (ebd.: 4f.). Diese Kultur fuße auf dem platonischen Erbe einer dualistischen Denkweise, nach der Vernunft/ Rationalität getrennt von Natur/ Materie bzw. ihnen übergeordnet gesehen werde, und die empirische Erfahrung der Existenz und Bedeutung eines „Anderen" – sei es Natur, sei es Frau, indigener Mensch oder irgendjemand/ -etwas, der/ das mit dem weniger machtvollen Gegenüber des Vernunft/ Materie-Dualismus identifiziert wird – nicht anerkenne (Plumwood 1997/1993: 41ff.). Die dualistische Struktur habe sich tief in die westlichen Konzeptionen u.a. von Identität, von Selbst und Fremd, von Natur und Mensch eingeprägt (ebd., auch Hartsock 1990: 161). Sie finde sich in den materiellen wie den kulturellen Sphären, repräsentiere und manifestiere ein System aus Domination und Subordination, in dem die Gegensatzpaare vielfältig untereinander verschränkt seien, interagieren und aufeinander verweisen würden.[30] Nach Plumwood stehen diese Dualismen unter diskursiver Transformation, verändern kontextabhängig (und damit historisch) ihre Konfiguration oder Sichtbarkeit, erleichtern und bahnen den Weg für neue Konstellationen und/oder Varianten (Plumwood 1997/1993: 43). Plumwood beschreibt das Gegensatzpaar Rationalität vs. Natur als das zentrale Unterordnungsverhältnis, das der gesamten Ordnungsstruktur inhärent und zugleich übergeordnet sei und durch die anderen Dualismen spezifiziert werde (ebd.: 47, auch Hartsock 1990). Sie favorisiert eine andere, positive Konzeption von Rationalität als einer Lebensform, „a matter of balance, harmony and reconcilability among an organism's identities, faculties and ends, a harmony that has regard to the kind of being it is" (Plumwood 2002a: 67). Diese Art von Rationalität verlange nach sozial und ökologisch gesunden Entscheidungen. Sie erkenne die körperliche Gebundenheit des Wissenden und die Kontextualität jeglicher Erkenntnis an sowie, dass Gedeihen eines „Sich-Kümmern", d.h. der fürsorgenden Hege und Pflege bedürfe (ebd.). Die einflussreichen modernen Konzepte von Rationalität erscheinen ihr nicht weiterführend genug, weil sie es verunmöglichen würden, nichtmenschliches Dasein als kommunikativer Akteur und System

---

30 Plumwood beschreibt fünf charakteristische Kontexte der Dualisierung bzw. sich ausschließender Polarisierung als Analysemodell (1993: 48ff.): „Backgrounding, Radical Exclusion, Incorporation, Instrumentalisation and Homogenization".

mit eigenen Rechten und als auf eine völlig vom Menschen unterschiedliche Weise „gemütvoll" anzuerkennen.

Die Dualismen strukturieren ein hierarchisches, die soziale Wirklichkeit der Moderne konstituierendes Beziehungsgebilde. Das höher Bewertete – häufig mit „männlich" assoziiert – wird dabei zu einer Art unsichtbarer Norm, zu einer Leitkategorie (Plumwood 1997/1993: 41ff.; Mellor 1997: 111ff.; Honegger 1991; Ortner 1974).

> „In dualistic construction, as in hierarchy, the qualities (actual or supposed), the culture, the values and the areas of life associated with the dualised other are systematically and pervasively constructed and depicted as inferior. [...] But once the process of domination forms culture and constructs identity, the inferiorised group (unless it can marshal cultural resources for resistance) must internalise this inferiorisation in its identity and collude in this low valuation, honouring the values of centre, which form the dominate social values." (Plumwood 1997/1993: 47)

Die Dualismen materialisieren sich in kulturellen Praktiken und Repräsentationen, sind charakterisiert durch systematische Unvereinbarkeit und spielen bei der Konstitution von Identitäten eine Rolle. Identität bzw. Wesenhaftigkeit wird durch Animalisierung, Feminisierung und Naturalisierung über Kategorien wie Klasse, „Rasse", Gender, Alter usw. hinweg hergestellt: Es existiert eine herrschaftsförmige Querbeziehung zwischen den dualistischen Paaren, sog. „linking postulates" (ebd.: 45).

Plumwood lehnt nicht nur die dadurch strukturell eingeschriebenen Trennungen zwischen dem Selbst und dem Anderen, zwischen Mensch- und Natursein ab, sondern ebenfalls postmoderne Ansätze auf der Basis absoluter Differenzakzeptanz (z.B. Lyotard 2009/1979) sowie tiefenökologische Perspektiven, in denen das Selbst als nicht mehr eigenständig existierend verstanden wird, sondern als in der Welt als Ganzem aufgehend, zu einer harmonischen Einheit verschmolzen (Plumwood 1997/1993: 173ff.). Bei der Verleugnung „des Anderen" im Rahmen des Selbst/ Anderen-Dualismus sieht sie zwei Mechanismen am Werke:

> „Radical exclusion corresponds to the conception of self as self-contained and of other as alien which denies relationship and continuity, while incorporation corresponds to the totalizing denial which denies the other by denying difference, treating the other as a form of the same or self." (ebd.: 155)

Als Gegenmodell entwickelt sie die Perspektive des relationalen Selbst „self-in-relationship" (ebd.: 154), das „embedment" and „continuity" (ebd.) umfasst, Verbindung herstellt ohne Differenz zu verleugnen. Dies impliziert für die Konzeption von Differenz „a non reductionist basis for recognizing continuity and reclaiming the ground of overlap between nature, the body, and the human", d.h. „discover the body in the mind, the mind in the animal, the body as the site of cultural inscription nature as creative other" (ebd.: 123f.).

Plumwood plädiert für eine philosophische Perspektive, der die ethische Verantwortlichkeit sowohl für die Kontinuitäten als auch für die Unterscheidungen zwischen Subjekt und Objekt sowie zwischen der Gesellschaft und ihrer Umwelt inhärent ist. Ihr Ansatz beinhaltet ein theoretisches Modell zum Aufdecken und zur Erklärung interdependenter Dominanzverhältnisse (ebd.: 141ff.). Diese seien jedoch nicht einfach nur als androzentrisch zu verstehen, wenn auch die Unterordnung des Anderen, Fremden unter eine davon unterscheidbare Norm auf vielfältige Art und Weise mit den Kategorien Natur und Geschlecht verwoben sei und zwar auf der materialistischen wie der symbolisch-kulturellen Ebene. Sie vertritt die Position, dass keines der beiden Geschlechter – weder Männer/ Männlichkeit noch Frauen/ Weiblichkeit/ Mütterlichkeit – ein Modell für ein alternatives Verhältnis zur Natur bereitstelle. Denn sowohl Männer als auch Frauen hätten Deformierungen durch stereotypisierende dualistische Denkweisen und Konzepte erfahren. Daher sollten sich beide Geschlechter für eine Neubestimmung von Männlichkeit und Weiblichkeit engagieren (ebd.: 36).

Plumwood hält die spezifische z.T. verborgene Logik der dualistischen Ordnung (Routley/ Plumwood 1985) anders als lediglich hierarchisch fundierte Relationen für eine „Structure of Mastery" (Plumwood 1997/1993: 46ff.). Diese Master-Struktur könne nicht durch Umpolung, durch machtvolle positive Neubesetzung der untergeordneten Kategorien, durch eine komplementäre Vereinigung beider Sphären unter ein gemeinsames Dach oder durch die Verabschiedung jedweder distinkter Subjekt- und Identitätsvorstellungen aufgelöst werden. Darüber hinaus distanziert sie sich von Positionen der „unkritischen Gleichheit" (Plumwood 1992: 11). Denn diese beruhten auf einem weißen, männlichen, von der Mittelklasse geprägten, körperlosen Menschenbild und auf Vorstellungen von Vernunft, Distanz und Objektivität, die fälschlicherweise als neutrale, universal gültige Werte gelten würden (ebd.).

Hintergrund und Bezüge

Plumwoods Ansatz zur Theoretisierung des Zusammenhangs von Geschlechter- und Naturunterdrückung wurde stark geprägt von den Diskursen um die „Social Ecology" aus dem Institute for Social Ecology in Vermont sowie von ihren eigenen umweltpolitischen Aktivitäten für den Erhalt der Biodiversität und den Stopp der Waldabholzung. Sie wird der sozialen ökofeministischen Strömung zugerechnet, die sich von den essentialistischen, mythisch-spirituell aufgeladenen Ausführungen eines sog. kulturellen Ökofeminismus abgrenzt. Zugleich distanzierte sie sich jedoch gemeinsam mit anderen, insbesondere feministischen Philosoph_innen, wie z.B. Warren und Cheney, von der scharfen Generalkritik Janet Biehls am Ökofeminismus, die ihr als wenig differenzierend, zu universal verunglimpfend erschien. Dem Ansinnen, die Bookchinsche Social Ecology quasi als alleinigen Königsweg zur Analyse und Bewältigung von herrschaftsförmigen Mensch-Natur-Dominanzbeziehungen feministisch auszubuchstabieren, stand sie mindestens ambivalent gegenüber.

Im Gegensatz zu Bookchins Herrschaftsverständnis[31] geht es Plumwood nicht um eine Hierarchisierung, um Ausblendungen oder Abwertungen von Kategorien innerhalb der Matrix der Unterdrückung, sondern darum, unterschiedliche Abstraktionsniveaus innerhalb der dualistischen Matrix zu strukturieren. Sie folgt demgegenüber einer Methodologie, die gegen die Priorisierung einer Form der Unterdrückung gegenüber einer anderen argumentiert (Plumwood 1997/1993: 1). Ihres Erachtens ist jeder Versuch, Patriarchat, institutionellen Rassismus und die herrschaftsförmige Instrumentalisierung von Natur alleine mit der Kategorie Klasse zu erklären, genauso reduktionistisch, wie die Umweltkrise auf das vergeschlechtlichte Verhältnis von Vernunft vs. Natur zurückzuführen (ebd.). Vor dem Hintergrund, dass Geschlecht nicht getrennt von weiteren Kategorien sozialer Ungleichheit oder Normierungen gedacht werden kann, ist ihr Ansatz, Dominanzverhältnisse als Querverbindungen zu betrachten, anschlussfähig an die in der Genderforschung seit etlichen Jahren stattfindende Suche nach theoretischen Modellen zur Konzeptualisierung von Interdependenzen, (z.b. Walgenbach 2007; Rommelspacher 1995). „Feminist energy needs to go into making the connections between gender and other forms of oppression" (Ramazanoglu 1989: 178). Diese ökofeministische Forderung nach einer intersektionalen Theoretisierung der Verbindungen zwischen Gender und anderen Formen der Unterdrückung wurde nach Twine (2001: 7) sehr lange vom feministischen Mainstream ignoriert.

Plumwood bewegt sich mit ihrer Kritik an der dualistischen Verfasstheit der westlich modernen Wirklichkeitskonstruktion, in die Geschlechterverhältnisse herrschaftsförmig eingelassen sind, in der Tradition feministischer Theorie und Philosophie (z.B. Brennan 1992, 1997; Frye 1983). An der Abwertung von Natur, Materialität, Körperlichkeit und dem Weiblichen ist für sie der ausgeprägte Anthropozentrismus der Ethik mit verantwortlich. Denn dort gelte eine für sich stehende, losgelöste Autonomie als moralisches Ziel; moralisch berücksichtigt werde nur der Mensch und alles, was sich an menschlichen Maßstäben ausrichtet, d.h. auch die Bewertung des nichtmenschlichen Lebendigen (Plumwood 2002a: 43). Ihre kritische Analyse der, wie sie es nennt, Arroganz und des Humanzentrismus westlich moderner Epistemologien und Ethiken verbindet sie u.a. mit ethno- und eurozentrischen Diskursen des „Othering" (ebd.: 101ff.). Eines ihrer zentralen Anliegen war es, den Menschen wieder bzw. neu ökosystemar einzubetten sowie auch nichtmenschliches Dasein ethisch anders als im Vergleichsmaßstab zu platzieren: über eine Ethik der Verbundenheit und Empathie, der vorsätzlichen Anerkennung und Offenheit gegenüber allem Lebendigen („interspecies

---

31 In Bookchins „sozialökologischem" Konzept repräsentiert die Herrschaft von Menschen über Menschen das Ursprungsdominanzverhältnis, von dem sich alle weiteren Unterordnungsverhältnisse – auch das zwischen Mensch und Natur – kausal ableiten lassen (Bookchin 1989: 44).

communicative ethics", ebd.: 187). Plumwoods Alternative baut auf feministisch-ethischen Ansätzen auf, wie sie bei Walker (1998) beschrieben sind als „lattice of similar themes – personal relationships, nurturance and caring, maternal experience, emotional responsiveness, attunement to particular persons and contexts, sensitivity to open-ended responsibilities" (Plumwood 2002a: 187). Als einen wesentlichen Beitrag zur Entwicklung anderer als der „arroganten" Ansätze westlicher philosophischer Kultur plädiert Plumwood (ebd.: 223) für die Auseinandersetzung mit einer materialistischen Spiritualität, die physische Verbindung und Interdependenz nahelegt, „a spirituality which recognizes that spirit is not a hyper-separated extra ingredient but a certain mode of organisation of a material body" (ebd.).

Beitrag zum Themenfeld Geschlechterverhältnisse und Nachhaltigkeit

Wie in Kap. I.2.2.1 des vorliegenden Buches ausführlich dargelegt, beziehen sich neben Plumwood zahlreiche weitere Forscher_innen im Themenfeld Geschlechtergerechtigkeit und Nachhaltigkeit auf die Kritik an der dualistischen Verfasstheit der westlichen Moderne. Plumwoods Ausführungen liefern jedoch originäre Anknüpfungspunkte: In analytischer Hinsicht kann ihr Ansatz als methodologische Heuristik gelesen werden, die im deutschsprachigen Raum bisher wenig diskutierte Möglichkeiten bietet, Wechselwirkungen in einer Struktur aus dualistisch konzipierten Dominanzverhältnissen herauszuarbeiten. Dies eröffnet darüber hinaus Möglichkeiten, geschlechterrelevante Herrschaftszusammenhänge intersektional zu bearbeiten und für das Themenfeld Geschlechterverhältnisse und Nachhaltigkeit nutzbar zu machen. Plumwood stellt genau dafür ein bereits weithin ausdifferenziertes Konzept bereit. Mit dem von ihr entwickelten Fünfschritt-Analysemodell des „Backgrounding (denial), Radical Exclusion (hyperseparation), Incorporation (relational definition) Instrumentalisation (objectification) and Homogenization (stereotyping)" (Plumwood 1997/1993: 48ff.) kann die Logik von Dualismen in ihrer Verschränktheit und Wechselwirkung mit allen soziokulturellen Bereichen und Prozeduren bei der Formierung kultureller und individueller Identität freigelegt und in den politischen und ökonomischen Strukturen in ihren Funktionsmechanismen herausgearbeitet werden. Damit lassen sich nicht nur die für die Nachhaltigkeitswissenschaften wesentlichen Querbezüge zwischen den verschiedenen gesellschaftlichen Bereichen identifizieren und integrativ bearbeiten. Darüber hinaus kann im herrschaftskritischen Verständnis der Geschlechterperspektive so die generative Macht der Dualismen für eine dauernde Reproduktion und Essentialisierung von Identitäten und Kategorien aufgezeigt werden. Die Prozesse des „Othering", d.h. des Auseinandersortierens, der Aufspaltungen und Abgrenzungen, der Abwertungen und Ablehnungen in ihrer Verwobenheit mit Strukturen und Machtverhältnissen werden damit analysierbar – eine wesentliche Voraussetzung für ein Aufbrechen der „Structure of Mastery" (Plumwood 1997/ 1993; Gaard 2010). Plumwoods Vorstellung einer „nicht arroganten" Ethik, die sich vom Menschen als absolutem Bezugsmaßstab verabschiedet, stellt einen weiteren Anknüpfungspunkt zum Themenfeld Geschlechterverhältnisse und Nachhaltigkeit dar. Auf den ersten Blick mag ihre nicht anthropozentrische Perspektive zwar mit dem Leitbild Nachhaltige Entwicklung kollidieren. Genauer betrachtet geht es jedoch sowohl in der Nachhaltigkeits- als auch der Geschlechterforschung darum, die Wechselwirkungen und gegenseitigen Abhängigkeiten zwischen Natur und Gesellschaft, zwischen Materie und Diskurs/ Geist, zwischen Subjekt und Objekt, d.h. zwischen dem Selbst und dem Anderen zu identifizieren und als unterschiedlich und vermittelt zu begreifen. Plumwoods Überlegungen zu einer Ethik, die (Empathie für) das Anders-, das gegenseitig Vernetzt-, physisch-materiell Eingebettet- und voneinander Abhängig-Sein ebenso akzeptiert, wie das gleichzeitige Vorhandensein von Differenz und seiner Aufhebung durch kontinuierlichen Wandel, erscheinen nicht nur in philosophischer Hinsicht bedenkenswert. Ihre darin angelegte Perspektive des relationalen Selbst „self-in-relationship" (s.o.) ist auch anschlussfähig an die Erkenntnisse der modernen Quantenphysik, wonach die Essenz allen Lebens, das Primäre, nicht Materie, sondern Beziehung ist und der Stoff das Sekundäre darstellt. „Am Ende allen Zerteilens von Materie bleibt etwas, das mehr dem Geistigen ähnelt – ganzheitlich, offen, lebendig: Potenzialität, die Kann-Möglichkeit einer Realisierung" (Dürr 2011: 22f.).

Beziehung und Verbundenheit als Essenz allen Lebens charakterisiert nach Plumwood (2002a: 218ff.) auch zahlreiche spirituelle Zugänge, mit denen sich eine wissenschaftliche Auseinandersetzung lohne, um die Entwicklung von Epistemologien und Ethiken mit alternativen Konzepten von u.a. Differenz und Verbundenheit, von Identität und Kollektivität zu befördern.[32] Spiritualität verstanden als ein materiell (mit)erzeugtes und sich materialisierendes Ergebnis von Verstehen, Handeln und Empfinden, als Wechselspiel zwischen Körper, Kopf und Seele, als Tätigkeit und Sein, überwindet die Trennung von Materie/ Körper und Geist, von Gefühl und Kopf. Für die wissenschaftliche und politische Weiterentwicklung des Themenfeldes Geschlechterverhältnisse und Nachhaltigkeit kann es durchaus fruchtbar sein, die Erkenntnisse aus diesen Diskursen und Wissenskontexten zu nutzen, um Mensch-Naturverhältnisse in ihrem materiell-physischen und symbolisch-diskursiven Bezug zueinander und herrschaftsfrei zu gestalten.

---

32 Eine wissenschaftliche Reflexion spiritueller Zugänge und Ansätze findet anders als in den USA und einigen Ländern des globalen Südens hierzulande kaum statt (u.a. Sandilands 1999; Warren 1993; Holland-Cunz 1994a; Twine 2001; Booth 1999).

Widersprüche und Kritik

Plumwoods Arbeiten werden im deutschsprachigen Raum eher wenig debattiert. Sandilands würdigt an den Positionen der Vertreter_innen des sozialen Ökofeminismus sowie an Plumwoods Dualismuskritik, dass sie kritisieren, dass z.b. Frauen und Natur zum Anderen der männlichen Norm konzeptualisiert würden. Sie moniert jedoch, dass diese Differenzposition im Grunde nicht aufgegeben werde.

> „The statement that women are both equal and different, even if that difference is socially produced, keeps ecofeminism locked in a destructively essentialist mode of analysis and politics [...] ecofeminism is a politics of identity." (Sandilands 1999: 66)

Trotz der Bemühungen, kulturell ökofeministische Annahmen über die Verbindungen von Frauen zu Natur im Ansatz von Plumwood zu vermeiden, „all of these variants remain committed to the discovery of a position from which to speak of oppression, an existing and coherent standpoint from which to describe another way of being in the world" (ebd.).

Auch Plumwoods relationales Selbstkonzept stößt nicht auf ungeteilte Zustimmung (z.B. Alaimo 1996). So bestehe Unklarheit darüber, wie die für ethische und politische Entscheidungen eine Rolle spielenden Grenzziehungen zwischen Kontinuität und Differenz im Einzelfall erfolgen sollten. Beim konkreten Umgang mit Tieren (oder Pflanzen) stelle sich die Frage nach der Akzeptanz der Souveränität des Anderen: Wie wäre ein eventuelles Desinteresse an hierarchiefreier Beziehung zum menschlichen Selbst zu identifizieren und zu regeln? So erlebe man beispielsweise bei Zirkustieren sowohl die Auflösung einer strikten Mensch-Naturtrennung bei gleichzeitiger Anerkennung von Differenz und sieht sich jedoch damit konfrontiert, Praktiken zu rechtfertigen, die aus Naturschutzgründen mindestens fragwürdig erscheinen (ebd.: 3).

2.3.4 Queer Ecofeminism – Queer Ecology: Catriona Sandilands/ Mortimer-Sandilands

Christine Katz

„Queer Ecology" bezeichnet eine neuere, insbesondere von den USA/ Kanada ausgehende, sich auf die Tradition des Ökofeminismus berufende Strömung (Gaard 1997)[33], in der dekonstruktivistische feministische Theorien, Sexualitätsdiskurse (v.a. die damit verbundene Heteronormativität und

---

33 Gaard (1997) hat als eine der ersten versucht, das Potenzial herauszuarbeiten, das eine Kreuzung von Ökofeministischen mit Queer-Theorien beinhaltet.

Zwangsheterosexualität) mit ökologischen bzw. umweltbezogenen Fragen, Umwelt-/Tierethik und Natur(gestaltungs)aspekten konzeptionell zusammengeführt werden. In Ansätzen der Queer Ecology wird Natur als Raum betrachtet, in dem gesellschaftliche Sexualitätsverhältnisse eingeschrieben sind, die wiederum umgekehrt auf die Wahrnehmung und Verständnisse von Naturräumen einwirken (Sandilands/ Erickson 2010: 4f.): „Ideas and practices of nature, including both bodies and landscapes are located in particular productions of sexuality, and sex is, both historically and in the present, located in particular formations of nature."

Für die Analyse von Umweltbezügen und -problemen im Rahmen von Queer Ecology liefert die Perspektive „queerer" Lebenswirklichkeiten einen entscheidenden Zugang.[34] „Queer ecological sensibility" (Mortimer-Sandilands 2005: 3) – d.h. wenn sich die spezifischen Erfahrungen mit der Geschichte und im Erleben als „Queer" bzw. in einer „Queer Community" in den emotionalen Reaktionen auf und Konzepten von Natur spiegeln – gilt als bislang fehlender aber wesentlicher Beitrag zum Verständnis der Wechselwirkung zwischen Natur- und Geschlechterverhältnissen. Mortimer-Sandilands (2005) verdeutlicht dies am Beispiel der von Grover (1997) hergestellten metaphorischen Verknüpfungen zwischen AIDS-kranken Menschen und Waldkahlschlägen (Mortimer-Sandilands 2005: 2): „In learning how to love the north woods, not as they are fancied but as they are, I discovered the lessons that AIDS had taught me and became grateful for them" (Grover 1997: 6). Für Grover entfaltet die Wahrnehmung und Erfahrung mit AIDS-Patient_innen eine besondere Wirkung auf das Verständnis von Leben, Tod, Körperlichkeit und Natur, die in einer hohen Wertschätzung für die Zyklen des Lebens, in einer tief empfundenen Verbundenheit mit den Verwundungen der Welt und einem großen Verantwortungs- und Fürsorgefühl ihr gegenüber mündet (ebd.: 164).

„Queer Ecology" möchte sich in ihren Analysen und Theoretisierungsansätzen jedoch nicht alleine auf die Erfahrungen und Wahrnehmungen von nichtheterosexuellen Individuen und Gemeinschaften beschränken. Als darüber hinausgehendes Ziel wird formuliert, Heteronormativität an sich im Bereich der Generierung ökologischer Erkenntnisse – in theoretischen Konzeptionen, Forschungszugängen und praktischen Gestaltungsansätzen – zum Umgang mit Natur(räumen) infrage zu stellen. Gefordert wird eine Gestaltungspraxis, „that places central attention on challenging hetero-ecologies from the perspective of non-normative sexual and gender positions" (Sandilands/ Erickson 2010: 22) .

---

34 Ein weiterer Zugang im Rahmen einer „queeren" ökologischen Theoriebildung, der hier jedoch nicht behandelt wird, umfasst die Infragestellung des dualistisch-hierarchischen Verhältnisses zwischen Menschen und Tieren (Polk 1999).

Inhaltlich beziehen sich die Ansätze der Queer Ecology auf drei zentrale Stränge der Auseinandersetzung mit dem Wechselverhältnis von Sexualität und Natur (Sandilands/ Erickson 2010):

- in historischen Diskursen zu Sexualität und Natur, mit dem Fokus auf der Naturalisierung spezifischen Sexualverhaltens („Un/naturalizing the Queer", ebd.: 6) im frühen 20. Jahrhundert bis hin zu aktuellen Diskursen über die Bedeutung tierischer Sexualität und Reproduktivität im Zusammenhang mit der Problematisierung von Umweltveränderungen;
- in der Sicht auf die Naturraumgestaltung als Regulationspraxis für sexuelle Aktivitäten: „The Sexual Politics of Natural Spaces" (ebd.: 12ff.);
- in der Artikulation „queerer" ökologischer Ansätze und Umweltpolitik in literarischen, philosophischen und pädagogischen Projekten, die auf das Aufdecken und die Transformation heteronormativer Naturverhältnisse zielen.

Sandilands und Erickson (2010) zeigen auf, wie in all diesen Diskursen „Queer" sowohl als „naturnäher", also naturalisiert, als auch als „unnatürlich" oder sogar „gegen Natur gerichtet" konzeptualisiert wird (dazu auch Ingram 1997 und Doan 2007). Sie zeigen das am Beispiel der Trennung von Liebe und Begehren zwischen Homosexuellen und dem, was als Gay-Identität gilt. Während Homosexualität in bestimmten Zusammenhängen (z.B. Militär, Seefahrt, „Cowboy-Dasein") durchaus als „natürliche Regung" (da mit Maskulinität und Virilität in Verbindung gebracht) angesehen wurde, wird „Gay" wesentlich häufiger mit unnatürlich oder sogar „pervers" in Verbindung gebracht (Sandilands/ Erickson 2010: 2, 17ff.). Die Diskurse darüber enthüllen machtvolle Verstrickungen zwischen Naturvorstellungen und Sexualitätsdiskursen und ebenso zwischen Sexualitätsvorstellungen und Naturdiskursen: „[...] in fact, through a strongly evolutionary narrative that pits the perserve, the polluted and the degenerate against the fit, the healthy, and the natural" (ebd.: 3).

Mortimer-Sandilands (2005) widerlegte mit ihren Forschungen die in den USA und Kanada weit verbreitete Annahme, dass Homosexualität ein ausschließliches Phänomen städtischer und naturentfernter Lebensweisen sei. Unter anderem deckte sie die vielfältigen homosexuellen Aktivitäten der Männergesellschaften im mittleren („wilden") Westen während der amerikanischen Pionierzeit auf und präsentierte Wildnis als einen weiten homoerotischen Möglichkeitsraum, als sicheren Ort für „Outlaw Sex" (Sandilands/ Erickson 2010: 23).[35] Es findet sich jedoch auch eine interessante Umkehr

---

35 Die seit der Antike die Jahrhunderte durchziehende Pastoralliteratur liefert vielfältige, das einfache Leben propagierende und ab dem 17. Jahrhundert meist romantisierende Perspektiven auf die ländliche Natur aus dem Blick des Schäferdaseins. Wilde Natur wird dabei auch als Ort beschrieben, an dem homoerotisches Begehren seinen ur-

dieses Diskurses: Wildnisgebiete als Räume der „Performance" für heterosexuelle Maskulinität, zumindest ab dem 19. Jahrhundert. Zu jener Zeit starteten in Nordamerika die ersten Wildnisschutzprogramme in der Folge massiver Veränderungen in den gesellschaftlichen Naturverhältnissen durch beispielsweise fortschreitende Industrialisierung, Suburbanisierung, Immigration sowie die wachsende ökonomische Unabhängigkeit von Frauen. Dies alles schürte soziale Ängste – insbesondere für die Elite weißer Männer. Outdoor-Aktivitäten in der Wildnis dienten in wachsendem Ausmaß dazu, die Vormachtstellung dieser Elite neu aufzustellen und zu sichern: „[…] white men came to assert their increasingly heterosexual identities in the wilderness explicitly against the urban specter of the queer, the immigrant, and the communist, a legion of feminized men" (ebd.: 3f.). Diese Outdoor-Aktivitäten haben eine rassistische Komponente, denn die „Beherrschung" wilder Natur in Form von beispielsweise Jagen, Fischen, Klettern und Wandern findet in einer Natur statt, die vorher von ihren „wilden" Bewohner_innen „gereinigt" wurde (Mortimer-Sandilands 2005: 4).

Hintergrund und Bezüge

Konzeptioneller Hintergrund der „Queer Ecology"-Ansätze sind die von der feministischen Forschung insbesondere für die Zeit vom 16./ 17. Jahrhundert herausgearbeiteten Verbindungen zwischen der Unterdrückung von Frauen und Natur einerseits und im Hinblick auf die Rolle der sich in dieser Zeit formenden Wissenschaften als rationale Kontrollinstanz einer chaotischen, natürlichen Welt andererseits – einer Phase, in der Frauen als irrational, erotisch und deswegen teuflisch verfolgt wurden (Merchant 1987/1980; Keller 1985). Vertreter_innen der „Queer Ecology" gehen davon aus, dass eine sorgfältige Interpretation dieser Dominanzverhältnisse auf die Wurzeln einer Ideologie verweise, in der das Erotische, Queer Sexualität(en), Frauen, Menschen mit farbiger Haut und Natur konzeptionell miteinander verbunden wurden (Gaard 1997: 148). Ein entscheidender Theoriebezug wird daher zum „Master Model" der ineinandergreifenden „dualized structure of otherness and negation" von Plumwood hergestellt (1997/1993: 42; vgl. I.2.3.3), das jedoch um das dualistische Paar Heterosexism vs. Queer ergänzt und zu einem wesentlichen Bestandteil der Master-Identität erklärt wird (Gaard 1997): „Queers are feminized, animalized, eroticized, and naturalized in a culture that devalues women, animals, nature, and sexuality […] nature is feminized, eroticized, even queered" (ebd.: 140). Ein wesentlicher Grund für die sexualitätsbasierte Unterdrückung wird in der Erotophobie westlicher Kulturen gesehen. Die Unterdrückung von „Queers" gilt entsprechend als das Produkt

---

sprünglichen und natürlichen Ausgangspunkt nimmt (Sandilands/ Erickson 2010: 4, 23, zu den homoerotischen Aspekten auch z.B. Shuttleton 2000: 127).

zweier sich gegenseitig verstärkender Dualismen: Heterosexualität vs. Queer und Vernunft vs. Erotik (ebd.: 139).[36] Die „queere" ökofeministische Perspektive argumentiert für die Befreiung des Erotischen als Gegenpart zu Vernunft, Kultur, Humanität und Männlichkeit. Dazu bedürfe es einer Re-Konzeptualisierung des Menschen „as equal participants in culture and in nature, able to explore the eroticism of reason and the unique rationality of the erotic" (ebd.: 153).

Einen weiteren Bezugspunkt stellen „queer"-historische Analysen über Sexualitäts- und Homosexualitätskonzepte dar (Sandilands/ Erickson 2010: 6ff., auch z.B. Vicinus 1993; Katz 1990; Greenberg 1988). Danach gab es einen Wandel im Verständnis homosexuellen Verhaltens als „sündiger Exzess" und moralische Transgression „normaler" Menschen, hin zu seiner Interpretation im 17. Jahrhundert als Verbrechen gegen die Natur, als unnatürlicher Auswuchs. Einen weiteren Wechsel erfuhr die Definition von Homosexualität gegen Ende des 19. Jahrhunderts und wurde mit einer spezifischen, psychisch verursachten Identität verbunden (Gaard 1997: 141). Insgesamt wurde „queere" Sexualität sowohl als moralisches als auch als physiologisches und psychologisches Problem interpretiert. Häufig wurde (und wird bis heute) dabei auf Untersuchungen aus dem Tierreich zurückgegriffen.

Die in Zusammenhang mit ökologischen Fragen geäußerte Kritik an den Sexualitätsdiskursen richtet sich auf deren Fixiertheit, Sexualität ausschließlich als Instrument zum Reproduktivitätserfolg und zum Überleben einer Population bzw. eines Ökosystems zu sehen. Dadurch werde jede andere Form von Sexualität in ihrer überlebenssichernden sozialen Bedeutung, z.B. hinsichtlich der Bindungsfunktion, des Aggressionsabbaus und des Begehrens, marginalisiert (Sandilands/ Erickson 2010: 9ff., auch Terry 2000), ökologisch relevante, außerreproduktive sexuelle Zusammenhänge würden übersehen (z.B. das Konzept „Biological Exuberance" von Bagemihl 1999, auch Vasey/ Sommer 2006; Hird 2006). Dies gelte auch umgekehrt für die Interpretation reproduktiver Sexualität als exklusiven Marker für den Gesundheitszustand von Ökosystemen: „If the ability of a species to survive in its environmentis tied to its reproductive fitness, then 'healthy' environments are those in which such heterosexual activity is seen to be flourishing; if the environment is not optimal, then the effects may be experienced sexually, and can be seen most clearly in dysfunctional sexual behavior such as homoeroticism." (Sandilands/ Erickson 2010: 10f.)

Ein dritter Diskurs, auf den in „queer" ökologischen Arbeiten rekurriert wird, fokussiert auf Environmental Justice-Aspekte und deren Verweis dar-

---

36 Erotik wird hier nicht ausschließlich als zur Sexualität zugehörig, sondern in einem viel umfassenderen Sinne verstanden, als „sensuality, spontaneity, passion, delight, and pleasurable stimulation [...] variously defined in accordance with specific historical and cultural contexts" (Gaard 1997: 150).

auf, dass Naturkonzeptionen und -umgangsweisen stark rassistisch geprägt sind (Mortimer-Sandilands 2005: 4).

Beitrag zum Themenfeld Geschlechterverhältnisse und Nachhaltigkeit

Die normative Kraft von Heterosexualität in den Ansätzen zum Zusammendenken von Gesellschafts- und Naturverhältnissen unter einer Nachhaltigkeits- und Geschlechterperspektive ist im deutschen Diskurs bisher kaum Gegenstand. Zu untersuchen, wie „Heteronormativität" beispielsweise in nachhaltigkeitsorientierte Natur- und Landschaftsgestaltungskonzepte und in die Beschreibung von problematischen Ökosystemveränderungen eingeschrieben ist und was dies für den Umgang mit Natur und die gesellschaftlichen Aneignungspraktiken bedeutet, erscheint daher als eine spannende Ergänzung im Themenfeld Geschlechterverhältnisse und Nachhaltigkeit.

Ein weiterer Beitrag der Ansätze zu Queer Ecology liegt in ihrem Potenzial, über das Element der Körperlichkeit „Embodiment" oder „Corporeality" zum Zusammendenken von Materialität und Diskursivem in der Natur-/ Geschlechterdebatte beizutragen, ohne dabei in die „alten Fallen" des Essentialismus zu tappen.

> „Specifically the task of a queer ecology is to probe the intersections of sex and nature with an eye to developing a sexual politics that more clearly includes considerations of the natural world and its biosocial constitution, and an environmental politics that demonstrates an understanding of the ways in which sexual relations organize and influence both the material world of nature and our perceptions, experiences, and constitutions of that world." (Sandilands/ Erickson 2010: 5)

Die Frage danach, wie das Materiell-Physische mit einem konstruktivistischen Verständnis von Natur und Geschlecht theoretisch zusammengebracht werden kann, ist weiterhin ungeklärt, obwohl die Diskussion über die Bedeutung von Materialität in den Geschlechter- und Naturverhältnissen in den letzten Jahren einen neuen Aufschwung erlebt (Alaimo/ Hekman 2008a; Alaimo 2010; Barad 2008; Mellor 2001; Scheich/ Wagels 2011). Einen Ausweg aus der kritisierten „Immaterialität" der aktuellen postmodernen und strukturalistischen Theorien (z.B. Barad 2008; Alaimo/ Hekman 2008b) könnte eine aufeinander bezogene Debatte der Ansätze zur Queer Ecology mit ihrem erweiterten Verständnis von Materie als „Trans-Corporeality"[37] und der verschiedenen anderen geschlechterreflektierenden Ansätze zur integrativen Betrachtung von Natur- und Gesellschaftsbeziehungen bieten (auch Bauhardt 2011c). Dadurch können sich neue Zugänge eröffnen, „that account for the ways, in which nature, the environment, and the material world itself signify, act upon, or otherwise affect human bodies, knowledges and practices" (Alaimo 2010: 7f).

---

37 Trans-Corporeality wird als Körperlichkeit verstanden, „in which the human is always intermeshed with the more-than-human world" (Alaimo 2010: 2).

Widersprüche und Kritik

Nichtheterosexuelle Orientierungen implizieren wie jede Abweichung von gesellschaftlichen Normalitätsvorstellungen Marginalisierungs- und Diskriminierungserfahrungen, die zu spezifischen Gegenstrategien führen. Damit sind vielfache Auswirkungen auf die Alltagswirklichkeiten verbunden, z.B. auf die Selbst- und Fremdwahrnehmung, die Verhaltensbewertung und damit auch auf die (Be)Deutung und Aneignung von Natur sowie das Verständnis von Umweltproblemen. Dies war eine der frühen Erkenntnisse der Frauenbewegung: Die Zugehörigkeit zum biologisch weiblichen Geschlecht impliziert männliche Dominanz und bedingt entsprechend separierte Lebenserfahrungen und -wirklichkeiten, gesellschaftliche Entscheidungs- und Aufgabenverteilungen sowie Umgangsweisen mit Natur und Umwelt (I.1.3). Dieser Verweis auf Geschlechterdifferenz wurde (und wird) kritisiert, was mit zu einer Entwicklung von Geschlechtertheorien beigetragen hat, die weg von der Bestimmbarkeit von Identität und Differenz hin zum Verstehen der Prozesse vergeschlechtlicher Herrschaftsbeziehungen und der Aushandlung von Zielen bzgl. der gesellschaftlichen Geschlechter- und Naturverhältnisse geführt hat (I.1, insbes. I.1.4). Es ist nicht theoretisch begründbar, warum eine Kategorie wie Queer, die vielfältigere und weniger heteronormative Differenzziehungen für sich und im Vergleich zur Heterosexualität beansprucht, von dieser Kritik an der Identitätslogik und dem Differenzansatz ausgenommen werden kann. Es besteht die Gefahr, dass dadurch zwar das eine Anderssein (Queer) als herrschaftsförmig gesellschaftlich „gemacht" aufgedeckt wird, dadurch jedoch eine Grenzziehung zwischen dem „Wir-Queer" und dem „Ihr-Heteros" produziert wird, die kontraproduktiv ist: „When queers come out, heterosexuals frequently conclude they know everything there is to know about us once they know our sexuality" (Gaard 1997: 139). Bei den Ausgrenzungs-, Abwertungs- und Unterordnungszusammenhängen von Heterosexualität vs. Queer handelt es sich ebenso um den Prozess und das Ergebnis soziokulturell geprägter gesellschaftlicher Machtverhältnisse wie auch im Dominanzverhältnis zwischen Männern und Frauen. Damit wird jedoch die Frage, inwiefern „Queer-Sein", d.h. sexuelle Ausrichtungen jenseits von Heterosexualität, einen Unterschied für die Auseinandersetzung mit Ökologie und Umweltproblemen sowie bei der Suche nach einem zukunftsverträglichen gesellschaftlichen Umgang mit Natur macht, weniger eine, die auf die ausgrenzende strukturierende Differenzierung beider Kategorien abhebt und „queere" Sichtweisen auf Natur als Kontrast zu heterosexuell geprägten untersucht.

Auch Heterosexuelle leiden unter dem Heternormativitätszwang – wie Männer ebenfalls herrschaftsförmigen Männlichkeitsvorstellungen ausgesetzt sind – und sie können auch Erfahrungen in und mit „Queer-Communities" machen, die ihnen andere Perspektiven auf z.B. Leben, Natur, Umweltprobleme oder Reproduktivität eröffnen und die sie sich aneignen.

Die Perspektive „Queer Ecology" rückt neben der Analyse von heteronormativen Einschreibungen und den damit verbundenen Problemen auf der Natur- und der Gesellschaftsseite, die Lebensrealitäten von Menschen, die Aus- und Abgrenzung erfahren, in den Mittelpunkt. Damit wird nicht nur Geschlecht, sondern auch Sexualität zu einer die Lebenswirklichkeit mitbestimmenden Kategorie und als verborgenes, symbolisches Unterscheidungskriterium in seiner Wechselwirkung mit Natur- und Umweltfragen bedeutsam. Ansätze zur Queer Ecology müssen sich fragen lassen, ob dabei die Lebenswirklichkeiten von verschiedenen Menschen jenseits identitätslogischer Differenzkriterien – die von Klasse, Ethnie, Alter, Geschlecht, Sexualität etc. entscheidend mitbestimmt werden – im Fokus stehen, oder ob es um Sexualität als Personen differenzierendes Identitätsmerkmal geht, als ein Prinzip, das jedem Dominanzverhältnis und damit auch den Gesellschaft-Natur-Beziehungen zugrunde liegt. Wenn Sexualität über das dualistische Paar Heterosexualität vs. Queer eines der zentralen Unterordnungsverhältnisse darstellt, das vielen anderen unterlegt ist, dann wird entscheidend, entlang welcher Grenzen und wie dieses Dominanzverhältnis sich konstituiert, mit anderen – insbesondere naturelevanten verwoben ist – und zur Abwertung und Ausgrenzung der jeweilig untergeordneten Kategorien beiträgt. Ist dies das zentrale Anliegen der „Queer-Perspektive", werden noch zahlreiche Untersuchungen notwendig. Gilt jedoch keine offensichtliche und systematische Hierarchie in Bezug auf die Bedeutsamkeit der Dualismen, ist Heterosexualität vs. Queer eines von mehreren Unterordnungsverhältnissen, dessen Folgen und Ausprägung im Zusammenwirken mit anderen untersucht werden sollte.

Die Kritik von Vertreter_innen der Queer Ecology am Reproduktivitätsfokus in den Erzählungen über die Evolution und in den Kriterien zur Beschreibung der Überlebensfähigkeit von biologischen Systemen sowie die damit einhergehende Marginalisierung des evolutionären Beitrags nichtreproduktiver sexueller Aktivitäten, ist wichtig. Skepsis entsteht dort, wo sich diese Kritik auch auf Untersuchungen bezieht, in denen eine Zunahme von Intersexualität bzw. Abnahme des Reproduktionserfolges als Indikator für destruktive Umweltveränderungen herangezogen wird. Den Forscher_innen wird damit eine heteronormativ unterlegte Fixiertheit unterstellt, weil so die „Gesund- und Unversehrtheit" von Ökosystemen einseitig auf deren reproduktive Fitness reduziert werde (Sandilands/ Erickson 2010: 10f., auch Silverstone 2000). Die Argumentation wird in dieser Verkürzung fragwürdig.[38]

---

38 Der vielfach erbrachte Nachweis von durch Umweltgifte induzierte, hormonell ausgelöste Veränderungen im Reproduktionsverhalten und -erfolg von Arten stellt eine für das jeweilige Ökosystem folgenreiche Einwirkung dar. Inwiefern die Zunahme des Anteils anderer als reproduktivitätsorientierter sexueller Aktivitäten in Zusammenhang mit Schadstoffeinwirkungen oder anderen ungünstigen Bedingungen als ein Anpassungsbeitrag zur Überlebenssicherung des Gesamtsystems interpretiert werden kann, ist eine andere Frage. Eine Abnahme des Reproduktionserfolges weist dennoch un-

2.3.5 Subsistenzansatz: Veronika Bennholdt-Thomsen, Maria Mies, Claudia von Werlhof und Vandana Shiva

Sabine Hofmeister

Der Subsistenzansatz[39] entstand in den 1970er und 1980er Jahren in der Fakultät für Soziologie der Universität Bielefeld. Er wurde maßgeblich von den drei Entwicklungssoziologinnen Bennholdt-Thomsen, Mies und von Werlhof entwickelt[40]. Alle drei Wissenschaftlerinnen verfügten schon in dieser Zeit über umfangreiche Forschungserfahrungen in Ländern des Südens, in Indien (Mies), in Mexiko (Bennholdt-Thomsen) und Venezuela (von Werlhof)[41].

Hintergrund der Entwicklung dieses Ansatzes war die seinerzeit in den politischen Kontexten der (neuen) Frauenbewegung sowie in der noch sehr jungen Frauen- und Geschlechterforschung breit und kontrovers geführte „Hausarbeitsdebatte". Dementsprechend war die das Team motivierende Ausgangsfrage diejenige nach dem Charakter und der ökonomischen Bedeutung unbezahlter Frauenarbeit. Gefragt wurde, ob und wie diese Arbeit zum Funktionieren der kapitalistischen Wirtschaftsweise beiträgt, ob und wie sie an der Bildung ökonomischer Werte beteiligt ist und schließlich, weshalb sie nicht bewertet, nicht bezahlt und nicht gesehen wird (Mies 2002: 159ff.). Der Ansatz gilt bis heute als ein ökonomiekritischer Ansatz aus feministischer Perspektive (I.2.2.2 u. Biesecker/ Gottschlich i.d.Bd.). Die Autorinnen selbst verstehen sich als „Ökofeministinnen" (Mies/ Shiva 1995: 23ff.; Mies 1987).

Zur Frage nach dem Charakter und den Besonderheiten von Frauenarbeit entwickelte die Arbeitsgruppe zunächst den Begriff des „weiblichen Arbeitsvermögens", den sie explizit im Unterschied und Gegensatz zu der Arbeit

---

zweifelhaft auf Veränderungen hin, die nicht nur für den Fortbestand der Art, sondern auch ökosystemar bedeutsam werden können. Wodurch solcherart Veränderungen verursacht werden, und ab wann und inwieweit diese dann als gesund oder krank zu interpretieren sind, kann Gegenstand von Auseinandersetzungen sein, nicht jedoch die Veränderungen an sich und deren messbare Folgen.

39 Der „Subsistenzansatz" ist auch unter dem Begriff Bielefelder Ansatz bekannt geworden. Aus zwei Gründen sehen wir von dieser Bezeichnung ab: zum einen, weil die Autorinnen sich selbst davon distanzieren (Mies 2002: 160); und zum anderen, weil wir unter „Subsistenzansatz" auch die Arbeiten der indischen Physikerin und Philosophin Vandana Shiva darstellen; sie hat gemeinsam mit den deutschen Kolleginnen publiziert (z.B. Mies/ Shiva 1995) und vertritt den Subsistenzansatz im internationalen Raum.

40 An der Entwicklung waren zunächst auch die Bielefelder Wissenschaftler Elwert und Hans-Dieter Evers beteiligt; Maria Mies war seinerzeit Professorin für Soziologie an der Fachhochschule in Köln und arbeitete von dort aus an der Entwicklung mit (Mies 2002: 159).

41 Im Beitrag von Biesecker/ Gottschlich (i.d.Bd.) wird der Subsistenzansatz, wie er von der Bielefelder Arbeitsgruppe entwickelt wurde, in der Perspektive auf seinen Beitrag zur feministischen Ökonomik diskutiert.

von Männern definieren und aus dem sie die These von einem besonderen
„weiblichen Gegenstandsbezug" ableiten[42]:

> „Die Frauen haben [...] ein spezifisch weibliches Arbeitsvermögen entwickelt [...]. Es orientiert sich an der Fruchtbarkeit ihres Leibes. Neues Leben schaffen durch Gebären ist das Prinzip, das Frauen auch auf andere Tätigkeiten anwenden, früher zum gemeinsamen Nutzen aller Menschen – heute zum Nutzen des Systems. [...] Das männliche Arbeitsvermögen ist viel zu unflexibel und ‚unfruchtbar', es ist blutleer." (von Werlhof 1983:128f.)

Sie betonen damit den Leben schaffenden und erhaltenden Charakter weiblicher Arbeit: Frauenarbeit bringt neues Leben hervor, produziert die für die kapitalistische Ökonomie zentrale, weil Mehrwert schaffende Arbeitskraft. Entsprechend wird der gängige Begriff Reproduktionsarbeit zurückgewiesen: Frauenarbeit sei schöpferisch, habe keinen repetitiven Charakter und sei mithin produktive Arbeit (Mies 2002: 162f., auch Shiva 1989b, 1995a).

In der Frage nach der ökonomischen Bewertung der Frauenarbeit kritisieren die Autorinnen, dass diese, obgleich sie zweifelsfrei zur (Tausch)Wertbildung beiträgt, nicht als Teil des Ökonomischen gelte, sondern, weil sie unbezahlt ist, als „unproduktiv" angesehen und nicht einmal als „Arbeit" wahrgenommen werde. Im Anschluss an die marxistische Theorie wird allerdings auch festgehalten, dass Frauenarbeit keine unmittelbar Waren produzierende Arbeit sei und selbst keinen Mehrwert hervorbringe (ebd.). Mithin ist es die Verfasstheit kapitalistischer Ökonomie, die diese Arbeit unbewertet lässt – ja, sogar als produktive Arbeit unsichtbar macht und „vergisst" (ebd.: 160). Die mit der Entstehung des Industriekapitalismus und der bürgerlichen Gesellschaft – historisch parallel zur Kolonialisierung der „Dritten Welt" (ebd.: 168) – einsetzende „Hausfrauisierung" bewirke eben jene ökonomische Unsichtbarmachung der (Frauen)Arbeit, die „wie eine Naturressource" (ebd.: 166) angeeignet und genutzt wird.[43]

Positiv prägen die Bielefelder Entwicklungssoziologinnen für diese Arbeit den Begriff Subsistenzproduktion: „Subsistenzproduktion" oder „Lebensproduktion" umfasst alle Arbeit, die bei der Herstellung und Erhaltung des unmittelbaren Lebens verausgabt wird und auch nur diesen Zweck hat. Damit stellen sie den Begriff Subsistenzproduktion in einen Gegensatz zur Waren- und Mehrwertproduktion.

> „Bei der Subsistenzproduktion ist das Ziel: Leben. Bei der Warenproduktion ist das Ziel: Geld, das immer mehr Geld produziert, oder auch die Akkumulation von Kapital. Leben fällt gewissermaßen nur als Nebeneffekt an. Es ist typisch für das kapitalistische Industriesystem, dass es alles, was es möglichst kostenlos ausbeuten will, zur Natur und Naturressource erklärt." (Mies 1983 zit. nach Mies 2002: 181f., zur Kategorie Subsistenz auch Biesecker/ Gottschlich i.d.Bd.)

---

42 Zur Kritik z.B. Knapp (2007/1988: 270ff.).
43 Zum Konzept Hausfrauisierung: Biesecker/ Gottschlich i.d.Bd.

Dieser Status betrifft, so die Autorinnen, jedoch nicht nur die Arbeit der Frauen in den Industrieländern, sondern auch jene Arbeit der Frauen und Männer, die in den Ländern des Südens („Dritte-Welt-Länder") als Kleinbauern und -bäuerinnen tätig sind (z.b. Mies 1988: 91ff.). Aufbauend auf diese These gelingt es, den Begriff Subsistenzproduktion auch für die Debatte um Kolonialisierung und postkoloniale Herrschaftsformen gegenüber den Ländern des Südens geltend zu machen. Die Kategorie Hausfrauisierung wird somit ausgedehnt auf alle Tätigkeiten, die auf Eigenbedarf gerichtet sind. Subsistenzwirtschafter_innen sind sowohl Frauen als auch Kleinbauern und -bäuerinnen, deren Tätigkeiten wie eine Naturressource kostenlos verfügbar sind (ebd.: 160f., 166). „Hausfrauisierung" der Frauenarbeit und Kolonialisierung der Länder des Südens sind entsprechend inhaltlich unmittelbar verknüpft (ebd.: 168). Indem der Begriff Hausfrauisierung nunmehr – historisch auch über die Kolonialzeit hinaus[44] – für die Globalisierung der kapitalistischen Marktökonomie insgesamt angewendet wird, bezeichnet er einen Konstruktionsprozess: „Das Kapital" konstruiert Menschen nach dem „Modell Hausfrau" (ebd.: 128), um ihre Arbeitskraft anzueignen. Mit der These, dass „Hausfrauisierung" eine Strategie globalisierter kapitalistischer Ökonomie darstelle (ebd.), gewinnt der Subsistenzansatz im Zusammenhang mit der „Globalisierungsdebatte" ab den 1990er Jahren zusätzliche Bedeutung. In diese Zeit fällt die Zusammenarbeit der Bielefelder Arbeitsgruppe mit Vandana Shiva (Mies/ Shiva 1995).

In ihren Arbeiten nimmt Shiva die ökonomie- und wissenschaftskritischen Überlegungen der Bielefelder Arbeitsgruppe sowie den Begriff der „weiblichen Arbeit" auf (Shiva 1989, 1995a). Sie fokussiert damit auf eine Kritik am Entwicklungsbegriff der westlichen Industriestaaten, mit dem die ökonomischen Paradigmen der Warenproduktion, des Wachstums sowie der reduzierte Produktivitätsbegriff universalisiert und auf die „Dritte Welt" übertragen werde (Shiva 1989: 13ff.). Entwicklungsarbeit in diesem Verständnis führe zur Verdrängung der Frauen – und mithin des „weiblichen Prinzips" – aus den produktiven Tätigkeitsbereichen in Land- und Forstwirtschaft und gleichzeitig zur Zerstörung der ökologischen Voraussetzungen der Subsistenzwirtschaft (ebd.: 15f., 93ff.). Anhand empirischer Untersuchungen in Nordwestindien zeigt Shiva, dass und wie entwicklungspolitisch geförderte Land- und Forstwirtschaftsprogramme zur Vereinheitlichung der Artenbestände, zu Industrialisierung und Technisierung der Produktion sowie in der Folge zu massiven Umweltproblemen (Biodiversitätsverluste, Desertifikation und Wasserknappheit) und Armut, insbesondere der Frauen führen (ebd.: 109ff., 190ff.). Durch die mit der Globalisierung der kapitalis-

---

44 Mies nutzt den Begriff Kolonialisierung auch für die gegenwärtigen Politiken der Entwicklungszusammenarbeit mit Ländern des globalen Südens: „unterentwickelte Gesellschaften – so nennt man heute unsere Kolonien [...]" (Mies 2002: 183).

tischen Marktökonomie einhergehenden Änderungen der Eigentumsverhältnisse, der Zugangs- und Verfügungsrechte zu und über Ressourcen werden Frauen benachteiligt, enteignet und verdrängt, was die Entwertung der Regeneration verstärkt und beschleunigt. In diesen Prozessen sieht Shiva die Ursachen für die ökologische Krise sowie für die „Krise der Nachhaltigkeit" (Shiva 1995b).

Aus ihrer Kritik an der kapitalistischen Ökonomie, die durch ihre globale Expansion die Kluft zwischen Armen und Reichen sowohl weltweit – zwischen den Ländern des globalen Nordens und Südens – als auch in den Ländern drastisch verschärfe, leiten die Vertreterinnen des Ansatzes eine visionäre Bedeutung der Kategorie Subsistenz ab (Bennholdt-Thomsen/ Mies 1997): „Subsistenzproduktion" steht für eine Ökonomie des „guten Lebens" (Mies 2002: 181). Subsistenz und Regionalität werden zu den Prinzipien einer nicht-wachstumsorientierten, nicht-kolonialen, nicht-patriarchalen, nicht ausbeuterischen Ökonomie und Gesellschaft (ebd.: 180), die ein autonomes, sich selbst regenerierendes und schöpferisches Leben garantieren (ebd.: 181). Aufbauend auf eine generelle Kritik am „Konsumismus" wird die Konsumverweigerung der Frauen weltweit als politische Strategie in der Perspektive auf Subsistenz empfohlen (Mies 1987: 50ff., 1988: 293ff.).

Hintergrund und Bezüge

Die drei deutschen Wissenschaftlerinnen Bennholdt-Tomsen, Mies und von Werlhof binden die Entwicklung ihres Ansatzes an die Kritik der marxistischen Theorie, die sich vor allem auf Marx Arbeitswerttheorie richtet, die in kritischer Perspektive auf die klassische Arbeitswerttheorie erfolgte (insbes. von Werlhof 1978). In Hinblick auf die Forschungsfrage nach der ökonomischen Bedeutung der Frauenarbeit knüpfen sie an Rosa Luxemburgs Arbeit zur Akkumulation des Kapitals (Luxemburg 1975/1913) an: Die hierin ausgearbeitete These, dass das Kapital um seiner Akkumulation wegen auf nichtkapitalistische Produktionsformen zugreifen müsse (die Luxemburg im Blick auf imperialistische Zugriffe auf „fremde Völker" entwickelte) und dass den kapitalistischen Gesellschaften daher Gewalt – Raub, Krieg, Vertreibung – eigen sei, wird von der Bielefelder Arbeitsgruppe auf Frauenarbeit und patriarchale Strukturen ausgedehnt. Zugleich bildet Luxemburgs Arbeit die Grundlage für die Analogsetzung der Unterdrückung und Ausbeutung der Menschen in den Ländern des Südens (Kolonialisierung) mit derjenigen der Frauen weltweit (Mies 2001: 158ff.).

Über die Auseinandersetzung mit der marxistischen Theorie greift der Ansatz vielfach auf die Arbeiten im Kontext der feministischen Ökonomik zurück sowie mit der Kritik am neuzeitlichen Naturverständnis, das ein hierarchisches und herrschaftliches Verhältnis von Gesellschaft/ Wirtschaft gegenüber Natur induziere, auch auf feministische Wissenschaftstheorie und -kritik (Mies/ Shiva 1995: 36ff., 53ff., auch I.1.3.2)

Beitrag zum Themenfeld Geschlechterverhältnisse und Nachhaltigkeit

Ein wesentlicher Beitrag des Subsistenzansatzes zu nachhaltigkeitswissenschaftlichen und -politischen Debatten besteht in der Verknüpfung von sozialer Ungerechtigkeit im globalen Nord-Süd-Verhältnis mit der im Geschlechterverhältnis. Die Vertreterinnen der Bielefelder Arbeitsgruppe bringen hier zwei Diskurse zusammen, die insbesondere im Kontext der Globalisierungskritik von wesentlicher Bedeutung sind für die Frage nach den politischen Implikationen einer nachhaltigen Entwicklung in globaler Dimension. Sie suchen diesen Zusammenhang auch im Blick auf die ökologische Dimension von Nachhaltigkeit herzustellen, wobei dieser Aspekt bei ihnen – im Unterschied etwa zu den Arbeiten von Shiva – eher additiv berücksichtigt wird und nicht systematisch in die empirische Arbeit der Forscherinnen einfließt. Der Schwerpunkt ihrer ökonomiekritischen Analyse liegt zweifelsfrei auf dem Aspekt der Ausbeutung und Unterdrückung von Menschen, insbesondere von Frauen, auf der Grundlage global kapitalistischer Strukturen und Verhältnisse. In Bezug auf die Weiterentwicklung der Nachhaltigkeitswissenschaften ist der von der Bielefelder Arbeitsgruppe entwickelte Subsistenzansatz daher analytisch relativ stark, wenn es um Fragen der sozialen Gerechtigkeit geht, dabei bleibt die „Naturfrage" jedoch unterbelichtet. Die Analyse der Ursachen der ökologischen Krise steht hingegen im Vordergrund der Arbeiten von Shiva, die den Ansatz der deutschen Kolleginnen unter diesem Aspekt ergänzen. In ihrer gemeinsamen Publikation heben Mies und Shiva (1995: 418) explizit die Ähnlichkeit der von ihnen entwickelten Subsistenzperspektive mit dem Konzept der nachhaltigen Entwicklung in globaler Perspektive hervor. Folgerichtig wird in der Weiterentwicklung des Ansatzes der Blick erweitert: Die Orientierung auf Subsistenzproduktion wird nicht mehr nur für traditionelle Gesellschaften, sondern zugleich für regionales Wirtschaften in informellen Ökonomien in westlichen Industriegesellschaften herausgearbeitet (Baier 2004: 75; Baier et al. 2005; Müller 1998).

In der Analyse wird (mit Luxemburg) die Bedeutung von Gewalt – Gewalt gegen Frauen und Natur – hervorgehoben. Dass gewaltförmige Herrschaftsformen – seien es Aneignung durch Raub, Kriege oder aber sexistische Übergriffe gegenüber Frauen – strukturell miteinander verbunden sind, und dass Gewalt materielle und ökonomische Ursachen und nicht allein ideologische Gründe hat, mag ein weiterer Aspekt sein, der für die im Kontext der Nachhaltigkeits- und Geschlechterwissenschaften geführten Debatten um die Ursachen von Konflikten und Gewalt von Bedeutung ist.

Hervorzuheben ist weiterhin, dass die Repräsentantinnen des Subsistenzansatzes ihre wissenschaftliche Arbeit unmittelbar als einen Beitrag für die politische Praxis verstehen und dies durch ihr politisches Engagement in der Anti-Globalisierungsbewegung wie in der internationalen Frauenbewegung zum Ausdruck bringen (Baier 2004: 75).

Widersprüche und Kritik[45]

Den Ausgangspunkt für die Entwicklung des Subsistenzansatzes bildet, wie dargestellt, die Frage nach dem „Wesen" der unbezahlten Frauenarbeit. Die Art und Weise, wie diese Frage beantwortet wird – mit dem Verweis auf das spezifisch „weibliche Arbeitsvermögen", das aus der Gebärfähigkeit der Frauen resultiere –, verweist auf den essentialistischen Zugang, den die Autorinnen für die Entwicklung des Ansatzes gewählt haben: Das Geschlechterverhältnis wird hiermit reduziert auf die biologischen Eigenschaften von Frauen und Männern. Geschlecht ist hier nicht primär eine soziale Kategorie. Dieser Aspekt ist vielfach kritisiert worden (exemplarisch Knapp 2007/1988; Lenz 1987). Insoweit der Begriff Ökofeminismus vor allem (aber nicht nur) im deutschsprachigen Raum mit dem Subsistenzansatz assoziiert wird, hat dies zur Diffamierung des Konzepts insgesamt beigetragen.

Im Blick auf den Beitrag des Ansatzes zur Nachhaltigkeitsdebatte ist kritisch anzumerken, dass er die Entwicklungsdimensionen Ökologie, Ökonomie und Soziales/ Kulturelles nicht systematisch integriert: Zwar wird mit dem durch die Bielefelder Arbeitsgruppe entwickelten Subsistenzansatz immer wieder Bezug genommen auf die „Naturfrage" sowie auf kritische Umweltdiskurse (der Ansatz versteht sich explizit als „ökofeministisch"), jedoch erfolgt diese Bezugnahme additiv: Der Verweis auf „Naturproduktivität", die wie die Arbeit der Frauen und Kleinbauern/ Kleinbäuerinnen auch kostenlos angeeignet und ausgebeutet werde (z.B. Mies 2002: 160f., 166), bleibt analytisch unausgefüllt; er wird mehr als eine Metapher denn als analytische Kategorie eingeführt. Diese Lücke wird mit den Arbeiten der indischen Umweltaktivistin Vandana Shiva gefüllt: Sie fokussiert schon in ihren frühen Publikationen auf Fragen der Ressourcennutzung und auf die ökologischen Probleme in der „Dritten Welt", die aus der Globalisierung des westlichen Ökonomiebegriffs und der Industrialisierung der Land- und Forstwirtschaft resultieren[46]. In ihren jüngeren Arbeiten (etwa ab 2000) stehen ökologische Fra-

---

45 Zur Rezeption und Kritik ihres Ansatzes z.B. Bennholdt-Thomsen/ Mies (1997: 18ff.).
46 Allerdings wird die von Shiva behauptete Übertragbarkeit ihrer Forschungsergebnisse aus empirischen Untersuchungen in Nordwestindien auf die „Dritte Welt" angezweifelt. So weist Agarwal (1992: 124f.) darauf hin, dass die hier unterstellte „Naturnähe" der Frauenarbeit (das „weibliche Prinzip", Shiva 1989b: 51ff.) besondere kulturelle, ethische und religiöse Hintergründe hätte, die nicht universalisiert werden können; auch würde Shiva die regional spezifischen Prozesse und Institutionen, die am Wandel der Geschlechter- und Naturverhältnisse beteiligt sind, nicht ausreichend berücksichtigen.

gen, insbesondere Biodiversitätsverlust und -politik im Zusammenhang mit Ernährung und Gesundheit (Shiva 2001, 2004) sowie der Klimawandel (Shiva 2008) im Vordergrund, wobei die Perspektive auf Geschlechterverhältnisse im Vergleich zu den frühen Arbeiten stärker in den Hintergrund rückt.

Insgesamt lässt sich für die Vertreterinnen des Subsistenzansatzes jedoch sagen, dass sie im Blick auf das Postulat, die Subsistenzproduktion als eine Produktionsform nachhaltigen Wirtschaftens zu verallgemeinern, die damit verbundenen ökologischen Implikationen nicht ausreichend durchdacht und kritisch reflektiert haben (z.b. in Bezug auf den damit verbundenen Flächenbedarf). Die aus dieser Perspektive abgeleitete Kritik am „Konsumismus" und die Forderung nach einer „Konsumbefreiungsbewegung" (Mies 1987: 50ff.) erweist sich zudem auch unter sozialen Nachhaltigkeitsaspekten als fragwürdig: So wird kritisiert, dass sie auf der Perspektive des „weißen Mittelstands" beruhe und nicht verallgemeinert werden könne (Mellor 1994/ 1982: 187f.).

Eine immanente Kritik an dem theoretischen Rahmen des Subsistenzansatzes gilt der Überdehnung des Begriffs Hausfrauisierung: Ausgehend von der theoretischen Ableitung, die die deutschen Vertreterinnen des Ansatzes, wie dargestellt, aufbauend auf die Akkumulationstheorie von Luxemburg leisten (Mies 2002: 158ff.), kann die Kritik an allen prekären Formen von Lohnarbeit gerade nicht mit dem Modus der Kapitalakkumulation begründet werden, insoweit dieser die Produktionsformen nichtkapitalistischer Arbeit voraussetzt. Die Autorinnen unterlaufen mit dieser Argumentation ihre eigene Fundierung, die theoretische Konsistenz des Ansatzes wird brüchig.

2.3.6 (Re)Produktivität: Adelheid Biesecker und Sabine Hofmeister

Sabine Hofmeister

„(Re)Produktivität" steht für eine Wirtschaftsweise, die auf der „prozessuale(n), nicht durch Abwertungen getrennte(n) Einheit aller produktiven Prozesse in Natur und Gesellschaft, bei gleichzeitiger Unterschiedenheit" basiert (Biesecker/ Hofmeister 2006: 19). Die Autorinnen weisen – vor allem auch mit der spezifischen Schreibweise von „(Re)Produktivität" – darauf hin, dass eine Trennung von „Produktivem" und „Reproduktivem" physisch materiell nicht existiere, sich mit Verweis auf die Art und die Qualitäten von Leistungen und Tätigkeiten nicht begründen lasse: Weder in der sozialen Lebenswelt noch in der ökologischen Natur lassen sich produktive von reproduktiven, herstellende von wiederherstellenden Prozessen trennen. Alle lebendige Tätigkeit ist produktive Tätigkeit. Die Produktion-Reproduktion-Differenz existiert – als eine in die ökonomische Theorie und die Praxis ökonomischer Bewertung eingelassene „Erzählung" – ausschließlich in der Sphäre des (Markt)-Ökonomischen (ebd.: 33). Als ein durch und durch vergeschlechtliches Trennungsverhältnis wirkt diese Differenz allerdings äußerst mächtig, herrschaftlich und hierarchisierend, in alle Bereiche der Natur und Gesellschaft hinein – sie wird konstitutiv für gesellschaftliche Natur- und Geschlechterverhältnisse in Einem. Die Autorinnen entwickeln (Re)Produktivität als eine kritische analytische und auch als eine konstruktiv perspektivische Kategorie im Blick auf eine nachhaltige Gesellschaft und Wirtschaftsweise.

Ihre Kritik an der Struktur und Funktionsweise des Ökonomischen richtet sich auf die westliche, industriekapitalistisch verfasste Gesellschaft, die auf Basis der ineinander verwickelten Gegensatzverhältnisse Kultur vs. Natur und männlich vs. weiblich ihre Entwicklung systemisch nicht nachhaltig gestaltet. Indem sie jene Wesen, Prozesse und Leistungen, denen sie ökonomisch keinen Wert beimisst, als „Natur" aus der Sphäre des Ökonomischen heraustrennt und sie zugleich in derselben Sphäre umfassend vereinnahmt, unterwirft sie den gesellschaftlichen Reproduktionsprozess einem von seiner sozial-ökologischen Substanz abstrahierenden Wertkalkül. Im Trennungsverhältnis zwischen Produktivem (dem ökonomisch in Wert Gesetzten) vs. „Reproduktivem" (den ökonomisch nicht bewerteten Prozessen und Leistungen) werden die Produktivität der Natur und die der (sozialen) Frauen durch die ökonomischen Praktiken hindurch vollständig internalisiert; und zugleich werden jene Produktivitäten, wie die durch die ökonomische Praxis erzeugten ökologischen und sozialen „Naturprodukte" in der ökonomischen Bewertung externalisiert und geleugnet. Indem die ökonomische (Wert)Rationalität als „Reproduktives" alles von sich abspaltet, was die ökonomische (Verwertungs)Praxis als Produktivität in sich hineinholt und (wieder)hervorbringt, werden gesellschaftliche Natur-/ Geschlechterverhältnisse (in Einem) generiert, die der Erneuerung sowohl der physisch materiellen als auch der sozial lebensweltlichen Grundlagen künftigen Lebens und Wirtschaftens systemisch entgegenwirken. Das Ökonomische ist demnach gekennzeichnet durch eine paradoxe Struktur, die nichtnachhaltige Wirtschaftspraktiken systemisch generiert: Während praktisch – d.h. in Hinblick auf die materielle Dimension der ökonomischen Verwertung – kontinuierlich daran gearbeitet wird, naturale und menschliche/ gesellschaftliche Elemente und Prozesse miteinander zu vermitteln und zu vermischen (durch jeden einzelnen Prozess der Herstellung von Gütern und Leistungen hindurch werden NaturKulturHybride hergestellt), wird eben diese Praxis in der ökonomischen Bewertung geleugnet: Auf Basis der durch die Ökonomik gesetzten Prämissen wird ebenso kontinuierlich daran gearbeitet, das Trennungsverhältnis zwischen „produktiver" Gesellschaft/ Kultur und „reproduktiver" Natur (worunter ökologische Leistungen und jene von „Frauen" subsumiert werden) aufrechtzuerhalten und zu erneuern. Beharrlich insistiert das ökonomische System durch seine Theoriebildung hindurch auf die Dualismen Kultur/ Gesellschaft vs. Natur und männlich vs. weiblich, die es durch seine eigene Praxis wieder und wieder unterläuft und in seinen Resultaten aufhebt. In dieser paradoxen Strukturierung des Ökonomischen liegt, so die Autorinnen, die Ursache dafür, dass die Gesellschaft systematisch ihre „reproduktiven" Wurzeln untergräbt, aushöhlt und abschneidet. Die in diesem Modus erzeugte Krise des „Reproduktiven" zeigt sich von zwei Seiten: im Sozialen als eine „Krise der Reproduktionsarbeit" und im Naturalen als „ökologische Krise". Beide Seiten haben jedoch im Trennungsverhältnis Produktion vs. Reproduktion einen einzigen Ursprung, sie sind mithin gleichursprünglich (ebd.: 137). Diese Entwicklung mündet schließlich ein in die sozial-ökologische Krise, die die gegenwärtige Situation prägt.

Auf der Basis ihrer kritischen Analyse des Ökonomischen wird mit der Kategorie (Re)Produktivität eine Perspektive eröffnet, in der das Trennungsverhältnis Produktion vs. „Reproduktion" analytisch aufgehoben ist. Die Autorinnen entwickeln konstruktiv die Vision von einer (re)produktiven, nachhaltigen Wirtschaft (ebd.: 158ff.): Jene Prozesse und Leistungen, die der industriekapitalistisch verfassten Wertökonomie (noch) als „reproduktiv" erscheinen – die Produktivität der Natur und die (sozial) weibliche Produktivität von Menschen –, werden im Blick auf eine nachhaltige Regulationsordnung des Ökonomischen als die zentralen Produktivitäten erkannt. Mit der „Neuerfindung des Ökonomischen" auf Basis von „(Re)Produktivität" entwickeln die Autorinnen eine (vorläufige) Vorstellung davon, wie sich Wirtschaften in einer nachhaltigen Gesellschaft organisiert und vollzieht: als eine Vielzahl aufeinander abgestimmter (re)produktiver Prozesse, deren physisch materielle und wertmäßige Dimensionen qualitativ und quantitativ durch Aushandlungsprozesse auf allen gesellschaftlichen Ebenen bestimmt werden. Die gesellschaftliche Rahmung für die jeweils räumlich und zeitlich kontextualisierten (Re)Produktionsprozesse sind durch die Prozesse des Bewertens sowie des Vermittelns – des Vermittelns von Naturleistungen, die die für die jeweiligen Prozesse benötigten Stoffe und Energie hervorbringen, mit menschlichen Tätigkeiten (erwerbliche und nichterwerbliche Arbeit) – gekennzeichnet. Durch die Phasen des (Re)Produktionsprozesses – naturale und menschliche Produktion, Konsumtion und Reduktion – hindurch wirken Bewertungs- und Vermittlungsprozesse auf die bestehenden Natur-/ Geschlechterverhältnisse und transformieren diese (Biesecker/ Hofmeister 2012, darin insbes. Abb. 1). Veränderte Natur-/ Geschlechterverhältnisse wiederum wirken auf die neuerlichen Aushandlungs-, Bewertungs- und Vermittlungsprozesse zurück. Diese vollziehen sich auf verschiedenen Ebenen: auf der einzelwirtschaftlichen eines Haushalts oder eines Unternehmens, auf der regionalen, auf der gesamtwirtschaftlichen, auf der globalen. Eine (re)produktive, nachhaltige Ökonomie ist eine Mehr-Ebenen-Ökonomie (Biesecker/ Hofmeister 2006: 158ff.).

Hintergrund und Bezüge

Hintergrund der Entwicklung der Kategorie (Re)Produktivität ist die langjährige Zusammenarbeit beider Autorinnen im Netzwerk Vorsorgendes Wirtschaften. Anliegen des Netzwerks ist die Kritik und Erweiterung ökonomischer Theorie und Praxis im Blick auf nachhaltiges Wirtschaften (dazu: Biesecker/ Gottschlich i.d.Bd.). Die Autorinnen verstehen die Kategorie als einen Beitrag zu einer Theorie des Vorsorgenden Wirtschaftens (Biesecker/ Hofmeister 2012). Wissenschaftlich sind sie in den Wirtschaftswissenschaften (Biesecker) sowie in den Umwelt- und Nachhaltigkeitswissenschaften (Hofmeister) verortet. Die Ausarbeitung des Forschungsansatzes (Re)Produktivität erfolgte im Kontext sozial-ökologischer Forschung – einem nachhaltigkeitswissenschaftlichen Forschungsprogramm (I.2.2.3), zu dessen Entwicklung und Weiterentwicklung die Kategorien Reproduktion und (Re)Produktivität beigetragen haben (Biesecker/ Hofmeister 2006).

Die Autorinnen weisen auf zwei Wissenschaftsbereiche hin, deren Ergebnisse sie in der Kategorie (Re)Produktivität zusammenführen: die ökologische Ökonomie in kritischer Perspektive (ebd.: 14ff. sowie Biesecker/ Hofmeister 2001, 2003, 2010) und die feministische Theorie – explizit: die feministische Ökonomik (ebd.: 129, auch Biesecker/ Hofmeister 2010, auch I.2.2.2 sowie Biesecker/ Gottschlich i.d.Bd.). Tatsächlich werden die Erkenntnisse feministischer Ökonomietheorie und -kritik zwar umfassend genutzt bzw. durch die Entwicklung des Ansatzes erweitert (dies vor allem deshalb, weil eine der beiden Autorinnen in diesem Feld wissenschaftlich sozialisiert ist). Doch zeigt sich bei der Lektüre des Buches, in dem die Kategorie entfaltet wird (Biesecker/ Hofmeister 2006), dass die Ergebnisse der Frauen- und Geschlechterforschung weit über jene Ergebnisse hinaus genutzt werden, die aus der feministischen Ökonomik i.e.S. hervorgegangen sind. Insbesondere schließt die Entwicklung der Kategorie (Re)Produktivität an den Forschungsbereich „Gender & Environment" (I.2.2.2) im Kontext der Sozialen Ökologie an und nutzt hier vor allem auch die in diesem Kontext entwickelten wissenschaftstheoretischen Überlegungen (ebd.: 34ff.). Inhaltlich wie methodisch basiert die Argumentation – Kritik am Trennungsverhältnis Produktion vs. Reproduktion und analytische Zusammenführung in der Kategorie (Re)Produktivität – auf den Forschungen der kritischen feministischen Gesellschaftstheorie[47], die wiederum an die sog. Hausarbeitsdebatte in der politischen Frauenbewegung der 1970er und 1980er Jahre anschließen und eine ausführliche kritische Auseinandersetzung mit der marxistischen Wissen-

---

47 Vgl. insbesondere das Konzept „doppelte Vergesellschaftung" (Becker-Schmidt 1985) und weiterführende Arbeiten der Autorin, die sich mit dem Problem der Dichotomisierungen zwischen gesellschaftlichen Bereichen entlang der Achse Geschlecht auseinandersetzen (u.a. Becker-Schmidt 1998a, b, 2002).

schaftstradition entlang der Kategorien „Arbeit" und „Wert" zur Folge hatten (u.a. Beer 1983, 1990; Bock/ Duden 1977; Bock 1983; Neusüß 1985). Auf dieser Grundlage schließen die Autorinnen in der Kategorienentwicklung an vermittlungstheoretische Ansätze feministischer Theoretiker_innen an (v.a. an Haraway, I.2.3.7), indem sie die Vermittlung der dichotom konzipierten Sphären Kultur/ Gesellschaft vs. Natur, männlich vs. weiblich und produktiv vs. reproduktiv und die daraus resultierende Hybridisierung in den Mittelpunkt ihrer auf die realökonomischen materiellen Prozesse gerichteten Analyse stellen; von diesem Standpunkt aus entfalten sie ihre Kritik an der an den Trennungsverhältnissen orientierten und sich durch die ökonomische Bewertung erneuernden Struktur des Ökonomischen.

Im Kern der Entwicklung dieses Forschungsansatzes steht jedoch die Auseinandersetzung mit dem für die deutschsprachige Nachhaltigkeitsforschung zentralen Forschungsbereich Soziale Ökologie und hier insbesondere mit dem diesem Bereich zugrunde liegenden Konzept gesellschaftliche Naturverhältnisse (Becker/ Jahn 1989/1987, 2003; Jahn/ Wehling 1988, auch I.2.2.3), das wiederum (wie die feministische Gesellschaftskritik v.a. von Becker-Schmidt) anschließt an die „klassische" kritische Theorie (Horkheimer/ Adorno 1947; Habermas 1969, 1988) und diese erweitert (Becker 2003).

Beitrag zum Themenfeld Geschlechterverhältnisse und Nachhaltigkeit

Indem Biesecker/ Hofmeister (2006) die Kategorie (Re)Produktivität in das sozial-ökologische Konzept gesellschaftliche Naturverhältnisse in der Perspektive auf feministische Gesellschaftstheorie integrieren, schlagen sie konzeptionell eine Brücke zwischen (sozial-ökologischer) Nachhaltigkeitsforschung und Geschlechterforschung. Der Forschungsansatz ist daher zentral im Themenfeld Geschlechterverhältnisse und Nachhaltigkeit verortet.

Ein Schlüsselbegriff in diesem Ansatz ist Naturproduktivität – ein Terminus, der in kritischer Absicht dem des „Naturkapitals", wie er in den wissenschaftlichen Nachhaltigkeitsdebatten dominant verwendet wird, entgegengesetzt wird. Die Autorinnen weisen mit der Verwendung dieses auf die Prozesse gerichteten Begriffes auf die Zeitlichkeit und mithin auf die Veränderlichkeit der (re)produktiven Potenziale von Natur und der als weibliche ausgeschlossenen Sphäre des Ökonomischen hin. Während „Naturkapital" eine im Prinzip statische Natur – einen Zustand, den es zu erhalten gilt – betont, leistet der Begriff Naturproduktivität mehr: Er bildet die Einheit von werdender und gewordener Natur ab und fokussiert in Bezug auf die Ausgestaltung nachhaltiger Ökonomie auf die qualitative Dimension (Konsistenz), auf eine Mitgestaltungsaufgabe des Ökonomischen bei der Herstellung der (re)produktiven Qualitäten von ökologischer Natur und sozialer Lebenswelt. Mit diesem Begriff interveniert der Ansatz (Re)Produktivität nachdrücklich in die Mainstreamdebatten der ökologischen Ökonomie und erweitert die Nachhaltigkeitsforschung um Natur und Geschlecht als Prozesskategorien (Biesecker/ Hofmeister 2009, auch I.1.3.4). Bauhardt (2011c: 99) sieht in der Referenz des Forschungsansatzes auf und in der Verbindung mit „queer"-theoretischen Ansätzen (I.2.3.4) – insbesondere mit Haraways Konzept Naturecultures (I.2.3.7) – perspektivisch Potenziale zur Weiterentwicklung vermittlungstheoretischer feministischer Positionen in der Umwelt- und Nachhaltigkeitsforschung.

Ein zusätzlicher Beitrag zur Ausdifferenzierung und Weiterentwicklung der Schnittfläche zwischen Geschlechter- und Nachhaltigkeitswissenschaften liegt in der wissenschaftshistorischen Perspektive, die die Autorinnen im Blick auf die disziplinären Entwicklungen der Ökonomik und der Biologie/ Ökologie einnehmen (Biesecker/ Hofmeister 2006: 75ff.). Entlang der Frage nach der Entwicklung der Konzepte von Produktivität (und in Einheit und Differenz dazu „Reproduktivität") werden beide Theoriegeschichten an- und aufeinander gespiegelt (ebd.: 122ff.). Indem die Autorinnen – die Ergebnisse der kritischen feministischen Wissenschaftsforschung nutzend – die Parallelen und Verwobenheiten in der Theorieentwicklung dieser beiden für die Nachhaltigkeitswissenschaften zentralen Disziplinen herausarbeiten, zeigen sie, dass und wie Blindstellen im Blick auf die Produktivität von Natur und Frauen theoriegeschichtlich in wechselseitiger Bezogenheit der Disziplinen generiert und verfestigt worden sind. Für die Weiterentwicklung des Querschnittsbereichs Nachhaltigkeit und Geschlechterverhältnisse stellt dies insofern einen wichtigen Beitrag dar, als die interdisziplinäre Zusammenschau auf Ökonomie- und Biologie-/ Ökologiegeschichte zu einer kritisch reflexiven Auseinandersetzung mit den in die Nachhaltigkeitsforschung eingehenden (häufig nicht hinterfragten) theoretischen Vorannahmen und Paradigmen einlädt.

Widersprüche und Kritik

Der Forschungsansatz (Re)Produktivität wird insbesondere im Blick auf den hier angelegten hohen Abstraktionsgrad kritisiert. Wer den Ansatz (nach Biesecker/ Hofmeister 2006) mit der Erwartung betrachtet, dass hiermit wesentlich neue Erkenntnisse über die praktische Ausgestaltung einer nachhaltigen Gesellschaft oder eines nachhaltigen Wirtschaftens generiert würden, könnte enttäuscht sein. Tatsächlich bleiben die Autorinnen in Bezug auf die Frage, wie in einer (re)produktiven, nachhaltigen Ökonomie gesellschaftliche und insbesondere wirtschaftliche Prozesse zu organisieren sein werden, an dieser Stelle noch recht allgemein[48]: Hier wird lediglich auf

---

48 Der Forschungsansatz (Re)Produktivität wurde und wird inzwischen in Bezug auf verschiedene Handlungsfelder – z.B. Landnutzung und Naturschutz (Mölders 2010a),

die Handlungsregeln, Kooperation, Partizipation und Diskursivität für die dafür vorgesehenen demokratisch verfassten gesellschaftlichen Aushandlungsprozesse verwiesen (ebd.: 158ff., 165). Indem sie die Sphäre des „Ökonomischen" ausweiten – Ökonomie wird als ein über marktkoordinierte Prozesse und Erwerbsarbeit weit hinausreichender „sozial-ökologischer Handlungsraum" verstanden (ebd.: 9f., Fn 1) –, weichen die Autorinnen die Grenzen zwischen Wirtschaft, Politik und Ethik auf (dazu Schön et al. 2012): Das Verhältnis zwischen ökonomischem und (ethisch fundiertem) politischem Handeln in einer (re)produktiv verfassten Gesellschaft bleibt undeutlich. Verwiesen wird lediglich auf das Primat des Politischen vor dem Ökonomischen (Biesecker/ Hofmeister 2006: 160f.). Dabei lassen die Autorinnen jedoch offen, „ob und unter welchen Bedingungen es bewusste Regulierungen von einem oder mehreren diskursiven Zentren aus geben kann und wie hinter dem Rücken der Akteure ablaufende Eigenlogiken [...] (des Ökonomischen, d.V.) zurückgedrängt werden können." (Adler/ Schachtschneider 2010: 292). Nicht ausreichend geklärt sei also in diesem Ansatz die Frage, wie die „bestehenden Vermachtungen und Verdinglichungen" auf der Basis von Aushandlung und Diskurs überwunden werden können (ebd.). In erweiterter Form wird diese Kritik von Friedrich (2011) formuliert, die dem Ansatz (Re)Produktivität zwar zugesteht, dass Herrschaftsverhältnisse mitgedacht werden (z.B. in Form von Eigentumsverhältnissen). Diese seien jedoch nicht Teil des (Re)Produktivitätsmodells, weil hier der Fokus auf die (nichtmenschliche) Natur gerichtet werde (ebd.: 415f.); insgesamt spielten gesellschaftliche Herrschaftsverhältnisse im Forschungsansatz eine nur untergeordnete Rolle (ebd.: 414).

Gewissermaßen quer zu diesen Positionierungen steht die einige Male geäußerte Kritik, der Ansatz sei „ökonomistisch" verfasst und daher mit Blick auf den gesamtgesellschaftlichen Reproduktionsprozess reduktionistisch. Diese Kritik, die auf der Verwendung der Kategorie Produktivität und auf die darauf beruhende disziplinäre Zuordnung des Ansatzes zu den Wirtschaftswissenschaften (z.B. Hummel/ Schultz 2011: 219) zurückzuführen sein mag, ist insofern schwer nachzuvollziehen, als die Autorinnen bereits zu Beginn der Entfaltung der Kategorie (Re)Produktivität (Biesecker/ Hofmeister 2006) ihr Verständnis vom Ökonomischen in o.g. Weise darlegen und es für eine kritische Theorie gesellschaftlicher Naturverhältnisse öffnen. Damit machen sie deutlich, dass das Konzept nicht als ein ökonomietheoretischer Beitrag i.e.S. gelesen werden könne, sondern, wie ausgewiesen, als ein sozial-öko-

---

Landwirtschaft und Agrarpolitik (Mölders 2008, 2010b), Erzeugung und Nutzung erneuerbarer Energien (Biesecker et al. 2011) sowie Regionalentwicklung und stofflich-energetische Vernetzung (Schön et al. 2012) – angewendet, weiterentwickelt und konkretisiert.

logischer Forschungsansatz zu verstehen sei (Biesecker/ Hofmeister 2006: insbes. 158ff., 169).

2.3.7 Natur- und Technikwissenschaftskritik: Donna Haraway

Sabine Hofmeister

Seit Mitte der 1990er Jahre hat die US-amerikanische Biologin und Wissenschaftshistorikerin auch die deutschsprachige feministische Diskussion erreicht – und sie hat sie provoziert und irritiert. Insbesondere die natur- und technikwissenschaftskritische Geschlechterforschung (I.1.3.2) hat Haraway durch ihre erkenntnis- und i.w.s. gesellschaftstheoretischen Positionen inspiriert, obgleich diese nicht unwidersprochen geblieben sind – ja, hinsichtlich ihrer optimistischen Ausblicke auf die gesellschaftlichen Implikationen der Wissenschafts- und Technikentwicklung teilweise auch mit einiger Empörung zurückgewiesen werden (z.B. Braun 1998).

In der Perspektive auf die Nachhaltigkeitswissenschaften ist insbesondere Haraways Naturbegriff von Bedeutung, den sie in direkter Wechselbeziehung mit „Geschlecht"/ „Geschlechterverhältnisse" konsequent vermittlungstheoretisch anlegt. Dabei nutzt sie zunächst eine konstruktivistische Sicht auf „Natur": Natur in Haraways Theorie ist kein ontologischer Begriff, keine Entität, die sich vom Sozialen und Kulturellen abgrenzen ließe (Becker-Schmidt/ Knapp 2000: 96). Natur existiert nicht vor ihrer Konstruktion, geht dem Prozess ihrer Herstellung nicht voraus und liegt ihm nicht zugrunde.

> „Mithin ist Natur kein physikalischer Ort, den man besuchen kann, ebenso kein Schatz, der sich einzäunen oder horten läßt, auch keine Wesensheit, die gerettet oder der Gewalt angetan würde." (Haraway 1995/1992: 13)

Haraways „Natur" ist immer schon Ergebnis von Konstruktionsprozessen: „artefaktische Natur", gemacht als Faktum wie als Fiktion (ebd.: 14). Gemacht werden „Naturecultures" (Haraway 2003) vor allem in den Technowissenschaften[49], die gleichermaßen „Fakten" (Materiales, Körperliches, Organisches) wie auch „Fiktionen" (Erzählungen) herstellen (Haraway 1995/ 1992: 14). Doch ist die Konstruktion von „Natur/en" – und das unterscheidet Haraways Konzept fundamental von radikal konstruktivistischen Ansätzen, von denen sie sich explizit distanziert (Becker-Schmidt/ Knapp 2000: 98) – kein einseitiger gesellschaftlich kultureller, von Menschen vollzogener, intellektueller und/oder symbolischer Akt. Stattdessen betont Haraway die gleichermaßen materielle, interaktive und diskursive Dimen-

---

49 Haraway (1995d: 105) verwendet den Begriff „Technoscience", den sie von Bruno Latour übernimmt; er bezeichnet die Verbindung von technologischen, wissenschaftlichen und ökonomischen Praktiken in der Industriegesellschaft.

sion der Ko-Konstitution und Ko-Evolution von menschlichen und nichtmenschlichen Wesen, aus denen „Naturecultures" hervorgehen und wiederhervorgehen (Haraway 2003). An diesen Prozessen sind viele Akteure beteiligt: Menschen, Naturwesen und -dinge, Apparaturen und Instrumente. Artefaktische Natur ist „eine gemeinsame Konstruktion von menschlichen und nichtmenschlichen Wesen" (Haraway 1995/1992: 15). Ihr Ansatz einer „materiellen Dekonstruktion" steht für den Versuch, eine „Theorie jenseits von Naturalismus und Entmaterialisierung" zu entwerfen (Becker-Schmidt/ Knapp 2000: 99).

Durch die praktischen Prozesse der Wissensproduktion hindurch, die Haraway prinzipiell als differentielle und „situierte"[50] versteht – bestimmte Akteure werden zu einer bestimmten Zeit an einem bestimmten Ort tätig (Haraway 1995/1992: 17) – wird „Natur" durch Beziehungen zwischen heterogenen Agenten und Akteuren erzeugt und wiedererzeugt. An diesen Interaktionsprozessen sind hybride Mischwesen – Wesen, die weder der Natur- noch der menschlichen/ gesellschaftlichen Sphäre eindeutig angehören oder eben beiden, wie Primaten, Cyborgs und Frauen (Haraway 1995a) – beteiligt, und sie gehen daraus hervor. Die Formen der Interaktion in Haraways Ansatz sind Diskurs, Sprache, Körper und Referentialität (Kropp 2002: 184). Sie sind durch und durch vergeschlechtlicht. „Geschlecht" wird von Haraway sowohl als biologische (körperlich materiale) Kategorie als auch als eine soziale Kategorie verwendet. „Geschlecht" als soziales Konstrukt – hier verstanden als die historisch spezifische Form der gesellschaftlichen Aneignung des (biologischen) Geschlechts als Ressource gesellschaftlichen Handelns – ist immer schon in den Prozessen der Wissensgenerierung enthalten sowie in den Begriffen, die diese Prozesse leiten und bestimmen: z.B. Kausalität, (menschliche) Natur, Geschichte, Ökonomie (Haraway 1995b: 149). Dabei ist „Geschlecht" analytisch kaum trennbar von „Rasse" – Rasse, Klasse und Geschlecht sind relationale, interdependente und veränderliche Kategorien (Haraway 1996b: 357).

Indem sie die Konstruktion der sozialen „Natur/en" („Naturecultures") als interaktive Prozesse in (bestimmten) Praktiken beschreibt, weitet Haraway die wissenschafts- und erkenntnistheoretische Dimension ihres Ansatzes aus: Wissensgenerierung ist bei ihr immer auch ein Akt der Produktion und Reproduktion einer „wirklichen Welt" – einer Welt, die sowohl materiell physisch als auch semiotisch und symbolisch beschaffen ist. In dieser Welt ist „Natur" weder passiv noch konstant. Im Gegenteil: Natur ist veränderlich und beeindruckend aktiv und vital, sie ist Agentin und Akteurin. Es geht Haraway um die Anerkennung der Handlungsfähigkeit der Welt im Wissensprozess. In dieser Welt der „gewitzten Agentin" gibt es eine Vielzahl an Figuren. Sie agieren und interagieren nicht etwa neutral, sondern subversiv iro-

---

50 Zum Begriff situiertes Wissen Haraway (1996a: 217ff.).

nisch – als „Kojoten" oder „Gaukler" (Haraway 1996a: 239). Jenseits der dichotomen Trennungen Kultur/ Natur und Mann/ Frau, die für Haraway Teil der „Erzählungen", nicht der Realität sind, begründet sie ein Naturkonzept, das durch und durch hybrid – kulturell/ sozial und „natural", symbolisch/ semiotisch und materiell, subjektiv und objektiv – angelegt ist; solche „Natur/en" vermögen sich in vielfältigen Formen und in überraschender Weise zu artikulieren.

Dabei wird die Welt jenseits des Dichotomen – die „Post-Gender-Welt" (Haraway 1995c: 35) – nicht etwa als eine bloße Vorstellung oder feministische Vision entworfen, sondern sie hat durch die Entwicklung der Technowissenschaften, insbesondere die Informations- und Biotechnologie in ihren Verkettungen (Haraway 1995/1992: 18ff.) hindurch, längst schon begonnen zu existieren, ist schon Realität. In den Formen der Wissensproduktion sind die Grenzen zwischen Kultur/ Gesellschaft und Natur sowie jene zwischen Mensch und Maschine und Menschen und Tieren nach und nach erodiert: Haraway analysiert diese Entwicklung als Implosion der die Moderne[51] bzw. deren Erzählungen tragenden Trennungsverhältnisse. Diese natur- und technikwissenschaftliche Entwicklung deutet sie als eine ambivalente: Während einerseits der instrumentelle Zugriff auf Natur eine neue Qualität erreiche mit der Folge, dass die technologische Kontrolle über alles Lebendige zunimmt, werden andererseits die Grundannahmen der Moderne (und die der modernen Wissenschaften) durchkreuzt – deren Kern ist die Natur-Kultur-Dualität. In diesen grundlegenden Verwischungen, Verschiebungen, Auflösungen und Neukonstellationen der Grenzen zwischen dem dichotom Getrennten – in der Technologie, in der das Technische und Soziale ineinander implodieren (Haraway 1995/1992: 18) – sieht Haraway sowohl die größten Gefahren als auch die größten Chancen (Haraway 1995c) für (subversive) Neuordnungen historisch gewordener Konfigurationen[52] – so auch und vor allem für eine grundlegende Neuordnung der Geschlechterverhältnisse. Diese gilt es zu nutzen, indem wir (Feministinnen und Sozialistinnen) die Verwischung der Grenzen genießen und Verantwortung bei ihrer (Neu)Konstruktion übernehmen (ebd.: 35).

Hintergrund und Bezüge

Als Wissenschaftshistorikerin steht Donna Haraway in der Tradition der wissenschaftskritischen Geschlechterforschung, deren Anliegen es ist, die Funk-

---

51 Haraway distanziert sich – im Anschluss an Latour (1995) – vom Begriff Moderne und spricht stattdessen von der „Amoderne" (Haraway 1995/1992: 31).
52 „Vielleicht führen unsere Hoffnungen, die wir in die Verantwortlichkeit der Techno-Biopolitik setzen, zu einer neuen Sicht der Welt, zu einer Revision der Welt, die dann ein verschlüsselt redender Trickster ist, mit dem wir erst ins Gespräch zu kommen lernen müssen." (Haraway 1995/1992: 18)

tion von (Natur)Wissenschaft und Technik in Bezug auf die Konstruktion der Geschlechterverhältnisse und -ordnungen analytisch aufzudecken (I.1.3.2). Politisch wird Haraway einer feministisch sozialistischen Kultur zugeordnet; ihr Denken sei, so Haug (1995: 6), auf eine Welt gerichtet, in der „sexistische, rassistische, weltzerstörerische Standpunkte und Perspektiven keinen Raum haben sollen".

Haraways theoretischer Ansatz knüpft in seiner Anlage als „symmetrischer" sowie in der Wahl der Begriffe und Analysekategorien explizit an Bruno Latours „Akteurs-Netzwerk-Theorie" (ANT) an (Latour 1995, 2001)[53]. Mit Latour teilt Haraway auch die Grundannahme, dass in der gesellschaftlichen Produktion von Wissen (über Natur) jene Teile, die als „Erkenntnisobjekte" angesprochen und behandelt werden, selbst Akteure im Prozess der Erkenntnisproduktion sind. In beiden Ansätzen bekommen die hybriden Phänomene – „hybrid", weil sie weder Subjekt noch Objekt, weder Natur- noch gesellschaftliche Wesen, weder (nur) technische Artefakte noch (nur) natürlich sind – eine entscheidende Rolle zugesprochen. Latours Theorie über die Moderne (deren Realität er bestreitet) geht als „symmetrische Anthropologie" (Latour 1995) allerdings über Wissenschafts- und Erkenntnistheorie, in die Haraway ihre Forschung einordnet, hinaus.

Beitrag zum Themenfeld Geschlechterverhältnisse und Nachhaltigkeit

Die Bedeutung des Ansatzes von Donna Haraway – sowohl für die Weiterentwicklung der Geschlechter- und Nachhaltigkeitswissenschaften je für sich als auch insbesondere in der Verbindung beider Felder – liegt in der radikalen vermittlungstheoretischen Position, die er ausfüllt. Das Essentialismus-Konstruktivismus-Dilemma, das in beiden Wissenschaftsfeldern unvermeidlich ist, wird hier „von der Mitte" (Kropp 2002: 152) aufgelöst, ohne dass auf eine entweder naturalistische oder soziozentrische Position zurückgegangen wird. Indem sie materialistische mit konstruktivistischen Denkmustern verknüpft – sie gleichsam ineinander schiebt und verwebt –, gelingt es Haraway, das Physisch-Materiale, das Körperliche und Organische, theoretisch zu integrieren und dennoch essentialistische Kategorien konsequent zu vermeiden[54]. Damit stellt sie das (auch in der Nachhaltigkeitsforschung) noch dominierende Verständnis des Natur-Kultur-Verhältnisses als Aneignungsverhältnis einer passiven Natur durch eine aktive Kultur/ Gesellschaft grundlegend infrage (Hammer/ Stieß 1995: 15f.; Kropp 2002: 176ff.). Ermöglicht dies einerseits

---

53 Zum Verhältnis des Harawayschen Ansatzes zur ANT von Latour vgl. Wiesner (2002).
54 Haraways Theorie stellt zugleich eine mögliche Antwort auf die im Dilemma zwischen Essentialismus und Konstruktivismus verstrickte, anhaltende Sex-Gender-Debatte in den Geschlechterwissenschaften dar.

eine neue Sichtweise auf sozial-ökologische Problemlagen und -lösungsansätze, gibt es andererseits jedoch auch Anlass zur Kritik an ihrem Konzept.

Für eine wissenschaftstheoretische Fundierung der Nachhaltigkeitswissenschaften ist der Ansatz darüber hinaus wegen seiner radikalen Wissenschaftskritik bedeutsam: Haraways hybride, menschliche und nichtmenschliche Agenten und Akteure, die sie als Kollektive („Aktanten", Haraway 1995/ 1992: 188, Fn. 11) agieren lässt und denen sie zugleich materiale, körperliche und geistige, intellektuelle Fähigkeiten zuschreibt, überwinden die cartesische Trennung von Natur vs. Kultur, Körper vs. Geist. Ihre Theorie lässt sich tatsächlich als nach-cartesisch ansprechen, weil hierin die Kategorien Subjekt und Objekt im Sowohl-als-auch auf beiden Seiten – auf der Natur- und auf der Nicht-Natur-Seite – aufgehoben sind. Für die der Nachhaltigkeitsforschung zugrunde liegende Frage nach der Integration der Entwicklungsdimensionen ist dieses Denken inspirierend: Es mag einen „dritten Weg" öffnen für ein Neudenken von Nachhaltigkeitskonzepten jenseits der gegensätzlichen Positionen zwischen Nutzen vs. Schützen von Natur und für jene Forscher_innen, die in der Nachhaltigkeitsdebatte weder einem utilitaristischen noch einem restriktiven Naturverständnis das Wort reden wollen.

Dasselbe gilt auch für Haraways Konzept des „Situierten Wissens" (Haraway 1996a), das eine kritisch reflektierende Sichtweise auf (natur)wissenschaftliche Erkenntnisse, Theorien und Wissensbestände provoziert, die (auch) in den Nachhaltigkeitswissenschaften (noch) nicht selbstverständlich ist: Indem sie zugleich die Verkörperung, die Partialität des Wissens geltend macht und die Prozesse der Wissensgenierung als komplexe, historische und politische Konstruktionsprozesse durch „Erzählungen" aufschlüsselt, entwirft sie die Konzeption einer „feministischen Objektivität". Die feministische Wissenschaftskritik am „Phantasma" (Scheich) einer an keinen Standort gebundenen, universalen Objektivität („View of Nowhere") aufnehmend geht es Haraway konstruktiv um die „Sichtbarkeit und Verkörperung von Wissen sowie das Einräumen einer zurechenbaren Position [...] als Ausgangsbasis der Objektivität" (Hammer/ Stieß 1995: 25). Die Gestaltungsmacht von Frauen als „Grenzfiguren an der Schnittstelle zwischen Natur und Kultur", deren Wissen „nicht auf Identität und Abgrenzung, sondern auf Verkörperung, innerer Differenz und Verbundenheit [...] über die Grenzen hinweg beruht" (ebd.: 30), verweist auf deren besondere Aufgabe, das „Erzählen von Naturgeschichten" im Prozess der stattfindenden „Neuerfindung der Natur" durch die Wissenschaft in emanzipatorischer Weise, d.h. mit dem Ziel eines nichtinstrumentellen Naturumgangs, (mit)zugestalten.

Schließlich ist es das utopische Moment in Haraways Theorie, ihre Vision von einer von den Dualismen Kultur vs. Natur und männlich vs. weiblich sowie von den darin eingeschriebenen Hierarchisierungen befreiten Welt, die die Hoffnung auf die Möglichkeit einer Transformation der gegenwärtigen gesellschaftlichen Natur- und Geschlechterverhältnisse und mithin der Realisierbarkeit nachhaltiger Entwicklung stärkt – eine Vision, die (nicht nur) für feministische Nachhaltigkeitsforscher_innen attraktiv sein mag.

Widersprüche und Kritik

Vielfach wird Haraways Haltung gegenüber den wissenschaftlich-technologischen Entwicklungen und die dieser zugrunde liegende These, dass die hiermit induzierten Grenzverschiebungen emanzipatorischen Charakter hätten, kritisiert (z.B. Becker-Schmidt 1998b; Braun 1998; Gransee 1998; Knapp 2002). Becker-Schmidt (1998b: 112ff.) weist in diesem Zusammenhang auf die in Haraways Argumentation vernachlässigte Unterscheidung zwischen der Wirksamkeit von wissenschaftlich generierter Realität und gesellschaftlich konstituierten Verhältnissen hin: Haraway vernachlässige die Tatsache, dass Dualismen als Resultate realer gesellschaftlicher Trennungsprozesse und sozialer Konflikte entstanden seien (ebd.: 117). An diese Argumentation schließt Knapp (2002: 29ff.) an, indem sie darauf aufmerksam macht, dass Haraway die gesellschaftlichen und institutionellen Bedingungen, unter denen Dualismen und die mit ihnen verbundenen Hierarchisierungen wirkmächtig werden, nicht berücksichtige (ebd.: 30): Indem Haraway (trotz ihrer Kritik an Latour) dessen Positionen und Perspektiven indirekt übernehme, übersehe sie, dass die symmetrische Positionierung der an der Ko-Produktion der Welt teilhabenden Akteure „eine Ebenbürtigkeit suggeriert, die das anhaltende Fortbestehen von Herrschaft und Verfügungsverhältnissen von Menschen über nicht-menschliche Lebewesen theoretisch unterbelichtet lässt" (ebd.: 31). Gransee (1999) nimmt die Kritik von Becker-Schmidt (1998b) auf und arbeitet sie aus. In ihrer Schlussfolgerung geht sie jedoch über Becker-Schmidt hinaus: Indem sie auf das erkenntniskritische Theorem „Vorrang des Objekts" von Adorno verweist, besteht sie darauf, an „Natur" als einem Grenzbegriff festzuhalten, um das Unverfügbare der lebendigen Natur kenntlich zu machen, also um die „Negativität eines nicht einholbaren Grenzbegriffs ‚Natur' zu bewahren" (ebd.: 203).

2.4 Zusammenführung und Ausblick

Sabine Hofmeister, Christine Katz, Tanja Mölders

Die drei vorgestellten *Forschungsbereiche* Feministisch ökologische Ökonomik, Gender & Environment sowie Ökofeminismus dienen der inhaltlichen und konzeptionellen Rahmung des Forschungsfeldes Geschlechterverhältnisse und Nachhaltigkeit, indem sie auf unterschiedliche Themen fokussieren: Wirtschaften und Arbeiten, die Zusammenführung sozialwissenschaftlich und naturwissenschaftlich ausgerichteter Geschlechterforschung und die Zusammenhänge zwischen Naturbeherrschung und Geschlechterhierarchie. Wie sich diese Schwerpunktsetzung in den von uns ausgewählten *Forschungsansätzen* theoretisch konzeptionell und forschungsinhaltlich differenziert, haben wir in Kap. I.2.3 gezeigt. Deutlich wurde: Die Geschlechterperspektive in nachhaltigkeitsorientierten Forschungskontexten

- …führt zum Zusammendenken bislang getrennt gedachter und bearbeiteter Bereiche und Kategorien;
- …impliziert eine epistemologische Neuausrichtung und (normative) Positionierung;
- …arbeitet mit verschiedenen Konzeptionen der Kategorien Natur und Geschlecht – zwischen naturalistisch und sozialkonstruktivistisch;
- …schärft den Blick für Herrschafts- und Machtverhältnisse, für soziale Differenzierung und Aspekte der sozialen Gerechtigkeit.

Im Folgenden wird zusammengefasst, wo und wie diese vier Neuausrichtungen jeweils in den Forschungsbereichen und -ansätzen sichtbar und im Forschungsfeld Geschlechterverhältnisse und Nachhaltigkeit theoretisch wie praktisch fruchtbar werden (können) und welche Herausforderungen damit verbunden sind. Dabei wird nicht auf alle Befunde gleichermaßen eingegangen. Vielmehr werden beispielhaft einzelne Aspekte aus dem Spektrum der geschilderten Forschungsbereiche und -ansätze herangezogen und in Bezug auf die damit verbundenen neuen Qualitäten beleuchtet.

Die Geschlechterperspektive fungiert als Integrationsdimension: Darauf wird in nahezu allen vorgestellten Forschungsbereichen und -ansätzen auf unterschiedlichen Ebenen ex- und implizit verwiesen. Gefordert wird, theoretisch-konzeptionell und forschungspraktisch die inhaltlich, politisch und strukturell getrennt behandelten Perspektiven eines Gesellschaft-Natur-Problems als zusammengehörige, geschlechtlich konnotierte Verweisungskontexte zu analysieren. Diese Integration wird für grundlegende Kategorien wie z.B. für Gender und Sex, Materialität und Diskursivität oder Produktion und Reproduktion ebenso postuliert wie für wissenschaftliche Disziplinen und Politikfelder. In Forschungen zur Thematik Wirtschaften und Arbeiten wurde beispielsweise die in den Grundannahmen und Begriffsverständnissen wie auch der Theorie und Praxis der traditionellen Ökonomie eingeschriebene Trennung des sog. Reproduktiven (d.h. der weiblich konnotierten Tätigkeitsbereiche sowie der Leistungen von Natur) vom Produktivitätsbegriff der Ökonomik kritisiert. Dies drückt sich u.a. in einem auf Erwerbsarbeit reduzierten Arbeitsverständnis, einer geschlechtsspezifischen Arbeitsteilung und einer unzulänglichen Berücksichtigung von reproduktiven Leistungen in der herkömmlichen ökonomischen Bewertung aus (I.2.2.2). Die feministische ökologische Ökonomik führt die zwei getrennten Bereiche zusammen, z.B. in der Kategorie (Re)Produktivität, und setzt dafür Erkenntnisstränge aus der feministischen

Ökonomik und aus der ökologischen Ökonomik zueinander in Beziehung. Der auf dieser Basis erarbeitete Forschungsansatz „(Re)Produktivität" (I.2.3.6) ist nicht nur in theoretischer Hinsicht für einen umfassenderen Blick auf wirtschaftliche Zusammenhänge und deren nachhaltige Regulation bedeutsam. Er gibt auch erste Hinweise darauf, wie sich (Re)Produktivität als eine nachhaltigkeitsorientierte Gesellschaftspraktik, als aufeinander abgestimmte (re)produktive Prozesse und Aushandlung ihrer physisch materiellen und wertmäßigen Dimensionen versteht (I.2.3.6).

In den Forschungen zum Bereich Gender & Environment erfüllt die Kategorie Geschlecht eine andere Integrationsfunktion. Ausgangspunkt ist hier, dass eine kulturell differenzierende geschlechtliche Vorab-Codierung der kategorialen und folgenreichen Unterscheidung zwischen Natur und Gesellschaft als eine der wesentlichen Ursachen für die gesellschaftsprägende Machtförmigkeit der Geschlechterunterscheidung gilt (Becker/ Jahn 2006b: 25). Um diese Unterscheidungen in ihren Ausgrenzungsfunktionen und -mechanismen zu dekonstruieren und nachhaltig wie geschlechterreflektierend zu re-konstruieren, wurden feministische Natur-/ Technikwissenschaftskritik mit Erkenntnissen der sozialwissenschaftlichen Geschlechterforschung zum Ansatz Gender & Environment zusammengeführt (I.2.2.3). Integriert werden dort über die Kategorie Geschlecht jedoch nicht nur verschiedene Disziplinen, Wissensgebäude und -formen. Darüber hinaus ist der Ansatz auch in das theoretische Rahmenkonzept der Sozial-ökologischen Forschung insgesamt integriert: Sozial-ökologische Probleme gelten somit als Krise der Geschlechterbeziehungen und werden als solche analysiert (Schultz 1987: 2).

Einige der in I.2 präsentierten Forschungsbereiche und -ansätze – insbesondere Haraways Natur- und Technikkritik (I.2.3.7), der Subsistenzansatz (I.2.3.5) sowie der Forschungsbereich Gender & Environment (I.2.2.3) – beziehen sich auf das wissenschaftliche Selbstverständnis feministischer Wissenschaftstheorie. Dies bedeutet eine epistemologische Neuausrichtung und (normative) Positionierung. Damit verbindet sich eine Abkehr von der Vorstellung eines distanzierten Forschersubjektes, das den Gegenstand Natur wertneutral abbilden kann und verbinden sich grundlegende Vorbehalte gegenüber Universalitätsansprüchen und naturwissenschaftlichen Standards der Rationalität und Abstraktion, die als verknüpft mit dem Identitätsentwurf des bürgerlichen männlichen Subjekts gelten (I.1.3.2). Unter anderem Haraway (I.2.3.7) konnte zeigen, dass und wie sich auch naturwissenschaftliche Erkenntnisse im Kontext gesellschaftlicher Normen und Interessen formen und als vergesellschaftet und vergeschlechtlicht angesehen werden müssen. Die Herstellung von Wissen stellt für sie stets auch einen Akt der Produktion und Reproduktion der „wirklichen Welt" dar, einer Welt, die sowohl materiell physisch als auch semiotisch und symbolisch beschaffen ist.

Für das Themenfeld Geschlechterverhältnisse und Nachhaltigkeit sind diese Erkenntnisse bedeutsam, denn sie betreffen die Konstitution des Forschungsgegenstandes (z.B. Natur, Naturveränderungen) wie auch den Prozess der Wissensgenerierung. Wissenschaft, verstanden als soziale Aktivität, bei der die Erkenntnis generierenden Subjekte jeweils partiale Perspektiven einnehmen, sich transparent positionieren und Ansprüche sowie Verantwortung aushandeln (Katz 2006: 209f.), erzeugt situiertes Wissen, das nicht losgelöst von seinem Entstehungskontext verstanden werden kann und damit lokal, begrenzt, materiell, unvollständig und inhomogen ist. Eine so verstandene Wissenschaft wäre als ein Aushandlungsfeld zu betrachten, in dem sich Macht und Wissen, repressive und produktive Wirkungen wechselseitig bedingen, d.h. als „Politik mit anderen Mitteln" anzusehen sind (Haraway 1995b). Die Notwendigkeit von Interpretationen und Übersetzungen würde anerkannt, denn es kann nicht um das Erfassen einer einzigen und universell gültigen Wahrheit über „die Natur" gehen. Ausgehend von der feministischen Kritik an einer an keinen Standort gebundenen universalen Objektivität postuliert Haraway im Gegenzug für eine feministische Objektivität, bei der Hintergrundwissen und die Position, von der aus geforscht und gesprochen wird, offengelegt würde (I.2.3.7).

Eine weitere in den Forschungsbereichen und -ansätzen ausgeführte Neuausrichtung betrifft die Forderung nach zeitlicher, räumlicher und sozialer Kontextualisierung der Forschungen und Vorgehensweisen sowie nach einer expliziten (normativen) Positionierung in ihren Zugängen. Insbesondere die Forschungsaktivitäten im Bereich Gender & Environment verdeutlichen (I.2.2.3), wie der Blick auf die Arbeits- und Lebenswelten von Frauen die soziokulturelle Einbettung der Beschreibung, Analyse und Bewältigungsansätze von Umweltproblemen befördert. Bei der Suche nach Alternativen im Umgang mit Natur und der Art des Wirtschaftens werden in einigen der Forschungsansätze auch ethische Aspekte wie eine empathieorientierte Verhältnisbestimmung zu Natur sowie Fürsorge, Gemeinwohlorientierung und Empowerment durch entscheidungsmächtige Partizipation als Gegenmodell zu einer einseitig am Kapitalmarkt orientierten Verwertungslogik in den Forschungsfokus gerückt. Dies zeigen die Arbeiten von Janet Biehl zu dem Entwurf einer „Ökonomie der Kooperation" (I.2.3.1), von Mary Mellor zu den Grundzügen einer „Naturpolitik" auf der Basis einer kritisch materialistischen Analyse und Theorie (I.2.3.2), von Val Plumwood zum Konzept des „self-in-relationship" als ethischer Gegenentwurf zum herrschenden, auf Kontrolle und Unabhängigkeit ausgerichteten, männlich konnotierten Rationalitätskonzept (I.2.3.3) sowie die im Rahmen des Subsistenzansatzes entstandenen Überlegungen zur lebenserhaltenden Subsistenzproduktion als Gegenmodell zur kapitalistischen Waren- und Mehrwertproduktion (I.2.3.5).

In den präsentierten Forschungsansätzen findet sich ein breites Spektrum an *Natur- und Geschlechterentwürfen*, die als zentrales und gemeinsames

Zusammenführung und Ausblick

Merkmal im- und explizit die Frage nach der Bestimmbarkeit und nach dem theoretischen Umgang mit Materialität aufwerfen. Die Verhältnisbestimmung zwischen Materiellem und Diskursivem sowie zwischen Gestalter_in und dem zu Gestaltenden in den Natur- und Geschlechterkonzepten fällt dabei jeweils unterschiedlich aus und prägt die Vorstellung von „Identität", „Akteur", „Subjekt" und „Objekt". Dies wiederum hat Auswirkungen auf die Konzeptualisierung und Realität gesellschaftlicher Geschlechter- und Naturbeziehungen. Im Folgenden wird auf diese Zusammenhänge beispielhaft eingegangen. Aus einigen Forschungsansätzen werden dazu Natur- und Geschlechterkonzeptionen je für sich, aber auch in ihrem Zusammenwirken und mit den sich daraus ergebenden Konsequenzen für die Forschungspraxis beleuchtet.

Im Forschungsbereich Gender & Environment gelten Natur und Geschlecht als materiell und symbolisch miteinander verwoben (I.2.2.3). Sowohl die Naturalisierung als auch die Kulturalisierung der Natur-Gesellschaft-Differenz wird in einem Verfahren der doppelseitigen Kritik vermieden. Dies gilt auch für die Differenz zwischen den Geschlechtern. Der Zugang zu „Geschlecht" ist ein sozialkonstruktivistischer, wobei „Geschlecht" als Struktur- und als Prozesskategorie angelegt ist. Auch in denjenigen präsentierten Forschungsansätzen, die sich der Tradition insbesondere des sozialen Ökofeminismus verbunden fühlen, gelten der menschliche/gesellschaftliche und der Naturbereich als historisch verwoben und wechselwirkend. Dabei wird diese Beziehung als systematischer Unterdrückungszusammenhang beschrieben: Zwischen der gesellschaftlichen Geschlechterhierarchie und Naturzerstörung besteht eine konzeptionelle, symbolische und strukturelle Verbindung. Eine dualistische Sichtweise auf das Verhältnis Gesellschaft-Natur wird zwar abgelehnt, die theoretische Ausgestaltung dieses Verweisungszusammenhangs und seiner Kategorien Gesellschaft, Geschlecht und Natur zeigt sich jedoch vielfältig und z.T. ambivalent (I.2.3.1-I.2.3.5). Biehl (I.2.3.1) konzeptualisiert beispielsweise ihre Vision dieser Beziehung als Kontinuum aus Komplementarität, Reziprozität, Mutualität, Hierarchielosigkeit und Kooperation; Natur ist dabei als Prozesskategorie angelegt, jenseits von Materie und Diskurs, in der das Organische, Unorganische und Soziale ineinander übergeht. Ihr Geschlechterkonzept ist nicht genauer expliziert, erscheint jedoch in ihren Ausarbeitungen gleichheitstheoretisch. In jedem Fall distanziert sie sich von jeglichen Vorstellungen, die Frauen als die einzigen „Anderen" konzipieren und aus biologischen oder sozialen Gründen näher an der Natur verorten und fürsorglicher im Umgang mit Natur charakterisieren als Männer.

Mellor (I.2.3.2) hingegen konzeptualisiert Gesellschaft-Natur-Beziehungen als materialistisch dialektische, stellt diese jedoch in den Rahmen eines offenbar vorgängigen „ganzen" Naturzusammenhangs; „soziale" Natur ordnet sie somit unter eine „ganze Natur", zu der auch wir Menschen gehören. „Geschlecht" versteht sie wiederum als dialektischen Vermittlungszusammenhang zwischen Materialität und sozialer Konstruktion. Kennzeichnend für Plumwoods Verständnis der gesellschaftlichen Naturbeziehung und insbesondere des Kategorienpaars Natur vs. Gesellschaft ist deren nichthierarchische Differenz bei gleichzeitiger Anerkennung ihrer gegenseitigen Verbundenheit; es ist also differenz- und vermittlungsorientiert (I.2.3.3). Nach ihrer Konzeption ist „Geschlecht" sowohl materielle Körperlichkeit als auch sozial hergestellt, verbleibt aber dennoch (sozial) differenztheoretisch begründet und der Identitätslogik verhaftet.

Gesellschaftliche Naturbeziehungen wie auch Naturvorstellungen gelten in der Perspektive der „Queer Ecology" nicht nur als vergeschlechtlicht, sondern auch stets einseitig heteronormativ vorgeprägt. Dies spiegelt sich u.a. in den in Konzepten zur Naturgestaltung eingeschriebenen Diskriminierungen „queerer" Ansprüche und Sichten (I.2.3.4). Bezüglich seines Geschlechterkonzepts erweist sich der Ansatz „Queer Ecology" als uneindeutig: Die entscheidende Kategorie ist Sexualität; sie ist einerseits als geschlechterunabhängige Kategorie, als soziale Konstruktion konzipiert. Dies gilt jedoch nur, insofern es sich dabei nicht um Heterosexualität handelt. Denn Heterosexualität ist als die hegemoniale Kategorie differenztheoretisch gedacht und wird „queer", verstanden als eine durch verschiedene andere sexuelle Orientierungen hindurch hergestellte Prozesskategorie gegenübergestellt. Andererseits wird Sexualität über das Geschlecht hinaus eine enorme, die individuelle und kollektive Lebenswirklichkeit mitbestimmende (und Überleben sichernde) materielle oder körperliche Dimension zugewiesen, die jenseits ihrer reproduzierenden Funktionen angesiedelt wird.

Shivas Vorstellung (I.2.3.5) von Gesellschaft-Natur-Beziehungen entspricht einer subsistenzorientierten „Demokratie alles Lebendigen" (Shiva 1989a: 40). Danach ist Natur kreativ, produktiv, vielfältig und entgegen des cartesianischen mechanistischen Prinzips eine aktive Mitgestalterin. Mies (1988, 2002) und Bennholdt-Thomsen et al. (1997) vertreten im Rahmen des Subsistenzansatzes ein eher essentialistisches Verständnis von „Geschlecht": Als Gegenentwurf zur „Männerwelt" wird den Frauen ein „weibliches Arbeitsvermögen" zugewiesen, das mit besonderen lebensschaffenden und -erhaltenden Eigenschaften ausgestattet ist (I.2.3.5).

Haraway (I. 2.3.7) theoretisiert die Verbindung von Gesellschaft/ Kultur und Natur als unauflösbar miteinander verwobene Vermittlungszusammenhänge, aus der Hybride hervorgehen (I.2.3.7). Ihr „dritter Weg" beschreibt eine Form der Integration, bei der sich die herkömmlichen Kategorien, entlang derer wir unser Denken und unsere Wirklichkeit strukturieren, auflösen. Die gesellschaftlichen Beziehungen zu Natur konzeptualisiert Haraway als Interaktion zwischen zwei Akteuren; Natur in dieser Konstellation ist nicht nur selbst veränderlich, sondern bestimmt aktiv die Gesellschaft-Natur-Beziehungen mit. „Geschlecht" ist nach Haraway ebenfalls ein Hybrid aus Materie und Diskursivem, weil ununterscheidbar ist, was „natürlich" im Sinne von „biologisch determiniert", oder was sozial hergestellt ist (I.2.3.7).

Zusammengefasst lassen sich die Natur- und Geschlechterkonzeptionen in den vorgestellten Forschungsbereichen und -ansätzen in Bezug auf ihr Verhältnis zwischen Materialität und Diskursivität als „Sowohl-als-auch" charakterisieren: Für das, was als Natur bzw. Geschlecht gilt, ist Materialität oder/ und Körperlichkeit ebenso relevant wie deren andauernde Herstellung über soziale Konstruktionsprozesse. Das Mischungsverhältnis zwischen „Sowohl" und „Als-auch" ist in den vorgestellten Entwürfen jedoch unterschiedlich. Generell ist festzuhalten, dass rein essentialistische bzw. naturalistische Konzeptionen dabei jedoch ebenso wenig im Vordergrund stehen wie radikal konstruktivistische (auch I.1.3).

Obwohl die Auseinandersetzung mit Materialität innerhalb der geschlechtertheoretischen Diskurse zu Naturverhältnissen in den letzten Jahren deutlich an Bedeutung gewonnen hat, steht eine weitergehende theoretische Konkretisierung bislang noch aus: Wie kann Materialität mit einem konstruktivistischen Verständnis von Natur und Geschlecht theoretisch zusammengebracht werden? Sowohl in Plumwoods Analyse (I.2.2.3) als auch in den Überlegungen von Mellor (I.2.2.2), Haraway (I.2.2.7) und den Ansätzen der Queer-Ecology (I.2.2.4) liegt ein großes Potenzial, über Konzepte von Materialität, Körper und Körperlichkeit sowie Eingebettetsein („Embodiment/ Embodiness", „Embedment", „Trans-Corporeality") oder über das Konzept der Hybridisierung („Naturecultures") zum Zusammendenken von Materialität und Diskurs in der Natur- und Geschlechterdebatte beizutragen, ohne dies dabei einseitig essentialistisch oder konstruktivistisch aufzulösen. Weiterführend wäre es, die verschiedenen Konzepte und Diskurse zum Verständnis von Materie aus der Geschlechterforschung stärker aufeinander zu beziehen und theoretisch konzeptionell zusammenzuführen – wie z.B. unter der Bezeichnung „Material Feminism" (Alaimo/ Hekman 2008a) begonnen. Verständnisse gesellschaftlicher Geschlechter- und Naturverhältnisse können auf vielfache Art und Weise, beispielsweise als in der materiellen Realität von Männern und Frauen über Machtbeziehungen verankert (Agarwal 1992), als hybride Naturecultures (Haraway 2003), als physisch materiell und zugleich diskursiv symbolische (Re)Produktionsverhältnisse (Biesecker/ Hofmeister 2006) und als im praktischen Handeln sich zeigende Interaktionsverhältnisse von „Doing Gender while Doing Nature" (Poferl 2001; Katz 2012) zueinander ins Verhältnis gesetzt werden und mit neuen Erkenntnissen über Materialität als basierend auf Beziehungen diskutiert werden (z.B. Dürr 2011).

Diejenigen der vorgestellten Natur- und Geschlechterentwürfe, die jenseits einer festen Verhältnisbestimmung zwischen Materialität und Diskursivem, d.h. nicht in Abgrenzung gegenüber dem „Nichtnatürlichen" bzw. dem „Anderen" konzeptualisiert werden, sondern vertreten, dass es sich dabei um Prozesshaftes, um ein Kontinuum oder sogar um eine unauflösbare Mixtur handele, eröffnen einen theoretisch spannenden kategorialen „Zwischenraum". Hiermit wurde eine anregende Diskussion ausgelöst, die noch andauert – z.b. über eine Neuausrichtung des Verhältnisses zwischen „Gestalter_in und dem zu Gestaltendem" oder über die mit einer Auflösung der Subjekt-Objekt-Hierarchie einhergehenden Folgen für gesellschaftliche Gestaltungsansprüche und darüber, wer diese vertreten darf, kann und soll. Für diese Diskussionen könnte es fruchtbar sein, sich mit Plumwoods Konzept von einer materialistischen Spiritualität, die die physische Verbindung und das Voneinander-Abhängig-Sein nahelegt und Spiritualität als einen besonderen Organisationsmodus des materiellen Körpers begreift (I.2.3.3), genauer auseinanderzusetzen. In diesem Zusammenhang werden ethische Fragen danach, wer Verantwortung und Verantwortlichkeiten für wen und vor welchem Hintergrund festlegt und festlegen darf, neu zu denken und zu verhandeln sein, wobei auf Geschlechtergerechtigkeit bei der Verteilung von Verantwortlichkeiten zu achten ist. Dies ist eine Aufgabe für Forschung und Politik.

Die in I.2.2 und I.2.3 präsentierten Forschungsbereiche und -ansätze verdeutlichen, dass geschlechterorientierte Forschung zum Verhältnis von Nachhaltigkeit, Natur, Gesellschaft und Geschlecht *Herrschaftskritik* beinhaltet und darüber Gerechtigkeitsfragen thematisiert. Im Vordergrund steht dabei die Kritik am Trennungsparadigma, das dem westlichen Denken zugrunde liegt und gesellschaftliche Praktiken, ökonomische Konzepte sowie Politikfelder sektoral strukturiert. Einige der vorgestellten Ansätze beziehen Herrschaftskritik auf die kapitalistische Grundordnung, dem ihr attestierten inhärenten Gewinnstreben und der in sie eingeschriebenen Verwertungsrationalität mit den Folgen einer geschlechterhierarchischen Macht- und Arbeitsteilung (Biehl I.2.3.1, Mellor I.2.3.2 sowie der „Subsistenzansatz" I.2.3.5). So wird beispielsweise konstatiert, dass es ohne die Beendigung der Vorherrschaft der kapitalistischen Marktwirtschaft ein sozial gerechtes und ökologisch nachhaltiges Wirtschaften nicht geben werde (Mellor 1994/1982: 176ff.). Bennholdt-Thomsen et al. (1987) und Shiva (1989a,b) kontrastieren eine „auf das Leben" gerichtete Subsistenzproduktion mit der kapitalistischen Waren- und Mehrwertproduktion, die lediglich auf die Akkumulation von Geld gerichtet sei. Die dem Eigenbedarf zuordenbaren Tätigkeiten (von Frauen oder/und Kleinbäuer_innen) werden, so die Kritik in diesem Ansatz, in der Rationalität kapitalistischer Ökonomien nicht als wertschöpfend und lebenserhaltend akzeptiert. Wie Naturressourcen würden diese als dauerhaft und kostenlos verfügbar angesehen werden. Diese Analyse des Zusammenhanges zwischen sozialer Ungerechtigkeit im Nord-Süd-Verhältnis und den Geschlechterhierarchien und -ungerechtigkeiten, liefert einen wesentlichen Beitrag zur Berücksichtigung von Gerechtigkeits- und Geschlechterfragen in nachhaltigkeitsorientierten wissenschaftlichen und politischen Diskussionen (I.2.3.5). Auch für Biehl (1998a, b) ist die Kritik an der Dominanz des Kapitalismus und seiner wachstumsfixierten Ökonomie zentraler Ausgangspunkt ihrer ökofeministischen Ausarbeitungen. Sie hält für die Realisierung herrschaftsfreier dezentraler Gesellschaften partizipative versammlungsdemokratische Formen für ebenso unverzichtbar wie die Verbindung und Solidarisierung zwischen allen Unterdrückten (I.2.3.1).

Für andere Forschungsbereiche und -ansätze (I.2.2.2, I.2.2.3, I.2.3.3, I.2.3.6) ist die Annahme einer androzentrischen Wirklichkeitskonstruktion als Kategorisierungsmerkmal der Moderne kritischer Ausgangspunkt. Das dieser Annahme zugrunde liegende Denken in exkludierend funktionierenden, geschlechtercodierten Gegensatzpaaren wird hier als Mechanismus zur Herstellung von Macht- und Herrschaftsverhältnissen in unterschiedlichen Handlungsfeldern und sozialen Praktiken aufgedeckt. Sowohl der Prozess der Dichotomisierung als auch die gesellschaftsstrukturierende Macht der (Unter)-Ordnungsprinzipien konstituierenden Dualismen stehen dabei im kritischen Fokus. In den Forschungsansätzen wird nicht nur intendiert, diese Herrschaftszusammenhänge im Natur-Gesellschaft-Verhältnis auf verschiedenen Ebenen zu dekonstruieren, sondern insbesondere auch, Möglichkeiten und Ansätze zu erarbeiten, wie diese dualistische Struktur aufgebrochen werden kann. Für das Themenfeld Geschlechterverhältnisse und Nachhaltigkeit sind daher Plumwoods Arbeiten von großer Relevanz – sowohl mit Blick auf die Weiterentwicklung der Theoretisierung des Zusammenhanges von Naturausbeutung und Diskriminierung des „Anderen" (bezogen auf Geschlecht, auf Tiere und auf andere Kulturen) als auch hinsichtlich der kritischen Analyse solcher Dualismen und ihrer Verschränkungen (I.2.3.3).

Die Herrschaftskritik von Ansätzen der Queer-Ecology fußt auf einer anderen Art von Dualismuskritik (I.2.3.4): Als Ausgangspunkt dient der Heterosexualitätszwang, der als in nahezu alle Unterordnungsverhältnisse zumindest implizit eingeschrieben gilt. Dadurch eröffnet sich eine neue, ergänzende Perspektive im Themenfeld Geschlechterverhältnisse und Nachhaltigkeit. „Queer Ecology" stellt eine Grundlage dar, um zu untersuchen, wie Heteronormativität in nachhaltigkeitsorientierten Natur- und Landschaftsgestaltungskonzepten sowie den Beschreibungen problematischer Ökosystemveränderungen eingeschrieben ist und welche Auswirkungen dies auf der Natur- und der Gesellschaftsseite mit sich bringt.

Insgesamt kann festgehalten werden, dass die hier vorgestellten Forschungsbereiche und -ansätze zur Zusammenführung von Natur-, Gesellschafts- und Geschlechterverhältnissen zu einer integrativen Bearbeitung von geschlechtercodierten dualistisch konzipierten Kategorien sowie sektoral getrennten gesellschaftlichen Handlungs- und Politikfeldern beitragen. Die dadurch generierten aktuellen Theoretisierungsansätze zum Verhältnis von Materialität und Diskursivem und damit zur Überwindung des Naturalismus-Konstruktivismus-Problems bedingen große Herausforderungen für die wissenschaftliche Forschungspraxis und den Bereich der politischen Gestaltung. Die in nahezu allen Ansätzen angelegte Herrschaftskritik schärft den Blick für Ungleichheiten produzierende und manifestierende Prozesse und Strukturen in nachhaltigkeitsorientierten Themenfeldern. Diese Zugänge setzen an der Lebenswelt und Betroffenheit von benachteiligten Menschen, marginalisierten gesellschaftlichen Gruppen und „Naturdingen", als den untergeordneten „Anderen" an und binden deren Erfahrungen, Expertisen und Kompetenzen aktiv in das Forschungsgeschehen ein und/oder berücksichtigen ihre Perspektiven. Abstraktionen, die die Vielfalt an Lebensrealitäten und damit auch an Verursachungsverantwortung und Folgenbetroffenheit verschleiern, können so vermieden werden. Dies ist u.a. bei der Frage danach bedeutsam, was von wem wie als Krise oder Belastung definiert wird und wie diese bearbeitet werden können oder sollen.

II Forschungs- und Handlungsfelder der Nachhaltigkeitswissenschaften und -politik

1 Einführung

Sabine Hofmeister, Christine Katz, Tanja Mölders

Ein Überblick über ein so vielschichtiges Themenfeld, wie Nachhaltigkeit in der Verbindung mit Geschlecht und Geschlechterverhältnissen, bliebe notwendig unvollständig, würden wir es bei der Vorstellung von Forschungszugängen, Theorien und Konzepten, Forschungsbereichen und -ansätzen belassen. Das Forschungsfeld öffnet sich tatsächlich erst durch die Anschauung dessen, was die Geschlechterverhältnisse berücksichtigenden Nachhaltigkeitswissenschaften an spezifischen Qualitäten zu bieten vermögen. Doch sind, wie dargestellt, die Nachhaltigkeitswissenschaften kein homogenes Forschungsfeld, das etwa durch spezifische Gegenstände und Fragen oder durch bestimmte Theorien und Methoden paradigmatisch gerahmt wäre und sich entsprechend von anderen abgrenzen würde (I.1.2). Allerdings zeichnen sie sich durch einen integrativen Blick auf ihre Untersuchungsfelder aus. Nachhaltigkeitsforscher_innen generieren ihre Themen und Gegenstände entlang von lebensweltlichen Problemen, die mit dem Ziel ihrer Transformation in Hinblick auf nachhaltige Entwicklung wissenschaftlich verstanden, untersucht und schließlich „gelöst" werden sollen. Problembeschreibungen und Problemlösungen finden die Wissenschaftler_innen nicht im innerwissenschaftlichen Raum, sondern in der transdisziplinären Forschungsarbeit gemeinsam mit den Akteur_innen in der Lebenswelt. Was macht dabei das Besondere der Geschlechterperspektive aus?

Wir konzentrieren uns im Folgenden auf zehn Untersuchungsfelder – wohlwissend, dass die an dieser Stelle getroffene Auswahl weder die gesamte an Nachhaltigkeit orientierte Forschungslandschaft, wie sie sich derzeit darstellt, noch den Themenkanon der Nachhaltigkeitswissenschaften abzubilden vermag. Die hier vorgelegte Themensammlung spiegelt zum einen den Stand wider, wie er sich z.B. im Fächerkanon und/oder in den Curricula nachhaltigkeitswissenschaftlicher Studiengänge aktuell präsentiert. Zum anderen haben wir nach „Schlüsselthemen" gefragt und dazu Forschungszugänge ausgewählt, die disziplinäre Grenzen absichtsvoll überschreiten. Wer beispielsweise nach „Wirtschaften und Arbeiten" in einer nachhaltigen Gesellschaft fragt, wird mit dem Fundus disziplinär generierten Wissens (z.B. der Ökonomik) allein kaum auskommen; u.a. diese Forschungsfrage fordert zu einem enorm breiten, inter- und transdisziplinären Vorgehen heraus. Überdies sind gerade derartige Forschungszugänge nach unserer Überzeugung kennzeichnend für das Feld der Nachhaltigkeitswissenschaften – im Unterschied zu eher streng disziplinär zugeschnittenen Wissenschaften wie etwa im Bereich klassischer Philologien. Unter einer Geschlechterperspektive rücken dabei zusätzliche Aspekte in den Vordergrund wie beispielsweise benachteiligende Begriffsdeutungen, Verteilungsfragen und Machtverhältnisse.

Kennzeichnend für die Nachhaltigkeitswissenschaften ist ebenso die unmittelbare Verbindung von wissenschaftlichen mit politischen Fragen (zu diesem Spannungsfeld: I.1.2.1): Probleme, die sich in der Lebens- und Alltagswelt vor dem Hintergrund normativer Vorstellungen und Setzungen artikulieren, sind notwendig nicht ausschließlich wissenschaftlicher Art, sondern gerade solche, die auch im politischen Raum artikuliert, aufgegriffen und bearbeitet werden müssen. Im Blick auf die hier vorgestellten nachhaltigkeitswissenschaftlichen Forschungsfelder kann gesagt werden, dass sie zugleich auch politische Handlungsfelder darstellen – dass sich also die wissenschaftliche Forschung immer auch mit Nachhaltigkeitspolitiken befasst und sich in einem Spannungsfeld zur Politik realisiert. Fragen nach Chancengleichheit und Geschlechtergerechtigkeit werden dabei in signifikanter Weise virulent.

Wir werden im Folgenden auf zehn Forschungsfelder unter dem besonderen Fokus auf deren Geschlechterbezüge näher eingehen: zuerst auf Wissenschaft und Forschung als solche, die in der gegenwärtigen Phase der Konstituierung und Implementierung der Nachhaltigkeitsforschung und -bildung ein stark umkämpftes politisches Handlungsfeld darstellen. Weiterhin werden die Themenfelder Wirtschaften und Arbeiten, Raumentwicklung und Mobilität, Klimawandel und -politik, Ressourcenpolitik und Infrastruktur, Natur und Landschaft, Konsum- und Lebensstile Gegenstand sein, ebenso die – obgleich in der (universitären) Forschungslandschaft noch kaum implementierte, jedoch aus der Perspektive Geschlechterverhältnisse berücksichtigender nachhaltiger Entwicklung unerlässliche – inter- und transdisziplinäre Zeitforschung. Abgerundet wird der Überblick über die nachhaltigkeitswissenschaftlichen Forschungs- und Handlungsfelder durch einen Beitrag zur politischen Steuerung (Governance) und Steuerungsmodi, zu Partizipation und Empowerment.

In jedem dieser zehn Forschungsfelder werden Expertinnen zu Wort kommen, die den aktuellen Forschungsstand zu den Geschlechteraspekten des jeweiligen Handlungsfeldes abbilden, Forschungsdesiderate benennen sowie Forschungspotenziale, Schwierigkeiten und Erfordernisse in Bezug auf das jeweilige Feld aufzeigen. Jeder Beitrag wird durch einen Kommentar aus Sicht einer (oder mehrerer) Expert_innen ergänzt, um verschiedene fachliche

Einführung

Perspektiven abzubilden. Ausgehend von der Überzeugung, dass sich Forschung grundsätzlich interessegeleitet und eingebunden in spezifische Kontexte realisiert (z.b. durch die jeweiligen Tätigkeitsfelder und Aufgaben der Autorinnen geprägt ist), sich also situativ vollzieht, ist uns diese Perspektiverweiterung durch die Kommentierungen wichtig. Die Kommentatorinnen wurden gebeten, den zu den Themenfeldern dargestellten Forschungsstand aus ihren eigenen Perspektiven kritisch zu reflektieren, ggf. Ergänzungen vorzunehmen sowie die zentralen in den Beiträgen formulierten Thesen vor dem Hintergrund eigener (forschungspraktischer oder/und handlungsbezogener) Erfahrungen auszulegen und zu konkretisieren. Grundlegend ist unsere Intention, in jedem der Forschungsfelder eine möglichst große Vielfalt an Auffassungen und Forschungsperspektiven abzubilden. Diese liegt schließlich auch den die Kapitel jeweils abrundenden kommentierten Bibliographien zugrunde, mit denen ergänzend weitere Forschungszugänge zu den Feldern abgebildet und/oder Möglichkeiten der vertiefenden Auseinandersetzung mit ihnen aufgezeigt werden. Die (bewusst knappe) Auswahl an Literatur bzw. an bibliographischen Angaben zu den Quellen mögen den Leser_innen einen weiteren Zugang zur Auseinandersetzung mit geschlechterorientierten Forschung in den jeweiligen Forschungs- und Handlungsfeldern eröffnen. Die Auswahl der hier vorgestellten Bücher und Aufsätze erfolgte auch auf Basis eigener Erfahrungen der Herausgeberinnen mit der Literaturarbeit im Rahmen der Hochschulforschung und insbesondere in der Hochschullehre.

Für das Forschungs- und Handlungsfeld *Wissenschaft und Forschung* (II.2) zeigt *Angela Franz-Balsen* in ihrem Beitrag, dass und welche Chancen für die Integration von Geschlechter- und Diversity-Aspekten in die nachhaltigkeitswissenschaftliche Forschung und Lehre eröffnet worden sind und werden. Dies geschieht vor dem Hintergrund des sog. Bologna-Prozesses sowie der internationalen Programme und Debatten um Bildung für Nachhaltige Entwicklung an deutschen Hochschulen. Indem sie auf die „Parallelwelten", in denen sich der Nachhaltigkeits- und Gender-Diversity-Diskurs in den Hochschulen jeweils etabliert, aufmerksam macht, weist sie allerdings darauf hin, dass diese Integrationspotenziale bislang kaum genutzt werden. Die These von den „zwei parallelen Welten" zwischen Gender Studies einerseits und Sustainability Science andererseits nimmt *Sabine Höhler* in ihrer Kommentierung des Beitrags auf und geht in einer wissenschaftstheoretischen Perspektive den Ursachen dieser Parallelentwicklung nach. Sie verdeutlicht, dass die Integration von Geschlechter- und Nachhaltigkeitsforschung neue Erkenntnisse über die Konstruktionsbedingungen der Kategorien Natur und Geschlecht im Zusammenhang generieren könnte. Natur und Geschlecht sind demnach nicht unabhängig voneinander, sondern wechselseitig konstitutiv.

Für das Forschungs- und Handlungsfeld *Wirtschaften und Arbeiten* (II.3) stellen *Adelheid Biesecker* und *Daniela Gottschlich* den internationalen Forschungsstand zu feministischer Ökonomik dar (auch I. 2.2.2) und diskutieren, welchen Beitrag zur Nachhaltigkeitsdebatte die verschiedenen Forschungsansätze in diesem Feld zu leisten vermögen. Resümee ihrer Überlegungen ist, dass insbesondere in diesem Bereich vor dem Hintergrund der Debatten um „Green Economy" kritisch feministische Perspektiven für die Entwicklung eines emanzipatorischen Nachhaltigkeitsverständnisses unerlässlich sind. Aus ihrer Sicht als Praxisakteurin in einer ostdeutschen Region und als Forscherin zur nachhaltigen Regionalentwicklung fragt *Babette Scurrell* nach der Praxistauglichkeit und den Problemlösungspotenzialen feministisch ökonomischer Konzepte. Ihre Schlussfolgerung ist, dass gerade in Regionen, in denen Arbeits- und Wirtschaftsformen bereits in einem grundlegenden Transformationsprozess begriffen sind, geschlechterorientierte Perspektiven auf dieses Handlungsfeld nicht nur unmittelbar eingängig seien, sondern auch direkt handlungswirksam werden können. Zugleich fordert sie Antworten auf die noch offenen Fragen nach der Ausgestaltung neuer Arbeits- und Wirtschaftsformen von den in diesem Feld tätigen Forscher_innen ein.

In ihrem Beitrag zum Forschungs- und Handlungsfeld *Raumentwicklung* (II.4) zeigt *Anja Thiem*, dass und wie die Tradition feministischer Raumforschung und Raumplanung in die jüngere Diskussion um nachhaltige Raumentwicklung eingeht und in diesem Kontext fruchtbar zu werden verspricht. Sie fokussiert in der Darstellung des Forschungsstandes zum Thema auf vermittlungstheoretische Raumkonzepte, die, indem sie sowohl essentialistische als auch radikal konstruktivistische Sichtweisen auf „Raum" zu vermeiden suchen, aus Sicht der Autorin vielversprechende Bezüge zur raumbezogenen Nachhaltigkeitsdiskussion herstellen. In ihrem Kommentar erläutert *Sybille Bauriedl*, inwieweit die Kategorien Nachhaltigkeit und Geschlechterverhältnisse in der Raumplanung verankert und berücksichtigt werden. Sie weist darauf hin, dass die Intersektionalitätsdebatte für die nachhaltige Raumentwicklung wichtige Hinweise auf die kategorielle Verschränkung verschiedener Ungleichheitslagen geben kann.

Das Forschungs- und Handlungsfeld *Mobilität* (II.5) schließt an die zuvor entwickelten Überlegungen zur nachhaltigen Raumentwicklung unmittelbar an: *Christine Ahrend* und *Melanie Herget* reflektieren den aktuellen Forschungsstand zum Thema Mobilität und Geschlecht anhand der in den 1980er und 1990er Jahren zu diesem Thema aufgeworfenen Fragen und geleisteten Arbeiten feministischer Forscher_innen. Die Autorinnen gelangen zu der Schlussfolgerung, dass – trotz wesentlicher, empirisch sichtbarer Veränderungen in Bezug auf das Mobilitätsverhalten von Frauen und Männern – eine Erweiterung der Mobilitätsforschung um Geschlechteraspekte nach wie vor wichtig sei. Sie fordern daher eine stärkere interdisziplinäre Zusammenarbeit zwischen Mobilitätsforscher_innenen, Stadtsoziolog_innen und Geschlechterforscher_innen. *Sylvie Grischkat* und *Astrid Karl* fragen aus der Perspektive der Anwenderinnen nach der Bedeutung von Nachhaltigkeits- und Gender-

Einführung

aspekten im Öffentlichen Personennahverkehr (ÖPNV). Sie kommen zu dem Schluss, dass Geschlechtergerechtigkeit und Nachhaltigkeit in der Praxis des ÖPNVs noch kaum präsent sind. Dies liege vor allem daran, dass Nachhaltigkeit auf Umwelt- und Wirtschaftsaspekte reduziert werde. Eine Möglichkeit, Genderaspekte in die Praxis des ÖPNV zu integrieren, sehen die Autorinnen in zielgruppenspezifischen Angeboten.

Für das Forschungs- und Handlungsfeld *Klimawandel und -politik* (II.6) stellt *Sybille Bauriedl* die verschiedenen Zugänge und Ansätze geschlechterorientierter Forschungen dar. Ausgehend von der Überlegung, dass in Bezug auf das Phänomen Klimawandel die sozial-ökologische Dimension der Krise besonders deutlich hervortrete und dass insbesondere in diesem Feld sozial-ökologische Problemlösungen erforderlich seien, diskutiert sie deren unterschiedliche Potenziale und betont resümierend die Grenzen differenztheoretischer Ansätze in diesem Bereich. Ihre Überlegungen verknüpft sie mit der Forderung nach einer Erweiterung der Klimaforschung um eine feministische Politische Ökologie. Aus ihrer Sicht als Genderexpertin in der internationalen Klimapolitik weist *Ulrike Röhr* nachdrücklich darauf hin, dass die Kluft zwischen geschlechterorientierter Klimaforschung einerseits und feministischer Klimapolitik andererseits durch eine stärker umsetzungsorientierte Forschung im Bereich Klima und Gender überwunden werden müsse. Ausgehend von einem i.E. zu beobachtenden Stillstand und Desinteresse der Genderforschung an Klimafragen, fehle den politischen Forderungen aus Geschlechterperspektive deswegen oftmals die Datengrundlage.

In ihrem Beitrag zum Forschungs- und Handlungsfeld *Ressourcenpolitik und Infrastruktur* (II.7) thematisiert *Bettina Knothe* für den Bereich der Wasserversorgung die sozial-ökologischen Herausforderungen an die Gestaltung technischer Infrastruktursysteme und analysiert in kritischer Absicht, dass und wie die Produktions-Reproduktions-Differenz in dieses Handlungsfeld hineinwirkt. Auf diese Weise macht sie sichtbar, was eine genderkritische Analyse – und erweitert eine intersektionale Analyseperspektive – im Blick auf die nachhaltige Gestaltung von Infrastruktur zur Bereitstellung von Wasser zu leisten vermag. *Helga Kanning* führt diese Überlegungen im Blick auf die Erfordernisse einer nachhaltigen Energieversorgung für die Energiewende weiter. Mit dem Fokus auf Bioenergie veranschaulicht sie, dass und inwieweit genderspezifische Ansätze forschungsperspektivisch neue Denk- und Handlungshorizonte eröffnen.

Christine Katz und *Tanja Mölders* fokussieren für das Handlungsfeld Natur und Landschaft signifikante Geschlechteraspekte im Umgang mit Natur (II.8). Ausgehend von der Annahme, dass die Kategorien Natur und Geschlecht wechselseitig aufeinander verweisen, fragen sie danach, wie unterschiedliche Verständnisse von Natur und Geschlecht zusammenhängen und auf die Konzepte zum Schutz bzw. der Nutzung von Natur einwirken. Die Autorinnen zeigen anhand zahlreicher beispielhaft ausgewählter Arbeiten aus den Forschungs- und Handlungsfeldern Naturschutz, Land- und Forstwirtschaft, dass Natur- und Geschlechterverhältnisse hier eine Unterordnungsstruktur bilden, die Interdependenzen sichtbar macht. Schlussfolgernd arbeiten sie heraus, dass eine Berücksichtigung dieser Interdependenzen im Nachhaltigkeitsdiskurs eine der größten Herausforderungen und zugleich bedeutende Chance darstelle. *Barbara Petersen* reflekiert diese Ergebnisse aus der Perspektive des behördlichen Naturschutzes. Als wissenschaftliche Mitarbeiterin und Gleichstellungsbeauftragte des Bundesamtes für Naturschutz (BfN) stellt sie fest, dass zwischen den (umwelt)soziologischen Überlegungen und Argumentationen wie Katz und Mölders sie vorbringen und der fachlichen Naturschutzarbeit unterschiedliche Lücken klaffen: Zum einen erscheine die These, dass bei Naturschutzthemen immer auch Genderaspekte mitgedacht werden sollten, zunächt provokativ. Zum anderen erhöhe die (umwelt)soziologische Sprache bei im behördlichen Naturschutz tätigen Personen die Hemmung, sich damit intensiver zu befassen. Gleichwohl identifzert die Autorin vor dem Hintergrund sowohl aktueller wie auch historischer Überlegungen zu Naturschutz(arbeit), dass die zentrale Frage zu den Verbindungen zwischen Geschlechteraspekten und Naturschutz im Verhältnis von Naturumgang, Macht, Ressourcen und Gestaltungswille bestehe.

Für das Forschungs- und Handlungsfeld *Konsum- und Lebensstile* (II.9) stellt *Ines Weller* den Stand geschlechterorientierter Nachhaltigkeitsforschung dar und systematisiert die verschiedenen Forschungszugänge und Diskussionsstränge in diesem Bereich, indem sie die individuelle, die strukturelle und symbolisch-konzeptionelle Ebene als drei Ebenen von Gender unterscheidet. Deutlich wird, dass und wie Dichotomisierungen – insbesondere die Trennung zwischen Konsum und Produktion – in die Diskussionen um die Bedeutung von Konsum- und Lebensstilen für nachhaltige Entwicklung hineinwirken und Problemlösungen blockieren. Die Autorin betont die nach wie vor bestehenden Bedarfe an geschlechterorientierten und kritischen Forschungen in diesem Feld. *Martina Schäfer* greift in ihrem Kommentar einige der von Ines Weller dargestellten Zusammenhänge auf und illustriert sie anhand von aktuellen Beispielen. Dabei macht sie insbesondere auf die Wechselwirkungen zwischen der übergeordneten Ebene der Strukturen, Megatrends und Diskurse und der Ebene des individuellen Alltagshandelns aufmerksam. Sie folgert, dass nachhaltige Lebensformen insbesondere durch die Reproduktion geschlechtsspezifischer Stereotype in gesellschaftlichen Leitbildern eher diskriminiert und in der Folge erschwert oder/und blockiert werden.

In Bezug auf das Forschungs- und Handlungsfeld *Zeit(en)* (II.10) entwickelt *Barbara Adam* eine zeitökologische Perspektive auf die Verbindung von Nachhaltiger Entwicklung mit Geschlechterverhältnissen. Hierfür setzt sie die Zukunftsorientierung, wie sie in Nachhaltigkeitsprogrammen dominant artikuliert wird, in ein Verhältnis zur Vorsorgeorientierung in feministi-

Einführung

schen Ansätzen zu nachhaltiger Entwicklung. Anhand von Forschungsfragen und -ergebnissen des Tutzinger Projektes Ökologie der Zeit verdeutlicht sie die Bedeutung der Verbindung von Zeitökologie mit Genderforschung für Nachhaltigkeitswissenschaften und -politik. *Sabine Hofmeister* fragt in der Kommentierung des Beitrages danach, wie der zeitökologische und genderkritische Blick auf Nachhaltige Entwicklung das Konzept als solches konkretisiert und ein kritisch emanzipatorisches Nachhaltigkeitsverständnis zu befördern vermag. Indem sie auf die mit Adams Konzept Timescapes verbundenen Perspektiverweiterungen und -verschiebungen aufmerksam macht und zeigt, dass und wie weit das Leitbild Nachhaltige Entwicklung zu einer Synchronisations- und Vermittlungsaufgabe in und zwischen Zeiten herausfordert, hebt sie den innovativen Charakter dieses Konzeptes und seine Bedeutung für die Nachhaltigkeitsforschung hervor.

In ihrem Beitrag zum Forschungs- und Handlungsfeld *Governance, Partizipation, Empowerment* (II.11) stellt *Uta von Winterfeld* die Frage nach dem Verhältnis zwischen diesen drei Kategorien: Sie zeigt, dass sich die vielfältigen Bezüge von Nachhaltigkeit zu Geschlechterverhältnissen und insbesondere zur Geschlechtergerechtigkeit in den Forschungen zu Nachhaltigkeit und Governance kaum widerspiegeln. Indem sie die Unterschiede der den beiden Diskurssträngen zugrunde liegenden Perspektiven herausarbeitet, verdeutlicht sie, dass und inwiefern sich diese Diskurse als „Parallelwelten" ausgebildet haben. Die Autorin formuliert abschließend neue Forschungsfragen, die aus den Bezogenheiten der Forschungsfelder Nachhaltigkeit, Geschlechterverhältnisse und Partizipation resultieren und erläutert, was dies für eine andere, reflexive Form von Governance bedeuten könnte. In ihrem Kommentar nimmt *Claudia von Braunmühl* von Winterfelds Frage nach den (möglichen) Bezogenheiten zwischen den „Parallelwelten", feministisch politikwissenschaftlicher Forschungsansätze und der Governanceforschung, auf. Sie begründet ihre grundlegenden Zweifel an deren Realisierung unter Hinweis auf die in den Begriff Governance eingelassene und in Forschung und (globaler) Politik zum Ausdruck kommende Herrschaftsbestimmung.

2. Wissenschaft und Forschung

2.1 Forschung und Lehre – Hochschulen als Orte der Integration von Gender und Nachhaltigkeit

Angela Franz-Balsen

1 Einführung

Die Forschung darf sich im 21. Jahrhundert wieder advokatorisch positionieren – für Ressourcen- und Klimaschutz, für weltweite wirtschaftliche Gerechtigkeit und Menschenrechte. „Responsible Research" heißt das in der aktuellen Terminologie der EU (Sutcliffe 2011). Forschung und Lehre sollen sich dafür methodisch erneuern, Inter- und Transdisziplinarität sind die Paradigmen, von denen man sich Lösungen für die globalen Problemlagen erhofft. Politischer Wille wird reichlich artikuliert: Auf UN-Konferenzen, in der EU-Wissenschaftspolitik und auf nationaler Ebene wird gefordert, dass Forschung und Lehre im Zeichen nachhaltiger Entwicklung stehen und möglichst geschlechtergerecht gestaltet werden sollen. Umgesetzt wurde dies in den vergangenen 20 Jahren allenfalls an einzelnen Schauplätzen des Wissenschaftsbetriebs, während die große Masse der Wissenschaftler_innen mit „business as usual" nach Exzellenz streben. Charakteristisch ist auch, dass forschungs- und bildungspolitisch wichtige Akteure (Förderer, Ministerien, Hochschulen) sich jeweils für nur eine der zwei oben genannten Zielsetzungen stark machen, für Nachhaltigkeit oder für Geschlechtergerechtigkeit. Noch absurder aber ist die häufig anzutreffende Konstellation, dass in ein und derselben Einrichtung eine Nachhaltigkeitsstrategie neben einem Gender-Mainstreaming (GM) oder einem Gender & Diversity Management (G & D)[1] steht, ohne dass die jeweiligen Abteilungen und Akteure kooperieren.

Dieser Beitrag zeigt am Beispiel der Hochschulen auf, warum es von Vorteil ist, die beiden politischen Leitlinien zu einer schlagkräftigen Gesamt-

---

1 Die Begriffe „Geschlechtergerechtigkeit", „Gender-Mainstreaming" (GM) und „Gender & Diversity Management" (G & D) haben unterschiedliche Konnotationen: Geschlechtergerechtigkeit ist ein Leitbild, ein Ziel, vergleichbar der Nachhaltigen Entwicklung. GM ist ein politisches Instrument zur Erreichung dieses Ziels, das im Kontext einer Perspektiverweiterung (Abschnitt 2.3) durch G & D Management ersetzt wird. Im Text werden die Termini GM und G & D nicht immer trennscharf verwendet, da mit Blick auf Forschung und Lehre GM noch das gängige Schlagwort ist.

strategie zusammenzuführen. Vor dem Hintergrund des Bologna-Prozesses als „Window of Opportunity" für Innovationen werden die Erfolge und Schwierigkeiten universitären Gender-Mainstreamings wie auch der Nachhaltigkeitsansätze beschrieben, um daraus die Forderung abzuleiten, dass die Koexistenz in Form paralleler Welten durch Kooperation zu ersetzen sei.

2 Hochschulen in Bewegung

2.1 Der Bologna-Prozess als Chance für Nachhaltigkeitstrategien und Gender-Mainstreaming

Mit dem 1999 begonnenen Bologna-Prozess zur Schaffung eines europäischen Hochschulraumes kam Bewegung in eine bis dahin weitgehend innovationsresistente deutsche Hochschullandschaft. Das konstatiert das Bundesministerium für Bildung und Forschung (BMBF) in einer Analyse der Reform:

> „In den dargestellten Untersuchungen wird evident, dass der Bologna-Prozess eine Art Katalysator-Funktion für Veränderungen übernimmt, die bereits seit längerer Zeit im Hochschulsystem virulent sind. [...] So sind die beobachtbaren Effekte häufig nicht allein der Umstellung der Studienstruktur zuzurechnen, sondern auch das Resultat vorhergehender bzw. parallel laufender Anstrengungen" (Nickel 2011: 16).

Sowohl Nachhaltigkeitsbestrebungen von Hochschulen wie auch Gender-Mainstreaming sind solche parallel laufenden Anstrengungen, die im Zuge der Reformen aufgegriffen werden (Becker et al. 2006; Jansen-Schulz 2007; Sonderegger 2007). Sie geben Orientierung bei der Suche nach Lernzielen und liefern Erfahrungen mit neuen Lehr-/ Lernkulturen (Schneidewind 2009). Denn darum geht es beim Bologna-Prozess: Größere Praxisnähe und Kompetenzorientierung im Studium sollen garantieren, dass den Studierenden der Übergang ins Berufsleben leichter fällt.

Mit der Perspektiverweiterung auf einen europäischen Hochschulraum ist der erste Schritt getan, um Studierende zu „Weltbürgern" zu bilden (Beck 2004). Eine globale, multikulturelle Perspektive, wie sie der Nachhaltigkeitsgedanke und auch die Beschäftigung mit Gender und Diversity zwingend erfordern, wird damit noch nicht eingenommen. Letzteres ist ausdrückliches Ziel der „Hochschulbildung für Nachhaltige Entwicklung", im internationalen Sprachgebrauch „Higher Education for Sustainable Development" (HESD).

2.2 HESD – ein weltweiter Aufbruch

Hochschulen, die ihren Beitrag zur Bewältigung der komplexen globalen Problemstellungen liefern wollten, haben 1990, also vor der UN-Konferenz für Umwelt und Entwicklung in Rio de Janeiro, die „Talloires Declaration"[2] verabschiedet. Diese 10-Punkte-Erklärung zur Gestaltung einer nachhaltigen Hochschule wurde von mehr als 300 Hochschulleitungen in über 40 Ländern unterzeichnet. Die entscheidenden Selbstverpflichtungen lauten:

- Create an Institutional Culture of Sustainability
- Educate for Environmentally Responsible Citizenship
- Collaborate for Interdisciplinary Approaches.

Seitdem haben sich Nachhaltigkeitsstrategien für Hochschulen in einem Wechselspiel von internationalen Konferenzen/ Deklarationen[3] mit Erfahrungsaustausch in weltweiten, kontinentalen und nationalen Netzwerken und mit modellhaften Initiativen einzelner Hochschulen recht gut entwickelt.

Das Neue an BNE liegt in der Subjektorientierung und der Didaktik. Schwerpunkt ist nicht Wissensvermittlung, sondern Persönlichkeitsentwicklung und Kompetenzerwerb: „BNE betont kreative und kritische Ansätze, langfristiges Denken, Innovation und die Befähigung, mit Unsicherheit umzugehen und komplexe Probleme zu lösen" (UNESCO 2009: Paragraf 9). In der Hochschule handelt es sich i.d.R. um transdisziplinäre Projektseminare, in denen die Studierenden ihre Projektarbeit jenseits des Campus und in Kooperation mit Praxisakteur_innen durchführen (Dubielzig/ Schaltegger 2004; Scholz et al. 2006; Michelsen et al. 2008; Schneidewind 2009). Dergleichen wird nur an wenigen Hochschulen Deutschlands geboten. Studierende haben sich deshalb in Netzwerken[4] organisiert, um „Bottom-up" diese Lehr-/ Lernkultur in diejenigen Hochschulen zu tragen, deren Leitungen von sich aus keine Nachhaltigkeitsinitiativen ergriffen hätten.

Zum umfassenden Ansatz von HESD gehört auch die Neuausrichtung von Forschung. Wege zu „postmoderner" Wissenschaft oder „post-normal science"[5] im Sinne einer Forschungspraxis, die um die Begrenztheit von Disziplinen und die Unwägbarkeiten ihrer Resultate weiß, wurden in Deutschland zunächst an außeruniversitäten Forschungsinstituten erprobt. Die Forschungskultur an Deutschlands Hochschulen ist alles andere als zeitgemäß:

> „Auf die Schlüsselherausforderungen des 21. Jahrhunderts scheinen sie kaum noch relevante Antworten geben zu können. Sie haben ihre über einen langen Zeitraum bestehende gesellschaftliche Vorreiterrolle längst verloren. Insbesondere beim Thema ‚Nachhaltigkeit' laufen sie hoffnungslos hinterher." (Schneidewind 2009: 15)

---

2 http://www.ulsf.org/programs_talloires.html (Zugriff: 09.05.12).
3 Übersicht in Adomßent (2006).
4 http://www.nachhaltige-hochschulen.de/#netzwerk (Zugriff: 09.05.12).
5 Der Begriff wurde als Gegenpol zum herkömmlichen Forschungsparadigma („normal science") von Funtowicz/ Ravetz (1991) in den wissenschaftstheoretischen Diskurs eingebracht.

So ist der Weg zur Exzellenz für Deutschlands Universitäten nicht gekoppelt an eine Verpflichtung zu „Responsible Research". Verglichen damit ist der Fortschritt in Geschlechterfragen größer – zumindest auf dem Papier.

2.3 Mit Gender-Mainstreaming zu Exzellenz

Lässt man Revue passieren, wie sich die Hochschulen für Geschlechterfragen geöffnet haben, muss man rückblickend noch unterscheiden zwischen Entwicklungen in Forschung und Lehre (von der Frauenforschung zur Genderforschung) und in der Frauenförderung (von der Frauenförderung über Gender-Mainstreaming zu Diversity Management). Zur besseren Vergleichbarkeit mit BNE bzw. HESD wird im Folgenden der Weg des „Gender-Mainstreaming" skizziert.

Ausgangspunkt des GM war ebenfalls die weltpolitische Ebene: Die Weltfrauenkonferenzen von Nairobi (1985) und von Peking (1995) setzten dieses Antidiskriminierungs- und Gleichstellungsinstrument auf die Agenda. Mit dem seit 1999 gültigen Amsterdamer Vertrag sind die EU-Mitgliedsstaaten zu einer Implementation im öffentlichen Sektor verpflichtet. In Bildungs- und Forschungsprogrammen hat die EU-Kommission diese Selbstverpflichtung ernst genommen, sie berücksichtigt bei der Vergabe von Fördergeldern die Integration von Genderaspekten und bietet den Wissenschaftler_innen Hilfestellung in Form von Strategien und exzellenten Toolkits an[6]. Die Kommission möchte die Trennung von Forschung, Lehre und Organisationskultur mittels eines integrierten Modells einer Gender-Gesamtstrategie für Forschungseinrichtungen (genSET 2010: 10) überwinden.

Gender gilt heute als Exzellenzkriterium: „Sex and gender analysis, designed into research from the start, ensures excellence in research – and by doing so opens the door to innovation that enhances the lives of both women and men", so Londa Schiebinger auf dem „First European Gender Summit 2011"[7]. Überzeugungsarbeit ist noch zu leisten:

„The most effective way of doing this will be to illustrate how continually incorporating sex and gender analysis promotes research excellence. Such examples should be inventoried by European institutions (e.g. DG Research, ESF) and made available to institutional 'change agents' (e.g. deans, provosts, opinion makers, department heads)." (genSET 2010: 13)[8]

---

6 Gendered Innovation project www.genderedinnovations.eu (Zugriff: 09.05.12); Gender in Research Toolkit and Training: www.yellowwindow.com/genderinresearch (Zugriff: 09.05.12).
7 http://www.gender-summit.eu (Zugriff: 09.05.12).
8 Bemerkenswert ist die Wortkombination „sex and gender", die sich durch die Dokumente zieht. Damit wird anerkannt, dass auf der Ebene der realen Phänomene (als Untersuchungsgegenstand) biologische wie sozial-kulturelle Aspekte von Geschlecht in komplexen Zusammenhängen wirksam sind.

Der Aufbau von „Genderkompetenz" ist Voraussetzung für die oben genannten Ziele: „Training in methods in sex and gender analysis should be integrated into all subjects across all basic and applied science curricula" (ebd.:14). Diesen Auftrag haben Hochschulen vielerorts schon umgesetzt: „Genderkompetenz" ist zum Schlüsselbegriff geworden für universitäres GM, die mangelnde (Gender)Kompetenz von Lehrenden wird endlich thematisiert.[9] Erst wenn die Lehrenden selbst genderkompetent sind und eine „gendersensible Didaktik" beherrschen, können sie Genderkompetenz an die Studierenden vermitteln. Gendersensible Didaktik gilt heute, auf der Basis jahrzehntelanger Erfahrungen, als Garant für „gute Lehre" (Auferkorte-Michaelis et al. 2009). Kompetenzerwerb und Persönlichkeitsstärkung, kritisches Denken – die Zielsetzungen sind denen von BNE ähnlich. Unter dem Begriff „Integratives Gendering" (Jansen-Schulz 2007) wird an einigen Hochschulen eine Strategie angewendet, die Genderaspekte in die Curriculumsentwicklung und in die Forschungsplanung einbringt. Dabei erweist sich ein auf freiwilliger Basis vereinbartes Coaching des akademischen Personals als erfolgreich.

Neben das GM ist das Diversity Management[10] getreten, ein Konzept aus der Wirtschaft. Seine negativste Konnotation, ein rein utilitaristisches Interesse an der Vielfalt menschlicher Potenziale, verdrängt in der Wahrnehmung oft, dass Diversity ein Antidiskriminierungsansatz ist, der für Respekt, Toleranz und Inklusion steht. Wollte man den Stand der wissenschaftstheoretischen, forschungspolitischen Diskurse exakt abbilden, so müsste man von „Sex and Gender and Diversity" sprechen und auch von „Sex & Gender & Diversity Competence", während auf der Ebene der Organisationsentwicklung der Terminus GM vom umfassenderen „G & D Management" abgelöst wird. Letzterer wird deshalb auch im weiteren Text verwendet.

Nimmt man hinzu, dass in der deutschen Förderlandschaft, inklusive der Exzellenzinitiative, Gleichstellungsaspekte bei der Vergabe positiv gewertet werden (Schwarze 2007), sind Fortschritte nicht zu leugnen. Diese sollen aber nicht darüber hinwegtäuschen, dass eine Verpflichtung zu G & D vielerorts mühsam bis wirkungslos ist, vor allem an technischen Hochschulen (Ernst 2010; Schwarze 2007). Vorurteile und Ignoranz verhindern in diesen Fachkulturen, dass der Mehrwert der Analysekategorie Gender und die Bereicherung durch weibliche und vielfältige Erfahrungskontexte im Forschungsteam erkannt werden. Vielen Forscher_innen ist gar nicht bewusst,

---

9 Genderkompetent zu sein, bedeutet Fachwissen über die Komplexität der Geschlechterverhältnisse zu haben und dieses in Kombination mit Methodenwissen in der Praxis professionell anwenden zu können (Definition der Autorin auf der Basis anderer Definitionen).
10 Diversity fasst 6 Kerndimensionen einer Person zusammen (Geschlecht, Alter, „Rasse", kulturelle Herkunft, sexuelle Orientierung und evtl. körperliche oder seelische Beeinträchtigung) und bewertet deren Variation als wertvollen Beitrag zur Organisations- und Gesellschaftsentwicklung.

dass es mitnichten um Frauenförderung, sondern um Forschungsqualität geht. Denn bei den Bemühungen um Dissemination von G & D an den Hochschulen wurden Fehler begangen, professionelle Kommunikationsstrategien (wie die des Integrativen Gendering) wurden meistens gar nicht angewendet. Von wenigen Ausnahmen abgesehen wurde die Chance vertan, männlichen Forschenden Identifikationsangebote zu machen und Männlichkeitskonzepte in Wissenschaft und Wissenschaftspolitik zu thematisieren (z.B. Döge 2002). Als kluger Schachzug erwies sich lediglich das vom BMBF geförderte Sensibilisierungsprogramm „Discover Gender!", welches nachweist, dass eine genderblinde Forschung im Innovationsprozess blinde Flecken generiert und aufgrund dessen häufig keine robusten Produkte erzeugt (Bührer/ Schraudner 2006).

Dieser Überblick, der das große Innovationspotenzial von Gender- und Nachhaltigkeitsstrategien für die Hochschulentwicklung aufzeigen soll, aber auch die Barrieren, die deren flächendeckende Implementierung behindern, ist notwendig, um die These dieses Beitrags zu untermauern, dass die beiden Stränge zur gegenseitigen Verstärkung miteinander gekoppelt werden sollten. Bis dahin ist der Weg noch weit, wie der folgende Abschnitt zeigt.

2.4 State of the Art: Parallele Welten

Der Frage, ob und ggf. welche Verbindungen zwischen G & D und Nachhaltigkeitsstrategien an deutschen Hochschulen existieren, lässt sich aus zwei Blickrichtungen nachgehen: Reihen sich Gender Studies oder G & D-Policies in die Umwelt- und Klimaschutzaktivitäten oder in Nachhaltigkeitsinitiativen ein? Gehen die Umwelt- und Nachhaltigkeitsbeauftragten auf die Gender Studiengänge, Gleichstellungsstellen oder Genderkompetenzzentren zu?

> „Geschlechterforschung und Nachhaltigkeitsforschung sind Wissenschaftszweige, die sich bewusst einem normativen Leitbild verpflichten. Der Austausch zwischen beiden ist aber gering" (Katz 2006: 206).

In den Gender Studies wird Nachhaltige Entwicklung so gut wie gar nicht thematisiert (Schultz 2006; Katz 2006; Franz-Balsen 2010). Eine thematische Brücke könnten die mit Nord-Süd und Globalisierungsfragen beschäftigten „Development Studies" oder „Postcolonial Studies" schlagen, die ähnlich wie die agrarsoziologische Genderforschung u.a. an den Diskurs der „environmental justice"[11] anknüpfen können. Die aktuellen Gender-Forschungsfelder Intersektionalität[12] und Transkulturalität[13] richten den Blick ebenfalls auf Ge-

---

11 Der Forschungsansatz „Environmental Justice" (Bryant 1995) untersucht Zusammenhänge zwischen strukturellen Benachteiligungen und der ungleichen Verteilung von Umweltlasten und Umweltgewinnen sowie Partizipation.
12 Unter dem Terminus „Intersektionalität" (Crenshaw 1989) werden die Diversity-Dimensionen als interdependente Faktoren von Personen(gruppen) gesehen; Anwendung in der Migrations-, Queer-, Ungleichheitsforschung etc.

rechtigkeits- und Globalisierungsfragen, befinden sich aber noch „in statu nascendi" (Jansen-Schulz 2012). Die Rede ist hier auch weniger von inhaltlichen Schnittstellen als von Kooperationen auf dem Campus, die über einmalige Auftritte in Ringvorlesungen hinausgehen. Empirische Daten deuten darauf hin, dass die Ursachen u.a. in den unterschiedlichen Fachkulturen liegen (Katz et al. 2003; Hofmeister et al. 2002). Die in den Geistes- und Sozialwissenschaften verorteten Gender Studies sind von den oft mit Umweltschutzmaßnahmen beginnenden Nachhaltigkeitsinitiativen weit entfernt, auch räumlich. Interdisziplinarität beschränkt sich in der Genderforschung vielfach auf den Austausch innerhalb der Sozialwissenschaften, im Verhältnis zu den Techno-Wissenschaften dominieren hingegen Wissenschaftskritik und das Bemühen um Frauenförderung die Diskurse (Katz/ Mölders 2004). Sind Kooperationen mit Kolleg_innen aus anderen Erdteilen einfacher herzustellen als Kontakte zu fachfremden Kolleg_innen auf demselben Campus? Gar nicht zu erklären ist jedoch, warum die Abteilungen, die für Gender & Diversity Management zuständig sind, selten Kontakt zu Nachhaltigkeitsforscher_innen aufnehmen.

Nicht viel besser sieht es in umgekehrter Richtung aus, d.h. bezüglich der Rezeption von G & D in der Community der Hochschulen, die sich einem Sustainable Development verpflichtet haben. Im internationalen Diskurs zu HESD spielten die Gender-Dimension, Gender-Mainstreaming oder Diversity Management überhaupt keine Rolle; dies ist durch die Ergebnisse von Expert_innen-Befragungen vielfach belegt (Wright 2007; Bengtsson 2009; Gross/ Nakayama 2010). Deshalb wurde auf der Weltkonferenz zur Bildung für nachhaltige Entwicklung 2009 die Bedeutung von G & D für BNE herausgestellt. Der Wortlaut der „Bonn Declaration" verrät jedoch ein überkommenes Verständnis von Gender:

> „BNE muss die Gleichstellung der Geschlechter aktiv fördern und Bedingungen und Strategien gestalten, die es Frauen ermöglichen, ihr Wissen und ihre Erfahrung zu kommunizieren, sozialen Wandel und menschliches Wohlergehen zu erreichen." (UNESCO 2009, Abschn. 15 m).

In eingeschränkter Perspektive auf die Förderung von Mädchen und Frauen in anderen Kulturkreisen findet die alte Feminisierung der Verantwortung für den Planeten erneut statt (Franz-Balsen et al. 2011). Aktuelle lebensweltliche Bezüge zwischen Gender und (Nicht)Nachhaltigkeit in den hochindustrialisierten Ländern, wie sie in diesem Band expliziert werden, sind der großen Masse der HESD-Akteure nicht bekannt, genauso wenig wie didaktische Prinzipien gendersensibler Lehre, die für HESD zwingend erforderlich sind: Da die sozialen Konstruktionen von Geschlecht eine nachhaltige Entwicklung behindern – je

---

13 „Transkulturalität" beschreibt das Phänomen, dass sich heute Kulturen mischen (Hybridisierung), was auch Wissenschaften und Hochschulen betrifft (Welsch 2010; Mae/ Saal 2007).

nach Kulturkreis auf ganz eigene Art und Weise – müssen die Studierenden in ihren Geschlechterrollen angesprochen werden und lernen, diese zu hinterfragen. Immerhin werden die Defizite in Theorie und Praxis in internationalen HESD-Foren thematisiert (Gross-Nakayama 2010; Franz-Balsen/ Mat Isah 2009). Der Handlungsbedarf ist enorm: Es mangelt an Publikationen, die grundlegende Zusammenhänge darstellen (Franz-Balsen 2007; Katz 2006; Mayer/ Katz 2008) und an Capacity Building für die Lehrkräfte durch die Genderkompetenzzentren der Universitäten.

Resümée: An den meisten Hochschulstandorten bestehen Gender Studies bzw. Gender & Diversity Management und Nachhaltigkeitsinitiativen nebeneinander, ohne jede Kooperation der Akteure, die sich meistens gar nicht kennen. Es handelt sich um parallele Welten. Dabei hätten diese viel voneinander zu lernen! Wie führt man die getrennten Welten zueinander?

2.5 Gute Gründe, gute Praxis

HESD und G & D haben das gemeinsame Ziel, die Performance ihrer Hochschule in drei Handlungsfeldern zu verbessern: in der Forschung, in der Lehre und auf der Ebene der Organisationsstruktur und -kultur. Beide Ansätze wollen bewirken, dass die Hochschule sich ihrer gesellschaftlichen Verantwortung stellt, deshalb rücken sie diejenigen Dimensionen in den Blick, die im 20. Jahrhundert auf dem Weg zur wirtschaftlich erfolgreichen Universität verloren gingen: Wertorientierung und Persönlichkeitsbildung (Kompetenzerwerb). Als gemeinsame Stärke teilen sie den politischen Rückenwind internationaler Politik, wenn auch in der Ausprägung unterschiedlich: Es wurde aufgezeigt, dass in den EU-Forschungsprogrammen das GM erfolgreicher angekommen ist als das Nachhaltigkeitskonzept. An den Hochschulen selbst ist Sustainability angesichts des sich verschärfenden Klimawandels, der Finanzkrisen und der Erkenntnis, dass Konsum an seine Grenzen stößt, derzeit noch im Aufwind, während die Gender Community einen Rollback fürchtet, weil das Thema vor Ort ausgereizt erscheint. Als Elemente einer „Sustainable University" könnten Genderforschung und G & D neue Legitimation erhalten. Eine gemeinsame Schwäche ist die Schwierigkeit der Dissemination von G & D und HESD, die mangelnde Resonanz in bestimmten Disziplinen oder auf bestimmten Ebenen einer Hochschule. Dagegen haben beide Bereiche unterschiedliche Instrumente entwickelt: Während das „Integrative Gendering" eher im Stillen operiert, bedienen sich Kommunikationsstrategien für Nachhaltigkeit auf dem Campus gerne des Spektakels (Kulturveranstaltungen, Aktionstage) oder kontinuierlich sichtbarer Zeichen (Solaranlagen, Öko-Mensa) – die Beispiele zeigen, wie gut man sich ergänzen könnte. Ein Nachhaltigkeitsbericht macht die Erfolge beider Strategien sichtbar (Albrecht 2009). Am Beispiel Nachhaltigkeitsreporting wird deutlich, dass Voraussetzung für eine Zusammenführung der Ansätze eine Hochschulleitung ist, die dieses wünscht und fördert. Sicher müssen Bottom-up erste Kontakte unter „Committed Individuals" beider Bereiche geknüpft werden. Damit daraus aber eine Gesamtstrategie wird, bedarf es auch einer Top-down-Initiative, die die Annäherung fördert und sichtbar macht, etwa durch gemeinsame Konferenzen und Publikationen, wenn nicht gar Strukturen. Das hat eine vergleichende Fallstudie an drei Hochschulen (Leuphana Universität Lüneburg, Universiti Sains Malaysia, Universität Luxembourg; vgl. Franz-Balsen 2010) ergeben. An diesen gab es jeweils günstige Voraussetzungen: Die Leuphana Universität Lüneburg und die Universität Sains Malaysia hatten die Chance, sich neu zu erfinden; die Universität Luxemburg ist noch im Entstehen. Gemeinsam ist allen: Die Neuausrichtungen wurden mittels eines Gesamtkonzeptes gestaltet, das von Leitbildern (Nachhaltigkeit, Gender & Diversity, wissenschaftliche Exzellenz) getragen und durch Corporate Identity sichtbar gemacht wird. Geradezu zwangsläufig liefen dabei die parallelen Welten HESD und GM aufeinander zu. An der Universiti Sains Malaysia sind sie die Säulen des kühnen Versuchs, Exzellenz neu zu definieren. Sie misst sich dort an den Leistungen im Kampf gegen Hunger, Armut und Krankheiten:

> „Excellence must be related to the bottom billions, four billion people, roughly two thirds of the world population who are neglected in terms of education, health, socialeconomic parameters and quality of life." (Razak 2008)

3 Fazit und Handlungsbedarf

Werden G & D Management und HESD miteinander verwoben, entsteht eine Win-Win-Situation: G & D-Elemente bereichern HESD-Programme und verbessern die Qualität der Lehre; sie bringen den politischen Auftrag der EU-Ebene mit, die Organisationskultur gerechter zu gestalten. Andererseits wird durch die Kombination mit dem viel breiteren Nachhaltigkeitsansatz G & D Management aus der Frauenfördernische herausgeholt und kann sein Potenzial entfalten, die gesellschaftlichen Mechanismen aufzudecken und zu verändern, die darüber entscheiden, ob unsere Zukunft mehr oder weniger nachhaltig sein wird.

Damit es dazu kommt, muss Lobbyarbeit geleistet werden, in den Netzwerken der Scientific Communities und in der Hochschulpolitik. Es gilt Unwissen und Berührungsängste abzubauen. Die Argumente müssen auf einem soliden wissenschaftlichen Fundament stehen. Deshalb werden dringend gebraucht

- eine Bestandsaufnahme zum „State of the Art" bezüglich der Integration von Gender & Diversity und HESD; dabei sollte systematisch nach guten Beispielen (Case Studies) Ausschau gehalten werden;
- Screening beider Bereiche für eine Zusammenstellung hilfreicher Tools;

- gemeinsame Forschungsprojekte über Schnittstellen-Issues (Environmental Justice, Einstellungs-/ Verhaltensforschung, Transkulturalität);
- Wissensaustausch und -transfer (Networking, Konferenzen, Workshops, Publikationen);
- Aufbau einer Service-Struktur (Internet-Portal).

All dies sollte möglichst im internationalen Austausch geschehen. Hochschulen, die ihre Kernaufgaben in globaler Verantwortung wahrnehmen möchten, müssen kommunikativ und kooperativ sein, innerhalb und außerhalb des Campus.

2.2 Kommentar: Nachhaltigkeitsforschung und Geschlechterforschung: Parallele Welten?

Sabine Höhler

1 Einleitung: Satelliten des akademischen Betriebes

Nachhaltigkeitsforschung und Geschlechterforschung gelten als beispielhaft für neue Ansätze in der Hochschulforschung und Lehre, die sich zunehmend komplexen globalen Problemstellungen zuwenden. Geschlechtergerechtigkeit und Umweltgerechtigkeit bzw. intra- und intergenerative Gerechtigkeit formulieren eigenwillige soziale, wissenschaftliche und politische Ziele, die es auch hochschulpolitisch zu verankern gilt. Sie umreißen sog. „Querschnittsthemen", die herkömmliche Disziplingrenzen und Zuständigkeiten überschreiten. Ihre Gegenstände erfordern vielfältige und teils noch zu erprobende inter- und transdisziplinäre Zugänge, die ein Versprechen auf neue Problemlösungskapazitäten geben. Hoffnungen werden insbesondere in neue Forschungs- und Lernkulturen gesetzt, die explizit normative politische und soziale Zielsetzungen der Fairness und Verantwortlichkeit verfolgen.

Die Bestandsaufnahme der europäischen Hochschul- und Wissenschaftspolitik, wie Angela Franz-Balsen (i.d.Bd.) sie vornimmt, zeigt, dass der Anspruch und die Umsetzung der Interdisziplinarität auseinanderklaffen. Stattdessen werden verwandte Bereiche geradezu systematisch auseinandergehalten. Wie in anderen gesellschaftspolitischen Aufgabenbereichen kaschieren auch in der Nachhaltigkeits- und Geschlechterforschung halbherzige Integrationsbestrebungen den politischen Unwillen, Forschungsprogramme zu einem genuin neuen Feld zu verbinden. Hochschulpolitisch einfacher scheint es zu sein, Gender und Nachhaltigkeit getrennt zu institutionalisieren. So manifestieren sich zwei Forschungsgebiete, die sich gegenseitig weder zu bedingen noch zu benötigen scheinen.

Gender und Nachhaltigkeit parallel zu fördern, ist jedoch nicht nur bequem, sondern schwächt auch die Felder. Nachhaltigkeits- und Geschlechterforschung traten an, die Wissenschaften von innen nach außen zu wenden und die Mechanismen der Wissensgenese zu erkunden, die das westliche Verständnis von Natur und Geschlecht hervorgebracht haben. Doch der anvisierte „Mainstream" der Forschung und Lehre blieb weitgehend unangetastet. Nachhaltigkeits- und Geschlechterforschung sind „Satelliten" des akademischen Betriebes. Beide Forschungsbereiche können Natur- und Geschlechterverhältnisse zwar beobachten, aber eben nicht in sie intervenieren. So wird die Kritik am Gewohnten in randständigen Bereichen verwahrt.

Eine Wissenschaft, die sich für die politisch geforderten Ziele der „Nachhaltigen Entwicklung" und der Geschlechtergerechtigkeit gemeinsam einsetzte, könnte den traditionell disziplinierten und kanonisierten akademischen Betrieb aus den Angeln heben. Denn die Integration von Gender und Nachhaltigkeit ermöglicht es, den Konstruktionsbedingungen der Kategorien Natur und Geschlecht nachzugehen, die für das Selbstverständnis der Wissenschaft so zentral sind. Um politisches Gewicht zu ertrotzen, tendieren Nachhaltigkeits- und Geschlechterforschung dazu, diese Kategorien weiter zu naturalisieren. Gemeinsam könnten sie zeigen, dass Natur und Geschlecht nicht unabhängig voneinander, sondern wechselseitig konstitutiv sind.

2 Strategie und Epistemologie

Dass Gender- und Nachhaltigkeitsforschung zu wenig kooperieren, macht sie im besten Falle zahm. Schlimmstenfalls unterstützen sie Politiken von Natur und Geschlecht, die sich in die gegenwärtige Leistungsökonomie einfügen. Teile der Nachhaltigkeitsforschung sprechen von „Gender", um auf Weiblichkeit als ungenutztes Vermögen für eine zukünftig schonendere Haushaltung mit der Natur zu verweisen. Die sozialen und ökonomischen Verwerfungen angesichts verschärfter globaler Klimaveränderungen, Wohlstandsgefälle, Kriege, Epidemien und Migrationsströme scheinen solche Kurzschlüsse zu rechtfertigen. Ohne Skrupel werden abgenutzte sexistische und rassistische Dualismen von Männlichkeit als rational und kultiviert und von Weiblichkeit als sensibel und naturverbunden tradiert. Von Neuem begründen sie eine Geschlechterordnung, die bestimmte Subjekte von Verantwortung freispricht, indem sie anderen die Position als Vermittler_innen zuweist. Die Natur, die gesellschaftliche Ungleichheit rechtfertigte, ist jetzt im Namen der Nachhaltigkeit tätig.

Die Geschlechterforschung kann solche Zusammenhänge analysieren. Doch droht „Gender" selbst zu einem Label zu werden, das komplizierte Verhältnisse auf Etikettgröße schrumpft. „Gender" wird zunehmend als Humanressource gehandelt, um individuelle Karriere-Portfolios anzureichern.

Zahlreiche kurzfristige Einzelprogramme dienen vor allem dem Vermakeln von Schlüsselkompetenzen. Unter dem Begriff des Gender-Mainstreaming befördern sie die geschmeidigere Einpassung in die Erwartungen des Arbeitsmarktes. Positive Bezüge auf Diversität lassen häufig nicht erkennen, was Diversifizierung über eine ökonomische Investmentstrategie hinaus für eine langfristige inklusive und faire Entwicklung leisten soll. Die Zurichtung kritischen Wissens in nützliche Kompetenzen bleibt jedoch nicht ohne Folgen für die Glaubwürdigkeit der Unternehmung.

Je intensiver Gender- und Nachhaltigkeitskompetenzen als Währungen im Exzellenzwettbewerb der europäischen Hochschulen nachgefragt werden, umso erfolgreicher verdecken sie, dass sich die zugrunde liegenden Kategorien von Geschlecht, Natur und Umwelt gegenseitig aufrechterhalten und verstärken. Die Konstruktionsleistungen, die der Natur und dem Geschlecht historisch zugrunde liegen, sind mit strategischem Verstand allein nicht aufzubrechen. Ein Verständnis epistemologischer Zusammenhänge ist nötig, um kulturelle Motive und Konzepte zu identifizieren, ihren Bezügen nachzuspüren und ihre politischen und sozialen Effekte zu reflektieren. Kulturelle Vorstellungen über die Verschränkungen von Weiblichkeit und Natur sind ungemein stabil, tief verankert und weithin akzeptiert. Ungleichheit und daraus abgeleitete Gefälle von Macht und Teilhabe sind ihr Prinzip und ihr Motor. Die Klärung, wie sich solche Mechanismen bestätigen und wie sie sich unterlaufen lassen, verlangt eine Wissenschaft, die das Selbstverständliche selbst zum Thema macht.

Nach den Bedingungen und Konsequenzen wissenschaftlicher Evidenz zu fragen hieße etwa, die politischen und ökonomischen Referenzketten zu verfolgen, die Gender und Nachhaltigkeit erst in ihren unhinterfragten Bedeutungs- und Wirkungszusammenhang mit Kompetenz, Innovation und Exzellenz gebracht haben. Dazu sind Gender und Nachhaltigkeit selbst analytisch aufzufächern, um zu verstehen, auf welcher Ebene sie jeweils operieren, worauf sie basieren, was sie verbindet und was sie auseinander hält. Die Gender Studies und die feministische Wissenschafts- und Technikforschung haben in den letzten Jahren ein elaboriertes Instrumentarium entwickelt, um hervorzuheben, dass Natur und Geschlecht sozial konstruiert und aufeinander bezogen sind (I.1.3.2). Danach müssen auch Nachhaltigkeits- und Geschlechterpolitik ihre Voraussetzungen und Ziele in gesellschaftlicher Auseinandersetzung erklären und verhandeln.

3 Geschlecht und Natur als Ressourcen füreinander

Das Wissen von Geschlecht und Natur ist nicht unabhängig von seinen gesellschaftlichen und historischen Zusammenhängen entstanden und kann somit nicht unabhängig von seinen Kontexten verstanden werden. Teile der

Wissenschaftstheorie radikalisieren diese Ansicht durch ihre These, dass eine Natur außerhalb des wissenschaftlichen, kulturellen und gesellschaftlichen Naturdiskurses nicht zugänglich sei. Die reine Natur von einer Fiktion in ein Faktum zu verwandeln, erfordert einen beträchtlichen Arbeitsaufwand. Die Wissenschaftsforschung versucht, diese Arbeit sichtbar zu machen und ihre Produkte kritisch zu diskutieren. Während etwa die „Wildnis" die Entwürfe des Anderen der westlichen Kultur aufnahm und epistemisch weit abseits von der Zivilisation platziert wurde, beschreibt die „Umwelt" als anthropozentrische Konstruktion die angemessenere „Natur" des zwanzigsten Jahrhunderts, denn sie ist durch und durch technisiert und auf den Menschen ausgerichtet. „Umwelt" ist systemisch konzipiert, technowissenschaftlich operabel und Gegenstand von Politik.

Die feministische Wissenschaftsforschung zeigt, dass Natur primär nach jeweils spezifischen kulturellen Geschlechterentwürfen beschrieben und organisiert wurde. Zweigeschlechtlichkeit ist historisch das wohl bedeutsamste Prinzip, um die Spannung von Natur und Kultur aufrecht zu halten. Die sozialwissenschaftliche Unterscheidung von natürlichem Geschlecht (Sex) und sozialem Geschlecht (Gender) blieb eine wenig überzeugende und auch problematische theoretische Differenzierung von Geschlecht als sozialer und Geschlecht als biologischer Konstruktion. Sie machte der provokativeren aber auch produktiveren Auffassung Platz, dass Biologie nicht Natur ist, sondern Natur beschreibt und somit immer schon Kultur ist (I.1.3.1, I.3.3).

Wenn aber „Sex" immer schon „Gender" war, lässt sich das natürliche Geschlecht nirgends auffinden, weder in der Physiologie noch in der Anatomie, weder in Hormonen noch in Neuronen, Genen und Chromosomen. Jeder Versuch einer Dingfestmachung ist eine Herstellung. Der geschlechtliche Körper selbst ist eine Materialisierung: Die wechselseitige Konstruktion von Natur und Geschlecht drückt sich im Körper aus und sie schreibt sich in den Körper ein (Fausto-Sterling 2000; Mol 2002). Es gibt keine Naturwissenschaft des Geschlechts, die sich dem Zugriff der Kulturwissenschaften entziehen könnte, und es gibt kein Refugium, das eine Wissenschaft der Natur ungestört verwalten könnte. Der unreflektierte Bezug auf Geschlecht macht „Natur", und der Verweis auf eine dem Diskurs vorgängige Natur naturalisiert Geschlechterordnungen.

4 Gender und Politische Ökologie

Während die Genderforschung im Schulterschluss mit der Frauen- und Geschlechterpolitik die radikale Analyse von Geschlecht fordert, um geschlechtliche Subjekte von essentialistischen Zuschreibungen zu befreien, sperrt sich die Nachhaltigkeitsforschung gegen eine solche rückhaltlose Prüfung. Die Nachhaltigkeitspolitik, so die Sorge, verliere ihre Grundlagen, würden Natur und Umwelt als ebenso historisch und kulturell kontingent aufgefasst wie Geschlecht. Der Ursachenstreit um die globale Erwärmung verdeutlicht die Problematik: Der Zerstörung der Umwelt noch ihre Dekonstruktion zuzufügen, scheint den umweltpolitischen Gegnern in die Hände zu spielen.

Die Genderforschung, die dieses Unbehagen der Nachhaltigkeitsforschung aufgreift, könnte normsprengend wirken. Sie könnte argumentieren, dass auch und gerade eine Natur, die nicht vorwegnehmbar ist, sondern politisch ausgehandelt werden muss, eine normative Nachhaltigkeitsforschung verdient. Politische Ökologie[14] lohnt sich überhaupt nur für eine Natur und Umwelt, die historisch und kulturell spezifisch geworden und somit auch gesellschaftlich veränderbar sind. Welche Natur erhalten werden soll bzw. wie neue Umwelten inklusiv und gerecht entworfen werden könnten, muss Gegenstand von sozialen Aushandlungsprozessen bleiben. Genderforschung hat hier eine normative Funktion, denn sie formuliert explizite Werte und Ziele, aber sie versteht sich auch als entwicklungsoffen. Die Uneindeutigkeiten ihres Gegenstandes sind Teil ihres Selbstverständnisses.

Gender- und Nachhaltigkeitsforschung sind aufgefordert, die Ansätze der Wissenschaftsforschung weiterzuentwickeln, die in den letzten Jahrzehnten unter Bezeichnungen wie „Post-Normal Science" (Funtowicz/ Ravetz 1991) oder „Mode-2-Forschung" (Gibbons et al. 1994) den Gewissheiten einer Normalwissenschaft im Sinne der kumulativ problemlösenden Aktivität in einem sektoral organisierten Betrieb entsagten. Die neue Forschung versteht sich als problembasiert, kontextbewusst, kollektiv und explorativ, ihren Modus der Wissensproduktion als inter- und transdisziplinär und ihr Wissen als komplex, lokal und ungewiss. Mit der Verabschiedung des exakten Wissens, seiner ontologischen Fundamente und universalen Reichweite wurde etwas Neues erschlossen: die Souveränität, Aussagen über die Welt zu treffen, die nicht auf neuen Metastrukturen, sondern auf neuen Infrastrukturen des Wissens beruht (Latour 2004).

5 Gender und Nachhaltigkeit: Infrastrukturen des Wissens

Transdiziplinarität und Hybridität führen jedoch nicht zwangsläufig zu besserer Forschung und Lehre. Vielmehr stützt der Zwang zur anwendungsorientierten und wettbewerbsfähigen Wissenschaft derzeit den wachsenden akademischen Kapitalismus. Mit Gender und Nachhaltigkeit zur Innovation und Qualität im gegenwärtigen Exzellenzdiskurs beitragen zu wollen, baut auf dieselbe Strategie reziproker profitabler „Win-Win"-Verhältnisse. Gender und Nachhaltigkeit empfehlen sich nicht als Schlüsselkompetenzen, die Kar-

---

14 Dazu auch Bauriedl (b i.d.Bd.).

riereverläufe optimieren, sondern als Schlüssel zu einer engagierten, auf Veränderung wirkenden Forschung über die Frage, wie Kultur und Gesellschaft, Technik und Wissenschaft und Natur und Umwelt aufeinander bezogen sind und sein sollten. Die erstrebte Integration von Gender und Nachhaltigkeit legitimiert sich nicht durch die neuen Marktstrukturen, sondern durch zu schaffende neue Infrastrukturen des Wissens, in der Absicht, diejenigen Fragen und Gegenstände bearbeiten zu können, die sich in den Netzwerken von Wissenschaft und Politik, zwischen Materialität und Bedeutung, zwischen Natur und Kultur aufhalten. Gender- und Nachhaltigkeitsforschung teilen kollektive Zugänge der Kritik und Kreativität, der Verantwortlichkeit und Gerechtigkeit, und der Langfristigkeit der Entwicklungsperspektiven, die der Wissenschaft und der Politik zugleich angehören.

2.3 Kommentierte Bibliographie

Sabine Hofmeister, Christine Katz, Tanja Mölders unter Mitarbeit von Jana Bundschuh, Stephanie Roth

Keller, Evelyn Fox (1986): Liebe, Macht und Erkenntnis. Männliche oder weibliche Wissenschaft? München, Wien: Carl Hanser.

Evelyn Fox Kellers bekanntestes Werk ist eine Sammlung von neun aufeinander aufbauenden Aufsätzen, in denen sie das „Gewebe der Geschlechterbeziehungen" in der Wissenschaft und ihrer Sprache kritisch analysiert. Dabei deckt sie „Liebe", „Macht" und „Erkenntnis" als mit männlichen Vorstellungen von Wissenschaft verknüpfte Kategorien auf. Sie kritisiert die scheinbar selbstverständliche Verbindung von Naturwissenschaft und Objektivität, die eine Beteiligung des Forschersubjekts an der Wissensproduktion radikal leugnet. Demgegenüber zeigt Keller, dass und wie Wissenschaft gesellschaftlich kontextualisiert und konstruiert ist. Aus verschiedenen Perspektiven – aus historischer, psychoanalytischer und philosophischer – nähert sie sich den Dichotomien zwischen Subjektivität und Objektivität, persönlich und unpersönlich, Geist und Natur und fordert einen „menschlichen statt einem männlichen" Entwurf von Wissenschaft (ebd.: 190). Ihre wissenschaftstheoretischen Erkenntnisse sind auch 25 Jahre nach dem Erscheinen des Buches aktuell und bilden eine Grundlage für die Entwicklung einer Genderperspektive auf die Umwelt-, Technik- und Nachhaltigkeitsforschung.

Haraway, Donna (1995): Die Neuerfindung der Natur. Primaten, Cyborgs und Frauen. Hrsg. u. eingeleitet v. Carmen Hammer u. Imanuel Stieß. Frankfurt am Main, New York: Campus.

Obwohl die Arbeiten von Donna Haraway in den USA den feministischen Diskurs entscheidend prägten, stießen sie erst relativ spät auf Interesse auch im deutschsprachigen Raum. Das Verdienst des hier vorgestellten Buches, das aus der Zusammenarbeit des Herausgeber_innenkollektivs mit einer Arbeitsgruppe des Studentischen Instituts für Kritische Interdisziplinarität hervorgegangen ist, liegt darin, Haraways Arbeiten einem breiten deutschsprachigen Publikum zugänglich zu machen. Das Buch wurde in der Folge vielfach rezipiert. Es umfasst vier erstmals in deutscher Sprache veröffentlichte Essays und ein Interview mit der Autorin. In Haraways wohl bekanntestem Essay, das im Original 1985 publizierte „Manifest für Cyborgs" (ebd.: 33ff.), steht das Hybride im Vordergrund: Wir leben in einer Welt der Überwindung fester Grenzen, die „schon lange ideologisch ausgehöhlt" wird (ebd.: 51). Damit spricht die Autorin zum einen die Grenze zwischen Mensch und Maschine an, die im „Cyborgmythos" (ebd.: 39) verschwimmt, aber auch die Grenzen und Ungleichheiten zwischen Mann und Frau. Haraway ruft dazu auf, die „Dämonisierung der Technologie zurückzuweisen" (ebd.: 71) und anzuerkennen, dass der „Aufbau wie die Zerstörung von Maschinen, Identitäten, Kategorien, Verhältnissen, Räumen und Geschichten" (ebd.: 72) eine Chance darstellt, die genutzt werden kann und soll. In ihrem Aufsatz „Im Streit um die Natur der Primaten" (ebd.: 123ff.), der Haraways Auseinandersetzung mit Verhaltensforschung und Primatologie widerspiegelt, werden die Grenzen zwischen Mensch und Tier infrage gestellt. Haraway betont trotz allem die Relevanz der Differenz innerhalb nur scheinbar homogener Gruppen. Als Alternative zu einem Anspruch auf „Objektivität" schlägt sie das Konzept „Situiertes Wissen" vor. Es gibt dabei keine Zentralperspektive der Unterdrückten, sondern es geht ihr auch für die Naturwissenschaften darum, die begrenzte Perspektive der Forschenden transparent zu machen und sich verantwortungsvoll zu positionieren. Im abschließenden Essay „Biopolitik postmoderner Körper" geht es um ein Konzept des Körpers bzw. um dessen Produktion durch kulturelle und politische Auseinandersetzungen. Der Essaysammlung vorangestellt ist eine Einleitung der Herausgeber_innen, die einen umfassenden Ein- und Überblick in Haraways Werk gibt. Haraways Dekonstruktion (natur)wissenschaftlicher „Fakten" und ihr Konzept des „situierten Wissens" bieten eine Fülle von Ansatzpunkten für die Nachhaltigkeitsforschung als eine normative Wissenschaft.

Harding, Sandra G. (1994): Das Geschlecht des Wissens. Frauen denken die Wissenschaft neu. Frankfurt am Main, New York: Campus.

Sandra Hardings Studie, die im Original 1991 unter dem Titel „Whose Science? Whose Knowledge?" erschien, gilt in der feministischen Debatte um Wissenschaftstheorie als „Klassiker". Harding fragt im ersten wissenschaftssoziologischen Teil, wessen Wissen und wessen Wissenschaft die Lebenswelt bestimmen. Kritische Fragen über Wissenschaft und Erkenntnistheorie werden im zweiten Teil des Buches mithilfe der Standpunkt-Theorien bearbeitet und im dritten Teil aus der Sicht der bislang ausgegrenzten „Anderen"– nicht weiß, mittelständisch, heterosexuell und männlich – betrachtet. Harding plädiert für eine radikale Neukonzeption von wissenschaftlicher Objektivität und für eine Ungleichheiten aufdeckende kritische Forschung. Auf die Frage nach der Möglichkeit einer feministischen Wissenschaft gibt die Autorin eine optimistische Antwort: Sie geht davon aus, dass es diese in Teilgebieten schon gibt, denn sowohl der Feminismus als auch die Wissenschaft hätten ihre Logik transformiert und machten eine reflexive soziale Verortung der wissenschaftlichen Erkenntnisse und eine Ausrichtung der Forschung an der Perspektive all derjenigen möglich, die normalerweise an Wissen und Macht nicht teilhaben. Die von Harding aufgezeigte reflexive und integrative Wissenschaftsperspektive ist für inter- und transdisziplinäre Nachhaltigkeitsforschungen von wesentlicher Bedeutung.

Orland, Barbara/ Rössler, Mechthild (1995): Women in Science – Gender in Science. Ansätze feministischer Naturwissenschaftskritik im Überblick. In: Orland, Barbara/ Scheich, Elvira (Hrsg.): Das Geschlecht der Natur. Feministische Beiträge zur Geschichte und Theorie der Naturwissenschaften. Frankfurt am Main: Suhrkamp, S. 13-63.

In dem von Barbara Orland und Elvira Scheich herausgegebenen Band zu Technik- und Naturwissenschaften aus der Perspektive der Geschlechterforschung gibt der Aufsatz von Orland und Rössler einen umfassenden Überblick über die vielschichtigen Entwicklungen in der feministischen Naturwissenschaftsforschung zwischen 1985 und 1995. Die Autorinnen stellen ein breites Spektrum verschiedener Strömungen vor: von denjenigen, welche die Rolle der Frau in der Wissenschaft untersuchen, bis hin zu jenen, die Denkweisen und Begriffe der Naturwissenschaften hinterfragen. Dabei reflektieren sie die Beiträge verschiedener Frauen- und Geschlechterforscher_innen, insbesondere aus den USA und bringen so die Vielfalt der Ansätze feministischer Naturwissenschaftskritik und Umweltforschung zur Geltung. Die möglichen Konflikte zwischen unterschiedlichen bzw. widersprüchlichen Standpunkten, z.B. zwischen sozialwissenschaftlichen und wissenschaftshistorischen Zugängen zu Naturwissenschaft und Technik und denjenigen der Natur- und Technikwissenschaftler_innen selbst, werden benannt und reflektiert. Die in diesem Beitrag dargestellte Diskussion um eine feministische Naturwissenschafts- und Technikkritik regte die Debatte darüber an, wie eine gendersensible Technik- und Umweltforschung gestaltet werden könnte. Im Kontext von Nachhaltigkeitsforschung ist diese Frage nach wie vor von großer Aktualität.

Scheich, Elvira (1993): Naturbeherrschung und Weiblichkeit. Denkformen und Phantasmen der modernen Naturwissenschaften. Pfaffenweiler: Centaurus.

Das auf ihrer Dissertationsschrift basierende Buch der Physikerin und Sozialwissenschaftlerin Elvira Scheich gilt auch heute noch als ein Standardwerk zu feministischer (Natur)Wissenschaftstheorie und -kritik. Aufbauend auf das Konzept der Naturbeherrschung in der Kritischen Theorie („Frankfurter Schule") und den im anglo-amerikanischen Raum entwickelten Ansätzen zu feministischer Wissenschaftsforschung („Science and Gender") zeigt Scheich, dass und wie die Kategorien Natur und Geschlecht als soziale Kategorien in den (Natur)Wissenschaften wirksam werden und ineinander verwoben sind – wie die Vermittlungen von Gesellschaftsstruktur und Denken über Natur beschaffen sind. Sie fragt nach der Vermittlung zwischen der materiellen Organisation gesellschaftlichen Lebens mit den abstrakten Formen naturwissenschaftlichen Denkens (Kap. 2) und den durch Negation und Ausgrenzung geprägten Bewusstseinsstrukturen in den Naturwissenschaften mit Weiblichkeitsbildern (Kap. 3). Die Kritik an einer mechanistischen Naturauffassung in den Naturwissenschaften wird auf die Biologie angewendet (Kap. 4): Scheich zeigt, dass und wie das Weibliche hier nicht mehr nur negiert, sondern auch funktionalisiert wird. Im das Buch abrundenden Kapitel 5 stellt Scheich die Bezüge ihrer wissenschaftstheoretischen Überlegungen zu Ansätzen der seinerzeit sowohl aus der „ökologischen" als auch aus der feministischen Perspektive formulierten Kritik an der tradierten Naturwissenschaft her und betont, dass es nicht um die Ausbildung einer „alternativen" Wissenschaft gehen kann – weder einer „weiblichen" noch einer „ökologischen" Wissenschaft –, sondern um die kritische Reflexion der Verwobenheit von theoretischem Denken und der technisch-gesellschaftlichen Praxis, von gesellschaftlichen Natur- mit Geschlechterverhältnissen. Die auch und gerade im Kontext von Nachhaltigkeitsforschungen geforderte Transformation der Wissenschaft braucht die herrschaftskritische Gesellschaftsanalyse und das Bewusstsein über den Widerspruch zwischen der politischen Funktion von Naturwissenschaft und der objektiv neutralen Gestalt ihrer Aussagen. Die gesellschaftliche Verfasstheit der Wissensproduktion und die in wissenschaftliche Erkenntnisse eingeschriebenen „Phantasmen" aufzudecken – sie zu entschleiern, ist das Ziel feministischer (Natur)Wissenschaftskritik.

3. Wirtschaften und Arbeiten

3.1 Wirtschaften und Arbeiten in feministischer Perspektive – geschlechtergerecht und nachhaltig?

Adelheid Biesecker und Daniela Gottschlich

1 Zwei Zugänge feministischer Ökonomik

Feministische Kritik ökonomischen Denkens ist fast so alt wie dieses Denken selbst. Seit der Begründung der „offiziellen" Wirtschaftswissenschaft durch Adam Smith Ende des 18. Jahrhunderts wird die Theorieentwicklung in diesem Wissenschaftsfeld begleitet von der Kritik an der vergeschlechtlichten Arbeitsteilung sowie an der Ausgrenzung und Abwertung der sozial den Frauen zugewiesenen unbezahlten Haus- oder Sorgearbeit. Zugespitzt und gleichzeitig ausgeweitet hat sich diese Kritik im Zusammenhang mit der Frauenbewegung in den 1970er und 1980er Jahren. Aus dieser Kritik bildete sich ein eigenständiger wirtschaftswissenschaftlicher Diskurs heraus: die feministische Ökonomik. Zentral für die feministische Neuentwicklung der Wirtschaftstheorie und insbesondere prägend für das Forschungs- und Handlungsfeld „Wirtschaften und Arbeiten" sind zwei Zugänge: erstens die Kritik an der „halbierten" Perspektive der vorherrschenden Ökonomik und der darin eingeschriebenen Dichotomisierung von „produktiv" und „reproduktiv" und zweitens die Darstellung und Analyse der Zusammenhänge des „Ganzen" der Ökonomie und des „Ganzen" der Arbeit. Unterlegt war diese Theorieentwicklung mit einer grundlegenden Kritik am Menschenbild und am Rationalitätsverständnis der neoklassischen Standard-Theorie. Es ging um eine Theorie „beyond economic man" – wie es der Titel des den damaligen Stand der Debatte zusammenfassendes Buches von Marianne Ferber und Julie Nelson (1993) ausdrückte.

„Halbierte" Perspektive – damit war die Tatsache gemeint, dass der Gegenstandsbereich der vorherrschenden Ökonomik seit Adam Smith auf Märkte beschränkt ist und so den ganzen Raum unbezahlt sorgenden wirtschaftlichen Handelns als nicht-ökonomisch ausschließt (Biesecker/ Kesting 2003: 47ff.). Frauenarbeit wurde als „der blinde Fleck in der Politischen Ökonomie" erkannt (von Werlhof 1978), der existierte, „weil nur zählt, was Geld einbringt" (Kontos/ Walser 1979). In diesen Diskussionen (oft betitelt als

„Hausarbeitsdebatte", z.B. Bock/ Duden 1976; Hoppe 2002: 152ff.) ging es zunächst um das Sichtbarmachen der bisher aus der Ökonomik ausgegrenzten sozial weiblichen Hausarbeit, die als „die andere Hälfte der kapitalistischen Ausbeutung" (Dalla Costa/ Jones 1973: 14) identifiziert wurde. Jedoch wurde bald und vielfältig der Bezug zur Erwerbsarbeit und der Diskriminierung von Frauen in diesem Bereich hergestellt: sei es in den Debatten um geschlechtshierarchische Segregation auf dem Erwerbsarbeitsmarkt (Notz 1995) oder um „comparable worth", in der die Lohndifferenz zwischen Frauen und Männern auch mit der Hausarbeiterinnen-Rolle von Frauen erklärt wurde (Hartmann 1985); oder z.b. im Diskurs um die „doppelte Vergesellschaftung" (Becker-Schmidt 1987), in dem gezeigt wurde, dass und wie Frauen über die zwei unterschiedlich und in sich widersprüchlich strukturierten Arbeitsbereiche der Haus- oder Familienarbeit und der Erwerbsarbeit in soziale Zusammenhänge eingebunden sind. Wie unterschiedlich die jeweiligen Theorieansätze auch waren – alle machten deutlich, dass die „halbierte" Perspektive nicht nur Ausblendung, sondern Herrschaft bedeutete. Patriarchat als Herrschaftsform verwob sich mit Kapital als Herrschaftsverhältnis. Der kritisierte Dualismus wurde als geschlechtshierarchisch dargestellt und analysiert.

„Das Ganze der Wirtschaft und der Arbeit" – diese Perspektive schälte sich in der Weiterentwicklung der Debatten gegen Ende des vergangenen Jahrhunderts heraus (Lucas/ v. Winterfeld 1998; Möller 1998; Biesecker 1999). Dabei enthielt diese feministische Perspektive immer auch – neben der Forderung nach einer Überwindung der kritisierten Dualismen – die Kritik der geschlechtshierarchischen Strukturierung von Wirtschaft und Arbeit und suchte nach Ansatzpunkten zu deren Überwindung. Ging es zunächst nur um ein additives Aneinanderfügen verschiedener Arbeiten und Wirtschaftsformen, so wendete sich die Debatte später der Analyse und Transformation einer hierarchisch strukturierten Wirtschafts- und Arbeitswelt zu. Das war nur möglich durch einen Perspektivenwechsel: Geblickt wurde fortan nicht mehr von den Märkten und ihrer Erwerbsarbeit auf die Sorge-Ökonomie mit der Hausarbeit, sondern von dem lebensweltlich eingebetteten Wirtschaftsbereich auf die Märkte und die ganze Ökonomie und Arbeit. Und dieses „Ganze" sollte geschlechtergerecht gestaltet werden, im Sinne des Gerechtigkeitsbegriffs von Nancy Fraser (1997b: 11ff.), der Umverteilung und Anerkennung vereint – Anerkennung der bisher unsichtbaren, im Schatten der Marktökonomie existierenden und diese tragenden Sorge- oder Care-Ökonomie und ihrer Akteurinnen.

In diesen Debatten spielte zunächst die ökologische Natur keine ausdrückliche Rolle. Der Nachhaltigkeitsdiskurs[1], der sich auch in der ökonomi-

---

1 Demgegenüber haben frauenpolitische NGOs auf lokaler und internationaler Ebene im Kontext der Agenda 21 den Zusammenhang zwischen Umweltzerstörung, Geschlechterungerechtigkeit und herrschendem Wirtschaftsmodell thematisiert. Gefordert wur-

schen Disziplin infolge der Konferenz von Rio 1992 entfaltete, verlief zunächst anderswo. „Der ‚blinde Fleck' ist das Ganze" – mit dieser These blickte Sabine Hofmeister (1995) kritisch auf diese feministisch-ökonomische Theorieentwicklung und forderte zu einer Erweiterung auf: Nicht nur die weibliche Sorgearbeit, sondern auch die produktiven Leistungen der Natur werden im vorherrschenden Ökonomiebild abgetrennt, abgewertet, gelten nicht als ökonomisch, so ihr Argument. Aufgrund dieser doppelten Ausblendung könne „das Ganze" der Ökonomie, das ja in der Einheit von Produktion und Reproduktion bestehe, nicht gesehen werden. Die Weiterentwicklung dieser Theorie führt später zu der Aussage, dass die Abspaltung der beiden Produktivitäten – der sozial weiblichen Sorgearbeit sowie der ökologischen Produktivität – als das „Reproduktive" die zentrale Krisenursache ist. Mehr noch: „Die ökologische Krise wie die Krise der Reproduktionsarbeit haben hier ihre gemeinsamen Ursachen – sie sind beide Teil der *einen* Krise, der Krise des ‚Reproduktiven' als sozial-ökologische Krise" (Biesecker/ Hofmeister 2006: 18, zum Konzept der (Re)Produktivität auch II.3.6). Als Anforderung an Konzepte nachhaltigen Wirtschaftens und Arbeitens aus feministischer Perspektive folgt daraus, dass die Darstellung eines „Ganzen" und die Analyse der Zusammenhänge der verschiedenen Wirtschafts- und Arbeitsprozesse dieser doppelten Ausblendung Rechnung tragen müssen.

Im Folgenden geht es um solche Konzepte, die sowohl in ihrer Kritik an vorherrschenden Auffassungen von Wirtschaften und Arbeiten als auch in der Ausarbeitung eines Gegenentwurfs die Haus- oder Sorgearbeit und (zumindest implizit) die Naturproduktivität in den Blick nehmen. Dabei unterscheiden sich diese Konzepte sowohl in ihrem jeweiligen Ansatzpunkt (von welchen wirtschaftlichen Tätigkeiten oder Prozessen gehen sie aus?) als auch in ihrem Bezugsfeld (beziehen sie sich auf Länder des globalen Nordens oder Südens oder bleibt der Bezug unklar?). Entsprechend unterschiedlich sind die Zukunftsentwürfe von Wirtschaften und Arbeiten sowie die Vorschläge für Transformationsprozesse gestaltet.

2 Konzepte, die sich (auch) auf den globalen Süden beziehen

Die folgenden Konzepte entstanden alle im entwicklungstheoretischen Kontext, z.T. in der Auseinandersetzung mit Strukturanpassungsmaßnahmen und ihren geschlechtsspezifischen Auswirkungen, z.T. in Auseinandersetzung mit anderen feministischen Diskursen wie dem Ökofeminismus. In den neueren

---

den alternative, die sozialen und ökologischen Qualitäten erhaltende und nachhaltig gesaltende Ökonomie- und Arbeitsmodelle (Gottschlich 1999; Weller 2004).

Debatten zu Alternativen zur neoliberalen Globalisierung und dem gelebten Widerstand für eine andere Welt finden sie ihre Fortsetzung.

2.1 Der „Bielefelder Ansatz": die Subsistenzperspektive[2]

Der Bielefelder-Subsistenz-Ansatz wurde gegen Ende der 1970er Jahre von Bennholdt-Thomsen und von Werlhof, die zu diesem Zeitpunkt an der Fakultät für Soziologie der Universität Bielefeld lehrten, gemeinsam mit Mies entwickelt. Die zentrale Kategorie der „Bielefelderinnen" ist Subsistenz bzw. Subsistenzarbeit. Damit ist nicht nur Hausarbeit gemeint, sondern in den Blick genommen werden alle Tätigkeiten, die zur Herstellung und Erhaltung des Lebens nötig sind. Dazu wird, neben der kleinbäuerlichen Produktion und dem kleinen Handwerk, von einigen Wissenschaftlerinnen auch die Eigenarbeit gezählt, die heute als Ansatzpunkt für sozial-ökologische Transformationen diskutiert wird (Biesecker/ Baier 2011). Subsistenz ist zunächst eine analytisch-kritische Kategorie, die diese unsichtbare Basis kapitalistischer Produktion sichtbar machen soll. Die Bielefelderinnen verbinden über diese Kategorie die Kritik an der Ausbeutung von Frauenarbeit weltweit mit der Kritik an der Ausbeutung von Menschen in Ländern des globalen Südens und von Natur (von Werlhof et al. 1983).

Zur Charakterisierung der Aneignungsprozesse von Frauenarbeit prägten die Autorinnen den Begriff der „Hausfrauisierung" (Mies 1983: 118). Damit wird zunächst das Phänomen beschrieben, dass, parallel zum Prozess der Proletarisierung in der kapitalistischen Erwerbsarbeit, die Hausfrau „als eine spezifische und höchst wichtige Erfindung im Kapitalismus" (Treibel 1995: 81) entstand. „Hausfrauisierung" als gegensätzlicher Prozess zur „Proletarisierung" bildet nach Auffassung der Bielefelderinnen einen zentralen Bestandteil weltweiter (neoliberaler) Umstrukturierungsprozesse: „Die dritte Welt kommt zu uns. Sie zeigt uns das ‚Bild der Zukunft' [...], unsere Ökonomie wird sich auch hier ‚verweiblichen', ‚feminisieren', ‚marginalisieren', ‚naturalisieren' oder ‚hausfrauisieren'" (von Werlhof et al. 1983: 121). Die Zukunft der Ökonomie, so ihre These, wird nicht bestimmt durch die Prinzipien der Organisation der proletarischen Lohnarbeit, sondern durch Merkmale der Hausarbeit wie ungesicherte Arbeitsverhältnisse, Isolation, Flexibilität, geringer Lohn, zeitlich nahezu unbegrenzte Verfügbarkeit (ebd.: 122ff.). Auch Männer werden in der Zukunft gezwungen sein, in „hausfrauisierte", also prekäre und nicht oder schlecht entlohnte Arbeitsverhältnisse einzutreten.[3]

---

2 Vgl. zum Subsistenzansatz auch I.2.3.5.
3 Sieht man sich die reale Entwicklung z.B. in Deutschland an, wird die Hausfrauisierungsthese bestätigt: Prekarisierung als Ausdruck für nicht mehr die Existenz sichernde

Subsistenz wird von den Bielefelderinnen auch verstanden als Ansatzpunkt für emanzipatorische Entwicklung. Zum einen wird Subsistenzarbeit als Kategorie zur Erweiterung des Arbeitsbegriffs verwendet, zum anderen wird aus der Subsistenzperspektive heraus eine Wirtschaft gefordert, in der die Produktion für gutes Leben im Mittelpunkt steht, „die Natur als Eigenwert und Lebensgrundlage respektiert wird und die deshalb ökologisch nachhaltig und gerecht sein kann" (Adler/ Schachtschneider 2010: 43). Die marktliche Produktion soll „dem Ziel der Subsistenzperspektive untergeordnet werden, d.h. nach Möglichkeit soll sie lokale Ressourcen, Materialien, Arbeitskräfte benutzen und für lokale Bedürfnisse produzieren" (Bennholdt-Thomsen/ Mies 1997: 68). Subsistenz wird hier zur gestalterischen Kategorie. Durch Stärkung der Subsistenzarbeit und -produktion soll die Warenproduktion für Märkte, insbesondere für den Weltmarkt, zurückgedrängt und die Dichotomie zwischen den beiden Bereichen überwunden werden.

Transformationsprozesse hin zu einer subsistenzorientierten Gesellschaft benötigen nach Auffassung der Bielefelderinnen die Wertschätzung bereits bestehender Subsistenzproduktion (Baier et al. 2005) und brauchen vor allem Bewegungen von unten, die regional und lokal verankertes Wirtschaften stärken (Bennholdt-Thomsen 2006), und neue Formen gemeinsamen Wirtschaftens wie Erzeuger-Verbraucher-Gemeinschaften, lokale Tauschhandelssysteme oder die Gemeinschaftsgartenbewegung (Müller 2009).

Geschlechtergerechtigkeit heißt in diesem Konzept Anerkennung, Aufwertung und Stärkung der Subsistenzproduktion, der Produktion, die die natürlichen Lebensgrundlagen erhält. Daher ist ein grundlegendes Prinzip der Nachhaltigkeit von Beginn an impliziert: der Erhalt der natürlichen Lebensgrundlagen für heutige und zukünftige Generationen.

2.2 Der Ansatz der Frauenökonomie

Ebenfalls im deutschsprachigen Raum entstand in den 1990er Jahren das Konzept „Frauenökonomie", das maßgeblich von Gudrun Lachenmann entwickelt wurde (Lachenmann 1992, 2001a, 2001b; Lachenmann/ Danneker 2001a, 2001b). Dieses Analysekonzept richtet seinen Blick auf die geschlechtsspezifische Einbettung der Ökonomie in Gesellschaft und Kultur über soziale Beziehungen (zum Konzept „Embeddedness" Granovetter 1992). Der Ansatz fokussiert die Verflechtungen von informellem und formellem Sektor, von Subsistenz und (globaler) Marktökonomie, die die Alltagswirklichkeit von Frauen in Afrika, Asien und Lateinamerika bestimmen. Die Untersuchung des in ökonomische Beziehungen über die Haushaltsebene hinaus in Kultur und Gesellschaft eingebetteten wirtschaftlichen Handelns zielt auf eine

---

Erwerbsarbeit ist zum Schlagwort für diese Entwicklung geworden (Castel/ Dörre 2009; Biesecker/ v. Winterfeld 2011).

kritische Analyse der geschlechtsspezifischen Strukturierung des Wirtschaftens und der damit verbundenen Dichotomisierung. Dabei setzt Lachenmann – anders als die Subsistenztheoretikerinnen – an der Ebene der Institutionen an, also an der Meso-, nicht an der Mikroebene. Märkte und die Beziehungen zwischen diesem sog. produktiven Sektor zum sog. reproduktiven Sektor werden als sozial konstruiert und veränderbar verstanden. Eine Veränderung der ökonomischen Machtverhältnisse geschieht über die Herstellung neuer Beziehungen zwischen dem bisher dichotom Getrennten, z.B. durch Netzwerke. So entstehen Möglichkeitsräume und Handlungsspielräume für eine geschlechtergerechte Ökonomie (Padmanabhan 2003: 61ff.). Geschlechtergerechtigkeit bedeutet hier Sicherung und Ausdehnung dieser Möglichkeitsräume.

Der Ansatz knüpft an die feministische Ökonomiekritik von Elson (2002) an, die in der Tradition des kritischen Institutionalismus verortet ist. Dieser versteht Institutionen als gesellschaftlich gelernte Handlungsroutinen, als „set of socially prescribed patterns of social behaviour" (Bush 1987: 1076). Die Korrelation geschieht dabei über Werte. In der Wertedebatte streiten alte Machtansprüche mit dem Versuch der Durchsetzung neuen gesellschaftlichen Wissens. Sind die alten Machtansprüche zu stark, so behindern sie die Herausbildung neuer Institutionen und blockieren damit gesellschaftliche Veränderungen (Reuter 1994).

„Frauenökonomie" versteht sich als handlungstheoretisches Konzept. Es geht um Überlebenssicherung durch Sichtbarmachen und Stärken der Überlebensökonomie, die sich vor allem in Frauenhand befindet. Diese Stärkung geschieht durch die Herausbildung von Rechten (z.B. kollektive Ressourcenzugangsrechte) und neuen Organisationsformen des Wirtschaftens (Aufbau von kooperativen Strukturen, neue soziale Organisation von Märkten). Das Konzept der Frauenökonomie ist zunächst nicht explizit auf Nachhaltigkeit ausgerichtet – Einbettung wird vor allem sozial und ökonomisch verstanden. Ökologische Fragen spielen keine ausdrückliche Rolle. Allerdings ist „eine Offenheit gegenüber langfristigen Überlebensstrategien zu konstatieren" (Padmanabhan 2003: 63), durch die das Nachhaltigkeitsprinzip i.S. des Erhaltens der Lebensgrundlagen auch für zukünftige Generationen Eingang finden kann. Lachenmann selbst stellt einen Bezug zum feministischen Diskurs über nachhaltige Entwicklung her, indem sie auf Harcourt (1994) verweist. Sie argumentiert, dass zur Weiterentwicklung der Frauenökonomie „die Nutzung solcher Konzepte wie nachhaltige Entwicklung [...] folgen [könnte]" (Lachenmann 2001a: 19). Anknüpfungspunkte gibt es auch zum Sustainable Livelihood-Konzept des transnationalen Frauennetzwerks „DAWN – Development Alternatives for Women for a New Era"[4] (DAWN 1992; Wichterich 2004) bzw. zu dem Konzept Feminist Environmentalism.

---

4 Vgl. www.DAWNnet.org.

2.3 Feminist Environmentalism

Das Konzept Feminist Environmentalism wurde von der indischen Ökonomin Agarwal (1992, 2000, 2007) entwickelt und gilt als eine der wichtigsten feministisch-ökonomischen Schulen im globalen Süden (O'Hara 2009: 191). Es blickt auf die Alltagsökonomie der Menschen – differenziert nach Geschlecht, Klasse, Ethnizität/ „Rasse" und Kaste. Agarwal (1992: 120ff., 126f.) distanziert sich explizit von essentialistischen, „ideologischen" Begründungen für eine vermeintliche Verbindung von Frauen und Natur und fokussiert stattdessen auf die materialen Bedingungen des Wirtschaftens von Frauen und Männern. Im Zentrum ihrer Untersuchungen steht der Zusammenhang von Umweltzerstörung, veränderten Eigentumsverhältnissen in Form von Verstaatlichung und Privatisierung, Zugangs- und Verfügungsrechten zu Naturressourcen sowie, in der Folge, der Erosion gemeinschaftlicher Ressourcenmanagementsysteme. Agarwal analysiert deren (klassen- und) geschlechtsspezifische Auswirkungen: Veränderungen vergeschlechtlichter Arbeitsteilung und der Arbeitsbedingungen von Frauen und Männern, Differenzen in der Verteilung von und Verfügungsmacht über (natürliche) Ressourcen, Land und Technologien. Dabei steht die Frage im Vordergrund, wie Ressourcen- und Umweltmanagementsysteme partizipativ und (klassen- und geschlechter)gerecht sowie im Blick auf Schutz- und Erhaltungsziele effizient gestaltet werden können (Agarwal 2000). Auf der Grundlage eines feministisch erweiterten Verständnisses von Wirtschaften und Arbeiten ermöglicht das Konzept die kritische Analyse von Transformationsprozessen gesellschaftlicher Naturverhältnisse in der Verbindung mit der Transformation der Geschlechterverhältnisse bei gleichzeitiger Auseinandersetzung mit anderen Dominanzverhältnissen. Feminist Environmentalism bezieht sich dabei ausdrücklich auf das Frauen-/ Menschenrechtsparadigma der Vereinten Nationen und stärkt (arme) Frauen in der Wahrnehmung ihrer Rechte. Der Ansatz weist Ähnlichkeiten zur Feministischen Politischen Ökologie auf (u.a. Rocheleau et al. 1996a).

3 Konzepte, die sich vor allem auf den globalen Norden beziehen

Die folgenden Konzepte, die sich vor allem auf den globalen Norden beziehen, kommen aus verschiedenen Theoriedebatten: aus der marxistischen Kritik kapitalistischen Wirtschaftens und Arbeitens, aus dem Nachhaltigkeitsdiskurs, aus der sozial-ökologischen Forschungsrichtung oder aus feministischen Diskursen um Care und Care-Ethik.

3.1 Die Vier-in-einem-Perspektive

Ausgangspunkt dieses Konzepts von Haug (2008, 2010) ist eine Kritik der Frauenunterdrückung im Kapitalismus, deren Ursprung Haug „in der Verfügung der Männer über die weibliche Arbeitszeit und ihre sexuellen Körper" verortet (Haug 2010). Ziel ist die Aufhebung dieser Unterdrückung. Philosophische Grundlage ist die auf Marx und Engels fußende Einsicht, dass Menschen ihre Gesellschaft und ihre Geschichte durch Tätigkeit selbst machen – sie produzieren eigenes und fremdes Leben sowie die dafür notwendigen Lebensmittel (Marx/ Engels 1969/1844: 29f.). War historisch der Bereich der „Lebensarbeit" der Zweck, für den Lebensmittel produziert wurden, so verkehrte sich dieses Verhältnis: Leben wird „zufälliges Beiprodukt der Produktion seiner Mittel" (Haug 2010). Im Kapitalismus sind diese Bereiche geschlechtlich zugewiesen: Frauen sind verantwortlich für die subsistenzförmige Lebensproduktion, Männer dominieren die warenförmige Lebensmittelproduktion. Diese ist der Lebensproduktion so bestimmend übergeordnet, dass die Lebensgrundlagen zerstört werden. Geschlechterverhältnisse sind Produktionsverhältnisse (Haug 2008: 310ff.). Deren Grundlage ist die Struktur gesellschaftlicher Arbeitsteilung, durch die die Produktion der Lebensmittel im ökonomischen Zentrum steht, während die Lebensproduktion aus diesem Bereich ausgesondert ist.

Haug übernimmt die grundlegende Kritik von Marx an der Qualität kapitalistischer Lohnarbeit, in der der Mensch (hier: der männliche Lohnarbeiter) nicht zu Hause sei, während er dort, wo er zu Hause ist, nicht arbeite (Marx 1973/1844: 514). Sie macht damit auf den entfremdeten Charakter der Lohnarbeit aufmerksam und darauf, dass Tätigkeiten im Häuslichen, Privaten eben nicht als Arbeit zählen. Arbeit und Zuhause stünden in einen Spaltungs- oder Trennungszusammenhang. Beide Bereiche (mit Erwerbsarbeit einerseits, sorgender Lebensarbeit andererseits) folgen, so Haug, einer unterschiedlichen Zeitlogik, die es verbietet, die Lebensarbeit in die Form der Erwerbsarbeit zu verwandeln. (Folgerichtig lehnt sie daher die Forderung „Lohn für Hausarbeit" ab). Zu diesen beiden Arbeitsbereichen fügt Haug noch zwei weitere hinzu: Arbeit an sich selbst (Selbstentfaltung) und politische Einmischung.

Perspektivisch, so Haug, müsse die menschliche Reproduktion, d.h. die Erhaltung von Leben *und* Natur, zur Hauptsache gemacht werden. Dazu entwickelt sie ihr Modell der Vier-in-einem-Perspektive: Alle Arbeiten sollen auf alle Gesellschaftsmitglieder umverteilt werden. Um für diese Arbeiten, an denen alle teilhaben, die nötige Zeit zu gewinnen, soll die Erwerbsarbeit auf die Hälfte gekürzt werden. Dann, so Haug, blieben für jede der vier Tätigkeiten pro Person vier Stunden täglich zur Verfügung. Finanziert werden soll die ganze Arbeit vor allem über das Einkommen, das jede und jeder aus der Erwerbsarbeit erhält, was weitreichende Änderungen dieser Einkommensform impliziert. Haug versteht ihr Konzept als umfassendes Gerechtigkeitskonzept.

Die vier Bereiche und ihre spezifischen Tätigkeiten werden aber nicht nur einfach neu verteilt, sondern miteinander verknüpft. Und dadurch ändern sich auch die Bereiche selbst: Erwerbsarbeit wird weniger prägend, wird wieder Mittel für Lebenszwecke. Sorgende Lebensarbeit wird allgemein. Das ist die Basis für Solidarität. Insgesamt geht es darum, die Verfügung über die Zeit wiederzuerlangen, die Fremdverfügung abzuwerfen – und damit auch die Frauenunterdrückung.

Haug stellt mit ihrem Konzept keinen ausdrücklichen Bezug zur Nachhaltigkeitsdebatte her. In ihren Begriffen „Lebensgrundlagen" und „sorgende Lebensarbeit" erfasst sie jedoch von vornherein die beiden ausgegrenzten Bereiche der sozial weiblichen Sorgearbeit und der Produktivität der ökologischen Natur (Friedrich 2011). Ihre Forderung nach einem Arbeits- und Wirtschaftskonzept, das die Lebensgrundlagen erhält, entspricht somit der generellen Leitlinie von Nachhaltigkeit.

3.2 Die Care-Debatte

Die in den 1980er Jahren in den USA entstehende Care-Debatte beginnt in der Entwicklungspsychologie, wo Carol Gilligan als Ergebnis ihrer Untersuchung zur moralischen Entwicklung junger Frauen und Männer zwischen der Perspektive der Gerechtigkeit und der Perspektive der Fürsorge unterscheidet. Sie verweist darauf, dass Mädchen und Frauen als Ergebnis frühkindlicher Erfahrungen sich in moralischen Konfliktsituationen häufiger als Männer an der Fürsorgeperspektive orientieren, die beziehungsorientiert und kontextabhängig die Bedürfnisse aller beteiligten konkreten Menschen in den Blick nimmt (Gilligan 1982). Rasch wird daraus ein interdisziplinärer Diskurs über Fürsorge- bzw. Care-Ethik (Tronto 1993; Held 1993; Nagl-Docekal/ Pauer-Studer 1993). Care ist hier zunächst ein umfassender Begriff: Care „includes everything that we do to maintain, continue, and repair our ‚world' so that we can live in it as well as possible. That world includes our bodies, our selves, and our environment, all of which we seek to interweave in a complex, life-sustaining web" (Tronto 1993: 103).

Im Handlungsfeld Wirtschaften und Arbeiten wird Care auf zweierlei Weise thematisiert: als spezifischer Arbeitsprozess sowie als Teil des Ökonomischen. Für die Integration der *Care-Ökonomie* in die ökonomische Theorie plädieren Sabine O'Hara (1997), Maren Jochimsen und Ulrike Knobloch (1997) sowie später Mascha Madörin (2006, 2010). Madörin verweist auf die Größenordnung der Care-Ökonomie und darauf, dass Care-Arbeit, gemessen z.B. in Stunden, in allen industriekapitalistischen Ländern den größten Arbeitsanteil ausmacht und dass alle Sozialproduktsberechnungen, die Care nicht adäquat erfassen, ein falsches Bild der jeweiligen Ökonomie hervorrufen. Perspektivisch geht es um eine Erweiterung des Ökonomie-Begriffs – aber auch um eine veränderte Ökonomie insgesamt: Die Marktökonomie soll durch Care-ökonomische Prinzipien verändert werden. Die Besonderheiten von *Care-Arbeit* werden vor allem in der Beziehung zwischen den sorgenden und den umsorgten Menschen gesehen. Diese Beziehung wird als asymmetrische Interaktion verstanden, als Mensch-Mensch-Beziehung, in der die Haltung oder Motivation des Sorgens wichtig ist, in der es aber auch um Abhängigkeit und Macht geht (Jochimsen 2003). Bezahlte (als personenbezogene Dienstleistung) und unbezahlte Care-Arbeit müssen daher so organisiert sein, dass diese Motivation erhalten bleibt. Das Ethos einer „fürsorglichen Praxis" (Kumbruck et al. 2010) fordert eine andere als industriekapitalistisch organisierte Erwerbsarbeit, eine Organisation, die vor allem Zeit lässt für die Entwicklung der Sorge-Beziehung. Dazu seien Ressourcen und unterstützende Infrastrukturen nötig. Perspektivisch geht es somit um eine umfassende Stärkung und Anerkennung von Care, um „care giver equity" (Jochimsen 2003: 124). Als Perspektive dient das „universal caregiver model" von Nancy Fraser (Fraser 1997b: 59ff.), das nicht nur geschlechtergerecht ist, sondern „it suggests deconstructing gender" (ebd.: 61). Indem der Care-Arbeit eine eigene Rationalität zuerkannt wird – heute: Fürsorgerationalität – wird gleichzeitig die vorherrschende enge ökonomische Rationalität der Effizienz (Biesecker/ Gottschlich 2005) kritisiert. Indem sie diese gegensätzlichen Rationalitäten deutlich macht, entwickelt die Care-Debatte kapitalismuskritisches Potenzial[5]: So „thematisiert Arbeitsforschung unter dem Leitwort ‚Care' den Widerspruch der Produktivität von fürsorglichem Handeln und kapitalistischer Verwertungslogik, unter deren Vormacht erstere einerseits geleugnet und andererseits ausgenutzt wird" (Plonz 2011: 372).

Aus der Perspektive des „Ganzen" von Ökonomie und Arbeit steckt in der Care-Debatte damit Sprengkraft gegen ein enges, eindimensionales Ökonomie- und Arbeitsverständnis und Sprengkraft, die das Lebendige in die Ökonomie zurückholt.

Was aber verloren zu gehen droht beim Ersetzen der Kategorie Reproduktion durch Care, ist der Bezug zur Natur. Care wird vor allem als Prozess zwischen Menschen gefasst – nicht zwischen Menschen und der sie umgebenden Natur. Dass diese Einengung nicht zwangsläufig sein muss, zeigt die feministisch-ökologische Ökonomik[6], die auf einem Verständnis von Care als produktive Kraft beruht und die sich dagegen wehrt, dass diese Kraft als „reproduktiv" abgestempelt wird – genauso wie die Produktivität der Natur. Sie fordert auf zu einer „sustaining production theory" (O'Hara 1997), die das Unsichtbare umfassend sichtbar macht – die Care-Arbeit und die Leistungen der ökologischen Natur (Jochimsen/ Knobloch 1997).

---

5 Zu Kritik am Care-Begriff aus marxistischer Perspektive siehe Haug (2011).
6 Vgl. zum Forschungsbereich der feministischen ökologischen Ökonomik auch I ? ? ?

3.3 Vorsorgendes Wirtschaften

Das Konzept Vorsorgendes Wirtschaften knüpft hier an. Es ist zu Beginn der 1990er Jahre im deutschsprachigen Raum (Schweiz, Deutschland, Österreich) in Kritik an der damaligen Nachhaltigkeitsdebatte entstanden, die den halbierten Blick beibehielt und die sorgenden Tätigkeiten von Frauen aus der Analyse ausblendete. In dem gleichnamigen Netzwerk (www.vorsorgendeswirtschaften.de) arbeiten Ökonominnen, Wissenschaftlerinnen anderer Disziplinen und Praktikerinnen an der Verbindung feministischer und ökologischer Ökonomik. Ziel ihrer Arbeit ist die Annäherung an eine Theorie und Praxis nachhaltigen Wirtschaftens (Busch-Lüty et al. 1994). Der Entwurf einer vorsorgenden Wirtschaftsweise geschieht hier ausdrücklich mit Bezug zur Nachhaltigkeitsdebatte. Das Konzept fokussiert auf eine um die soziale, ethische und ökologische Dimension von Ökonomie erweiterte Theorie, die in kontinuierlicher Anwendung auf und Spiegelung an Praxisfeldern und -beispielen entwickelt wird. In der Konzeptentwicklung stehen insbesondere drei Handlungsprinzipien im Vordergrund: Vorsorge, Kooperation und Orientierung am für das gute Leben Notwendigen. Sie werden in Abgrenzung zum und in Kritik am traditionellen Ökonomieverständnis entwickelt (Eigennutz, Konkurrenz, Orientierung an Profit und Wachstumsraten) und anhand von Praxisanalysen weiterentwickelt und ausdifferenziert (Theoriegruppe Vorsorgendes Wirtschaften 2000).

Auch in diesem Konzept wird von den Lebensprozessen der Menschen und der Natur aus auf die Marktökonomie und die Erwerbsarbeit geblickt. Kritisiert wird die geschlechtshierarchische Trennungsstruktur der kapitalistischen Ökonomie, die Abtrennung und Abwertung der allem Wirtschaften zugrunde liegenden Basisproduktivitäten: der sozial weiblichen Sorge-Arbeit und der Naturproduktivität. Kritisiert wird weiter die daraus folgende maßlose und sorglose Ausbeutung dieser beiden Lebensbereiche (Biesecker 2011: 76), die zu den vielfältigen sozialen und ökologischen Krisen geführt hat, die alle Ausdruck derselben Krise sind: der Krise des „Reproduktiven" (Biesecker/ Hofmeister 2006: 17ff.).

Die Alternative wird in einem Konzept vorsorgenden Wirtschaftens und Arbeitens gesehen (u.a. Biesecker/ v. Winterfeld 2011). Dieses umfasst die Care-Ökonomie sowohl mit der nicht-marktlichen, unbezahlten als auch mit der marktlichen und daher bezahlten Sorge-Arbeit, die anderen Bereiche der Marktökonomie mit der Erwerbsarbeit sowie die Eigenarbeit und die freiwillige Arbeit an der Gesellschaft, das bürgerschaftliche Engagement. Gefordert wird die gleiche und gleichwertige Beteiligung von Männern und Frauen an allen Arbeitsbereichen. Dazu soll die Erwerbsarbeit radikal gekürzt, sollen Erwerbs- und Sorgearbeit zwischen Frauen und Männern umverteilt und die einzelnen Arbeitsbereiche und -produkte nach sozial-ökologischen Kriterien gestaltet werden. Die Sorge-Arbeit soll durch eine unterstützende soziale Infrastruktur aufgewertet werden. Finanziell abgesichert wird dieses Konzept durch gutes Leben sichernde Löhne und durch ein Grundeinkommen. Es ist ein geschlechtergerechtes, integrierendes Konzept, in dem die Natur als Kooperationspartnerin gilt (Theoriegruppe Vorsorgendes Wirtschaften 2000: 51).

4 Offene Fragen und Forschungsbedarfe

Zur Strukturierung des Überblicks über das Handlungsfeld „Wirtschaften und Arbeiten" bezüglich der Integration von Gender und Nachhaltigkeit hatten wir eingangs nach dem Ansatzpunkt, dem Bezugsfeld sowie der Perspektive gefragt. Bei aller Vielfalt wurde deutlich, dass im Kern der Ansatzpunkt immer derselbe ist: die unsichtbaren, aus dem Ökonomischen ausgegrenzten sozial-weiblichen lebenserhaltenden Tätigkeiten. Der Unterschied liegt in der Art, wie dieses Unsichtbare konzeptionell gefasst wird – und damit auch in der Art des Naturbezugs. Hier spreizt sich das Feld der Ansätze, hier besteht nicht nur viel Forschungsbedarf, sondern hier wäre eine vergleichende Forschung über die Art der Integration von Mensch/ Gesellschaft und Natur in den verschiedenen Konzepten äußerst nützlich, um ein geschlechtergerechtes Nachhaltigkeitsverständnis zu erarbeiten.

Eine weitere Forschungsfrage betrifft den Arbeitsbegriff: Ist dessen Dekonstruktion wirklich schon gelungen? Einige der vorgestellten Ansätze gehen immer noch von den heute bekannten vier Kategorien des Arbeitens aus und fügen sie in nicht-hierarchischer Art neu zusammen. Werden dabei die herkömmlichen Dichotomien wirklich aufgebrochen? Oder wird so nicht doch die Trennungsstruktur weitergeschleppt? Im Konzept des Vorsorgenden Wirtschaftens wird versucht, diese Begrifflichkeiten mithilfe des (Re)Produktivitätskonzepts, das sich als Produktivitätskonzept des Vorsorgenden Wirtschaftens versteht, zu überdenken. In diesem Konzept werden Arbeitsarten nur nach ihrer je spezifischen Produktivität und Kooperation mit der Naturproduktivität in den vier Phasen des gesellschaftlichen (Re)Produktionsprozesses unterschieden. Welche gesellschaftliche Organisationsform (z.B. Markt, Netzwerk, Selbstorganisation, Staat) jeweils am besten passt, muss gesellschaftlich bestimmt werden.

Und dann geht es auch immer noch um die Frage: Was ist in einer geschlechtergerechten, nachhaltigen Gesellschaft Ökonomie? Sicher ist, dass das Ökonomische dann vielfältig ist, aber noch weitgehend offen sind die Fragen der Bewertung der verschiedenen ökonomischen Prozesse. Zumal die Widerstände groß sind und die auf Wirtschaftswachstum ausgerichtete makroökonomische Politik weitestgehend unangetastet bleibt, wenngleich die Zahl feministischer Beiträge in der Postwachstumsdebatte wächst.

Dabei wird eine andere Frage aufgeworfen: Welche Art der gesellschaftlichen Integration kennzeichnet eine zukunftsfähige Gesellschaft? Die Erwerbsarbeit kann es nicht mehr sein – was aber dann? In den aktuellen Debatten 20 Jahre nach Rio fordern Frauenorganisationen nicht nur eine „green economy", sondern die Entwicklung alternativer Modelle eines gesellschaftlichen Tätigseins[7], um soziale Anerkennung und Formen struktureller Gemeinschaftlichkeit zu ermöglichen (genanet et al. 2011). Der sich an diese Forderung anschließende Forschungsbedarf zielt nicht nur auf eine Reflexion des Eigentumsbegriffs, sondern auf die verschiedenen politisch notwendigen Formen infrastruktureller Absicherung wie die Bereitstellung öffentlicher Güter und die Unterstützung von Ansätzen solidarischen Wirtschaftens (z.B. Nutzungsgemeinschaften, Verschenkmärkte).

Das Ökonomische neu – (geschlechter)gerecht und nachhaltig – zu denken, erfordert stärker als bisher geschehen die Auseinandersetzung mit Machtfragen und eine Reflexion des zugrunde liegenden Politik- bzw. Staatsverständnisses (Gottschlich 2012). Eine noch stärkere Berücksichtigung der Erfahrungen aus den feministischen Bewegungen des globalen Südens (Habermann 2004), der Erkenntnisse der postkolonialen Theorie (Charusheela/ Zein-Elabdin 2003) und der Environmental Justice Ansätze (Friedrich/ Gottschlich 2011) erscheint uns lohnend. Denn eine nachhaltige Konzeption von Ökonomie muss nicht nur geschlechtergerecht sein, sondern auch frei von anderen Dominanzverhältnissen.

3.2 Kommentar: Wirtschaften und Arbeiten in feministischer Perspektive – praxistauglich und problemlösend?

Babette Scurrell

1 Hintergrund

Im Zuge der gesellschaftspolitischen Umbrüche und der sozial-ökologischen Transformation der vergangenen 20 Jahre haben sich meine Begriffe von Arbeit und Wirtschaft aus dem Zusammenhang der Erfahrungen und wissenschaftlichen Reflexion verändert. In der Kooperation mit feministischen Wissenschaftlerinnen fügten sich die ostdeutschen Wendeerfahrungen, die Erkenntnisse der politischen Ökonomie und das Alltagswissen als Hausfrau und Mutter zu handlungsleitenden Wahrnehmungsmustern zusammen. Die Genderperspektive ermöglicht es, Bruchstücke aus scheinbar verschiedenen Welten analysetauglich und gesellschaftspolitisch orientierend zusammenzufüh-

---

[7] Zu den Risiken, die der Weg in eine Tätigkeitsgesellschaft birgt, vgl. die kritische Einschätzung von Rudolph (2001).

ren. Auch wenn Herleitungen aus feministischen Theorien neu und ungewohnt klangen, waren die Ergebnisse vertraute Beschreibung allgegenwärtigen Alltags. Manchmal war es wie bei dem Wettlauf zwischen „Hase und Igel": Wenn die theoretische Erkenntnis auftauchte, war das praktische Wissen längst da. Deshalb sollen Grundzüge dieser Positionsentwicklung hier dargestellt werden.

2 Strukturwandel ohne sich wandelnde Strukturen ...

Nachdem mit der deutschen Wirtschafts- und Währungsunion 1990 ein ganzes Wirtschaftssystem beiseitegelegt wurde, man die Industrieunternehmen auch in der Region Bitterfeld „abwickelte" und öffentlich über die immensen Umweltschäden dieser Art zu produzieren sprach, kamen Berater in die Region, die diese Prozesse zu einem notwendigen Strukturwandel und gleich auch die Verfahren und Ziele der anstehenden Transformation erklärten (Netzwerk Ostdeutschlandforschung 2006). Anhand des Ruhrgebietes oder anderer westeuropäischer altindustrieller Regionen wurde gezeigt, wie technologischer Fortschritt neue Produktions- und damit auch Wirtschafts- und Arbeitsperspektiven öffnet. Und während 15 Mio. Menschen ein „neues" Gesellschaftssystem mit seinen Rechtsnormen und Wirtschaftsformen erlernten, sicherten sich gut organisierte kapitalistische Großunternehmen wichtige Produktionselemente (qualifizierte Arbeitskräfte, Traditionsmarken, Infrastrukturen), die zu geringen Preisen erhältlich waren und Gewinne versprachen. Die Lasten dieses Wirtschaftszusammenbruchs wurden vergesellschaftet: Treuhand, Staat und Steuerzahler_innen beseitigten die „nicht am Markt verwertbaren Reste". Daneben entstand im Osten (Deutschlands und Europas) vor allem ein staatlich zahlungsfähig gehaltener Markt – zunächst einmal für Konsumgüter.

Vergessen wurde in den Beratungen, dass die „Rezepte" für den Strukturwandel 20 Jahre alt waren und auch in den 1970er Jahren nur bedingt (z.B. die stetig steigende Sockelarbeitslosigkeit) und nicht flächendeckend zu neuem kapitalistischem Wirtschaftswachstum geführt hatten.

Welches Produkt sollte innovativer sein als alle schon vorhandenen? Warum sollte diese technologische Innovation ausgerechnet jetzt und in Bitterfeld gelingen? Wie sollten bekannte Produkte hier und heute plötzlich so viel günstiger hergestellt werden, um eine Bresche in den vollen Markt zu schlagen, so dass eine Unternehmensgründung gelingen könnte? Auf diese Fragen fanden die Berater keine glaubhaften Antworten.

3 ... ist nicht nachhaltig

Derweil wanderten die unproduktiven Anlagen in die Schmelzöfen, die maroden Fabrikhallen als Recyclingmaterial in die neuen Autobahnen und die Erwerbsarbeitslosen in die Beschäftigungsgesellschaften. Aus deren Perspektive aber wurden zwei verschiedene Arten von Arbeit gesucht: „Beschäftigung", die explizit nicht Arbeit, d.h. Erwerbsarbeit sein durfte und „selbsttragende" Wirtschaftstätigkeit für Unternehmensgründungen, die sich im neuen, freien Markt durchsetzen sollten. Für die ständig steigende Zahl der Erwerbsarbeitslosen, die beschäftigt werden sollten, fiel der Blick zuerst auf die Umweltsanierung.

Das große Saubermachen nach der sozialistischen Industrie konnte keine marktwirtschaftlich zu bewältigende Aufgabe sein. So wie die „nicht produktiv zu nutzenden" Anlagen und Gebäude zu niedrigen, quasi-staatlich subventionierten Preisen als Rohstoffe in neue Verwertungsprozesse eingingen, so wurde auch die Verbesserung der Standortbedingungen mit öffentlichen Mitteln – als „Nicht-Wirtschaft" geleistet: Einmal beim Aufräumen und Herausputzen ging es gleich mit dem Aufbau einer touristischen Infrastruktur weiter und, wenn schon Umweltschutz, also Erhaltung eines Gemeingutes, konnte auch noch Landschaftsgestaltung durchgeführt, konnten Hunderte von Benjeshecken[8] und einige Streuobstwiesen angelegt werden. All diese aus treuhänderisch verwaltetem ehemaligem „Volkseigentum", aus Steuern und Gewerkschaftsvermögen[9] finanzierten Verbesserungen der Infrastrukturen und der Standortattraktivität, waren auch Beiträge zur Förderung der Wirtschaft – welcher Wirtschaft?

Aus der Perspektive der Stadtentwickler_innen, Raumplaner_innen und Architekt_innen war nach 40 Jahren Raubbau an der städtischen und Bausubstanz die Stadtsanierung ein dringend zu bewältigendes Arbeitsfeld. Und so wurden die Städte saniert, der Denkmalschutz war im städtischen Raum so wichtig wie der Umweltschutz im industriellen und ländlichen.

Umwelt, Städte, Landschaft, Denkmäler – alles wurde saniert (d.h. geheilt) und geschützt. Sanieren, Rekonstruieren und Erneuern von zerstörten und beschädigten (d.h. kranken) Gemeinschaftsgütern war kein Gegenstand von privatwirtschaftlicher Tätigkeit, sondern verlangte hohe konsumtive (!) Ausgaben des Staates. Viele der Menschen aber, die den Wirtschafts- und Gesellschaftsumbruch durchlebten und auch gestalteten, wurden krank. Krank durch Erwerbsarbeitslosigkeit, krank, weil ihre Arbeit keine „richtige

---

8   Benjeshecken (oder Totholzhecken) – durch Ablagerung von Gehölzschnitt geschaffene linienhafte Wälle, aus denen neue Hecken entstehen – gelten als Natur- und Artenschutzmaßnahme.

9   Die Beschäftigungsgesellschaften wurden von Unternehmen und Gewerkschaften als „klassische" Auffanggesellschaften des Strukturwandels konzipiert und getragen (Brinkmann et al. 1995).

Arbeit" war, sondern Beschäftigung; krank durch zu viel Arbeit, krank, weil sie die Einbettung ihrer Arbeit in eine „Nicht-Wirtschaft" nicht verstehen konnten. Alles, was dringend nötig war und was sehr viele von ihnen taten[10], galt nicht als Arbeit, nicht als Wirtschaften.

Da war es: das alte Hausfrauenphänomen! Alles, was jeden Tag immer aufs Neue zu leisten ist: Aufräumen, Heilen, Pflegen, Schützen, wird selbstverständlich erbracht, ist nicht der Rede wert, nicht der Anerkennung und schon gar nicht der Entlohnung.

Aus weiblicher Perspektive waren alle diese heilenden, schützenden, für- und vorsorglichen Tätigkeiten nicht nur „richtige" Arbeit, sondern auch die eigentlich wichtigen Arbeiten. Die Frauen konnten mit den Brüchen der Erwerbsbiografie und der vermeintlichen Arbeitslosigkeit besser umgehen. Für sie verbanden sich mit den Tätigkeiten und ihren Resultaten Wunschvorstellungen für ein gutes Leben in einer sorgsam gehegten Umwelt.

4 Feministische Erkenntnisperspektiven

Die ganze Tragweite dieser Beobachtungen wird erst vor dem Hintergrund feministischer Reflexion deutlich. Denn wenn diese Erfahrungen an feministischen Theorien gespiegelt werden, eröffnet das neue Denkrichtungen für die Entwicklung von Arbeit und Wirtschaft, die wirklich gebraucht werden.

Aus der Genderperspektive wird kritisch-analytisch sichtbar, warum bestimmte Arbeiten, Arbeitende und Wirtschaftsformen abgewertet und warum Natur instrumentell, als Quelle und Senke für die Produktion, gedacht und behandelt werden. Umgekehrt bewirkt eine konstruktiv-gestalterische Nutzung feministischer Konzepte eine Unterstützung der Versuche nachhaltiger Entwicklung in der Region. Denn der Genderansatz ermöglicht eine reflektierte Gestaltung der Qualitäten von Natur und Gesellschaft, weil die herrschaftlichen Ausgrenzungen und Abwertungen sichtbar und damit verhandelbar werden (Schön 2005).

Feministische, sozial-ökologische Wirtschaftstheorie und Analogien zu Wirtschaftsformen und Entwicklungsprozessen des globalen Südens boten Lernstoff und Orientierungen für mögliche Wege einer Neugestaltung von Wirtschaft, weil sie vergleichbare Erfahrungen reflektierten. Parallelen zu den Ländern des Südens drängen sich auf, wenn die Entwicklung der Regionen Ostdeutschlands an der Exportquote gemessen wird, statt Selbstversorgungsgrad und Lebensqualität als Maßstab heranzuziehen. Auch das Phänomen der „verlängerten Werkbänke" teilt der Osten mit dem Süden. In der Umbruchsituation der frühen 1990er Jahre dagegen erschien nachhaltige Re-

---

10 Der Anteil der in Beschäftigungsmaßnahmen Tätigen überschritt 1991 erstmals 500.000 Menschen und erreichte 1999 fast 650.000 (Oschmiansky 2011).

gionalentwicklung als lokales oder regionales Wirtschaften für die unmittelbaren Bedürfnisse – Ernährung, Wohnung, Wasser und Energie unter Einbeziehung von Handwerk und „Wochenmarkt" (Scurrell 1997) – vorstellbar. Das feministische Wirtschaftsverständnis des Vorsorgenden Wirtschaftens, das sozial weibliche und Ökosystemleistungen einschließt, beinhaltet Prinzipien, die mit den praktischen Erfahrungen des gesellschaftlichen Umbruchs vereinbar sind und mehr, noch eine Orientierung in der gegenwärtigen gesellschaftlichen Transformation (WGBU 2011) bieten.

Vorsorglich, vorsichtig, umsichtig, rücksichtsvoll zu arbeiten und zu wirtschaften, bedeutet Fehlerfreundlichkeit und bis zu einem gewissen Grad auch Reversibilität zu ermöglichen. Es heißt anzuerkennen, dass jede sozialökonomische Nutzung der Region auch ökologische Gestaltung ist. Die Alltagsbedürfnisse von Frauen und Männern anzuerkennen sowie Menschen und nicht-menschliche Akteure einzubeziehen, kann einen Weg aus der dramatisch erlebten gesellschaftspolitischen, sozioökonomischen und ökologischen Krise weisen.

Was sich historisch in der feministischen Ökonomie nach und nach entwickelte: von der Hausarbeitsdebatte über ihren Bezug zur Diskriminierung der Frauen in der Erwerbsarbeit, die Analyse der geschlechtshierarchisch strukturierten Wirtschaft und den Perspektivwechsel, der den Blick vom lebensweltlich eingebetteten Wirtschaften auf die Marktwirtschaft richtete, bis hin zur Aufnahme des Nachhaltigkeitsdiskurses und der Erkenntnis von der Gleichursprünglichkeit der Ausgrenzung und Abwertung von Natur und sozial weiblicher Arbeit, fand reichen Nährboden und schnelles Verständnis in der gleichzeitigen intensiven Erfahrung dieser Umbruchsprozesse.

Handlungsdruck und Gestaltungswille für ein Wirtschaften, das die soziale und natürliche Produktivität seiner Elemente erhält, sind die Herausforderungen und der Ansporn für die Weiterentwicklung dieser Theorien. Denn auch die feministische Ökonomie hat auf viele Fragen der Ausgestaltung einer neuen Arbeitswelt und Wirtschaftsordnung noch keine hinreichenden Antworten: Wie wird die soziale Qualität der vielfältigen Arbeiten gesichert? Wie kann die globale Verknüpfung (re)produktiver Arbeits- und Wirtschaftsprozesse (Biesecker/ Hofmeister 2006) organisiert werden? An welchen räumlichen Reichweiten orientieren sich Arbeitsteilung und Kooperation? Wie wird die Verteilung der Arbeit zwischen den Menschen, zwischen sozialen und demografischen Gruppen entschieden?

3.3 Kommentierte Bibliographie

Sabine Hofmeister, Christine Katz, Tanja Mölders unter Mitarbeit von Jana Bundschuh, Stephanie Roth

Bauhardt, Christine/ Çağlar, Gülay (Hrsg.) (2010): Gender and Economics. Feministische Kritik der politischen Ökonomie. Wiesbaden: VS Verlag.

Der zum großen Teil auf Beiträgen zu zwei Veranstaltungen des Fachgebiets „Gender und Globalisierung" zum Thema feministische Ökonomiekritik an der Humboldt Universität zu Berlin in 2007 beruhende Sammelband gibt einen Überblick über die aktuellen Diskussionen zum Forschungsfeld. Der Band hat den Charakter eines Orientierungswerks und bietet einen umfassenden Ein- und Überblick zu verschiedenen Ansätzen feministischer Ökonomik. Er gliedert sich in drei Teile: Im ersten Teil gehen die Autorinnen auf die Bedeutung der Reproduktionsarbeit und auf „Care Ökonomie" ein, indem sie kritisch die Ausblendung nicht marktförmiger Arbeit und Sorgearbeit in den tradierten Theorien, Modellen und Begriffen der Wirtschaftswissenschaften fokussieren: Die der sozialen Lebenswelt zugeordnete (private) Reproduktionsarbeit und Care werden gesellschaftlich abgewertet und bleiben im Schatten der Erwerbsarbeit weitgehend unsichtbar. Als unbezahlte, (sozial) weibliche Arbeiten werden sie der Marktökonomie wie eine unendlich verfügbare Ressource vorausgesetzt, ihre Funktion für die Wertschöpfung durch Erwerbsarbeit wird geleugnet. Im zweiten Teil werden transdisziplinäre Sichtweisen auf zentrale Konzepte der Ökonomik, u.a. auf die historisch konstruierte androzentrische Figur des homo oeconomicus, in feministischer Perspektive kritisch analysiert, indem die darin eingeschriebenen sexistischen und rassistischen Annahmen aufgedeckt werden. Der dritte Teil ist der Reflexion aktueller makroökonomischer Probleme gewidmet, die Bedeutung der Kategorie Geschlecht für eine Realisierung gerechterer Wirtschaftspolitik wird herausgearbeitet. Für die an Nachhaltigkeitsthemen interessierten Leser_innen wird deutlich, dass und wie die vorherrschende ökonomische Rationalität und Praxis gesellschaftliche Entwicklung prägt und welcher Transformationen des Ökonomischen in Theorie und Praxis es bedarf, um geschlechtergerechte nachhaltige Entwicklungswege zu ermöglichen.

Biesecker, Adelheid/ Hofmeister, Sabine (2010): Focus: (Re)Productivity. Sustainable relations both between society and nature and between the genders. In: Ecological Economics. Bd. 69, H. 8., S. 1703-1711.

In diesem Aufsatz begründen die Autorinnen ihre Hypothese, dass das Trennungsverhältnis zwischen dem Produktiven und dem sog. Reproduktiven für die moderne Industriegesellschaft und ihre Ökonomie konstitutiv und charakteristisch sei. Sie zeigen, dass und wie diese Trennungsstruktur ursächlich für die heutige sozial-ökologische Krise ist. Die Genese der Ausbildung dieser Trennungsstruktur wird durch einen Rückblick in die Theoriegeschichte der Ökonomik verdeutlicht; zugleich werden jedoch auch die Widerstände und Gegenstimmen herausgearbeitet. Die Autorinnen entwickeln aus der kritischen Analyse der Produktion-Reproduktions-Differenz die Kategorie (Re)Produktivität – die visionär auf die Einheit aller produktiven Elemente bei gleichzeitiger Unterschiedenheit im ökonomischen Kontext verweist. In dieser Kategorie verbinden sie die Ergebnisse feministischer und ökologischer Ökonomietheorie. Die Vermittlungsprozesse zwischen Natur und Gesellschaft können auf der Basis dieser Kategorie in den Blick genommen werden, was anhand eines „Vier-Phasen-Modells" des (Re)Produktionsprozesses verdeutlicht wird. Ihre These ist, dass mithilfe der Kategorie (Re)Produktivität eine (re)produktive Ökonomie gedacht und realisiert werden könne, die der Theorie starker Nachhaltigkeit insofern gerecht wird, als sie sowohl die (re)produktiven Fähigkeiten der Natur als auch die (sozial) weibliche (Re)produktivität Arbeiten, erhält und erneuert.

Biesecker, Adelheid/ Mathes, Maite/ Schön, Susanne/ Scurrell, Babette (Hrsg.) (2000): Vorsorgendes Wirtschaften. Auf dem Weg zu einer Ökonomie des Guten Lebens. Bielefeld: Kleine.

Die Publikation basiert auf der langjährigen Kooperation von Wissenschaftlerinnen unterschiedlicher Disziplinen mit Praktikerinnen im Netzwerk „Vorsorgendes Wirtschaften". Sie spiegelt den Forschungsstand des Netzwerks in 2000 wider – sowohl in Bezug auf die wissenschaftlich-theoretische Fundierung des Konzeptes „Vorsorgendes Wirtschaften" (Teil I), Fallbeispiele und Anwendungsfelder, z.B. Landwirtschaft, Ernährung, Mobilität (Teil II), als auch in Bezug auf die Anforderungen an die Theorie, die aus der praktischen Anwendung des Konzeptes resultieren (Teil III). In dem Band wird der Frage nachgegangen, wie Menschen leben wollen und wie eine Wirtschaftsweise aussehen könnte, die sich an den Bedürfnissen gegenwärtiger und zukünftiger Menschen orientiert, statt sie abstrakten Marktkalkülen unterzuordnen. Im Gegensatz zu den vorherrschenden Maximen der Ökonomik bilden die drei Handlungsprinzipien Vorsorge, Kooperation und Orientierung am für das Gute Leben Notwendigen, die Basis einer zukunftsfähigen und vorsorgenden Wirtschaft. Mit dem Konzept Vorsorgendes Wirtschaften werden historisch gefestigte, hierarchische Trennungen infrage gestellt. Welche Beispiele und Vorbilder für vorsorgende Wirtschaftsweisen in der gegenwärtigen Wirtschaftspraxis schon aufzufinden sind, ob und wie diese geeignet sind, die hierarchischen Trennungsverhältnisse zwischen produktiver und reproduktiver Tätigkeit, zwischen männlicher und weiblicher Sphäre sowie zwischen Menschen, Gesellschaft und Natur zu überwinden, wird herausgearbeitet. „Vorsorgendes Wirtschaften" versteht sich als Kritik und Erweiterung traditioneller Ökonomie um versorgungswirtschaftliche, (sozial) weibliche Produktivität und Natur. Das hier dargestellte Konzept zielt auf eine nachhaltige Gesellschaft.

Biesecker, Adelheid/ Winterfeld, Uta von (2000): Vergessene Arbeitswirklichkeiten. In: Beck, Ulrich (Hrsg.): Die Zukunft von Arbeit und Demokratie. Frankfurt am Main: Suhrkamp, S. 269-286.

Der von Ulrich Beck herausgegebene Band nähert sich in vielfältiger Weise der Frage, wie Demokratie jenseits von Erwerbsarbeit möglich wird. In dem hier vorgestellten Beitrag weisen Adelheid Biesecker und Uta von Winterfeld kritisch auf die Verkürzung von „Arbeit" auf Lohn- bzw. Vertragsarbeit hin: Der überwiegende Teil der Arbeit, die unbezahlte (private) Haus-, Familien- und Regenerationsarbeit, werde dabei vergessen. Die Autorinnen analysieren dieses verkürzte Verständnis von Arbeit als Teil der Krise der sozialen und ökologischen Regenerationsfähigkeit. Eine Möglichkeit zur Neugestaltung der Arbeitswelt sehen sie in der Auflösung des Normalarbeitsverhältnisses, da es „vergessene Arbeitswirklichkeiten" voraussetzt und diese zugleich verdeckt. „Auch Männern [sollten] wieder Erfahrungen im Bereich der Versorgungsarbeit" (ebd.: 274) ermöglicht werden. Dafür müsste die Zeit der Erwerbsarbeit radikal verkürzt werden. So könnten alle Menschen an den „elementaren Tätigkeiten der Reproduktion des Lebens" (ebd.: 278) teilhaben. Einer Neugestaltung der Arbeit stehen aber insbesondere zwei Hindernisse im Weg: Zum einen wird die Konkurrenz zwischen verschiedenen Politikbereichen (z.B. zwischen Wirtschafts- und Umweltpolitik) kritisiert, die über elementare Zusammenhänge hinwegtäusche. Zum anderen schaffen es Politik und Wirtschaft nicht, die Arbeit „als Ganze" zu sehen und „vergessene Arbeitswirklichkeiten" sichtbar zu machen, ohne sie in herrschende Paradigmen einzugliedern. Das von den Autorinnen als Alternative beschriebene „vorsorgende Arbeiten" (ebd.: 283ff.) könne durch die Entkoppelung von Arbeit und Einkommen, z.B. durch ein Bürger_inneneinkommen, ermöglicht werden. Vorsorgendes Arbeiten realisiert sich demnach in der Vermittlung zwischen Menschen und der natürlichen Mitwelt und bezieht künftige Generationen ausdrücklich ein. Vorsorgendes Arbeiten kann als elementarer Bestandteil einer nachhaltigen Gesellschaft betrachtet werden.

Habermann, Friederike (2008): Der homo oeconomicus und das Andere. Hegemonie, Identität und Emanzipation. Baden-Baden: Nomos.

In ihrem Buch zeigt Habermann, dass und wie Kapitalismus, Rassismus, Sexismus und andere Machtverhältnisse über menschliche Identitäten miteinander verwoben sind. Die Figur homo oeconomicus spiegelt nicht nur den auf seinen eigenen Vorteil bedachten, rational entscheidenden Menschen wider,

der das Subjekt und zugleich das Fundament der vorherrschenden Wirtschaftstheorie bildet, sondern ist historisch in Interaktion mit der Identitätskonstruktion des weißen bürgerlichen (heterosexuellen, gesunden, jungen etc.) Mannes entstanden. Alle „anderen" Identitäten stehen in Relation zu diesem Leitbild. Die ursprüngliche Abgrenzung als „die Anderen" erfährt heute Verschiebungen (die Erfolg versprechenden Eigenschaften des homo oeconomicus gelten heute auch für Frauen und „people of colour" als Ideal) und sind doch diesen Konstruktionen verhaftet. Um ihre These zu untermauern, analysiert Habermann die Entwicklung des „homo oeconomicus". Sie greift dabei auf den Hegemoniebegriff von Gramsci zurück, den sie um diskurs-, kultur- und subjekttheoretische Ansätze anreichert. Damit gelingt es ihr, eine theoretisch hergeleitete Verknüpfung zwischen verschiedenen Herrschaftsformen zu schaffen. Sie zeigt, dass Identitäten durch Strukturen konstruiert werden. Diese entstehen durch Subjekte und bedingen diese zugleich. Mit einem politisch praktischen Anspruch auf Veränderung ermutigt Habermann dazu, „die Entfaltung der in uns angesammelten Wünsche, Begierden und Sehnsüchte zu (er)leben und zu sein" (ebd.: 283), ohne sich von Zuschreibungen einschränken zu lassen. In einem solchen (politischen) Emanzipationskampf muss die Bestimmung des (Lebens)Glücks aber von jeder und jedem selbst getroffen werden. Denn nur so können soziale Praktiken die Strukturen und damit auch die Zukunft in einem emanzipatorischen Sinne verändern.

Hoppe, Hella (2002): Feministische Ökonomik. Gender in Wirtschaftstheorien und ihren Methoden. Berlin, Aachen: Edition Sigma.

In ihrem Buch arbeitet Hoppe systematisch die Entwicklung feministischer Ansätze in drei verschiedenen Forschungssträngen der ökonomischen Wissenschaft heraus – neoklassische Ökonomik, marxistische Ökonomik und alte Institutionenökonomik. Dabei geht sie jeweils auf zwei Fragen ein: Erstens untersucht sie die „Frauenfrage", d.h. die Berücksichtigung von Frauen und deren Arbeit in ökonomischen Modellen, und zum anderen die „Wissenschaftsfrage", d.h. die Reflexion der wirtschaftswissenschaftlichen Theorie- und Methodenentwicklung hinsichtlich genderspezifischer Wertvorstellungen. In der neoklassischen Ökonomik, die auf maskulinen Basiswerten aufbaut, wird, so die Autorin, zwar die Frauenfrage angesprochen, z.B. in der Neuen Haushaltsökonomik. Darüber hinaus werden aber keine tiefergehenden Fragen über die Wissenschaft selbst gestellt. Auch in der marxistischen Ökonomik werden über das Verhältnis von Lohnarbeit zu Kapital hinaus kaum weitere, z.B. entlang der Kategorie Geschlecht organisierte, Dualismen in die Analyse integriert. Die in der vorherrschenden Ökonomik marginalisierten Strömungen der alten Institutionenökonomik weisen hingegen einige Parallelen zum feministischen Denken auf. Hoppe überprüft die jeweiligen

Ansätze auf ihre Plausibilität und Konsistenz und gibt abschließend einen Ausblick auf mögliche Entwicklungsrichtungen einer „feministischen Ökonomik" bzw. die Weiterentwicklung der heterogenen feministischen Ansätze in den jeweiligen ökonomischen Strömungen, die insbesondere auch Nachhaltigkeitsdiskurse in der Ökonomik beeinflussen.

4. Raumentwicklung

4.1 Nachhaltige Raumentwicklung und Geschlechterverhältnisse

Anja Thiem

1 Einleitung

Mit der Weltkonferenz für Umwelt und Entwicklung in Rio de Janeiro ist Zukunftsgestaltung ein Thema geworden, das quer zu den tradierten Politikressorts und Fachdisziplinen liegt. Mit der gesetzlichen Verankerung des Leitbildes Nachhaltige Raumentwicklung in das ROG 1998 haben sich die Raum- und Planungswissenschaften nicht nur der Bearbeitung komplexer Zusammenhänge verpflichtet, sie stellen sich damit auch neuen Herausforderungen. Räume sind nun integrativ in verschiedenen Kontexten zu thematisieren: als Naturraum, als sozialer Lebens- und Handlungsraum, als Wirtschaftsraum, als Kulturraum, als Politikraum etc. Mit dem Fokus auf Zukunftsgestaltung ist nach dem Vorhandensein von Ressourcen und Potenzialen, nach inter- und intragenerationaler Gerechtigkeit zu fragen und damit auch nach gesellschaftlichen Hierarchien und Herrschaftsverhältnissen, die mit Raumentwicklungsprozessen und -nutzungen einhergehen. Des Weiteren sind nachhaltige Entwicklungsziele für Räume auf Grundlage aller Interessensansprüche und Beteiligten zu ermitteln und in politische Prozesse einzubringen.

Das Einbeziehen der Kategorie Geschlecht als Analyse und Planungskategorie hat dagegen eine vergleichsweise lange Tradition. In den feministischen Raum- und Planungswissenschaften[1] wird von Planerinnen, Architektinnen, Sozialwissenschaftlerinnen seit Ende der 1960er Jahre darauf hingewiesen, dass gerade den in Raumstrukturen eingeschriebenen Machtverhältnissen nicht genügend Aufmerksamkeit gewidmet wird. Raumkonstitutionen

---

1 In den Raum- und Planungswissenschaften gibt es neben feministischen auch frauenfreundliche, frauengerechte und gender-sensitive Planungsansätze (zur Differenzierung siehe Grüger 2000: 28ff.). Im Folgenden wird Bezug genommen auf feministische Ansätze, die kritisch auf gesellschaftliche Geschlechterverhältnisse und ihre Verbindung zu räumlichen Strukturen hinweisen und auf einen gleichberechtigten Zugang zu gesellschaftlichen und räumlichen Ressourcen zielen.

und -nutzungen von „Frauen"[2] werden in nicht ausreichendem Maße wahrgenommen und thematisiert. Es wird ausgeblendet, dass Räume sowohl von einzelnen Menschen als auch von gesellschaftlichen Gruppen unterschiedlich erfahren und genutzt werden können (u.a. Becker/ Neusel 1997). Wie Räume wahrgenommen werden, ist beispielsweise von Zugangschancen und -ausschlüssen abhängig. Somit werden mit Raumkonstitutionen Macht- und Herrschaftsverhältnisse ausgehandelt und Verteilungen hervorgebracht. Solche Wechselwirkungen können nicht losgelöst von gesellschaftlichen Strukturprinzipien wie Klassen, Geschlechter, Ethnien, Generationen etc. betrachtet werden.

Im Folgenden werden rückblickend die beiden Diskurse und ihre Schnittstellen dargelegt, und es wird gezeigt, dass und weshalb ein Bezug auf die geschlechterbezogene Raumforschung wichtig und hilfreich für die Umsetzung einer nachhaltigen Raumentwicklung ist.

2 Nachhaltige Raumentwicklung

Für die Bearbeitung sozial-räumlicher Fragestellungen ist der Rekurs auf die in der Raum- und Umweltplanung – sowohl in der Planungspraxis als auch in der Raum- und Umweltforschung – stattfindende intensive Auseinandersetzung mit dem Leitbild einer Nachhaltigen Entwicklung bedeutend (Wolfram 2002). Der heutige Diskurs zu Nachhaltiger Entwicklung wurde von dem Brundtland-Bericht 1987 und der Konferenz in Rio de Janeiro 1992 wesentlich gefördert. Schließlich wurde mit dem neuen Bau- und Raumordnungsrecht (BauGB, ROG) das Leitbild einer Nachhaltigen Raumentwicklung in der Raumordnung und Bauleitplanung verankert. Diese Leitvorstellung fand eine rasche Akzeptanz, da sich Bezüge zu Prinzipien herstellen lassen, die in der tradierten Raumordnung eine wichtige Stellung einnehmen und seit längerer Zeit diskutiert werden, wie beispielsweise Gleichwertigkeit von Lebensverhältnissen, Sicherung der natürlichen Lebensgrundlagen, Eröffnung von Lebenschancen etc. (u.a. Blotevogel 2002). Diese Prinzipien sind vor dem Hintergrund von zwei Gerechtigkeitsgeboten zu diskutieren: Es sind gerechte Verhältnisse zwischen den heute lebenden Menschen herzustellen (intragenerational), und zukünftige Generationen sollen die gleichen Gestaltungs- und Handlungsoptionen haben wie sie heute bestehen (intergenerational). Der Begriff der Nachhaltigkeit fungiert dabei „als eine Art Katalysator, um die Frage ‚In welcher Welt wollen und sollen wir heute und künftig leben?' diskursfähig zu machen und sich über Antworten zu verständigen" (ebd.: 135).

---

2 Hier und im Folgenden als soziale Kategorie (Gender) verstanden und nicht als natürliche (Sex).

Somit ist es eine zentrale Aufgabe räumlicher Planung, die Frage nach Lebensqualitäten zu stellen: In § 1 des Raumordnungsgesetzes ist das Ziel der gleichwertigen – nicht gleichartigen (u.a. Hofmeister 2000; Wolf, J. 1996, 1997) – Lebensbedingungen normiert. Es wird eine Raumentwicklung dargestellt, die „die sozialen und wirtschaftlichen Ansprüche an den Raum mit seinen ökologischen Funktionen in Einklang bringt und zu einer dauerhaften, großräumig ausgewogenen Ordnung führt. Dabei sind [...] gleichwertige Lebensverhältnisse in allen Teilräumen herzustellen" (ROG 2008 § 1 (2), 2). Räumliche Planung steuert die Raumentwicklung, indem sie Funktionen zuordnet (z.b. als Vorsorge- oder Vorranggebiet, durch die Ausweisung Zentraler Orte oder von Entwicklungsachsen) und Ressourcen zuweist oder abzieht (z.b. infrastrukturelle Einrichtungen). Der Zugang zu diesen Ressourcen ist gemäß dem Leitbild Nachhaltige Raumentwicklung für die gesamte Bevölkerung gleichermaßen zu gewährleisten (intragenerationale Gerechtigkeit). Doch gerade hier treten Spannungen auf. Darauf verweisen u.a. Diskurse zur Eigenständigkeit ländlicher Räume, zur Herstellung gleichwertiger Lebensbedingungen oder generell zu Nachhaltigkeit als Perspektive in der Raumentwicklung (z.b. Bätzing 1997; Hahne 2005; Wolf J. 1996). Die zunehmende Globalisierung der Märkte und die damit verbundenen Standortkonkurrenzen sowie eine eingeschränkte Gestaltungskompetenz des Staates durch schrumpfende öffentliche Budgets erschweren die Umsetzung gleichwertiger Lebensbedingungen. Ferner verlangt das intergenerationale Gerechtigkeitsgebot, die Funktionen der natürlichen Lebensgrundlage sowie gesunde Umweltbedingungen auch für zukünftige Generationen zu sichern (ROG 2008 § 1 (2), 2, 6).

Eine weitere normative Anforderung, die mit dem Leitbild Nachhaltige Entwicklung einhergeht, ist das Integrationsgebot sozialer, ökonomischer und ökologischer Entwicklungsziele für Räume (ROG 2008, § 1 (2)). Hier kann räumliche Planung auf Erfahrungen aufbauen. Es gehört zu ihren grundsätzlichen Aufgaben, fach- und ressortübergreifend unter Einbeziehung betroffener Akteur_innen Probleme zu erörtern sowie verschiedene Interessen und Nutzungsansprüche an Räume abzuwägen und auszugleichen. Indes sind Kooperationen zwischen den regionalen Akteur_innen nicht ausreichend, es besteht kein Konsens, was die Auslegung „Nachhaltiger Entwicklung" betrifft, und auch die starke marktwirtschaftliche Orientierung räumlicher Planung steht dem entgegen. Räumliche Planung kann den Aufgaben daher nur entsprechen, wenn sie sich von sektoralisierten Zuständigkeiten und Vorgehensweisen zugunsten einer engen Kooperation innerhalb der formellen Ebenen (Länder, Regionen, Kommunen) löst. Nur dann lassen sich die verschiedenen Dimensionen Nachhaltiger Entwicklung in einer Perspektivenerweiterung zusammenführen und integrieren.

In Diskussionen um eine nachhaltige Raumentwicklung wird ebenfalls der hohe Stellenwert weicher Entwicklungsverfahren betont: Kooperations-,

Moderations- oder Mediationsverfahren dienen der Fokussierung auf die Planungsbetroffenen und rücken sie in den Mittelpunkt. Betroffene müssen in die Lage versetzt werden, mit zu entscheiden und sich aktiv am Planungsprozess und der Umsetzung der Planungsmaßnahmen zu beteiligen. Nach Spehl (2005: 680), kann ein Prozess nachhaltiger Raumentwicklung dann begonnen werden, wenn die Planungsbeteiligten seine Notwendigkeit und die gewinnbringenden Potenziale erkannt haben und wenn „seine Auswirkungen für den Einzelnen nachvollziehbar, spürbar und beeinflussbar sind". Voraussetzung hierfür sind u.a. eine bewusste Auseinandersetzung breiter Bevölkerungsschichten mit ihrer Lebenswelt und eine Wahrnehmung der Probleme Planungsbetroffener als kollektive Probleme.

Angesichts der hohen (normativen) Anforderungen, die mit der Umsetzung einer Nachhaltigen Raumentwicklung verbunden sind, ist es daher nicht verwunderlich, dass eine Operationalisierung des Prinzips Nachhaltigkeit seit der frühzeitigen gesetzlichen Festschreibung in den 1990er Jahren nur schrittweise stattgefunden hat. Auch ist die Frage, wie die raumordnerische Leitvorstellung in die Planungspraxis umgesetzt werden sollte, nicht abschließend beantwortet (u.a. Hofmeister et al. 2012). Bislang wurde Ende der 1990er Jahre von Hübler et al. (2000) für die Regionalplanung ein Entwurf erarbeitet, der konstitutive Elemente und strategische Prinzipien sowie Ziele und Indikatoren einer nachhaltigkeitsorientierten Planung darlegt (darauf aufbauend auch ARL 2000). Hier besteht gegenwärtig noch Forschungsbedarf.

3 Geschlechterverhältnisse und Raumentwicklung

Die Forderungen, die Kategorie Geschlecht in raumwissenschaftliche Konzepte und Analysen einzubeziehen, sich von engen geschlechtsspezifischen Rollenzuweisungen zu lösen und eine die Geschlechter gleichberechtigende Planung zu realisieren, haben ihren Entstehungskontext in den 1960er Jahren. Es lassen sich verschiedene Phasen geschlechterorientierter Planung identifizieren, die im Folgenden knapp dargestellt werden (ausführlich z.B. Grüger 2000): Zunächst wurden aus feministischer Perspektive geschlechterspezifische Rollen und Rollenzuweisungen kritisch hinterfragt. Im Kern ging es um das Schaffen raumstruktureller Voraussetzungen, die Frauen einen gleichberechtigten Zugang zu allen gesellschaftlichen Bereichen ermöglichen, d.h. auch zu Machtpositionen und zu ökonomischen Ressourcen. Differenzen zwischen Frauen sollen erkannt werden und gleichberechtigt nebeneinander stehen (FOPA 1993: 4). Es wurde kritisiert, dass es der räumlichen Planung an Alltags- und Nutzer_innennähe mangelt, was zur Missachtung der Bedürfnisse und Fragestellungen von Frauen und zur ausschließlichen Orientierung gegenwärtiger Planungen an männlichen Interessen und Raumansprüchen führt.

Sehr deutlich wurden die geschlechterbezogenen Hierarchien und räumlichen Trennungen am Beispiel der gesellschaftlichen Arbeitsteilung aufgezeigt. Mit Beginn der Herauslösung der markt- und warenförmigen Arbeit aus dem (Re)Produktionsprozess Ende des 18. Jahrhunderts folgte die Auflösung eng verzahnter Mischungsnutzungen und räumlicher Multifunktionalität. Es entwickelten sich unterschiedliche Lebenswelten, die geschlechtlich konnotiert sind. Die vorindustrielle Ökonomie des „ganzen Hauses" löste sich auf: Arbeit für den Tausch fand außerhalb des Hauses, in öffentlichen und gesellschaftlichen Räumen, statt. Arbeit für den direkten Gebrauch wurde im Häuslichen, im Privaten verrichtet (Terlinden 1990). Damit fand die (produktive) Erwerbsarbeit (sozialer) Männer in gesellschaftlichen Bereichen statt, die (reproduktiven) Tätigkeiten (sozialer) Frauen dagegen in der Familie, im Privaten (u.a. Holland-Cunz 1994a). Die räumliche Arbeitsteilung, die sich mit der Industrialisierung durchsetzte, wurde gesellschaftlich bewertet in nicht entlohnte (versorgende, reproduktive) Tätigkeiten, die nicht in gleichem Maße wertgeschätzt wurden wie die entlohnte (produktive) Erwerbsarbeit. Es ist das Verdienst feministischer Raumforschung, auf diese gesellschaftlichen Verhältnisse, ihre geschichtliche Entwicklung und ihre Verbindung zu räumlichen Strukturen aufmerksam zu machen und sie infrage zu stellen. Nutzungsmischung und „kurze Wege" im Städtischen wie Ländlichen einzufordern wurden zu den zentralen Postulaten, und es wurde auf Potenziale und Möglichkeiten verwiesen, die sich durch halböffentliche/halbprivate und hybride Räume für Frauen eröffnen.

Besonders deutlich werden die Beziehungen zwischen Raumkonstitutionen und Geschlechterverhältnissen am Beispiel öffentlicher und privater Räume aufgezeigt (Klaus 2004). Die Auseinandersetzung mit öffentlichen und privaten Räumen erfolgt in den Raum- und Planungswissenschaften vor allem am Beispiel Stadt (SRL 2002). Fokussiert werden Bedeutungen und Veränderungen von städtischen öffentlichen Räumen, um daraus abzuleiten, wie gesellschaftliche Rahmenbedingungen den Wandel öffentlicher Räume beeinflussen, wie sich Nutzungsanforderungen verändern und welche städtebaulichen Problem- und Handlungsfelder sich abzeichnen. Mit der Einführung des Konzeptes Gender-Mainstreaming und der Verankerung im Amsterdamer Vertrag 1997 werden Ziele, wie den Anteil von Frauen an entscheidungsrelevanten Positionen zu erhöhen, zu konsolidieren und zu professionalisieren sowie ein Denken in sozialen Rollen politisch-strategisch gestärkt. Die Grundsätze des Gender-Mainstreaming fanden u.a. Eingang in die Stadt- und Regionalentwicklung, die regionalpolitische Ebene, in regionale Institutionen und in Kommunalverwaltungen (u.a. SRL 2004).

Inzwischen wird kritisch bilanziert und auf den patriarchats- und gesellschaftskritischen Ansatz verwiesen (FOPA 1998). Es geht um die Verwirklichung einer kooperativen und partizipativen Planung, in deren Rahmen sozial weibliche Alltagswirklichkeiten aufgegriffen werden, um geschlechtergerechte (Raum)Strukturen zu schaffen, die Frauen die Wahl zwischen verschiedenen Lebensentwürfen ermöglichen.

Geschlechterorientierte raumwissenschaftliche Konzepte beruhen auf der Annahme, dass es zu einer Perspektiverweiterung kommt, wenn sozial weibliche Lebensformen als Lebensmodelle für Männer und Frauen zugrunde gelegt und daraus Entwicklungsziele für die gesamte Lebenswelt formuliert und realisiert werden.

4 Zwischenfazit: „Schnittflächen" zwischen nachhaltiger Raumentwicklung und Geschlechterverhältnissen

Die Betrachtung der Diskurse zu einerseits nachhaltiger und andererseits genderorientierter Raumentwicklung zeigt Schnittflächen. Gerechtigkeit und Integration als zentrales Ziel wird bei beiden angestrebt. Für dessen Umsetzung ist „Gerechtigkeit" in den Raum- und Planungswissenschaften als wichtige Analyse- und Planungskategorie einzubeziehen, um in demokratischen, kooperativen Prozessen Lebensstile zu eruieren und sichtbar zu machen, daraus resultierende Ansprüche an Raum in ihrer Vielfalt aufzugreifen und als Raum- und Lebensqualitäten zu realisieren. Als Grundlage hierfür sollten „soziale weibliche Lebensformen als Lebensmodelle für Frauen und Männer vorausgesetzt und regionale Entwicklungsziele mit Blick auf die ganze Lebenswelt formuliert und realisiert werden" (Hofmeister/ Scurrell 2006: 279). Eine weitere Schnittfläche ergibt sich aus der Notwendigkeit einer integrativen Beforschung wirtschaftlicher, sozialer und ökologischer Dimensionen. Dem Prinzip Nachhaltigkeit folgend sind Räume als Produkt so zu gestalten, dass ihre Qualitäten für künftige Generationen erhalten und (wenn möglich) verbessert werden können (intragenerationale Gerechtigkeit). Zibell (1999) spricht in diesem Zusammenhang von einer Nachhaltigen Raumentwicklung, die das Prinzip der Vorsorge verfolgt, indem geprüft wird, inwiefern durch die Realisierung einer Maßnahme künftige Entwicklungen nicht verstellt werden. Als weiteres Prinzip führt sie die Orientierung am für das Gute Leben Notwendigen an, indem konsequent die Alltagsbedürfnisse der Menschen – in den Kategorien sozialer Status und Einkommen, Ethnizität, Religion und Alter – in der Region als Richtschnur für Planungen verfolgt werden. Ferner sind als gemeinsames Anliegen Partizipation und Kooperation zu nennen, um Raumansprüche in Zusammenarbeit mit Akteuren und Planungsbetroffenen sichtbar zu machen und Räume zu entwickeln, die Alltagswirklichkeiten entsprechen.

In beiden Diskursen wird die Durch- und Umsetzbarkeit kritisch reflektiert. Darauf verweist beispielsweise die nicht ausreichend beantwortete Frage in den Raum- und Planungswissenschaften, was Raumentwicklung entlang des Nachhaltigkeitsprinzips genau bedeutet und wie die raumordnerische Leitvorstellung in der Planungspraxis konkret umgesetzt werden kann. In den geschlechterorientierten Raum- und Planungswissenschaften wird darauf hingewiesen, dass die Ursache für die Schwierigkeiten in der Umsetzung Nachhaltiger Entwicklung in einem theoretischen Raumverständnis begründet sein kann, das von Dualismen zwischen (materiellem) „Behälterraum" und (sozialem) „Beziehungsraum" geprägt ist. Dieses gilt es im Folgenden näher auszuleuchten.

5 Raumverständnisse und -konzepte in den Raum- und Planungswissenschaften

Mit der gesetzlichen Verankerung des Leitbildes Nachhaltige Entwicklung in den Raum- und Planungswissenschaften wird ein Konzept erforderlich, das Räume in ihrer Komplexität und in integrativer Perspektive thematisiert – als Naturraum, als sozialer Lebens- und Handlungsraum, als Wirtschaftsraum, als Kulturraum etc. Obwohl mit soziozentrierten Raumkonzepten die Vielfältigkeit von Räumen in das Blickfeld rückte, stehen der materiell-physische („Behälterraum") und der sozial-konstruktivistische konzeptuelle Zugang zu Raum („Beziehungsraum") in den Raum- und Planungswissenschaften weiter nebeneinander und bedingen unterschiedliche Forschungsfragen, -gegenstände und -logiken (Bauriedl et al. 2010; Wastl-Walter 2010). Einerseits wird Raum als materielle Basis der Gesellschaft vorausgesetzt, der unabhängig von gesellschaftlichen Aktivitäten und Handlungen gegeben ist und dessen Wirkung auf die Gesellschaft es zu untersuchen gilt. Oder aber Raum ist sozial hergestellt und somit das Ergebnis sozialer, wirtschaftlicher und politischer Prozesse und Interaktionen (z.B. Läpple 1991). Raumstrukturen (das Physische), die auf das Handeln wirken und ihr Entstehungsprozess (Räume als prozesshafte, werdende Strukturen) treten somit in den Hintergrund, in der Folge auch die ökologische Dimension und die physische Umwelt in der Raum- und Regionalforschung (Danielzyk 1998). Diese dualistische Wahrnehmung führt zur Nichtbeachtung und Steuerungsträgheit politischer Planungssysteme, wenn es um das Erreichen ökologischer Nachhaltigkeitsziele geht. Ebenso werden Auswirkungen sozialer und ökonomischer Prozesse auf Raum und Natur in der Raumplanung nicht ausreichend wahrgenommen und berücksichtigt (Hofmeister 2011; Kanning 2005). Wenn Raum und „Natur" als vorgegeben und konstant wahrgenommen werden, ist es nahe liegend, den von ihnen ausgehenden Wirkungen und Einflüssen mit ingenieurstechnischen Maßnahmen zu begegnen statt durch Hinterfragen und Transformation gesellschaftlicher Naturverhältnisse (Kruse 2010).

Insgesamt erscheinen Raumkonzepte geeigneter, denen ein relationales Raumverständnis zugrunde liegt, die vermittlungstheoretisch (Kropp 2002) angelegt sind und sowohl das Physisch-Materielle als auch das Soziale fokussieren. Konzepte hierfür haben Martina Löw (2001) und Gabriele Sturm (2000) sowie Doreen Massey (1994) erarbeitet (auch Wastl-Walter 2010; Bauriedl et al. 2010; Bauriedl et al. 2008). Aufbauend auf diese haben Hofmeister et al. (2012) Ansätze für ein sozial-ökologisches Konzept herausgearbeitet, das es ermöglicht, Materialität als „Natur" in ein relationales Raumgefüge analytisch zu integrieren.

In sozial-ökologischen Konzeptualisierungen ist Raum beides: soziale und physische Konstruktion (Löw/ Sturm 2005). Beides erschließt sich über Wahrnehmung und Interpretation. Raum entsteht, indem Elemente und/oder Menschen zueinander in Beziehung gesetzt werden, d.h. jedes Konstituieren von Raum stellt eine individuelle soziale Leistung dar (Löw 2001). Die Vielzahl von möglichen Interpretationen und daraus resultierenden Handlungen impliziertin Abhängigkeit von individuellen Lebenssituationen eine Vielfalt an Räumen. Nichtmenschliche Lebewesen und Lebensräume sind unmittelbar an der Konstruktion von Räumen beteiligt (Hofmeister et al. 2012). Nach Löw (2001: 166ff.) entsteht so eine Dualität von Handeln und Struktur, die gleichzeitig auch eine Dualität von Raum ist: Räumliche Strukturen bringen eine Form von Handeln hervor und umgekehrt. Als Akteurin hat „Natur" an den Prozessen der Raumkonstitutionen teil: Über ihre Produktivität gestaltet sie Räume und wirkt auf soziale, politische, ökonomische, kulturelle Lebens- und Handlungsräume. Die Zweiheit kann also darin bestehen, dass Räume aus der Wirkmächtigkeit (nicht)menschlicher Lebewesen und Lebensräume entstehen und gleichzeitig Handeln und die Entstehung von Raumstrukturen steuern. „Natur" ist diesem Verständnis nach ein hybrides Resultat sozialer und ökologischer Wechselbeziehungen und als solches nicht unabhängig von Gesellschaft.

Die Gestaltung von Raum ist ein mit Macht durchdrungener Prozess, denn der Zugang zur Ressource Raum ist nicht allen Menschen gleichermaßen und in gleicher Weise möglich. Raumstrukturen wohnt somit eine Zeichensprache inne, in der sich strukturierende Regulationen, gesellschaftliche Macht- und auch Geschlechterverhältnisse ausdrücken (Sturm 2000).

6 Herausforderungen für eine geschlechterorientierte nachhaltige Raumentwicklung

Mit der Kategorie Geschlecht als einer herrschaftskritischen Perspektive werden soziale und materielle Aspekte von Raumbildungen zusammengeführt. In den Vordergrund rücken z.B. Fragen danach, wer in welcher Weise welche Räume konstituiert und nutzt, welche gesellschaftlichen und sozialen Aktivitäten oder materiellen Anteile von „Natur" an Raumbildungen beteiligt sind, dominieren oder marginalisiert werden, und welche Raum- und Lebensqualitäten damit einhergehen.

Die herrschaftskritische Perspektive deckt auf, wie sich politische, planerische und ökonomische Bedingungen auf Akteur_innen und Natur auswirken. Dadurch werden zum einen strukturierende Regulationen sichtbar, die auf soziale und materielle Raumkonstitutionen wirken. Zum anderen zeigen sich Dichotomisierungen – z.b. zwischen Natur und Kultur, Produktion und Reproduktion, bezahlter Arbeit und nicht bezahlter Arbeit, öffentlich und privat – und das jeweils „Andere", vermeintlich Wertlose oder Ausgegrenzte wird sichtbar gemacht (Forschungsverbund „Blockierter Wandel?" 2007; Kruse 2010; Mölders 2010a; Thiem 2009).

Das Einbeziehen der Kategorie Geschlecht verlangt von Raumplanung, lebensweltliche Perspektiven einzunehmen, wenn es um die Realisierung nachhaltiger Raumstrukturen geht. Planung und Politik sind somit gefordert, in kooperativen Prozessen mit den beteiligten menschlichen und nichtmenschlichen Akteur_innen in einen Dialog einzutreten, sie an den Aushandlungsprozessen über Raumqualitäten und -nutzungen teilhaben zu lassen und auch bisher marginalisierte Positionen wie die Geschlechterperspektive oder die der „Natur" einzunehmen. Letzteres ist z.b. möglich, indem Natur eigene (Entwicklungs)Räume zugesprochen werden. Erkenntnisse und Wissen über Natur müssen in inter- und transdisziplinären Kontexten generiert und für ein (nicht)disziplinäres und (nicht)wissenschaftliches Publikum aufbereitet werden. Auch ist es bedeutsam, ihren gesellschaftlichen Nutzen zu kommunizieren.

Eine weitere Herausforderung für die Raum- und Planungswissenschaften ist der Umgang mit komplexen sozial-ökologischen Prozessen und Wechselwirkungen. Sie werden in inter- und transdisziplinärer Vorgehensweise wissenschaftlich bearbeitbar. Geschlechterorientierte Raumwissenschaft und -planung impliziert, dass für die Verbesserung von Lebensqualitäten gemäß diesem Integrationsprinzip ökologische, ökonomische und soziale Entwicklungen neu zu denken sind. Dabei sind Qualitäten raumkonstituierender nichtmenschlicher Lebewesen und Lebensräume ebenso einzubeziehen wie die von Lebewesen.

Die Integration der Kategorie Geschlecht eröffnet neue Optionen für eine nachhaltige Entwicklung und Nutzung von Raum, indem auf die Hybridität des Raumes verwiesen wird, die von den verschiedenen sozialen und „natürlichen" Akteur_innen geschaffen wird. An diese Erkenntnisse gilt es anzuknüpfen und ihnen in weiteren Forschungsvorhaben nachzugehen, um die Frage „Wie wollen und sollen wir heute und zukünftig leben?" aus Lebensweltperspektive zu beantworten.

4.2 Kommentar: Deutungsvielfalt von Nachhaltigkeit und Geschlechtergerechtigkeit in der Raumplanung

Sybille Bauriedl

1 Geschlechtergerechte Raumplanung?

In ihrem Beitrag argumentiert Anja Thiem (i.d.Bd.) dafür, die Kategorie Geschlecht als Planungskategorie zu berücksichtigen. Sie fokussiert auf die Wechselwirkungen von Macht und Raum, da Machtverhältnisse und damit auch Geschlechterverhältnisse in Raumstrukturen eingeschrieben sind und Räume von gesellschaftlichen Gruppen unterschiedlich wahrgenommen, erfahren und genutzt werden. Daraus leitet sie die These ab, dass für die Realisierung der Zielsetzung einer nachhaltigen Raumentwicklung geschlechterbezogene Perspektiven berücksichtigt werden sollten. Eine nachhaltige Raumentwicklung muss demnach immer fragen, mit wem, durch wen, für wen, was geplant wird. Dieser konzeptionellen Perspektive schließe ich mich an und werde im Folgenden ergänzende Hinweise geben, sowohl zur aktuellen Raumordnungspraxis als auch zu Aufgaben einer geschlechterbezogenen Raumforschung.

2 Territoriale, multiskalare und vernetzte Raumentwicklung

Raumordnung, Regionalentwicklung und Stadtentwicklung verfolgen unterschiedliche Zielsetzungen. Raumordnung zielt darauf, in den Teilräumen Deutschlands die Realisierung gleichwertiger Lebensbedingungen zu ermöglichen und regionale Disparitäten auszugleichen. Die Regionalentwicklung zielt auf eine sozioökonomische Entwicklung einzelner Regionen unterschiedlicher territorialer oder funktionaler Zuschnitte durch endogene Potenziale oder äußere Impulse. Für die Stadtentwicklung geht es stärker um die gesellschaftliche, wirtschaftliche, kulturelle und ökologische Gesamtentwicklung des Siedlungsraums. Die Stadt- und Regionalentwicklung wird sowohl durch Top-down- als auch Bottom-up-Ansätze in Gang gehalten, ist auf sektorale Prozesse fokussiert oder intersektoral organisiert und wird durch Management-, Governance- oder Governmentstrategien umgesetzt. Der Begriff Raumentwicklung fasst diese sehr unterschiedlichen Planungskonzepte zusammen und ist für unterschiedliche Maßstabsebenen gebräuchlich. Akteure der Raumentwicklung sind territorial verankert oder agieren in grenzüberschreitenden Netzwerken. Nachhaltigkeitsziele werden zunehmend in kommunalen Netzwerken abgestimmt, wie dem Netzwerk der europäischen Metropolregionen (METREX), dem „Low Carbon Communities Network", dem „Internationalen Bürgermeisterrat zum Klimawandel", dem „Transition Netzwerk" oder dem „Konvent der Bürgermeister"[3]. Für eine geschlechtergerechte, nachhaltige Raumentwicklung müssen der Zuschnitt, die Ebene und die Steuerungsform konkret gemacht werden, um die vielfältigen Artikulationen und Materialisierungen von Geschlechterverhältnissen diskutieren zu können.

3 Das Leitbild Nachhaltigkeit in der deutschen Raumordnung

In der Regionalpolitik und Raumordnung wird ein flexibler Zugriff auf das Leitbild Nachhaltigkeit bevorzugt. Nachhaltigkeit wird sowohl für Teilräume der Stadt oder Region als auch über einen Zeitverlauf sehr unterschiedlich interpretiert. Das 1998 in der deutschen Raumordnung verankerte Nachhaltigkeitsideal der Gleichwertigkeit von Lebensverhältnissen hat spätestens mit dem 2006 durch die Ministerkonferenz für Raumordnung verabschiedeten Strategiepapier „Leitbilder und Handlungsstrategien für die Raumentwicklung in Deutschland" (BMVBS 2006) eine Neuausrichtung erfahren. Hierin werden drei Entwicklungsziele (Wachstum, Daseinsvorsorge, Ressourcen bewahren) nebeneinander gestellt und räumlich verankert. Dieses Nachhaltigkeitsverständnis vertritt das Ideal einer ökologischen Modernisierung und glaubt an eine Effizienzrevolution, die durch eine Entkoppelung ökonomischer Aktivität vom Umweltverbrauch stattfindet. Das Ideal einer strukturellen Ökologisierung, die alle Teilräume gleichermaßen vor Effizienz- und Suffizienzaufgaben stellt, kommt als Alternative nicht mehr vor.

Mit dieser Raumordnungspolitik soll die Wettbewerbsfähigkeit Deutschlands durch eine Metropolenförderung gesteigert werden. Die Wachstumseffekte dieser Entwicklungskerne sollen auf das Umland als „großräumige Verantwortungsgemeinschaft" ausstrahlen. Im Rahmen des demografischen Wandels und globaler Finanzkrisen ist schon heute zu beobachten, dass diese neoliberal ausgerichteten Leitlinien, die die Starken stärken, zu einer fragmentierten Raumentwicklung führen mit Gewinner- und Verliererregionen, mit Wettbewerbs- und Ruhezonen und mit Teilräumen ökonomisch nachhaltiger Entwicklung und Teilräumen ökologisch nachhaltiger Entwicklung (zur Kritik der Leitbilder Hahne/ Glatthaar 2007).

---

3 Hinweise zu den Netzwerken unter: lowcarboncommunities.net (Low Carbon Communites Network), www.eurometrex.org (METREX), www.worldmayorscouncil.org (Bürgermeisterrat zum Klimawandel), www.transitionnetwork.org (Transition Netzwerk), www.konventderbuergermeister.eu/index_de.html (Konvent der Bürgermeister) (Zugriff: 15.04.12).

Was bedeutet das für Geschlechterverhältnisse innerhalb dieser verschärften Stadt-/ Landdifferenz? Geschlechterbilder eines ländlichen und suburbanen Raumes bleiben geprägt durch fordistische und traditionelle Geschlechterbeziehungen, während gentrifizierte, innerstädtische Wohngebiete als Ausdruck und Resultat des Aufbrechens überkommener Rollenmuster und Verhaltenserwartungen betrachtet werden (Frank 2010).

4 Umwelt- und Geschlechtergerechtigkeit

In welcher Weise verändert sich die Bedeutung des Raumes in einer Phase sozial-ökologischer Transformation, wie wir sie gerade erleben, im Rahmen der Energiewende? Der Umbau der Energiesysteme geht nicht nur mit Entscheidungsprozessen des notwendigen und akzeptablen Infrastrukturausbaus einher, sondern ist verbunden mit Fragen der Verteilungsgerechtigkeit (der Gewinne und Lasten), Verfahrensgerechtigkeit (Gleichbehandlung verschiedener Beteiligter), Chancengerechtigkeit (gleiche Chancen und Risiken sozialer Gruppen und Regionen) und Versorgungsgerechtigkeit (Vermeidung von Umwelteingriffen durch Effizienz- und Suffizienzstrategien). In einer sozial differenzierten Gesellschaft wird es zu erheblichen Gerechtigkeitsproblemen kommen und diese werden durch mächtige Interessenkoalitionen noch zugespitzt werden. Verteilungs- und Verfahrensgerechtigkeit berühren wesentlich Aspekte der Geschlechtergerechtigkeit. Die Beteiligung von Frauen in den relevanten Institutionen der Energiewende kann als ein Indikator für den Stellenwert von Geschlechtergerechtigkeit betrachtet werden. Diese sind gerade in politischen Gremien der kommunalen Ebene stark unterrepräsentiert (Bauriedl b i.d.Bd.).

5 Die Bedeutung von Geschlechterverhältnissen in der Raumplanung

Anja Thiem verwendet die Begriffe „Betroffene" und „Planungsbetroffene" und plädiert dafür, dass diese in die Lage versetzt werden sollen, sich aktiv am Planungsprozess zu beteiligen. Das wird in einer Gesellschaft, die durch soziale Differenz und Hierarchien geprägt ist, nicht vollständig möglich sein. Selbst mit sehr niedrigschwelligen Beteiligungsverfahren wie „Planning for Real" (Ley/ Weitz 2003) auf Stadtteilebene habe ich die Erfahrung gemacht, dass immer artikulationsstarke Beteiligte ihre Interessen durchsetzen. Das spiegelt sich auch in bisher durchgeführten Agenda 21-Prozessen wider.

Top-down initiierte Verfahren gehen über konsultative Beteiligung oft nicht hinaus und sind kaum emanzipatorisch angelegt. Vielfach dienen sie lediglich der strategischen Legitimation von Entscheidungsprozessen (Walk

2008). Das Ziel der Teilnahme bzw. Teilhabe an Planungs- und Entscheidungsvorgängen muss klar benannt werden (Fürst et al. 2001). Ebenso ist zu unterscheiden, ob es sich um eine zweiseitige, rückgekoppelte Kommunikation zwischen Beteiligenden und Beteiligten inklusive Mitentscheidungsrechten handelt oder um einseitige Willensäußerungen wie bei Bürgeranträgen, Bürgerentscheiden, Wahlen oder Planauslegungen.

Anja Thiem geht davon aus, dass es eine Geschlechter gleichberechtigende Planung geben kann. Ich gehe davon aus, dass eine top-down ausgerichtete Planung dies nicht leisten kann. Sie würde voraussetzen, dass es eine Frauen ermächtigende Planungspraxis gibt, die aktuell nicht zu erkennen ist und dass alle Frauen in gleicher Weise zu beteiligen sind. Renate Mayntz (2001: 19) beschreibt dieses Ermächtigungsdilemma als „Problemlösungsbias" der steuerungstheoretisch geleiteten Forschung. Sie geht davon aus, dass Macht lediglich im Kontext der Formulierung und Durchsetzung von Problemlösungen behandelt wird, aber nicht als politisches Handlungsziel an sich. Fragen von Machterwerb und Machterhalt werden ausgeblendet. Der Grad der Betroffenheit ist z.b. abhängig von Eigentumsverhältnissen und finanziellen Ressourcen. Die Rede von allgemein Betroffenen verdeckt diese Differenz- und Machtstrukturen.

6 Verhältnis von Macht und Raum

Auch die Raumplanung selbst kann als Raumproduktion verstanden werden und sollte daher Gegenstand kritischer raumwissenschaftlicher Analyse sein. Raumplanung ist gekennzeichnet von einem institutionell verengten Wahrnehmungsraster sozialer Akteure und Konflikte und tendiert dazu, solche Akteure zu vernachlässigen, deren Problemdefinition und soziale Praktiken unterrepräsentiert sind – auch wenn diese Akteure Antworten auf wichtige gesellschaftliche Fragen beitragen können. Durch die selektive Berücksichtigung von Interessen reproduziert die Raumplanungspraxis bestehende Marginalisierungen. Meines Erachtens besteht die Aufgabe der Raumforschung auch darin, soziale Praktiken und Problemwahrnehmungen am Rande des Referenzrahmens zu thematisieren und deren beschränkte Entfaltungsmöglichkeiten durch bestehende raumplanerische Institutionen sichtbar zu machen.

Soziale Konflikte erscheinen in der Raumplanung häufig als räumliche Konflikte. Dies zeigt sich auch in der Renaissance des Regionalen in Politik und Ökonomie. Regionale Akteure werden im aktuellen nationalen und internationalen Wettbewerbstrend Teil von Standortbündnissen und Modernisierungskoalitionen, die interregionale soziale Differenz überlagern und weniger relevant erscheinen lassen. Raum erscheint als verdinglichte und als ihres gesellschaftlichen Charakters entledigte Kategorie (Belina 2008: 84; Wissen 2011: 14f.).

7 Neue Debatten der feministischen Raumforschung

Anja Thiem mahnt an, dass die Bedürfnisse und Fragestellungen von Frauen in der Planung missachtet werden. Um dem Abhilfe zu schaffen, müsste zuvor geklärt werden, wie die Kategorie „Frau" definiert wird und welche interkategoriellen Differenzen dabei berücksichtigt werden sollten. Nachdem die poststrukturalistische Geschlechterforschung jegliche Kategorisierung und Essentialisierung infrage stellt, ist sie für die Raumforschung nur schwer nutzbar. Für den Anspruch, essentielle Kategorisierung und deren Differenzlinien zumindest zu differenzieren und zu verkreuzen, hat die Intersektionalitätsdebatte in den letzten Jahren wichtige Hinweise gegeben. Intersektionalitätsstudien nehmen die kategorielle Verkreuzung von „Rasse", Klasse, Geschlecht, Körper, Sexualität u.a. für die Analyseebenen Gesellschaftsstruktur, Identitätskonstruktion und Repräsentation in den Blick und machen so interkategorielle soziale Ungleichheiten sichtbar (Winker/ Degele 2009). Diese wären für die Fragen nach den unterschiedlich Betroffenen und Beteiligenden der Raumentwicklung aufschlussreich.

Bisher orientieren sich Planungsziele an der Normkategorie des weißen, mittelalten, berufstätigen Mannes der Mittelschicht. Noch immer kursieren in der Stadtplanung Begriffe wie „Schlafstadt". Gemeint sind Hochhaussiedlungen am Stadtrand, die der berufstätige Mann nur nachts aufsucht, während Ehefrau und Kinder dort den Tag verbringen. Die Essentialismusfalle droht allerdings auch beim Gender-Mainstreaming, wenn hier für die Bedürfnisse von weißen, berufstätigen Müttern der Mittelschicht gekämpft wird.

4.3 Kommentierte Bibliographie

Sabine Hofmeister, Christine Katz, Tanja Mölders unter Mitarbeit von Jana Bundschuh, Stephanie Roth

Bauriedl, Sybille/ Schier, Michaela/ Strüver, Anke (Hrsg.) (2010): Geschlechterverhältnisse, Raumstrukturen, Ortsbeziehungen. Erkundungen von Vielfalt und Differenz im spatial turn. Münster: Westfälisches Dampfboot.

Die elf in diesem Band gesammelten Beiträge führen aus der Perspektive einer geschlechterorientierten Geographie und Raumforschung die Debatten um den „cultural turn" in den Raum- und den „spatial turn" in den Sozial- und Kulturwissenschaften zusammen. Gefragt wird nach der Relevanz beider Kategorien, Raum und Gender. Die Beiträge verweisen auf die grundlegenden wissenschaftstheoretischen Entwicklungen in der Geschlechterforschung und erweitern diese in raumtheoretischer Perspektive. Die bisher parallel geführten Debatten um Raum und Gender werden theoretisch zusammengeführt. Aufbauend auf empirische Studien werden die wechselseitige Beeinflussung und Ko-Konstitution von Raumstrukturen und Geschlechteridentitäten und die diesen zugrunde liegenden gesellschaftlichen Machtverhältnisse herausgearbeitet. Dabei wird durch die Berücksichtigung von Geschlechterverhältnissen eine neue Perspektive in die vielfältigen Forschungsbereiche der (Human)Geographie integriert: von der Forschung über Veränderungsprozesse ländlicher Räume (Damyanovivic/ Wotha) über das Themenfeld Mobilität und Multilokalität (Schier) und Migrationsforschung (Büchler/ Richter) bis hin zu Fragen des Klimawandels (Bauriedl) und von Körper und Raum (Strüver). Damit ermöglicht der Sammelband einen Überblick über die Vielfalt theoretischer, thematischer und methodischer Zugänge der feministischen raumbezogenen Geschlechterforschung, insbesondere im deutschsprachigen Raum. Er stellt neue Forschungsansätze vor, die insbesondere für die Forschung im Bereich nachhaltige Raumentwicklung interessant sind, da in der Verbindung von Raum und Gender eine Integrationsperspektive auf die sozialen, ökologischen und ökonomischen Aspekte nachhaltiger Entwicklung entsteht.

Becker, Ruth (2004): Raum. Feministische Kritik an Stadt und Raum. In: Becker, Ruth/ Kortendiek, Beate (Hrsg.): Handbuch Frauen- und Geschlechterforschung. Theorie, Methoden, Empirie. Wiesbaden: VS Verlag, S. 652-664.

In ihrem in das Thema Raum- und Stadtforschung aus Geschlechterperspektive einführenden Beitrag zeichnet Becker mit Verweis auf relevante Forschungsarbeiten die Entwicklung kritisch feministischer Forschung in Architektur, Planung, Stadt- und Regionalentwicklung nach. Sie zeigt an verschiedenen Beispielen – von der Diskussion um die Unsichtbarmachung der Versorgungsarbeit im Wohnungs- und Städtebau oder anhand der in die Ausbildung von Architekt_innen und Planer_innen eingehenden Geschlechterbilder –, dass und wie die Konstruktion von Geschlecht und Raum untrennbar miteinander verbunden sind. Nach einem Überblick über die Kritikansätze zu dieser Verbindung gibt Becker einen Einblick in aktuelle, vor allem aus dem angloamerikanischen Raum stammende Diskussionen zu „widerständigen Praktiken" der Raumproduktion durch Frauen und Homosexuelle (ebd.: 659). Sie weist in einem Ausblick darauf hin, dass „Retraditionalisierungsprozesse" durch die die tradierten Geschlechterbilder – wie das Idealbild der „heterosexuellen, ‚vollständigen' jungen Familie" – in aktuellen Programmen und Plänen erneuert werden, kritisch zu beobachten und zu reflektieren seien. Obgleich die Autorin keinen expliziten Bezug zu den Diskussionen um nachhaltige Raumentwicklung herstellt, ist die Lektüre ihres Beitrags im Blick auf die Frage nach den Synergien zwischen geschlechter- und nachhaltigkeitsorientierter Forschung in den Raum- und Planungswissenschaften lohnenswert.

Hofmeister, Sabine/ Mölders, Tanja/ Thiem, Anja (2012): Nachhaltige Raumentwicklung. In: Heinrichs, Harald/ Michelsen, Gerd (Hrsg.): Nachhaltigkeitswissenschaften. Berlin, Heidelberg: Springer Verlag. (i. V.)

Die drei Autorinnen skizzieren in ihrem in das Themenfeld nachhaltige Raumentwicklung einführenden Beitrag ein an den Ergebnissen der raumbezogenen Geschlechterforschung orientiertes und die Nachhaltigkeitsdimensionen integrierendes Verständnis des Forschungsfeldes: Die Prämissen Geschlechter- und Generationengerechtigkeit weisen auf die Notwendigkeit hin, Nutzenoptionen langfristig zu erhalten und Nutzungsansprüche an den Raum zu integrieren. Welche neuen Perspektiven auf Fragen der Regionalentwicklung aus diesem Verständnis resultieren, wird ausgehend von den (Zwischen)Ergebnissen von drei Forschungsvorhaben illustriert: Hieran zeigen die Autorinnen, dass und wie die Trennungen zwischen Nutzen und Schützen der Natur in der Landschaftsentwicklung dominiert und inwieweit das Trennungsverhältnis von Erwerbs- und Reproduktionsarbeit in der Entwicklung ländlicher Räume wirksam wird. Ausgehend von dieser kritischen Analyse wird deutlich, dass mithilfe der Kategorie Geschlecht ein Neudenken nachhaltiger Entwicklungswege ermöglicht und neue Handlungsräume erschlossen werden können. Sie schlagen vor, Räume als (re)produktive Räume zu begreifen und auf diese Weise die kritisierten Trennungen analytisch zu überwinden, um den Blick auf Potenziale nachhaltiger Entwicklung zu lenken.

Terlinden, Ulla (1990): Gebrauchswirtschaft und Raumstruktur. Ein feministischer Ansatz in der soziologischen Stadtforschung. Stuttgart: Silberburg.

In ihrem auf ihrer Dissertationsschrift basierenden Buch, das inzwischen als ein „Klassiker" zu feministischer Raumforschung gelten kann, untersucht Terlinden die Bedeutung der Hauswirtschaft für die Prägung, Gestaltung und Veränderung gesellschaftlicher Raumstrukturen. Sie unterscheidet dabei die „Arbeit für den Tausch", d.h. die Erwerbsarbeit, von der „Arbeit für den direkten Gebrauch", die unbezahlte Arbeit, die hauptsächlich Frauen zugewiesen und, so die Autorin, in der stadtsoziologischen Forschung bislang kaum beachtet wird. Dabei sei von der Relevanz der „geschlechtsspezifische[n] Frage besonderer Betroffenheit, Verfügung und Einflussnahme" (ebd.: 9) für die Stadt- und Regionalsoziologie ausgegangen. Die Autorin zeigt entlang einer historischen Analyse, dass und wie in vorindustriellen Gesellschaften verschiedene Formen der Arbeit in einer „Ökonomie des ganzen Hauses" die Siedlungs-, Stadt- und Raumstrukturen in allen Ständen bestimmt haben. Sie stellt dar, dass sich mit dem Wandel zur industriellen Gesellschaft die „Ökonomie des ganzen Hauses" auflöste und sich das Verhältnis von Tauscharbeit zu Gebrauchsarbeit änderte. Die Gebrauchswirtschaft verringerte sich dabei nicht, sondern wandelte sich in Bezug auf ihre Inhalte und Bedeutungen: Sowohl im gesellschaftlichen Bewusstsein insgesamt als auch im Besonderen in Raumanalyse und -forschung wurde sie als „Hausarbeit" marginalisiert. Die Studie zeigt, dass und wie weit Gebrauchswirtschaft als eine „räumlich gestaltende Kraft" (ebd.: 208) wirksam ist – eine Kraft, die es insbesondere im Diskurs um nachhaltige Raumentwicklung zu beachten gilt.

Wastl-Walter, Doris (2010): Gender Geographien. Geschlecht und Raum als soziale Konstruktionen. Stuttgart: Franz Steiner.

Die Forschungsschwerpunkte der Autorin, wie z.B. Fragen nach der Konstruktion und Bedeutung von Grenzen, nach den Handlungsmöglichkeiten und -strategien von verschiedenen Frauen (z.B. Migrantinnen, Bäuerinnen) sowie deren Repräsentationen im Raum spiegeln sich in dem in das Themenfeld Gender Geographien einführenden Lehrbuch wider. Nach einer ausführlichen Darstellung der theoretischen Konzepte von Geschlecht und Raum sowie ihrer methodischen Implikationen werden unterschiedliche Konzeptionen von Gender und Sexualität im Blick auf ihre Raumbezüge dargestellt. Der Nutzen dieser Querschnittsperspektive für die geographischen Teildisziplinen wird verdeutlicht. Wastl-Walter begreift sowohl Raumkonzepte als auch Geschlecht als Produkt sozialer Interaktionen und Konstruktionen. Über eine feministische Geographie, in der die Perspektive von Frauen eingenommen wird, hinausgehend weist die Autorin auf die Notwendigkeit einer breiteren, pluralistischen Sichtweise hin. Sie arbeitet heraus, welchen Beitrag die Geographie zu den Gender Studies zu leisten vermag und umgekehrt. Aufbauend auf die theoretische und methodologische Rahmung des Forschungsfeldes widmet sich die Autorin u.a. den Themen, Körper und Körperlichkeit im Raum (Kap. 2), feministische Naturwissenschafts-/ Technikkritik und Umweltforschung (Kap. 3), dem Trennungsverhältnis von Produktion und Reproduktion im Diskurs zu „Arbeit" (Kap. 4), Geschlechterkonstruktionen und Globalisierung (Kap. 5) und thematisiert die mit diesen Themenfeldern verbundenen Herausforderungen für die Geographie. Abschließend (Kap. 9) stellt Wastl-Walter explizit den Bezug zu den Debatten um nachhaltige Entwicklung her, indem sie die geschlechtsspezifischen Zugänge zu lebensnotwendigen Ressourcen kritisch thematisiert und den Zugang feministischer politischer Ökologie zur Geographie hervorhebt.

Zibell, Barbara (1999): Nachhaltige Raumentwicklung – nicht ohne Frauen. In: PlanerIn. H. 2, S. 25-27.

In ihrem Aufsatz weist Barbara Zibell auf die Bedeutung der Handlungsprinzipien Vorsorgenden Wirtschaftens (Vorsorge, Kooperation, Orientierung am Lebensnotwendigen) für die nachhaltige Raumentwicklung und -planung hin: Die aus der Realisierung des Vorsorge- und Kooperationsprinzips sowie aus der Orientierung am für das Gute Leben Notwendigen resultierenden Anforderungen an Planung und Gestaltung werden herausgearbeitet. Ihre Überlegungen beruhen auf einem Verständnis von Nachhaltigkeit, das auf eine gerechte Verteilung und Gleichbewertung von Arbeit setzt – auch und gerade zwischen den Geschlechtern. Die Handlungsprinzipien des Vorsorgenden Wirtschaftens wurden im Kontext feministischer Nachhaltigkeitsforschung entwickelt. Mit dem Beitrag von Zibell wird das Konzept Vorsorgendes Wirtschaften in Hinblick eine genderorientierte nachhaltige Raumentwicklung erweitert.

5. Mobilität

5.1 Verkehrs- und Mobilitätsforschung aus der Genderperspektive

Christine Ahrend und Melanie Herget

1 Einleitung

Vieles spricht auf den ersten Blick dafür, dass sich seit den 1980er Jahren, als erstmals Geschlechterfragen im Verkehrsbereich breiter thematisiert wurden, die Lebensweisen und damit auch die Verkehrs- und Mobilitätsmuster von Frauen und Männern durchaus einander angeglichen haben. So sind Frauen in Deutschland heute wesentlich häufiger und selbstverständlicher erwerbstätig als noch vor einigen Jahrzehnten (z.B. Allmendinger et al. 2008: 20f.; Europäische Kommission 2009: 5), inzwischen besitzen fast genauso viele Frauen einen Führerschein (z.B. Infas/ DLR 2010: 70) und haben fast genauso Zugang zu einem Auto wie Männer (z.B. Thakuriah et al. 2010: 5; Scheiner 2010: 85). Auch auf verkehrswissenschaftlicher Seite haben Forderungen der Geschlechterforschung inzwischen einiges bewirkt. So wird mittlerweile die Begleitung von Kindern oder anderen Personen als eigene Wegezweck-Kategorie erfasst und nicht mehr unter „Freizeit" subsummiert, und die meist zu Fuß oder per Rad zurückgelegten Zu- und Abgänge zu Verkehrsmitteln sowie Wegeketten werden inzwischen in verkehrswissenschaftlichen Surveys berücksichtigt. Warum macht es dennoch Sinn, sich auch heute noch mit Geschlechterdifferenzen im Verkehrsbereich zu beschäftigen?

Zur Beantwortung dieser Frage wollen wir den aktuellen Stand der Forschung reflektieren und an den offenen Forschungsfragen aus den 1980er und 1990er Jahren messen. Zuvor möchten wir an zwei typische „Brillen" erinnern, durch die Geschlechterunterschiede betrachtet werden können (z.B. Knoll 2008: 14f.; Frey 2003: 46f.; Doblhofer/ Küng 2008: 38f.), da diese trotz ihrer unterschiedlichen Annahmen und Schlussfolgerungen in der bisherigen Forschungs- und Planungspraxis meist inkonsistent nebeneinander genutzt und selten explizit reflektiert oder offengelegt werden:

Durch die *differenztheoretische „Brille"* betrachtet sind Frauen und Männer verschieden im biologischen Sinn, der wiederum soziale Unterscheidungen festlegt. In ihrer Verschiedenartigkeit sollten die Geschlechter gleichberechtigt anerkannt werden. „Geschlecht" ist demnach eine mehr oder weniger raum-zeitlich konstante, biologische Strukturkategorie oder ein langfristig relevantes System gesellschaftlicher Rollenzuschreibungen. Wissenschaftliche Untersuchungen sollten die Kategorie Geschlecht (Sex) also als unabhängige Größe immer mit berücksichtigen. Verkehrsinfrastruktur sollte den unterschiedlichen Präferenzen und Handlungsfeldern, die sich aus den Rollenzuweisungen ergeben, von Frauen und Männern gleichermaßen gerecht werden.

Durch die *gleichheitstheoretische „Brille"* betrachtet sind Frauen und Männer zwar nicht gleich, aber gleichwertig im gesellschaftlichen Sinn und sollen daher gleichbehandelt werden. „Geschlecht" ist hier eine raum-zeitlich variierende, sozial konstruierte und grundsätzlich veränderbare Strukturkategorie. Wissenschaftliche Untersuchungen sollten die Kategorie Geschlecht demnach als vom Genom unabhängiges „soziales Geschlecht" (Gender) und als wichtige abhängige Größe betrachten. Ziel dieser Forschungen ist es folglich, die Prozesse aufzudecken, die zu geschlechtstypischen Zuschreibungen führen. Verkehrsinfrastruktur sollte entsprechend so gestaltet werden, dass sie allen Menschen qualitativ gleichwertig Zugang zu und Teilhabe an Ressourcen ermöglicht – unabhängig davon, welcher Geschlechtergruppe sie sich zuordnen oder zugeordnet werden.

2 Stand der Forschung

Wir beginnen unseren Gang durch die Erkenntnisse gendersensibler Verkehrs- und Mobilitätsforschung[1] mit generellen geschlechtstypischen Unterschieden im Verkehrsverhalten und fassen dann Veränderungen durch Kinder im Haushalt und durch Effekte verschiedener Erwerbsmodelle zusammen. Darauf aufbauend umreißen wir im dritten Kapitel einige Grundzüge gendersensibler Kritik an verkehrsbezogener Planung und Forschung sowie entsprechende Gegenvorschläge.

2.1 Generelle geschlechtstypische Unterschiede

In der aktuellen Verkehrs- und Mobilitätsforschung werden die folgenden geschlechtstypischen[2] Unterschiede konstatiert:

---

1 Unter Verkehrs(verhaltens)forschung verstehen wir im Folgenden alle Untersuchungen, die die tatsächlichen Ortsveränderungen von Personen analysieren. Als Mobilitätsforschung bezeichnen wir Untersuchungen, die die subjektiv infrage kommenden verkehrsbezogenen Handlungsmöglichkeiten von Personen betrachten.
2 In Anlehnung an Rennen-Allhoff/ Thomas (1998: 3) wird im Folgenden der Begriff „geschlechtstypisch" dem ebenfalls häufig synonym verwendeten Begriff „geschlechtsspezifisch" vorgezogen. Nach Rennen-Allhoff und Thomas legt der Begriff „geschlechtsspezifisch" die Annahme nahe, ein Merkmal sei tatsächlich für ein Geschlecht „spezifisch", also direkt und ausschließlich daran gebunden. „Geschlechtstypisch" be-

- Frauen nutzen seltener als Männer das Auto und sind häufiger mit Verkehrsmitteln des Umweltverbundes (d.h. zu Fuß, mit Rad, Bus, Tram oder Bahn) unterwegs (z.b. Infas/ DLR 2010: 104; Kramer 2005: 128).
- Frauen legen kürzere Tagesstrecken zurück als Männer (z.b. Infas/ DLR 2010: 15; Kramer 2005: 328; MacDonald 1999).
- Frauen legen mehr Wege zurück mit Hauptzweck „Einkauf", Männer mehr Wege mit Hauptzweck „Arbeit/ dienstlich" (z.b. Infas/ DLR 2010: 81; Kramer 2005: 328; Best/ Lanzendorf 2005: 113; Turner et al. 2006: 9).
- Frauen bilden häufiger und zudem komplexere Wegeketten als Männer (z.b. Infas/ DLR 2010: 15; Bauer et al. 2011: 22; McGuckin/ Murakami 1999).

Obwohl der auf das städtische Zentrum ausgerichtete öffentliche Personennahverkehr (ÖPNV) geradezu prädestiniert ist für die typischen Verkehrsverhaltensmuster erwerbstätiger Männer und die komplexen Verkehrsverhaltensmuster von Frauen (aufgrund ihrer Einbindung sowohl in Erwerbstätigkeit als auch in Versorgungspflichten) ein flächenerschließendes Verkehrsmittel nahe legen, folgt die tatsächliche Verkehrsmittelnutzung also nicht dieser Logik (Becker 2004: 654).

Allerdings ist die Forschungslage zu generellen geschlechtstypischen Unterschieden insgesamt uneinheitlich, und die meisten der gefundenen Effekte sind nicht sehr groß. Die Widersprüchlichkeit der Befunde steht vermutlich in engem Zusammenhang mit den recht unterschiedlichen methodischen Zugängen und der Frage, welche weiteren Faktoren neben dem „Geschlecht" bei Vergleichen berücksichtigt und möglichst konstant gehalten wurden und welche nicht. So lässt sich insgesamt feststellen, dass die geschlechtstypischen Unterschiede im Verkehrsverhalten deutlich geringer ausfallen, wenn in Bezug auf Alter, Haushaltszusammensetzung, Erwerbsmodell, Einkommen, Regionstyp usw. homogene Gruppen von Frauen und Männer miteinander verglichen werden (z.B. Nobis/ Lenz 2005; Sicks 2011). Dennoch bleibt ein nicht durch weitere Größen erklärbarer Restunterschied oftmals bestehen und wird – je nach „Brille" der jeweiligen Forscher_innen – als grundsätzliche Geschlechterdifferenzen, tief verinnerlichte soziale Rollen oder als gesamtgesellschaftlicher Konstruktionsprozess gedeutet.

2.2 Veränderungen durch Kinder im Haushalt

Während die Unterschiede im Verkehrsverhalten zwischen Männern und Frauen als Gesamtgruppen relativ gering sind, werden die Unterschiede deut-

---

tont hingegen stärker die soziale Realität, dass bestimmte Merkmale bei einem Geschlecht häufiger oder intensiver anzutreffen sind oder einem Geschlecht im Sinne von Stereotypen eher zugeschrieben oder zugestanden werden.

licher, sobald Frauen und Männer mit Kindern in einem gemeinsamen Haushalt leben:

- Frauen mit Kindern machen deutlich weniger arbeitsbezogene und deutlich mehr versorgungsbezogene Wege als Männer gleichen Haushaltstyps und als Frauen ohne Kinder (z.b. Kramer 2005: 328; Best/ Lanzendorf 2005: 113; Turner et al. 2006: 9).
- Frauen mit Kindern nutzen das Auto häufiger und den ÖPNV seltener als Frauen ohne Kinder (z.b. Vance/ Iovanna 2007: 58; Heine et al. 2001: 53; Nobis/ Lenz 2005). Ihre Verkehrsmittelwahl ähnelt insgesamt stärker der der Männer.
- Unabhängig vom Regionstyp sind es ganz überwiegend Frauen, die die Begleitung der Kinder übernehmen und dafür auf selbstbestimmte Freizeit verzichten (z.b. Kramer 2005: 247; Infas/ DLR 2010: 64; Heine et al. 2001: 55; McDonald 2005). Nach Sicks (2011: 4) ist bei den Begleitwegen der Deutschen – im Gegensatz zu Arbeits-, Einkaufs- und Freizeitwegen – zwischen 1976 und 2008 sogar eine leichte Zunahme der geschlechtstypischen Unterschiede festzustellen.

Diese i.d.R. deutlichen Unterschiede im Verkehrsverhalten werden zumeist mit der geschlechtstypischen Arbeitsteilung und Re-Traditionalisierung bei Eintritt in die Familienphase erklärt. So sind in Europa Frauen mit Kindern deutlich seltener erwerbstätig (-11,5%) als Frauen ohne Kinder, während Männer mit Kindern häufiger erwerbstätig sind (+ 6,8%) als Männer ohne Kinder (Europäische Kommission 2009: 5, ähnlich Turner et al. 2006: 9). Der erste deutsche Gender-Datenreport resümiert entsprechend:

„Trotz der Vervielfältigung von Familienformen [...] und trotz der Ausgliederung von Betreuungsaufgaben aus der Familie [...] werden Erziehungs- und Pflegetätigkeiten mit zeitweisem Verzicht auf Berufstätigkeit vor allem von Frauen erwartet [...] und auch tatsächlich geleistet." (Cornelißen 2005: 292)

2.3 Effekte verschiedener Erwerbsmodelle

Es gibt durchaus Unterschiede im Ausmaß und in der Ausgestaltung der geschlechtstypischen Arbeitsteilung, je nachdem, ob es sich um Länder mit einer sozialistischen, sozialdemokratischen oder liberalen Wirtschafts- und Politiktradition handelt (z.B. Braun 2006). So ist aufgrund der unterschiedlichen Wirtschafts- und Sozialgeschichte auch heute noch in Ostdeutschland ein wesentlich größerer Anteil an Familien mit zwei Vollzeit erwerbstätigen Elternteilen vorzufinden als in Westdeutschland (z.B. Spellerberg 2005; Klammer/ Klenner 2004). Untersuchungen zum Einfluss der Erwerbstätigkeit auf das Verkehrsverhalten zeigen Folgendes:

- In der Gruppe der Nicht-Erwerbstätigen und in der Gruppe der Teilzeit Erwerbstätigen gibt es kaum geschlechtstypische Unterschiede im Verkehrsverhalten – jedenfalls solange keine Kinder mit im Haushalt leben (z.B. Nobis/ Lenz 2005: 122; Infas/ DLR 2010: 80).

- Die größten Unterschiede finden sich in der Gruppe der Vollzeit Erwerbstätigen, insbesondere wenn Kinder mit im Haushalt leben: Vollzeit erwerbstätige Frauen nutzen seltener das Auto und häufiger den ÖPNV, und sie machen mehr Einkaufs- und weniger Freizeitwege als Männer gleichen Erwerbs- und Haushaltstyps (z.b. Nobis/ Lenz 2005).
- Mit steigender Erwerbstätigkeit nimmt sowohl bei Frauen als auch bei Männern die Autonutzung zu; bei den Männern ist diese Zunahme allerdings stärker (ebd.: 118).
- Die höchste Beteiligung von Männern an Begleitwegen ist festzustellen, wenn äußerliche Zwänge (Erwerbstätigkeit und Zeitknappheit der Partnerin sowie kleine betreuungsbedürftige Kinder) dies erfordern (z.b. Kramer 2005: 244). Zudem steigt der Zeitaufwand von Männern für Begleitwege, je weniger sie selbst erwerbstätig sind (ebd.: 238).
- Unabhängig vom Grad der Erwerbstätigkeit sind die Pendeldistanzen und der Zeitaufwand für den Weg zum Arbeitsplatz bei Frauen geringer als bei Männern (z.B. ebd.: 205; MacDonald 1999).

Zur Erklärung der hier skizzierten Unterschiede wird von den meisten Autor_innen Bezug auf Ergebnisse der Arbeitsmarktforschung genommen, insbesondere auf die i.d.R. geringeren Gehälter von Frauen, ihre Doppelbelastung durch die zusätzliche Hauptverantwortung für Haushalts- und Familienpflichten und das dezentralere Arbeitsplatzangebot typischer Frauenberufe. Um diese – durchaus plausiblen – Zusammenhänge wirklich theorie- und datenbasiert begründen zu können, sind jedoch noch weitere interdisziplinäre Forschungen erforderlich. Interessante Hinweise zur Bedeutung des „sozialen Geschlechts" bei Aushandlungsprozessen in Paarhaushalten liefern auch Untersuchungen der Queer Studies. Carrington (1999: 188f.) beispielsweise untersuchte die Arbeitsteilung bei schwulen und lesbischen Paaren und stellte fest, dass i.d.R. der Partner bzw. die Partnerin mehr Haushalts- und Familienpflichten übernimmt, die oder der weniger Zeit erwerbstätig ist oder – bei gleichem Erwerbsumfang – das niedrigere Einkommen in den Haushalt einbringt. Inwiefern Arbeitsteilungsmuster wie diese auch das jeweilige Verkehrsverhalten beeinflussen, wurde nach unserem Kenntnisstand allerdings noch nicht untersucht.

3 Entwicklung gendersensibler Planung und Forschung

Die Kritik gendersensibler Verkehrs- und Mobilitätsforscher_innen gilt zumeist der mangelnden Berücksichtigung von frauentypischen Arbeiten, Prioritäten und Abläufen in Konzepten der Verkehrsplanung und -forschung. Die mangelnde Berücksichtigung drückt sich u.a. in Fachtermini aus: So wird z.B. von „Wohngebieten" gesprochen, obwohl dort durchaus (Reproduktions)Arbeit verrichtet wird, und von „Schlafstädten", obwohl dort auch tagsüber recht wache Menschen anzutreffen sind (z.B. Bauhardt 1994: 192). Einige der methodischen Kritikpunkte aus den 1980er Jahren werden inzwischen bei der Konzeption von Verkehrserhebungen berücksichtigt (z.B. Wegeketten, „Begleitung" als eigener Wegezweck). Andere Kritikpunkte an der Art der Wegeerfassung bleiben jedoch noch bestehen (z.B. Meyer 1998: 73f.; Knoll/ Szalai 2008: 46f.; Schier 2010: 139; Kramer 2005: 130). So wird u.a. kritisiert,

- dass zwar die Quantität von Wegen, Distanzen und Wegezwecken erfasst wird, selten jedoch die Qualität, das subjektive Erleben und Deuten des jeweiligen Unterwegsseins,
- dass Wege im Rahmen von Zeitbudgetstudien oft erst ab einer gewissen Dauer von z.B. 10 Minuten erfasst werden (und somit die gerade bei Frauen häufigen kurzen Wege systematisch unterrepräsentiert sind),
- dass einem Weg oft nur ein Hauptverkehrsmittel zugeordnet wird (und somit die typischen „Zubringer"-Verkehrsmittel „zu Fuß" und „mit Rad" systematisch unterrepräsentiert sind),
- dass einem Weg oft nur ein Hauptwegezweck zugewiesen wird (und somit die für Wegeketten typischen Zweck-Kombinationen systematisch unterrepräsentiert sind).

Die genannten Autor_innen schlagen entsprechend eine deutlich differenziertere Datenerhebung vor, die es überhaupt erst ermöglicht, das Verkehrsverhalten von Frauen vollständig zu erfassen. Wie eine Untersuchung von Schwanen (2007) zeigt, sind insbesondere auch Begleitwege stärker zu differenzieren, um dort geschlechtstypische Gemeinsamkeiten und Unterschiede aufdecken zu können: So macht es durchaus einen Unterschied, ob es sich bei einem Begleitweg um einen Hin- oder einen Rückweg der begleiteten Person handelt (Hinwege sind i.d.R. besser planbar als Rückwege) und für welchen Zweck die Begleitung erfolgt (Schulzeiten und feste Freizeitangebote sind meist besser planbar und leichter mit beruflichen Erfordernissen in Einklang zu bringen als Besuchs-/ Spieltermine). In einem Anwenderworkshop zur Studie *Mobilität in Deutschland* wurde in diesem Zusammenhang bereits vorgeschlagen, „Begleitung" nicht als Wegezweck, sondern als Zusatzmerkmal eines Weges zu erfassen (Infas/ DLR 2007: 24) – dieser Vorschlag wurde jedoch bislang nicht umgesetzt.

4 Verkehr und Mobilität – geschlechtergerecht oder nachhaltig?

Geschlechtergerechte Verkehrsplanung und -forschung bedeutet, auch bei dem gesellschaftlichen Umgestaltungsprozess in Richtung Nachhaltigkeit

- feststellbare Unterschiede zwischen und innerhalb der Geschlechtergruppen als Ausgangssituation mit zu berücksichtigen, ohne sie festzuschreiben,
- eine Vielzahl an Lebensmodellen und Lebensphasen durch entsprechende Personen aktiv bei Entscheidungen mit einzubeziehen und
- auf eine geschlechtergerechte Verteilung der Be- und Entlastungen, des Nutzens und der Risiken von Maßnahmen zu achten (Weller 2004: 91).

Allerdings sehen sich gendersensible Mobilitäts- und Verkehrsforscher_innen, die sich dem gesellschaftlichen Leitbild einer nachhaltigen, zukunftsfähigen Entwicklung verpflichtet fühlen, mit einigen Spannungsfeldern konfrontiert. So sind die kürzeren Wegelängen von Frauen im Vergleich zu Männern zwar einerseits „vorbildlich" im Sinne von Nahraumorientierung und Umweltverträglichkeit, andererseits aber auch Ausdruck sozialer und ökonomischer Abhängigkeiten. So sind z.b. mehrheitlich von Frauen ausgeübte Berufe zwar regional dezentraler verteilt, dafür jedoch oft mit standardisierten Gehältern ohne Verhandlungsspielraum und geringen Aufstiegsmöglichkeiten verbunden (z.b. Rosenbloom 2006).

Aufgrund mangelhafter Alternativen ist ein gleichberechtigter (im Sinne von gleich schneller und gleich bequemer) Zugang zu Arbeitsplätzen zurzeit insbesondere in ländlichen Räumen nur durch mehrere Autos im Haushalt realisierbar. Nachhaltige Mobilität hieße jedoch, dass Männer wie Frauen gleichermaßen stärker auf ÖPNV, nicht-motorisierten Verkehr und Fahrgemeinschaften umsteigen. Ein interessanter Anknüpfungspunkt könnte in diesem Zusammenhang die Beobachtung von Heine et al. (2001: 56) sein, wonach Männer, sobald sie Kinder haben bzw. mit ihnen zusammenleben, eine seltenere PKW-Nutzung und eine weniger emotionale Bindung an das Auto zeigten. In einer an der TU Berlin von uns durchgeführten Interviewstudie mit Elternteilen zweier ländlicher Regionen[3] wurde diese Einstellungs- und Verhaltensänderung von einigen Vätern ebenfalls berichtet; einige andere betonten jedoch, dass ihre Alltagsabläufe, Einstellungen und die Verkehrsmittelnutzung durch die Kinder weitgehend unverändert blieben. Diese Ergebnisse sprechen dafür, dass zumindest für einige Familien die Konzeption eines mobilitätsbezogenen „Neu-Eltern"-Marketings ein sinnvoller Ansatz sein könnte. Dabei könnte auf Erfahrungen des Neubürgermarketings aufgebaut werden, das gezielt die Umbruchsituation „Umzug" für die Anregung von Verhaltensänderungen nutzt (z.B. Bamberg 2006). Ein derartiges Marketing setzt jedoch das Vorhandensein attraktiver umwelt- und familienfreundlicher Alternativangebote zum Auto voraus – keine leichte Aufgabe, gerade angesichts der in vielen Kommunen prekären Haushaltssituation und insbesondere im ländlichen Raum. Aber lohnend, denn immerhin steigen damit die Chancen

---

3 Projekt „Umwelt- und familienfreundliche Mobilität von Familien im ländlichen Raum" (2009-2012), gefördert von der Deutschen Bundesstiftung Umwelt und der Volkswagen Konzernforschung www.verkehrsplanung.tu-berlin.de/ufm (Zugriff: 02.08.11).

für beide Elternteile, sowohl an Erwerbsarbeit als auch an Familienarbeit teilzuhaben. Und davon profitieren wiederum die Kommunen, z.b. durch zusätzliche Steuereinnahmen und eine dauerhaftere Bindung der Menschen an den Wohnstandort.

Hier treffen sich die Maßnahmenvorschläge geschlechtergerechter und nachhaltiger Mobilität. Weitere Gemeinsamkeiten beider Diskurse bestehen im Hinterfragen der (oft impliziten) Gleichsetzung von Verkehrswachstum und Wirtschaftswachstum und in der Forderung nach Entschleunigung und verbesserter Aufenthaltsqualität in öffentlichen Räumen (z.b. Ahrend 1997; Becker 2004; Bauhardt 2007).

5 Schlussfolgerungen für die Forschungspraxis

Wie unser Gang durch die Entwicklung bis zum aktuellen Stand der Forschung deutlich macht, sind geschlechtstypische Unterschiede im Bereich Verkehr und Mobilität noch immer nicht vollständig erklärbar. Bei differenzierter Betrachtung wird deutlich, dass neben den eingangs erwähnten Angleichungstendenzen auch heute noch deutliche Unterschiede in der Ausformung individueller Mobilität bei Frauen und Männern festzustellen sind. Für eine kontinuierliche, gendersensible Verkehrsforschung wird eine noch differenziertere verkehrsbezogene Datengrundlage benötigt. So wäre es hilfreich, wenn in deutschlandweiten Erhebungen wie dem *Deutschen Mobilitätspanel* und der Studie *Mobilität in Deutschland* z.B. nicht nur das Einkommen pro Haushalt erfasst würde, sondern auch das Einkommen pro Person. Gleiches gilt für die Erfassung der Anzahl pflegebedürftiger Haushaltsmitglieder und der familiären Stellung der Haushaltsmitglieder zueinander.

Obwohl mittlerweile die Belange von Frauen zumindest über die Diskurse des Gender-Mainstreaming und dessen Implementierung in Planungsprozesse besser berücksichtigt werden, bleiben einige grundlegende Fragen weiterhin unbeantwortet: Wie entstehen Mobilitätsmuster (Ahrend 1997, 2002)? Welchen Einfluss haben die Möglichkeiten, Lebensziele zu verfolgen, die Aushandlungsmöglichkeiten in Partnerschaften, die geschlechtstypischen Zuschreibungen auf dem Arbeitsmarkt u.Ä. auf das Spektrum vorstellbarer Handlungsoptionen und auf die tatsächliche Verkehrsmittelwahl? Wie werden die Möglichkeiten für Familienarbeit und Erwerbsarbeit durch Verkehrsplanung unterstützt oder behindert? Hier ist es an der Zeit, noch stärker als bislang den Blick auf die Geschlechter*verhältnisse*, insbesondere auf die arbeits- und verkehrsbezogenen Aushandlungsprozesse *zwischen* den Geschlechtern zu richten. Welche Unterschiede bestehen diesbezüglich zwischen den unterschiedlichen sozioökonomischen Gruppen von Frauen? Welche davon sind bei Männern, die dem sozialen Geschlecht „Frau" zugeordnet werden können, ebenfalls relevant?

Was außerdem nach wie vor weitgehend fehlt, ist die Untersuchung der Alltags*qualitäten* von Verkehrsmitteln, Verkehrsmittelkombinationen und Verkehrssystemen. Die Frage nach der Alltagstauglichkeit, die von der Frauenforschung bereits vor Jahren aufgeworfen wurde, wird derzeit zwar in anwendungsbezogenen Forschungen zu Barrierefreiheit und „Design für alle" mit behandelt (z.B. Dziekan et al. 2011). Allerdings werden dabei die umfangreichen Prozesse, die überhaupt zur Ausbildung individueller und geschlechterdifferenter Mobilität führen, nicht hinterfragt und analysiert. Diese Fragen sind empirisch nur mit theoriegenerierender qualitativer Forschung zu bearbeiten, unter Rückgriff auf Theorien der feministischen Forschung und der Genderforschung.

Die Reglementierung des motorisierten Individualverkehrs bei gleichzeitiger Stärkung des öffentlichen Verkehrs wird schon seit langem von feministischen Verkehrsforscher_innen gefordert (z.B. Eickhoff et al. 1994). Auch die vielfältigen Erfahrungen von Frauen mit Inter- und Multimodalität wurden schon früh als interessante Wissensquelle für nachhaltige Mobilität betont (ebd.). Diese Ansätze bekommen nun neuen Nährboden und neue Verbündete, denn inter- und multimodale Verkehrsverhaltensweisen rücken zunehmend in den Fokus all jener, die den Elektroverkehr und den Umbau des Energienetzes für die Stärkung des ÖPNV nutzen wollen. Eine weitere interessante Entwicklung ist, dass Jugendliche in urbanen Regionen vom autoaffinen Verkehrsverhalten abzurücken scheinen (z.B. Albert et al. 2010). Unternehmen im Bereich Schiene, Auto und Fahrrad nehmen diesen Trend sehr sensibel wahr und suchen Erklärungen. Wir meinen, die Genderforschung sollte dieses Phänomen für sich nutzen.

Verkehrsplanung und Mobilitätsforschung stehen grundsätzlich im Spannungsfeld zwischen den Ansprüchen, auch heute noch feststellbare geschlechtstypische Unterschiede aufzuzeigen und zu berücksichtigen und zugleich Veränderungen dieser geschlechtstypischen Unterschiede zu ermöglichen. In einer gendersensiblen Verkehrsplanungspraxis geht es zumeist darum, geschlechtergerechtere Wahlmöglichkeiten zwischen Verkehrsmitteln herzustellen. Dabei ist nachrangig, ob die Anforderungen von Frauen und Männern an Verkehrsmittel(systeme) aufgrund von biologischen Geschlechterdifferenzen oder aufgrund von sozial erworbenen geschlechtstypischen Unterschieden benannt werden. Ziel dieser Planung ist es, für diejenigen Frauen und (derzeit wenigen) Männer, die Reproduktionsarbeit leisten, die Ist-Situation zu verbessern. Wird hingegen das Verkehrsverhalten als Ausdruck von zu hinterfragenden gesellschaftlichen Verhältnissen betrachtet, so muss erforscht werden, welche Erfahrungen und Einflüsse bereits *vor* der Verkehrsmittelwahl entscheidend sind. Hier liegt ein Forschungsfeld, das sich seit den 1980er und 1990er Jahren noch nicht genügend entwickelt hat: die gemeinsame Forschung der empirischen Mobilitätsforschung, der Stadtsoziologie und der Geschlechterforschung. In solchen Kooperationen wäre es wünschenswert, wenn die Mobilitätsforschung nicht nur die Entwicklung von Mobilitätsroutinen erforscht, sondern auch, in welcher Weise Verkehrsmittel(systeme) durch ihre Ausgestaltung und ihren Flächenverbrauch öffentlichen Raum verändern und – insbesondere in der Herstellung von Öffentlichkeit und Privatheit – soziales Geschlecht (re)produzieren.

5.2 Kommentar: Die Bedeutung von Nachhaltigkeits- und Gender-Aspekten im ÖPNV – Praxisperspektive

Sylvie Grischkat und Astrid Karl

1 Ausgangslage

Umweltauswirkungen des Verkehrs stehen seit vielen Jahren im Zentrum der Verkehrs- und Mobilitätsforschung. Soziale Aspekte, darunter Fragen der Geschlechtergerechtigkeit, waren bisher hingegen eher nachrangig. Seit einigen Jahren werden – ausgehend von der Geschlechterforschung der 1980er Jahre – Fragen nach den Unterschieden in der Mobilität von Frauen und Männern vermehrt untersucht, wobei die Ergebnisse – wie Christine Ahrend und Melanie Herget (i.d.Bd.) aufzeigen – noch kein einheitliches Bild ergeben und auch noch nicht vollständig erklärt werden können.

Werden neben den Auswirkungen verschiedener soziodemografischer Faktoren auf die Mobilität von Männern und Frauen[4] auch die damit zusammenhängenden Umweltauswirkungen untersucht (u.a. Grischkat 2008), wird deutlich, dass dem öffentlichen Personennahverkehr (ÖPNV[5]) hierbei eine ambivalente Rolle zukommt: Einerseits gilt die Nutzung des ÖPNV vor allem von Frauen aufgrund ihrer (noch) geringeren Pkw-Verfügbarkeit als Indiz für fortbestehende Ungleichheiten zwischen den Geschlechtern – und für ihre (nicht freiwillige) umweltfreundlichere Mobilität. Andererseits wird gerade aufgrund der besseren Umweltbilanz öffentlicher Verkehrsmittel eine konsequente(re) Ausgestaltung des ÖPNV auf Nutzer_innen-Bedürfnisse hin gefordert (FGSV 2004). Je nachdem, welche der beiden Perspektiven eingenommen wird, kann z.B. eine abnehmende ÖPNV-Nachfrage von Frauen als fortschrittlich im Hinblick auf Gleichberechtigung interpretiert werden, oder aber als Zeichen dafür, dass der ÖPNV den Bedürfnissen von Frauen und anderer Bevölkerungsgruppen nicht ausreichend gerecht wird. Die nicht eindeu-

---

4   Einige dieser Faktoren sind u.a. Erwerbs- und Reproduktionsarbeitszeiten und das (Nicht)Vorhandensein von Kindern im Haushalt (Ahrend/ Herget i.d.Bd.).
5   Der ÖPNV umfasst Busse, U- und Straßenbahnen sowie Züge des Nah- und Regionalverkehrs (Karl 2008: 68ff.).

tigen Ergebnisse der diesbezüglichen genderorientierten Verkehrsforschung konnten eine solche Beobachtung bisher nicht zweifelsfrei deuten.

Unzweifelhaft ist jedoch aus Sicht der Praxis, dass die Planung und Gestaltung von ÖPNV-Angeboten häufig ohne die Berücksichtigung der Bedürfnisse der Nutzer_innen des ÖPNV bzw. ohne ausreichende Kundenorientierung[6] erfolgt. Dies hat zur Folge, dass der ÖPNV für viele Bevölkerungsgruppen unattraktiv ist – insbesondere dann, wenn für die Wege andere Verkehrsmittel, vor allem der Pkw, zur Verfügung stehen.

Ausgehend von der These, dass nachhaltige Mobilität für *alle* Menschen einen Zugang zu *umweltfreundlichen* und erschwinglichen Mobilitätsformen gewährleistet und dies auch nachfolgenden Generationen möglich sein soll[7], bedarf es attraktiver Alternativen zum Pkw für die alltägliche Mobilität. Da der ÖPNV als umweltfreundlichster und – zumindest im Ideal – überall verfügbarer Verkehrsträger eine mögliche Antwort auf die Frage nach nachhaltiger Mobilität sein kann, werden im Folgenden die Strukturen im ÖPNV und mögliche Ursachen für die geringe Kundenorientierung im ÖPNV aufgezeigt sowie einige positive Beispiele vorgestellt, die der Idee von Geschlechtergerechtigkeit und Nachhaltigkeit zumindest nahe kommen.[8]

2 ÖPNV – Versorgungsleistung (fast) ohne gezielte Kundenorientierung?

Der ÖPNV soll gemäß seiner gesellschaftlichen Funktion allen Menschen den Zugang zu Mobilität ermöglichen. Infrastrukturgüter, wie etwa die Versorgung der Bevölkerung mit Energie oder mit öffentlich zugänglichen Verkehrsleistungen, bilden in Deutschland traditionell den Kernbereich der staatlichen Daseinsvorsorge (bereits Forsthoff 1938: 36f.). Der hiermit einhergehende planerische und infrastrukturelle Versorgungsgedanke ist im deutschen ÖPNV stark ausgeprägt. Er erzeugt(e) eine Ausrichtung der verantwortlichen Behörden auf das Zurverfügungstellen von Bussen und Bahnen anhand abstrakter, standardisierter Planungskriterien, die auf einen durchschnittlichen Bedarf abstellen.

In der Folge hat der ÖPNV – zugespitzt – den Charakter eines typischen „Verwaltungsprodukts": Er ist zwar recht zuverlässig, aber verstaubt und an individuellen Präferenzen und Bedürfnissen nicht sonderlich interessiert.

---

6   Im Folgenden verwenden wir den in der Praxis üblicheren Begriff „Kundenorientierung", mit dem die Auseinandersetzung mit den Bedürfnissen der aktuellen und potenziellen Fahrgäste und Zielgruppen gemeint ist.
7   Nachhaltige Mobilität umfasst nach diesem Verständnis sowohl den Umweltaspekt als auch den Aspekt der (Geschlechter)Gerechtigkeit.
8   Die Darstellung erfolgt aus Sicht zweier Mitarbeiterinnen eines Beratungsunternehmens, das die öffentliche Hand u.a. bei der Organisation des ÖPNV berät.

Meist wird ohnehin davon ausgegangen, dass der ÖPNV vorrangig von Personen genutzt wird, die keine andere Verkehrsmittelwahl haben.[9] Diese Personen werden typischerweise nicht als Kund_innen wahrgenommen, für die eine Dienstleistung erbracht wird, sondern sie werden vielerorts immer noch als „Beförderungsfälle" registriert – ein technischer Begriff, der bestens das oben skizzierte tradierte Selbstverständnis des ÖPNV fasst: einer technisch optimierten Beförderungsleistung von A nach B.

Als wesentliche Ursachen für die geringe Kundenorientierung im ÖPNV können die unübersichtlichen Strukturen im ÖPNV ausgemacht werden, die zudem kaum Anreize für eine Steuerung der Nachfrage enthalten. So machen die Einnahmen aus Fahrkartenerlösen nur einen Bruchteil der zu erheblichen Teilen aus öffentlichen Mitteln stammenden Finanzierung aus. Mehreinnahmen, die durch Fahrgastzuwächse erreicht werden (können), dienen i.d.R. der Entlastung der öffentlichen Zuschussgeber und nicht einer möglichen Profilierung des Verkehrsunternehmens. Dies wiederum führt dazu, dass nur selten eine Ausrichtung auf die Bedürfnisse der (potenziellen) Nachfrage erfolgt.

Innerhalb dieser Strukturen agieren jedoch Personen, die in ihren jeweiligen Arbeitsbereichen Einfluss auf eben diese Strukturen nehmen bzw. zumindest bestehende Handlungsspielräume im Sinne einer stärkeren Kundenorientierung aktiv suchen und für sich ausweiten können. Einige, nachstehend ausgeführte Beispiele aus der Praxis belegen dies. Allgemein gilt jedoch, dass die den ÖPNV organisierenden und gestaltenden Personen selbst zum größten Teil vom „Versorgungsgedanken" getragen sind und die hierdurch geprägten Strukturen unterstützen oder gar verstärken. Die Ausrichtung auf die abstrakten Versorgungsziele erfolgt i.d.R. in der beruflichen Ausbildung, so dass eine Ursache für eine geringe Kundenorientierung der Branche auch dort zu suchen ist: Die häufig technische Ausbildung (Ingenieurs- und Planungsberufe) kann die Fixierung auf messbare und standardisierte Kriterien erklären. Die Auseinandersetzung mit der Kundschaft und mit deren Bedürfnissen insbesondere in der Organisation ihrer Alltags- bzw. Nahraummobilität macht – wenn überhaupt – nur einen geringen Anteil in der Ausbildung aus.[10]

---

9 Diese, u.a. Schulpflichtige, Menschen ohne Auto und/oder Führerschein, werden auch als *captive riders* bezeichnet.
10 Auf diesen Umstand – insbesondere auch auf die kaum vorhandene interdisziplinäre Ausrichtung der Ingenieurwissenschaften – macht u.a. Dauhardt (2007: 302) aufmerksam. Sie erklärt damit auch den geringen Frauenanteil in der Verkehrsforschung.

3 Positive Ansätze aus der Praxis

Gelegentlich sind Ansätze erkennbar, in denen die Ziele von Geschlechtergerechtigkeit und Nachhaltigkeit im Handlungsfeld Mobilität beachtet und umgesetzt werden, auch wenn dies nicht immer explizit so formuliert ist. In den folgenden Beispielen werden die Kund_innen, ihre Bedürfnisse und alltäglichen Mobilitätsmuster in der Angebotsplanung und -gestaltung stärker als vielerorts üblich berücksichtigt. Ziel ist eine attraktivere Gestaltung des ÖPNV sowie eine Pkw-unabhängigere und damit nachhaltigere Mobilität.

Im Nahverkehrsplan Berlin (NVP) (2006-2009) sowie im Stadtentwicklungsplan Verkehr der Stadt Berlin (StEP) (2011) wird das Konzept des Gender-Mainstreaming explizit eingebunden.[11] Geschlechtergerechtigkeit wird als ein wesentliches Ziel für den Verkehr betrachtet. Dies spiegelt sich im NVP in der Angebotsplanung wider. Unterschiedlichen Bedürfnissen von Männern und Frauen werden jedoch nur im Bereich der Sicherheit an Haltestellen und in Fahrzeugen explizit Rechnung getragen (ebd.: 78). Im Stadtentwicklungsplan hingegen wird ausführlicher erläutert, welche Konsequenzen aus den „lebenslagenbedingten" Unterschieden zwischen Männern und Frauen für die Gestaltung von geschlechtergerechten Verkehrsangeboten gezogen werden sollten (ebd.: 11, 16, 21). Insgesamt sollen Verkehrsangebote „bedarfsorientiert" gestaltet werden (ebd.: II), und der Zugang zu Mobilität soll für alle möglich sein, unabhängig von Geschlecht und Lebenssituation (ebd.: 42). Gemeint sind hier folglich nicht nur Frauen und Männer, sondern auch alte und junge Menschen, Menschen mit Mobilitätseinschränkungen, Bevölkerungsgruppen mit niedrigem Einkommen und/oder mit Migrationshintergrund. Der Gerechtigkeitsgedanke im StEP geht damit weit über die Geschlechtergerechtigkeit hinaus.[12]

Beeindruckende Beispiele für eine ausgeprägte Kunden- und Serviceorientierung sind im britischen Busverkehr auszumachen. Trotz der aus deutscher Sicht vermeintlich ungünstigeren ordnungspolitischen und finanziellen Rahmenbedingungen für den britischen ÖPNV (deregulierter Markt), dominieren keineswegs Angebotsverschlechterungen. Im Gegenteil: Eine innovative Produktgestaltung, einhergehend mit einer hohen Angebots- und Servicequalität, die sich an den Bedürfnissen und Ansprüchen der (potenziellen) Fahrgäste ausrichtet, prägt hier den Markt. Diese folgt einer einfachen Formel und Überzeugung: „Qualitätsverlust = Fahrgastverlust = Einnahmever-

---

11 Umfassend wird in beiden Plänen auf die Umweltwirksamkeit von Verkehren eingegangen, und es werden Umweltziele formuliert, die z.T. direkten Einfluss auf die Angebotsplanung haben.
12 Angemerkt sei an dieser Stelle, dass in vielen verkehrsrelevanten Plänen der Kommunen Nachhaltigkeitsziele formuliert sind. Allerdings besteht häufig eine Diskrepanz zwischen der niedergeschriebenen Zielsetzung und der Umsetzung (Grischkat 2004). Mit ausschlaggebend dafür ist die fehlende Verbindlichkeit dieser Pläne.

lust". Dies macht deutlich, dass – anders als in Deutschland, wo Einnahmen aus Beförderungsentgelten betriebswirtschaftlich kaum ins Gewicht fallen – die Abhängigkeit von Fahrgasteinnahmen verstärkte Bemühungen um die Kund_innen und damit eine höhere Angebotsqualität zur Folge haben. Als führend im Bereich Service gilt hier das Unternehmen Trent Barton in Nottingham und Umgebung (Trent Barton 2012). Trent Barton gestaltet z.B. einzelne Buslinien zielgruppengerecht und evaluiert diese in kurzen Zeitabständen. Kern der Service- und Kundenorientierung ist die Auswahl und Schulung des Personals, insbesondere der Busfahrer_innen. Diese – als erste Kontaktpersonen für die Fahrgäste – werden für die Bedürfnisse der Kund_innen sensibilisiert und verstehen ihre Arbeit als eine direkte Dienstleistung für ihre Kund_innen und nicht als reine, eher technische Fahrtätigkeit.[13]

Dem Leitbild von Geschlechtergerechtigkeit und Nachhaltigkeit kommen inter- bzw. multimodale Verkehrskonzepte[14] sehr nahe, da sich Mobilitätsmuster insbesondere von Teilzeit-Erwerbstätigen mit Kindern im Haushalt durch eine Vielzahl von zu absolvierenden Wegeketten auszeichnen (Ahrend/ Herget i.d.Bd.). Inter- und multimodale Konzepte entfernen sich vom eindimensionalen Bezug auf den Pkw als Hauptverkehrsmittel und verfolgen das Ziel, dass – je nach Anlass – aus einem vielfältigen Angebot das passende Verkehrsmittel oder eine geeignete Kombination ausgewählt werden kann.[15] Neben dem Ziel, mit inter- und multimodalen Konzepten den Nutzer_innen ein breites Spektrum an Mobilität zu ermöglichen, sind diese Konzepte auch aufgrund der bestehenden Grenzen im weiteren Infrastrukturausbau entstanden: Eine bessere räumlich-architektonische, organisatorische und informationelle Vernetzung der verschiedenen Verkehrsmittel fördert die Nutzung der einzelnen Verkehrsträger je nach ihren Stärken.

4 Fazit

In der Praxis im ÖPNV in Deutschland sind Geschlechtergerechtigkeit und Nachhaltigkeit (noch) kaum präsent. Im Fokus steht i.d.R. die Aufrechterhaltung des gewohnten Bedienungs- und Versorgungsniveaus mit den verfügba-

---

13 Kundenbefragungen zeigen, dass das Verhalten des Fahrpersonals (Freundlichkeit, Kompetenz) zentral für das Image des ÖPNV ist: Positive wie negative Erlebnisse der Fahrgäste mit den Fahrer_innen beeinflussen die Einstellung zum ÖPNV insgesamt positiv wie negativ (u.a. Edvardsson 1998).
14 Intermodalität beschreibt üblicherweise die Nutzung verschiedener Verkehrsmittel auf einem Reiseweg, Multimodalität die Nutzung verschiedener Verkehrsmittel im Alltag. Für weitere Verwendungen der Begrifflichkeiten u.a. Beutler (2004: 8ff.).
15 Dabei geht es häufig um die Integration von öffentlichem Verkehr und individueller Mobilität. Beispiele hierfür sind die Verknüpfung des ÖPNV mit Angeboten wie Car-Sharing oder Fahrradverleihsystemen.

ren – immer knapper werdenden – Mitteln. Der Begriff Nachhaltigkeit taucht zwar häufig in Vorträgen, Plänen und Publikationen auf, er wird jedoch zumeist – wie auch andernorts üblich – reduziert auf Umwelt- und Wirtschaftlichkeitsaspekte. Während das umweltseitige Potenzial erkannt ist und die Umweltvorteile des ÖPNV offensiv in der Öffentlichkeit dargestellt werden, spielt Geschlechtergerechtigkeit bisher keine Rolle. Dies könnte sich jedoch ändern, wie z.b. entsprechende Schwerpunkte in den Planungswerken Berlins zeigen.

Bestrebungen nach einer verstärkten Kundenorientierung des ÖPNV stoßen in Deutschland auf ein grundsätzliches, bisher nicht gelöstes Problem: Zwischen dem an einem allgemeinen Versorgungsniveau orientierten Daseinsvorsorgekonzept und zielgruppenspezifischen Angeboten bestehen quasi natürliche, nicht ohne Weiteres auflösbare Spannungen. Es bedarf eines grundlegenden Kulturwandels im bundesdeutschen ÖPNV, um hier eine echte Service- und Bedarfsorientierung durchzusetzen, die sich in einer erhöhten Attraktivität des ÖPNV und weiteren nachhaltigen und geschlechtergerechten Mobilitätsformen niederschlagen kann.

5.3 Kommentierte Bibliographie

Sabine Hofmeister, Christine Katz, Tanja Mölders unter Mitarbeit von Jana Bundschuh, Stephanie Roth

Bauhardt, Christine (1995): Stadtentwicklung und Verkehrspolitik. Eine Analyse aus feministischer Sicht. Basel u.a.: Birkhäuser.

Das Buch basiert auf der Dissertationsschrift von Bauhardt, in der sie die Auswirkungen der „technisch-ökonomische Rationalität in der Verkehrspolitik" (ebd.: 13) auf die Funktionen des öffentlichen Raumes empirisch untersucht. Ein Ergebnis ist, dass die Straße zunehmend ihre Funktion als Aufenthaltsort und Kommunikationsraum verloren hat, weil Verkehrspolitik vorrangig an den Bedürfnissen männlicher, Vollzeit erwerbstätiger und motorisierter Menschen orientiert ist. Die Bedürfnisse beispielsweise von Kindern, älteren oder nicht motorisierten Menschen bleiben dabei unberücksichtigt. Die Autorin kritisiert ein Konzept von „Verkehr", in dem dieser lediglich als Grundlage marktökonomischer Prozesse und als Grundlage wirtschaftlichen Wachstums begriffen wird. Bauhardt setzt dem ein breiteres Verständnis entgegen: In feministischer Perspektive, so zeigt sie, ist Verkehr die „soziale Organisation von Raum-Zeit-Gefügen" (ebd.: 12), die durch den Alltag und konkrete Bedürfnisse der Menschen bestimmt wird. Vor diesem Hintergrund fragt die Autorin nach den Verkehrsbedürfnissen der Menschen in der Stadt Essen, danach wie und wodurch Verkehr entsteht und welche Anforderungen an eine nachhaltige Stadt- und Verkehrsplanung daraus resultieren. Feministische Perspektiven einer geschlechtergerechten Verkehrspolitik, die aus der Reproduktionsarbeit resultierende Bedürfnisse nach Mobilität in den Mittelpunkt rückt, werden entwickelt. Als Alternative zu einer Verkehrpolitik, die auf den motorisierten Individualverkehr zielt, öffentlichen Raum und Straße dafür vereinnahmt, stellt das Konzept feministischer Verkehrspolitik, das Bauhardt hier entwirft, auch aktuell einen wichtigen Beitrag zur nachhaltigen Entwicklung von Städten und Regionen dar.

Bauhardt, Christine (2007): Feministische Verkehrs- und Raumplanung. In: Schöller, Oliver/ Canzler, Weert/ Knie, Andreas (Hrsg.): Handbuch Verkehrspolitik. Wiesbaden: VS Verlag, S. 301-319.

In diesem Beitrag setzt sich Bauhardt mit dem Verhältnis von feministischen Ansätzen zur Verkehrs- und Raumplanung einerseits und den auf der Strategie des Gender-Mainstreaming basierenden Ansätzen andererseits auseinander. Die feministische Verkehrsforschung, die sich vor allem in den 1990er Jahren entwickelte, beruht auf einem selbstreflexiven sowie (selbst- und) herrschaftskritischen Wissenschaftsverständnis, das auf das Konzept Reproduktionsarbeit und die Forderung nach Einbindung von Frauen in die Sphären der Produktion und der Reproduktion aufbaut. Die Mobilität erwerbstätiger Reproduktionsarbeiterinnen ist vorwiegend durch komplexe Wegeketten im Nahraum gekennzeichnet – durch Mobilitätsmuster, die verschiedene Aktivitäten zeitlich und räumlich zu integrieren sucht und eine „feministische Vision alternativer Entwicklung" (ebd: 312; „sustainable livelihood") erkennbar werden lassen. Solche Mobilitätsmuster widersprechen einer androzentrischen „abstrakten Effizienzrationalität" (ebd.: 306), die technikzentrierte Verkehrssysteme vor allem als Transportmöglichkeiten vollerwerbstätiger Männer zu und von Erwerbsarbeitsplätzen prägen.

Aktuell wird die Diskussion um die Implementierung von Gender-Mainstreaming-Maßnahmen in der Stadt- und Regionalplanung intensiv geführt. Ausgehend von dieser Diskussion zeigt Bauhardt, dass Gender-Mainstreaming grundsätzlich auf Destruktion der symbolischen zweigeschlechtlichen Ordnung aufbaut, sich auf Basis des heute dominanten Planungsverständnisses jedoch gravierende Hemmnisse ausbilden, die ökologisch verträgliche, geschlechtergerechte und in dieser Bedeutung nachhaltige Verkehrskonzepte blockieren. Ein konsequentes und erfolgreiches Gender-Mainstreaming, d.h. die Berücksichtigung der Geschlechtsdimension in allen Lebens- und Politikbereichen, erfordere demgegenüber ein Planungsverständnis, das auf der Prämisse ausgleichender Gerechtigkeit („equitiy planning") beruht.

Spitzner, Meike (2007): Verkehrskrise: Geschlechterverhältnisse in der Verkehrspolitik und -planung. In: FrauenRat, informationen für die frau. Bewegungen, Bd. 56, H. 3, S. 4-7.

Indem sie mit ihrem Beitrag an die breite Debatte um die geschlechtsspezifischen Bedürfnisse und Anforderungen an Verkehr anknüpft und darauf hinweist, dass sich Wissenschaftler_innen bereits seit geraumer Zeit mit dem „Geschlecht des Verkehrs" (ebd.: 4) und den damit verbundenen Ausschlüssen und Benachteiligungen befassen, ordnet sich Spitzner der feministischen Verkehrsforschung zu. Geschlechtergerechter Verkehr bedeutet aus Sicht der Autorin nicht, die besonderen Bedürfnisse der „Anderen" zu berücksichtigen, indem z.b. Frauenparkplätze eingerichtet und Nachttaxen für Frauen bereitgestellt werden. Vielmehr gehe es darum, Verkehr anders zu gestalten, die verschiedenen Lebens- und Arbeitskontexte zu berücksichtigen und somit die Ausrichtung des Verkehrs zu erweitern, der bis dato an die spezielle Gruppe der „professionellen (und männlichen) Akteure" (ebd.: 5) angepasst sei. Auch Forderungen nach einer umweltgerechteren Verkehrsplanung blieben, so die Autorin, meist einer androzentrischen Rationalität verhaftet; auch würden die reproduktive Versorgungsarbeit und die sozialen Aspekte von Verkehr weitgehend ausgeblendet. Erst in den letzten Jahren wurden Genderperspektiven durch vereinzelte Studien und Analysen auf nationaler, europäischer und internationaler Ebene in die Verkehrsforschung integriert. Um Verkehr nachhaltig zu gestalten, bedarf es nach Spitzner sowohl einer Institutionalisierung, gesetzlichen Rahmung und finanziellen Absicherung der gendergerechten Verkehrsplanung in den jeweiligen Ressorts als auch einer Neuverteilung von Forschungsfördermitteln.

6. Klimawandel und -politik

6.1 Geschlechterperspektiven auf Klimawandel und -politik

Sybille Bauriedl

1 Klimawandel – Ein diskursmächtiges Forschungs- und Politikfeld

Die Folgen des globalen Klimawandels sind regional sehr unterschiedlich ausgeprägt und mittel- und langfristig nur sehr vage zu prognostizieren. Als Primärfolgen nehmen Extremwetterereignisse zu, der Temperaturanstieg verändert Vegetationsperioden und in Großstädten kommt es vermehrt zu Hitzeopfern. Die zunehmende Niederschlagsvariabilität hat eine Ausbreitung von Trockenräumen zur Folge, und der Meeresspiegelanstieg führt schon heute zu starken Landverlusten etwa in großen Flussdeltas und auf Pazifikinseln. Als Sekundärfolgen werden sich u.a. Krankheiten ausbreiten, die von Mücken und Zecken übertragen werden. Indirekte Folgen durch Anpassungsmaßnahmen an den Klimawandel sind bisher kaum absehbar. Die Prognoseunsicherheit liegt nicht nur in der Komplexität von Umweltprozessen begründet, sondern in der Wechselwirkung mit sozialen Prozessen. Der Klimawandel ist keine Umweltkrise, sondern das Ergebnis sozial-ökologischer Dynamiken. Seine Intensität und die impliziten Folgen werden beeinflusst durch materielle und immaterielle Bedingungen lokaler und internationaler Gesellschaftsverhältnisse. Klimawandel, Klimawandelfolgen, Klimaschutz und Klimaanpassung sind daher immer auch mit Geschlechterfragen verbunden.

Die Verlangsamung des Klimawandels ist neben dem Erhalt der Biodiversität in den letzten Jahren das zentrale Forschungs- und Politikfeld im Kontext globaler Umweltveränderungen geworden. Die Suche nach effektiven und schnell wirksamen Klimaschutzstrategien hat die weitere Diskussion um die Differenzierung des Leitbildes Nachhaltigkeit in den Hintergrund gestellt. Auf der lokalen Ebene haben mittlerweile Initiativen für ein kohlenstoffarmes Leben und eine kommunale Energiewende das Engagement für Agenda 21-Gruppen abgelöst. Ist damit auch eine Verschiebung der Ziele für eine nachhaltige Entwicklung verbunden? Einerseits sind Instrumente für den internationalen Klimaschutz geschaffen worden und es besteht erhöhte Aufmerksamkeit für negative Folgen von Umweltveränderungen in allen Regionen der Erde, andererseits haben technologische und ökonomische Lösungsstrategien wieder eine sehr viel höhere Überzeugungskraft bekommen. Insbesondere der Bezug zu Gerechtigkeitsfragen hat sich verschoben. Nicht mehr die Begriffe intergenerative Gerechtigkeit und intragenerative Gerechtigkeit stehen im Fokus, sondern das Bedürfnis, Verantwortung im Umgang mit begrenzten Ressourcen so zu verteilen, dass gewohnte Lebensstile bewahrt werden können. Mit dieser Zielverschiebung werden auch Geschlechterverhältnisse in der Klimapolitik verändert berücksichtigt: In der Nachhaltigkeitsdebatte wurden Frauen als Naturbewahrerinnen und Umweltmanagerinnen stilisiert, und es wurde ihnen eine aktive Rolle zugeschrieben, in der Klimawandeldebatte hingegen wird die Mehrfachverwundbarkeit von Frauen hervorgehoben und damit eine passive Rolle betont.

Dieser Beitrag fasst die Argumentationen der Klimaforschung und Klimapolitik in Bezug auf Geschlecht zusammen und analysiert, in welcher Weise hierarische Verhältnisse (re)produziert werden. Dabei werden starre Geschlechterdualismen deutlich, die meines Erachtens mehr blinde Flecken für eine Bearbeitung der negativen Folgen des Klimawandels schaffen, als dies nach zwanzig Jahren geschlechtersensibler Nachhaltigkeitsforschung zu erwarten gewesen wäre. Alternative Betrachtungsweisen der Klimawandelproblematik werden mit Verweis auf aktuelle Debatten der Geschlechterforschung abgeleitet und abschließend Fragestellungen für eine geschlechterbezogene, nachhaltige Klimapolitik entworfen.

2 Verwundbarkeit und Handlungsmacht sind nicht geschlechtsneutral

Untersuchungen zu den Folgen von Naturkatastrophen zeigen – bezogen auf die Zahl der Todesopfer – dass Frauen im Vergleich zu Männern durchschnittlich stärker von Extremereignissen betroffen sind. Inwieweit diese ungleiche Vulnerabilität eben nicht allein in einer biologischen Differenz begründet ist, sondern auch mit ungleicher Ressourcenverteilung zu tun hat, ist bisher nicht ausreichend erklärt worden. Festzustellen ist allerdings, dass Frauen zur Bewältigung der negativen Folgen des Klimawandels und des Klimaschutzes weitaus weniger finanzielle Mittel zur Verfügung gestellt werden als Männern. Die Klimapolitik bewegt sich weltweit innerhalb patriarchaler Herrschaftsverhältnisse und wird zu dessen Manifestierung genutzt. Die offensichtliche geschlechterungleiche Betroffenheit und die androzentrierte Bearbeitung des Klimawandels würde ohne das Engagement von Organisationen wie Women's Environment and Development Organization (WEDO), Global Gender and Climate Alliance (GGCA), Gender for Climate Justice (GenderCC) oder Leitstelle – Gender. Umwelt. Nachhaltigkeit (genanet) in den Gremien der internationalen Klimapolitik bis heute noch weniger Aufmerksamkeit gefunden haben. Die Auseinandersetzung um Gerechtigkeitsziele bei der Entwicklung, Umsetzung und Finanzierung von Klimaanpassungs- und Klimaschutzstrategien konzentriert sich in internationalen Klimaverhandlungen auf Nord-Süd-Differenzen. Die ungleiche Betroffenheit durch den Klimawandel wird hier durch unterschiedliche regionale Entwicklungsgrade und regional unterschiedliche klimatische und ökologische Bedingungen begründet. Soziale Ungleichheit wird im klimapolitischen Diskurs auf diese Weise als räumliche Ungleichheit umgedeutet.

Seit Ende der 1990er Jahre haben feministische Wissenschaftler_innen und Aktivist_innen in zahlreichen Publikationen die Bedeutung einer Geschlechterperspektive für einen nachhaltigen Umgang mit Klimawandelfolgen verdeutlicht (Masika 2002; Bridge 2008; WEN 2010). Die Autor_innen haben darin die geschlechtliche Arbeitsteilung und kulturell verankerte Geschlechterrollen als wesentliche Faktoren für den Erfolg oder Misserfolg von Klimaschutz- und Klimaanpassungsmaßnahmen herausgearbeitet und die Lebenserfahrungen von Frauen in den Mittelpunkt gestellt. Diese empirische und argumentative Fokussierung auf tradierte Frauenrollen wird von einigen feministischen Wissenschaftler_innen als Überbetonung „weiblicher Betroffenheit" kritisiert. Dankelmann (2010b) fordert dementsprechend mehr Studien zu integrierten Strategien zur Risikoreduktion von Frauen und Männern, um Frauen nicht mehr nur als klimavulnerabel, sondern auch handlungsmächtig zu betrachten. Diese Forderung möchte ich im Folgenden bestärken, in dem ich in zwei Abschnitten die dominierenden Argumentationslinien einer größeren Klimaverwundbarkeit von Frauen einerseits und eines geringeren Emissionsbeitrags andererseits untersuche und in einem dritten Abschnitt die politische Repräsentation von Frauen in klimapolitisch relevanten Institutionen betrachte.

2.1 Sind Frauen und Männer unterschiedlich betroffen von den Folgen des Klimawandels?

Die Klimafolgenforschung beschäftigt sich mit ökologischen, sozialen und ökonomischen Effekten von Klimaveränderung. Die zentrale Forschungsfrage lautet: Wer ist wo, auf welche Weise von den Folgen des Klimawandels betroffen und wird in Zukunft davon betroffen sein? Quantitative Untersuchungen nach Naturkatastrophen haben den Befund geliefert, dass Frauen verwundbarer sind als Männer. Eine Studie der London School of Economics hat die Folgen von Extremwetterereignissen zwischen 1981 und 2002 in 4.605 Katastrophenfällen in 141 Ländern untersucht und die Kriterien Geschlecht und sozialer Status der Betroffenen unterschieden. Festgestellt wurde zum einen ein signifikanter Unterschied der Anzahl der Todesfälle von Männern und Frauen. Zum anderen ergab sich folgender Zusammenhang: Je schlechter die soziale und ökonomische Stellung von Frauen in den jeweiligen Ländern, desto größer die Differenz der Lebenserwartung von Frauen und Männern (Neumayer/ Plümper 2007). Leider liegen keine qualitativen Erkenntnisse zu diesem Zusammenhang vor. Es ist jedoch zu vermuten, dass die Kategorien Klasse oder sozialer Status einen ebenso großen Einfluss auf die Klimavulnerabilität haben könnten wie das biologische Geschlecht. In der Regel argumentieren Erklärungsansätze zu geschlechtsspezifischer Betroffenheit mit den Verhaltensmustern kulturell geprägter Frauenrollen in traditionellen Familienstrukturen: Frauen befinden sich in Abhängigkeitsverhältnissen, die dazu führen, dass sie oft zu spät das Haus verlassen, während sie auf männliche Begleitung warten und dass sie weniger mobil sind (WEN 2010: 11).

Den Grad der Verwundbarkeit durch klimatische und nicht-klimatische Ursachen bemisst die Klimafolgenforschung als Funktion des Ausmaßes eines Naturereignisses, der lokalen Ausgangsbedingungen und der Anpassungsfähigkeit der betroffenen Bevölkerung, der Ökosysteme und der Infrastrukturen (McCarthy et al. 2001). Die Anpassungskapazität ist in dieser Gleichung die zentrale Variable, um die Verwundbarkeit von Personen, Regionen oder Systemen zu beeinflussen. Die Klimafolgenforschung lässt sich in zwei Blickrichtungen auf dieses Verhältnis unterscheiden (O'Brien et al. 2004): Vulnerabilität wird entweder als Ergebnis von Klimawandelrisiken interpretiert, d.h. je geringer die Fähigkeit zur Anpassung an Klimawandelfolgen ist, desto höher ist die Verwundbarkeit. Oder sie wird als dessen Ausgangspunkt betrachtet, d.h. je größer die Verwundbarkeit, desto geringer ist die Möglichkeit zur Anpassung an negative Folgen. Die geschlechterbezogene Klimafolgenforschung denkt fast ausschließlich in der zweiten Perspektive und fordert ein Empowerment von Frauen. Der Mainstream der Klimafolgenforschung vertritt eher die erste Variante und versucht mit ökonomischen und technologischen Strategien des Klimaschutzes, Frauen vor zukünftigen Klimakatastrophen zu bewahren.

In der Klimapolitik und der Klimafolgenforschung dominiert ein Verwundbarkeitsdiskurs, der Frauen als tragische Opfer des Klimawandels darstellt. Aufgrund sozialer und kultureller Verhältnisse wird ihnen ein geringeres Potenzial zur Stärkung ihrer Anpassungskapazität zugeschrieben und damit ein höheres Risiko, von negativen Klimawandelfolgen betroffen zu sein. Fallstudien, die nach den Gründen geschlechtsspezifischer Klimavulnerabilität gefragt haben, wurden bisher ausschließlich in Ländern des Südens bearbeitet, hatten ihren regionalen Schwerpunkt in Indien, Vietnam, Südafrika, Nigeria und konzentrierten sich auf Ressourcenkonflikte um Wasser, Wald, Biodiversität (Rocheleau et al. 1996b; Salleh 2009; Terry 2009; Dankelmann 2010a). Geschlechtsspezifische Verwundbarkeit ist jedoch kein Phänomen der Länder des Südens. Auch während der Hitzewelle in Europa im Sommer 2003 war die Sterberate von Frauen um 75% höher als in der gleichen Altersgruppe der Männer (WEN 2010: 11). Ob dies allein darin begründet liegt, dass der Frauenanteil bei alten Menschen mit Herz-Kreislauf-Erkrankungen

sehr viel höher ist oder inwieweit auch unterschiedliche Betreuungssituationen relevant sind, ist bisher unklar.
Sollen geschlechtsspezifische Risiken minimiert werden (auf das Niveau der betroffenen Männer?), gilt es die sozioökonomischen Strukturen zu untersuchen, die den Geschlechterrollen implizit sind. Frauen sind in größerem Maße von Armut betroffen als Männer, haben weniger Zugang zu Landeigentum, haben geringere Mobilitätschancen und schlechteren Zugang zu Informationen über Klimawandelfolgen. Folglich müssen Katastrophen infolge des Klimawandels in ihrer sozial-ökologischen Dimension auch als Folge geschlechtsspezifischer Armuts- und Bildungsbedingungen begriffen werden. Hierzu haben die oben genannten Netzwerke bereits einen wesentlichen Beitrag geleistet, diese Perspektive ist aber noch nicht zur Querschnittsaufgabe der Klimafolgenforschung geworden.

2.2 Tragen Frauen weniger „Schuld" am Klimawandel als Männer?

Obwohl das geschlechterrollenkonforme Verhalten in der Vulnerabilitätsforschung der bevorzugte Erklärungsansatz für geschlechterungleiche Betroffenheit ist, spielt dieser Erklärungsansatz für die Klimaschutzforschung kaum eine Rolle und feministischen Umweltforscher_innen, die diesen Ansatz vertreten, wird biologistisches Argumentieren vorgeworfen. Liegt dies vielleicht daran, dass Frauen ansonsten als Vorbild für emissionsreduziertes Konsumverhalten anerkannt werden müssten? Eine geschlechterdichotome Argumentation ist jedoch nicht diskurstauglich, wenn es um die Frage geht, wer den Klimawandel verursacht. Im November 2007 hat die feministische Umweltwissenschaftlerin Ines Weller an der Universität Bremen einen Vortrag mit dem Titel „Sind Männer schuld am Klimawandel?" gehalten und damit eine Empörungswelle in den Medien ausgelöst. Das Internetmagazin „Spiegel online" fasste ihre Thesen zum Thema geschlechtsspezifische Emissionen zusammen – allerdings ohne das Fragezeichen im Titel (Hein 2007). Im Leserforum wurde ihr sowohl die wissenschaftliche Expertise als Professorin abgesprochen als auch der von ihr thematisierte Zusammenhang zwischen Geschlechterverhältnissen und Konsumverhalten als biologistisch kritisiert – um anschließend die Mitschuld von Frauen am Klimawandel in ebenfalls biologistischen Metaphern zu formulieren. Dieses Beispiel zeigt erstens, wie nah Gesellschaftsanalyse und Herrschaftskritik beieinander liegen und zweitens, dass der Opferdiskurs weniger kontrovers geführt wird als der Verursacherdiskurs.

Für das Ziel, den globalen Klimawandel abzuschwächen, setzen alle nationalen und internationalen Klimaprogramme auf eine Reduktion der Emissionen von Treibhausgasen. Repräsentativen Befragungen ist zu entnehmen, dass Männer häufiger als Frauen technologische Maßnahmen zur Emissionsreduktion bevorzugen und Frauen eher Verhaltensänderungen favorisieren

(Röhr 2007). Deutlich mehr Frauen als Männer unterstützen die Forderung nach einem Tempolimit auf deutschen Autobahnen und eines Produktionsverbots von Kraftfahrzeugen, die mehr als 120g CO_2/km ausstoßen (Dialego AG 2007). Aussagen zu geschlechtsspezifischen Emissionen lassen sich auch indirekt aus anderen Indikatoren der Geschlechterdifferenz ableiten, da die Höhe des Ressourcenverbrauchs einkommensabhängig ist (Spitzner 2009) und Frauen im Durchschnitt über weniger Einkommen verfügen. In Deutschland beansprucht eine einkommensstarke Minderheit von 20% der Bevölkerung 80% der Energie (Liedtke et al. 2007). Der extrem viel höhere Energieverbrauch folgt aus energieintensiven Lebensstilen im Bereich Wohnform, Konsum und Mobilität. Da das durchschnittliche Einkommen von Frauen bei 70% des durchschnittlichen Einkommens von Männern liegt (Cornelißen 2005), lässt sich die Hypothese ableiten, dass Männer im Durchschnitt auch in höherem Maße Treibhausgase verursachen als Frauen.

Die bevorzugten Klimaschutzstrategien werden diese Verhältnisse nicht verändern. Mit dem Ziel einer Effizienzrevolution durch technologische Innovationen und ökonomische Steuerungsinstrumente ist die Idee verbunden, dass Wohlstandsmodelle und Lebensstile erhalten werden können. Die Zauberformel eines „grünen Kapitalismus" dominiere auch den UN-Nachhaltigkeitsgipfel „Rio+20" in Rio de Janeiro im Juni 2012. Allerdings werden daneben Debatten geführt, an denen sich auch führende Klimaforscher_innen beteiligen, die eine gesellschaftliche Transformation als Voraussetzung der Bewältigung des Klimawandels herausstellen (WBGU 2011).

2.3 Beteiligung von Frauen an klimapolitischen Entscheidungsprozessen

Die Beteiligung von Frauen in der Klimaforschung und relevanten Gremien kann als Indikator für den Stellenwert der Geschlechtergerechtigkeit in der Klimapolitik betrachtet werden. Der Stellenwert von Frauen als Wissensträgerinnen von Klimaschutz- und Klimaanpassungsmaßnahmen wird bei der Strategieentwicklung und Umsetzung nicht adäquat berücksichtigt. Frauen sind in den relevanten politischen Entscheidungsgremien der Klimapolitik sehr deutlich unterrepräsentiert. Die UN-Vereinbarung der Agenda 21 von 1992 zur politischen Partizipation von Frauen in Entwicklungsprozessen ist ein Lippenbekenntnis geblieben. Beim Klimagipfel in Kopenhagen im Dezember 2009 (15. Vertragsstaatenkonferenz der UN-Klimawandelrahmenkonvention) waren 30% der leitenden Vertreter_innen von Nicht-Regierungsorganisationen Frauen, bei den Regierungsvertreter_innen lag ihr Anteil bei 22% (WEN 2010: 47; Hemmati/ Röhr 2009).

In seiner Rede vom September 2009 hat UN-Generalsekretär Ban Ki-moon die Mitgliedsstaaten ermahnt „to foster an environment where women are key decision makers on climate change, and play an equally central role in carrying out these decisions" (UN 2009). Dennoch hat er Anfang März

2010 eine Mitgliedsliste für das zentrale Gremium des Klimaanpassungsfonds mit 19 Kandidaten vorgestellt, auf der keine Frau vertreten ist. Zentrales Auswahlkriterium war ein ausgeglichenes Verhältnis zwischen Mitgliedern aus Ländern des Südens und des Nordens. Immerhin geht es um die Verteilung von Finanzmitteln für Klimaanpassungsmaßnahmen in Höhe von 150 bis 374 Mio. Euro im Jahr 2012. Das ist wenig Geld für die Anpassungserfordernisse in besonders klimavulnerablen Regionen, aber es bietet eine Möglichkeit, lokalen Strukturwandel zu initiieren.

Noch stärker als auf der internationalen Ebene sind Frauen in politischen Gremien der kommunalen Ebene unterrepräsentiert – in Ländern des Südens genauso wie in Ländern des Nordens (für Deutschland 2007 u.a. Holtkamp et al. 2009: 29). Dieser Zustand ist besonders gravierend für eine geschlechtergerechte Klimapolitik, da gerade auf dieser Ebene klimarelevante Entscheidungen über Flächennutzungen und Versorgungsinfrastrukturen getroffen werden. Bürgermeister_innen, Gemeindevertreter_innen und Stadträt_innen entscheiden z.B. über den Bau fossiler oder regenerativer Anlagen zur Energiegewinnung, über den Ausbau oder Rückbau des Individualverkehrs und über den klimawandelangepassten Umbau öffentlicher Gebäude. Ob eine geschlechterparitätische Beteiligung von Frauen an politischen Entscheidungsprozessen auf kommunaler Ebene Einfluss auf Lösungsstrategien haben würde, ist empirisch kaum zu belegen. Mit Blick auf die oben dargestellten geschlechterungleichen Erfahrungen mit Klimaschutz und Klimavulnerabilität wäre dies jedoch zu erwarten.

3 Erweiterung der Klimaforschung durch eine feministische politische Ökologie

Die Problemdefinition des Klimawandels wurde geprägt von Meteorolog_innen, die Suche nach Lösungen im Umgang mit Klimawandelfolgen haben in den letzten Jahren Ingenieurwissenschaftler_innen und Wirtschaftswissenschaftler_innen übernommen und technologische Lösungen zur Energieeffizienz und zur Klimaanpassung entwickelt sowie Förderinstrumente für die Produktion erneuerbarer Energien vorgeschlagen. Erst mit der Veröffentlichung des fünften Berichts des Intergovernmental Panel on Climate Change 2007 wurde die anthropogene Verursachung des Klimawandels politisch akzeptiert und rückte die soziale Dimension des Klimawandels in den Blick (IPCC 2007). Die Forschung – und auch Forschungsförderung – zu gesellschaftlichen Naturverhältnissen und dem Einfluss kapitalistischer Wirtschafts- und Gesellschaftsstrukturen in einer globalisierten Welt hat danach einen Schub erhalten (Voss 2010; Jasanoff 2010). Dies bedeutet, dass eine sozialwissenschaftliche Klimaforschung, die Geschlechterverhältnisse in den Blick nimmt, sich in einem stark interdisziplinär ausgerichteten, jungen Forschungsfeld behaupten und die verschiedenen Stränge der Geschlechterforschung anschlussfähig machen muss.

In der Geschlechterforschung werden vier Argumentationslinien vertreten, die für eine geschlechterbezogene Klimaforschung eingesetzt werden können: erstens eine kritische Wissenschaftsperspektive, die das tradierte, dualistische Paradigma der modernen (Natur)Wissenschaft kritisiert und eine Rekonstruktion sowohl des Natur-/ Kultur-Dualismus als auch des Mann-/ Frau-Dualismus vorschlägt; zweitens eine ökofeministische Perspektive, die mit einem differenztheoretischen Ansatz geschlechtsspezifische Qualitäten und eine sozial und kulturell geprägte Nähe von Frauen zur Natur hervorhebt; drittens eine Perspektive der feministischen politischen Ökologie, die Umweltprobleme mit Blick auf vergeschlechtlichtes Wissen und vergeschlechtlichte Umweltrechte im Kontext sozialer sowie regionaler Machtasymmetrien untersucht; viertens eine poststrukturalistische Perspektive, die alle (belebten und nichtbelebten) Dinge als relational betrachtet und eine natürlich vorgegebene Ordnung dieser Dinge (inkl. Geschlechterordnung) grundsätzlich bezweifelt. Da ich an anderer Stelle die unterschiedlichen Erklärungspotenziale dieser zentralen Ansätze der Geschlechterforschung systematisiert und für die Klimaforschung diskutiert habe (Bauriedl 2010), möchte ich mich hier auf die Perspektive der feministischen Politischen Ökologie konzentrieren, die die Kategorie Geschlecht weder als rein sozialkonstruktivistisch noch essentialistisch begreift und damit die ideologische Rahmung der Ko-Konstruktion von Geschlecht und Umwelt in das Zentrum der Betrachtung stellt.

Die feministische Politische Ökologie stellt kein konsistentes Theoriekonzept bereit, sondern ist als spezifische Perspektive zu verstehen, die durch zahlreiche Fallstudien den Zusammenhang von Geschlechterverhältnissen und gesellschaftlichen Naturverhältnissen aufzeigt und damit die analytische Bedeutung vergeschlechtlichter Machtbeziehungen für die sozialwissenschaftliche Umweltforschung verdeutlicht. Ausgangspunkt dieser Perspektive ist eine Geschlechteranalyse, die die impliziten Machtmechanismen untersucht, die ein spezifisches Gesellschaft-/ Umweltverhältnis rahmen. Das Verhältnis jedes Menschen zur Natur – auch jedes Wissenschaftlers, jeder Wissenschaftlerin – ist gesellschaftlich gerahmt und die vorherrschende gesellschaftliche Ordnung ist patriarchal-hierarchisch geprägt. In diese Ordnung werden auch das Verhältnis zur Natur eingepasst und die Praktiken des Naturzugangs bestimmt. Dieser Ansatz liegt zahlreichen Fallstudien der feministischen Politischen Ökologie zugrunde (Rocheleau et al. 1996b; Agarwal 1998). Nicht allein die Lebenssituation von Frauen soll Untersuchungsgegenstand sein, sondern ihr sozial-ökologischer und sozialräumlicher Kontext.

So hat z.B. die sozialräumliche Polarisierung der Städte zur Folge, dass sozial schwache Bevölkerungsgruppen von Klimafolgen stärker betroffen sein werden, da sie eher in Quartieren mit geringer Durchlüftung leben und anhaltenden Hitzeperioden ausgesetzt sind, während Einkommensstarke solche Quartiere beanspruchen, in denen Frischluftschneisen freigehalten werden. Nicht zufällig finden sich wohlhabende Stadtteile in Nordeuropa stets im Westen der Stadt. Auch diese stadtplanerisch produzierte räumliche Struktur führt zu einer sozial differenzierten Verwundbarkeit durch die Folgen des Klimawandels. Und diese Form sozial ungleicher Verwundbarkeit liegt quer zu Geschlechterverhältnissen. Die Kategorien Alter, Ethnizität, Klasse sind ebenso relevant wie die Kategorie Geschlecht. Die eindimensionale Argumentation allein entlang von Geschlechterdifferenzen macht Frauen zum „Kollektivsubjekt feministischer Politik" (Becker-Schmidt/ Knapp 2000: 106) und blendet intrakategoriale Differenzen aus, d.h. die Unterschiede innerhalb der Kategorie Frau.

Frauen (als Individuen) verursachen Treibhausgasemissionen – sowohl in konsumorientierten Ländern des Nordens als auch in Ländern des Südens – und sie sind in unterschiedlichem Maße für den globalen Klimawandel verantwortlich. Die Konsummuster von gut verdienenden, allein lebenden Frauen unterscheiden sich ggf. stärker von einkommensschwachen Frauen mit Kindern als zwischen Männern und Frauen der gleichen Einkommensgruppe. Sozioökonomische Differenz spielt zumindest in Ländern des Nordens in Bezug auf Wohnform, Mobilitäts- und Konsumverhalten mittlerweile eine größere Rolle als die Geschlechterdifferenz. Werden Aussagen zu geschlechtsspezifischen Ressourcennutzungen oder Emissionen gemacht, müssen daher verschiedene Differenzachsen berücksichtigt werden, die quer zueinander liegen können. Mit dem Ansatz der Intersektionalität (Winker/ Degele 2009) lassen sich systematisch multiple Kategorisierungen nachzeichnen und auf diese Weise Identitätsvielfalt benennen, die mit unterschiedlichen Ressourcenzugriffen verbunden ist.

Der Umgang mit Klimawandelfolgen ist eine individuelle und eine soziale Herausforderung und muss entsprechend mit Analysen auf der Subjekt- und Strukturebene begleitet werden. Gerade bei der Betrachtung von emissionsverursachenden Konsum- und Mobilitätsmustern bieten Intersektionalitätsansätze (Berger/ Guidroz 2009) neue Perspektiven, die bisher kaum für die Klimafolgenforschung erschlossen wurden. Der produktive Charakter von Kategorisierungen und die Bedeutung der Reproduktion und/oder Umdeutung sozialer Rollen und Identitäten durch Klimahandeln könnten stärker genutzt werden, um Fragen nach potenziellen, notwendigen und nachhaltigen sozialen Dynamiken für eine klimagerechte Entwicklung beantworten zu können – insbesondere hinsichtlich der Verursachung des Klimawandels. Das alltägliche Handeln ist in sozialen Situationen verankert und wird vollzogen in der Annahme, sich geschlechterkonform zu verhalten (*doing gender*). Das bedeutet, die Vorstellung von Männlichkeit wird durch ein emissionsintensives Mobilitätsverhalten als männlich reproduziert. Das heißt aber auch, dass sich die Vorstellungen von Männlichkeit und Weiblichkeit verändern können durch Mobilitätsformen, die mit diesen Rollenmustern brechen (*undoing gender*).

4 Klimagerechtigkeit und Geschlechtergerechtigkeit im Kontext der Nachhaltigkeitsforschung

Für den Anspruch einer geschlechtergerechten Klimapolitik stellt die Umweltwissenschaftlerin Fatma Denton (2002) eine deprimierende Diagnose:

> „Klimaverhandlungen können betrachtet werden als Parodie einer ungleichen Weltwirtschaft, in der Männer und große Staaten definieren, auf welcher Grundlage sie sich an der Verringerung wachsender Umweltprobleme beteiligen, während Frauen und kleine, arme Staaten von außen zusehen, ohne Einflussmacht auf den Diskussionsrahmen zu haben." (Denton 2002: 10, Übersetzung d.Verf.)

Die Ursache des Klimawandels sind nichtnachhaltige Wirtschafts- und Herrschaftsstrukturen. Maßnahmen, Strategien und Instrumente, die eben diese Strukturen reproduzieren und stabilisieren, können daher nicht zielführend sein. Herrschaftskritische Wissensbestände der Frauen- und Geschlechterforschung können hier einen wesentlichen Beitrag leisten, wurden in der Klimaforschung jedoch bisher entweder in ein androzentrisches Wissenschaftsverständnis integriert oder systematisch als nicht objektiv marginalisiert. Für eine Klimapolitik, die eine nachhaltige Entwicklung befördern soll und deren integrativer Bestandteil eine geschlechtergerechte Entwicklung ist, sind weitreichende Fragen zu bearbeiten. Die aktuelle klimapolitische Debatte müsste konsequenter als bisher folgende Aspekte berücksichtigen: Welche negativen und positiven Effekte haben Klimaschutz- und Klimaanpassungsmaßnahmen auf eine geschlechtliche Arbeitsteilung? Welche gesellschaftlichen Gruppen profitieren in welchem Maß von technologischen und ökonomischen Strategien im Umgang mit dem Klimawandel sowohl im lokalen wie internationalen Maßstab? In welchem Maße haben soziale, geschlechtliche, ethnische Ungleichheit und deren Verschränkungen Einfluss auf die Klimaanpassungsfähigkeit? Mit welchen Instrumenten kann eine adäquate Beteiligung von Frauen in der Klimapolitik und Klimafolgenforschung gewährleistet werden? Wie können geschlechterkonforme, emissionsintensive Konsummuster aufgebrochen werden? Dies sind keine neu aufgeworfenen Fragen für die feministische Umweltforschung, dennoch werden sie in der Klima(folgen)forschung kaum bearbeitet. Die kritische Frage an die Klimaforschung muss daher lauten: Warum besteht eine so große Lücke zwischen dem Praxiswissen international vernetzter feministischer Umweltorganisationen und dem wissenschaftlichen Wissen über Geschlechterverhältnisse im Klimawandel?

6.2 Kommentar: Gender und Klimapolitik – Von Resistenzen, Blockaden und neuen Ufern

Ulrike Röhr

1 Hintergrund

Frauen – Aktivistinnen, Forscherinnen, Politikerinnen – und einige Frauenorganisationen aus dem globalen Norden, haben sich bereits sehr früh auf den Weg gemacht, Genderaspekte in die Klimapolitik und vor allem bei den internationalen Klimaverhandlungen zu thematisieren (Röhr/ Hemmati 2008; Röhr 2009a, b; Schalatek 2010). Sie haben dabei von Anbeginn immer wieder den Forschungsbedarf identifiziert und angemeldet, sind damit aber auf wenig Resonanz gestoßen. Der mühsame Weg der Integration von Genderaspekten in die Klimaforschung soll nicht Gegenstand dieses Beitrags sein, obwohl auch dies ein durchaus interessantes und bislang nicht beleuchtetes Thema wäre. Im Folgenden wird vielmehr das von Sybille Bauriedl (b i.d.Bd.) dargestellte Bild der klimabezogenen Genderforschung ergänzt und kritisch reflektiert. Dabei soll zunächst (2) kurz auf die Geschichte der genderorientierten Klimapolitik eingegangen werden, mit der auch verdeutlicht wird, warum aktuell der Schwerpunkt der Genderexpertise bei der Vulnerabilität, oder – dies ist die andere Seite der Medaille – bei dem den Frauen zugesprochenen Veränderungspotenzial („Agents of Change") liegt. Es soll (3) gezeigt werden, welche Forschungsansätze bereits vorhanden sind und in welchen Bereichen Forschung noch gänzlich fehlt, und (4) wird schließlich die mangelnde Verbindung zwischen Forschung und Praxis problematisiert.

2 Der mühsame Weg zur Überwindung der Resistenz gegenüber Genderaspekten in der Klimapolitik und -forschung

Die erste Phase der Bemühungen, Gender- oder damals noch Frauenaspekte in den Klimadebatten zu thematisieren, begann bereits mit der ersten Vertragsstaatenkonferenz zur UN-Klimarahmenkonvention (UNFCCC) 1995 und kann bis etwa 2002 datiert werden. Sie war gekennzeichnet dadurch, dass einzelne Personen – Vertreterinnen von Umwelt- und Frauenverbänden – aus der Perspektive der Industrieländer und entsprechend der Verhandlungsthemen in Bezug auf die Reduktion der CO_2-Emissionen und damit der Verminderung des Klimawandels die Frauen- und gleichstellungspolitischen Aspekte der Klimapolitik und ihrer Lösungsansätze formulierten. Hintergrund war der Gedanke, dass Feministinnen aus dem globalen Norden einen größeren Beitrag zur Unterstützung der Frauen im globalen Süden leisten können, wenn sie die Geschlechteraspekte der Klimadebatten in den Verursacherländern aufdecken und bearbeiten, statt sich (ausschließlich) mit der Situation in den Ländern zu befassen, die unter den Auswirkungen zu leiden haben. Letzteres sollte (und kann) wesentlich fundierter von Frauen vor Ort bearbeitet werden. Das Resultat dieser Bemühungen war ernüchternd: Es gab von den Delegierten – ob aus den Regierungsdelegationen oder denen der Umweltverbände – weder Aufmerksamkeit noch Unterstützung für diesen Ansatz, sondern bestenfalls Unverständnis oder Ignoranz.

Phase zwei begann damit, dass bei der 9. UNFCCC-Vertragsstaatenkonferenz in Mailand (2003) ein zunächst informelles Netzwerk zu Gender und Klima (GenderCC) ins Leben gerufen wurde, in dem entwicklungspolitisch aktive Frauen und Männer eine größere Rolle spielten als bei den Debatten der ersten Phase. Damit teilten sich die Diskussionen aus der Genderperspektive in zwei Stränge: Mit Fokus auf die Verminderung des Klimawandels und die dafür eingesetzten Instrumente sowie mit Fokus auf die Auswirkungen des Klimawandels und die Anpassung daran. Die Vulnerabilität von Frauen trat in den Vordergrund, damit einher ging ein deutlicher Anstieg der politischen Aufmerksamkeit für die Unterschiede bei den sozialen Auswirkungen von Klimafolgen insbesondere bezogen auf die Situation von Frauen im Süden. Die Debatten über „Frauen als Opfer des Klimawandels" oder „Frauen, die die Lasten des Klimawandels tragen" waren geboren und manifestierten sich in rasantem Tempo, Diskussionen über die Genderaspekte im Bereich von Verursachung und Problemlösung wurden darüber in den Hintergrund gedrängt.

Aber es gab die Diskussionen weiterhin, vor allem in Deutschland: Mitte 2005 fand im Bundesumweltministerium (BMU) ein von genanet mit initiiertes Strategietreffen statt. Gemeinsam mit Forscher_innen des Wuppertal Instituts, des Instituts für sozial-ökologische Forschung (ISOE), des Zentrums für Technik und Gesellschaft (ZTG) der TU Berlin sowie mit Klimaschutz- und Genderexpert_innen des Klima-Bündnis Europäischer Städte, von LIFE/ genanet sowie des BMU wurden eine Strategie und sehr konkrete Forschungsfragen zu Gender und Klima ausgearbeitet.[1] Ziel war es, mittels Genderanalyse diejenigen Faktoren zu identifizieren, die eine effektive, dynamisch wirksame Begrenzung von Emissionen ermöglichen. Dadurch könnten Klimaschutz-Instrumente besser beurteilt, die sinnvollsten Instrumente gefunden und die argumentative Basis für Gender im Klimaschutz gestärkt werden. Umgesetzt wurde von diesen Vorschlägen kaum etwas, was vor al-

---

1 Beispielsweise zum Zusammenhang von Geschlechterverhältnissen und Emissionsintensität, zu den Geschlechterbezügen emissionsmindernder politischer Strategien bzw. institutionalisierter Rationalitäten und entsprechender institutioneller Regimes und deren Verursachung von Emissionen.

lem der mangelnden Resonanz der Forschungsprogramme auf diese Thematik geschuldet war.

Auf einem von LIFE/genanet 2005 organisierten ersten internationalen Forschungsworkshop im Rahmen der Klimakonferenz in Montreal (COP11, 2005) wurden Fragen nach dem Stand des Wissens, dem Forschungs- und Umsetzungsbedarf diskutiert. Dabei ging es vor allem darum, die Argumentation für die Integration der Genderperspektive in die Klimadebatten zu schärfen und mit Daten zu belegen. Dort wurden auch erste Kontakte zu denjenigen Forscher_innen, die den 4. Assessment Report des Intergovernmental Panel on Climate Change (IPCC) erarbeiteten, aufgebaut, um sie auf bereits vorhandene genderbezogene Forschungserkenntnisse und deren Einbindung in den Report hinzuweisen. Am Ende dieser Phase stand ein Forschungs-Review zu Gender und Klima, der von der Food and Agriculture Organisation der Vereinten Nationen (FAO) finanziert, aber nie veröffentlicht wurde (Hemmati/ Röhr 2007). Dies verdeutlichte, dass in den klimarelevanten Handlungsfeldern – Energie, Verkehr, Landwirtschaft, Katastrophenschutz etc. – zwar bereits durchaus genderrelevante Forschungen durchgeführt wurden, aber (bis heute) kaum mit den politischen Klimadebatten verknüpft werden.

Phase drei läuft seit der Veröffentlichung des 4. Assessment Reports des IPCC und des Stern Reports 2007, die Klimawandel zum alles beherrschenden Krisenthema der Medien machten und auch die internationale Frauenbewegung sowie die Gender-Abteilungen von Organisationen und Programmen der Vereinten Nationen auf den Plan riefen. Seither hat sich die Aufmerksamkeit für die Genderaspekte des Klimawandels erheblich vergrößert, was sich beispielsweise in weiteren Veranstaltungen zu Gender und Klimaforschung oder den 30 Side Events zeigte, die sich mit der Thematik Gender und Klima bei den UN-Klimaverhandlungen in Durban (COP17, Dezember 2011) befassten oder in der Anerkennung der „Women and Gender NGO's" als eigenständiger Beobachter_innengruppe (Constituency) bei den Verhandlungen.

3 Fokus auf Vulnerabilität: Voraussetzung für den Erfolg und Falle zugleich

Die Problematisierung der Vulnerabilität von Frauen war einer der wesentlichen Gründe für den Aufmerksamkeitsschub für Genderaspekte in der Klimapolitik. Der (langjährigen) Kritik an der Fokussierung auf die Opferrolle von Frauen wurde mit einer Romantisierung der Frauenrolle begegnet: Das Bild der Frau als „Agent of Change", die klimaschutzrelevantes Wissen aus ihrer alltäglichen Versorgungspraxis bezieht und es als Zuständige für Familie und Gemeinschaftsarbeiten verhaltensbeeinflussend einsetzt, wird vor allem von Politiker_innen gerne bemüht. Auch wenn begründete Zweifel an dessen Realitätsbasis bestehen – als Marketingstrategie für „Gender und Klima" hat das Bild Wirkung gezeigt.

Weniger gut gelungen ist das Anliegen, Genderaspekte in den Diskursen um die Verursachung des Klimawandels zu etablieren. Aber auch hier zeigen sich in der letzten Zeit erste Fortschritte.

Die Wissenschaftsinstitutionen und Genderforscher_innen in Deutschland und Europa nehmen das Thema allerdings immer noch kaum wahr. Das ist umso verwunderlicher, da im Rahmen der erwähnten (und anderer) Forschungsworkshops und -reviews der Forschungsbedarf zum Thema Gender und Klima mehrfach identifiziert, Forschungsfragen formuliert, Forschungsergebnisse von Wissenschaftler_innen aus aller Welt präsentiert und sogar entsprechende Netzwerke aufgebaut wurden. Deutsche und europäische Forscher_innen suchte man hier allerdings (fast) vergeblich. Ein im Rahmen einer Studie für das Europäische Gender Institut in Vilnius erstellter Hintergrund-/ Forschungsbericht (EIGE 2012) bestätigt diesen Mangel aufs Deutlichste. Dass sich die Forschung in Deutschland und Europa wenig bis gar nicht mit diesen Fragestellungen befasst, und dass auch (feministische) Forscher_innen aus Industrieländern bevorzugt auf die Gender-/ Frauensituation in Südländern fokussieren, wird hierzulande kaum hinterfragt.

Aber auch die Erkenntnisse und Ansätze genderorientierter Klimaforschung aus anderen Regionen des ‚globalen Nordens', ja sogar aus dem eigenen Land, scheinen in Deutschland kaum rezipiert zu werden. Inhaltliche und institutionell-strukturelle Verbindungen zwischen Forschung und Praxis fehlen weitgehend. Grundsätzlich ist es schwierig, der Politik die Genderbezüge der Klimaproblematik in Industrieländern zu vermitteln und ohne fundierte Datenbasis wird dieses Anliegen fast aussichtslos: Bis heute verharren die Genderdebatten in ihrem Fokus auf Vulnerabilität und auf die Situation in Entwicklungsländern.

4 Feministische Forschungsansätze zu Geschlechterverhältnissen und Klima

Im September 2011 fand im italienischen Prato eine internationale Forschungskonferenz statt, deren Abstracts und Präsentationen[2] die Vielfalt an Ansätzen demonstrieren, die es inzwischen zum Themenfeld „Gender und Klima" gibt. Zwar lag auch hier der regionale Schwerpunkt auf Entwicklungsländern, aber zugleich wurden Forschungsergebnisse aus Industrieländern präsentiert, mehrere Beiträge galten den Theoriekonzepten der Gender und Klimadiskurse (McGregor 2010).

---

2 http://www.med.monash.edu.au/glass (Zugriff: 31.01.12).

Der Overview Report des Cutting Edge Packs (Skinner 2011) gibt ebenfalls – wenn auch auf Entwicklungsländerverhältnisse konzentriert – einen Überblick über den derzeitigen Stand der Debatte. Röhr und Hemmati (2007) sowie Milieu Ltd./LIFE e.V. (2011) haben für ihre Forschungsreviews Genderdimensionen identifiziert, die bei der (Gender) Analyse von Klimaschutz- und Klimaanpassungspolitik vor allem aus Sicht der Praxis hilfreich sind.

Allen hier erwähnten Ansätzen liegt ein intersektionales Verständnis zugrunde, d.h. Gender wird nicht als isolierte Kategorie betrachtet, sondern verschränkt mit Kategorien wie z.B. Bildung, Einkommen oder Klasse.

5 Mangelnde Verbindung zwischen Forschung und Praxis

Die Fragen, die Sybille Bauriedl (b i.d.Bd.) am Ende ihres Beitrags stellt, sind nicht neu. Seit vielen Jahren wird die Wissenschaft von Seiten der (nicht nur, aber auch) „Gender-Praktiker_innen" (von denen viele auch gleichzeitig forschen) aufgefordert, sich dieser Fragen anzunehmen. Inzwischen sind einige Auswirkungen klimapolitischer Maßnahmen auf die geschlechtliche Arbeitsteilung bekannt (Röhr et al. 2004; Schultz/ Stieß 2006), gibt es Kenntnisse darüber, welche gesellschaftlichen Gruppen von welchen Lösungsstrategien profitieren (Naturvårdsverket 2009; Schultz/ Stieß 2009) oder wie Geschlechteridentitäten und -rollen Konsummuster beeinflussen (Spitzner 2005; Johnsson-Latham 2007). Das heißt, die Gender- und Klima-Praxis ist inzwischen einen Schritt weiter und stellt wesentlich konkretere Fragen – eben solche, die für die politische Praxis relevant sind. Das heißt nicht, dass die von Sybille Bauriedl (b i.d.Bd.) formulierten Fragen bereits hinreichend geklärt wären, ist jedoch als deutlicher Hinweis darauf zu verstehen, dass an vorhandenes Wissen angeknüpft, und/oder auf diesem aufgebaut werden sollte. Ein grundlegendes Problem in der „Gender- und Klimaforschung" in Deutschland scheint zu sein, dass sich Forscher_innen als jeweils erste verstehen und meinen, das Rad neu erfinden zu müssen, zudem unzureichend mit der genderpolitischen Praxis vernetzt sind und diese, wenn überhaupt, nur marginal in die Forschung einbeziehen. Somit gibt es auch keine praxisrelevanten Fortschritte bei der wissenschaftlichen Bearbeitung der Thematik; ergo ist die Forschung nicht Vorreiterin, sondern hinkt der politischen Entwicklung hinterher.

6.3 Kommentierte Bibliographie

Sabine Hofmeister, Christine Katz, Tanja Mölders unter Mitarbeit von Jana Bundschuh, Stephanie Roth

Bauriedl, Sybille (2010): Erkenntnisse der Geschlechterforschung für eine erweiterte sozialwissenschaftliche Klimaforschung. In: Bauriedl, Sybille/ Schier Michaela/ Strüver, Anke (Hrsg.): Geschlechterverhältnisse, Raumstrukturen, Ortsbeziehungen. Erkundungen von Vielfalt und Differenz im spatial turn. Münster: Westfälisches Dampfboot, S. 194-216.

Indem sie als Geographin eine Perspektive auf Region und Stadt mit der Frage nach der Bedeutung der Kategorie Geschlecht und dem Ansatz der Politischen Ökologie verbindet, entwirft Bauriedl in ihrem Beitrag einen eher ungewöhnlichen Zugang zum Themenfeld Klimawandel und -politik. Sie stellt systematisch vier verschiedene Ansätze der Geschlechterforschung vor – feministische Naturwissenschaftskritik, Ökofeminismus, feministische Politische Ökologie sowie poststrukturalistische Erkenntnistheorie – und zeigt, wie sich darin das Verständnis von „Geschlecht" jeweils unterscheiden, insbesondere in Hinblick auf die Orientierung an Gleichheit oder Differenz und an Essentialismus oder Kontingenz. Die Autorin umreißt damit den Diskussionsstand der Geschlechterforschung für umweltbezogene und Nachhaltigkeitsforschungen insgesamt und verdeutlicht die Analysepotenziale der unterschiedlichen Zugänge. Hierauf aufbauend betrachtet sie den Forschungsstand zu vier grundsätzlichen Fragen der gendersensiblen Erforschung des Klimawandels: die geschlechtsspezifische Verwundbarkeit durch Klimafolgen (ebd.: 204f.), die Verursachung des Klimawandels durch geschlechtsspezifische Verhaltensweisen (ebd.: 205f.), geschlechtsspezifische Anpassungsstrategien an den Klimawandel (ebd.: 206ff.) und schließlich die ungleich verteilten Lasten des Klimawandels und des Klimaschutzes (ebd.: 209ff.). Bauriedl kritisiert u.a., dass auch in der sozial-ökologischen Analyse nicht immer explizit gemacht wird, welches Verständnis von Gender zugrunde gelegt wird. So werden die Akteure häufig unhinterfragt homogenen, essentialistischen Differenzkategorien zugeordnet. Auch weist sie kritisch auf den Objektivitätsanspruch der (naturwissenschaftlichen) Klimaforschung hin und zeigt, dass Klimapolitik häufig auf Energieeffizienz, technologische Innovationen und markwirtschaftliche Instrumente reduziert werde. Die Fragen nach den „potentiellen, notwendigen und nachhaltigen sozialen Dynamiken" (ebd.: 212) sowie nach den unterschiedlichen Lebensmodellen würden dabei vernachlässigt.

Brownhill, Leigh/ Turner, Terisa E. (2009): Women and Abuja Declaration for Energy Sovereignty. In: Salleh, Ariel (Hrsg.): Eco-sufficiency & Global Justice. Women Write Political Ecology. London, New York: Pluto Press, S. 230-250.

In ihrem Artikel stellen die Autorinnen eine politisch „links" orientierte Sicht auf Energieverbrauch und Klimaerwärmung dar, „one that is both gendered and rooted in the global South" (ebd.: 230), und setzen sie in ökofeministischer Tradition als Subsistenzperspektive in Kontrast zu neoliberalen Lösungsansätzen für die Klimaerwärmung. Internationale Aktivist_innen haben sich im Jahre 2006 in der nigerianischen Hauptstadt Abuja getroffen und eine auf Subsistenz beruhende Vision in der Abuja Declaration for Energy Sovereignty formuliert. Diesem von Friends of the Earth International organisierten Treffen gingen seit 1993 vielfältige widerständische Aktivitäten gegen die Ölkonzerne in Nigeria voraus. Die Autorinnen stellen in ihrem Beitrag die Besetzungsaktionen, die Proteste und die Selbstorganisation der lokalen Bevölkerung, insbesondere der Frauen, dar und die daraus hervorgegangene Abuja Declaration. Sie sehen die internationale Zusammenarbeit demokratisch organisierter Gemeinschaften, die selbst die Produzent_innen von Energie (und Nahrungsmitteln) sind und den direkten Austausch mit den Konsument_innen fördern, als eine realistische Alternative, die ohne die großen Ölkonzerne und ohne die Kriege um Öl und Gas funktioniert.

Hemmati, Minu/ Röhr, Ulrike (2009): Engendering the climate-change negotiations: experiences, challenges, and steps forward. In: Gender & Development. Bd. 17, H. 1, S. 19-32.

Die Autorinnen weisen darauf hin, dass Genderaspekte in der Diskussion um Klimawandel bisher weder auf nationaler noch auf internationaler Ebene ausreichend einbezogen werden. Gründe hierfür seien ein Mangel an gendersensiblen Daten, Forschungslücken hinsichtlich der Zusammenhänge zwischen Geschlechtergerechtigkeit und Klimawandel sowie die geringe Beteiligung von Frauen und Gender-Expert_innen bei Klimaverhandlungen. Hemmati und Röhr zeigen in ihrem Artikel auf, weshalb es notwendig ist, Genderaspekte einzubeziehen bzw. welche Kehrseite es hat, diese außer Acht zu lassen. Ihrer Meinung nach beschränkt sich die Debatte um Klimawandel hauptsächlich auf dessen ökonomische Effekte und technologische Lösungen zur Anpassung. Sie sehen die Notwendigkeit, diese zu erweitern, indem z.B. die sozialen Auswirkungen berücksichtigt werden und eine Vielzahl an Perspektiven verschiedener gesellschaftlicher Gruppen Eingang in die Diskussion findet. Die Autorinnen geben eine kurze Einführung in die Geschichte der Partizipation von Frauen in UN-Klimaverhandlungen und verdeutlichen, dass erst 2007 bei den COP13 in Bali ein entscheidender Durchbruch mit der Herausbildung des weltweiten Frauennetzwerkes Gender CC gelang. Die Autorinnen fordern die umfassende Berücksichtigung von Genderaspekten in den Klimaverhandlungen sowohl auf struktureller als auch auf inhaltlicher Ebene. Ihres Erachtens können die Herausforderungen durch den Klimawandel nur durch die Sicherung von Gleichberechtigung bewältigt werden, – „there is no true justice without gender justice" (ebd.: 30).

Masika, Rachel (Hrsg.) (2002): Gender, Development and Climate Change. Oxford: Oxfam Pub.

Die Autor_innen des Sammelbandes beschäftigen sich in ihren Beiträgen damit, wie Gender, Armut und Klimawandel zusammenhängen und zeigen, weshalb es notwendig ist, diese Verknüpfungen zu beleuchten und in die Debatte über Anpassungsstrategien einzubeziehen. Der Klimawandel ist ein globales Phänomen und mit Unsicherheiten und Unwissen in Bezug auf zukünftige Herausforderungen verbunden, zugleich sind Menschen unterschiedlich von den Folgen betroffen. Die Anpassungsfähigkeit an veränderte Klimabedingungen ist abhängig von Faktoren wie Bildung, Technologie, Infrastruktur, Zugang zu Ressourcen etc., die sowohl genderspezifisch als auch regionenspezifisch ungleich verteilt sind. Die Autor_innen beleuchten diese komplexen politischen und sozio-ökonomischen Aspekte des Klimawandels und zeigen, dass es weiterer Analysen bedarf, um die Klimapolitik und somit auch Anpassungsstrategien nachhaltig und gendergerecht zu gestalten.

7. Ressourcenpolitik und Infrastruktur

7.1 Zwischen Identität und Dekonstruktion – Wasserwirtschaftliche Infrastruktur aus der Perspektive von Gender und Intersektionalität

Bettina Knothe

1 Einführung

Planung und Gestaltung technischer Infrastrukturen zeichnen sich aus durch eine spezifische Koppelung von Raum und Zeit mit weiten Planungshorizonten und gleichzeitig geringer Anpassungsgeschwindigkeit. Hohe Pfadabhängigkeiten einmal getroffener technischer und institutioneller Weichenstellungen sowie eine starke sektorale Ausrichtung mit öffentlicher oder privater Bereitstellung der Versorgungsdienstleistung (Moss/ Gudermann 2009; Kluge/ Schramm 2010) erschweren flexible Anpassungsmechanismen an aktuelle Problemlagen. Diskurse und Aushandlungen über standort- und landschaftsökologisch angepasste semi- und dezentrale Versorgungssysteme, Bemühungen um eine dem Klimawandel angepasste Schließung von Lücken in Stoffkreisläufen sowie um Ansprüche an die Qualitätssicherung in der Siedlungsplanung aufgrund demografischer Entwicklungsprozesse weichen das Paradigma einer bedarfsorientierten, zentral organisierten Wasserwirtschaft allmählich auf. Strategien für einen aktiven Umgang mit klimawandelbedingten und sozio-ökonomischen Veränderungen zielen verstärkt darauf, alte Technologiepfade zugunsten einer Differenzierung von Stoffflüssen entsprechend ihrer alltagsrelevanten Verwendungszwecke aufzubrechen, Teilströme über modulare haushaltsangepasste, dezentrale oder semizentrale Infrastrukturkonzepte aufzubereiten, Stoffe zu separieren und rückzuführen sowie Energie zu vermeiden (Kluge/ Libbe 2010: 13f.).

Dieser Beitrag richtet die Analysekategorie Gender mit zwei Blickwinkeln auf netzgebundene wasserwirtschaftliche Infrastrukturen aus: erstens als insgesamt historisch gewachsenes natur- und ingenieurswissenschaftliches Gesellschaftsprojekt und zweitens als an geografische und gesellschaftliche Räume gebundenes sozio-technisches Hybrid, dessen Ausgestaltung das Ergebnis diskursiver gesellschaftlicher hierarchisch zueinander stehender Praxen ist. Aus dieser Perspektive werden in Abschnitt 2 zunächst sozial-ökologische Herausforderungen an die Gestaltung technischer Infrastrukturen hergeleitet und beschrieben. Die Analyse in Abschnitt 3 führt zur Unterscheidung von drei Differenzachsen: die hegemoniale und die nichthegemoniale Sphäre (3.1), die Differenzachse zwischen „Netzwerkgut" und „Umweltgut" (3.2) sowie Differenzachsen innerhalb professioneller Zuständigkeiten (3.3). Mit Blick auf die Bedarfe einer sich stark wandelnden Zivilgesellschaft werden die auf die Kategorie Gender angelegten Perspektiven in Abschnitt 4 um intersektionale Aspekte für wasserwirtschaftliche Infrastrukturplanung erweitert. Damit verbinde ich die These, dass die Gestaltung lokal angepasster und an den Alltagsbedürfnissen von Bürger_innen orientierter Wasserversorgungssysteme erst dann nachhaltig gelingen kann, wenn soziale Differenzachsen entlang der Positionen, Lebenslagen und Lebenschancen von Personen (Hagemann-White 2011) in entsprechenden Planungsprozessen sowohl anerkannt als auch konstruktiv aufgegriffen werden. Der Beitrag schließt mit einem Ausblick (5).

2 Sozial-ökologische Herausforderungen an die Gestaltung technischer Infrastrukturen

Prozesse des demografischen Wandels und Veränderungen in den klimatischen Bedingungen in Deutschland stellen das Infrastrukturmanagement heute vor neue Herausforderungen: Insgesamt gesehen wird eine rückläufige Bevölkerungsentwicklung vorausgesagt. Diese Prognose sieht jedoch in Bezug auf den Vergleich verschiedener Teilräume wesentlich differenzierter aus: Zunehmend stehen wachstumsstarke Räume Regionen mit starken Rückläufen gegenüber. Entsprechend wächst die Herausforderung an Städte und Gemeinden, in der Gestaltung ihrer technischen und sozialen Infrastruktursysteme differenzierter vorzugehen (Winkel 2008; BMVBS/ BBSR 2009a). Raumentwicklung und Raumordnung haben das Thema Klimawandel zu einem ihrer zentralen Handlungsfelder für nachhaltige Entwicklung bestimmt, mit Planungszielen für ein hohes Maß an Resilienz (Widerstandsfähigkeit) und Anpassungsfähigkeit der Infrastruktur sowie für einen konstruktiven und proaktiven Umgang mit Unsicherheit (BMVBS/ BBSR 2009b: 10). Sich verändernde Wohn- und Lebenskonzepte, der steigende Flächenbedarf von privaten Haushalten sowie von Gewerbe- und Dienstleistungsbetrieben, die damit verbundenen Suburbanisierungsprozesse und der zunehmende Bedarf an Mobilitätsoptionen und Verkehrsflächen sind weitere Faktoren, die eine derzeit eher disperse Siedlungsentwicklung (Evers/ Hofmeister 2010: 37) unterstützen. Für die Wasserwirtschaft bedeutet dies, differenziert mit veränderten Ansprüchen an die Entwässerung, mit lokaler Ab- oder Zunahme der Jahresniederschläge und Extremabflüssen, mit vermehrten Schäden und Ausfällen bei Extremwetterereignissen und mit der Beschaffenheit von Anlagen und Netzen technischer Infrastruktur (z.B. bei höheren thermisch-mechanischen Belastungen) umzugehen (BMVBS/ BBSR 2009a: 30).

3 Netzgebundene technische Infrastrukturen und Gender

Menschen sind Träger_innen von Geschichte. Mit und in ihr drücken sie sich über Aktivitäten und Organisationsformen aus. Konstruktion und Gestaltung von Infrastrukturen werden darin zum Selbstausdruck der jeweiligen Gesellschaften in ihren Beziehungen und Verhältnissen zu den sie umgebenden materiellen und ideellen Umwelten. In diesen „gesellschaftlichen Naturverhältnissen" (Becker/ Jahn 2003) ist „Versorgung" als technischer und symbolischer Ausdruck von (Über)Lebensbedürfnissen zu verstehen, deren Organisation traditionellen, historischen, spirituellen, kulturellen, sozio-ökonomischen und privaten Gesetzmäßigkeiten folgt (Knothe 2011b). Gesellschaftliche Naturverhältnisse beschreiben dieses Beziehungsgefüge als System dialektisch zueinander stehender Natur-Kultur-Verhältnisse. Darin sind technische Infrastruktursysteme kulturelle Artikulationen von Technologien. Das Verständnis von Modernität beispielsweise einer Stadt oder besser ihre Antwort auf aktuelle Veränderungs- und Entwicklungsansprüche hängt entscheidend mit der Gestaltung ihrer Infrastrukturen zusammen (Varnelis 2008). Sogenannte „networked ecologies" (ebd.) entstehen als interdependente Systeme aus der Organisation der Landnutzung, ebenso aus ursachenbezogenen Umweltschutzmaßnahmen, aus Kommunikation und der Bereitstellung von Dienstleistungen – vornehmlich zur Versorgung. Sie verkörpern auf diese Weise geronnene soziale Interessen (Bijker 1993; Moss 2008). Ihre komplexe Netzwerkstruktur verbindet unterschiedliche Menschen, Orte, Settings, Gebäude und weitere Elemente des Zusammenlebens in dynamischer Weise miteinander. Ihre Verteilungsnetze in der Binnenstruktur schaffen topologische Verbindungen verschiedenster Systeme und Prozesse und tragen zu dem bei, was Doreen Massey (1993) als „the power-geometry of time-space compression" (Massey 1993: 62, ähnlich Fraser 1997a) bezeichnet.

In diese Geometrie sind Macht- und damit auch Geschlechterverhältnisse verwoben. An und in ihnen wirken Individuen, die in allen gesellschaftlichen Verhältnissen vergeschlechtlicht werden und als vergeschlechtlichte agieren. „Geschlecht" repräsentiert in diesem Sinne „keinen spezifischen gesellschaftlichen ‚Bereich', der sich gesondert betrachten ließe, sondern [...] [ist, d.Verf.] eine konstitutive Dimension des Sozialen." (Lettow 2011: 12). Gender als eine Kategorie innerhalb dieser „Konstitution des Sozialen" (ebd.) kann diese Disbalancen in Bezug auf Wasserinfrastrukturmanagement in mehrerlei Hinsicht aufgreifen.

3.1 Hegemoniale und nicht-hegemoniale Sphären

Ausbau und Unterhalt technischer Infrastruktursysteme galten in Deutschland ab dem 19. Jahrhundert als klassische Aufgabenbereiche und Ziele von Stadt und Regionalplanung. In dessen Verlauf entstand in den großen Städten Mitteleuropas ein modernes Infrastruktur-Ideal (Graham/ Marvin 2001), das über angebotsorientierte Infrastruktur, Bedarfsdeckung, Zentralität und Netzwerkaufbau großteiliger Technologien eine neue sozio-technische und institutionelle Ordnung von Ver- und Entsorgung herstellte. In der Wasserwirtschaft war die technische Entwicklung versorgungswirtschaftlich verbunden mit einer funktionsräumlichen Unterscheidung von Peripherie und Stadt in sog. „premium network spaces" als hochwertige, auf Kunden_innenwünsche zugeschnittene Bereiche und „network ghettos", d.h. infrastrukturell marginalisierte Gebiete (ebd.: 289 zit. nach Moss 2008: 117). Die im 19. Jahrhundert stark an der Klassenfrage sowie an der geschlechtsspezifischen Aufteilung von Erwerbs- und Hausarbeit angebundenen Strukturverhältnisse zwangen gesellschaftliche Akteur_innen dazu, sich in diesem spezifischen Versorgungsnetz zu Wasser und Abwasser miteinander „in Differenz zu positionieren" (Hagemann-White 2011: 24). In diesen Differenzlinien zeigen sich bis heute strukturelle Hierarchien, die sich hinsichtlich dichotomer Handlungsmuster und blockierender Strukturen in eine hegemoniale (sog. professionelle) und eine nichthegemoniale (private, alltagspraktische) Sphäre (Forschungsverbund „Blockierter Wandel?" 2007: 76) unterscheiden: Die Organisationsmuster von Versorgung durch legislative und administrative Legitimation und Repräsentanz „offizieller" Vertreter_innen und Institutionen zeichnen hegemoniale Sphären aus. Sie sind stark männlich konnotiert. Darin bleibt die andere Seite, die nichthegemoniale und gesellschaftlich als weiblich konnotierte Sphäre, planerisch und organisatorisch unsichtbar. Dort geschieht das, was in komplexen zentralen Systemen meist im Verborgenen bleibt: alltägliche Aushandlungsprozesse und Alltagspraktiken, in denen und durch die gesellschaftliche Naturverhältnisse produziert, reproduziert und raumwirksam gestaltet werden.

Die an Gendertheorien angelehnte Aufdeckung solcher Differenzlinien ermöglicht die Sichtbarmachung der ihnen innewohnenden und in früheren geschlechterpolitischen Diskursen formulierten Problemlage der Produktion-Reproduktions-Differenz, allerdings ohne notwendigerweise einen Umgang mit ihnen anzubieten. Die Tatsache beispielsweise, dass Nutzer_innen technischer Infrastruktursysteme immer noch stark als ausschließlich zu versorgende „Kunden_innen" einer professionell organisierten Wasserversorgung wahrgenommen werden, blockiert eine Integration von technisch-organisatorischen Gestaltungspotenzialen mit zivilgesellschaftlicher Teilhabe an der Ressourcennutzung, die an aktuelle Erfordernisse nachhaltiger Wasserwirtschaft anknüpft. Der tägliche Umgang mit dem Gut Wasser und die daraus gewonnenen Erfahrungs- und Wissensbestände verbleiben weiterhin in Konkurrenz zum vermeintlich objektiven professionellen Wissen. Tatsächlich verbringen Menschen ihr Alltagsleben aber subjektiv verkörpert in einem konkreten lokalen Kontext. Leiblichkeit als existenzielle Daseinsform der belebten Natur sowie Räumlichkeit als Erfahrungsform und Handlungsbedingung sind so wechselseitig aufeinander bezogen (Knothe 2011b; Strüver

2010). Vor diesem Hintergrund verliert die Auffassung des Ökonomischen als eine primäre Regulationsordnung gesellschaftlicher Naturverhältnisse seine zentrale Rolle und wird erweitert um die Kategorie der (Re)Produktivität (Biesecker/ Hofmeister 2006). Diese Kategorie vermag „als vermittlungstheoretische Position" (ebd.: 167) versorgungswirtschaftliche Prozesse als dynamische Bewegungen von Gestaltung und Transformation zu begreifen und das darin liegende Ökonomische um das analytisch zugängliche Element der „gesellschaftlichen Praxen" zu erweitern. Innerhalb einer solchen „situierten Angemessenheit" (Forschungsverbund „Blockierter Wandel?" 2007: 140) werden gesellschaftliche Praxen in ihrer Anordnung problemorientiert kommunikativ bestätigt oder verworfen. Auf diese Weise bilden sich Politik-, Ökonomie- und Rationalitätsmuster aus, die von einer um die privaten und gesellschaftlichen Sorge- und Pflegearbeiten erweiterten Ökonomie geprägt sind.

3.2 Differenzachsen zwischen „Netzwerkgut" und „Umweltgut"

War die Auffassung von Gemeinwohlverantwortung im professionellen Diskurs ehemals stark geprägt von den politisch festgelegten Zielen der Hygiene und öffentlichen Gesundheitspflege, so stehen heute andere Problemstellungen politisch und ökonomisch im Vordergrund: die marktwirtschaftliche Leistungserbringung innerhalb der kommunalen Finanzplanungen, die möglichen hydrologischen Auswirkungen des Klimawandels, die strukturellen Konsequenzen demografischen Wandel sowie das erhebliche Absinken des häuslichen Wasserverbrauchs in Verbindung mit einer zunehmenden Sensibilisierung der Kunden_innen für die Werthaltigkeit des Gutes. Die Wahrnehmung von Potenzialen einer entsprechend sozial-ökologischen (re)produktiven Versorgungswirtschaft hängt stark von den Rationalitäten innerhalb der jeweiligen professionellen Betriebssysteme ab. Für den Bereich der Wasserwirtschaft kristallisierte sich im Laufe etwa der letzten 10 Jahre ein Spannungsverhältnis innerhalb der Akteurskonstellation heraus, das im Rahmen von Untersuchungen in Berlin und Brandenburg mit „Wassermangel in der Leitung und Wassermangel in der Fläche" (Wissen 2009: 115) bezeichnet wurde: Gemeint ist die „Unterauslastung des [zentralisierten, d.Verf.] *Netzwerkguts* ‚Wasser- und Abwasserentsorgungsinfrastrukturen'" (ebd., Hervorheb. i.O.) und die regionalspezifisch z.T. eingeschränkte Verfügbarkeit des „*Umweltguts* Wasser" (ebd.). Unterschiedliche und z.T. konkurrierende Rationalitäten und Problemwahrnehmungen innerhalb des professionellen Systems sind zentrale Gründe für diese dichotome Aufspaltung in das Netzwerkgut „Infrastruktursystem" und das Umweltgut „Wasserhaushalt" (ebd.: 141). Hier zeigen sich historisch gewachsene Situiertheiten von Zuständigkeiten: Industrialisierung, Bevölkerungswachstum, Brandkatastrophen in mehreren europäischen Großstädten führten im 19. Jahrhundert zur Entstehung leitungsgebundener Verteilungssysteme von

Wasser. Viele politische und ökonomische Faktoren (Kluge/ Schramm 1986) führten zu einer einheitlichen Zu- und Abfuhr von Trink- und Brauchwasser. Dieses Konzept löste die vorindustrielle Situation ab, in der „Brunnen unterschiedlich bewertet worden waren und eine Vielzahl unterschiedlicher Wässer für jeweils verschiedene Zwecke verwertet wurden" (Kluge/ Schramm 2010: 33). Aufgegeben wurde ein Mix unterschiedlicher dezentral und differenziert bewirtschafteter Ressourcen zugunsten einer rohrgebundenen zentralisierten Wasserversorgung, die dazu führte, dass mehr Abwasser als vorher in den Haushalten produziert wurde. In dem Wunsch, Städte attraktiver und (über)lebenswerter zu gestalten, folgte der zentralen Wasserversorgung auf Druck von Sozialreformern, Wissenschaftlern und Kommunalpolitikern so der Aufbau von Wasser- und Fäkalienableitungssystemen nach.

3.3 Differenzachsen innerhalb professioneller Zuständigkeiten

Zentralität bedurfte einheitlicher Bedarfsdeckungsmechanismen und Synchronizität. Diese Faktoren zusammen schufen ein auf dem Prinzip des „Durchflussreaktors" (Kluge/ Schramm 2010: 35) aufbauendes Infrastruktursystem. Um funktionieren zu können, mussten die innerhäuslichen Verbrauchsmuster an dieses System angepasst werden (ebd.). So entstand eine „Arbeitsteilung" zwischen Kommunalverwaltung, Wasserwirtschaft, Betreiberorganisationen und Verbraucher_innen, die sich stets neu in dichotomen Bezügen wie Bereitstellung – Versorgung (im Netzsystem) und Produktion – Reproduktion (im Wasserhaushalt) reproduzierte. Technik (Anlagen, Netze), Ökonomie (pauschale Wasserpreise), Kommunalpolitik (Hoheitsaufgabe und Gemeinwohlverpflichtung), Wasserverbände (Gebiete für Wasserschutz und Wassergewinnung), Konsum (Haustechnik – Waschmaschinen, Spülklosetts) waren damit sowohl materiell als auch ökonomisch auf zentrale Ströme von Zulauf und Ablauf festgelegt.

Wie stark sich diese Verhältnisse bis heute diskursiv verfestigt haben und wie tief sie sich in sozio-kulturelle Rationalitäten und Handlungsmuster von Versorgen und Versorgtwerden eingegraben haben, dokumentiert die bereits genannte Untersuchung zum Verständnis der Gemeinschaftsgutsproblematik um Wasser in Berlin und Brandenburg (Wissen 2009): Gespräche mit professionellen Akteur_innen auf staatlicher, Verbands- und Unternehmensebene zeigten vier ressortspezifische Rationalitäten zum Wassermanagement auf: die infrastrukturelle Position, die Wasserregulierungsposition, die ökosystemare Position und die Verbraucher_innenposition (ebd.: 126ff.). Jede dieser Positionen fokussierte jeweils eine Seite des Gemeinschaftsgutproblems: Während bei der infrastrukturellen und Verbraucher_innenposition die Infrastrukturseite (Wasser als Netzwerkgut im Spannungsfeld von Bereitstellung und Versorgung) im Vordergrund stand, befand sich bei der Wasserregulierungs- und ökosystemaren Position der Wasserhaushalt (Wasser als Umweltgut im Spannungsfeld von Produktion und Reproduktion) im Zentrum (ebd.). Der Verlauf der Untersuchung zeigte, dass sich diese Spannungsverhältnisse nur sehr schwer und unter der Voraussetzung einer stärkeren Orientierung auf Wasser als diskursiv erfassbares „Gemeinschaftsgut" bearbeiten lassen: Der Druck der Problematik Klimawandel und der damit zusammenhängenden hydrologischen Auswirkungen beispielsweise entschärfen das Primat der technisch-ökonomischen Infrastruktur in Richtung einer stärkeren Nähe zu (re)produktiven Verhältnissen des Umweltguts Wasser, indem sich die infrastrukturelle Position zunehmend für Ansätze einer stärkeren Berücksichtigung von Wasserhaushaltsfragen (z.B. Erhalt von Trinkwasservorbehalts- und Trinkwasserschutzgebieten) öffnet. Ähnliches geschieht bei Akteur_innen der infrastrukturellen und Verbraucher_innenposition im Hinblick auf eine stärkere Beachtung (re)produktiver Verknüpfungen zwischen differenzierter Anlagentechnik, Versorgungsbedürfnissen und Regenerationsbedarfen der Ressource: Beide unterstützen Maßnahmen differenzierter Ansätze für eine Stabilisierung des Wasserhaushalts dort, wo sie eine Vereinbarkeit mit eigenen infrastrukturrelevanten Interessen finden. Diese bestehen beispielsweise in der Erweiterung der räumlichen Handlungsoptionen der Wasserversorgungsinstitutionen bei der Verfügbarkeit von qualitativ hochwertigem Trinkwasser durch eine große Zahl von Trinkwasservorbehalts- und Wasserschutzgebieten. Ver- und Entsorgungsunternehmen erachten die Verrieselung von Abwässern neben einer Maßnahme zugunsten des Wasserhaushalts verstärkt auch als zusätzliche Reinigungsstufe. Und der Bezug von Abwasserinitiativen auf Wasserhaushaltsfragen erweitert den gesellschaftlichen Kontext ihres Engagements für dezentrale Systeme ohne die eigenen Positionen verlassen zu müssen (Wissen 2009).

Demografischer Wandel, Anpassungsanforderungen an den Klimawandel, eine differenzierte Stoffwirtschaft sowie die Qualitätssicherung und Verbesserung schreiben daher zusammenfassend informellen, kooperativen und auf Verhandlung aufbauenden Strategien zivilgesellschaftlicher Aushandlungsprozesse eine zentrale Bedeutung zu. Zusammen mit der „(Re)Kontextualisierung der Diskussion um den gesellschaftlichen Umgang mit Fläche und um die Einbettung in umfassende und stadtregional spezifische Konzepte nachhaltiger Entwicklung" (Evers/ Hofmeister 2010: 37) ist das Management technischer Infrastruktursysteme so vor die Aufgabe gestellt, eine adäquate Kommunikation mit unterschiedlichen Zielgruppen zu entwickeln und den aus unterschiedlichen Alltagswirklichkeiten resultierenden Raumansprüchen gerecht zu werden (ebd.).

4 Intersektionale Erweiterungen in der Gestaltung netzgebundener technischer Infrastrukturen

Die Qualität von Inklusion, Anerkennung und eine die Vulnerabilitäten gesellschaftlicher Akteure und Gruppen berücksichtigende gesellschaftliche Regulation wird vor allem beeinflusst durch relationale Faktoren wie Geschlechterverhältnisse, ethnische Herkunft, Klasse, Alter und körperliche Kondition. Sie bestimmen Identität und Subjektivierung ebenso wie gesellschaftliche Regulierung und Organisation versorgungswirtschaftlicher Bezogenheiten und prägen Gemeinwohlvorstellungen durch spezifische, zunehmend interkulturell geführte Diskurse (Ambrosius 2009). Festgeschriebene Mehrheitsverhältnisse beteiligter Akteure sowie die Legitimität von Institutionen sind ebenso wie Diversität und Vulnerabilität zivilgesellschaftlicher Akteure und Gruppen im Rahmen unsicherer, fragiler sozialer Lagen und Positionen (Vogel 2004) aktuelle Bedingungen, die eine Auseinandersetzung um Gemeinwohl erheblich erschweren. Ein Ansatzpunkt ist, Gemeinwohl und die Gestaltung der Versorgung bedürfnisorientiert und diskursiv an Räume zu binden, in denen Versorgungsbedarfe und Alltagspraxen sichtbar werden, in denen aktive Subjekte sich austauschen, abwechselnd ausdrücken und aufnehmen können (Knothe 2011a).

Die Anerkennung von gemeinschaftlichen Bedeutungsräumen (Bauer 2006: 166) und Intersubjektivität (Benjamin 2002) rückt intersektionale Analysestrategien (Crenshaw 1998; Degele/ Winker 2007; Winker/ Degele 2009) produktiv in den Vordergrund. Intersektionale Analysekategorien erlauben es, Anordnungen und Veränderungen von Ungleichheiten im Akteurssystem auf drei grundsätzlichen Ebenen zu formulieren und planerisch bearbeitbar zu machen: Struktur, Repräsentationen, Identitäten. Diesen Ebenen werden Kategorien zugewiesen, im Allgemeinen Klasse, Geschlecht, „Rasse" (als soziale Konstruktion) bzw. Ethnizität, Alter und Körper (Winker/ Degele 2009: 25ff.). Für eine an sozial-ökologischen Anforderungen orientierte Wasserinfrastrukturplanung können mehrere auf die intersektionale Analysepraxis ausgerichtete Aussagen formuliert werden. Mit dem Fokus auf die Ebene *Struktur* erscheinen wasserwirtschaftliche Versorgungsverhältnisse nicht isoliert und ressortgetrennt voneinander, sondern in ihrer gegenseitigen Beeinflussung. Zum Beispiel werden Zusammenhänge zwischen (historisch gewachsenen) stark geschlechtsspezifisch konnotierten Praxen der Wissenschafts- und Technologieentwicklung, Kulturalisierungen von Alltagspraxen und stereotypen Zuschreibungen im Akteurssystem entlang der symbolisch aufrechterhaltenen Dichotomie von „Versorgen" und „Versorgtwerden" und strukturellen Dominanzverhältnissen von „Verteilung" und „Teilhabe" thematisiert. Die Analyse aus Sicht hierarchischer *Repräsentationen* sensibilisiert für Erfahrungen, Alltagspraxen und Handlungskompetenzen engagierter Bürger_innen und greift diese konstruktiv auf. Sie schafft Auseinandersetzungs-

und Verhandlungsräume, in denen Bürger_innen kulturelle, alltagsrelevante, geschlechtsspezifische und an ihren sozialen Zugehörigkeiten angebundene Lebens- und Haushaltspraxen reflektieren und in Planungsprozesse einbringen. Indem weder die Bedürfnisse von Personen noch die Regenerationsbedarfe von Umweltgütern in dichotomer Weise kulturalisiert oder naturalisiert werden, können Dominanzverhältnisse dekonstruiert werden. Dies geschieht u.a. dadurch, dass zivilgesellschaftliche Akteur_innen und Privatpersonen ihre Erfahrungen mit Nicht-Anerkennung ihrer Kompetenzen innerhalb des professionellen Systems kritisch und öffentlich reflektieren. Eine intersektionale Wasserinfrastrukturplanung arbeitet mit einem offenen *Identität*sverständnis und entwickelt quartiers- und regional angepasste Versorgungsangebote. Diese legen Menschen nicht von vornherein auf das Paradigma der passiv „Versorgten" fest, sondern eröffnen vielmehr Wege und Methoden, um an individuellen und gemeinschaftlichen Bedürfnissen orientierte Ideen konstruktiv in Planungsprozesse einzubinden. Das Management netzgebundener technischer Infrastrukturen wird so zu einer Versorgungswirtschaft, welches impliziert, dass mit der Unabgeschlossenheit und Widersprüchlichkeit innerhalb von Alltagspraxen (re)produktiv umgegangen werden kann.

5 Ausblick

Für einen Ausblick sind Experimentier- und Ermöglichungsräume gefragt. Interessante Erfahrungen bieten etwa zahlreiche Projekte der IBA Hamburg (2007-2013) (IBA Hamburg 2012). In Projekten der „Universität der Nachbarschaften" und „Situativer Urbanismus" geht es im Sinne von Enabling darum, die Beziehungen zum Raum, zwischen Planer_in und Handlungsraum, zwischen Bewohner_in und Lebensumfeld neu zu fassen. Eine in diesem Sinne gestaltete Ermöglichungsinfrastruktur und -architektur fokussiert auf performativ-organisationale Prozesse. Unterschiedliche Formen von Beteiligung in Theorie und Praxis suchen das Feld möglicher Impulse temporärer und experimenteller Benutzung auf Planungs- und Gestaltungsprozesse auszuloten. „Dialoge im Weltquartier" zu versorgungswirtschaftlichen Fragestellungen ermöglichen in Gemeinschaftserlebnissen, Ideen zu häuslicher Infrastrukturplanung einzubringen. Mehrsprachige Dialoge als Kommunikationsschlüssel zwischen Herkunftsdeutschen, die mehrere Fremdsprachen sprechen und Bewohner_innen unterschiedlicher kultureller Herkunft und Generationen im Wohnquartier vermögen kultur- und generationenspezifische Wünsche für den Umbau einer Siedlungsinfrastruktur in Erfahrung zu bringen. „Hybrid Housing" verbindet eine die vielfältigen Lebensumstände und Bedürfnisse berücksichtigende Architektur für Wohnen und Arbeiten mit innovativer Technik für Niedrigenergiestandards umweltschonender Gebäudetechniken. Sog. „Energiespar-Partnerschaften" – und dieses Projekt ist übertragbar auch auf „Wasser-Partnerschaften" – nehmen Strom, Wärme und Trinkwasser gemeinsam in den Fokus. In der Zusammenarbeit von Bürger_innen, Studierenden der Umwelttechnik und Betreiberorganisationen werden auf diese Weise klima- und alltagspraktisch relevante Sparpotenziale des Handelns im Wohnalltag und deren praktische Umsetzung entwickelt. Alle genannten Projekte repräsentieren „Versorgung" als eine Schnittstelle mehrerer miteinander in Beziehung stehender Strukturlinien, deren soziale Differenzachsen zukünftig entlang der Positionen, Lebenslagen und Lebenschancen von Menschen in versorgungswirtschaftlichen Planungsprozessen sowohl sensibel anerkannt als auch für Planungsprozesse konstruktiv aufgegriffen werden müssen.

7.2 Kommentar: Genderspezifische Ansätze und Forschungsperspektiven für die Energiewende

Helga Kanning

1 Einführung

Vor dem Hintergrund aktueller Herausforderungen der Raum- und Infrastrukturplanung durch das Gebot einer nachhaltigen Stoffpolitik, den Klimawandel und demografischen Wandel wirft Bettina Knothe (i.d.Bd.) unter einer zeit- und raumbezogenen Perspektive einen genderanalytischen Blick auf die Gestaltung technischer Infrastruktursysteme, mit einem besonderen Fokus auf die wasserwirtschaftliche Ver- und Entsorgung. Anhand der Trennungslinien zwischen hegemonialen und nicht-hegemonialen Sphären, zwischen „Netzwerkgut" und „Umweltgut" und den darauf bezogenen Auffassungen innerhalb der verschiedenen professionellen Zuständigkeiten macht sie damit die Relationalität technischer Infrastruktursysteme sowie die unterschiedlichen Rationalitäten im jeweiligen gesellschaftlichen Kontext sichtbar. Mit der Erweiterung ihrer Analyse um intersektionale Aspekte, wie kulturelle und identitäre Vielfalt sowie soziale Schichtunterschiede, identifiziert sie darüber hinaus weitere Ansatzpunkte für eine nachhaltige Raum- und Infrastrukturplanung.

Auch für die Energieversorgung können auf dieser Basis wichtige Erkenntnisse gewonnen werden, die angesichts der enormen Herausforderungen von unschätzbarem Wert sind, stellt doch die Energiewende eine Aufgabe historischen Ausmaßes dar. Denn es gilt nicht nur die technischen Infrastrukturen weiterzuentwickeln, sondern auch die institutionellen Strukturen. Beide sind fast über ein ganzes Jahrhundert hinweg gewachsen und weisen demzufolge eine hohe Pfadabhängigkeit auf. Etwa seit Ende der 1980er Jahre vollzieht sich in der Energiewirtschaft im Zuge der Liberalisierungs- und Privatisierungsprozesse ein tiefgreifender Systemwandel (Monstadt 2004). Nach der atomaren Katastrophe in Japan im März 2011 entwickelt sich dieser mit einer atemberaubenden Dynamik, denn er ist nun in seinem Grundanliegen von einem breiten gesellschaftlichen Konsens getragen. Erreicht werden soll eine nachhaltige, postfossile Energieversorgung ohne den Einsatz von Kernenergie. Damit dies gemessen an den historischen Zeiträumen in der relativ kurzen Zeit bis zur Mitte dieses Jahrhunderts gelingen kann, hat die derzeitige Bundesregierung eine ehrgeizige Planung formuliert. Nach ihrem Energiekonzept sollen bis 2050 folgende Ziele erreicht werden: Der Anteil der erneuerbaren Energien an der Stromversorgung soll von heute 17% auf 80% und der Anteil am Endenergieverbrauch (Strom, Wärme, Kraftstoff) insgesamt auf 60% gesteigert werden, mindestens 50% des Primärenergieverbrauchs sollen eingespart und dafür beispielsweise der gesamte öffentliche Gebäudebestand klimaneutral ausgerüstet werden (Effizienzstrategie), die CO_2-Emissionen sollen um mindestens 80% gesenkt werden (BMWi/ BMU 2010).

Damit dies erreicht werden kann, müssen alle Akteure in ihren jeweiligen Handlungsarenen mitwirken und entsprechend ihrer individuellen Möglichkeiten einbezogen werden. Hierzu sind genderspezifische Analysen und Gestaltungsansätze unabdingbar, zeigen doch die Erkenntnisse der Geschlechterforschung, dass gerade technisch geprägte Systeme ebenso wie beispielsweise auch Investitionsentscheidungen der privaten Haushalte, die für den Umbau ineffizienter Energiesysteme unerlässlich sind, geschlechterspezifisch unterschiedlich eingeschätzt und gehandhabt werden (z.B. LIFE o.J.). Dabei besteht hinsichtlich der genderbezogenen Denk- und Handlungsweisen insgesamt noch erheblicher Forschungs- und Entwicklungsbedarf.

Anknüpfend an die von Knothe (i.d.Bd.) aufgezeigten genderanalytischen Trennungskategorien lassen sich für die aktuellen Entwicklungen im Bereich der Energieversorgung Unterschiede und ebenso fruchtbare Vermittlungsansätze der genderbezogenen Nachhaltigkeitsforschung aufzeigen.

2 Trennungsverhältnisse zwischen hegemonialen und nicht hegemonialen Sphären brechen auf, neue Governanceformen entstehen

Wie Bettina Knothe beschreibt, ist die Wasserwirtschaft noch stark von der Trennung zwischen hegemonialer und nichthegemonialer Sphäre geprägt, und das Handeln der Haushalte schlägt sich nur langsam in den öffentlichen Raum- und Infrastrukturplanungen nieder. Für den Bereich der Energieversorgung lassen sich in diesem Kontext zunächst andere Rahmenbedingungen feststellen: Es gibt hierfür derzeit keine öffentlich-rechtliche Fachplanung. Dennoch lassen sich hegemoniale und nicht hegemoniale Sphären unterscheiden. Trotz der eingangs genannten Liberalisierungs- und Privatisierungsprozesse beherrschen insbesondere im Bereich der netzgebundenen

Stromversorgung nach wie vor die vier großen Stromkonzerne E.on, RWE, EnBW und Vattenfall energiewirtschaftliches Handeln als Planungsträger und Marktanbieter zugleich. Doch haben sich daneben bereits zahlreiche dezentrale und semizentrale Systeme herausgebildet, in den privaten Haushalten insbesondere im Bereich der Wärmeversorgung und in den ländlichen Räumen bezogen auf alle drei Energieformen Strom, Wärme und Kraftstoffe. Mit starkem Rückenwind durch staatliche Förderprogramme und technische Innovationen entwickeln sich diese dynamisch weiter. Hiermit bricht im Energiesektor das für technische Großinfrastrukturen charakteristische, historisch geprägte hegemoniale System auf und neue Governanceformen entstehen, die tendenziell geeignet erscheinen, gendersensibles Denken und Handeln zu befördern (zu Governance z.B. von Winterfeld i.d.Bd.).

Besonders auf der regionalen Ebene finden sich vielfältige neue Governanceformen. Dies zeigen beispielsweise empirische Untersuchungen zur Bioenergie in ausgewählten Regionen Niedersachsens (Rode/ Kanning 2010). In den Regionen, die selbst initiativ geworden sind und die Gestaltung der Bioenergienutzung proaktiv gestalten, organisieren sich Vertreter_innen aus unterschiedlichen gesellschaftlichen Gruppen, wie die örtliche Politik, Finanzwirtschaft, landwirtschaftliche Organisationen, Naturschutzverbände sowie Anlagenbetreiber_innen und andere bedeutende privatwirtschaftliche Unternehmen aus Regionen in selbstgesteuerten Gremien und Prozessen (Steinkraus et al. 2010: 204ff.). Aufbauend auf Erfahrungswissen aus ähnlich gelagerten Fragestellungen angrenzender Wissensbereiche konnten erste Erfolgskriterien für die kontinuierliche Gestaltung innovativer, natur- und raumverträglicher energetischer Biomassepfade identifiziert werden, die prinzipiell auf andere Regionen und (Bio)Energiepfade übertragbar sind (Buhr et al. 2010: 268ff.). Wesentliche Elemente sind die kollektive Entwicklung von Leitbildern, Zielen und regionalen Energiekonzepten, die idealerweise alle regionalspezifischen erneuerbaren Energien integrativ berücksichtigen (Kanning 2012).

Angesichts der dynamischen Weiterentwicklungen im gesamten Bereich der erneuerbaren Energien wird es zukünftig mehr denn je darauf ankommen, die spezifischen regionalen Entwicklungspfade als ständige, kollektive Gestaltungsprozesse zu begreifen (Kanning et al. 2009). Hierzu gilt es, einerseits den nötigen Konsens für die neuen landschaftsprägenden Infrastruktursysteme herzustellen und andererseits auch die Selbstgestaltungskräfte sowie das kreative Potenzial aller Akteure für die Entwicklung der weiterhin erforderlichen Innovationen in geeigneter Weise zu aktivieren. Wie hierbei alle Akteure adäquat beteiligt werden können, sollte sowohl auf der Angebots- als auch auf der Nachfrageseite genderspezifisch analysiert und gestaltet werden.

Für die ländlichen Räume versprechen insbesondere die „100ee-Regionen" ein lohnenswertes Untersuchungs- und Experimentierfeld. Die Regionen, die an dem gleichnamigen, vom Bundesministerium für Umwelt, Naturschutz und Reaktorsicherheit (BMU) geförderten Projekt teilnehmen, verstehen sich als Vorreiter der regionalen Energiewende, indem sie die benötigte Energie möglichst vollständig durch regional verfügbare erneuerbare Energien aufbringen und hierzu neuartige Organisations- und Kooperationsformen erproben wollen (deNet 2011). Vereinzelt scheinen in den regionalen Ansätzen gendersensible Herangehensweisen durch, z.B. in der Bioenergie-Region Cochem Zell (2011), die es aufzudecken und weiterzuentwickeln gilt. Eine weiterführende Fragestellung wäre in diesem Kontext, ob bzw. wie sich entsprechende gendersensible kollektive Gestaltungsansätze auf urbane Räume übertragen lassen. Darüber hinaus sind die nationale und die internationalen Gestaltungsebenen in den Blick zu nehmen, die im Mehrebenensystem der energiewirtschaftlichen Planung eine entscheidende Rolle spielen.

3 (Re)Produktivität als Vermittlungskategorie für planerische Gestaltungsansätze im Bereich Bioenergie

Ein bedeutsames Forschungs- und Handlungsfeld, für das die in der genderbezogenen Nachhaltigkeitsforschung erarbeitete Vermittlungskategorie (Re)Produktivität (I.2.3.6) von zentraler Bedeutung ist, stellt die Gestaltung der energetischen Nutzung von Biomasse dar.

Die energetische Nutzung von Biomasse spielt in einem zukunftsfähigen bundesdeutschen Energiemix mittelfristig weiterhin eine bedeutende Rolle. Denn Biomasse ist der einzige „erneuerbare" Energieträger, der in allen drei Energieformen (Strom, Wärme, Kraftstoff) genutzt werden kann. Entsprechend sollen alle drei Nutzungspfade weiter ausgebaut werden (BMWi/ BMU 2010: 10). Wenngleich hierfür zukünftig verstärkt Reststoffe verwertet werden sollen, sind die anspruchsvollen Zielsetzungen ohne den Anbau von Energiepflanzen mittelfristig nicht zu erreichen. Diese hohe energiepolitische Bedeutung des Energiepflanzenanbaus kontrastiert mit den derzeit nur fragmentarisch vorhandenen Methoden und Instrumenten, mit denen der flächenwirksame, nicht zuletzt aufgrund der großflächigen Maismonokulturen zunehmend kritisch betrachtete Anbau von Energiepflanzen umwelt- und raumplanerisch beurteilt und gestaltet werden kann (Rode/ Kanning 2010).

Wie Biesecker et al. (2011: 201) ausführlich erörtern, erscheint dabei schon die Subsummierung der Bioenergie unter den Begriff „erneuerbare Energie" missverständlich, da er suggeriert, dass sich die Energie „von sich aus" erneuert. Doch erst wenn die natürlichen Reproduktionsfunktionen in den Produktionsprozessen kontinuierlich mit- und wiederhergestellt werden, kann sich die Biomasse im Einklang mit den natürlichen Reproduktionsfähigkeiten wieder „erneuern". Der Begriff „erneuerbar" weist damit auf die (Re)Produktivität hin (ebd.: 204f.). Die Kategorie (Re)Produktivität öffnet auch den Weg für Weiterentwicklungen in der Umwelt- und Raumplanung, worauf Hofmeister (1989) bereits in frühen Arbeiten hingewiesen hat.

Ein auf diesem Gedankengut basierender methodischer Ansatz wurde im Rahmen eines Forschungsprojekts zur Entwicklung von Lösungsansätzen für die planerische (Mit)Gestaltung einer natur- und raumverträglichen Biomassenutzung erarbeitet (Rode/ Kanning 2010). Entwickelt wurde eine für die räumliche Planung neue, ganzheitliche Analyse- und Bewertungsmethode, die auf einer Verknüpfung der Stoffstrom- bzw. Prozesskettenanalysetechnik mit dem in der Umwelt- und Raumplanung gebräuchlichen Prinzip der Ökologischen Risikoanalyse basiert (Buhr et al. 2006; Wolf et al. 2010; Rode/ Kanning 2010).

Durch die Verknüpfung der prozess- und der (natur)raumbezogenen Methodik bieten sich für die neuen Fragestellungen im Kontext der erneuerbaren Energien innovative, integrative Analyse- und Gestaltungsmöglichkeiten: Es können sowohl die (natur)räumlichen Auswirkungen entlang der verschiedenen Prozesskettenphasen als auch die Akteurslandschaften entlang der Wertschöpfungsketten systematisch ergründet werden. Auf diese Weise lassen sich auch planerische Koordinierungsbedarfe und -möglichkeiten in den unterschiedlichen Phasen identifizieren. Zudem kann die in reinen stoffstromanalytischen Arbeiten noch enthaltene Trennung von Ressourcen- und Senkenfunktionen (z.B. Held et al. 2000) durch die Verknüpfung mit der (natur)raumbezogenen umweltplanerischen Einschätzung überwunden werden. Denn die zur Erfassung der im Bundesnaturschutzgesetz (BNatSchG) verankerten „Leistungsfähigkeit des Naturhaushalts" gebräuchlichen Landschaftsfunktionen charakterisieren das natürliche Leistungsvermögen von Natur und Landschaft, unterschiedliche gesellschaftliche Ansprüche langfristig zu befriedigen. Der prozessbezogene Analyseansatz wird hiermit „geerdet" (Kanning 2011: 199).

4 Fazit

Eine nachhaltige energetische Nutzung der knappen regional verfügbaren erneuerbaren Ressourcen nach dem jeweils neuesten Stand der Technik erfordert eine konzeptionelle Verknüpfung des formellen Instrumentariums mit den eingangs skizzierten informellen Governanceansätzen. Die beiden Bereiche müssen entsprechend ineinandergreifend gestaltet werden.

Insgesamt zeichnen sich also für die Energiewende gravierende Herausforderungen ab, jedoch sind zahlreiche Ansätze und Instrumente bereits vorhanden sowie erste Perspektiven durch die genderbezogene Forschung erarbeitet. Diese gilt es kontinuierlich weiterzuentwickeln, so dass sich in diesem Handlungsfeld – ganz im Sinne der Potenziale erneuerbarer Energie – eine unerschöpfliche Quelle auch für die genderbezogene Forschung und Entwicklung bietet.

7.3 Kommentierte Bibliographie

Sabine Hofmeister, Christine Katz, Tanja Mölders unter Mitarbeit von Jana Bundschuh, Stephanie Roth

Bauhardt, Christine (2011): Gesellschaftliche Naturverhältnisse und globale Umweltpolitik – Ökofeminismus, Queer Ecologies, (Re)Produktivität und das Konzept „Ressourcenpolitik". In: Barbara Rendtorff/ Mahs, Claudia/ Wecker, Verena (Hrsg.): Geschlechterforschung. Einführende Texte. Stuttgart: Kohlhammer, S. 43-57.

In ihrem Beitrag diskutiert Bauhardt unterschiedliche Zugänge innerhalb der Genderforschung zu den Themenfeldern gesellschaftliche Naturverhältnisse und Nachhaltigkeit. Zunächst stellt die Autorin dar, dass und wie die Konzeptionen Geschlecht und Natur miteinander verwoben sind und zeigt die ihnen inhärenten Dichotomien und Hierarchisierungen auf. Daran schließt ein Überblick über Meilensteine, Erfolge und Herausforderungen der feministischen Umwelt- und Nachhaltigkeitsbewegung auf internationaler Ebene an: Jene Positionen, die in internationale Verhandlungen konstruktiv eingegangen sind, basieren vornehmlich auf ökofeministischen Zugängen. Hiervon ausgehend werden Ökofeminismus und dessen Strömungen in Hinblick auf die jeweils unterschiedlichen Verständnisse von „Gender" erläutert sowie andere feministische Zugänge zu gesellschaftlichen Naturverhältnissen diskutiert. Mit den „Queer Ecologies" stellt Bauhardt eine Perspektive vor, die „jeden Rückbezug auf natürliche Gegebenheiten" (ebd.: 51) infrage stellt. Die Vertreter_innen dieses Ansatzes gehen davon aus, dass Geschlecht sozial konstruiert ist und hinterfragen die heterosexuelle Norm sowie die Trennung zwischen Kultur und Natur. Im Fokus der feministischen Ökonomiekritik steht die Kategorie (Re)Produktivität, die jene vorsorgenden Tätigkeiten beschreibt, die – ebenso wie Natur – als unbezahlte und vermeintlich unendliche Ressource betrachtet werden. Durch das Sichtbarmachen und die Bewertung der Gesamtheit der Produktionsprozesse sollen Hierarchisierungen in Natur- und Geschlechterverhältnissen überwunden werden. Inspiriert von diesen unterschiedlichen Zugängen entwickelt Bauhardt ein Konzept von Ressourcenpolitik, das die Kategorie (Re)Produktivität mit der Kritik an „heteronormativer Zweigeschlechtlichkeit" (ebd.: 53) verknüpft und erweitert. Wie das Konzept Ressourcenpolitik angewendet werden kann, erläutert die Autorin am Handlungsfeld der globalen Wasserversorgung.

Coles, Anne/ Wallace, Tina (Hrsg.) (2005): Gender, Water and Development. Oxford, New York: Berg

Der Sammelband erarbeitet die Relevanz der Kategorie Geschlecht in unterschiedlichen Umwelt-, historischen und kulturellen Kontexten der Wasserversorgung. Er vermittelt ein breites Spektrum an Analysen aus verschiedenen disziplinären Perspektiven und verknüpft die theoretischen Ansätze mit empirischen Erkenntnissen. Die Autor_innen kommen sowohl aus der Praxis der Entwicklungszusammenarbeit als auch aus der Wissenschaft. Anliegen des Bandes ist es, wissenschaftliche und praxisorientierte Forschungen im Handlungsfeld unter einer Genderperspektive zusammenzubringen. Frauen sind in vielen Teilen der Erde zuständig für die Wasserversorgung im Haushalt, dennoch bleiben ihre Bedürfnisse und Anforderungen hinsichtlich der Kontrolle, des Zugangs und der Verteilung meist unberücksichtigt. Anhand von Fallstudien in Afrika, Südasien und England in unterschiedlichen räumlichen und zeitlichen Kontexten werden die Rolle von Geschlechterverhältnissen und damit verbundenen Ungleichheiten und Ineffizienzen in der Wasserversorgung verdeutlicht.

Lux, Alexandra/ Hayn, Doris (2008): Trinkwasser und seine geschlechtsspezifische Wahrnehmung. Eine qualitative Untersuchung zu Wasser und Privatisierung. ISOE-Materialien Soziale Ökologie, H. 27. Institut für sozial-ökologische Forschung (ISOE) (Hrsg.) Frankfurt am Main.

Hintergrund der Studie ist der sich im Bereich netzgebundener Infrastrukturen vollziehende Wandel: Einerseits verändert sich die Nachfrage und der Bedarf an Trinkwasser, andererseits wird vermehrt über eine Privatisierung und Liberalisierung dieser Serviceleistungen diskutiert. Obgleich es geschlechtsspezifische Wahrnehmungen hinsichtlich des Umgangs mit der Ressource Wasser gibt, werden diese Unterschiede in der Diskussion über die Privatisierung von Infrastrukturleistungen kaum berücksichtigt. Der Bericht dokumentiert die Ergebnisse einer qualitativen Untersuchung aus dem Jahr 2004 zu geschlechtsspezifischen Ansprüchen an die Nutzung von Wasser sowie die Positionen verschiedener Akteure zur Privatisierung der Wasserversorgung. In der Analyse wurden Gruppendiskussionen mit Teilnehmer_innen durchgeführt, die einen je spezifischen Zugang zum Thema Wasser haben (z.B. Menschen, die mit Kindern leben, und Immobilienbesitzer_innen). Diese wurden zu folgenden Themenkomplexen befragt: „Trinkwasser und seine Nutzung im Alltag", „Privatisierung in der Wasserwirtschaft" und „Information und Beteiligung bei Veränderungen in der Wasserwirtschaft" (ebd.: 11). Im Ergebnis wird deutlich, dass die Perspektiven auf den und die Einstellungen zum Themenkomplex Wasser maßgeblich von den Kontexten „Alltag, Markt und Zivilgesellschaft" (ebd.: 27) abhängen. Dabei lassen sich geschlechtsspezifische Unterschiede bei der Einbeziehung von Erfahrungen aus diesen Handlungskontexten ausmachen. Die Umsetzung einer nachhaltigen Wasserwirtschaft erfordert daher, so die Schlussfolgerung, sowohl die Einbeziehung geschlechtsspezifischer Perspektiven als auch die Berücksichtigung kultureller Unterschiede und verschiedener Lebensstile.

8. Natur und Landschaft

8.1 Schutz, Nutzung und nachhaltige Gestaltung – Geschlechteraspekte im Umgang mit Natur

Christine Katz, Tanja Mölders

1 Einleitung: Natur und Geschlecht als ein sich wechselseitig stützendes Unterordnungsverhältnis

Was haben der Schutz, die Nutzung und die nachhaltige Gestaltung von Natur mit der Geschlechterfrage[1] zu tun? Handelt es sich bei Natur nicht um eine materielle, physische Kategorie, die über naturwissenschaftliche, ökologische Parameter erfasst, in ihren Funktionsmechanismen und Veränderungsdynamiken verstanden und entsprechend gestaltet werden kann? Und liefert das (naturwissenschaftlich generierte) Wissen über den Zustand, die Veränderung und Dynamik von Natur nicht objektive Grundlagen für die gesellschaftliche Naturgestaltungspraxis? Nein, so einfach ist die Geschichte nicht erzählt. Denn zum einen ist das, was Natur im Einzelnen ausmacht, nicht eindeutig bestimmbar. Zum anderen laufen Aussagen über den Ist-Zustand von Natur Gefahr, als Soll-Vorschriften interpretiert zu werden.[2]

Das Verständnis und die Wahrnehmung von Natur (und ihren Veränderungen) kann ebenso wenig wie ihre Gestaltung losgelöst von dem für die jeweilige Gesellschaft gültigen Regelwerk an normativen Setzungen, an kulturellen und historisch überlieferten Erfahrungen und soziokulturellen Zusammenhängen betrachtet werden. Weil sich in allen gesellschaftlichen Pro-

---

[1] Wir verstehen Geschlecht als soziale Konstruktion und erkennen auch eine damit wechselwirkende eigene Bedeutung von Körperlichkeit an. Geschlecht wird von strukturellen Verhältnissen, symbolisch-diskursiven Interpretationen sowie prozessbezogen mitbestimmt und trägt umgekehrt zur Herstellung dieser Bedingungen bei. Auch den englischen Begriff Gender verwenden wir im o.g. Sinne. Von Geschlechterverhältnissen sprechen wir, wenn es um die Beziehungen der verschiedenen Geschlechter bzw. geschlechtlich konnotierten Deutungen zueinander geht (z.B. Männlichkeit vs. Weiblichkeit).

[2] Eser (1999: 8f.) arbeitet heraus, dass es sich bei einem solchen „naturalistischen Fehlschluss" nicht allein um ein logisches Problem handelt, sondern vielmehr um einen Zirkel, der aus der verschleierten Wechselwirkung zwischen Wissenschaft und Gesellschaft resultiert und dadurch „auch Werte gesellschaftsfähig werden, die einer kritischen Prüfung ihrer Verallgemeinerbarkeit u.U. nicht standhalten würden, unter dem Deckmantel der Wissenschaft aber unerkannt bleiben" (ebd.: 9).

zessen und Ausformungen Geschlechterverhältnisse spiegeln (Bereswill 2008), sind in die Art und Weise, wie Menschen ihr Verhältnis zu Natur begreifen und organisieren, immer auch Geschlechteraspekte eingeschrieben. Umgekehrt werden Naturzusammenhänge gerne als Referenz und Legitimationsfolie für gesellschaftliches, diskriminierendes Handeln bemüht. Von solchen Naturalisierungen waren (und sind bis heute) Frauen besonders betroffen (Katz/ von Winterfeld 2006). Die (feministische) Wissenschaftsforschung hat aufgezeigt, dass strukturelle Gemeinsamkeiten zwischen den im Laufe der Geschichte vorherrschenden verschiedenen Naturentwürfen und den Ansätzen zur Nutzung (und zum Schutz) von Natur bestehen und wie diese geschlechtlich markiert sind (I.1.3.2).

Der Geschlechterdiskurs weist bezüglich der Frage nach der Bestimmbarkeit von unverrückbaren „Naturtatsachen" zur Orientierung für Grenzziehungen und Differenzierungen erstaunliche Parallelen auf: Welche und „wie viel" Natur sind wir selbst, welche Festlegungen, Einschränkungen, aber auch Optionen bestehen aufgrund unserer Naturverhaftetheit, inwiefern ist z.B. Geschlecht als „biologisches Schicksal" hinzunehmen oder ist alles, was uns geschlechtlich und unsere Identität definiert bis hin zu physiologischen, medizinischen Aspekten als Ergebnis und Prozess von Sprechakten zu begreifen (Hofmeister/ Katz 2011)? Auf der einen Seite steht die Suche nach Gewissheiten, nach dem „Wesen der Natur, der Natur von Geschlecht" und dem Wissen darüber, wie es geschützt, genutzt und reguliert werden kann. Auf der anderen Seite steht der Versuch, beständig an der Transzendierbarkeit dieser Naturgebundenheit zu arbeiten und sie so als soziale Praktik spezifischer gesellschaftskultureller Kontexte sowie Herrschaftsverhältnisse zu verstehen. Natur- wie Geschlechterdiskurse sind immer wieder neu um eine (biologisch-materiell fundierte) Begründung für Identität und Differenz (z.B. gegenüber Nicht-Natur) bemüht.

Eine zentrale Annahme, die den vorliegenden Ausführungen zugrunde liegt, ist daher: Die Ansätze der westlich modernen Industrieländer zum Schutz und zur Nutzung von Natur korrespondieren mit den dort jeweils herrschenden gesellschaftlichen Geschlechterverhältnissen. Eine utilitaristische Verwertungslogik, herrschaftsförmige Instrumentalisierung sowie Kontrollansprüche gegenüber Natur und Weiblichkeit spielen dabei ebenso eine Rolle, wie die Naturalisierung von Personen und ihre Unterordnung bzw. die Abwertung oder Ausgrenzung spezifischer Verhaltensmuster, Prozesse und Aufgabenbereiche. Dies zeigt sich im Kontext der Naturgestaltungspraxis in mit Geschlechterbildern aufgeladenen Symbolen und Zuschreibungen, in geschlechterrelevanten Diskriminierungen, Ein- und Ausschlüssen auf der strukturellen Ebene und individuell in geschlechterspezifischen Verhaltensweisen und Stereotypisierungen. Eine weitere Annahme ist, dass ein nachhaltiger – und damit geschlechterreflektierender – gesellschaftlicher Umgang mit Natur eine dekonstruierende Analyse der Zusammenhänge zwischen Natur- und Geschlechterverhältnissen benötigt, damit das Vernachlässigte, Ausgeblendete, Marginalisierte und Untergeordnete produktiv integriert werden kann.

Soll untersucht werden, wie Natur- und Geschlechterverhältnisse verwoben sind, reicht es deshalb nicht aus, Frauen- oder/und Männeranteile in den jeweiligen nutzungs- oder schutzorientierten Aufgabenbereichen zu quantifizieren. Es reicht auch nicht aus, die Geschlechtersymbolik in den Deutungen von Natur aufzudecken, oder die Funktion struktureller Diskriminierungsmechanismen in Organisationen zu durchleuchten. Vielmehr gilt es in der Absicht qualitativer Analysen immer auch danach zu fragen, wie und wo sich die Bedeutungszuschreibungen von Natur und Geschlecht wechselseitig bedingen und verfestigen, wie sie dadurch zu Ausgrenzung, Abwertung oder Marginalisierung des „Weiblichen" bzw. „Natürlichen" beitragen und welche Folgen dies jeweils für das gesellschaftliche Geschlechterverhältnis und den Umgang mit Natur hat.

Im Folgenden geben wir einen Überblick über den Stand des Wissens im Handlungsfeld Schutz und Nutzung von Natur (2): Wir unterscheiden dabei drei konzeptionelle Zugänge: Verbindung(en) zwischen Natur- und Geschlechtervorstellungen (2.1), Wechselwirkung(en) zwischen Geschlechter- und Naturverhältnissen in für Naturgestaltung relevanten Arbeits- und Organisationszusammenhängen (2.2) und Herstellung von Natur- und Geschlechterverhältnissen in und durch naturschutz- und nutzungsbezogene Praktiken (2.3).[3] Im dritten Abschnitt präsentieren wir zwei mögliche Ebenen der Analyse von Geschlechteraspekten. Ambivalenzen, „Fallstricke" und weitere Ansatzpunkte werden in Bezug auf beide Analyseebenen kritisch diskutiert.

2 Stand des Wissens

Die von uns systematisierten Forschungsarbeiten stammen aus den Bereichen Naturschutz (Natur schützen) sowie Wald- und Landwirtschaft (Natur nutzen). Ausgewählt wurden vor allem Arbeiten, die Geschlechteraspekte in den jeweiligen Bereichen untersuchen und zugleich die Kategorie Natur – möglichst explizit – thematisieren sowie Arbeiten, die dabei einen Bezug zum Nachhaltigkeitsdiskurs herstellen (Natur nachhaltig gestalten).[4]

3　In vielen der von uns sondierten Untersuchungen durchmischen sich diese Zugänge.
4　Der inhaltliche Fokus des vorliegenden Beitrags liegt auf dem globalen Norden. Im internationalen Kontext sind die Genderforschungen zur Naturgestaltung vor allem mit Nutzungsfragen im entwicklungspolitischen Bereich gekoppelt. Sie beziehen sich auf agrarische wie auf forstliche Nutzungen, sind thematisch breit gefächert und häufig auf Fallstudien konzentriert (Lidestav/ Reed 2010). Die Frage nach der systematischen und kategorialen Verschränkung von Nutzungsaspekten mit Geschlechterverhältnissen wird dabei selten diskutiert.

2.1 Verbindung(en) zwischen Natur- und Geschlechtervorstellungen

In der Konstruktion als zu erobernde, unentdeckte und unbewohnte „Wildnis" wird Natur zur „Jungfrau", die auf Entdeckung wartet, auf Eindringen, Aneignung, Kultivierung und Befruchtung, eine Natur, die in Abhängigkeit gebracht und dann als abhängig geschützt werden muss (Termeer 2005: 206). Wächter (1996, 2004) identifizierte das bürgerliche Verständnis einer schützenswerten Natur der Natur- und Heimatschutzbewegung des 19. Jahrhunderts als Abbild der damaligen Gesellschaftsstruktur samt ihrer Geschlechterordnung: „Die Frauen waren im Weltbild des Bürgertums, ebenso wie die Natur, schwach und schutzbedürftig, wobei ihre Unterlegenheit gegenüber den Männern gleichermaßen aus der Natur heraus begründet wurde" (Wächter 2004: 34). Aber nicht nur die „unberührte", „jungfräuliche" und deswegen schützenswerte, auch die „ungezähmte", „bedrohliche" und die uns versorgende Natur steckt voller Weiblichkeitsmetaphern. Solcherart Bilder erleichtern die Ausbeutung ebenso wie die Verklärung und den Schutz – sowohl von Frauen/ Weiblichkeit als auch von Natur. Die feministische und historische Forschung hat viele Verbindungslinien zwischen Weiblichkeit und den Naturentwürfen verschiedener Zeitepochen identifiziert und als gemeinsamen Bezugspunkt herausgearbeitet, dass sowohl die als „Hexenhure" oder „Wilde" als auch die als „Mutter" oder „Jungfrau" gedachte Natur eines distanzierten unabhängigen (Entdecker- oder Bewahrer-)Subjektes bedarf. Dieses trägt mit seinem Anspruch auf Kontrolle, Unabhängigkeit und Hegemonie eindeutig kulturell männliche Züge (Merchant 1987/1980; Keller 1995a).

Die Wissenschaftshistorikerin Merchant (1987/1980) hat in ihren Arbeiten dargelegt, wie die Natur mit der Formierung der modernen Naturwissenschaften im 17. Jahrhundert von der organischen zur mechanischen Natur umgedacht wird und stirbt, und welche Rolle dabei der Wechsel von Weiblichkeitsmetaphern im Spiegel großer gesellschaftlicher Umwandlungsprozesse spielt (von Winterfeld 2006: 120f., 176f.). Kontrolle und Indienstnahme wurde zur Gestaltungsmaxime, bei der sich die Schematisierung, Modellbildung und Mathematisierung als hilfreich erwies. Dass dies bis heute kaum an Gültigkeit verloren hat, zeigt Termeer (2005) am Beispiel von Waldnatur: Deren Verständnis als „männlicher Ort, als Berufungs- und Legitimationsinstanz", als „Ort der Erfahrung von ,Erhabenheit', der ,höheren Werte'" (ebd.: 206) impliziere Umgangsweisen, die von einer spezifischen Ordnung, Berechenbarkeit und einer überschaubaren und sichtbaren Produktionslogistik getragen sind (ebd.: 207).

Auch aktuelle Naturentwürfe erweisen sich als geschlechtlich kodiert. So finden sich in den Debatten über nachhaltige Entwicklung Verständnisse, die Natur insbesondere als ökonomisch verwertbare und/oder monetarisierbare Ressource begreifen (Jungkeit et al. 2002). Es zeigt sich eine Tendenz, Natur als verdinglichtes Funktionssystem zu konstruieren, bei dem Struktur- und Qualitätsmerkmale bedeutungslos würden. Die feministische Kritik an solcherart Reduktionismen richtet sich an die damit einhergehende Entwertung von Individualität und den Verlust von Körperlichkeit (Katz/ von Winterfeld 2006). Dadurch werde totale Kontrollier-, Steuer- und Optimierbarkeit imaginiert und der in Kauf genommene oder aktiv herbeigeführte Verlust spezifischer Arten werde nicht mehr mit Auslöschung von Leben in Verbindung gebracht. Dies konstituiere und manifestiere Abgrenzungen und Dichotomisierungen von richtig und falsch, wertvoll und wertlos, Subjekt und Objekt, Schutz und Nutzen, die mit Ursache und Ausdruck für herrschaftsförmige Naturverhältnisse und ihre Geschlechtersymbolik seien (ebd.).

2.2 Wechselwirkung(en) zwischen Geschlechter- und Naturverhältnissen in für Naturgestaltung relevanten Arbeits- und Organisationszusammenhängen

Welche geschlechterrelevanten strukturellen Entsprechungen mit solcherart hegemonialen geschlechterkodierten Naturverständnissen einhergehen, wird in zahlreichen Forschungsarbeiten thematisiert. Fokussiert wird dabei auf Arbeitsverhältnisse, d.h. geschlechtersegregierte Tätigkeiten, Aufgabenbereiche und strukturelle Bedingungen, die Ausgangslage wie auch Ergebnis geschlechtsspezifischer Rollenzuweisungen, Zuschreibungen und Manifestationen sind und den damit verbundenen Machtungleichgewichten, z.B. im Hinblick auf Zuständigkeiten oder Verdienstmöglichkeiten (für Landwirtschaft z.B. Inhetveen/ Blasche 1983; Whatmore 1991; Shortall 2006, für Forstwirtschaft z.B. Nadai/ Seith 2001). Untersucht wird darüber hinaus, inwiefern diejenigen, die ihre Rollen und tradierten Arbeitsbereiche verlassen wollen, mit Vorurteilen oder sogar Widerständen konfrontiert sind (für Landwirtschaft z.B. Schmitt 1997, für Forstwirtschaft z.B. Katz/ Mayer 2006b).

Für die Forstwirtschaft konnte beispielsweise gezeigt werden, dass Frauen trotz gestiegener Anteile in den forstrelevanten Studiengängen in den letzten Jahrzehnten auf entscheidungsrelevanten Positionen in der Forstverwaltung, den Forst- und Jagdverbänden sowie der Holzindustrie auch heute noch eine Minderheit sind (Wonneberger 2004). Sie überwiegen hingegen in der Buchhaltung und im Büro (Westermayer/ Blum 2010).

Die im Handlungsfeld Landwirtschaft identifizierten geschlechterspezifischen Aufgaben und Geschlechterrollen verdeutlichen, dass den Frauen die „naturnächsten" Arbeiten obliegen – Arbeiten, die in der Wertschöpfungskette am Anfang stehen und am schlechtesten bezahlt sind (Inhetveen 2004: 71f.; Shiva/ Mies 1995: 45f.). Gezeigt werden konnte außerdem, dass die geschlechtsspezifische Arbeitsteilung zu qualitativen Unterschieden führt (z.B. in Bezug auf Umgangsweisen mit Natur, die Diversifizierung von Wirtschaftskonzepten), die z.T. auch als Beiträge zu einer nachhaltigen Entwicklung interpretiert werden (z.B. Meyer-Renschhausen 1999; Inhetveen/ Schmitt 2004; Sachs 2006). Geschlechterverhältnisse in für Naturschutz und -nutzung zuständigen Organisationen bzw. Institutionen werden in einigen Untersuchungen auch unter praktischen und politischen Gesichtspunkten der Chancengleichheit betrachtet (Fischer et al. 2006; Westermann/ Blum 2010; Mayer 2010; Bock 2010). Herausgestellt wurde, dass nicht nur der amtliche Naturschutz von Männern dominiert wird, sondern auch auf den Führungspositionen von Natur- und Umweltschutzorganisationen mehrheitlich Männer vertreten sind (Fischer et al. 2006). Ob mit dem Konzept des Gender-Mainstreaming, das zunehmend auch im Naturschutzkontext bedeutsam wird (Hayn 2004; Mayer et al. 2003), ein Ansatz für eine kritische Betrachtung von Geschlechterungerechtigkeiten und deren Bewältigung vorliegt, wird bislang noch unterschiedlich eingeschätzt.

2.3 Herstellung von Natur- und Geschlechterverhältnissen in und durch naturschutz- und nutzungsbezogene Praktiken

In einigen wenigen Forschungsarbeiten wird untersucht, wie „Doing Gender" mit „Doing Nature" verkoppelt ist (Poferl 2001; Katz 2011), d.h. wie (und welche) Geschlechterverhältnisse in und durch Praktiken der Naturgestaltung hergestellt, manifestiert und verändert werden und was das umgekehrt für den Umgang mit Natur bedeutet (z.B. für Landwirtschaft Saugeres 2002; Sachs 1996, z.B. für Forstwirtschaft Katz 2011; Katz/ Hehn 2010; Katz/ Mayer 2010). Weber (2007) hat am Beispiel des Naturschutzansatzes „Prozessschutz" deutlich gemacht, wie Natur- und Weiblichkeitskonzeptionen sich wechselseitig als machtvolle diskursive Normen stabilisieren und eine binär hierarchisch angelegte symbolische Ordnung festigen. Die Naturwissenschaften nähmen dabei insofern eine zentrale Rolle ein, weil sie die Dichotomisierung und die aus ihnen resultierenden herrschaftlichen Bezogenheiten legitimieren würden. Der Prozess der Naturalisierung mache diese Legitimationen unhintergehbar und verschleiere die diskursive Erzeugung des Schützenswerten.

Dass zu der Frage, wie und wo sich die Bedeutungszuschreibungen von Natur und Geschlecht wechselseitig bedingen und stabilisieren, bislang vergleichsweise wenige Arbeiten vorliegen, mag u.a. daran liegen, dass sich damit auch eine radikale Infragestellung bisheriger Praktiken im Umgang mit Natur verbindet (z.B. Hofmeister/ Mölders 2007; Mölders 2012; Katz 2011). So rücken bei einer Konzeption von Wald als Subjekt, in der das Naturverhältnis zwischen Gestalter_in und dem zu Gestaltenden „beziehungs- und prozessorientiert" ist, andere als die in der konventionellen Forstwirtschaft gängigen objektbezogenen eingriffsintensiven, technokratischen Praktiken in den Mittelpunkt: „passive" (damit weiblich konnotierte) Ansätze des Umgangs mit Natur, die geprägt sind vom Beobachten ökologischer Vorgänge, vom „Sich-Auseinander- und In-Beziehung-setzen" mit Naturdynamik (Katz 2011: 190f.). Herausgearbeitet wurde auch, wie dabei materielle Sichtbarkeit als ein übergreifendes geschlechtercodiertes Macht- und Ordnungskriterium fungiert (ebd.).

Ein Beispiel für geschlechterkonnotierte Umbewertungen zur Stabilisierung hegemonialer Natur- und Geschlechterverhältnisse bezieht sich auf die Einführung von Techniken zur Arbeitserleichterung. Die „naturbedingte" physische Konstitution von Männern gilt als das Argument dafür, dass Männer die körperlich anstrengenden Arbeiten übernehmen, während Frauen die leichteren, innenraumbezogenen Haus- und Bürotätigkeiten bleiben. Bemerkenswerterweise lösen sich solche Zuschreibungen auch dann nicht auf, wenn sich – z.b. aufgrund technischer Innovationen wie der Kettensäge – Tätigkeiten und Arbeitsbedingungen verändern. Vielmehr zeigt sich, dass dann erneut auf naturalisierende Unterscheidungspraktiken zurückgegriffen wird, die etwa Männern eine größere Technikaffinität attestieren oder „das schwache Geschlecht" vor möglichen Gefahren bewahren wollen, weshalb wiederum Männer u.a. für Traktoren, Motorsägen zuständig sind. Frauen bleibt nicht nur das spezifische Tätigkeitsfeld weitestgehend verschlossen, auch die sozialen Aufwertungen, die mit der Nutzung technischer Neuerungen einhergehen, bleiben ihnen damit versagt (Katz/ Hehn 2010; Hoffmann 1998).

An diesen Beispielen wird deutlich, wie die herrschenden Dominanz- und Unterordnungsverhältnisse der beiden Kategorien Natur und Geschlecht im gegenseitigen Verweis aufeinander zur Legitimation genutzt werden. Bei der Wahrnehmung, Bestimmung und Gestaltung von Natur kommt es damit kontextabhängig zu wechselnden Objektivierungen, Vergegenständlichungen und Verhältnisbestimmungen. Die Grenzen von u.a. Subjekt und Objekt, von Materialität und Diskurs/ Symbolischem werden so kontinuierlich rekonfiguriert und mit der Geschlechterdimension verwoben (Katz 2011).

3 Schlussfolgerungen: Was leistet die Geschlechterperspektive für Fragen nachhaltiger Naturgestaltung?

Die heterogenen Arbeiten zum Themenfeld „Schutz, Nutzung und nachhaltige Gestaltung von Natur" aus einer Geschlechterperspektive verbindet die Erkenntnis, dass es einen männlich kodierten Herrschaftsanspruch gegenüber Natur und dem „weiblich Gedachten" gibt. Dieser Herrschaftsanspruch findet seinen Ausdruck auf einer materiellen Ebene, auf der die sozial männlichen produktiven Arbeiten und Qualitäten den sozial weiblichen gegenübergestellt werden (z.B. Biesecker/ Hofmeister 2006; Katz 2010, 2011), auf einer symbolischen Ebene, auf der über verschiedene Metaphern bestimmte Arbeiten,

Qualitäten und Statusgruppen als männlich oder weiblich markiert werden (z.B. Saugeres 2002) sowie auf einer normativen Ebene, auf der Natur und Frauen bzw. Weiblichkeit sowohl Idealisierung als auch Diffamierung erfahren (z.B. Mann 2002; Katz/ von Winterfeld 2006: 206). Damit verbunden sind jeweils Prozesse der Abwertung und Ausgrenzung von Frauen und den mit ihnen in Verbindung gebrachten Weiblichkeitsattributen als „das Andere" zum männlichen Subjekt. Bezüglich der Frage, ob diese geschlechtlichen Zuweisungsprozesse sich wandeln, muss eine Tendenz zur Beharrlichkeit festgestellt werden. Denn auch wenn es gelänge, tradierte Geschlechterrollen zu verlassen, bliebe in den Strukturen wie den Geschlechterbildern eine binäre Logik erhalten, die von einer männlichen Dominanz geprägt und nur schwer zu durchbrechen ist. „Because dominant gender ideologies are very persistent, social and economic changes have not led to major alterations in the ways in which identities and social relations are gendered" (Saugeres 2002: 382).

Der genauere Blick auf die von uns betrachteten Forschungsaktivitäten in diesem Handlungsfeld zeigt, dass die Verbindungen zwischen Natur und Geschlecht auf mindestens zwei Ebenen virulent sind: Auf der Ebene der Begründungszusammenhänge wird nach verborgenen Bewertungen in Naturverständnissen und -konzepten, nach Wissen und Definitionsmacht sowie den damit jeweils zusammenhängenden Ein- und Ausschlüssen und deren Geschlechterbildern gefragt. Auf der Ebene der Bedeutungszusammenhänge wird danach gefragt, inwiefern wer (Gesellschafts- oder Naturseite) davon berührt ist, d.h. wer in die Schutz- und Nutzungsansätze von Natur machtvoll eingebunden, vom Schutz und der Nutzung von Natur wie betroffen ist und welche Veränderungen in den Natur- und Geschlechterverhältnissen mit einer Geschlechterverhältnisse reflektierenden Art des Schutzes und der Nutzung von Natur einhergehen. In den Studien finden sich diese beiden Ebenen meist implizit und wenig differenzierend wieder: So werden beispielsweise die hinter spezifischen Strukturen und Handlungsrationalitäten stehenden Konzepte von Natur in ihrer Verschränkung mit Geschlechteraspekten kaum fokussiert, d.h. die explizite Analyse von Verbindungslinien und Wechselwirkungen zwischen gesellschaftlichen Natur- und Geschlechterkonstruktionen auf der einen Seite *und* des gesellschaftlichen Umgangs mit Natur und Geschlechterbeziehungen auf der anderen Seite steht noch am Anfang. Oder anders formuliert: Um zu verstehen, wie sich hegemoniale Natur- und Geschlechtervorstellungen in unterschiedlichen Umgangsweisen mit Natur und in der Ausgrenzung und Abwertung des Weiblichen bis hin zur Diskriminierung von Frauen und weiblich kodierten Zuständigkeitsbereichen in naturgestaltenden Kontexten spiegeln und wie sie sich zur Abstützung und Förderung von Dominanzverhältnissen gegenseitig „bedienen", ist noch viel Forschungsarbeit zu leisten.

Hingegen existieren für einige naturgestaltende Handlungsbereiche auf der strukturellen Ebene mittlerweile Daten darüber, wer welche Position (Zuständigkeiten, Ressourcen) inne hat, wer wie machtvoll Einfluss ausübt und wer von Entscheidungen wie betroffen ist. Auch hat die Geschlechterforschung die dem Naturschutz zugrunde liegenden Grundannahmen, Konzeptionen und Rationalitäten feministisch dechiffriert. Aufgezeigt wurde insbesondere am Handlungsfeld Waldwirtschaft, dass mit der Verengung auf eine spezifische Verwertungs-, Funktionalitäts-, Kontroll- und Protektionslogik andere Perspektiven und Gestaltungsoptionen, die neue Qualitäten sowohl auf Seiten der Gestaltenden als auch auf Seiten der zu gestaltenden Natur nach sich ziehen, ausgeblendet werden.

Festgehalten werden kann: Die Gestaltung von Natur (schutz- oder nutzungsmotiviert) ist „weder objektiv noch geschlechtsneutral und schon gar nicht unpolitisch" (Wächter 1996: 161). Sie stellt im Gegenteil immer das Produkt eines gesellschaftlichen Konstruktions- und Aushandlungsprozesses dar, in dem es nicht um das Erfassen einer einzigen und universell gültigen Wahrheit über „die Natur" gehen kann, in dem das „Wie" genauso eine Rolle spielt wie das „Was". Feministisch ausbuchstabiert wäre dieser Aushandlungsprozess dadurch gekennzeichnet, dass er gängige Naturverständnisse, Herrschaftsverhältnisse und Menschenbilder kritisch reflektiert, dass das Wissen, das dabei zum Tragen kommt, als situiert verstanden wird (Haraway 1995e) und Natur selbst neu und anders zu denken ist, nämlich als aktive, d.h. selbst handlungsfähige Natur (Haraway 1995/1992; Latour 2001). Damit würden Nutzungsoptionen jenseits geldmarktorientierter Wertschöpfung ermöglicht und Schutz und Nutzung wären als zwei wechselseitig verknüpfte statt getrennte Umgangsweisen zu betrachten, beides könnte zur Transformation der herrschaftsförmigen Schutz-Nutzen-Dichotomie beitragen (z.B. Hofmeister/ Mölders 2007; Mölders 2010a).

8.2 Kommentar: Geschlechteraspekte im Umgang mit Natur – Anmerkungen aus der behördlichen Naturschutzpraxis

Barbara Petersen

1 Einleitung

Gibt es sie überhaupt, die Geschlechteraspekte im Umgang mit Natur? Die Ergebnisse der Naturbewusstseinsstudie 2009 (BMU/ BfN 2010) zeigen weniger Geschlechterdifferenzen als erwartet. Die Zuordnung zu den Sinus Milieu Gruppen, die von Sinus Sociovision für die Marktforschung entwickelt wurden, ist laut dieser Studie wesentlich relevanter. Dennoch gibt es Genderaspekte sowohl im Naturschutz als auch in Bezug auf die in Deutschland oder auch global praktizierten Nutzungen von Natur. Zum Beispiel ist das Wissen um die Heilkräfte der Natur nicht nur in den Tropen traditionell vorwiegend in weiblicher Hand. Auch in Deutschland geht derzeit viel traditionell weibliches Wissen über Heilpflanzen, Nutzgärten und gesunde heimische Rezepte verloren. Urban Gardening als eine der aktuellen politischen Gegenbewegungen zu „Fast Food" oder „Containering" bringt Grün in die Städte und gibt dem gärtnerischen Wissen und der Bedeutung von Subsistenzwirtschaft auch im städtischen Bereich neuen Auftrieb (z.b. Müller 2009).

Dieser Beitrag sieht mit der Brille einer langjährig im behördlichen Naturschutz tätigen Naturschutzbiologin auf das im Titel genannte Thema. Als wissenschaftliche Mitarbeiterin im Bundesamt für Naturschutz (BfN) arbeite ich an der Schnittstelle zwischen Naturschutzforschung und Naturschutzpolitik. Als an Genderthemen interessierte Wissenschaftlerin mit universitärer Doppelqualifikation in den Natur- und Geisteswissenschaften bin ich seit fünf Jahren zusätzlich zu meiner Facharbeit im BfN als Gleichstellungsbeauftragte tätig. Daher mein Interesse am Thema und die Bereitschaft zur Kommentierung aus der Praxis bzw. aus der Schnittstelle zwischen Forschung und Politik(beratung).

2 Was fördert den Blick auf Genderaspekte im Naturschutz und Nachhaltigkeitsbereich, und worum geht es im Kern?

Das Fazit des Beitrages von Christine Katz und Tanja Mölders (i.d.Bd.) lautet: Genderforschung und naturwissenschaftlich dominierte Naturschutz- und Nachhaltigkeitsforschung sollten stärker miteinander verzahnt werden. Aufbauend auf den Erkenntnissen der dekonstruktivistischen Genderforschung wäre es möglich, Natur- und Geschlechterverhältnisse zusammenzudenken und im Rahmen von Aushandlungsprozessen neu verstehen zu lernen. Erst wenn Natur neu und anders gedacht wird, nämlich im Sinne von Latour und Haraway als aktive und handlungsfähige Natur, würden Nutzungsoptionen jenseits geldmarktorientierter Wertschöpfung ermöglicht. Schutz und Nutzung würden dann als zwei wechselseitig verknüpfte statt getrennte Umgangsweisen betrachtet.

Ich selbst habe bereits vor einiger Zeit erste Überlegungen zum Thema feministische Naturschutzforschung dargestellt (Petersen 1997a, b). Weber (2007) und Mölders (2010a) haben wichtige und weitreichende Fragestellungen und Aspekte, die die Geschlechterforschung für Naturschutzthemen bereithalten kann, in ihren jeweiligen Dissertationsschriften zum einen am Beispiel des Prozessschutzdiskurses und zum anderen im Blick auf gesellschaftliche Naturverhältnisse im Biosphärenreservat Mittlere Elbe deutlich herausgearbeitet: Weber (2007) geht in ihrer Dissertation verschiedenen Fragestellungen vor dem Hintergrund von Ergebnissen der modernen Geschlechterforschung mit einem transdisziplinären Methodenmix nach: Wie begründen sich die Akzeptanz- und Durchsetzungsprobleme des Naturschutzes? Handelt es sich „nur" um Fragen politischer Prioritätensetzung, oder hat das Thema noch andere Ebenen? Haben die Zielkonflikte innerhalb des Naturschutzes damit zu tun, dass von unterschiedlichen Expert_innen unterschiedliche „Naturen" als schützenswert gewertet werden? Wenn ja, was ist dann jeweils der Schutzgegenstand des Naturschutzes? Warum wirken Unterschutzstellungen und Managementmaßnahmen oft nicht wie erwartet? Was für eine Natur will der Naturschutz mit seinen jeweiligen Schutzkonzepten und Pflegemaßnahmen schützen? Und was schützt er „tatsächlich"? Weber arbeitet in ihrer Dissertation heraus, dass schützenswerte Natur durch verschiedene Eigenschaften gekennzeichnet ist, die sich teils widersprechen, teils überschneiden, jedoch übereinstimmend an der Norm „Naturnähe" ausgerichtet werden müssen. Die am Diskurs beteiligten Akteur_innen finden schützenswerte Natur im untersuchten Diskurs nicht einfach vor, sondern stellen sie im Diskurs aktiv her. Aufbauend auf der diskurstheoretischen Analyse des „Schützenswerten" und der Analyse der geschlechtsspezifischen Zuschreibungen im Rahmen der „symbolischen Ordnung der Moderne" (hier verkürzt: Natur = Objekt = weiblich, Kultur = Subjekt = männlich) entwirft Weber in Anlehnung an das Konzept des Doing Gender aus der modernen Geschlechterforschung bezugnehmend auf postmoderne Theorieansätze der Wissenschaftsforschung das Konzept des Doing Nature. Weber plädiert dafür, das Schützenswerte zukünftig als Hybrid, als aktives widerspenstiges Mischwesen jenseits der Grenzziehungen von Natur und Kultur zu entwerfen. Damit liefert sie, dem Ziel nachhaltiger Entwicklung entsprechend, einen Begründungsrahmen für diskursive Leitbildentwicklungen im Naturschutz.

Mölders (2010a) stellt in ihrer Dissertation die Grenzen des Instrumentes Biosphärenreservate am Beispiel des Biosphärenreservats Mittelelbe dar. Sie wirft die Frage auf, ob nicht allein das Denken in den Kategorien Schützen und Nutzen und seine Umsetzung in einem Zonierungskonzept eine tatsächliche Verbindung von Naturerhaltung und -gestaltung konterkariere. Mit Blick auf das Wirtschaften wird ein grundlegend verändertes Ökonomieverständnis gefordert, das nicht allein auf die Natur, sondern auch auf die Gesellschaft wirken würde. Sie entwickelt anhand von vier Fallbeispielen inter- und transdisziplinäre Vorschläge zur Weiterentwicklung des Konzeptes der Biosphärenreservate. Anhand von Originalzitaten aus Interviews stellt sie naturschutzfachliche Zielkonflikte (Biber gegen Bachforelle, Erhaltung von Sichtachsen oder geschlossenen Waldflächen, Wiederansiedlung der Wassernuss im Kühnauer See) ebenso wie Probleme beim Vertragsnaturschutz (Einhaltung von starrem Mahlzeitpunkt) bzw. der Regionalvermarktung (geringer Preis für Schafwolle, keine regionalen Schlachtereien für Schafe) im Biosphärenreservat dar. Sie arbeitet die Ambivalenzen in den Natur-Gesellschaft-Beziehungen und das Naturverständnis der Akteure „zwischen Dichotomisierung und Hybridisierung" heraus. Als Schlussfolgerung aus ihren empirischen Untersuchungen erläutert sie die Vorteile eines anderen ökonomischen Ansatzes, dem des „Vorsorgenden Wirtschaftens" (basierend auf den Aspekten Vorsorge, Kooperation und Orientierung am für das Gute Leben Notwendige). Das Verhältnis von Schützen und Nutzen soll in ein Verhältnis von Erhalten und Gestalten von Natur überführt werden. Natur stelle dann die Grundlage und das Ziel des Wirtschaftens dar. Vorsorgendes Wirtschaften gehe darüber hinaus davon aus, dass Menschen bereit sind, sich für den Erhalt von „Natur" zu engagieren, die für sie Heimat, Erholungs- oder Erlebnisraum sein mag. Die gesellschaftliche Aushandlung dieses neuen Verständnisses von nachhaltigem Wirtschaften bilde einen langen Transformationsprozess.

Beide Dissertationsschriften zeigen in ihren jeweiligen Bereichen wie Genderfragen – in einen dekonstruktivistischen Theorieansatz eingebettet – sowohl die akademische als auch die behördliche Naturschutzforschung und -politik bereichern können.

3 Praxisbezogener Kommentar der zentralen These

Eine zentrale, auf Wächter (1996) zurückgehende, These des Beitrages von Katz und Mölders (i.d.Bd.) lautet, dass die (schutz- oder nutzungsmotivierte) Gestaltung von Natur weder objektiv noch geschlechtsneutral und schon gar nicht unpolitisch sei.

Ein praktisches und aktuelles Beispiel hierfür ist die aktuelle Debatte über erneuerbare Energien und Naturschutz (auch Kanning i.d.Bd.). Dabei steht nicht infrage, dass die gesellschaftlich gewollte Abkehr von der Atomkraft mit einem Ausbau der erneuerbaren Energien einhergehen muss. Aber wer plant hier für wen, welchen Ausbau und auf wessen Kosten? Weshalb spielt das Thema Vermeidung von Energieverbrauch keine größere Rolle in der politischen Diskussion? Warum werden in Deutschland täglich Autos produziert, beworben und gefahren, die nicht weniger, sondern mehr Energie verbrauchen (und sei es auch erneuerbare Energie)? Wer verdient am Ausbau der Windkraft? Wer am Bau neuer Biogasanlagen oder der Leitungsnetze?

Auch die Debatte über integrative und segregative Konzepte im Naturschutz ist unter diesen gesellschaftlichen Rahmenbedingungen im behördlichen Naturschutz neu entfacht worden. „Sowohl als auch" ist die einheitliche Lesart im Naturschutz. Objektiv und unpolitisch sind jedoch weder die Diskussionen über die konkrete Lage und Ausdehnung von Schutzgebieten samt den konkreten Schutzgebietsverordnungen noch die Definition von naturverträglicher Nutzung. Obgleich die Themen auf den ersten Blick „geschlechtsneutral" erscheinen, spielen auf den Ebenen der Begründungs- und evtl. auch der Bedeutungszusammenhänge, wie im Beitrag von Katz und Mölders eingeführt, Geschlechteraspekte eine wesentliche Rolle. Aktuelle Themen, wie Naturschutz in der „Energiewende" in einer Geschlechterperspektive zu betrachten, wäre eine lohnende Aufgabe künftiger Forschungen in der Schnittfläche zwischen Geschlechter- und Nachhaltigkeitsforschung.

4 Möglichkeiten, Schwierigkeiten und Erfordernisse in Bezug auf das Forschungs- und Handlungsfeld

Aus meiner Perspektive resultiert aus der Reflexion und Berücksichtigung von Genderaspekten und gesellschaftlichen Naturverhältnissen in Naturschutzforschung, im behördlichen Naturschutz und in der Naturschutzpolitik eine umfassendere Sicht. Die historisch entstandenen und kulturspezifischen geschlechtlichen Konnotationen in Geschlechter- und Naturverhältnissen sollten nicht festgeschrieben, sondern aufgelöst bzw. diversifiziert werden. Entscheidend ist der Konsens zwischen Männern und Frauen, Jungen und Alten, Armen und Reichen, Naturschützenden und Naturnutzenden darüber, dass ein nachhaltiger Naturumgang essentiell für unser aller Existenz ist.

Zumeist dient der Blick auf die sozialen Aspekte von Schutz und Nutzung als „Augenöffner" für Genderaspekte (Hummel/ Schultz 2011: 230f.). Die zentrale Frage ist die nach den Verbindungen und Relationen zwischen Naturumgang, Macht, Ressourcen und Gestaltungswille. Die Gefahr der Feminisierung der Umweltverantwortung und insbesondere der ambivalente Umgang mit Macht und Gestaltungsmacht können hier weitere wichtige und erkenntnisgenerierende Forschungsfelder sein. Ein selbstbewusstes, souveränes und lustvolles Ausüben von (Gestaltungs)Macht gehört in unserem Kulturkreis nach wie vor nicht zum gesellschaftlich präsenten Frauenbild. Den Ursachen und Konsequenzen hierfür weiterhin nachzuspüren ist nicht nur im Hinblick auf die hier im Fokus stehenden inhaltlichen Aspekte von großer gesellschaftlicher Relevanz. Eine Schwierigkeit hinsichtlich der stärkeren Integration von Genderaspekten in die Fachdiskurse im Naturschutz könnte darin bestehen, dass die dazu existierenden theoretischen und empirischen Ausarbeitungen für fachfremde und stärker praxisorientierte Interessierte eine sprachliche Herausforderung darstellen. Der in den Geisteswissenschaften übliche Sprachgebrauch wirkt auf im behördlichen Naturschutz tätige Personen, wie z.B. auf Naturwissenschaftler_innen, Geograf_innen sowie Jurist_innen, oftmals als ein nicht zu unterschätzendes Hindernis, selbst bei Offenheit gegenüber der – zunächst provokant erscheinenden – These, dass bei Naturschutzthemen immer auch Genderaspekte mitgedacht werden sollten. Wichtig wäre es, Publikationen, die sich explizit an Zielgruppen aus der Naturschutzpraxis richten, entsprechend sprachlich anzupassen, um den Zugang zu den nicht einfachen inhaltlichen Zusammenhängen zu erleichtern. Konkret ging es darum, sich vorab über die Adressat_innen klar zu werden: Sind die Zielgruppe für diesen Beitrag aktuelle und zukünftige Studierende in den Bereichen Umwelt- und Nachhaltigkeitswissenschaften, die sich theoretisch anspruchsvoll aus gesellschaftswissenschaftlicher Sicht und mit deren Methoden Genderthemen widmen und ein Interesse am Naturschutzdiskurs haben? Wie groß ist diese Zielgruppe und welche Berufsziele werden verfolgt, auf welche Tätigkeiten sollen diese Studierenden durch ihre universitäre Bildung vorbereitet werden? Planen sie im „Elfenbeinturm" der Wissenschaft zu verbleiben, oder werden sie perspektivisch aktiv in der Naturschutz- und Nachhaltigkeitsforschung und -praxis an Konzepten und auch an der Umsetzung dieser Konzepte arbeiten? Eine wesentliche Erkenntnis aus meiner Arbeit im behördlichen Naturschutz ist, dass es grundsätzlich allen – und damit auch den akademisch-gesellschaftswissenschaftlichen – Diskursen zugute käme, wenn ein einfacher Sprachstil verwendet würde. Die Umsetzung dieser Erkenntnis fällt auch mir oft genug schwer.

Abschließend sei im Hinblick auf Geschlechteraspekte im Umgang mit Natur auf die vergleichsweise unverbindliche und aus Sicht der Naturschutzverbände unbefriedigende Schlusserklärung des Rio + 20-Gipfels im Juni 2012 verwiesen. Es ist in Anbetracht der derzeitigen globalen wirtschaftlichen und politischen Rahmenbedingungen nicht gelungen, den viel beschworenen „Geist von Rio" von 1992 wieder aufleben zu lassen oder gar das Konzept der Nachhaltigkeit als politisch-gesellschaftliche Notwendigkeit zu stärken und konkret zu operationalisieren. In der Tagespresse wird dies mit der Nachrangigkeit dieser Themen gegenüber den aktuellen Hauptthemen wie Finanzkrise, Energiekrise etc. begründet. Die globalisierte Wirtschaft und Politik ließe für die Belange von Nachhaltigkeit kaum Spielräume. Müssen die Krisen tatsächlich noch weiter zunehmen, bevor die Notwendigkeit des globalen Umdenkens gesellschaftsfähig wird? In vielen Bereichen, z.B. hinsichtlich der Überfischung der Weltmeere, sind die Effekte bereits so spürbar, dass die Verschärfung der Krisen in vollem Gange ist. „Die Zukunft, die wir wollen" ist das Abschlussdokument von Rio + 20 überschrieben. An der Zukunft, die wir wollen, mitzuarbeiten, sollte der Genderforschung im Naturschutz immer ein hehres Anliegen sein.

8.3 Kommentierte Bibliographie

Sabine Hofmeister, Christine Katz, Tanja Mölders unter Mitarbeit von Jana Bundschuh, Stephanie Roth

Hayn, Doris (2004): Gender Mainstreaming und Naturschutz – Zugänge zu einem neuen Themenfeld. In:Hayn, Doris (Bearb.): Gender Mainstreaming im Naturschutz. Herausgegeben vom BfN, Bundesamt für Naturschutz, Münster: BfN-Schr.-Vertrieb im Landwirtschaftsverl., S. 15-30.

Der Aufsatz führt in einen Band ein, der die Ergebnisse einer vom Bundesumweltministerium und Bundesamt für Naturschutz veranstalteten Tagung

„Gender Mainstreaming und Naturschutz" im November 2003 dokumentiert. Die Themen Geschlechterverhältnisse und Naturschutz und die konkrete Umsetzung von Gender-Mainstreaming in der Naturschutzpraxis finden erst seit kurzer Zeit Eingang in die Arbeit der Natur- und Umweltschutzverbände. Hayn gibt einen Einblick in die Historie des Begriffs, die Ziele und die Verankerung von Gender-Mainstreaming in der nationalen und internationalen Politik sowie zur Implementierung in Organisationen und Institutionen und den damit verbundenen Herausforderungen. Sie nähert sich dem Thema Gender und Naturschutz, indem sie drei unterschiedliche Zugänge aufzeigt: das Sichtbarmachen der sozialen und gesellschaftlichen Dimension im Naturschutz, den Blick auf die Berücksichtigung unterschiedlicher Lebensrealitäten und Diversity-Aspekte im Naturschutz und schließlich den Fokus auf Konflikte und Spannungsfelder zwischen schwierig zu vereinbarenden Naturschutzzielen. Diese Zugänge werden in dem Band von einigen Autor_innen aufgegriffen und bieten Anknüpfungspunkte auf dem Weg zu einer geschlechtersensiblen und -gerechteren Praxis im Naturschutz.

Katz, Christine/ Mayer, Marion (2006): MännerWeltWald – Natur- und Geschlechterkonstruktionen in Handlungsmustern von Waldakteuren/innen. In: Aulenbacher, Brigitte/ Bereswill, Mechthild/ Löw, Martina/ Meuser, Michael/ Mordt, Gabriele/ Schäfer, Reinhild/ Scholz, Sylka (Hrsg.): FrauenMännerGeschlechterforschung. State of the Art. Münster: Westfälisches Dampfboot, S. 241-253.

Der Aufsatz basiert auf dem BMBF-Forschungsprojekt „Waldwissen und Naturerfahrungen auf dem Prüfstand", das von 2005 bis 2008 an den Universitäten Lüneburg und Freiburg durchgeführt wurde. Gegenstand des Beitrags sind die unterschiedlichen geschlechtlich konnotierten Deutungen von Waldnatur und die Frage, wie sich diese Unterschiede im professionellen Umgang mit Wald zeigen. Ziel ist es, die Naturkonstruktionen und deren Geschlechteraspekte aufzuzeigen und damit verbundene Herrschaftsverhältnisse sichtbar zu machen. Für den Bereich Waldwirtschaft beschreiben die Autorinnen zwei Typisierungen von Geschlechtercodierungen hinsichtlich der Konstruktion von Natur: Einerseits wird Natur als „gewinnmaximiertes Betreuungsobjekt" gesehen, wobei der gezielte Eingriff in die Natur der Optimierung ökonomischer Ziele mithilfe technokratischer Arbeitsabläufe dient. Diese Sichtweise impliziert ein herrschaftliches Verständnis von Natur, das kulturell männlich codiert ist und Frauen den Zugang zum Forstberuf erschwert. Andererseits wird Natur als „teilinstrumentalisiertes Mitgestaltungssubjekt" betrachtet. Dies bedeutet, dass Natur Autonomie und Selbst-Regenerativität zugesprochen wird. Ausschließlich intensive regulative Eingriffe verlieren an Bedeutung, während passive, weiblich codierte Tätigkeiten wie Beobachtung, Kommunikation und Vermittlung in den Vordergrund rücken.

Petersen, Barbara (1997): Feministische Naturschutzforschung?! In: Becker, Oda/ Bergmann, Dorothee/ Busemann, Meike/ Ecks, Tanja/ Feil, Sylvia/ Hartmann, Eva-Maria/ Lehmann, Heike/ Lohmann, Klaudia/ Ludewig, Dagmar/ Möser, Petra/ Osterhoff, Julia/ Reitberger, Cornelia/ Schiller, Andrea/ Schmidt, Heike/ Schmidtke, Renate/ Schönfelder, Regina/ Siegfanz, Monika/ Sommer, Heike/ Sommer Marlis (Hrsg.): 23. Kongress von Frauen in Naturwissenschaft und Technik. 8.-11. Mai 1997, Hannover: Dokumentation. Darmstadt: Frauen in der Technik, S. 148-157.

Der Sammelband, in dem der vorgestellte Beitrag publiziert ist, dokumentiert die Ergebnisse des 23. Kongresses von Frauen in Naturwissenschaft und Technik, der 1997 in Hannover stattfand. In ihrem Beitrag skizziert Petersen die tradierten und vorherrschenden Annahmen in der Naturschutzforschung und kritisiert den darin implizierten männlich-patriarchalen Herrschaftsanspruch und „das damit zusammenhängende technokratische Machbarkeitsdenken" (ebd.: 149). Demnach wird die Entkopplung und Unabhängigkeit von Natur angestrebt, und Naturschutz als technologische Wiederherstellung von Ökosystemen gesehen. Die Autorin unterscheidet drei Analyseebenen feministischer Kritik an der etablierten Naturschutzforschung: die strukturelle, die inhaltliche und die wissenschafts-/ erkenntnistheoretische Ebene. Nach Petersen bedeutet feministische Naturschutzforschung, sowohl Wissenschaft und deren Objektivitätsanspruch kritisch zu reflektieren, als auch die Frage nach den Herrschaftsverhältnissen im Themenfeld in den Fokus zu rücken.

Wächter, Monika (1996): Frauen und Naturschutz – Selbstverständnis und Widerspruch. In: Freiräume, Bd. 9: Ortswechsel – Blickwechsel. Frauenräume in der Migration, S. 153-163.

In ihrem Beitrag erkundet Wächter, warum Frauen im Naturschutz strukturell unterrepräsentiert sind. Frauenkarrieren sind eine Seltenheit, obwohl dieser Arbeitsbereich oft als „typisch weiblich" (ebd.: 153) angesehen wird. Zusätzlich zu den konservativ bürgerlichen, männlichen Ursprüngen des Naturschutzes identifiziert Wächter als Ursache, dass der Naturschutzarbeit die ökologische Wissenschaft und damit naturwissenschaftliche Grundsätze und Prinzipien zugrunde gelegt werden. Die Naturwissenschaften und ihre Annahmen werden seit 1980 von feministischen Wissenschaftstheoretiker_innen vielfach kritisiert. In dem „männlichen Denkmuster, das Natur nur als Gegenüber sehen kann, das unter Kontrolle gebracht werden muss" (ebd.: 157), ist der Mensch ein Störfaktor, vor dem die Natur geschützt werden muss. Naturschutzstrategien, wie das „Biotopmanagement" oder der „Reservatsnaturschutz", basieren auf dieser Annahme. Die Autorin plädiert für einen „feministischen Naturschutz", in dem die Dualismen androzentrisch vs. biozentrisch und Subjekt vs. Objekt aufgebrochen werden können. Als Beispiele für eine feministische Naturschutzalternative diskutiert die Autorin den Ökofeminismus und die Nachhaltigkeitsdebatte. Anhand dieser Zugänge kann sie abschließend zeigen, dass der Naturschutz „weder objektiv noch geschlechtsneutral und schon gar nicht unpolitisch" (ebd.: 161) ist.

Weber, Ivana (2007): Die Natur des Naturschutzes. Wie Naturkonzepte und Geschlechtskodierungen das Schützenswerte bestimmen. München: Oekom.

Der Band versammelt verschiedene Aufsätze der Autorin als Teile ihrer Dissertationsschrift. Die in den Beiträgen erörterten Thesen sind, dass sich Schutzgebiete häufig anders verändern als es bei ihrer Ausweisung vorgesehen war, sowie dass es divergierende Positionen dazu gibt, was schützenswerte Natur ist und dazu, welche Ziele mit Naturschutzmaßnahmen verfolgt werden sollen. Ausgehend von der Feststellung, dass unterschiedliche Naturverständnisse zu Zielkonflikten im Naturschutz führen, untersucht Weber diskursanalytisch die akademische Naturschutzdebatte der 1990er Jahre. Sie grenzt die Untersuchung auf ein kontrovers diskutiertes Thema im Naturschutz ein: auf die „Debatte um ‚Traditionellen Naturschutz' versus ‚Prozessschutz'" (ebd.: 14). Hierbei geht es um die Frage, ob ein bestimmter Zustand von Natur angestrebt wird oder schützenswerte Natur dynamisch und veränderbar sein darf. In diesem Zusammenhang geht die Autorin der Frage nach, inwiefern die Vorstellungen von schützenswerter Natur die „geschlechtlich kodierte symbolische Ordnung" (ebd.: 60) beeinflussen. Die Ergebnisse ihrer Analyse zeigen, dass verschiedene und teilweise widersprüchliche Verständnisse von Natur sowohl in der innernaturschutzfachlichen Debatte als auch in einzelnen Publikationen nebeneinander stehen und ursächlich sein können für Missverständnisse und Probleme im Naturschutz. Weber schlägt deshalb vor, das eigene Naturverständnis in der fachwissenschaftlichen Naturschutzdebatte „einschließlich dessen Ungereimtheiten" (ebd.: 30) explizit zu machen und zu reflektieren. Darüber hinaus zeigt sie, dass sich der „Subjekt-Objekt-Dualismus [...] als eines der zentralen Strukturelemente der Moderne" (ebd.: 18) auch in der Naturschutzdebatte manifestiert. Die schützenswerte Natur wird traditionell, aber auch in neueren Ansätzen wie dem Prozessschutz, weiblich kodiert. Demnach werden Dichotomien zwischen Subjekt-Objekt und männlich-weiblich im Naturschutz festgeschrieben und bestimmen mit, was als schützenswert gilt und was nicht.

9. Konsum- und Lebensstile

9.1 Nachhaltiger Konsum, Lebensstile und Geschlechterverhältnisse

Ines Weller

1 Einführung: Nachhaltigkeit und Gender

Bereits seit den Anfängen der Nachhaltigkeitsdebatte wird nach der Bedeutung von Gender für das Konzept Nachhaltigkeit gefragt, werden die Beziehungen zwischen Umwelt, Nachhaltigkeit und den Geschlechterverhältnissen auf vielfältige Weise untersucht und konzeptualisiert (z.B. Katz 2006). In diesem Kontext steht auch die Untersuchung der Einschreibung von Gender in die Debatten und Forschung zu nachhaltigem Konsum, mit der sich eine steigende Zahl von Wissenschaftler_innen und Praktiker_innen beschäftigt. Nach einer Einführung in Grundlagen und Forschungslinien nachhaltigen Konsums werde ich in diesem Beitrag übergreifende Diskussionsstränge dieser Debatten darstellen und sie dabei unter Bezug auf Harding nach den folgenden drei Ebenen von Gender systematisieren (Weller 2004; Harding 1990):

- Individuelle Ebene: Hier stehen mögliche Geschlechterdifferenzen in den konsum- und nachhaltigkeitsbezogenen Einstellungen und Verhaltensformen im Vordergrund.
- Strukturelle Ebene: Der Fokus richtet sich auf die Folgen der geschlechtsspezifischen Arbeits- und Machtteilung für nachhaltigen Konsum.
- Symbolisch-konzeptionelle Ebene: Hier steht die implizite Einschreibung von Gender in die Debatten über nachhaltige Konsummuster im Vordergrund. Beispielsweise ist hier nach der Wahrnehmung und der Bewertung geschlechtlich konnotierter Sphären und Aufgabenbereiche wie Produktion und Konsum oder der Handlungsmöglichkeiten von Produzent_innen und Konsument_innen zu fragen.

Hintergrund ist ein Verständnis von Geschlecht als soziale Konstruktion („Doing Gender"), danach ist Geschlecht nicht etwas, das Individuen „haben", sondern etwas, das sie „tun". Die drei Dimensionen, deren Unterscheidung für die Analyse von Gender hilfreich ist, fließen in diesen sozialen Konstruktionsprozessen von Geschlecht zusammen.

2. Grundlagen und Forschungslinien nachhaltigen Konsums

2.1 Konsum und nachhaltige Entwicklung

In den Debatten über eine nachhaltige Entwicklung hat die Veränderung der heutigen nichtnachhaltigen Produktions- und Konsummuster von Anfang an ein hohes Gewicht. So betont bereits die AGENDA 21, das Abschlussdokument der UNCED-Konferenz für Umwelt und Entwicklung 1992, die Notwendigkeit, „Konsumgewohnheiten" zu verändern. Auch in den Folgekonferenzen wie dem UN-Nachhaltigkeitsgipfel 2002 in Johannesburg wird die Relevanz dieser Thematik bekräftigt. Zu einer weiteren Stärkung der Aufmerksamkeit gegenüber den ökologischen und sozialen Problemen des Konsums tragen aktuell die Debatten über den Klimawandel bei.

Obschon grundlegende Veränderungen von Konsum und Produktion für die Transformation von Gesellschaften in Richtung einer nachhaltigen Entwicklung dringend geboten erscheinen, oder wie es der Rat für nachhaltige Entwicklung formuliert: „Ohne nachhaltigen Konsum wird es keine nachhaltige Entwicklung geben" (RNE 2010: 7), lassen sich bis heute kaum Hinweise für einen tief greifenden Wandel erkennen. Beispielsweise steigen noch immer sowohl der Weltenergieverbrauch als auch die globalen CO_2-Emissionen an, die damit verbundenen globalen Ungleichheiten verändern sich ebenfalls kaum, auch wenn die Wachstumsdynamik im globalen Süden aktuell besonders hoch ist. Auf nationaler Ebene zeigen sich die Umsetzungsdefizite in Deutschland u.a. an einem nur stagnierenden Energieverbrauch oder daran, dass nachhaltige Konsumangebote i.d.R. Nischenprodukte mit geringer Reichweite sind. Dies lässt sich am Beispiel der Bio-Lebensmittel verdeutlichen, deren Anteil am gesamten Umsatz von Lebensmitteln trotz anhaltenden Wachstums 2011 bei nur 3,7% lag (BÖLW 2012).

2.2 Nachhaltiger Konsum: Definitionen und Ziele

Allgemein wird nachhaltiger Konsum definiert als ein Konsumverhalten, das „zur Bedürfnisbefriedigung der heute lebenden Menschen beiträgt, ohne die Bedürfnisbefriedigungsmöglichkeiten zukünftiger Generationen zu gefährden" (Schrader/ Hansen 2001: 22). Es sollen „die mit der Produktion und Nutzung von Gütern verbundenen ökologischen und sozialen Probleme" vermieden oder verringert werden, „so dass die Art und Weise der Produktion und der Nutzung von Gütern räumlich und zeitlich übertragbar wird" (RNE 2010: 4). Der Begriff des nachhaltigen Konsums umfasst sowohl Produktion als Konsum, im Englischen findet sich häufiger der eindeutigere, aber auch sperrigere Begriff Sustainable Consumption and Production (SCP). Im Folgenden werden daher „nachhaltiger Konsum" und „nachhaltige Konsum- und Produktionsmuster" synonym verwendet. Für das Verständnis nachhaltigen

Konsums ist weiterhin bedeutsam, dass Konsum nicht auf den Kauf reduziert werden kann. Es gehören dazu weitere Aktivitäten wie die Informationsbeschaffung, die Nutzung der Güter, ihre Entsorgung und die damit jeweils verbundenen Wege. Mit zu bedenken ist auch, dass nicht nur private Konsument_innen, sondern der Staat, die öffentliche Verwaltung und die Wirtschaft ebenfalls in erheblichem Maß konsumieren.

Als wesentliche Strategien zur Umsetzung nachhaltigen Konsums gelten Effizienz, Suffizienz und Konsistenz: Bei Effizienzstrategien steht die Ressourcenproduktivität im Vordergrund, sie zielen auf die quantitative Reduzierung des Ressourceneinsatzes bei gleichzeitiger Optimierung des (ökonomischen) Nutzens. Konsistenzstrategien fokussieren auf qualitative Veränderungen der Ressourcenbasis des Wirtschaftens, während Suffizienzstrategien auf einen Wertewandel im Sinne von Genügsamkeit ausgerichtet sind. In den Diskussionen dieser drei Strategien wird i.d.R. von folgender Aufgabenteilung ausgegangen: Produzent_innen gelten als hauptverantwortlich für Effizienz und Konsistenz, Konsument_innen für Suffizienz. Diese Aufgabenteilung schreibt allerdings die Trennung zwischen männlich gedachter Produktion und der dort verorteten Ressourceneffizienz einerseits und weiblich gedachtem Konsum und der dort verorteten Genügsamkeit andererseits fort. Bereits seit den Anfängen der feministischen Auseinandersetzung mit Nachhaltigkeitskonzepten steht diese Dichotomie und ihre implizite geschlechtsspezifische Verantwortungszuweisung in der Kritik (Schultz 1999).

2.3 Steuerungsinstrumente zur Förderung nachhaltigen Konsums

Die Frage, welche Instrumente zur Förderung nachhaltiger Konsum- und Produktionsmuster geeignet sind, hat in der Forschung zu nachhaltigem Konsum eine hohe Bedeutung. Dabei wird zwischen drei Kategorien unterschieden: Erstens gehören dazu ökonomische Steuerungsinstrumente wie Subventionen oder Abgaben, die zweite Kategorie bilden rechtliche Instrumente wie Ge- und Verbote. Dazu kommen drittens Informations- und Kommunikationsstrategien, die über die Probleme nichtnachhaltiger Konsum- und Produktionsmuster und nachhaltigere Alternativen informieren. Verschiedene Studien zur Bewertung ihrer Wirksamkeit kommen überwiegend zu der Einschätzung, dass die „harten" rechtlichen und ökonomischen Instrumente wirksamer als die „weichen" Kommunikationsstrategien sind (zusammenfassend Wolff/ Schönherr 2011). Die Analyse verschiedener in Europa zur Förderung nachhaltigen Konsums eingesetzter Steuerungsinstrumente hat zudem ergeben, dass ihre Wirksamkeit zunimmt, wenn mögliche Zusatzbelastungen gerecht zwischen Produzent_innen und Konsument_innen verteilt und vulnerable Konsument_innengruppen besonders berücksichtigt werden. Positiv wirkt sich auch aus, wenn bei der Entwicklung von

Steuerungsinstrumenten die Anforderungen von Alltagsroutinen und -zwängen bedacht werden (ebd.).

2.4 Einbindung des Konsumverhaltens in Lebensstile und Systems of Provision

Die lebensstilspezifische Ausdifferenzierung von Konsument_innengruppen und die Einbindung von Konsumpraxen in komplexe Versorgungssysteme stellen weitere bedeutsame Themen der Forschung zu nachhaltigem Konsum dar. Für die Bestimmung von Lebensstilen, auch als Konsumstile oder Milieus bezeichnet, werden Daten über die Performanz (Praxen und Verhaltensmuster), soziale Lage (Bildung, Einkommen, Geschlecht u.a.) und Mentalitäten (Werte, Einstellungen, Lebensziele u.a.) von Konsument_innen erhoben (Reusswig 2002). An die Identifizierung von Lebensstilen richtet sich die Erwartung, für Konsument_innen passgenaue Strategien für nachhaltigkeitsbezogene Veränderungen des Konsums zu entwickeln. Viel verwendet werden in diesem Zusammenhang die sog. Sinus-Milieus, u.a. auch in den Studien über die Umwelteinstellungen in Deutschland (BMU 2008). In der sozial-ökologischen Lebensstilforschung werden ebenfalls Konsumstile bestimmt und damit Empfehlungen für zielgruppenspezifische Strategien begründet. Hierfür werden die drei Dimensionen, lebensstilspezifische und handlungsfeldbezogene Orientierungen, Verhalten in dem Handlungsfeld sowie soziale Situiertheit erhoben, z.T. wird auch der Ressourcenverbrauch erfasst. Für Mobilität und Ernährung konnten so spezifische Lebensstile identifiziert werden, die sich auch in ihrem Ressourcenverbrauch unterscheiden (Stieß/ Hayn 2005).

Einen konzeptionellen Rahmen für die Einbindung des Konsumverhaltens in komplexe Versorgungssysteme bietet das Konzept Systems of Provision (Weller 2009). Es unterstreicht, dass Konsumpraxen mit speziellen Infrastruktur-, Distributions-und Produktionssystemen verknüpft sind und sich diese wechselseitig beeinflussen. Um die Entwicklung und Dynamik von Systems of Provision zu verstehen, werden ausgehend von Konsumaktivitäten die verschiedenen Akteure in den Systems of Provision identifiziert sowie ihre wechselseitigen Beziehungen und die sich dabei herausbildenden Akteurskonstellationen bestimmt. Wie diese Beziehungen und damit auch die Systems of Provision aussehen, ist abhängig von den jeweiligen Konsumbereichen und Produkten, sie werden geprägt von den Besonderheiten der unterschiedlichen Konsumbereiche wie Ernährung oder Bekleidung.

Vor diesem Hintergrund stehen Strategien zur Veränderung nicht nachhaltiger Konsum- und Produktionsmuster vor der Herausforderung, auf individueller Ebene die Ausdifferenzierung von Konsument_innen in Lebensstile und auf struktureller Ebene die Einbindung in die jeweiligen Systems of Provision zu berücksichtigen. Für Transformationen wird darüber hinaus auf die Bedeutung des sog. „Triangle of Change" hingewiesen, der betont, dass erfolgreiche Umsteuerungsprozesse das Zusammenspiel der relevanten drei gesellschaftlichen Gruppen Wirtschaft, Politik und Konsument_innen erfordern.

3 Nachhaltiger Konsum und die Geschlechterverhältnisse

Die Aufmerksamkeit für die Bedeutung von Gender für nachhaltigen Konsum hat sich in den letzten Jahren erheblich verstärkt. Zu Beginn vor rund 20 Jahren war diese Thematik noch sehr randständig und wurde in Deutschland insbesondere in der außeruniversitären Forschung bearbeitet. Als bedeutsame Pionierstudie ist in diesem Zusammenhang auf die Untersuchung des Instituts für sozial-ökologische Forschung zur Mülltrennung in privaten Haushalten hinzuweisen, die die viel beachtete These von der „Feminisierung der Umweltverantwortung" herausarbeitete (Schultz/ Weiland 1991). Heute sind Genderanalysen deutlich weiter verbreitet: Aktuell sind sie beispielsweise in den europäischen Forschungsverbund „Policies to Promote Sustainable Consumption Patterns" und z.T. auch in den BMBF-Förderschwerpunkt „Vom Wissen zum Handeln – Neue Wege zum nachhaltigen Konsum" integriert (Jaeger-Erben et al. 2011; Schultz/ Stieß 2009). Vermehrt werden wissenschaftliche Kontroversen über die Beziehungen zwischen Gender, Umwelt und Nachhaltigkeit geführt, die auch auf nachhaltigen Konsum eingehen (Arora-Jonsson 2011; Hawkins/ Ojeda 2011). Im Folgenden werde ich systematisiert nach den oben dargestellten Analysedimensionen übergreifende Diskussionsstränge und Ergebnisse zu Gender und nachhaltigem Konsum darstellen.

3.1 Nachhaltiger Konsum und Gender: Individuelle Ebene

Einstellungen und Handlungsbereitschaft zu nachhaltigem Konsum werden seit langem in der sozialwissenschaftlichen Umwelt- und Nachhaltigkeitsforschung untersucht. Die Ergebnisse einer Vielzahl dieser empirischen Studien zu Geschlechterdifferenzen zusammenfassend kommen Schultz und Stieß zu dem Ergebnis: „Women tend to have a higher environmental awareness than men [...], but they tend to feel less informed about environmental risks" (Schultz/ Stieß 2009: 30). Diese Tendenz wird allerdings nicht von allen Studien bestätigt, insbesondere die Eurobarometerüber die Einstellungen von EU-Bürger_innen kommen zu anderen Ergebnissen (z.B. EU 2008).

Vergleichsweise konsistent sind dagegen die empirischen Ergebnisse zu nachhaltigkeitsbezogener Handlungsbereitschaft und Konsumverhalten: In der Regel äußern mehr Frauen als Männer ihre Bereitschaft für nachhaltigen Konsum (BMU 2008; EU 2008). Deutlich mehr Frauen als Männer geben an, im Alltag Maßnahmen zum Schutz des Klimas und der Umwelt umzusetzen (EU 2008). Weiterhin drücken mehr Frauen ihr Interesse an Produkten mit einem Öko-Label aus (BMU 2008), sie kaufen mehr Bio-Lebensmittel, essen weniger Fleisch, nutzen häufiger den ÖPNV und fahren weniger Auto (Johnsson-Latham 2007). Aus diesen und weiteren Ergebnissen schließen Schultz und Stieß: „Women consume in a more environmentally friendly manner" (Schultz/ Stieß 2009: 30).

Zur Bestimmung individueller Genderdimensionen gehören darüber hinaus Studien, die sich mit möglichen Geschlechterdifferenzen in den Anforderungen z.b. an die Informations- und Beratungsangebote zur Förderung nachhaltigen Konsums oder an die Gestaltung nachhaltiger Produkte und Dienstleistungen befassen (z.b. Fischer 2011; Jaeger-Erben et al. 2011).

An diesen Ergebnissen wird allerdings zu Recht kritisiert, dass Frauen und Männer als homogene Gruppe betrachtet werden, so dass es zu einer unzulässigen Verallgemeinerung „der" Frauen und „der" Männer kommt (Arora-Jonsson 2011). Schultz und Stieß problematisieren ebenfalls diese Generalisierung und weisen in diesem Zusammenhang auf erste Studien hin, die den Einfluss von Geschlecht in Verbindung mit anderen Faktoren untersucht haben und damit auch Unterschiede innerhalb unterschiedlicher Gruppen von Frauen und Gruppen von Männern aufzeigen konnten. Demnach lässt sich beispielsweise für Ernährung zeigen, dass in manchen Lebensformen und Lebensstilen ökologische und nachhaltigkeitsbezogene Konsummotive bedeutsamer sind als in anderen und dass diese sich auch in ihrer Geschlechterzusammensetzung unterscheiden können (Schultz/ Stieß 2009; Stieß/ Hayn 2005). Fischer hat am Beispiel der Beratungsangebote zur Wärmedämmung von Gebäuden aufgezeigt, dass sich die Informationsbedürfnisse von (dämm)technisch vorgebildeten Männern einerseits und Frauen und Männern ohne entsprechendes Vorwissen andererseits merklich unterscheiden (Fischer 2011). Für die Integration von Nutzer_innen in die Entwicklung nachhaltiger Produkte konnte gezeigt werden, dass nicht nur eine ausgewogene Geschlechterzusammensetzung, sondern auch die Diversität der zu beteiligenden Nutzer_innengruppen von Bedeutung ist (Jaeger-Erben et al. 2011). Hintergrund dieser Beispiele ist das Konzept „Intersektionalität", das die Berücksichtigung der Verknüpfung von Geschlecht mit weiteren Differenzkategorien vorsieht. Beispielsweise gilt es die Verwobenheit zwischen Geschlecht, Klasse, Ethnizität und Körper zu berücksichtigen (Winker/ Degele 2009), als weitere relevante Kategorien werden Alter, Lebensform oder sexuelle Orientierung betrachtet (vgl. auch I.1.3).

Insgesamt liegen zur individuellen Ebene von Gender und nachhaltigem Konsum die meisten empirischen Ergebnisse vor. Sie bringen zum Ausdruck, dass es eher in „weibliche" als in „männliche" Geschlechterkonstruktionen passt, für Umweltthemen sensibel und für nachhaltigkeitsbezogene Verhaltensveränderungen bereit zu sein. Die Bedeutung dieses Ergebnisses für nachhaltigen Konsum ist allerdings zwiespältig. Auf der einen Seite wird damit ein gesellschaftlich noch immer wenig berücksichtigtes Potenzial von Menschen mit „weiblichem" Erfahrungs- und Lebenshintergrund für Veränderungen des Konsumverhaltens in Richtung mehr Nachhaltigkeit sichtbar. Auf der anderen Seite läuft die Entwicklung darauf bezogener genderspezifischer Strategien Gefahr, zur Aufrechterhaltung traditioneller Vorstellungen von Geschlechterrollen und zur Feminisierung der Umweltverantwortung beizutragen. Erste Vorschläge für den Umgang mit diesem Spannungsverhältnis raten, „specific gendered groups" anzusprechen oder gezielt nachhaltiges Verhalten von Männern in privaten Haushalten zu erkunden und hervorzuheben, um sich von der impliziten Annahme und Orientierung an der Zuständigkeit „der" Frauen für (nachhaltigen) Konsum zu lösen (Schultz/ Stieß 2009: 62).

3.2 Nachhaltiger Konsum und Gender: Strukturelle Ebene

Hintergrund sind die anhaltenden Ungleichheiten zwischen den Geschlechtern insbesondere im Einkommen, in der Verfügung über die Ressource Zeit, in der Verteilung von bezahlter und unbezahlter Arbeit sowie in den Mitgestaltungsmöglichkeiten im Kontext nachhaltige Konsum- und Produktionsmuster. Auch wenn in der Vergangenheit Bewegung in die Geschlechterrollen insbesondere in Hinblick auf Erziehungs- und z.T. auch Versorgungsarbeiten gekommen ist, bleibt das Grundmuster der geschlechtsspezifischen Arbeits-, Aufgaben- und Machtverteilung weitgehend erhalten. Die Konsequenzen dieser Geschlechterungleichheiten für nachhaltigen Konsum sind bislang vergleichsweise wenig untersucht.

So ist nach den Folgen der i.d.R. geringeren Einkommen von Frauen für nachhaltigen Konsum zu fragen. Einerseits sprechen die im vorangegangenen Kapitel erläuterten Befunde dafür, dass manche Frauen trotz geringerer Einkommen ökologische Prioritäten bei ihren Kaufentscheidungen setzen. Als bedeutsam für (nachhaltigen) Konsum gelten andererseits Hinweise auf Geschlechterdifferenzen in den Konsumausgaben für vergeschlechtlichte Konsumbereiche wie Bekleidung und Mobilität (Schultz/ Stieß 2009). Ein weiterer Aspekt in diesem Zusammenhang ist das Armutsrisiko spezifischer gesellschaftlicher Gruppen wie Alleinerziehende oder ältere Frauen, das u.a. ihren Zugang zu Mobilität und Energie im Sinne einer „unfreiwilligen ökologischen Avantgarde" einschränkt (Weller et al. 2010). Zeit gehört ebenfalls zu den knappen Ressourcen, die für die Umsetzung nachhaltigen Konsums relevant sind. Wie sich die anhaltende Schieflage in der Verteilung der Zeitbudgets für bezahlte und unbezahlte Arbeit zwischen den Geschlechtern auf nachhaltigen Konsum auswirkt, bleibt ebenso wie die Bestimmung zeitlicher Be- und Entlastungen nachhaltigen Konsums als weitgehend offene Forschungsfrage festzuhalten. Die Bedeutung dieses Aspekts führt gleichwohl zu der Forderung, bei der Entwicklung von Strategien zur Förderung nachhaltigen Konsums die besondere Zeitknappheit beispielsweise von Frauen in der Familienphase bzw. die besondere Situation ökonomisch und zeitlich vulnerabler Gruppen zu erkennen und zu berücksichtigen (Schultz/ Stieß 2009).

In die strukturelle Ebene von Gender und nachhaltigem Konsum lassen sich auch Untersuchungen einordnen, die der Frage nachgehen, wie in den privaten Haushalten Aushandlungs- und Entscheidungsprozesse bezogen auf (nachhaltigen) Konsum verlaufen. Dazu finden sich erste Hinweise, dass eine partnerschaftliche Haushaltsführung einerseits nachhaltigen Konsum unterstützen kann, andererseits aber die Aushandlungsprozesse in bestimmten Lebensphasen wie z.b. nach der Geburt eines Kindes auch zur traditionellen geschlechtsspezifischen Arbeitsteilung, d.h. zur Verantwortungszuweisung für nachhaltigen Konsum an Frauen führen können (Empacher et al. 2002; Jaeger-Erben et al. 2011).

Grundsätzlich gehörten zur strukturellen Ebene auch genderspezifische Analysen der Partizipation und Mitgestaltungsmöglichkeiten im Kontext nachhaltigen Konsums, sowohl hinsichtlich der Gestaltung von (nachhaltigen) Produkten als auch der Entwicklung von Konzepten und Instrumenten zur Förderung nachhaltigen Konsums. Bislang finden sich aber kaum Hinweise für eine direkte Einflussnahme von Konsument_innen und Bürger_innen in diesen Bereichen. Für die industrielle Produktion schließt sich mit Bezug auf die symbolische Ebene der Geschlechterverhältnisse (s.u.) daran die Forderung nach dem „technological empowerment" von Konsumenten *und* Konsumentinnen an. In einer übergreifenden Perspektive verweist dies auf den grundlegenden gesellschaftlichen Diskussionsbedarf über Nachhaltigkeitsinnovationen und die Frage, welche Produkte und Technologien für nachhaltige Konsum- und Produktionsmuster benötigt werden, mit welchem Ressourceneinsatz diese hergestellt und wie unterschiedliche gesellschaftliche Akteure und Konsument_innengruppen an den Entscheidungs- und Gestaltungsprozessen beteiligt werden können (Weller 2004).

Gleichwohl findet eine – allerdings indirekte – Einflussnahme von Konsument_innen auf das Produktangebot insofern statt, als ökologisch und sozial zweifelhafte Produkte boykottiert oder solche mit ökologischen und sozialen Vorteilen bevorzugt werden. Aus Genderperspektive ist bemerkenswert, dass entsprechende Kampagnen zu einem großen Teil von Frauen initiiert bzw. verfolgt wurden und werden (Micheletti/ Stolle 2005 zit. nach Schultz/ Stieß 2009). In theoretischer Perspektive geht damit ein erweitertes Verständnis von Konsum als politische Aktivität und Konsument_innen als politische Akteure („Citizen-Consumers") einher. Dies hinterfragt zugleich die traditionellen Vorstellungen über die dichotome Trennung und geschlechtliche Codierung von öffentlicher Produktion und privatem Konsum.

3.3 Nachhaltiger Konsum und Gender: Symbolisch-konzeptionelle Ebene

Die eben angeführten strukturellen Aspekte stellen bereits einen Bezug zu symbolischen Genderdimensionen her. Dazu gehört beispielsweise die feministische Kritik an der Trennung von Konsum und Produktion: Während im modernen Denken Konsum als eine private Aktivität ohne ökonomischen Wert und als „weiblicher" Aufgabenbereich konstruiert wird (was nicht gleichzusetzen ist mit Aufgabenbereich von Frauen), gilt die Produktion als öffentlicher und ökonomisch höchst relevanter Bereich, der „männlich" konnotiert ist (Biesecker/ Hofmeister 2006; Schultz/ Stieß 2009). Konsum und Reproduktion erscheinen vor diesem Hintergrund als private und „weibliche" Angelegenheit, die im Schatten der Produktion steht und in vielerlei Hinsicht als ihr Gegenpol verstanden wird.

Mit Bezug auf die feministische Ökonomik wurde dazu als feministischer Gegenentwurf das Konzept der (Re)Produktivität entwickelt, das demgegenüber von der Einheit von Produktion und Reproduktion/ Konsum ausgeht (vgl. I.2.3.6) In dieser theoretischen Perspektive rücken die (re)produktiven Qualitäten von Produktions- *und* Konsumprozessen in den Vordergrund. Durch das Zusammendenken von Produktion und Reproduktion/ Konsum gerät die Unsichtbarkeit und Abwertung von „sozial weiblicher und natürlicher (Re)Produktivität" in den Blick bzw. wird die Aufmerksamkeit auf das „Ganze" der Ökonomie gelenkt (Biesecker/ Hofmeister 2006). Für die Konsumsphäre bedeutet dies mitzudenken, dass Produkte und Ressourcen durch den Konsum nicht verbraucht werden, sondern damit die Rohstoffbasis für neue produktive Prozesse geschaffen wird. Für den Produktionsbereich erwächst daraus die Herausforderung, Produkte mit Blick auf ihre (re)produktiven Qualitäten entlang des gesamten Life Cycles zu gestalten. Dies schließt an die Konsistenzstrategien nachhaltigen Konsums an, geht aber deutlich darüber hinaus, indem sowohl „weibliche" Tätigkeiten als auch ökologische Produktivität sichtbar gemacht und aufgewertet werden.

Mit Bezug zur feministischen Naturwissenschaftskritik lässt sich der Umgang mit Produktion und Konsum ebenfalls kritisch hinterfragen. Hier richtet sich die Kritik u.a. auf die Bilanzierung der durch Produktion und Konsum verursachten Ressourcen und Emissionen. Hintergrund sind Ökobilanzen, die gerade angesichts des Klimawandels erheblich an Bedeutung gewonnen haben. Während Ökobilanzen zunächst dazu dienten, die Umweltwirkungen von zwei oder mehr Produktalternativen vergleichend zu bewerten, berechnen sie nun auch den Ressourcenverbrauch, die CO_2-Emissionen und Umweltwirkungen entlang des Life Cycles von Produkten und bestimmen damit, welcher Anteil auf die Produktion und auf den Konsum bzw. die Nutzung von Produkten entfällt. Hier konnte gezeigt werden, dass sich die Bilanzen von Produkten wie Lebensmitteln und Bekleidung in ihren Ergebnissen über den Anteil der Konsum- und Nutzungsphase an den Umweltwirkungen z.T. erheblich unterscheiden. Dies lässt sich insbesondere auf unterschiedliche Annahmen über das Nutzungsverhalten zurückführen. Dabei schreibt sich in die vermeintlich objektiven, naturwissenschaftlich-ökonomisch bestimmten Daten ein paradoxer Umgang mit der Nutzungsphase ein: Auf der einen Seite wird ihre Bedeutung abgewertet, indem auf – subjektiv geprägte – Annahmen über die Nutzungsmuster zurückgegriffen wird, auf der anderen Seite lässt sich eine Tendenz zur Überhöhung der Umweltwirkungen der Konsumphase erkennen (Weller 2009, 2012).

Die geschlechtliche Codierung von Konsumpraxen zeigte sich auch in einem Projekt zum Wärmekonsum in Eigenheimen. Demnach lassen sich unterschiedliche Heizaktivitäten weiblich als „Homemaking" oder männlich als „Facility Management" interpretieren. Der Umgang mit Wärmeenergie ist Teil der Konstruktion von Männlichkeit oder Weiblichkeit und wird entweder mit „männlicher Technikaffinität" oder mit „weiblicher Ästhetik" verbunden (Offenberger/ Nentwich 2011). Als Empfehlung wurde daraus abgeleitet, auch Aspekte des Homemaking bei der Technikentwicklung zu berücksichtigen.

4 Zum Weiterdenken

Abschließend möchte ich einige Überlegungen zum Weiterdenken zur Diskussion stellen. So ist den Debatten zu Gender und nachhaltigem Konsum zu entnehmen, dass Daten und Studien zu *individuellen* Genderdimensionen bislang einen besonders hohen Stellenwert haben. Sie unterstreichen die enge Verknüpfung zwischen den sozialen Konstruktionen von Geschlecht (Doing Gender) und dem Konsumverhalten (Doing Consumption). Strategien zur Förderung nachhaltigen Konsums stehen damit vor der Herausforderung, Verhaltens- und Konsummuster im Kontext der gesellschaftlichen und individuellen Vorstellungen über „Männlichkeit" und „Weiblichkeit" zu verstehen und zu reflektieren.

Auf *struktureller Ebene* liegt die Bedeutung von Genderperspektiven auf dem Sichtbarmachen von sozialen und Geschlechterungleichheiten, die mit (nicht)nachhaltigen Produktions- und Konsummustern verbunden sind. Angesichts des Gerechtigkeitspostulats einer nachhaltigen Entwicklung bekräftigt dies die Notwendigkeit, weiter über die Frage nachzudenken, wie Strategien zur Förderung nachhaltigen Konsums mit sozialen und Geschlechterungleichheiten umgehen und gleichzeitig zu mehr (Geschlechter)Gerechtigkeit beitragen können.

„Blinde Flecken" in den Begriffen und Modellen nachhaltigen Konsums werden insbesondere durch Genderanalysen auf *symbolisch-konzeptioneller* Ebene deutlich. Als offene Frage schließt sich daran an, wie diese zukünftig für empirische und anwendungsbezogene Forschungsfragen erschlossen werden können. Darüber hinaus könnte es aufschlussreich sein, weitere einflussreiche Konzepte der Forschung zu nachhaltigem Konsum auf diese „blinden Flecken" zu analysieren, z.b. das Konzept der Lebensstile oder der Systems of Provision, und der Frage nachzugehen, wie Geschlecht und Geschlechterverhältnisse in ihre Konzeptualisierung, die darauf bezogenen empirischen Studien und die Interpretation der Ergebnisse eingehen.

9.2 Kommentar: Nachhaltiger Konsum im Spannungsfeld gesellschaftlicher Leitbilder

Martina Schäfer

1 Einleitung

„Berufstätige Mütter haben öfter dicke Kinder" – diese Überschrift war Anfang des Jahres 2011 in einigen Artikeln über eine amerikanische Ernährungsstudie in deutschen Tageszeitungen (und z.b. auch der Ärzte Zeitung vom 6.2.2011) zu lesen. Diese Aussage bringt eines der Spannungsfelder im Themenfeld nachhaltiger Konsum und Geschlechterverhältnisse auf den Punkt: Leider wurde in keinem der Artikel angesprochen, dass auch Vätern eine Verantwortung für die gesunde Ernährung ihrer Kinder zukommen könnte. Noch bedenklicher ist vielleicht, dass die Online-Kommentare zu diesen Beiträgen den Eindruck vermitteln, dass sich die angegriffenen Mütter herausgefordert sahen zu belegen, dass sie nicht zu denjenigen gehören, die über ihren beruflichen Anforderungen die gesunde Ernährung ihrer Kinder vernachlässigen. Dieses Beispiel verdeutlicht einen der Aspekte, die Ines Weller (i.d.Bd.) aufgreift: Geschlechtsspezifische Rollenzuweisungen sind im Themenfeld Konsum – wenn auch häufig sehr viel subtiler als in der genannten Studie – weiterhin Normalität, woran nicht nur die Absender_innen, sondern auch die Empfänger_innen ihren Anteil haben.

Ines Weller stellt in ihrem Artikel systematisch und nachvollziehbar die Ebenen dar, auf denen die Einschreibungen von Gender im Themenfeld nachhaltiger Konsum zum Tragen kommen. Daran anknüpfend werde ich einige der erwähnten Zusammenhänge anhand von Beispielen verdeutlichen und vor allem auf Wechselwirkungen zwischen der übergeordneten Ebene der Strukturen, Megatrends und Diskurse und der Ebene des individuellen Alltagshandelns aufmerksam machen.

2 Gesellschaftliche Leitbilder senden widersprüchliche Signale

2.1 Konsumieren für das Wachstum versus suffiziente Lebensstile

In Krisenzeiten („Finanzkrise" 2009, „Eurokrise" 2011) mehren sich regelmäßig die Stimmen, die betonen, dass die Zurückhaltung im privaten Konsum und die damit verbundene Abschwächung des Wachstums die Probleme deutlich verschärft[1]. Das Festhalten am Konzept des quantitativen Wachstums ist einer der frappierendsten Widersprüche für alle diejenigen, die sich ernsthaft mit Fragen nachhaltigen Konsums auseinandersetzen. Leitbilder wie „Nutzen statt Besitzen" oder Appelle, sich auf den Kauf weniger, dafür aber qualitativ hochwertiger und langlebiger Produkte zu beschränken, können angesichts des dominanten gegenläufigen Diskurses kaum bei einem größeren Teil der Bevölkerung auf fruchtbaren Boden fallen. Die unverhohlene Aufforderung des Handels zur Schnäppchenjagd („Geiz ist geil") sowie die raschen Innovationszyklen, z.B. im Bereich der Informations- und Kommunikations-Technologien, verstärken den Eindruck, dass die Anforderungen nachhaltigen Wirtschaftens bisher kaum in den Kern unternehmerischer Strategien vorgedrungen sind.

Anzeichen für einen – immer noch schwachen – Gegentrend stellt die Einrichtung von Webportalen wie Utopia[2] – das Webportal für strategischen Konsum & nachhaltigen Lebensstil – oder KarmaKonsum[3] dar, die die Konsument_innen dabei unterstützen wollen, bewusster einzukaufen. Adressiert werden dabei vorrangig LOHAS – Menschen, die einen „*L*ifestyle *O*f *H*ealth *A*nd *S*ustainability" bevorzugen. LOHAS wurden in den letzten Jahren oft als Trendsetter nachhaltigen Konsums beschworen[4], häufig jedoch ohne genauer zu definieren, durch welche Einstellungen und Verhaltensweisen sie sich von der übrigen Bevölkerung unterscheiden. Teilweise wird das Veränderungspotenzial der LOHAS daher eher kritisch gesehen, da sie „Konsumbürger sind, die ihre Ansichten lieber im Kaufhaus artikulieren als in der Wahlkabine oder gar auf einer Demo. Der Ökokonsum [...] entlastet das Gewissen und wiegt die Lohas in der wohligen Gewissheit, schon genug zu tun." (Becker 2009: 22 mit Verweis auf Hartmann 2009)

---

1 Z.B. Artikel im Tagesspiegel vom 16.8.2011: http://www.tagesspiegel.de/politik/wachstum-deutsche-konjunktur-tritt-auf-der-stelle (Zugriff: 01.11.11)
2 www.utopia.de (Zugriff: 31.10.11)
3 www.karmakonsum.de (Zugriff: 31.10.11)
4 www.lohas.de (Zugriff: 01.11.11)

2.2 Flexibilisierung und Entgrenzung versus neue Wohlstandsmodelle

Der fortschrittliche Familienvater, der per Handy mit seinen Geschäftspartnern verhandelt, während er den Sprössling auf dem Spielplatz betreut, die junge Mutter am Telearbeitsplatz mit dem spielenden Kleinkind zu ihren Füßen – diese Bilder suggerieren eine verbesserte Vereinbarkeit von Arbeit und Leben sowie Potenziale für nachhaltige Lebensstile. Tatsächlich scheint aber einiges darauf hinzudeuten, dass grundlegende Widersprüche zwischen den Anforderungen der modernen Arbeitswelt und den Elementen neuer Wohlstandsmodelle bestehen. In immer mehr Berufen häufen sich die Erwartungen an eine hohe Flexibilität der Arbeitnehmer_innen sowohl in Bezug auf die Erwerbsarbeitszeiten als auch bezüglich der Kompetenzen, die für neue Aufgaben erworben werden müssen. In zahlreichen Bereichen (Information und Kommunikation, Kreativberufe, Wissenschaft) entsprechen die z.T. noch vertraglich vereinbarten Arbeitszeiten nicht dem, was an verschiedenen Orten zu verschiedenen Tages- und Nachtzeiten an Arbeit tatsächlich geleistet wird. Moderne Kommunikationsmittel ermöglichen eine Erreichbarkeit rund um die Uhr, die auch zunehmend eingefordert wird. Auf dem Arbeitsmarkt wird erwartet, dass für die Wahrnehmung eines der Qualifikation entsprechenden Arbeitsplatzes beliebig der Wohnort und das soziale Umfeld gewechselt werden. Die freiwillige oder unfreiwillige Entgrenzung[5] zwischen Arbeiten und Leben stehen in Konflikt zu einigen zentralen Visionen neuer Wohlstandsmodelle. Ein sehr direkter Widerspruch tut sich zwischen der zu beobachtenden Beschleunigung des beruflichen und privaten Lebens und dem Leitbild der „Entschleunigung" auf. Mit „Entschleunigung" wird verbunden, sich mehr Zeit für die Dinge zu nehmen, die jenseits von Konsumaktivitäten für Freude und persönliche Erfüllung sorgen (Reheis 2003; Sachs 1993). Aber auch Elemente wie eine Präferenz für regionale Produkte oder Engagement im nachbarschaftlichen oder lokalen Umfeld setzen eine starke Identifikation mit dem Umfeld voraus und werden fragwürdig, wenn auf der anderen Seite eingefordert wird, jederzeit flexibel für einen Wechsel des Wohnorts zu sein.

2.3 Partizipation versus staatliche Verantwortungsübernahme

Das Gutachten des Wissenschaftlichen Beirats der Bundesregierung Globale Umweltveränderungen (WBGU 2011: 204f.) betont es einmal mehr: Zentral für eine Transformation in Richtung nachhaltiger Entwicklung ist der stärkere Einbezug der Bevölkerung auf allen Ebenen und hinsichtlich aller zentraler Belange. So erfreulich es ist, dass sich die Erkenntnis durchsetzt, dass weit-

---

5 Der Begriff „Entgrenzung" umfasst i.d.R. drei Dimensionen: zeitliche Flexibilität, räumliche Mobilität sowie erwerbsbiografische und soziale Diskontinuität (Jurzcyk 2004).

reichende Veränderungen des Lebens- und Wirtschaftsstils nicht an den Bürger_innen vorbei entschieden werden können, so wenig ist bisher jedoch geklärt, unter welchen Voraussetzungen, auf welche Art und Weise und mit welchen Zielen derartige Mitwirkungsprozesse stattfinden sollen. Für lokales Engagement werden zum einen freie Zeit, zum anderen aber auch Verbundenheit und Identifikation mit dem Lebensumfeld benötigt. Eine weitere Voraussetzung ist, dass die in Bürger_innen- und Freiwilligenforen, Nachhaltigkeitsbeiräten und Zukunftskammern entwickelten Vorschläge von der Politik ernsthaft geprüft werden und Eingang in aktuelle Entwicklungen finden. Unbefriedigend bleibt es, wenn der Eindruck entsteht, dass den Konsument_innen oder Bürger_innen die hauptsächliche Verantwortung für die notwendigen Veränderungen zugeschoben wird. Zahlreiche wissenschaftliche Veröffentlichungen der letzten Jahre betonen, dass die Handlungsmacht der Konsument_innen durch die gegebene Infrastruktur und das Warenangebot, gesetzliche Regelungen und marktförmige Anreize begrenzt wird (Grunwald 2010; Brand 2009). Klare Signale für eine staatliche Verantwortungsübernahme wären die Unterstützung nachhaltiger Lebensstile durch eine ermöglichende Infrastruktur und Gesetzgebung sowie das Einnehmen einer Vorreiterrolle in der öffentlichen Beschaffung.

3 Spannungen zwischen „alt" und „neu" sind nicht geschlechtsneutral

Die im vorigen Kapitel beschriebenen Widersprüche zwischen den derzeit noch vorherrschenden Leitbildern und Handlungsmustern und denen, die aus der Perspektive nachhaltigen Konsums diskutiert werden, wirken sich als Spannungsverhältnisse für die individuelle Lebensgestaltung aus. Dabei lohnt eine genauere Analyse, inwieweit sich die Auswirkungen für Frauen und Männer bzw. für das sozial weibliche und männliche Geschlecht unterscheiden. Dass Frauen – da sie i.d.R. weiterhin den Hauptteil der unbezahlten reproduktiven Tätigkeiten erbringen – von den Konsequenzen der Flexibilisierung und Entgrenzung i.d.R. stärker betroffen sind, wird von einigen Studien belegt (BMFSFJ 2012; BMFSFJ 2005; Höpflinger 2004). Häufig obliegt ihnen die Verantwortung dafür, neben der eigenen Berufstätigkeit die unterschiedlichen Zeitpläne der Familienmitglieder zu koordinieren, die Versorgung sicherzustellen und Zeiten für ein gemeinsames Familienleben zu organisieren (Jurczyk et al. 2009).

Einige Autor_innen verweisen darauf, dass die neuen Arbeitsmodelle bei entsprechenden Rahmenbedingungen auch Gestaltungsräume eröffnen können (Jurczyk 2004). Dies gilt auch und gerade im Hinblick auf die Förderung nachhaltiger Lebens- und Wirtschaftsstile, muss jedoch durch eine entsprechende Zeitpolitik konsequent ermöglicht werden, deren Ziel es ist, die institutionellen Bedingungen für eine Re-Integration marginalisierter Zeitrationalitäten und Zeitqualitäten zu schaffen (Spitzner 1999). Eine „öko-soziale Zeitpolitik" (Hofmeister/ Spitzner 1999) vermag Querverbindungen zwischen verschiedenen Politikfeldern (z.b. Arbeits- und Familienpolitik, Verkehrs- und Stadt-/ Regionalpolitiken, Umwelt- und Verbraucherpolitik) herzustellen. Diese Querverbindungen erscheinen besonders wichtig, wenn es um die Förderung nachhaltiger Lebensstile geht. So bringen die Anforderungen an berufliche Flexibilität einen weiterhin hohen Anteil des motorisierten Individualverkehrs mit sich, der sich bei vollerwerbstätigen alleinlebenden Frauen und Männern kaum unterscheidet (Lenz 2010). Mit dem höheren Anteil von Frauen, die Beruf und Familie vereinbaren wollen, scheint auch der Trend zur Re-Urbanisierung zusammenzuhängen, der sich seit einigen Jahren abzeichnet. So ist in den meisten größeren deutschen Städten[6] seit 2005 ein relativer Bevölkerungszuwachs zu beobachten, der vor allem durch die Gruppe der 25-30-Jährigen und hier insbesondere von Frauen getragen wird (Geppert/ Gorning 2010). Die Autoren vermuten, dass das ausdifferenzierte städtische Angebot an privaten und kulturellen Dienstleistungen es den Frauen eher ermöglicht, die von ihnen präferierten Lebensentwürfe zu verwirklichen. Auf solche Trends gilt es mit einer am Leitbild nachhaltige Entwicklung orientierten Stadtplanung zu reagieren und nachhaltigere Lebensstile durch die Bereitstellung entsprechender Infrastrukturen und Versorgungsangebote zu ermöglichen.

4 Schlussfolgerungen

Deutlich wird, dass eine nachhaltige Lebensführung auf individueller Ebene bisher dadurch erschwert wird, dass weiterhin gesellschaftliche Leitbilder dominieren, die eher entgegengerichtete Trends befördern. Diese gerinnen in entsprechenden gesetzlichen Rahmenbedingungen, Infrastrukturen, Technologien und Produktsortimenten und stehen dadurch in direkter Wechselwirkung mit individuellem Alltagshandeln. Wissenschaft kann dazu beitragen, die vorhandenen Widersprüche zwischen „alten" und „neuen" Leitbildern und ihre Auswirkungen auf den Lebensalltag von Frauen und Männern (verstanden als soziale Geschlechter) auf allen drei von Weller (i.d.Bd.) aufgeführten Ebenen – der individuellen, strukturellen und symbolischen Ebene – aufzuzeigen. Im Austausch mit entsprechenden Praxisakteuren – Unternehmen, zivilgesellschaftlichen Organisationen, Politik und Verwaltung – können auf Basis solcher Analysen geschlechtersensible Gestaltungsvorschläge

---

6 Kreisfreie Städte mit über einer halben Mio. Einwohner wurden untersucht. „Relativer Bevölkerungszuwachs" kann hierbei auch bedeuten, dass die Städte proportional weniger an Einwohnern verloren als das Umland.

für ermöglichende Versorgungs- und Infrastrukturen, Produktinnovationen, Kommunikationsstrategien und politische Rahmenbedingungen entwickelt werden.

9.3 Kommentierte Bibliographie

Sabine Hofmeister, Christine Katz, Tanja Mölders unter Mitarbeit von Jana Bundschuh, Stephanie Roth

Eberle, Ulrike/ Hayn, Doris/ Rehaag, Regine/ Simshäuser, Ulla (2006): Ernährungswende. Eine Herausforderung für Politik, Unternehmen und Gesellschaft. München: Ökom.

Das im Rahmen des BMBF-Förderschwerpunktes Sozial-ökologische Forschung realisierte Verbundforschungsprojekt „Ernährungswende" erforschte von 2002 bis 2005 die sozial-ökologische Transformation des Handlungsfeldes Umwelt-Ernährung-Gesundheit und ermittelte Handlungsbedarfe und Handlungsmöglichkeiten für eine nachhaltige Ernährung. Im Projekt stand der Ernährungsalltag von privaten Konsument_innen im Mittelpunkt, d.h. die Perspektive wurde (statt undifferenziert für eine andere Ernährungsweise zu „werben") auf die genaue Analyse der jeweiligen Bedürfnisse und Handlungsspielräume verschiedener Konsument_innen gerichtet. Das Buch stellt den entwickelten Forschungsansatz dar und zeigt, dass und wie dieser die Kategorie Geschlecht einbezieht und anwendet. Kennzeichen der Forschung ist dieKonsument_innenperspektive in der Orientierung auf Alltagskontexte und -handeln. Die Möglichkeiten und Grenzen des Forschungsansatzes als Integrationsinstrument in Bezug auf verschiedene Fragestellungen, Probleme und Wissensbestände der sozial-ökologischen Forschung werden diskutiert.

Rabelt, Vera/ Simon, Karl-Heinz/ Weller, Ines/ Heimerl, Angelika (Hrsg.) (2007): Nachhaltiger nutzen. Möglichkeiten und Grenzen neuer Nutzungsstrategien. München: Oekom.

Das Buch dokumentiert die Ergebnisse von insgesamt neun Einzelprojekten, sechs Querschnittsarbeitsgruppen sowie verschiedenen Begleitmaßnahmen, die im Rahmen des BMBF-Forschungsschwerpunktes „Möglichkeiten und Grenzen neuer Nutzungsstrategien, Regionale Ansätze" von 2001 bis 2005 gefördert wurden. Dargestellt werden die Untersuchungsresultate ökologischer, ökonomischer und sozialer Wirkungen verschiedener Nutzungsstrategien, die helfen sollen, durch die Verzahnung technischer, ökonomischer, organisatorischer und sozialer Innovationen die Ressourcenproduktivität vergrößern und Umweltbelastungen zu verringern. Zu den „neuen Nutzungsstrategien" zählen z.B. die Nutzungsintensivierung und die Lebensdauerverlängerung, die Gemeinschaftsnutzung oder der Ersatz von Produkterwerb zur individuellen Nutzung durch Dienstleistungen (z.B. Autovermietung). Im Rahmen der Projektarbeiten wurden regionale Alternativen wie vorhandene Netzwerkstrukturen nicht nur untersucht, sondern z.T. auch aktiv unterstützt, gestaltet oder initiiert. Das Buch zeichnet sich dadurch aus, dass die Methoden transdisziplinärer Forschung dargestellt und Möglichkeiten diskutiert werden, den „Spagat" zwischen Wissenschaft und Praxis zu bewältigen. Der Beitrag von Kathrin Buchholz und Ines Weller (S. 253-245) setzt sich gezielt mit der Kategorie Geschlecht im Kontext neuer Nutzungsstrategien auseinander; die Wechselwirkungen zwischen Gender, alternativer Produktions- und Konsummodelle und Nachhaltigkeitswirkungen werden reflektiert.

Weller, Ines (2001): Ökologie im Alltag: Wahrnehmung und Bewertung der Gestaltungsmacht privater KonsumentInnen. In: Elsner, Wolfram/ Biesecker, Adelheid/ Grenzdörfer, Klaus (Hrsg.): Ökonomische Be-Wertungen in gesellschaftlichen Prozessen. Markt – Macht – Diskurs. Herbolzheim: Centaurus, S. 241-258.

In diesem Beitrag hinterfragt Ines Weller kritisch, ob und wie weit private Verbraucher_innen zur Veränderung nichtnachhaltiger Produktions- und Konsummuster beitragen können. Die Autorin überprüft damit eine der in der Umwelt- und Nachhaltigkeitsforschung gängigen Annahmen. Anhand verschiedener Faktoren – fehlende Produkttransparenz, Überschätzung des Einflusses der Gebrauchsphase und ignorierte und/oder falsch verstandene Anforderungen der Konsument_innen an die Produkte – arbeitet sie die Grenzen der Gestaltungsmacht privater Konsument_innen heraus. Sie zeigt, dass die spezifischen Lebens- und Handlungskontexte verschiedener Konsument_innengruppen (z.B. von verschiedenen Frauen) bei der Produktgestaltung zu wenig oder keine Beachtung finden. Eine gründliche Auseinandersetzung damit sei jedoch notwendig, wenn die Mitbestimmungsmöglichkeiten der Konsument_innen im Sinne einer nachhaltigen Entwicklung gestärkt werden sollen.

Weller, Ines/ Hayn, Doris/ Schultz, Irmgard (2003): Geschlechterverhältnisse, nachhaltige Konsummuster und Umweltbelastungen. In: Balzer, Ingrid/ Wächter, Monika (Hrsg.): Sozial-ökologische Forschung. Ergebnisse der Sondierungsprojekte aus dem BMBF-Förderschwerpunkt. München: Oekom, S. 431-452.

Die in der Sondierungsphase des BMBF-Förderschwerpunktes Sozial-ökologische Forschung identifizierte Problemdimension „Gender und Nachhaltigkeit" wird durch das im Beitrag vorgestellte Sondierungsprojekt konkretisiert: Kritisch weisen die Autorinnen darauf hin, dass die Zusammenhänge zwischen Umweltbelastung und Geschlechterverhältnis bislang (also bis zum Zeitpunkt ihrer Projektes) kaum untersucht sind. Anhand verschiedener Beispiele verdeutlichen sie die Relevanz von Genderaspekten im Handlungsfeld Konsum und postulieren eine engere Koppelung von naturwissenschaftlicher Umweltbelastungsforschung mit sozialwissenschaftlicher Konsumforschung. In Hinblick auf sozial-ökologische Forschungen geben sie Impulse für einen Perspektivenwechsel in der Verschränkung von natur- und sozialwissenschaftlicher Analyse einerseits und in der Verbindung von Experten- mit „Laien"-Wissen andererseits. Inhaltliche und methodische Schwerpunkte des Forschungsbereiches werden dargestellt und Forschungsbedarfe aufgezeigt, z.B. in Hinblick auf die Entwicklung zielgerichteter Konsumangebote, die eine nachhaltige Entwicklung befördern.

10. Zeit(en)

10.1 Sustainability and Gender from a Time-ecological Perspective

Barbara Adam

1 Introduction

Sustainability is suffused with the feel-good factor. Everyone buys into it. From business leaders to policy makers, everyone pays lipservice to it. To put it into practice, in contrast, is anything but easy. Ever since the Rio Earth Summit in 1992 sustainability demands that we unify the un-unifyable. In order to take us on the sustainable path of salvation, three elements of our lives – environment, economy and society – are to be brought together for the benefit of the whole as it extends into an open future. The three key dimensions of our lives, however, are normally working in contradictory and opposing ways. For each element on its own, sustainability means very different and often mutually detrimental things. Sustaining the economy, for example, tends to have negative effects on the environment while sustaining the environment does not necessarily enhance the sustainability of society. Bringing together, in a common cause, elements with widely divergent and opposing tendencies, therefore, is a complex and difficult task that requires innovation at the level of theory, methodology and practice. To work effectively towards a sustainability that operates fairly, over time, across the elements of environment, economy and society, entails that theory, methodology and practice work together as one. Marx used the concept of praxis to denote this unity. This praxis, moreover, needs to be appropriate to the task at hand. In the case of sustainability, such appropriateness is difficult to achieve with the tools of Newtonian science, classical economics, and conventional social science.

Feminist theory is one of the few praxis traditions that was, and is, ideally suited to step into the breech. Attention to the gendering across social institutions has schooled feminists in the difficult task of bringing together the incompatible, transcend dualisms and to embrace context dependencies, complexities and hierarchically organized interdependencies. The effort to achieve unity of theory, methodology and practice has become a way of life and an ethic. Gender, therefore, is the paradigm case for bringing together what other theories keep apart. Applied to sustainability, the gender perspective of feminism can help to generate a quality of sustainability that other perspective would find difficult, if not impossible, to achieve. This book is a testimony to this assertion.

In this paper I bring a time-ecological perspective to certain aspects of feminist approaches to sustainability. The selected aspects are chosen for their pertinence to grasping sustainability in temporal terms. This means refracting feminist contributions to sustainability theory and practice through a temporal lens. I focus in particular on the feminist emphasis on life, reproduction as process and *Vorsorge* as central preconditions for sustainable praxis and then infuse this approach with a time-ecological perspective.

2 Sustainability, Gender and Time

Sustainability is prominently characterized by a strong future orientation, as the most famous definition of sustainability demonstrates:

> 'Development that meets the needs of the present without compromising the needs of future generations to meet their own needs'. (WCED 1987: 43)

It asks us to extend concern to that which has not yet happened, to something that is influenced by present actions but cannot be known with certainty. Moreover, we can know our own needs, but how could we possibly know successors' needs or how satisfying our needs will affect these?

As the 'not yet' the future is a challenging domain for action at every level: social, scientific, economic and political. For example, the future is not factual in the conventional sense, which poses problems for social action and planning as well as evidence-based science. For the capitalist economy the challenge is a different one and relates to efforts to do away with the future, transform it into an 'extended present' (Nowotny 1994/1989). That is to say, the capitalist economy operates in and for the present, discounts the future and treats it as a free resource for the present. Thus, to sustainably extend economic concern into something that is being actively eliminated is a contradiction in terms. For politicians too the future is problematic, as they have no mandate to act on behalf of future generations, given that successors have no vote in the political systems that take decisions with long-term effects. Members of societies with a strongly individualized tradition, finally, find it difficult to extend their concerns to strangers in space and time. Feminist and time-ecological correctives to these conventional perspectives help to accommodate some of the complexity that sustainability demands for praxis.

2.1 Vorsorge

With its triple location in the environment, economy and society, sustainability is inclusive and demands approaches that can make common cause in contexts of differences and opposing tendencies. Through their focus on gender, feminist theorists have honed this task to perfection[1]. Members of the German network 'Vorsorgendes Wirtschaften', for example, proffer sustainability perspectives that think the triple relation as one and, through the concept of *'Vorsorge'* (literally translated: care for what lies ahead, care for the future), give sustainability a strong processual emphasis on the future (Biesecker et al. 2000, Hofmeister/ Adam 2000).

This feminist focus on *Vorsorge,* rather than scientific and economic concern with Foresight, shifts attention from knowledge, certainty and control to moral engagements with an indeterminate *future present* that results from determining present actions. This is an important corrective to the conventional way of approaching the future as *present future.* Niklas Luhmann (1982: 281) introduced the distinction between 'present future' and 'future present' for the social sciences. He suggested that 'present future' is a utopian perspective that enables prediction whilst 'future present' is technologically constituted and as such allows transformation of future presents into present presents. Chris Groves and I have developed the distinction further (Adam/ Groves 2007) and taken it into a different conceptual direction with significant consequences for sustainable praxis.

In 'Future Matters' (2007) we argue that the two perspectives on the future – *present future* and *future presents* – position us differently vis-à-vis successors, who are affected by our actions,[2] and as such can be associated with different questions. When we ask: 'What can the future do for us?' we are seeking ways of borrowing from the future for the benefit of the present, treating the *present future* as a free resource. After all, future generations cannot charge us for the use of their resource base. They cannot hold us to account if things go wrong with our exploitation. They have no voice to register their concerns. In 'discounting', we have an economic principle in place that ensures that *their* future present is devalued with reference to *our* present future. Discounting[3] works on the basis that the future is less valuable to us than the present and is applied equally to both goods and 'bads'. When, in contrast, we ask: 'What are we doing to the future?' we are extending ourselves into the *future present* of others, and we accompany our actions and at-

---

1 See chapter I.1.3 to this book.
2 For extended discussions of the difference between present future and future presents, see Adam/ Groves (2007) and the Glossary of key terms (2007: 198, 200).
3 For a detailed discussion of 'discounting', see Price (1993); for an overview see Adam (1998: 74f.).

tendant dispersed effects to their potential eventual destinations. Taking the standpoint of *future present* we thus position ourselves in the effect-domains of our actions.

These two different standpoints work equally well for corresponding approaches to sustainability. When we ask: 'How can we sustain present conditions and resources?' we are taking the standpoint of the *present future*, asking the equivalent of: 'What can the future do for us?' Thus, for example, when economic arguments and cost-benefit calculations are involved they invariably include some form of discounting the future, which means putting a lower value on the future than the present. When, in contrast, we ask: 'How does our resource use affect the resource base of successors?' we are taking the standpoint of the *future present*. It entails that we know of our implication in potential outcomes and are focusing on these as they are spreading across space and time. Importantly, we are allowing concerns about what is *right* and *just* (rather than cost effective) to enter our considerations.

Vorsorge, with its caring concern for what lies ahead, is clearly focused on *future presents*, seeking to accompany present decisions and actions through their latent and invisible phases to their potential time-space distantiated impacts. The gender-based concept of *Vorsorge*, therefore, provides a pertinent counter to the conventional scientific way of engaging with the future through prediction and foresight, where accumulated knowledge of the past is projected forward to calculate probable, possible and even preferable future scenarios that are to guide controlling action in and for the present (Mayor/ Bindé 2001; Nowotny 2005). Where foresight emphasizes the visual, *Vorsorge* highlights the care element of our reach into the future (Gilligan 1982). It implies a coupling of ethical concern about what is right and just, with responsibility in a context where reciprocity no longer applies because participants are not co-present. Moreover, the responsibility involved is not one that is imputed because we are held liable. Rather, it is a responsibility that is actively taken because we relate potential outcomes at some time and somewhere to present decisions and actions (Adam/ Groves 2011). That is to say, through *Vorsorge* the needs of future generations are related to present needs with the aim not to compromise the capacity of the former to meet their needs, as the Brundtland definition demanded.

Vorsorge implies engagement with a lived and living future present of successors that opens out the temporal scope to encompass the reach of our actions. It acknowledges our implication not just in the production of spatially constituted ecological footprints but also of *timeprints*[4], their temporal counterpart. The shift is one of both standpoint and perspective: from the standpoint of the *present future* that views the future as an empty a-temporal

---

4 This concept was first developed and theorized in Adam/ Groves (2007); see also the Glossary of key terms (2007: 203).

domain and resource to a *future present* that knows the future as the rightful present of successors. The former allows us to devalue the future with reference to the present while the latter accords it intrinsic value. The divergent standpoints involved affect not just our action but also our ethical potential: responsibility for the future requires that we are able to take the standpoint of the *future present*, have the capacity to move between the two approaches and know the differences for praxis of the two divergent standpoints.

3 (Re)Productivity as Process

Adelheid Biesecker and Sabine Hofmeister (2006, 2010; also Biesecker 1998; Biesecker et al. 2000), two key members of the Netzwerk für Vorsorgendes Wirtschaften, seek to overcome the taken-for-granted assumptions embedded in economic theory. They theorize sustainability with reference to the unacknowledged, hierarchically constituted difference of emphasis between economic production and socio-economic re-production. Their feminist critique deconstructs conventional economics with its short-term, even atemporal, emphasis on production that brackets from its accounting practices the socio-environmentally sustaining, largely gendered, processes of reproduction. It then reconstructs economic praxis from a feminist, gender-sensitive perspective, as (re)productive processes.

In conventional sustainability discourse 'work' is taken to mean paid work and 'nature' understood as capital. Excluded are the largely gender-based reproductive work on the one hand and the re-generative processes of nature on the other. As long as (re)productivity and regeneration are excluded from economic analysis, so Biesecker and Hofmeister's argument, the sustainability discourse remains deeply flawed and causes of unsustainable developments systematically misjudged. Moreover, the blind spots thus produced become themselves constitutive in the production of unsustainability. Biesecker and Hofmeister therefore demand a shift in perspective from products and things to the processes that produce the various material outcomes. Production and reproduction are brought together and theorized in relation to each other in a mutually constituting dynamic process.

From a time-ecological perspective I have theorized (re)productivity and its inherent product-process relation in a number of further, mutually implicating ways (Adam 1998; Adam/ Groves 2007). I have taken on board Jacob v. Uexküll and Georg Kriszat's (1934) distinction between the *Merk-* and *Wirkwelt*. These authors argue that the world is composed of both a perception and a latent, engendering process dimension, the *Merkwelt* and the *Wirkwelt*. The former relates to what we can perceive with the aid of our senses, whilst the latter refers to processes set in progress that are not accessible as sense-data until they materialize as symptoms some time, somewhere. This distinction can serve as a useful conceptual tool for thinking about highly complex sustainability issues.

Focus on the product-process distinction and relation allows us to recognize that the *Merkwelt* of perception is always and necessarily contextual and locally constituted. The engendering processes in progress of the *Wirkwelt*, in contrast, are spatially and temporally open. The temporal extension brings with it an inevitable invisibility gap between actions and eventual outcomes. Damage from acid rain, ozone depletion or hormone-disrupting chemicals, for example, did not materialize as symptom until a very long period after the affecting actions.

Taking note of the product-process distinction, we appreciate that it is impossible to know all the networked interconnections that eventually give rise to symptoms. Evidence-based science that knows the future on the basis of past certainties is futile in the immanent world of engendering processes and so are efforts to control outcomes in the far future. Concern with (re)productivity as process, therefore, is an engagement with the invisible, unknowable aspects of sustainability that are accessible only through ethically constituted *Vorsorge* and the standpoint of future presents.

I have further utilized Martin Heidegger's (1988/1927) argument that 're-' (be this the 're-' of re-production, re-generation, or re-formation) never denotes mere repetition of the past but inescapably engenders renewal. This means that each (re)productivity brings forth its own transcendence. For this reason too, *Vorsorge* rather than Foresight is the appropriate approach for sustainable praxis. Heidegger's notion that the past and future are gathered up in the present has additional implications for sustainability, which I want to address next through the focus on life and death.

4 Life unto Death?

Feminist theorists have shown that there is a gendered way of creating continuity. Originally, this has been theorised in dualistic terms: male generation of continuity through heroics and the creation of artefacts; female creation of continuity through women's natural capacity to give life.[5] One important early feminist focus on life was conceived dualistically in opposition to Heidegger's emphasis on death. While Heidegger theorized futurity primarily with reference to 'life unto death' as key to understanding *Dasein*, Luce Irigaray (1983) and Mary O'Brien (1981, 1989) have countered this emphasis on death with an explicit life-orientation.

For these scholars, life rather than death is constitutive of continuity (Brodribb 1992; Adam 2005/1995). This life orientation was later taken up in

---

5   See chapter I.1.3 to this Volume for a critique of the naturalistic approach.

feminist environmental, ecological and sustainability debates where parallels were identified between gendered social and ecological reproductive processes. Today these differences are no longer understood as binary opposites but in their interdependence and mutual constitution.[6]

From a time-ecological perspective the life-death distinction in orientation brings with it a number of important implications. First, in contrast to Heidegger's (1988/1927) individual life-unto-death orientation, the life perspective opens out into a social process. It connects individuals to an open, ever-widening network of successors. The *lived future*, therefore, is irreducibly social. Secondly, when we understand life and death not as opposites but as two aspects of an indivisible process, we come to recognize that death is life's primary tool for transformative continuity and change. Thirdly, while Heidegger's future is inescapably bounded by individual death, the living future is fundamentally unbounded. As such, it gathers up the entirety of futures as potential in the present.

Yet, Heidegger (1988/1927) has acknowledged this and more in his thoughts on processes of repetition and the 're', mentioned above. In this aspect of Being and Time, not only the future but also all of the past are gathered up in the present. This understanding is pertinent for sustainability theory as it opens up the individualistic anthropocentric birth-death boundaries to an open continuity of Being from the beginning to the end of time. As such it facilitates time-ecological appreciation of connectedness to successor generations of beings into the far future as well as relatedness to all beings past. To know yourself *as* your entire past and future brings the task of encompassing the needs of future generations within achievable reach. Moreover, this temporal expansion of identity and concern allows us to extend the meaning of sustainability in a more time-ecological direction.

5 Sustainability: a Time-ecological Extension

Despite numerous definitions and perspectives on sustainability, its temporal nature is undisputed. A time-ecological perspective focuses on those temporal elements explicitly.[7] In traditional analyses time tends to feature as external framework and measure only, as the linear (thus spatial) axis on which phenomena can be located and mapped. In contrast, a time-ecological perspective focuses on time aspects of sustainability that tend to be bracketed

---

6   See Hofmeister/ Katz (2011), Nebelung et al. (2001).
7   For detailed accounts of a time-ecological perspective on sustainability that encompass the temporal complexity, see Adam (1998) and Held (2001), also the work associated with the Tutzing Project Ökologie der Zeit (Held/ Geißler 1993, 1995; Adam et al. 1998; Schneider et al. 1995; Hofmeister/ Spitzner 1999).

and silenced in conventional analyses and understands these in relation to the taken-for-granted spatial measure.

Time-ecological theorists engage with the complexity of the socio-environmental world and refract this complexity through a temporal lens. Time, space, matter and knowledge are held together and contextuality is acknowledged. Even when one aspect of sustainability is foregrounded to inquire deeper into its specific workings, the complexity remains implicated in that which is explicated. From a time-ecological perspective time is not understood in the singular – as merely a clock-time quantity/measure, or a single abstract and uniform container *for* events. Rather, it is recognized as *timescape*[8] with multiple, interrelated and mutually implicating features. These include the time frame within which actions are planned and executed (for example, seconds, days, decades, life times); temporality as process of irreversible change; tempo, as the speed at which processes take place and timing with the attendant need for synchronization. The temporal duration and sequence of processes as well as their prioritization are appreciated alongside the influence of the past and future on the present. Moreover, as single elements of this *timescape* complexity are investigated, the non-attended ones remain enfolded in the analysis.

From this perspective, sustainability means locating actions in the past-present-future continuum, to be sensitive to the speed of change and recognize the importance of the timing of actions. It means relating the time scale and time frame of resource development to the time scales of effects that arise from resource use, depletion and regeneration. According to Herman Daly (1991), for example, a sustainable society should satisfy three elementary conditions. These conditions are, first, that the rates of use of renewable resources should not exceed the rates of regeneration; secondly, that the rates of use of non-renewable resources should not exceed the rate at which sustainable renewable substitutes are developed and, thirdly, that the rates of pollution emission should not exceed the assimilative capacity of the environment. Soil can serve as an example (Adam 1998; Kümmerer et al. 1997).

Industrial agriculture is largely present-future oriented. Efficiency is tied to intensification of production (producing ever more in ever less time) and associated long-term effects are not matched with an equally long-term concern about sustainability. Its chemical legacy accumulates in soil for unknowable periods into the future. This creates a considerable gap between the time frame of concern and the timescales of effects. Soils are generated and they age in an ongoing dynamic of de- and regeneration. At some level,

---

8 This concept has been developed by Adam during the mid 1990s although the complexity of time has been theorised already in her earlier books. See Adam (1990 and 1995 [2005 German translation] for early work on the temporal complexity; 1998 and 2004 for an elaboration of the *timescape* concept).

therefore, soil is a renewable resource. However, soil is regenerated at vastly different time scales: top soil within 100 years, clay subsoil over some 10,000 years, and the layer below will take as long as 100,000 years to reach its optimum nutrient quality. This means that it takes between ten to one hundred thousand years to (re)generate one cubic meter of soil, which places soil clearly outside what meaningfully could be called a renewable resource. Without a viable alternative this gap between depletion and renewal is clearly unsustainable. Moreover, much of the damage is occurring in the invisible world of processes. From salination, desertification, erosion, structural damage, degradation to pollution and toxification, the destruction takes place below the surface, thus is not accessible to our senses. Importantly, due to the long time-lags involved, those who cause the damage will not experience the effects, since action and impact are dispersed across time, space and matter. Thus, the problems are efficiently externalized to future generations.

6 Reflections

Sustainability encompasses processes that extend into vast open futures. It thus requires time scales of concern that fall clearly outside the conventional lifetime of the industrial way of life, its politics and its economic system. Capable of producing these long-term effects but unable to know outcomes with any degree of certainty, science as the major knowledge system, also struggles to provide appropriate answers. Yet, economics and science are the two institutional sources of knowledge that guide political action in the quest for sustainability. In this paper I have sought to show that there are thought traditions more appropriate to the task at hand. However, neither feminist nor time-ecological knowledge practices can simply be bolted on to existing traditions as both change the deep structure of assumptions and praxis. They are a way of life and an ethic that changes the world we see and interact with.

Traditionally, responsibility has been tied to knowledge. You are held responsible only if you could possibly foresee the consequences of your actions. The sustainability context has changed forever the relation and directional flow between action, knowledge and ethics. It requires that we link action and ethics directly in contexts where outcomes are unpredictable and indeterminate. This, as I have argued in this paper, is achievable only with feminist time-ecological praxis.

10.2 Kommentar: „Nachhaltigkeit" neu denken. Timescape – ein kritisch feministischer Zugang zum Nachhaltigkeitsdiskurs

Sabine Hofmeister

Barbara Adam (i.d.Bd.) beginnt ihren zeitökologischen Perspektivwechsel mit dem Hinweis auf das in das Leitbild Nachhaltige Entwicklung eingeschriebene Dilemma: mit Hinweis auf das Gebot, die unterschiedlichen, oft gar gegensätzlichen Entwicklungsmodi integriert zu denken und praktisch aufeinander abzustimmen. Sie zeigt, dass ein „In-Einklang-Bringen" der ökologischen, ökonomischen und sozial-kulturellen Dimensionen von Entwicklung nur dann möglich ist, wenn es gelingt, das Natürliche, das Soziale und schließlich auch Wirtschaften neu zu denken. Ihre Schlussfolgerung, dass weder feministische noch zeitökologische Wissenspraktiken an existierende Denktraditionen angeschlossen werden können, weil beide die in die Struktur von Wissen und Praxis eingeschriebenen Annahmen infrage stellen und verändern (Adam i.d.Bd.: 312), ist absolut berechtigt und zugleich von einer enormen Radikalität.

Tatsächlich ist es das dem Leitbild Nachhaltige Entwicklung inhärente Integrationsgebot, das die gegenwärtige Gesellschaft und ihre Wirtschaftsweise vor ungeheure Herausforderungen stellt. Denn dieses Postulat fordert zu einer grundlegenden Perspektiverweiterung auf – und zwar auf jede der drei Dimensionen von gesellschaftlicher Entwicklung: So dürfen sich ökologische Entwicklungsziele nicht in der Forderung nach Schutz der Natur und Umwelt erschöpfen, wenn sie mit ökonomischen und sozialen Zielen verbunden werden sollen. Ökonomische Entwicklungsziele lassen sich nicht auf abstrakte Wertschöpfung reduzieren, wenn sie mit sozialen und ökologischen Zielen verbunden werden sollen. Wertewachstum ist kein angemessener Indikator für gesellschaftlichen Wohlstand. In einer integrativen Sicht ist Wirtschaften weit mehr als über den Markt vermitteltes Handeln: Es ist soziales Handeln, das ausgehend von den Bedürfnissen der Menschen auf die Realisierung eines guten Lebens zielt. Schließlich dürfen sich auch soziale Entwicklungsziele nicht allein auf den Zugang zum Erwerbsarbeitsmarkt konzentrieren, sondern müssen die Lebenswelt insgesamt, d.h. alle menschlichen Tätigkeiten in den Blick nehmen. Und zum weitaus überwiegenden Teil sind das die sog. Reproduktionsarbeiten, wie die Sorge- und Pflegetätigkeiten in den Familien und Gemeinschaften, bürgerschaftliches Engagement sowie Engagement für Natur und Umwelt. Mit Blick auf nachhaltige Arbeitsverhältnisse allein über Erwerbsarbeit zu sprechen impliziert also, den größeren Teil des Arbeitslebens auszublenden. Aus einem derart verkürzten Arbeitsbegriff resultieren jene sozial lebensweltlichen Probleme, die die nichtnachhaltige Gesellschaft der Gegenwart kennzeichnen (wie z.B. die gravierenden Defizite im Pflege-, Erziehungs- und Bildungsbereich oder Frauen-, Kinder- und Altersarmut). Doch sind diese Einsichten – die Erkenntnis also, dass Ökonomie mehr ist als Marktökonomie und dass Arbeit mehr ist als Erwerbsarbeitsarbeit – alles andere als neu. Sie sind nicht etwa das Ergebnis wissenschaftlicher und politischer Nachhaltigkeitsstudien und -debatten, sondern das Resultat kritisch feministischer Analyse und Theoriebildung seit den 1970er Jahren.

Feministische Theorie trägt, wie Adam herausarbeitet, originär dazu bei, ein Neudenken zu ermöglichen, das für eine nachhaltige Entwicklung unentbehrlich ist. Denn im feministischen Diskurs hat die Kritik an dichotomen Trennungsverhältnissen und darauf aufbauend das Zusammendenken von anscheinend Gegensätzlichem – „Arbeiten" als (re)produktives Tätigsein in der sozialwissenschaftlichen Geschlechterforschung, und „NaturKultur"-Phänomene in der feministischen Umweltforschung – eine lange Tradition. Indem hier zusammengedacht worden ist, was die abstrakte Wertrationalität kapitalistischer Ökonomien systemisch voneinander trennt – Produktives von „Reproduktivem" – wird der Blick auf Vermittlungsprozesse frei: Das Hervorbringen des Hybriden durch lebendiges Tätigsein von Menschen und Natur wird als eine sozial-ökonomische Aufgabe erkannt – eine Aufgabe, die auf Nachhaltigkeit und nachhaltige Entwicklung in der Bedeutung vorsorgender, (re)produktiver Entwicklung zielt.

Dieser aus der feministischen Theorie hervorgegangenen Analyse setzt Adam die zeitökologische Perspektive auf, indem sie darauf aufmerksam macht, dass und wie Vermittlung im Kern die Vermittlung von und in Zeiten (Plural!) einschließt. In der Perspektive auf „Timescape" (Adam 1998) gerät nachhaltige Entwicklung zu einer Synchronisationsaufgabe (Timing): Nachhaltige Entwicklung „bedeutet, die Zeitskalen, die Dauer der Entwicklungsprozesse, aus denen Ressourcen hervorgehen, einerseits mit den Zeitskalen der Auswirkungen von Ressourcennutzung, -erschöpfung und -regeneration andererseits in Beziehung zu setzen." (Adam i.d.Bd.: 311, Übersetzung d.Verf.) Vermitteln von gesellschaftlicher Arbeit mit der lebendigen Tätigkeit der Natur heißt, sich voneinander unterscheidende, vielfältige Zeitskalen, Tempi, Zeitmuster und -qualitäten, Takte und Rhythmen, aufeinander abzustimmen – sie so miteinander zu verknüpfen und ineinander zu verweben, dass Entwicklung als (re)produktive ermöglicht wird. Es ist daher folgerichtig, dass Adam (i.d.Bd.: 309) die Kategorien Reproduktion, Regeneration und Reformation als Prozesskategorien kennzeichnet und dabei (mit Verweis auf Heidegger) hervorhebt, dass es niemals um bloße Wiederholung, sondern immer um Erneuerung geht.

Gerade diese Einsicht bildet den Hintergrund, vor dem Vertreterinnen feministischer Nachhaltigkeitskonzepte auf der Kategorie Naturproduktivität insistieren statt, wie es aufbauend auf die Ökologische Ökonomik (z.B. Daly 1999; Costanza et al. 2001) in nachhaltigkeitspolitischen Diskursen herrschende Praxis ist, von „Naturkapital" zu sprechen (Biesecker/ Hofmeister 2009). Der Wechsel von der Bestands- in die Prozessperspektive bildet die Basis für eine zeitökologische Analyse von Nachhaltigkeitsproblemen und für ein Neudenken nachhaltiger Entwicklungswege. Er ermöglicht, wie Adam zeigt, die mit dem Leitbild Nachhaltige Entwicklung zentral verknüpfte Zukunftsorientierung zu differenzieren und sie neu zu denken: Statt den Standpunkt der „gegenwärtigen Zukunft" einzunehmen und zu fragen, „Wie können wir die gegenwärtigen Lebensbedingungen und Ressourcengrundlagen erhalten?" (Adam i.d.Bd.: 307, Übersetzung d.Verf.,), gilt es den Standpunkt zu verlagern und aus der Perspektive einer „zukünftigen Gegenwart" zu fragen: „Welche Auswirkungen hat unsere Form der Ressourcennutzung auf die Ressourcengrundlagen und Lebensbedingungen künftiger Generationen?" (ebd., Übersetzung d.Verf., auch Adam/ Groves 2007).

Doch was bedeutet dieser Standpunkt- und Perspektivwechsel in Bezug auf Zukunft genau? Was heißt es, die Zeitlichkeiten (Temporalities) sozialer, kultureller, ökonomischer und ökologischer Entwicklungsprozesse ineinander zu denken und in ihrem Zusammenwirken zu verstehen? Welche Dimensionen von Zeit(en) sind mit- und einzudenken, wenn nachhaltige Entwicklung als eine Entwicklung begriffen wird, die ihre natürlichen und gesellschaftlichen Grundlagen zu erneuern versteht?

Im Konzept Timescapes (Adam 1998, 1999) deuten sich die Antworten auf diese Fragen an: Ebenso wie Gesellschaften und Soziales als plural(e) konzeptualisiert werden, wird auch Natur nicht (mehr) universell und konstant gedacht werden können: Im Blick auf Zeiten haben wir es mit Naturen (Plural!) zu tun (insbes. Latour 2001). Dies bildet den Ausgangspunkt für die Entwicklung einer Theorie der „Ökologie der Zeit" – eine der wichtigsten Herausforderungen für die Nachhaltigkeitsforschung (Ansätze dazu in den Arbeiten der Tutzinger Projektgruppe „Ökologie der Zeit", z.B. Held/ Geißler 1993, 1995; Held 2001).

Dabei kann unmittelbar an feministische Theorien und an Geschlechterforschungen angeschlossen werden: Hier hat sich ein tragfähiges Fundament pluraler Denkformen und Wissensbestände herausgebildet – ein Denken generiert, das dem Hybriden Raum gibt und das Vielfältige ins Zentrum rückt –, und das sich gerade dadurch als wegweisend auch für die Nachhaltigkeitsforschung erweist.

Doch bringen feministische Denktraditionen, indem sie Wissenschafts- und Gesellschaftskritik verbinden, auch Herrschaftskritik hervor. Bezogen auf wissenschaftliche Nachhaltigkeitsdiskurse bedeutet der Anschluss an feministische Theorie daher, durch die Kritik sowohl an soziozentrisch konstruktivistischen als auch an naturalistisch essentialistischen Zugängen zu den Beziehungen von Gesellschaft und Ökonomie zu Natur – die beide als reduktionistisch und in ihrem Kern als herrschaftlich enttarnt werden – Vermittlungswissen für eine sozial-ökologische Transformation zu generieren.

- „Timescapes" (Zeitlandschaften), wie sie von Barbara Adam konzeptualisiert und theoretisch fundiert werden (Adam 1998, 1999), bieten eine Folie, auf der das Neudenken von Nachhaltigkeit in zeitökologischer Perspektive möglich wird und ertragreich zu werden verspricht.
- „Timescape" macht das hybrid Gewordene wie das werdende Hybride sichtbar, und es wird unhintergehbar: Das „rechte (Zeit)Maß" lässt sich auf dieser Basis weder in der Natur noch in der Gesellschaft finden, sondern muss in der Wechselbeziehung zwischen beiden hergestellt und wiederhergestellt werden (auch Hofmeister 1998).
- Die räumliche und zeitliche Dimension von Entwicklung gelten als prinzipiell offen; Unsicherheit, Ungewissheit und Nichtwissen sind generell die Bedingungen der Zukunftsgestaltung.

Gestaltungsoptionen für eine nachhaltige Entwicklung werden freigelegt – jenseits sozio- oder naturzentrischer Zugänge, jenseits von herrschaftlichen Vereinnahmungen.

Adams Konzept Timescape verdeutlicht, dass es tatsächlich auf Gestaltung – nicht auf Erhaltung – ankommt: Die Irreversibilität in der Zeit verschließt uns die Option, Gegenwärtiges zu erhalten und für die künftigen Generationen zu bewahren. Die Orientierung an einer „gegenwärtigen Zukunft" und das Postulat „Erhalte das Naturkapital!", wie sie ohne Eindenken der zeitökologischen Perspektive in den Nachhaltigkeitsdiskursen dominant sind, verlieren als Denkmuster ihre Legitimation.

Nachhaltige Entwicklung wird hiervon ausgehend notwendig zu einer Gestaltungsaufgabe – zu einer ökonomischen, sozialen, wissenschaftlichen und politischen Gestaltungsaufgabe, die an einer „zukünftigen Gegenwart" orientiert und auf das Postulat gerichtet ist: „Erneuere die Bedingungen und Ressourcen, die Du gegenwärtig nutzt, für die nachfolgenden Generationen!" Nachhaltige Entwicklung realisiert sich in Zeiten und durch die Zeiten der Erneuerung hindurch.

10.3 Kommentierte Bibliographie

Sabine Hofmeister, Christine Katz, Tanja Mölders unter Mitarbeit von Jana Bundschuh, Stephanie Roth

Adam, Barbara (2001): Zeitpolitik und Gender. Eine zeitökologische Perspektive für die Umweltsoziologie. In: Nebelung, Andreas/ Poferl, Angelika/ Schultz, Irmgard (Hrsg.): Geschlechterverhältnisse – Naturverhältnisse. Feministische Auseinandersetzungen und Perspektiven der Umweltsoziologie. Opladen: Leske + Budrich, S. 227-243.

Der Sammelband, in dem der vorgestellte Beitrag publiziert ist, basiert auf einer Tagung der Sektion „Ökologie in der Gesellschaft" in der Deutschen Gesellschaft für Soziologie. Das Buch vereint dementsprechend viele die Kategorie Geschlecht im Kontext von Umwelt- und Nachhaltigkeitsforschung reflektierende Ansätze der Umweltsoziologie. Deren Potenziale für diese Kontexte werden verdeutlicht. Insbesondere das Glossar zu den Beiträgen ist hilfreich bei der Einordnung der verschiedenen vorgestellten Perspektiven.

Eine dieser Perspektiven richtet sich auf „Timescape" – ein zeitökologisches Konzept, das Adam in ihrem Beitrag systematisch entwickelt, um sich der Komplexität von Zeit(en) als ein dynamisches und lebendiges Phänomen zu nähern. Indem die Autorin auf der Grundlage dieses Konzeptes die Differenzen, Widersprüche und Wechselwirkungen zwischen Natur- und Kulturzeiten – zwischen ökonomischen, ökologischen, sozialen, kulturellen und technologischen Zeiten – in ihren Wechselbeziehungen und mit Blick auf die daraus resultierenden (Umwelt)Folgen thematisiert, wird die vermittelnde und integrierende Funktion der Timescape-Perspektive deutlich. Adam zeigt, dass und wie die zeitliche Dimension in gesellschaftliche Geschlechterverhältnisse eingeschrieben ist, und dass und wie Zeitkonflikte geschlechtsspezifisch wirksam werden. Offensichtlich wird, dass der Zeitperspektive eine erhebliche Bedeutung für die Forschung zu nachhaltiger Entwicklung zukommt. Beide Forschungsbereiche – Nachhaltigkeits- und Zeitforschung – sind auf die Verantwortung der gegenwärtig lebenden Menschen für die „langzeitliche Erzeugung von Zukunft" (ebd.: 241) gerichtet.

Adam, Barbara (2002): The Gendered Time of Politics of Globalization. Of Shadowlands and Elusive Justice. In: Feminist Review. Bd. 70, H. 1, S. 3-29.

In diesem Aufsatz wendet die Soziologin Barbara Adam die Perspektive auf Zeit(en), die von ihr maßgeblich mitgeprägt wurde, auf die Diskurse um Entwicklung und Globalisierung an. Mittels der „vier C der industriellen Zeit": Creation of clock time, Commodification, Control of and Colonization with/of time, arbeitet sie heraus, dass und wie einerseits Herrschafts- und Machtverhältnisse durch Zeit geprägt werden und wie andererseits Zeiten marginalisiert und ausgeblendet werden. Auf Basis ihrer aus der Perspektive der Zeit- und Geschlechterforschung formulierten Herrschaftskritik plädiert die Autorin für einen feministischen Ansatz für die Einforderung eines Rechtes auf Zeit und der Rechte der Zeit.

Davies, Karen (1990): Women, time and the weaving of the strands of everyday life. Aldershot: Avebury.

In dieser auf ihrer Dissertationsschrift basierenden Monografie zeigt Karen Davies, dass die knappe, getaktete Uhrenzeit nicht geschlechtslos ist, sondern vorrangig der männlichen Lebenswelt entspricht. Sowohl theoretisch als auch in der empirischen Analyse des konkreten Alltagslebens von Frauen wird verdeutlicht, dass Zeit und Zeitbewusstsein für Frauen eine besondere Rolle spielen. Die Arbeit baut auf den qualitativen Interviews einer früheren Studie zu Frauen und Arbeitslosigkeit auf, an der Davies mitgewirkt hatte. Aus feministischer Perspektive geht die Autorin der Frage nach, was Zeit ist und wie Frauen sie wahrnehmen. Sie entwickelt innerhalb des theoretischen Teils des Buches ein Modell der dominanten Beziehung von Frauen zu Zeit, die nicht auf einem linearen, von Freizeit unterbrochenen Zeitverständnis beruht, sondern auf einer komplexen Verwobenheit von zyklischer und linearer Zeit, die den ständig wandelbaren Formen eines Fadenspiels gleicht. Als Impulsgeber des feministischen Diskurses um Zeit und Gender bietet dieses Buch auch lange nach seiner Erstveröffentlichung eine profunde Grundlage dafür, die Erkenntnisse der Zeit- und der Geschlechterforschung zusammenzudenken und in Umwelt- und Nachhaltigkeitsforschungen einzubeziehen.

Hofmeister, Sabine/ Spitzner, Meike (Hrsg.) (1999): Zeitlandschaften. Perspektiven öko-sozialer Zeitpolitik. Stuttgart: Hirzel.

Der vorgestellte Sammelband ist aus dem Tutzinger Projekt „Ökologie der Zeit" hervorgegangen. Er vereint Beiträge verschiedener Wissenschaftler_innen unterschiedlicher Disziplinen, die in ihren Beiträgen in zeitökologischer Perspektive die ökologische, ökonomische, geschlechtliche und räumliche Dimension von Zeit und Gender thematisieren und kritisch reflektieren. Das Buch verfolgt das Ziel, „Veränderungen von und innerhalb von Zeitlandschaften, [...] dominante und dominierte, angeeignete und verdrängte Formen des gesellschaftlichen Umgangs mit verschiedenen Zeiten" (Hofmeister/ Spitzner in ebd.: 10) systematisch zu hinterfragen, zu verstehen und Anreize für ihre planende und politische Gestaltung zu geben. Die Autorinnen kritisieren die fortschreitende Verdrängung vieler Zeitformen und Zeitqualitäten sowie die androzentische und abstrakt ökonomische Umgangsweise mit Zeit. Demgegenüber müsse ein besonderes Augenmerk auf die Integration der

Vielfalt der Zeiten gelegt werden – ein Postulat, das insbesondere im Rahmen der Debatten um nachhaltige Entwicklung zu beachten sei. Auf einem „Spaziergang" in und durch die Zeitlandschaften suchen die Autorinnen des Bandes nach Wegen hin zu einer feministischen, öko-sozialen Zeitpolitik, die sie als eine grundlegende Voraussetzung nachhaltiger Entwicklung sehen.

Vinz, Dagmar (2005): Zeiten der Nachhaltigkeit. Perspektiven für eine ökologische und geschlechtergerechte Zeitpolitik. Münster: Westfälisches Dampfboot.

In dem auf ihrer Dissertationsschrift basierenden Buch analysiert Dagmar Vinz das Bedürfnisfeld Ernährung, von der Landwirtschaft bis in die Küche. Die Autorin betrachtet die Küche als einen „ökonomische[n] Raum des Privaten", als einen „soziale[n] Raum" und als ein durch Stoff- und Energieströme geprägten „Umweltraum" (ebd.: 13). Sie nutzt die Erkenntnisse der ökologischen Zeitforschung und die Ergebnisse der Frauen- und Geschlechterforschung, um aus der Zusammenführung beider Perspektiven den Funktionswandel der privaten Haushalte und damit einhergehende Zeitkonflikte aufzudecken. Damit leistet sie einen Beitrag zur sozial-ökologischen Zeitforschung, der sowohl die „ökologische Krise" als auch die „Krise der Versorgungsarbeit" in ihrem Zusammenhang erfasst. Anhand anschaulicher Fallbeispiele zum Handlungsfeld Ernährung gelingt es ihr, Perspektiven für eine auf Umweltverträglichkeit und Geschlechtergerechtigkeit zielende Zeitpolitik als eigenes Politikfeld zu skizzieren – ein Politikfeld, das auf eine zukunftsfähige, nachhaltige gesellschaftliche Entwicklung zielt.

11. Governance, Partizipation, Empowerment

11.1 Bedeutet „Governance" Partizipation – und Partizipation „Empowerment"?

Uta von Winterfeld

1 Zwei Welten

Die Welten des „Regierens" sind seit den 1990er Jahren enorm angewachsen. Quantitativ hat der Begriff Governance eine steile Karriere hinter sich und es von der Einzelnennung zu einer der Meistnennungen gebracht. Qualitativ ist ihm eine Fülle von Attributen beigegeben worden. Sie können normativ angelegt sein wie „good" oder „sustainable"; sie können die räumliche Ebene mit „global", „regional", „local" oder alle umfassend „multi-level" kennzeichnen; sie können einen Gegenstandsbezug – z.B. „Water Governance" – oder einen Akteursbezug – wie „Multi-Layer-Governance" – herstellen. Angesichts quantitativer Inflation und qualitativer Vielfalt ist es nicht einfach, das begriffliche Labyrinth sinnvoll argumentierend zu durchschreiten. Da wird vom „Climate Engineering"[1] bis hin zum Amateur Hockey nahezu alles „regiert".

Der „rote Faden" ist dem Gegenstand des vorliegenden Bandes entsprechend zwischen Geschlechterverhältnissen und Nachhaltigkeit anzulegen. Doch hier zeigt sich sogleich, dass die Welt des Regierens nicht aus einer einzigen besteht. So ist in der Welt des „Governing Gender" (Femina Politica 2/2010) von Natur eher als „Natur des souveränen Staates" (ebd.: 16) die Rede, während Nachhaltigkeit in den feministischen „Studien des Regierens" überhaupt nicht vorkommt. So fehlt in der Welt von „Nachhaltigkeit regieren" (Steurer/ Trattnigg 2010) jeglicher Geschlechterbezug und die „Bilanz zu Governance-Prinzipien und -Praktiken" beschränkt sich mit Termini wie „AutorInnen" auf eine geschlechtersensible Sprache.

Im Unterschied zu den Metaebenen Geschlechterverhältnisse und Nachhaltigkeit sind in der Lebenswelt vielfältige Bezüge auszumachen. So thema-

---

1 Governing Climate Engineering. A Transdisciplinary Summer School held at Max Planck Institute for comparative Public Law and International Law, Heidelberg, 12.-16. Juli 2010.

tisiert das Gendernetzwerk Women for Climate Justice[2] die geschlechtsspezifische Verursachung des Klimawandels und die Betroffenheit von seinen Folgen. In der Debatte zum „Land Grabbing" werden beispielsweise die Frauenrechte in Kenia problematisiert:

> „Part of the problem is that the existing land institutions from national to local levels are mainly dominated by men. Women's representation in these structures are very limited and sometimes almost non-existent." (Nzioki 2010: 122)

Während also auf der lebensweltlichen und auf der Handlungsebene Geschlechterverhältnisse und Nachhaltigkeit durchaus aufeinander bezogen sind, ist dieser Bezug auf der Ebene der Theorie eher herzustellen als vorhanden. Der Ariadnefaden im Labyrinth der Governance muss daher um das „und" der beiden Forschungsfelder geknüpft werden. Entsprechend handeln die folgenden Abschnitte davon, wie Governance (Abschnitt 2) bzw. wie Partizipation und Empowerment (Abschnitt 3) in den beiden Feldern bearbeitet werden und welche neuen Forschungskonstellationen entstehen können, wenn sie aufeinander bezogen werden. Ausgangs- und Angelpunkt meiner Argumentation ist die Frage: Inwieweit spiegeln die Ansätze nachhaltiger Governance vorherrschende neoliberale Praktiken des Regierens (Dominanz des Ökonomischen, des Marktes und des Privaten) wider – und inwiefern gehen diese Ansätze darüber hinaus und verweisen auf deliberative und emanzipatorische Praktiken (Aushandlungsdemokratie, Geschlechtergerechtigkeit und Inklusion)?

2 Governance

Bevor „Governance" in die Politikwissenschaften eingezogen ist und dort ihr Haupthaus errichtet hat, ist sie zuerst in den Wirtschaftswissenschaften und im Kontext der Theorie der Transaktionskosten thematisiert worden. Governance bezieht sich damit herkünftig nicht auf den Demokratiegehalt neuer Regime und Aushandlungsprozesse, sondern auf Kostenoptimierung und Effizienz. Darauf weist Renate Mayntz (2004), eine „grande dame" der deutschen Governance-Debatte, ebenso hin wie darauf, dass die Governance-Forschung sich von der definitorischen Koppelung an Gemeinwohl lösen müsse. Sie hebt hervor, dass in Governance-Prozessen das Zusammenwirken staatlicher und privater Akteure bei der Erbringung bestimmter Leistungen (Public-Private Partnership) sehr wohl dem Interesse von Unternehmen, Beratern und Investoren dienlicher sein könnte als dem öffentlichen Interesse an einer kostengünstigen und qualitativ hochstehenden Versorgung (Mayntz 2009: 11). In den Politikwissenschaften ist Governance zum einen in Verbindung mit den internationalen Beziehungen (Rosenau/ Czempiel 1992) und

---

2 www.gendercc.net (Zugriff: 15.07.11).

Globalisierung (Commission on Global Governance 1995) benutzt worden und verweist damit auf „Regieren jenseits des Nationalstaats" (Zürn 1998). Zum anderen bezieht sich Governance auf innergesellschaftliche Ausdifferenzierungs- und häufig eher informelle Prozesse, die mit herkömmlichem nationalstaatlichem Government nicht gesteuert werden könnten. Hier wird auch in der Debatte zu nachhaltiger Governance häufig auf die Systemtheorie von Niklas Luhmann verwiesen (Luhmann 1987).

2.1 Regieren und Nachhaltigkeit

Nachhaltige Entwicklung wird wesentlich als eine „governance reform agenda" (Steurer 2010b: 45) angesehen, die aus fünf integrativen Prinzipien zusammengesetzt ist.

Das erste Prinzip des Regierens von Nachhaltigkeit ist das der horizontalen Integration, die, an das Drei-Säulen-Modell angelehnt, wirtschaftliche, ökologische und soziale Politiken integrieren soll. Das Prinzip wird dahingehend kritisiert, dass es, offen oder verdeckt, das Primat des Ökonomischen begünstige, was sich auch daran zeige, dass es meist zuerst genannt werde. In der Praxis hat sich dies in Deutschland 2009 gezeigt. Das Bundeskanzleramt hat seinerzeit den Rat für Nachhaltige Entwicklung mit einem Peer Review[3] der deutschen Nachhaltigkeitsstrategie beauftragt und Björn Stigson, Vorsitzender des World Business Council for Sustainable Development, als Vorsitzenden der Peer-Gruppe bestimmt. Hier zeigt sich zugleich eine Verflechtung von Governance und Government dergestalt, dass das aushandelnde Regieren von der handelnden Regierung obrigkeitlich gesteuert wird.

Ein zweiter kritischer Einwand weist der Ökologie die zentrale Rolle zu, denn eine Missachtung der ökologischen Grenzen und Tragekapazitäten entziehe dem Ökonomischen wie auch dem Sozialen die Grundlage. Auffallend ist, dass die soziale Dimension der Nachhaltigkeit in diesem Kanon durch keine starke Stimme vertreten ist. Dies zeigt sich auch, wenn den drei Nachhaltigkeitsdimensionen die Nachhaltigkeitspfade Effizienz (ökonomisch), Konsistenz (ökologisch) und Suffizienz (sozial) zugeordnet werden.

Neben die horizontale wird als zweites Prinzip die vertikale Integration gesetzt. Damit ist die Integration lokaler, nationaler und supranationaler Politiken im politischen Mehrebenensystem gemeint. Hier wird häufig die globale Herausforderung des Klimawandels angeführt, der mit internationalen Abkommen (wie dem Kyoto Protokoll), mit nationalen Politiken (z.B. Energie- oder Umweltsteuern) wie auch mit lokalen Ansätzen der Raumplanung begegnet werden müsse. Dieses Prinzip steht jedoch konzeptionell wie praktisch im „langen Schatten des Prinzips horizontaler Integration" (Steurer

---

3 Zu Peer Reviews im Kontext des Bemühens um gute Regierungsführung Spangenberg und Niestroy (2010).

2010a: 259) und Instrumente zur Koordinierung nationaler, sub- und supranationaler Ebenen sind eher selten. Das dritte integrative Prinzip des Regierens von Nachhaltigkeit ist die Integration von Stakeholdern in Entscheidungsprozesse. Inhalte einer nachhaltigen Entwicklung sollen von allen gesellschaftlichen Gruppen definiert werden und Partizipation wird eingefordert (zum Partizipationsaspekt vgl. Abschnitt 3).

Das vierte und das fünfte integrative Prinzip bezieht sich auf Zeithorizonte. Beim Prinzip der Langfristigkeit sollen langfristige Perspektiven in die zumeist dominanten kurzfristigen Überlegungen integriert werden; das Prinzip der Reflexion soll den wirtschaftlichen und politischen Status Quo gegenwärtiger Entwicklungstrends vor dem Hintergrund langfristiger Ziele kritisch hinterfragen.

Nachhaltige Entwicklung ist ein ebenso umfassendes wie vage definiertes Leitbild. Der Governance nachhaltiger Entwicklung mangelt es nicht an normativen Prinzipien, vielmehr liegen Defizite auf den Ebenen der Implementierung und des politischen Handelns. Dies verwundert insofern nicht, als mit Governance und Nachhaltigkeit zwei Konsensorientierungen verbunden werden. Folglich wird bis zur Unkenntlichkeit des Gegenstandes eher integriert als gestritten, und die Inhalte von Aushandlungen verschwinden eher im Prozeduralen, als dass sie in ihrer Konflikthaftigkeit und Ambivalenz scharfe Konturen annehmen.

2.2 Regieren und Geschlechterverhältnisse

Governance wird in der feministischen Politikwissenschaft dort positiv aufgegriffen, wo sie mit der Entwicklung eines alternativen Politikbegriffs und von alternativen Politik- und Regierungsformen einhergeht. Dazu gehört auch die Aufmerksamkeit für zivilgesellschaftliche Akteur_innen wie die Frauenbewegung. Wenngleich es Ansätze zu einem normativen Governancebegriff gibt – z.B. angelehnt an „Verhandlungsdemokratie" bei Barbara Holland-Cunz (2001) oder der mit „enabling" verknüpfte Fähigkeitsansatz bei Martha Nussbaum (1998) – ist die feministische Perspektive eher kritisch-analytisch als normativ-konzeptionell angelegt. Governance wird als „Interaktion zwischen Regierung und Gesellschaft" (Kirchner/ Schneider 2010: 17) aufgefasst und daher stets auf Government bezogen.

Die Kritik des Staates setzt in der feministischen Politikwissenschaft insbesondere an der Trennung von Öffentlichkeit und Privatheit an. Sie wird als Grundlage des Machtgefälles im Geschlechterverhältnis und für die Benachteiligung von Frauen hinterfragt. Aktuell richtet sich eine kritische Analyseperspektive auf die „Exekutivlastigkeit" nationalstaatlichen Regierens. Die Bedeutung der Legislative nehme ab und Politik werde stärker von den Akteur_innen der Regierung geprägt (ebd.: 9). Eine andere Perspektive richtet sich auf die Mitwirkung von Frauen an Institutionen der Regierung und auf die Frage nach einem besonderen Führungsstil von regierenden Frauen. Hier verläuft die Debatte kontrovers, einige Stimmen klingen hoffnungsvoll, andere skeptisch. Gründe für die Skepsis sind die Beharrlichkeit alter, männlich geprägter Repräsentationsformen und veränderte Formen des Regierens. Diese neuen Formen treten neben die alten formalen Institutionen. In der Perspektive des Hinzutretens stellt Governance weniger einen eigenen Theorieansatz dar, sondern eher eine veränderte Analyseperspektive. Arthur Benz (2004) nennt in diesem Zusammenhang vier neue Modi der Interaktion: erstens den der „Hierarchie", der stark an die traditionellen Institutionen anknüpfe; zweitens den von „Markt und Wettbewerb", der eher auf informelle Formen freiwilligen Entscheidens setze; drittens „Argumentieren" und „Verhandeln" als neue Strategien politischer Kommunikation sowie viertens „Koordination" von privaten und staatlichen Akteur_innen in informellen Netzwerken.

Politikwissenschaftliche Einwände gegenüber Governance-Konzepten beziehen sich u.a. auf Probleme der Macht (wer wird beteiligt und wie sind die Ressourcen verteilt?) und auf Probleme der Demokratie (u.a. Walk 2008). Governance setze zu stark auf die Effektivität politischer Problemlösungen, zu wenig auf Legitimität und die Governance-Netzwerke seien meist elitär besetzt. In feministischer Perspektive besteht somit für Frauen die Gefahr des fehlenden Zugangs, fehlender Ressourcen, des Ausschlusses oder der Absicherung elitärer Privilegien von wenigen Frauen. Daher können die neuen Formen des Regierens für viele Frauen auch mit einem Verlust an Mitwirkungsmöglichkeiten verbunden sein.

Feministische Politikwissenschaft bezieht sich in ihrer Analyse häufig auf Michel Foucault und knüpft an seine genealogische Perspektive an. Damit wird neben „Government" und „Governance" ein dritter und von Foucault eingeführter Begriff relevant: Die „Gouvernementalität" (Foucault 2006). Gouvernementalität analysiert, welch' Geistes Kind dem staatlichen Regierungshandeln innewohnt, welche Rationalität ihm zugrunde liegt. Foucault selbst bezeichnet die im 16. und 17. Jahrhundert auftretende Regierungskunst als „Staatsraison". Der Staatsraison liege die Vorstellung eines souveränen Staates und seiner dauerhaften Stärke als Leitprinzip zugrunde. Im 18. Jahrhundert werde die regierende Einflussnahme durch den „Liberalismus" infrage gestellt. Er plädiert für Markt und Wettbewerb und dafür, die Selbsttätigkeit rational handelnder Individuen zu entfalten. Im 19. und 20. Jahrhundert bilden sich Foucault zufolge im westlichen Europa und in den USA unterschiedliche Varianten des Liberalismus heraus. Dabei werde die Logik des Rechts zunehmend von der Logik der Ökonomie überlagert.

Die feministische Forschung knüpft an den Foucaultschen Gouvernementalitätsbegriff zum einen in ihrer Kritik am Neoliberalismus und an der ökonomisch überformten Logik aktuellen Regierens an (z.B. Sauer 2007). Zum anderen besteht ein Anknüpfungspunkt dort, wo Kritik an den Governance-

Modellen formuliert und das Regieren der Gegenwart kritisch reflektiert wird. Ein Haupteinwand lautet, dass in der Governance-Perspektive zivilgesellschaftliche Beteiligungsformen betont, hingegen Ausschließungsprozesse entlang gesellschaftlicher Ungleichheitsstrukturen ausgeblendet werden (Kerchner/ Schneider 2010: 18).

2.3 Bezogenheiten und neue Forschungskonstellationen

Ein Grund für die Parallelwelten nachhaltiger und feministischer Governance-Ansätze liegt in den unterschiedlichen Perspektiven. Während der nachhaltige Ansatz auf Reform, Prozess und Integration setzt und auf mehr Nachhaltigkeit gerichtet ist, basiert der feministische Ansatz auf der kritischen Analyse staatlichen Regierungshandelns und neuer informeller Formen des Regierens und richtet sich an Demokratie und Demokratisierung aus. Werden beide Ansätze in Beziehung gesetzt, rücken Fragen zum Verhältnis von Nachhaltigkeit und Demokratie in den Vordergrund.

Eine begriffliche Erkundung der „Global Governance" im Spannungsfeld von Nachhaltigkeit, Globalisierung und Demokratie (Braunmühl/ Winterfeld 2003) fördert insbesondere zwei Governance kritische Aspekte zutage. Erstens: Herrschaft kommt nicht vor. Denn Fragen wie die, was für wen warum ein Problem ist und wer sich im öffentlichen Raum Gehör verschaffen kann, bleiben ebenso ungestellt wie die danach, wer in welchen Mechanismen an der Ausarbeitung von Problemlösungsstrategien beteiligt ist und wer in welcher Form an ihrer Umsetzung. Ungelöste ökologische und soziale Probleme werden nicht auf gesellschaftliche Strukturen, sondern auf den Verlust staatlicher Steuerungskapazität zurückgeführt (ebd.: 18f.). Zweitens: Der ökosystemische Ansatz, in dem die Erde als Gesamtsystem und das Umweltproblem als komplexes System falsch konzentrierter Stoffströme und Energieumwandlungsprozesse gefasst werden, verdeckt die Ebene gesellschaftlicher Strukturen und demokratischer Prozesse. Erscheint das Problem von Nachhaltigkeit als ein öko-systemisches, so liege nahe, es mit Ansätzen eines globalen Umweltmanagements lösen zu wollen (Görg/ Brand 2002). Das Leitbild einer nachhaltigen Entwicklung wird in Form einer Ökonomisierung der Natur konkretisiert und Aufgaben einer nachhaltigen Governance werden von Expert_innen definiert (ebd., Braunmühl/ Winterfeld 2003: 35). Elitäre Zugangsbedingungen, willkürliche Selektion und Kooptation von Betroffenen werden unter Bezugnahme auf komplexe Systeme und ökonomische Effizienzgründe zum tolerablen Governanceansatz (u.a. Kerchner 2010).

Neue Forschungskonstellationen sind voraussetzungsvoll. Denn setzen Forschungen zu nachhaltigem Regieren die Analysekategorie „soziales Geschlecht" ein, so treten Ungleichheits- und Herrschaftsverhältnisse und die Konflikthaftigkeit politischer Prozesse hervor. Nehmen Forschungen zum „Regieren von Geschlechterverhältnissen" das Leitbild nachhaltiger Entwicklung verstärkt in den Blick, so gewinnt das in die Verfasstheiten modernen Regierens implizit eingeschriebene Moment von Naturbeherrschung an Bedeutung.

3 Partizipation und Empowerment

Partizipation stellt einen der fünf Grundsätze „Guten Regierens" in Europa dar. Im Weißbuch „Europäisches Regieren" heißt es: „Wie gut, sachgemäß und wirksam die Politik der Union ist, hängt davon ab, inwieweit die Akteure in den Politikgestaltungsprozess – von der Konzipierung bis zur Durchführung – einbezogen werden." (Europäische Kommission 2001: 13). Der Motivationsfaktor des Großschreibens von Partizipation ist jedoch nicht auf Empowerment gerichtet. Sondern Öffentlichkeitsbeteiligung soll Nutzen erbringen, soll die Entscheidung von Politik und Verwaltung verbessern und Akzeptanz erhöhen. In viele Beteiligungsmodelle können sich marginalisierte Gruppen und Protestgruppen kaum oder gar nicht einbringen (Walk 2008: 90). Auch sind Partizipationsmodelle instrumentell angelegt, wenn sie der Legitimation, dem Outsourcing öffentlicher Aufgaben und der Erwartung effektiver Problemlösung dienen und keinerlei emanzipatorischen Anspruch verfolgen.

In der Partizipationsforschung wird nach Grad der Beteiligung differenziert. Fischer et al. (2003) nennen in einer hierarchisch angeordneten Beteiligungsleiter auf der untersten Stufe Information (dazu gehören beispielsweise Planauslegungen und Informationsveranstaltungen), gefolgt von der Konsultation (etwa in Form eines lokalen Dialogs oder einer Konsensuskonferenz). Weiter oben auf der Leiter sind die Verhandlung (z.B. Mediation und Runder Tisch) und an der Spitze die Selbstbestimmung (etwa in Form eines Referendums) angesiedelt (ebd.: 33). Wenngleich sich in den letzten Jahrzehnten Ansätze einer kooperierenden Problembearbeitung herausgebildet haben, beschränken sich bis heute die meisten Beteiligungsverfahren auf die informative Ebene.

3.1 Partizipieren und Nachhaltigkeit

Der Anspruch auf Partizipation ist von Beginn an in die Entwicklung des Leitbildes Nachhaltige Entwicklung und in die 1992 auf der UN-Konferenz zu Umwelt und Entwicklung in Rio angenommene Agenda 21 (UNCED 1992) eingeflossen. Hier ist das „Strengthening the Role of Major Groups" verankert, wobei als Beispiele die ausgesprochen verschiedenartigen Gruppen der lokalen Autoritäten, der Arbeiter oder der Geschäftswelt genannt werden (UNCED 1992, Section III). In der Präambel zu Kapitel 23 ist von „genuine" involvement, also von „echter" Beteiligung die Rede. Zwar wird nicht herausgearbeitet, was nun genau die echte von einer unechten Beteiligung unterscheidet, doch eine ernsthafte Partizipationsabsicht darf wohl angenommen werden.

In Partizipationsperspektive wird dem in Abschnitt 2.1 dargelegten Anspruch horizontaler Integration folgend „nachhaltige Entwicklung als Aushandlungsprozess zwischen den Vertreter_innen umweltbezogener, sozialer und wirtschaftlicher Aspekte" angesehen (Arbter 2010: 138). Den Grad der Beteiligung betreffend wird auch hier zwischen informativ, konsultativ und mitentscheidend differenziert (von Raggamby et al. 2010: 147). Fallstudien zur Partizipation in der Entwicklung, Umsetzung und Evaluierung von nationalen Nachhaltigkeitsstrategien zeigen jedoch: Zwischen dem hohen normativen Anspruch auf Beteiligung an der Entscheidungsfindung und der Beteiligung in der Praxis klafft ein Lücke (ebd.: 165). Damit liegen Defizite erneut im Bereich der Implementierung und des politischen Handelns.

Im Spannungsfeld des normativen Anspruchs bei gleichzeitig nichtnachhaltigen gesellschaftlichen Entwicklungen hat das in Holland entwickelte Transitionmanagement (Rotmans 2003) eine zentrale, wenn nicht hegemoniale Stellung im Nachhaltigkeitsdiskurs errungen. Es ist systemtheoretisch basiert und hat zum Ziel, „ein nicht-nachhaltiges System in seiner gesamten Komplexität in einen neuen, nachhaltigkeitskompatiblen Gleichgewichtszustand" zu überführen (Kanatschnig/ Pelikan 2010: 75). Transition wird als eine fundamentale Veränderung des Denkens und Handelns auf gesellschaftlichem Niveau gefasst. Sie bezieht sich auf drei Bereiche des gesellschaftlichen „Systems", die Regime genannt werden: Kulturen, Strukturen und Routinen. Veränderungen werden in drei verschiedenen Niveaus (Makro, Meso und Mikro) angesiedelt. Damit wird Transitionmanagement jenem Anspruch gerecht, der nachhaltige Entwicklung mit gesellschaftlichem – sozialem wie ökologischem – Strukturwandel verbindet. In governance- und partizipationskritischer Perspektive müssen jedoch zwei Einwände erhoben werden. Erstens nehmen im Transitionprozess „Führungspersönlichkeiten" – auch als Change Agents bezeichnet – eine tragende Rolle ein. Von ihnen hängt das Vorankommen im Transitionprozess wesentlich ab. Damit aber droht der Prozess ins Elitäre abzugleiten. Empowerment erfolgt für die ohnehin Mächtigen. Zweitens zielt das zyklisch konzipierte Transitionmanagement[4] (TM) zwar wesentlich auf Lernen ab, aber es wird kein Anspruch auf emanzipatorisches Lernen formuliert. Vielmehr setzt TM stark auf Selbstorganisation, wenngleich aus der niederländischen Praxis bekannt ist, dass derzeit wenige Menschen, Institutionen und Organisationen zu Selbstorganisation fähig sind (ebd.: 91). Damit aber droht sich der Prozess erneut auf „immer dieselben Verdächtigen" zu konzentrieren. Befähigt werden die Fähigen.

---

4 Erstens strategisch und visionsformend, zweitens taktisch und verhandelnd, drittens operational und ausführend, viertens reflexiv und lernend.

3.2 Partizipieren und Geschlechterverhältnisse

Ein Paradoxon von Partizipation liegt darin, dass fragwürdig bleibt, wenn Frauen an eben jenen Prozessen beteiligt werden, auf denen ihr Ausschluss beruht. Daher richtet sich die kritische Perspektive nicht nur und mitunter auch nicht vor allem darauf, ob und wenn wie viele Frauen mit welchen Ressourcen beteiligt sind. Zwar ist dies nützlich und würde dem Fehlen einer systematischen Berücksichtigung des Geschlechts in der Partizipationsliteratur teilweise abhelfen, aber es berührt allenfalls den „gender gap in der politischen Partizipation" (Westle 2001). Denn wird der Slogan „das Private ist politisch" auf den Partizipationsbereich angewendet, so richtet sich der Blick gerade auf das, was in vielen Partizipationsansätzen ausgeklammert wird: Der Bereich des sozialen Engagements, der Gegenseitigkeit und Selbsthilfe. Gefordert wird daher eine Ausweitung der politischen Partizipation auf soziale und private Tätigkeiten (Sauer 1994; Fuchs 2000). Damit verändert sich der Partizipationsgegenstand, verändert sich das, worauf sich Partizipation bezieht.

Die oben erwähnte „Gouvernementalität" wird als Rationalität beschrieben, die sich in gesellschaftlichen Machtverhältnissen artikuliert und über die festgelegt wird, „was in die Zuständigkeit des Staates fallen darf und was nicht, was öffentlich und was privat ist, was staatlich ist und was nicht staatlich ist" (Foucault 2006: 164). Grenzziehungen von öffentlich und privat werden über geschlechtliche Zuschreibungen von Aufgaben und Zuständigkeiten ermöglicht (Ludwig 2010: 44). Dualistische geschlechtlich konnotierte Konstruktionen sind stets hierarchisch angeordnet und mit Abwertungen verbunden – so Vernunft und Natur, homo politicus und femina privata, Fortschritt und Reproduktion der Gattung. Soll die Geschichte anders als in der Fortschreibung dieser Dichotomien erzählt werden, so weist Partizipation über die Partizipation am Vorhandenen hinaus. Der Partizipationsgrad bezieht sich nicht nur auf Entscheidung, sondern auf tätiges Mitgestalten. Der Partizipationsgegenstand wird mit verhandelt und Partizipation in dem Sinne mit Empowerment verbunden, dass emanzipatorisches Veränderungslernen und demokratische Kompetenzen gestärkt werden. Aus der Partizipation an bereits beschlossenen Veränderungen wird veränderndes Partizipieren.

3.3 Bezogenheiten und neue Forschungsfragen

Werden Nachhaltigkeit, Geschlechterverhältnisse und Partizipation aufeinander bezogen, so richtet sich der Blick auf das Abgespaltene, richtet sich auf Empowerment von Personen und Gruppen mit wenig gesellschaftlicher Einflussnahme. Damit ist das Verständnis von Politik selbst angesprochen. Martha Nussbaum weist in ihrem Fähigkeitsansatz darauf hin, dass menschliche Fähigkeiten ein Recht auf Entfaltung haben müssten und Politik daher eine ermöglichende sei (Nussbaum 1998).

Zugleich ergeben sich neue Forschungsfragen, wenn die in der Nachhaltigkeitsdebatte konstatierte Diskrepanz zwischen Anspruch und Wirklichkeit anders gefasst wird. Denn die Abspaltung des Privaten korrespondiert mit der Abspaltung des Care, der sorgenden Tätigkeiten und der fürsorglichen Praxis. Damit aber werden gerade jene Qualitäten und Bereiche ausgeklammert, derer nachhaltige Entwicklung bedarf. Denn wie soll Nachhaltigkeit wirklich werden, wenn am Verhandlungstisch instrumentelle Vernunft waltet, die Natur allenfalls als Ressource kennt? Wie soll sich der politische Raum nachhaltig transformieren, wenn er vom „Aktivbürger" oder gar vom charismatischen „change agent" besetzt wird? Und wie soll technischer Fortschritt bei anhaltender Reproduktionsvergessenheit eine nachhaltige Richtung einschlagen?

4 Schlussfolgerungen

Ansätze nachhaltiger Governance können auch dann instrumentalisiert werden, wenn sie sich an der sozialen Kategorie Geschlecht ausrichten. Denn zivilgesellschaftliche Akteur_innen, Gewerkschaften, Frauenorganisationen und kritische NGOs können durchaus als Ressourcen genutzt werden, um das Ziel eines wettbewerbsfähigen, wissensbasierten Europas zu erreichen (Wöhl 2010: 56, 58). In Zeiten der Vorherrschaft betriebs- und marktwirtschaftlichen Effizienzdenkens können auch demokratische Prozesse von Empowerment – wie in Teilen von Gender-Mainstreaming intendiert – als Selbstvermarktungsprozesse umgedeutet werden. So gesehen bedeutet reflexive Governance, solche nicht intendierten Vereinnahmungsprozesse kritisch zu beobachten. Gleichwohl wird es vermutlich auch eines reflexiven Widerstandes und Protestes bedürfen, besonders dann, wenn deliberative und emanzipatorische Praktiken unter den Verhandlungstisch verbannt werden.

11.2 Kommentar: Win-win oder The winner takes it all?

Claudia von Braunmühl

> „Während also auf der lebensweltlichen und auf der Handlungsebene Geschlechterverhältnisse und Nachhaltigkeit durchaus aufeinander bezogen sind, ist dieser Bezug auf der Ebene der Theorie eher herzustellen als vorhanden. Der Ariadnefaden im Labyrinth der Governance muss daher um das „und" der beiden Forschungsfelder geknüpft werde." (von Winterfeld i.d.Bd.: 321)

Das halte ich für eine Kernaussage in Uta von Winterfelds Beitrag (i.d.Bd.).

Mit dem „und" wird es möglicherweise schwierig bleiben. Dafür sehe ich mindestens zwei Gründe. Zum einen ist auf der Ebene der Theorie die Kategorie Geschlecht Teil eines Wissenschaftsverständnisses, das die Grundstrukturen und Ergebnisse der überkommenen und gegenwärtigen Wissensproduktion zutiefst infrage stellt. Um es mit den Worten der Kulturwissenschaftlerin Christina von Braun am Beispiel ihrer Auseinandersetzung mit dem Humboldtschen Wissenschaftsbegriff zu sagen:

> „Humboldt verwandte Geschlechterbilder, um ein neues Ideal von Wissenschaftlichkeit zu entwickeln. Die Geschlechterforschung hingegen trägt heute dazu bei, dass Texte wie die von Humboldt auf ihre expliziten Aussagen und impliziten Annahmen untersucht und die paradigmatische Funktion von Geschlecht für die Entstehung von Wissen und Wissenschaftskategorien lesbar gemacht werden." (von Braun 2007: 14)

Die gleichsam a priorische und stets anwesende Infragestellung – so unerlässlich sie ist – setzt, das ist zuzugestehen, ein hohes Maß an Wahrheitssuche und interessenfreier Ungebundenheit voraus, wenn ein Dialog gelingen oder überhaupt aufgenommen werden soll. So spielt sich vor unseren Augen wieder und wieder das Gleiche ab, im Text Christina von Brauns wie in dem von Uta von Winterfeld wie in den Abläufen des Wissenschaftsbetriebs generell: Auf Seiten der feministischen, notwendigerweise kritischen Theoretikerinnen liegt ein profundes Wissen über Denkweisen, Argumentationsfiguren und Ergebnisse der dominanten Wissensproduktion vor; auf deren Seite – herrscht Schweigen. Und es *herrscht* tatsächlich.

Der zweite Grund liegt im Begriff der Nachhaltigkeit. Er kommt noch immer, möglicherweise systematisch, über eine grobe Richtungsanweisung nicht recht hinaus. Ivan Illich hat Nachhaltigkeit als „wandelbares Amöbenwort" bezeichnet (zit. nach Randeria 1998: 25). In der Tat lässt sich der Begriff in hohem Maße mit den unterschiedlichsten Interessen und Perspektiven verbinden. Wenn von Nachhaltigkeitswissenschaften die Rede ist, so indiziert auch dies zunächst einmal eine Selbsteinordnung und eine Absicht. Es gibt also, durchaus immanent, sehr viel zu klären, bevor eine Annäherung an das dialogische „und" überhaupt möglich ist. Die Beziehung zwischen Nachhaltigkeits- und Geschlechterforschung wird also vermutlich eine schwierige bleiben. Das muss punktuelle strategische Partnerschaften nicht ausschließen.

Schwieriger ist es mit dem von Renate Mayntz (2010) vorgeschlagenen Begriff von Governance und seiner definitorischen Entkoppelung vom Konzept des Gemeinwohls, an die Uta von Winterfeld erinnert. Die erhebliche Forschungsmittel absorbierende Governance-Forschung widmet sich ausgiebig diesen Lockerungsübungen. Seit der Rio+10 Konferenz in Johannesburg im Jahr 2002 bieten sich Private Public Partnerships (PPP) und Multi-Stakeholder-Arrangements als Inbegriff effizienter und effektiver Problembearbeitung von Umweltfragen, als Win-Win-Lösung und gültige globale Governance an. Das mag in Abwesenheit hinreichender rechtsverbindlicher globaler Übereinkünfte auf den ersten Blick plausibel erscheinen. Allerdings lässt sich im Perspektivwechsel fragen: Spielt da auch eine gewollte Ortsverlagerung mit, wie wir sie aus dem Bereich der Corporate Social Responsibility oder der Geschlechterpolitik kennen? Bloß keine nationalen oder internationalen Regelungen, bloß keine staatlich gesetzten Frauenquoten, lieber privatwirtschaftliche Selbstverpflichtungen! Bloß keine verbindlichen internationalen Abkommen, lieber PPPs, obendrein und gleichsam als Zugabe verbunden mit weiterer Schwächung von Regierungen und der Erosion ihrer Legitimation! Zumindest vom Ergebnis erfährt auf diesem Wege der durch Eigentumsrecht und vertrauliche Geschäftsvorgänge geschützte Arkanbereich der Privatwirtschaft eine deutliche Aufwertung. Gegenüber dem demokratischen Procedere öffentlich zu ermittelnden Gemeinwohls gewinnt er bedeutsam an Geländegewinn, Plausibilität und Legitimität des Faktischen.

Die sozialwissenschaftlich gestützte Governance-Diskussion will sich einer Gemeinwohlbindung nicht ganz entschlagen und sucht „im Formwandel politischer Macht" (Messner 2000: 123) nach einem satisfaktionsfähigen Äquivalent. In der öffentlich-privaten Mischung der Erbringer von Governance-Leistungen sieht sie eine zeitgemäße Veränderung von Steuerungsmustern und politischer Regulierung, eine problemlösungsangemessene Neu-Zuordnung vormals Staatlichkeit kennzeichnender Funktionen. Die Mischung von Markt- und Gewinnlogik ist ihr kein Problem. Die Frage, ob und wenn ja welche Logik dominiert, erübrigt sich, denn:

> „Auch private Akteure oder die Kombination aus privaten und öffentlichen Akteuren können – gemeinsam als Politiknetzwerke oder in einer Partnerschaft – auf freiwilliger Basis Regeln aufstellen oder gewisse Gemeinschaftsgüter erbringen, die bislang der Staat für seine Bürger bereitgestellt hat." (Beisheim 2006)

Ob die in den entsprechenden Foren geführten Debatten die Kennzeichnung deliberative Demokratie verdienen (u.a. Bäckstrand 2005: 5; Bernstein 2005: 160) ist indes fraglich. Die in den Begriff von Governance integral eingebrachte Marktdynamik steht nicht komplementär, sondern substituierend und dominierend zu staatlicher Lenkung. Der Ort, an dem übergeordnete gesellschaftliche Ziele sozio-ökologischer Gerechtigkeit demokratisch formuliert und die geeigneten Schritte zu deren Umsetzung verbindlich eingeleitet und kontrolliert werden können, gerät aus dem Blickfeld. Vorrangig von Anschlussfähigkeit an die dominanten Konzepte bestimmte Partizipationsangebote dienen im Wesentlichen der Einbindung in die angesteuerten ‚Problemlösungen' durch Herstellung von *ownership* (Bäckstrand 2005: 13f.). Mit anderen Worten: Die von *private governance* reklamierte Legitimität, die einerseits auf dem privatwirtschaftlichen Mantra überlegener Effektivität und Effizienz beruht – vom Zustand der Umwelt allerdings wenig bezogen – und sich andererseits auf selektivitätsgesättigte Verfahrenskriterien stützt, diese Governance ist weit entfernt von der inklusiven Demokratie, ohne die Regieren und gerechte Geschlechterverhältnisse schwerlich zueinander finden werden.

Was die Nachhaltigkeit betrifft, wen sie als Grundorientierung binden soll und warum, da stellt die kritische entwicklungstheoretische Diskussion eine andere Lesart zur Debatte, die nachdenklich macht (z.B. Duffield 2007). Jahrzehntelang galt für die Länder des Südens und folglich für Entwicklungspolitik und -zusammenarbeit die strategische Orientierung der nachholenden Entwicklung. Unter dem Einfluss der Umweltdebatte bewegte sich die Kritik an der Entwicklungspolitik, ihren vielfältigen Verzerrungen durch politische Motive und wirtschaftliche Interessen, rasch fort von der Entwicklungsstrategie zum an westlichen Produktions- und Konsummustern orientierten Modernisierungsmodell. Der mit dem Namen der damaligen norwegischen Premierministerin Gro Harlem Brundtland verbundene Bericht der Weltkommission zu Umwelt und Entwicklung „Unsere gemeinsame Zukunft" postuliert: „Was wir nun brauchen, ist eine neue Phase wirtschaftlichen Wachstums – Wachstum, das kraftvoll ist und zugleich sozial und ökologisch nachhaltig" (WCED 1987: XII).

Mit Nachhaltiger Entwicklung war nun ein Begriff geprägt, der Gültigkeit für die „Erste" und die „Dritte Welt" und seit den 1990er Jahren auch für die ehemalige „Zweite Welt" beanspruchte, schemenhaft umrissen von der berühmt gewordenen Definition „Nachhaltige Entwicklung ist eine Entwicklung, die die Lebensqualität der gegenwärtigen Generation sichert und gleichzeitig zukünftigen Generationen die Wahlmöglichkeit zur Gestaltung ihres Lebens erhält" (WCED 1987). Nichts an der seit 1989 erst voll zum Durchbruch gekommenen neoliberalen Globalisierung weist darauf hin, dass das seitdem erzielte kraftvolle Wachstum sozial und ökologisch sei. Im Gegenteil: Die Statistiken aller internationalen Organisationen belegen eindrucksvoll einen kollektiven Lebensstandard in den OECD-Ländern, der als imperiale Lebensweise bezeichnet wird (z.B. Brand 2008). Als Clubgut ist er ist nur einem begrenzten Kreis von Menschen zugänglich und strukturell nicht verallgemeinerbar. Mehr noch, diese Lebensweise basiert auf der systematischen Aneignung der zu ihrer Aufrechterhaltung benötigten gegenwärtigen und zukünftigen Ressourcen. Nach wie vor bleibt Umverteilung dann ein Schreckenswort, wenn die Richtung von oben nach unten weisen soll.

Unter diesen Voraussetzungen wird nachhaltige Entwicklung zur Politik für die anderen. Vor allem ist gewünscht, dass alle, die nicht dem Club angehören, sich in und mit den von globalen Aneignungsprozessen übrig gelassenen Resten einrichten – und mit ihnen sorgsam umgehen. Darin werden sie von einer aufwendigen Apparatur unterstützt, die einer innig verschränkten Entwicklungs- und Sicherheits-Logik folgt. Nicht zufällig hat in den letzten Jahren der Begriff Stabilität in der internationalen Politik an Bedeutung gewonnen. In diesem Licht erhält Governance auf globaler Ebene eine herrschaftliche Bestimmung, die mit technisch-neutralen Begriffen wie Steuerung und Problemlösung analytisch schwerlich zutreffend gefasst ist.

Es stellt sich die Frage: Was kann Partizipation in solchen Kontexten leisten und auf welche Zielorientierung hin entwirft sie sich? Das große Wort Revolution, das „empowernden" Prozess und emanzipatorisches Ziel zugleich zu markieren schien, ist nun schon lange entzaubert. Die sozialen Bewegungen, einschließlich der internationalen Frauenbewegungen, sprechen heute von Transformation und transformativen Strategien, also solchen, die in der doppelten Erwartung von Empowerment- und Emanzipationsgewinnen über ihre Anknüpfungspunkte im Status quo entschieden hinausweisen. In der Politikwissenschaft der 1990er Jahre stand Transformation in den ehemaligen Ostblockstaaten und den ihnen verbundenen Entwicklungsländern für den Umbruch zu einer marktförmigen Organisation der Wirtschaft – in Abgrenzung zu Transition, die sich auf den in der politischen Sphäre angesiedelten Übergang von Diktaturen zu Demokratien bezog (Zapf 1998). Der begrifflichen Unterscheidung ist nicht immer gefolgt worden, im Sprachgebrauch der Weltbank z.B. überlappten Transformation und Transition von jeher. Es scheint sich aber eine erneute Differenzierung mit nicht immer klaren Begriffsabgrenzungen herauszubilden.

Uta von Winterfeld (i.d.B.) diskutiert das in jüngerer Zeit im Vordergrund der Nachhaltigkeitsforschung stehende Konzept Transition. Es nimmt in Anspruch, auf fundamentale Veränderungen zu zielen und sieht den angemessenen Weg dahin in Transitionmanagement. Die Autorin weist darauf hin, dass die als Lernprozess von Führungseliten angelegte Transitiondynamik einen gesellschaftlichen Prozess von Empowerment und Emanzipation nicht vorsieht. Wenn dem seitens der Tranisitionforschung nicht widersprochen werden sollte, dann wären nicht zuletzt mit Bezug auf einen gerechten internationalen Umgang mit den globalen Ressourcen nachhaltigkeitspolitisch wie demokratietheoretisch schwerwiegende Fragen aufgeworfen.

11.3 Kommentierte Bibliographie

Sabine Hofmeister, Christine Katz, Tanja Mölders unter Mitarbeit von Jana Bundschuh, Sebastian Heilmann, Stephanie Roth

Holland-Cunz, Barbara (1998): Feministische Demokratietheorie. Thesen zu einem Projekt. Opladen: Leske + Budrich.

Als erkenntnisrelevanter Ausgangspunkt dient der Autorin die androzentrische Strukturierung der demokratiepolitischen Theorie und Praxis westlicher Provenienz. Erstmalig wird in diesem Buch das internationale Spektrum der z.T. höchst disparaten feministischen Gegenvorschläge systematisiert und zu einem eigenen Theoriemodell, der feministischen Demokratietheorie, verdichtet. Mit der Betonung der Relevanz sozialer Bindungen rekurriert diese auf ein anderes Menschenbild als das der klassischen politischen Anthropologie. Anknüpfend an die ursprüngliche feministische Forderung „nach einer radikalen Demokratisierung patriarchaler politischer Entscheidungsstrukturen" (ebd.: 13), befasst sich Holland-Cunz zunächst mit der (realen und gewünschten) Rolle der feministischen Politiktheorie u.a. auch im Kontext frauenrelevanter Theorien und Praktiken insgesamt. Ihren Überlegungen hin zu einer feministisch orientierten Theoriebildung liegt die Analyse von einigen – auch innerhalb des feministischen Diskurses besonders beachteten – male stream-Arbeiten zugrunde: Vorstellungen einer direkten, partizipatorischen, radikalen und diskursiven Demokratie. Ihr Buch stellt eine Auslotung darüber dar, „welche Begriffe und Konzepte politiktheoretisch sinnvoll und notwendig sind, um im Dazwischen, im schwierigen Mittelweg zwischen Utopie und Radikaldemokratie, feministische Demokratietheorie heute angemessen zu fundieren" (ebd.: 16).

Kreisky, Eva (2004): Geschlecht als politische und politikwissenschaftliche Kategorie. In: Rosenberger, Sieglinde K./ Sauer, Birgit (Hrsg.): Politikwissenschaft und Geschlecht. Wien: WUV Facultas (UTB), S. 23-44.

Die Autorin legt mit diesem Aufsatz einen Grundlagentext für die interdisziplinäre feministische Geschlechterforschung vor. Sie entlarvt den „Mythos der Naturhaftigkeit" (ebd.: 23) in den vermeintlichen common sense-Argumenten, die Frauen und Männern gesellschaftliche Rollen zuweisen, als dass sie auf kulturellen Mustern beruhen. Anschaulich führt die Autorin in die Praktiken wissenschaftlicher Begriffs- und Kategorienbildung ein. Sie unterscheidet hier zwischen Bewegungs- und Analysebegriffen. Androzentrismus begreift sie als Methode, die der systematischen „Konservierung männlicher Vorteile und der Universalisierung des männlichen Standpunkts" (ebd.: 27) dient. Aufbauend auf der grundsätzlichen Kritik am androzentristischen Wissenschaftssystem schildert sie die Veränderungen der Paradigmen feministischer Forschung. So stehen sich etwa die Paradigmen „Differenz" (ebd.: 31) und „Essentialismus" vermeintlich unvereinbar gegenüber. Im Abschnitt 5 „Genese, Dimensionen und Kohärenz der Kategorie Geschlecht" geht es der Autorin darum, die Vielfalt und Probleme in der Begriffsbestimmung zwischen „biologischem Determinismus" und „sozialem Konstruktivismus" (ebd.: 34) aufzuzeigen. Aufbauend auf der Kritik an androzentrischen Verhältnissen thematisiert sie die Marginalisierung von Geschlechterdiagnosen in der Politik und der Politikwissenschaft und fordert folglich einen weiten Politikbegriff. Feminismus gilt es entsprechend als „erweiterte Denkungsart" (Arendt zit. nach Hark 2001: 10 in ebd.: 42) einzurichten, was eine doppelte Kritikaufgabe bedeutet: sowohl sich mit dem politischen Feld und seinen jeweiligen herrschenden Kräften zu beschäftigen, als auch „Ver- und Entgeschlechtlichungen des politischen Feldes aufzugreifen" (ebd.: 42).

Sauer, Birgit (1994): Was heißt und zu welchem Zwecke partizipieren wir? Kritische Anmerkungen zur Partizipationsforschung. In: Biester, Elke/ Holland-Cunz, Barbara/ Sauer, Birgit (Hrsg.): Demokratie oder Androkratie? Theorie und Praxis demokratischer Herrschaft in der feministischen Diskussion. Frankfurt am Main, New York: Campus, S. 99-130.

Im vorgestellten Beitrag kritisiert die Autorin den „Mythos der unpolitischen Frau" (ebd.: 102): Die Annahmen, dass Frauen unpolitischer oder weniger politisch interessiert seien, gründen auf der Reduktion des Verständnisses von Partizipation auf einem vermeintlich „unprivaten" Raum auf politisch institutioneller Ebene, kurzum auf Parteiarbeit und Wahlbeteiligung. Das Private wird, auch in erweiterten Partizipationskonzepten, als nicht-politischer Bereich ausgeklammert. In bisherigen Partizipationskonzepten wird von der Norm des „männlichen Aktivbürgers" (ebd.: 103) ausgegangen, der individuell und zweckrational seine Interessen kommuniziert. Geschlechtsspezifische Unterschiede werden lediglich begründet in der ungleichen Sozialisation und der daraus resultierenden Passivität von Frauen. Nach Sauer sind Frauen jedoch keinesfalls politikverdrossen. Sie haben vielmehr ein anderes Verständnis von Politik, weshalb Statistiken zur Wahlbeteiligung und Umfragen zum Interesse an Politik zu kurz greifen. Frauen bevorzugen unkonventionelle und informelle Formen der Partizipation, die jedoch aufgrund des vorherrschenden Verständnisses von Partizipation und politischer Strukturen nur eingeschränkt wirksam werden können. Die Autorin schlägt eine Erweiterung des Partizipationskonzeptes vor, um eine umfassende, gesamtgesellschaftliche und demokratische Beteiligung zu ermöglichen und „den Ausschluss der Mehrheit der Bürger_innen aus der Zivilität zu beseitigen" (ebd.: 124). Mit dem Leitbild Nachhaltige Entwicklung wird die Einbeziehung unterschiedlicher Perspektiven in den Gestaltungsprozess zukünftiger Entwicklungen und in alle gesellschaftlichen Entscheidungen postuliert. Sauer zeigt, dass in Bezug auf die Realisierung einer umfassenden und geschlechtergerechten Teilhabe noch erheblicher Forschungsbedarf besteht.

Sauer, Birgit (2008): Formwandel politischer Institutionen im Kontext neoliberaler Globalisierung und die Relevanz der Kategorie Geschlecht. In: Casale, Rita/ Rendtorff, Barbara (Hrsg.): Was kommt nach der Genderforschung? Zur Zukunft der feministischen Theoriebildung. Bielefeld: transcript, S. 237-254.

Der Band umfasst Beiträge aus verschiedenen disziplinären Perspektiven zum Stand und zur Zukunft der Geschlechterforschung. Birgit Sauer geht in ihrem Beitrag der Frage nach, ob und welche Veränderungen politischer Institutionen, Verfahren und Normen durch ökonomische Globalisierung und die Transformation von Staatlichkeit verbunden sind, und insbesondere, ob die hierarchische Zweigeschlechtlichkeit in nationalstaatlichen Geschlechterregimen aufgebrochen wird oder aufgebrochen werden kann. Basierend auf einem umfassenden Konzept von Staatlichkeit erläutert sie aktuellere Grenzverschiebungen zwischen Staat, Markt, Familienökonomie und zwischen Staaten, die mit einem Formenwandel politischer Institutionen einhergehen („Governmentalisierung", ebd.: 245). Sie kommt zu dem Schluss, dass auch in neuen Formen von Staatlichkeit bestehende geschlechts-, klassen-, und ethnisch bedingte Ungleichheitsstrukturen im globalen kapitalistischen Kontext (re)organisiert werden – und zwar, obwohl Frauen in politischen Institutionen und Prozessen stärker sichtbar und repräsentiert sind. Feministische Theorie und feministische Bewegungen werden in diesem Zuge funktionalisiert und diskursiv umgedeutet, um den Staat als Herrschaftsgefüge durch die Verlagerung von Kontrollmechanismen hin zu den Individuen zu stärken. Um in diese Entwicklung einzugreifen, müsste die Frauenbewegung, so die Autorin, die „ökonomistische und maskulinistische Hegemonie" (ebd.: 252) als Teil von Governancestrukturen verstehen und sie bekämpfen, indem sie „widersprüchliche weibliche Alltagspraktiken" (ebd.) sichtbar macht, politisiert und verändert.

Braunmühl von, Claudia/ Winterfeld von, Uta (2003): Global Governance: eine begriffliche Erkundung im Spannungsfeld von Nachhaltigkeit, Globalisierung und Demokratie. Wuppertal Institut zur Globalisierung. Wuppertal Paper 135. Wuppertal: Wuppertal Institut für Klima, Umwelt, Energie.

In ihrem Beitrag unternehmen die Autorinnen eine begriffliche Erkundung im Spannungsfeld von Nachhaltigkeit, Globalisierung und Demokratie. Sie beziehen sich vorrangig auf die Arbeiten der Enquete-Kommission des Deutschen Bundestages „Globalisierung der Weltwirtschaft" (Enquete 2001, 2002) und stellen das dort verhandelte Konzept Global Governance sowie seine demokratietheoretischen Schwächen vor. Bei der Frage nach dem Zusammenhang zwischen „Global Governance" und „Demokratie" sind für die Autorinnen neo-gramscianische Theorieansätze wie auch feministische Staats- und Gesellschaftstheorien geeignet, die Diskussion um „Global Governance" im Sinne eines angestrebten Neuentwurfs von politischem Gestalten weiterzuführen, um schließlich gerechtere Politikergebnisse zu erzielen und die „Krise der Demokratie" zu überwinden. Auch wird der Nachhaltigkeitsbegriff einer Kritik unterzogen: Das Verständnis von Natur sei hierin geprägt durch den ökonomischen Druck auf eine nur als „Ressource" gedachte Natur; die Autorinnen arbeiten eine ähnliche Konfliktlinie wie bei der „Krise der Demokratie" heraus (ebd.: 6). Sie skizzieren, entlang welcher Rationalitätsmuster die Demokratiedefizite in Verbindung mit Globalisierung und Nachhaltigkeit verlaufen und verknüpfen diese Überlegungen mit der Debatte, die zum Themenkomplex „globale öffentliche Güter" geführt wird (ebd.: 38). In diesem Themenkomplex sehen die Autorinnen großes Potenzial, da hier Fragen der demokratischen Mitsprache und Ausgestaltung des Gemeinwohls sowie des Umgangs mit Natur einen großen Stellenwert erhalten. Am Beispiel „Wasser" werden die Konfliktlinien aufgezeigt und verdeutlicht, welche Problemlösungsmöglichkeiten es geben könnte.

III Fazit

Die Kategorie Geschlecht: Neue Perspektiven für die Nachhaltigkeitswissenschaften

Sabine Hofmeister, Christine Katz, Tanja Mölders

Wie lassen sich die vielfältigen in diesem Band versammelten theoretischen Ansätze, Grundlegungen und Orientierungen, die verschiedenen Systematisierungen sowie Forschungs- und Handlungsfelder im Themenfeld Geschlechterverhältnisse und Nachhaltigkeit zusammenfassen? Welche Schlussfolgerungen lassen sich trotz oder vielleicht auch aufgrund der großen Heterogenität formulieren?

Wir verfolgen mit diesem Fazit drei Ziele: Erstens geht es darum, die im ersten Teil vorgenommenen Grundlegungen und Orientierungen an den theoretischen und methodologischen Zugängen zu spiegeln, die von den Autorinnen im zweiten Teil gewählt wurden, um die ausgewählten Forschungs- und Handlungsfelder der Nachhaltigkeitswissenschaften und -politik aus einer Geschlechterperspektive darzustellen. Dabei sind wir uns bewusst, dass es sich bei der Darstellung des Forschungsstandes in den jeweiligen Feldern auch um spezifische, disziplinär und wissenschaftsbiographisch gewachsene Zugänge und Einschätzungen der Autorinnen handelt. Es geht deshalb nicht etwa darum, die Ergebnisse aus den Beiträgen zu evaluieren, sondern darum, sie zueinander sowie zu den Grundlegungen und Orientierungen in ein Verhältnis zu setzen. Uns interessieren dabei zum einen Anschlussmöglichkeiten und Zugänge, die unsere Annahme stärken, dass die Nachhaltigkeitswissenschaften insgesamt gut daran täten, die Kategorie Geschlecht und die Erkenntnisse aus der geschlechterreflektierenden Nachhaltigkeitsforschung stärker als bisher zu berücksichtigen und zu integrieren, weil sich dadurch neue Problemsichten, andere Analyseperspektiven und zusätzliche Lösungspotenziale eröffnen. Zum anderen sind wir daran interessiert, neue und ggf. widersprüchliche Befunde aus Theorie und Praxis über die Zusammenhänge von „Natur", Gesellschaft und „Geschlecht" aufzugreifen und zu reflektieren.

Auf diese Spiegelung aufbauend, möchten wir zweitens die neuen wissenschaftlichen und politischen Qualitäten einer um die Kategorie Geschlecht konsequent erweiterten Debatte um nachhaltige Entwicklung herausarbeiten.

Sowohl in den Grundlegungen und Orientierungen (I) als auch in den Beiträgen zu den Forschungs- und Handlungsfeldern (II) wird deutlich, dass es bei einer solchen Perspektivenerweiterung nicht etwa nur um die schlichte Hinzufügung geschlechtsdifferenzierter Daten in empirische Untersuchungen oder gar um essentialisierende Zuweisungen von Frauen als qua Geschlecht nachhaltig Denkende und Handelnde geht. Drittens verfolgen wir das Ziel, Herausforderungen für die Nachhaltigkeitswissenschaften zu formulieren, die sich aus den Schlussfolgerungen und darüber hinaus ergeben. Die Identifikation solcher Herausforderungen kann nicht vollständig sein und ist deshalb im Sinne eines Ausblicks und als Einladung für weitere Diskussionen zu verstehen.

1 Zusammenschau: Orientierungen und Zugänge im Themenfeld Geschlechterverhältnisse und Nachhaltigkeit

Die Zusammenschau der Grundlegungen und Orientierungen mit den verschiedenen Zugängen zu nachhaltigkeitswissenschaftlichen Problemfeldern zeigt deutlich: Die Frage nach den Geschlechterverhältnissen im Blick auf Nachhaltigkeit zu stellen und diese Frage auf ausgewählte Forschungs- und Handlungsfelder der Nachhaltigkeitswissenschaften und -politik zu beziehen, bedeutet, ein komplexes und heterogenes Themenfeld zu erschließen und zu erkunden. Denn durch die Verbindungen zwischen den je für sich schon vielfältigen und teilweise auch widersprüchlichen Zugängen und Orientierungen in den Bereichen Geschlechterforschung und Nachhaltigkeitswissenschaften sowie den die Schnittfläche zwischen beiden exemplarisch repräsentierenden Forschungs- und Handlungsfelder entstehen wiederum neue wissenschaftliche und politische Perspektiven. Inter- und Transdisziplinarität als Forschungsprinzipien sowohl der Geschlechter- als auch der Nachhaltigkeitswissenschaften tragen wesentlich zu dieser Vielschichtigkeit des Themenfeldes bei (I.1.2.2 und I.1.2.3).

Wie lässt sich diese Komplexität systematisieren? Welche normativen Orientierungen, theoretischen und programmatischen Zugänge werden sichtbar? Inwiefern werden Brüche und/oder Gemeinsamkeiten zwischen den Geschlechter- und Nachhaltigkeitswissenschaften erkennbar?

In Teil I des Bandes haben wir erste Antworten auf diese Fragen formuliert: In Bezug auf die Kategorie Geschlecht lassen sich vier Analyseperspektiven unterscheiden, die für die Geschlechterforschung wesentlich sind und zugleich wichtige Impulse für die Nachhaltigkeitsforschung geben: Geschlecht als Differenzkategorie, Geschlecht als epistemologische Kategorie, Geschlecht als Strukturkategorie und Geschlecht als Prozesskategorie (I.1.3). Ähnliche Systematisierungen finden sich auch in den Beiträgen zur Darstellung des Forschungsstandes in den Forschungs- und Handlungsfeldern. Die

Autorinnen favorisieren solche Ansätze, die Geschlecht als eine soziale Kategorie verstehen, als historisch und kulturell geworden und werdend. Ihre Analyse wird dabei sowohl geleitet von einem Verständnis von Geschlecht als Strukturkategorie, das Macht- und Herrschaftsverhältnisse zu dekonstruieren vermag, als auch von einem Verständnis von Geschlecht als Prozesskategorie, das auf die fortwährende Herstellung von Geschlechterverhältnissen verweist. Dieser Prozesscharakter wird von Barbara Adam (i.d.Bd.) konkretisiert, indem sie die Dimension Zeit zum Ausgangspunkt ihrer Betrachtungen macht und dabei auf „Zukunft" fokussiert. In beinahe allen Beiträgen erfolgt zudem eine intersektionale Erweiterung der Betrachtung, indem darauf verwiesen wird, dass nicht nur Geschlecht, sondern weitere Differenzkategorien wie z.b. „Rasse", Klasse und Alter wichtig sind für die Analyse gesellschaftlicher Ungleichheitslagen. Eine konsequente intersektionale Erweiterung um die Kategorie „Interkulturalität" könnte für die geschlechterreflektierende Nachhaltigkeitsforschung außerdem produktiv sein. Denn die Autorinnenbeiträge verdeutlichen, dass die Kategorie Geschlecht einschließlich der intersektionalen Erweiterungen auch und vor allem eine kulturelle Perspektive ist, die sich durch die Betrachtung der Geschlechterverhältnisse im Zusammenhang mit Nachhaltigkeit im internationalen Kontext wandelt. Dieser Wandel betrifft sowohl die materielle wie auch die symbolische Ebene der Zusammenhänge von Geschlechterverhältnissen und Nachhaltigkeit und spiegelt sich in den empirischen Forschungen und theoretischen Orientierungen wider. Einige Autorinnen weisen explizit darauf hin, dass sie ihre Ausführungen auf den „globalen Norden" beziehen (z.B. Katz/ Mölders i.d.Bd.). Andere wählen die Perspektive des „globalen Südens" um spezifische, sozial konstruierte und materiell manifestierte Lebensumstände zu thematisieren (z.B. Biesecker/ Gottschlich i.d.Bd.; Bauriedl b i.d.Bd.). Da die internationale Perspektive nicht nur für die Geschlechter-, sondern auch und gerade für die Nachhaltigkeitswissenschaften richtungsweisend ist, kann hier von einer Verbindung beider Forschungsfelder in Hinblick auf Internationalität ausgegangen werden. Aus der Perspektive der Geschlechterforschung erscheint dabei insbesondere weiterführend nach Zusammenhängen und Verbindungen zwischen den (scheinbar) unterschiedlichen Lebenswelten im internationalen Kontext zu fragen. Weiterführend erscheint in diesem Zusammenhang außerdem die Fragen von Internationalität mit Fragen von Interkulturalität zu verbinden und stärker als bislang in den Nachhaltigkeitsdiskurs einzubringen.

Die Analyse gesellschaftlicher Verhältnisse im Blick auf Ungleichheitslagen stellt eine Gemeinsamkeit der den Beiträgen zugrunde liegenden Anliegen dar. Die Wahl der Kategorie (soziales) Geschlecht als Analyseperspektive eröffnet dafür eine kritische sowie eine visionäre Perspektive: In kritischer Absicht richtet sich der Blick auf Ausgrenzungen und damit einhergehende Hierarchisierungen – auf Macht- und Herrschaftsverhältnisse. Dieses als (Selbst)Reflexivität und Herrschaftskritik (I.1.2.4) eingeführte Forschungsprinzip der Geschlechterwissenschaften kommt auch in den Beiträgen und Kommentaren zum Tragen. Die Autorinnen arbeiten heraus, dass Ausgrenzungen, Hierarchisierungen und Herrschaftsverhältnisse direkt mit dem „Prinzip des Trennens" verbunden sind. Trennungen, wie die zwischen Sorge-/Versorgungs- und Erwerbsarbeit (Biesecker/ Gottschlich i.d.Bd.), Schützen und Nutzen von Natur und Landschaft (Katz/ Mölders i.d.Bd.) oder zwischen (privatem) Konsum und (öffentlicher) Produktion (Weller i.d.Bd.) werden in kritischer Absicht sichtbar gemacht, indem die Korrelationen mit dem Geschlechterdualismus analytisch herausgearbeitet werden. So unterscheidet z.B. Bettina Knothe (i.d.Bd.) eine nichthegemoniale von einer hegemonialen Sphäre im Forschungs- und Handlungsfeld Ressourcenpolitik und Infrastruktur – eine Unterscheidung, die sich durchaus auch in den übrigen Feldern treffen ließe (dazu Forschungsverbund „Blockierter Wandel?" 2007: 76ff.): Eine (sozial) männlich konnotierte Sphäre dominiert eine (sozial) weiblich konnotierte Sphäre. Die visionäre Perspektive, die durch die Beiträge hindurch deutlich wird, lässt sich mit dem „Prinzip des Kontextualisierens/ Situierens" beschreiben: Die Forderung der gesellschaftlichen Kontextualisierung von Nachhaltigkeitsproblemen als sozial-ökologische Themen, die auch und gerade dort relevant ist, wo Nachhaltigkeit als ein vermeintlich objektivierbares und quantifizierbares Entwicklungsziel dargestellt wird, erscheint als ein wesentliches Element geschlechterreflektierender Forschungsperspektiven und bietet neue Qualitäten für die Nachhaltigkeitswissenschaften (II.2).

Ebenso wie die Kategorie Geschlecht bedarf auch das Verständnis von Nachhaltigkeit einer Konkretisierung – welche Entwicklungen sind gemeint, wenn von nachhaltiger Entwicklung die Rede ist? Einige Autorinnen (z.B. Adam i.d.Bd.; von Braunmühl i.d.Bd.; von Winterfeld i.d.Bd.) explizieren diese Frage und weisen damit auf die Notwendigkeit eines normativen Auslegens von Nachhaltigkeitskonzepten in ihrer Unterschiedlichkeit und Widersprüchlichkeit hin. Viele Autorinnen beziehen sich auf „Nachhaltigkeit", indem sie die wissenschaftlichen und insbesondere die politischen Hintergründe der verschiedenen Diskurse kritisch thematisieren. Indem herausgearbeitet wird, dass und inwiefern auch im Nachhaltigkeitsdiskurs das „Prinzip des Ausschlusses und Trennens" fest- und fortgeschrieben wird, wird verdeutlicht, dass weite Teile der Nachhaltigkeitsforschung und -politik blind sind für eine Kritik an Macht- und Herrschaftsverhältnissen entlang dieses Prinzips. Indem Macht- und Herrschaftsverhältnisse nicht aufgedeckt und infrage gestellt werden, tragen Nachhaltigkeitsforschung und -politik vielmehr selbst dazu bei, dass diese Verhältnisse stabilisiert werden. Die Wahl der Kategorie Geschlecht als Analyseperspektive führt daher zu einer Konkretisierung dessen, was „nachhaltig" ist: In der Verbindung von Geschlechterverhältnissen und Nachhaltigkeit entstehen neue Forschungs-, Alltags- und Politikperspektiven (III.2).

Mit den Strukturmerkmalen, -ähnlichkeiten und Forschungsprinzipien konnten Verbindungen zwischen den Geschlechter- und Nachhaltigkeitswissenschaften identifiziert werden (I.1.2). Die Ergebnisse zu den Forschungs- und Handlungsfeldern zeigen, dass und inwieweit diese Verbindungen reichen: Wird der Nachhaltigkeitsdiskurs um die Geschlechterperspektive erweitert – auch um den im Leitbild Nachhaltige Entwicklung eingeschriebenen Gerechtigkeitspostulaten zu entsprechen –, so erweist sich die Rezeption und Berücksichtigung der Epistemologien der Geschlechterforschung als ausgesprochen produktiv. Zwar kann auf programmatischer Ebene die Verbindung zwischen Geschlechter- und Nachhaltigkeitswissenschaften leicht begründet und hergestellt werden, doch zeigt sich, dass eine konsequente Integration nicht nur Verbindungen und Anschlussmöglichkeiten eröffnet, sondern Brüche und Widersprüche sichtbar macht, indem sicher geglaubte Rationalitäten, Zuschreibungen und Bewertungsmuster infrage gestellt werden. Dass in der Verbindung zwischen Nachhaltigkeits- und Geschlechterforschung ein Potenzial zur Freisetzung einer grundlegend kritischen Perspektive auf bestehende soziale und ökonomische (Macht)Verhältnisse läge, – so argumentieren einige Autorinnen – könnte eine Ursache dafür sein, dass eine weitergehende Integration der Geschlechterperspektive in den Nachhaltigkeitsdiskurs sowohl im wissenschaftlichen als auch im politischen Raum auf Widerstände trifft: So sprechen Sabine Höhler (i.d.Bd.) und Uta von Winterfeld (i.d.Bd.) von „Parallelwelten", die systematisch und bewusst als nebeneinander existierend gehalten werden, um den Mainstream nicht zu irritieren. Sie vertreten damit ein Verständnis, wonach die Verwendung von Geschlecht als analytische Kategorie notwendig zu einer grundlegenden *Veränderung* der inhaltlichen Perspektive führt. Dieses Verständnis nämlich verweist auf die Grenzen der Integration unterschiedlicher Interessen und Ziele, es stellt den Mythos, Nachhaltigkeit sei durch „Win-Win-Lösungen" zu haben, grundlegend infrage. Die Berücksichtigung von Geschlechterbezügen bei der Erforschung nachhaltigkeitsrelevanter Themen decke vielmehr die Grenzen der Interessensintegration auf (auch Adam und von Braunmühl i.d.Bd.). Andere Autorinnen betonen hingegen die neuen Qualitäten, die eine um die Kategorie Geschlecht erweiterte Nachhaltigkeitsforschung auszeichnen, um die „parallelen Welten" zusammenzuführen (z.B. Franz-Balsen i.d.Bd.; Kanning i.d.Bd.). Ihr Verständnis ist das einer *Ausweitung* der Perspektive – eine Ausweitung des Diskurses auf Fragen des Sozialen, des Qualitativen und der Situiertheit. Beide Verständnisse weisen darauf hin, dass die Integration der Kategorie Geschlecht in die Nachhaltigkeitsforschung neue Perspektiven eröffnet – Perspektiven, die mit neuen Qualitäten verbunden sind (III.2).

Die Ausführungen verdeutlichen außerdem, dass die Frage nicht nur ist, *ob* die Kategorie Geschlecht in die Nachhaltigkeitswissenschaften integriert wird, sondern vor allem auch *wie* diese Integration geschieht. Wird „Geschlecht" nicht konsequent als Analysekategorie für herrschaftsförmige

Trennungsverhältnisse und Exklusionen, sondern als „Humanressource" verstanden (Höhler i.d.Bd.) oder wird die feministische Forderung nach „Empowerment" in einen angepassten „Transformationsprozess" überführt (von Braunmühl i.d.Bd.), dann leistet die Kategorie Geschlecht gerade nicht, was sie zu leisten vermag. Sie trägt möglicherweise im Gegenteil dazu bei, dass sich Rollenklischees verfestigen und Machtungleichgewichte stabilisiert werden.

Wie die Kategorie Geschlecht als Analyseperspektive in die Forschungs- und Handlungsfelder der Nachhaltigkeitswissenschaften und -politik integriert wird, ist auch eine Frage nach den theoretischen Bezügen. Diese Frage wird auch von den Autorinnen gestellt. Die Beiträge schließen damit zum überwiegenden Teil an die Orientierungen und Grundlegungen (I) an, sie erweitern sie jedoch auch: z.b. betonen Adelheid Biesecker und Daniela Gottschlich in ihrem Beitrag zu Wirtschaften und Arbeiten (i.d.Bd.) u.a. die Bedeutung von postkolonialen Theorien und Environmental Justice Ansätzen. Einige Autorinnen weisen im Hinblick auf die Theoretisierung der Zusammenhänge von Geschlechterverhältnissen und Nachhaltigkeit auf Defizite und Konkretisierungsbedarfe hin (z.B. Ahrend/ Herget i.d.Bd.; Katz/ Mölders i.d.Bd.; von Winterfeld i.d.Bd.). So mahnt Uta von Winterfeld (i.d.Bd.) für das Forschungs- und Handlungsfeld „Governance und Partizipation" an, dass der auf der lebensweltlichen und auf der Handlungsebene deutliche Bezug zwischen Geschlechterverhältnissen und Nachhaltigkeit auf der Ebene der Theoriebildung eher noch herzustellen sei. Einige Autorinnen identifizieren unterschiedliche Analyseebenen, auf denen die theoretischen Bezüge zwischen Geschlechterverhältnissen und Nachhaltigkeit jeweils untersucht werden können. So unterscheidet Ines Weller (i.d.Bd.) mit Verweis auf Harding (1990) eine individuelle, eine strukturelle und eine symbolisch-konzeptionelle Ebene. Christine Katz und Tanja Mölders (i.d.Bd.) schlussfolgern, dass die Verbindungen zwischen Natur und Geschlecht auf den Ebenen der Begründungs- und Bedeutungszusammenhänge herausgearbeitet werden können. Einig sind sich die Autorinnen darin, dass insbesondere die impliziten Bezüge zur Kategorie Geschlecht, die über die Analyse quantitativer Strukturdaten hinausgehen, die neuen Qualitäten einer Integration der Geschlechterperspektive in die Nachhaltigkeitsforschung ausmachen. Gerade diese Bezüge gilt es jedoch, vielfach noch herzustellen bzw. explizit zu machen und theoretisch einzubetten.

Dass durchaus Potenzial für bislang ungenutzte Verknüpfungen zwischen Geschlechter- und Nachhaltigkeitswissenschaften existieren, zeigt die Auswahl an Forschungsbereichen und -ansätzen im Themenfeld Geschlechterverhältnisse und Nachhaltigkeit (I.2) sowie die von den Autorinnen zur Darstellungen der Forschungsstände gewählten Systematisierungen. Als Gemeinsamkeit wird dabei die Erforschung gesellschaftlicher Naturverhältnisse sichtbar: zum einen mit Blick auf die Mensch/Gesellschaft-Natur-Verhältnisse als historisch konstituierte, materielle und symbolische Wechselverhältnisse zwischen Menschen, Gesellschaft und Natur, zum anderen mit Blick auf die Geschlechterverhältnisse als ebenfalls historisch konstituierte, materielle und symbolische Wechselverhältnisse zwischen Menschen, wobei die Referenz auf die Kategorie Natur von wesentlicher Bedeutung ist. Annahmen über die „Natur" des Weiblichen und Männlichen prägen z.b. die Debatten um nachhaltigen Konsum (Weller i.d.Bd.; Schäfer i.d.Bd.) ebenso wie die Diskussionen um den Klimawandel (Bauriedl b i.d.Bd.; Röhr i.d.Bd.) oder auch Wirtschafts- und Arbeitsweisen (Biesecker/ Gottschlich i.d.Bd.; Scurrell i.d.Bd.). Entsprechend rücken vor allem solche Konzepte und Theorien in den Fokus, die diese Wechselverhältnisse zwischen Menschen, Gesellschaft und Natur in den Blick nehmen. Dabei ist die Rezeption ökofeministischer Ansätze durch die Autorinnen marginal und verbunden mit der Kritik an essentialistischen Zuweisungen (z.B. Bauriedl b i.d.Bd.). Eine differenzierte inhaltliche Auseinandersetzung mit der Heterogenität und Vielfalt des „Ökofeminismus" als Forschungsbereich (I.2.2), seiner unterschiedlichen Forschungsansätze (I.2.3.1-I.2.3.4) und den möglichen konzeptionellen Verbindungslinien zu anderen geschlechterreflektierenden Ansätzen aus dem Themenfeld Geschlechterverhältnisse und Nachhaltigkeit könnte produktive neue theoretische Perspektiven für die Nachhaltigkeitsforschung eröffnen. Einen anderen hier vorgestellten und von einigen Autorinnen in Bezug auf die Forschungs- und Handlungsfelder angewendeten Forschungsansatz stellt das Konzept (Re)Produktivität von Biesecker/ Hofmeister dar (I.2.3.6). Die Autorinnen beziehen sich dabei sowohl auf das kritische sowie das visionäre Potential des Konzeptes (u.a. Biesecker/ Gottschlich i.d.Bd.; Scurrell i.d.Bd.; Thiem i.d.Bd.; Knothe i.d.Bd.; Kanning i.d.Bd.; Weller i.d.Bd.; Adam i.d.Bd.), das die oben identifizierten Prinzipien des Trennens und des Kontextualisierens/ Situierens analytisch zusammenführt. Dieser Forschungsansatz zeichnet sich, wie der Forschungsbereich „Gender & Environment" (I.2.2.3) insgesamt, insbesondere dadurch aus, dass die Kategorien Natur und Geschlecht nicht nebeneinander gestellt, sondern Geschlechterverhältnisse als gesellschaftliche Naturverhältnisse verstanden werden. Eine wichtige Forschungsperspektive, die von zwei Autorinnen in Bezug auf die Diskussion von Geschlechterverhältnissen und Nachhaltigkeit als weitreichend eingeführt wird, ist die feministische Politische Ökologie (Bauriedl b i.d.Bd.; Höhler i.d.Bd.). Dabei handele es sich nicht, wie Sybille Bauriedl (b i.d.Bd.) ausführt, um ein konsistentes Theoriekonzept, sondern vielmehr um eine spezifische Perspektive, – eine Perspektive, die auf der Basis von Fallstudien den Zusammenhang von Geschlechterverhältnissen und gesellschaftlichen Naturverhältnissen herstellt und die Bedeutung vergeschlechtlichter Machtbeziehungen in den Feldern der Umweltforschung herausarbeitet.

Interessant ist außerdem, dass die aus der Forschungsperspektive der feministischen Politischen Ökologie gewonnenen Erkenntnisse insbesondere auf der Analyse von Fallstudien beruhen. Damit ist ein weiteres Verhältnis angesprochen, das für die Zusammenschau von Orientierungen und Zugängen im Themenfeld Geschlechterverhältnisse und Nachhaltigkeit als wesentlich herausgearbeitet wurde: das Verhältnis von empirischen Untersuchungen und der ihnen vorgängigen oder aus ihnen abgeleiteten Theoretisierungen. Sowohl die diskutierten Forschungsbereiche und -ansätze als auch die Ausführungen der Autorinnen verdeutlichen die Verbindungen zwischen Empirie und Theorie. Das für beide Wissenschaftsfelder identifizierte Forschungsprinzip der Transdisziplinarität weist darauf hin, dass sowohl die Geschlechter- als auch die Nachhaltigkeitswissenschaften lebensweltliche Probleme zum Ausgangspunkt ihrer Analysen machen – es geht darum, Praxis zu verstehen und sie zu verändern. Verschiedene Autorinnen weisen mit Blick auf das Empirie-Theorie-Verhältnis darauf hin, dass mittlerweile zwar zahlreiche geschlechtsspezifisch disaggregierte Daten für die unterschiedlichen Forschungs- und Handlungsfelder vorlägen, dass diese quantitativen Ergebnisse jedoch noch keine qualitativen Aussagen über Geschlechterverhältnisse und Nachhaltigkeit zuließen (z.B. Ahrend/ Herget i.d.Bd.; Katz/ Mölders i.d.Bd.). Dafür bedürfe es einer weiteren und stärkeren Theoretisierung der empirischen Ergebnisse. Eine für die Forschungen im Themenfeld Geschlechterverhältnisse und Nachhaltigkeit wesentliche Frage ist deshalb, wie ein anspruchsvoller theoretischer Zugang, der essentialistische Geschlechterdualismen nicht zu reproduzieren, sondern zu dekonstruieren sucht, in eine empirische Forschung überführt werden kann und umgekehrt.

Eng verbunden mit dieser Frage nach dem Verhältnis von Transdisziplinarität, Empirie und Theorie ist das Spannungsfeld von Wissenschaft und politischer Praxis, das wir im Zusammenhang mit „Parteilichkeit" und „Betroffenheit" als Strukturmerkmal sowohl der Geschlechter- als auch Nachhaltigkeitswissenschaften eingeführt haben (I.1.2.1). In den Erkundungen der Forschungs- und Handlungsfelder illustrieren die Autorinnen die Bezüge zur Praxis insbesondere auch als Bezüge zur politischen Praxis. Dabei wird die Nähe zu sozialen Bewegungen deutlich, die sowohl die Geschlechterforschung (Frauenbewegung) als auch die Nachhaltigkeitsforschung (Umwelt- und Friedensbewegung) geprägt hat. Die Positionen, die die Autorinnen in diesem Spannungsfeld zwischen Wissenschaft und (politischer) Praxis einnehmen, fallen unterschiedlich aus: Während z.B. Sylvie Grischkat und Astrid Karl (i.d.Bd.) in ihrem Kommentar zu Mobilität am Beispiel des Öffentlichen Personennahverkehrs (ÖPNV) schlussfolgern, dass es trotz der Einsichten in die Zusammenhänge zwischen Geschlechterverhältnissen und Nachhaltigkeit eine Praxis vorherrsche, in der Genderaspekte keine oder nur eine untergeordnete Rolle spielen würden, argumentiert z.B. Ulrike Röhr (i.d.Bd.) in ihrem Kommentar zu Gender und Klimapolitik, dass die politische Praxis in der Identifikation von Zusammenhängen zwischen Geschlechter- und Klimaaspekten durchaus weiter sei, als die wissenschaftliche Debatte. Diesen Bias zwischen Wissenschaft und Politik thematisiert auch Sybille Bauriedl (b i.d.Bd.) wenn sie fragt, weshalb es eine so große Lücke zwischen dem Praxiswissen international vernetzter feministischer Umweltorganisationen und dem wissenschaftlichen Wissen über Geschlechterverhältnisse im Klimawandel gäbe. Neben diesen unterschiedlichen Einschätzungen, die jedoch insgesamt auf die mangelnden Verbindungen zwischen Wissenschaft und (politischer) Praxis hinweisen, macht z.B. Babette Scurrell (i.d.Bd.) in ihrem Kommentar zu Wirtschaften und Arbeiten auf die Produktivität dieser Verbindung aufmerksam, indem sie argumentiert, dass die in unterschiedlichen wissenschaftlichen Ansätzen vertretenen Orientierungen und Zugänge dabei helfen können, die (politische) Praxis neu zu verstehen und zu bewerten. Martina Schäfer (i.d.Bd.) fordert in ihrem Kommentar zu Konsum- und Lebensstilen im Austausch mit Akteur_innen aus der Praxis geschlechtersensible Gestaltungsvorschläge für ermöglichende Versorgungs- und Infrastrukturen, Produktinnovationen, Kommunikationsstrategien und politische Rahmenbedingungen zu entwickeln und zu erproben. Dass es vor allem um die wechselseitige Rezeption und gemeinsame Weiterentwicklung von Geschlechter- und Nachhaltigkeitswissenschaften sowie der Politikfelder geht, zeigen auch die zahlreichen „Positivbeispiele", die von den Autorinnen angeführt werden. An innovativen Maßnahmen und Projekten, wie sie etwa für die Bereiche Mobilität (Grischkat/ Karl i.d.Bd.), Ressourcenpolitik und Infrastruktur (Knothe i.d.Bd.; Kanning i.d.Bd.) oder Konsum (Weller i.d.Bd.; Schäfer i.d.Bd.) ausgeführt werden, wird deutlich, dass sozial-ökologische Transformationsprozesse eine Transformation sowohl von Politik und Praxis als auch von Wissenschaft erfordern.

2 Neue Qualitäten: die Kategorie Geschlecht in den Nachhaltigkeitswissenschaften

In der Zusammenschau der Orientierungen und Zugänge im Themenfeld Geschlechterverhältnisse und Nachhaltigkeit werden bereits die neuen Qualitäten deutlich, die durch die Integration der Kategorie Geschlecht in die Nachhaltigkeitswissenschaften entstehen: Die Kritik am Prinzip des Ausschließens und Trennens und den damit einhergehenden Hierarchisierungen und Herrschaftsverhältnissen sowie die Forderung nach einer sozialen und kulturellen Kontextualisierung von Themen führt zu neuen Perspektiven und veränderten Sichten auf Problemzusammenhänge, ihre wissenschaftliche Bearbeitung und die entwickelten Bewältigungsstrategien. Es geht, wie Hofmeister/ Katz (2011: 384) schreiben,

> „nicht nur darum [...] Herrschaftszusammenhänge im Natur-Gesellschaftsverhältnis auf den verschiedenen (Mikro- und Makro-) Ebenen zu dekonstruieren, sondern insbesondere auch um Möglichkeiten und Ansätze, die dichotome Struktur aufzubrechen und zu nachhaltigen gesellschaftlichen Naturverhältnisse beizutragen."

Die Ausführungen haben gezeigt, dass trotz der Unterschiede in den Orientierungen und Zugängen und trotz der Heterogenität in den Ansätzen im Themenfeld Geschlechterverhältnisse und Nachhaltigkeit, bereits empirische Forschungen und theoretische Erklärungsansätze bestehen, die neue wissenschaftliche Perspektiven und gesellschaftliche Transformationen zu ermöglichen versprechen. Es handelt sich dabei um Orientierungen und Zugänge, die Gewissheiten infrage stellen – Gewissheiten in Bezug auf als „sicher" geltende Kategorien wie Natur und Geschlecht (ebd.: 387, auch Katz/ Mölders i.d.Bd.; Höhler i.d.Bd.) sowie Gewissheiten in Bezug auf (wissenschaftliche) Vorstellung von Objektivität, Wertneutralität und Rationalität.

Die neuen Perspektiven, die durch die Anwendung der Kategorie Geschlecht ermöglicht werden, betreffen somit nicht nur die Analyse der Geschlechterverhältnisse – verstanden als Disparitäten zwischen den Genusgruppen – sondern gehen im Verständnis eines erweiterten Erkenntnispotenzials der Genderperspektive darüber hinaus (Schön 2005: 81). In den Grundlegungen und Orientierungen ist ebenso wie in den Beiträgen zu den Forschungs- und Handlungsfeldern deutlich geworden, dass der durch die feministische Forschung geschärfte Blick auf Dominanzverhältnisse strukturierende Dualismen und Dichotomisierungen auf systematische Abwertungen und Ausgrenzungen aufmerksam macht und dass diese Aufmerksamkeit auch dann gegeben ist, wenn die Abwertungen und Ausgrenzungen jenseits der Kategorie Geschlecht und der konkreten Lebenszusammenhänge von Frauen und Männern liegen (ebd.).

In diesem Verständnis wird Geschlecht zu einer Kategorie radikaler Dekonstruktion. Eine um die Kategorie Geschlecht erweiterte Forschungsperspektive kommt somit nicht umhin, etablierte Argumentationen und als „sicher" angenommene Zusammenhänge infrage zu stellen. Wie Claudia von Braunmühl (i.d.Bd.) in ihrem Kommentar zum Forschungs- und Handlungsfeld „Governance und Partizipation" und Barbara Adam (i.d.Bd.) in ihrem Beitrag zu „Zeit(en)" schreiben, ist die Kategorie Geschlecht in theoretischer Hinsicht Teil eines Wissenschaftsverständnisses, das die Strukturen und Ergebnisse der gegenwärtigen Wissensproduktion grundsätzlich infrage stellt.

Die Kategorie Geschlecht in die Nachhaltigkeitswissenschaften zu integrieren, bedeutet nicht, Frauen als diejenigen auszuweisen, die nachhaltiger konsumieren, den Klimawandel weniger zu verantworten haben oder die Nutzung von Natur nachhaltiger gestalten. Solcherart Zuweisungen, die einigen wissenschaftlichen und politischen Interessen durchaus entsprechen, bergen die Gefahr einer „Feminisierung der Umweltverantwortung" (Schultz/ Weiland 1991). Vielmehr geht es, dem Prinzip des Kontextualisierens und Situierens folgend, darum, Vielfalt, Prozesshaftigkeit und Wandel anzuerkennen und zu akzeptieren.

Die Kritik aus einer Geschlechterperspektive fällt umso radikaler und grundsätzlicher aus, je stärker sich die kritisierten Nachhaltigkeitsmodelle an den (natur)wissenschaftlichen Paradigmen, Objektivität, Universalität und

Neutralität und einem positivistischen Wissenschaftsverständnis orientieren. Daher ist es nicht verwunderlich, dass sich die Nachhaltigkeitswissenschaften insgesamt schwer damit tun, die Kategorie Geschlecht über „Lippenbekenntnisse" zu Geschlechtergerechtigkeit hinaus in ihre Forschungen zu integrieren. Die diesbezüglichen Widerstände wurden für einzelne Forschungs- und Handlungsfelder anschaulich beschrieben (z.B. Höhler i.d.Bd.; Adam i.d.Bd.; von Winterfeld i.d.Bd.; von Braunmühl i.d.Bd.). Doch stehen die Nachhaltigkeitswissenschaften vor der großen Herausforderung, sich als inter- und transdisziplinäre Wissenschaften auszurichten. Nicht immer wird dieser Anspruch schon eingelöst, vielfach dominieren noch einzelne Disziplinen und Fachkulturen (z.B. die Natur- und Wirtschaftswissenschaften) die Nachhaltigkeitsforschung und -diskurse. Die Integration der Kategorie Geschlecht vermag – gerade aufgrund der damit verbundenen kritischen Perspektiven – disziplinäre Verengungen aufzubrechen. Geschlechterforschung ist somit per se „unbequem", doch gerade deshalb hält sie neue Qualitäten für die wissenschaftliche und politische Nachhaltigkeitsdebatte bereit.

Ob und inwiefern sich durch die Integration der Geschlechterperspektive in die Nachhaltigkeitsforschung eine neue Wissenschaftslandschaft zu entfalten vermag, wird unterschiedlich eingeschätzt; ebenso unterschiedlich sind die Einschätzungen, ob dies unbedingt wünschenswert oder/und produktiv wäre. Unumstritten ist allerdings, dass das Leitbild Nachhaltige Entwicklung den Anspruch enthält, (Geschlechter)Gerechtigkeit zu realisieren, und damit die explizite Aufforderung, dies auf allen gesellschaftlichen Ebenen einzulösen. Eine Forschung, die sich diesem Leitbild verpflichtet hat, kann also davon nicht entbunden werden.

3 Ausblick: Herausforderungen für die Nachhaltigkeitswissenschaften

Die Herausforderungen, die sich für die Nachhaltigkeitswissenschaften aus den neuen Perspektiven ergeben, die eine Integration der Kategorie Geschlecht hervorbringen, bestehen insbesondere darin, die beschriebenen neuen Qualitäten der Integration von Geschlechterverhältnissen anzuerkennen und sie in der Forschung produktiv werden zu lassen.

Es geht darum, die kritische Perspektive, die eine epistemologische Neuausrichtung und eine normative Positionierung fordert, als Teil der inter- und transdisziplinären Nachhaltigkeitsforschung zu begreifen sowie in verschränkten Forschungsprozessen nachhaltigkeitsrelevante Problemlagen kritisch unter dieser Geschlechterperspektive zu analysieren und Ansatzpunkte für eine nachhaltige und geschlechtergerechte Entwicklung zu entfalten. Damit lassen sich Herausforderungen sowohl auf der Ebene der Theoriebildung und Forschungspraxis als auch auf der Ebene der Politik identifizieren.

In der Zusammenführung der Forschungsbereiche und -ansätze im Themenfeld Geschlechterverhältnisse und Nachhaltigkeit (I.2.4) haben wir herausgearbeitet, dass in theoretischer Hinsicht das Verhältnis von Materialität und Diskursivität, die Frage danach, wie Natur als Akteurin in sozial-ökologischen Transformationsprozessen theoretisiert und forschungspraktisch berücksichtigt werden kann, sowie die intersektionale Erweiterung von Ungleichheitskategorien für die Forschungen zu Geschlechterverhältnissen und Nachhaltigkeit zentral sind. Es handelt sich dabei jeweils um komplexe Fragen, die eine inter- und transdisziplinäre Bearbeitung erfordern und einer methodischen und forschungspraktischen Übersetzung bedürfen, die noch weitestgehend ungeklärt ist.

Auch in den Beiträgen zu den Forschungs- und Handlungsfeldern der Nachhaltigkeitswissenschaften und -politik weisen die Autorinnen auf Herausforderungen hin: Diese bestehen erstens in dem für die jeweiligen Felder identifizierten Forschungsbedarf und zweitens in der Forderung nach einer grundsätzlichen Offenheit der Nachhaltigkeitswissenschaften gegenüber den Zugängen und Erkenntnissen der Geschlechterforschung. Diese bedingt drittens die Forderung danach, was Sabine Höhler (i.d.Bd.) als „neue Infrastrukturen des Wissens" bezeichnet. Solche neuen Infrastrukturen des Wissens adressieren sowohl die institutionelle Ebene – z.b. fordert Angela Franz-Balsen (i.d.Bd.) „koordinierende Strukturen", die Nachhaltigkeits- und Geschlechterwissenschaften zusammenführen – als auch die ideelle Ebene: Es geht darum, Denk- und Handlungsräume zu eröffnen, in den sich die neuen Qualitäten der um die Kategorie Geschlecht erweiterten Nachhaltigkeitswissenschaften entfalten können. Bettina Knothe (i.d.Bd.) spricht von „Experimentier- und Ermöglichungsräumen" und bezieht diese insbesondere auch auf die politische Praxis von Ressourcenpolitik und Infrastruktur.

Die Ebene politische Praxis wird in zahlreichen Beiträgen als Adressatin der Nachhaltigkeitswissenschaften angesprochen. Die Autorinnen machen deutlich, dass eine konsequente Integration der Kategorie Geschlecht zu einer grundsätzlichen Änderung der politischen Praxis in den jeweiligen Feldern führen wird: So werden beispielsweise Hochschulpolitik (Franz-Balsen i.d.Bd.; Höhler i.d.Bd.), Wirtschafts- und Arbeitsmarktpolitik (Biesecker/ Gottschlich; Scurrell i.d.Bd.), Raumplanung und -politik (Thiem i.d.Bd.; Bauriedl a i.d.Bd.), Verkehrspolitik (Ahrend/ Herget i.d.Bd.; Grischkat/ Karl i.d.Bd.), Klimapolitik (Bauriedl b i.d.Bd.; Röhr i.d.Bd.), Ressourcenpolitik (Knothe i.d.Bd.; Kanning i.d.Bd.) und Naturschutzpolitik (Katz/ Mölders i.d.Bd.; Petersen i.d.Bd.) nicht mehr das gleiche sein (können), wenn in den jeweiligen Gegenstandsbereichen, Zugängen und Problemlösungsstrategien die Kategorie Geschlecht mitgedacht wird. Dieser Einfluss auf die politische Praxis wirft eine weitere Frage auf, die wir als Herausforderung von um die Kategorie Geschlecht erweiterten Nachhaltigkeitswissenschaften begreifen: Wo hört Wissenschaft auf, und wo beginnt Politik? Die enge Verbindung, die zwischen Nachhaltigkeitspolitik und -wissenschaften besteht, wurde an zahlreichen Stellen dieses Bandes deutlich. Sowohl bezogen auf ihre Geschichte als auch bezogen auf ihren Transformationsanspruch sind die Nachhaltigkeitswissenschaften mit dem Politischen verknüpft. Das gilt umso mehr für die Geschlechterforschung, die aus der Frauenbewegung entstanden ist und bis heute den Anspruch verfolgt, mit den gesetzten Forschungsschwerpunkten und Umsetzungsanregungen zum Abbau von geschlechterrelevanten Ungleichheitslagen beizutragen. Wie dieses Verhältnis zum Bereich der Politik jeweils auszugestalten ist, bleibt als Herausforderung bestehen. (Selbst)Reflexivität und Transparenz – sowohl der Forschung als auch der Politik – sind dabei ebenso notwendig wie eine aktive und offene Auseinandersetzung mit den verschiedenen Interessen, Positionen und gegenseitigen Ansprüchen.

Quellenverzeichnis

Adam, Barbara (1990): Time and Social Theory. Cambridge.
Adam, Barbara (1995): Timewatch. The Social Analysis of Time. Cambridge. [Das Diktat der Uhr. Frankfurt am Main (2005)].
Adam, Barbara (1998): Timescapes of Modernity. The Environment and Invisible Hazards. London.
Adam, Barbara (1999): Naturzeiten, Kulturzeiten und Gender. Zum Konzept „Timescape". In: Hofmeister, Sabine/ Spitzner, Meike (Hrsg.): Zeitlandschaften. Perspektiven ökosozialer Zeitpolitik. Stuttgart/ Leipzig, S. 35-57.
Adam, Barbara (2004): Time. Cambridge/ Malden, MA.
Adam, Barbara/ Geißler, Karlheinz A./ Held, Martin (Hrsg.): Die Nonstop-Gesellschaft und ihr Preis. Stuttgart/ Leipzig.
Adam, Barbara/ Groves, Chris (2007): Future Matters. Action, Knowledge, Ethics. Leiden.
Adam, Barbara/ Groves, Chris (2011): Futures Tended: Care and Future-Oriented Responsibility. In: Bulletin of Science. Technology & Society. Vol. 31, No. 1, pp. 17-27.
Adler, Frank/ Schachtschneider, Ulrich (2010): Green New Deal, Suffizienz oder Ökosozialismus? Konzepte für gesellschaftliche Wege aus der Ökokrise. München.
Adomßent, Maik (2006): Introduction: Higher Education for Sustainability: Challenges and Obligations from a Global Perspective. In: Adomssent, Maik/ Godemann, Jasmin/ Leicht, Alexander/ Busch, Anne (Hrsg.): Higher Education for Sustainability: New Challenges from a Global Perspective. Frankfurt am Main, S. 10-22.
Agarwal, Bina (1992): The Gender and Environment Debate: Lessons from India. In: Feminist Studies. Vol. 18, No. 1, pp. 119-158.
Agarwal, Bina (2000): Conceptualizing Environmental Collective Action: Why Gender Matters. In: Cambridge Journal of Economics. Vol. 24, No. 3, pp. 283-310.
Agarwal, Bina (2007): Gender Inequality, Cooperation, and Environmental Sustainability. In: Baland, Jean-Marie/ Bardhan, Pranab/ Bowles, Samuel (Eds.): Inequality, Cooperation, and Environmental Sustainability. New York, pp. 274-313.
Agarwal, Bina (1998): The Gender and Environment Debate. In: Keil, Roger/ Bell, David V.J./ Penz, Peter/ Fawcett, Leesa (Eds.): Political Ecology. Global and Local. London/ New York, pp. 193-219.
Ahrend, Christine (1997): Lehren der Straße: Über Kinderöffentlichkeit und Zwischenräume. In: Ecarius, Jutta/ Löw, Martina (Hrsg.): Raumbildung, Bildungsräume: Über die Verräumlichung sozialer Prozesse. Opladen, S. 197-212.

Ahrend, Christine (2002): Mobilitätsstrategien zehnjähriger Jungen und Mädchen als Grundlage städtischer Verkehrsplanung. Münster/ New York/ München/ Berlin.

Alaimo, Stacy (1996): Feminism, Nature, and Discursive Ecologies. A Review of: Val Plumwood, Feminism and the Mastery of Nature (1993) and Caroly Merchant, Earthcare: Women and the Environment (1995). In: electronic book review. Unter: http://www.electronicbookreview.com/thread/writingpostfeminism/ecofeminism (Stand: 08.06.2012).

Alaimo, Stacy (2000): Undomesticated Ground: Recasting Nature as Feminist Space. Ithaca/ New York.

Alaimo, Stacy (2008): Trans-Corporeal Feminism and the Ethical Space of Nature. In: Alaimo, Stacy/ Hekman, Susan (Eds.): Material Feminism. Bloomington, pp. 237-264.

Alaimo, Stacy (2010): Bodily Natures. Science, Environment, and the Material Self. Bloomington.

Alaimo, Stacy/ Hekman, Susan (Eds.) (2008a): Material Feminism. Bloomington.

Alaimo, Stacy/ Hekman, Susan (2008b): Introduction: Emerging Models of Materiality in Feminist Theory. In: Alaimo, Stacy/ Hekman, Susan (Eds.): Material Feminism. Bloomington, pp. 1-19.

Albert, Mathias/ Hurrelmann, Klaus/ Quenzel, Gudrun/ TNS Infratest (2010): 16. Shell Jugendstudie. Jugend 2010. Frankfurt am Main.

Albrecht, Patrick (2009): Dialogorientierte Nachhaltigkeitsberichterstattung. Berlin.

Allmendinger, Jutta/ Leuze, Kathrin/ Blanck, Jonna M. (2008): 50 Jahre Geschlechtergerechtigkeit und Arbeitsmarkt. In: Aus Politik und Zeitgeschichte. Jg. 58, B. 24/25, S. 18-25.

Althoff, Martina/ Bereswill, Mechthild/ Riegraf, Birgit (2001): Feministische Methodologien und Methoden. Traditionen, Konzepte, Erläuterungen. Lehrbuch zur sozialwissenschaftlichen Frauen- und Geschlechterforschung, Bd. 2. Opladen.

Ambrosius, Gerold (2009): Gemeinwohl und Kommunalwirtschaft aus europäischer Sicht. In: Bernhard, Christoph/ Kilper, Heiderose/ Moss, Timothy (Hrsg.): Im Interesse des Gemeinwohls. Regionale Gemeinschaftsgüter in Geschichte, Politik und Planung. Frankfurt am Main/ New York, S. 265-292.

Anthias, Floya (1998): Rethinking Social Divisions: some notes towards a theoretical framework. In: Sociological Review. Vol. 46, No. 3, pp. 505-535.

Arbter, Kerstin (2010): Öffentlichkeitsbeteiligung für nachhaltige Entwicklung: Wie qualitätsvolle Öffentlichkeitsbeteiligung bei strategischen Planungen zu nachhaltiger Entwicklung beitragen kann. In: Reinhard Steurer/ Trattnigg, Rita (Hrsg.): Nachhaltigkeit regieren. Eine Bilanz zu Governance-Prinzipien und -Praktiken. München, S. 124-142.

ARL/ Akademie für Raumforschung und Landesplanung (Hrsg.) (2000): Nachhaltigkeitsprinzip in der Regionalplanung. Handreichung zur Operationalisierung. Forschungs- und Sitzungsbericht (FuS), Bd. 212. Hannover.

Arora-Jonsson, Seema (2011): Virtue and vulnerability: Discourses on women, gender and climate change. In: Global Environmental Change. Vol. 21, No. 2, pp. 744-751.

Auferkorte-Michaelis, Nicole/ Stahr, Ingeborg/ Schönborn, Anette/ Fitzek, Ingrid (Hrsg.) (2009): Gender als Indikator guter Lehre. Erkenntnisse, Konzepte und Ideen für die Hochschule. Opladen.

Aulenbacher, Brigitte/ Riegraf, Birgit (2009): Zeiten des Umbruchs – Zeit zur Reflektion. Einleitung. In: Aulenbacher, Brigitte/ Riegraf, Birgit (Hrsg.): Erkenntnis und Methode. Geschlechterforschung in Zeiten des Umbruchs. Wiesbaden, S. 9-23.

Bäckstrand, Karin (2005): Accountability and Legitimacy of Networked Governance Public-Private Partnerships for Sustainable Development. Unter: http://userpage.fu-berlin.de/ffu/akumwelt/bc2005/papers/backstrand_bc2005.pdf (Stand: 06.05.2012).

Bagemihl, Bruce (1999): Biological Exuberance: Animal Homosexuality and Natural Diversity. New York.

Baier, Andrea (2004): Subsistenzansatz: Von der Hausarbeitsdebatte zur „Bielefelder Subsistenzperspektive". In: Becker, Ruth/ Kortendiek, Beate (Hrsg.): Handbuch Frauen- und Geschlechterforschung. Theorie, Methoden, Empirie. Wiesbaden, S. 72-77.

Baier, Andrea/ Bennholdt-Thomsen, Veronika/ Holzer, Brigitte (2005): Ohne Menschen keine Wirtschaft oder: Wie gesellschaftlicher Reichtum entsteht. München.

Bamberg, Sebastian (2006): Is a Residential Relocation a Good Opportunity to Change People's Travel Behavior? Results From a Theory-Driven Intervention Study. In: Environment and Behavior. Vol. 38, No. 6, pp. 820-840.

Barad, Karen (2003): Posthumanist Performativity: Toward an Understanding of How Matter Comes to Matter. In: Signs. Vol. 28, No. 3, pp. 801-831.

Bätzing, Werner (1997): Die Auflösung des ländlichen Raumes in der Postmoderne. In: Kommune. Jg. 30, H. 11, S. 40-46.

Bauer, Frank (2000): Zeitbewirtschaftung in Familien. Konstitution und Konsolidierung familialer Lebenspraxis im Spannungsfeld von beruflichen und außerberuflichen Anforderungen. Opladen.

Bauer, Joachim (2006): Warum ich fühle, was Du fühlst – Intuitive Kommunikation und das Geheimnis der Spiegelneuronen. München.

Bauer, Uta/ Scheiner, Joachim/ Liepe, Susanne/ Jung, Silke/ Günthner, Stephan (2011): Nahversorgung und Nahmobilität: Verkehrsverhalten und Zufriedenheit beim Einkauf von Lebensmitteln. BMVBS-Online-Publikation. 08/2011, Berlin.

BauGB/ Baugesetzbuch in der Fassung der Bekanntmachung vom 23. September 2004 (BGBl. I, S. 2414).

Bauhardt, Christine (1994): Verkehrsvermeidung?! Kritik und Perspektiven aus Sicht feministischer Verkehrsforschung. In: Buchen, Judith/ Buchholz, Kathrin/ Hoffmann, Esther/ Hofmeister, Sabine/ Kutzner, Ralf/ Olbrich, Rüdiger/ Rüth van, Petra (Hrsg.): Das Umweltproblem ist nicht geschlechtsneutral – Feministische Perspektiven. Bielefeld, S. 188-201.

Bauhardt, Christine (2007): Feministische Verkehrs- und Raumplanung. In: Schöller, Oliver/ Canzler, Weert/ Knie, Andreas (Hrsg.): Handbuch Verkehrspolitik. Wiesbaden, S. 301-319.

Bauhardt, Christine (2011a): Gesellschaftliche Naturverhältnisse und globale Umweltpolitik – Ökofeminismus, Queer-Ecologies, (Re)Produktivität und das Konzept „Ressourcenpolitik". In: Rendtorff, Barbara/ Mahs, Claudia/ Wecker, Verena (Hrsg.): Geschlechterforschung. Theorien, Thesen, Themen zur Einführung. Stuttgart, S. 44-58.

Bauhardt, Christine (2011b): Queer Naturecultures – Gesellschaftliche Naturverhältnisse feministisch denken und politisch gestalten. In: Scheich, Elvira/ Wagels, Karen (Hrsg.): Körper Raum Transformation. Gender-Dimensionen von Natur und Materie. Münster, S. 198-216.

Bauhardt, Christine (2011c): Gesellschaftliche Naturverhältnisse von der Materialität aus denken. Feministische Ökonomik, Queer Ecologies und das Konzept Ressourcenpolitik. In: GENDER. Zeitschrift für Geschlecht, Kultur und Gesellschaft. Jg. 3, H. 3, S. 89-103.

Bauhardt, Christine (2012): Klimawandel und Infrastrukturpolitiken im Widerstreit. Die Politikfelder Wasser und Mobilität aus kritischer Genderperspektive. In: Çağlar, Gülay/ do Mar Castro Varela, Maria/ Schwenken, Helen (Hrsg.): Geschlecht – Macht – Klima. Feministische Perspektiven auf Klima, gesellschaftliche Naturverhältnisse und Gerechtigkeit. Opladen/ Berlin/ Toronto, S. 97-113.

Bauhardt, Christine/ Çağlar, Gülay (2010): Einleitung. Gender Economics. Feministische Kritik der politischen Ökonomie. In: Bauhardt, Christine/ Çağlar, Gülay (Hrsg.): Gender Economics. Feministische Kritik der politischen Ökonomie. Wiesbaden, S. 7-17.

Quellenverzeichnis

Bauriedl, Sybille (2007): Räume lesen lernen: Methoden zur Raumanalyse in der Diskursforschung. In: Forum Qualitative Sozialforschung. Jg 8, H. 2, Art. 13. Unter: http://www.qualitative-research.net/index.php/fqs/article/view/236/524 (Stand: 28.04. 2012).

Bauriedl, Sybille (2010): Erkenntnisse der Geschlechterforschung für eine erweiterte sozialwissenschaftliche Klimaforschung. In: Bauriedl, Sybille/ Schier, Michaela/ Strüver, Anke (Hrsg.): Geschlechterverhältnisse, Raumstrukturen, Ortsbeziehungen. Erkundungen von Vielfalt und Differenz im spatial turn. Münster, S. 194-216.

Bauriedl, Sybille/ Schier, Michaela/ Strüver, Anke (2010): Räume sind nicht geschlechtsneutral: Perspektiven der geographischen Geschlechterforschung. In: Bauriedl, Sybille/ Schier, Michaela/ Strüver, Anke (Hrsg.): Geschlechterverhältnisse, Raumstrukturen, Ortsbeziehungen. Erkundungen von Vielfalt und Differenz im spatial turn. Münster, S. 10-25.

Bauriedl, Sybille/ Schindler, Delia/ Winkler, Matthias (Hrsg.) (2008): Stadtzukünfte denken. Nachhaltigkeit in europäischen Stadtregionen. München.

BBR/ Bundesamt für Bauwesen und Raumordnung (Hrsg.) (2002): Gender Mainstreaming und Städtebaupolitik. In: Werkstatt: Praxis. Nr. 4/2002, Bonn.

Beck, Ulrich (2004): „Humboldt 2." In: DIE ZEIT. Nr. 47 vom 11. November 2004, S. 15.

Becker- Schmidt, Regina/ Knapp, Gudrun-Axeli/ Schmidt, Beate (1984): Eines ist zuwenig – beides ist zuviel. Erfahrungen von Arbeiterfrauen zwischen Frauen Familie und Fabrik. Bonn.

Becker, Egon (2003): Soziale Ökologie: Konturen und Konzepte einer neuen Wissenschaft. In: Matschonat, Gunda/ Gerber, Alexander (Hrsg.): Wissenschaftstheoretische Perspektiven für die Umweltwissenschaften. Weikersheim, S. 165-195.

Becker, Egon (2006): Historische Umbrüche. In: Becker, Egon/ Jahn, Thomas (Hrsg.): Soziale Ökologie. Grundzüge einer Wissenschaft von den gesellschaftlichen Naturverhältnissen. Frankfurt am Main/ New York, S. 32-53.

Becker, Egon/ Jahn, Thomas (1989 [1987]): Soziale Ökologie als Krisenwissenschaft. Sozial-ökologische Arbeitspapiere, AP 1. 2. Auflage, Forschungsgruppe Soziale Ökologie. Frankfurt am Main.

Becker, Egon/ Jahn, Thomas (2003): Umrisse einer kritischen Theorie gesellschaftlicher Naturverhältnisse. In: Böhme, Gernot/ Manzei, Alexandra (Hrsg.): Kritische Theorie der Technik und der Natur. München, S. 91-112.

Becker, Egon/ Jahn, Thomas (Hrsg.) (2006a): Soziale Ökologie. Grundzüge einer Wissenschaft von den gesellschaftlichen Naturverhältnissen. Frankfurt am Main/ New York.

Becker, Egon/ Jahn, Thomas (2006b): Einleitung. In: Becker, Egon/ Jahn, Thomas (Hrsg.): Soziale Ökologie. Grundzüge einer Wissenschaft von den gesellschaftlichen Naturverhältnissen. Frankfurt am Main/ New York, S. 11-26.

Becker, Egon/ Jahn, Thomas/ Schramm, Engelbert (1999): Sozial-ökologische Forschung – Rahmenkonzept für einen neuen Förderschwerpunkt. Frankfurt am Main.

Becker, Egon/ Keil, Florian (2006): Transdisziplinäre Integration. In: Becker, Egon/ Jahn, Thomas (Hrsg.): Soziale Ökologie. Grundzüge einer Wissenschaft von den gesellschaftlichen Naturverhältnissen. Frankfurt am Main/ New York, S. 287-329.

Becker, Ruth (2004): Raum: Feministische Kritik an Stadt und Raum. In: Becker, Ruth/ Kortendiek, Beate (Hrsg.): Handbuch Frauen- und Geschlechterforschung. Theorie, Methoden, Empirie. Wiesbaden, S. 652-664.

Becker, Ruth(Kortendiek, Beate (Hrsg.) (2004): Handbuch Frauen- und Geschlechterforschung. Theorie, Methoden, Empirie. Wiesbaden.

Becker, Ruth/ Kortendiek, Beate/ Schäfer, Gudrun/ Jansen-Schulz, Bettina (2006): Genderaspekte bei der Einführung und Akkreditierung gestufter Studiengänge – eine Handreichung. Studie Netzwerk Frauenforschung NRW, Nr. 7. Dortmund.

Becker, Ruth/ Neusel, Aylâ (1997): Architektur, räumliche Planung. In: Niedersächsisches Ministerium für Wissenschaft und Kultur (1997) (Hrsg.): Berichte aus der Frauenforschung: Perspektiven für Naturwissenschaften, Technik und Medizin. Hannover, S. 193-267.

Becker, Tobias (2009): Das konsumistische Manifest. Einkaufen ist erste Bürgerpflicht: Wer richtig shoppt, rettet Wirtschaft und Umwelt. Heißt es. In: KulturSPIEGEL 12, S. 20-22.

Becker-Schmidt, Regina (1985): Probleme einer feministischen Theorie und Empirie in den Sozialwissenschaften. In: Feministische Studien. Jg. 4, H. 2, S. 93-104.

Becker-Schmidt, Regina (1987): Die doppelte Vergesellschaftung – die doppelte Unterdrückung: Besonderheiten der Frauenforschung in den Sozialwissenschaften. In: Unterkircher, Lilo/ Wagner, Inga (Hrsg.): Die andere Hälfte der Gesellschaft. Wien, S. 10-25.

Becker-Schmidt, Regina (1998a): Relationalität zwischen den Geschlechtern. Konnexionen im Geschlechterverhältnis. In: Zeitschrift für Frauenforschung. Jg. 16, H. 3, S. 5-21.

Becker-Schmidt, Regina (1998b): Trennung, Verknüpfung, Vermittlung: zum feministischen Umgang mit Dichotomien. In: Knapp, Gudrun Axeli (Hrsg.): Kurskorrekturen: Feminismus zwischen kritischer Theorie und Postmoderne. Frankfurt am Main/ New York, S. 84-125.

Becker-Schmidt, Regina (2001 [1998]): Relationalität zwischen den Geschlechtern, Konnexionen im Geschlechterverhältnis. In: Zeitschrift für Frauenforschung. Jg. 16, H. 3, S. 5-21, zitiert nach: Becker-Schmidt, Regina (2001): Relationalität zwischen den Geschlechtern, Konnexionen im Geschlechterverhältnis. In: Althoff, Martina/ Bereswill, Mechthild/ Riegraf, Birgit (Hrsg.): Feministische Methodologien und Methoden. Traditionen, Konzepte, Erörterungen. Opladen, S. 210-217.

Becker-Schmidt, Regina (2002): Was mit Macht getrennt wird, gehört gesellschaftlich zusammen. Zur Dialektik der Umverteilung und Anerkennung im Phänomen sozialer Ungleichstellung. In: Knapp, Gudrun-Axeli/ Wetterer, Angelika (Hrsg.): Soziale Verortung der Geschlechter. Gesellschaftstheorie und feministische Kritik. Münster, S. 91-131.

Becker-Schmidt, Regina (2006): Theoretische und methodische Anmerkungen zu Sozialisation und Geschlecht. In: Bilden, Helga/ Dasien, Bettina (Hrsg.): Sozialisation und Geschlecht. Opladen/ Farmington Hills, S. 75-305.

Becker-Schmidt, Regina (2007 [1993]): Geschlechterdifferenz – Geschlechterverhältnis: soziale Dimensionen des Begriffs ‚Geschlecht'. In: Zeitschrift für Frauenforschung. Jg. 11, H. 1/ 2, S. 37-46, zitiert nach: Hark, Sabine (Hrsg.) (2007): Dis/Kontinuitäten. Feministische Theorie. 2. Auflage, Wiesbaden, S. 115-127.

Becker-Schmidt, Regina (2007): „Class", „gender", „ethnicity", „race": Logiken der Differenzierung, Verschränkungen und Ungleichheitslagen und gesellschaftliche Strukturierung. In: Klinger, Cornelia/ Knapp, Gudrun-Axeli/ Sauer, Birgit (Hrsg.): Achsen der Ungleichheit. Zum Verhältnis von Klasse, Geschlecht und Ethnizität. Frankfurt am Main/ New York, S. 56-83.

Becker-Schmidt, Regina (2008): Doppelte Vergesellschaftung von Frauen: Divergenzen und Brückenschläge zwischen Privat- und Erwerbsleben. In: Becker, Ruth/ Kortendiek, Beate (Hrsg.): Handbuch Frauen- und Geschlechterforschung. Theorie, Methoden, Empirie. 2. Auflage, Wiesbaden, S. 65-74.

Becker-Schmidt, Regina/ Knapp, Gudrun-Axeli (2000): Feministische Theorien zur Einführung. Hamburg.

Becker-Schmidt, Regina/ Knapp, Gudrun-Axeli (Hrsg.) (1995): Das Geschlechterverhältnis als Gegenstand der Sozialwissenschaften. Frankfurt am Main/ New York.

Beer, Ursula (1983): Marxismus in Theorien der Frauenarbeit. Plädoyer für eine Erweiterung der Reproduktionsanalyse. In: Feministische Studien. Jg. 2, H. 2, S.136-147.

Quellenverzeichnis

Beer, Ursula (1984): Theorien geschlechtlicher Arbeitsteilung. Frankfurt am Main/ New York.

Beer, Ursula (1987): Objektivität und Parteilichkeit – ein Widerspruch in feministischer Forschung? Zur Erkenntnisproblematik von Gesellschaftsstruktur. In: Beer, Ursula (Hrsg.): Klasse Geschlecht. Feministische Gesellschaftsanalyse und Wissenschaftskritik. Bielefeld, S. 142-186.

Beer, Ursula (1990): Geschlecht, Struktur, Geschichte. Soziale Konstituierung des Geschlechterverhältnisses. Frankfurt am Main/ New York.

Beisheim, Marianne (2006): Hoffnungen und Befürchtungen. Public Private Partnerships als transnationale Politiknetzwerke. Unter: http://www.fu-berlin.de/presse/publikationen/fundiert/2006_02/06_02_beisheim/index.html (Stand: 06.05.2012).

Belina, Bernd (2008): Die kapitalistische Produktion des Raumes: zwischen Mobilität und Fixierung. In: Krumbein, Wolfgang/ Frieling von, Hans-Dieter/ Kröcher, Uwe/ Sträter, Detlev (Hrsg.): Kritische Regionalwissenschaft. Münster, S. 70-86.

Bengtsson, Stefan (2009): Gender Equality and ESD: Common Future – Present Inequality. In: UNESCO Bangkok (Ed.), ESD Currents. Changing Perspectives from the Asia-Pacific. Bangkok, S. 56-57.

Benhabib, Sheyla (1992): Self in Context. Gender, Community and Postmodernism in Contemporary Ethics. Cambridge.

Benjamin, Jessica (2002): Der Schatten des Anderen. Intersubjektivität, Gender, Psychoanalyse. Frankfurt am Main/ Basel.

Bennholdt-Thomsen, Veronika (2006): Subsistenzwirtschaft, Globalwirtschaft, Regionalwirtschaft. In: Jochimsen, Maren A./ Knobloch, Ulrike (Hrsg.): Lebensweltökonomie in Zeiten wirtschaftlicher Globalisierung. Bielefeld, S. 65-87.

Bennholdt-Thomsen, Veronika/ Mies, Maria (1997): Eine Kuh für Hillary. Die Subsistenzperspektive. München.

Benz, Arthur (2004): Einleitung. Governance: Modebegriff oder nützliches sozialwissenschaftliches Konzept? In: Benz, Arthur (Hrsg.): Governance – Regieren in komplexen Regelsystemen. Eine Einführung. Wiesbaden, S. 11-28.

Bereswill, Mechthild (2008): „Geschlecht". In: Baur, Nina/ Korte, Hermann/ Löw, Martina/ Schroer, Markus (Hrsg.): Handbuch Soziologie. Wiesbaden, S. 97-116.

Berger, Michele Tracy/ Guidroz, Kathleen (Eds.) (2009): Intersectional Approach. Transforming the academy through race, class & gender. Whitman.

Bergmann, Matthias/ Jahn, Thomas/ Knobloch, Tobias/ Krohn, Wolfgang/ Pohl, Christian/ Schramm, Engelbert (2010): Methoden transdisziplinärer Forschung. Ein Überblick mit Anwendungsbeispielen. Frankfurt am Main/ New York.

Bergmann, Matthias/ Schramm, Engelbert (Hrsg.) (2008): Transdisziplinäre Forschung. Integrative Forschungsprozesse verstehen und bewerten. Frankfurt am Main.

Bernhard, Christoph/ Kilper, Heiderose/ Moss, Timothy (Hrsg.) (2009): Im Interesse des Gemeinwohls. Regionale Gemeinschaftsgüter in Geschichte, Politik und Planung. Frankfurt am Main/ New York.

Bernstein, Steven (2005): Legitimacy in Global Environmental Governance. In: Journal of International Law & International Relations. Vol. 1, No.1/2, pp. 139-166.

Best, Henning/ Lanzendorf, Martin (2005): Division of labour and gender differences in metropolitan car use. An empirical study in Cologne, Germany. In: Journal of Transport Geography. Vol. 13, No. 2, pp. 109-121.

Beutler, Felix (2004): Intermodalität, Multimodalität und Urbanibility – Vision für einen nachhaltigen Stadtverkehr, Discussion Paper SP III 2004-107. Wissenschaftszentrum Berlin für Sozialforschung. Berlin.

Biehl, Janet (1988): What is social ecofeminism? In: Left Green Perspectives. No. 11, pp. 1-8.

Biehl, Janet (1989a): Women and the Democratic Tradition. Part I and II. In: Left Green Perspectives. No. 16, pp. 1-6 (part I), No. 17, pp. 1-7 (part II).

Biehl, Janet (1989b): Goddess Mythology and Ecological Politics. In: New Politics. Vol. 2, No. 2, pp. 84-105.

Biehl, Janet (1989c): Separating Fact and Fiction in the Green Goddess Myth. In: Green Line. Vol. 70, pp. 17-19.

Biehl, Janet (1991a): Der soziale Ökofeminismus und andere Aufsätze. Grafenau.

Biehl, Janet (1991b): Finding our Way. Rethinking Ecofeminist Politics. Boston.

Biehl, Janet (1998a): Der libertäre Kommunalismus: Die politische Praxis der Sozialökologie. Grafenau.

Biehl, Janet (with Murray Bookchin) (1998b): The Politics of Social Ecology: Libertarian Municipalism. Montreal/ New York/ London.

Biesecker, Adelheid (1998): Economic Rationales and a Wealth of Time. In: Time & Society. Vol. 7, No. 1, pp. 75-91.

Biesecker, Adelheid (1999): Kooperative Vielfalt und das „Ganze der Arbeit". Überlegungen zu einem erweiterten Arbeitsbegriff. Wissenschaftszentrum Berlin für Sozialforschung gGmbH (WZB), Paper P00504 der Querschnittsgruppe „Arbeit und Ökologie". Berlin.

Biesecker, Adelheid (2011): Vorsorgendes Wirtschaften. Ökonomie für gutes Leben statt für Wachstum. In: Rätz, Werner/ Egan-Krieger von, Tanja/ Muraca, Barbara/ Passadakis, Alexis/ Schmelzer, Matthias/ Vetter, Andreas (Hrsg.): Ausgewachsen! Ökologische Gerechtigkeit. Soziale Rechte. Gutes Leben. Hamburg, S. 75-84.

Biesecker, Adelheid/ Baier, Andrea (2011): Gutes Leben braucht andere Arbeit. Alternative Konzepte in der Diskussion. In: Politische Ökologie. H. 125, S. 54-62.

Biesecker, Adelheid/ Gottschlich, Daniela (2005): Effizienz. In: Wissenschaftlicher Beirat von attac (Hrsg.): ABC der Globalisierung. Von „Alterssicherung" bis „Zivilgesellschaft". Hamburg, S. 34-35.

Biesecker, Adelheid/ Hofmeister, Sabine (2001): Vom nachhaltigen Naturkapital zur Einheit von Produktivität und Reproduktivität. Reproduktion als grundlegende Kategorie des Wirtschaftens. In: Held, Martin/ Nutzinger, Hans (Hrsg.): Nachhaltiges Naturkapital. Ökonomik und zukunftsfähige Entwicklung. Frankfurt am Main/ New York, S. 154-178.

Biesecker, Adelheid/ Hofmeister, Sabine (2003): (Re)Produktivität: Der „blinde Fleck" im Diskurs zu Nachhaltiger Entwicklung. In: Hofmeister, Sabine/ Mölders, Tanja/ Karsten, Maria-Eleonora (Hrsg.): Zwischentöne gestalten: Dialoge zur Verbindung von Geschlechterverhältnissen und Nachhaltigkeit. Bielefeld, S. 38-56.

Biesecker, Adelheid/ Hofmeister, Sabine (2006): Die Neuerfindung des Ökonomischen. Ein (re)produktionstheoretischer Beitrag zur Sozialen Ökologie. München.

Biesecker, Adelheid/ Hofmeister, Sabine (2009): Starke Nachhaltigkeit fordert eine Ökonomie der (Re)Produktivität. Der Beitrag des Schlüsselbegriffs Naturproduktivität zur Fundierung einer Theorie der Nachhaltigkeit. In: Egan-Krieger von, Tanja/ Schultz, Julia/ Thapa, Philipp P./ Voget, Lieske (Hrsg.): Die Greifswalder Theorie starker Nachhaltigkeit. Ausbau, Anwendung, Kritik. Marburg, S. 167-192.

Biesecker, Adelheid/ Hofmeister, Sabine (2010): Focus: (Re)Productivity. Sustainable relations both between society and nature and between the genders. In: Ecological Economics. Vol. 69, No. 8, pp. 1703-1711.

Biesecker, Adelheid/ Hofmeister, Sabine (2012): (Re)Produktivität als Kategorie vorsorgenden Wirtschaftens. In: Netzwerk Vorsorgendes Wirtschaften (Hrsg.): Wege Vorsorgenden Wirtschaftens. Marburg (i.V.).

Biesecker, Adelheid/ Hofmeister, Sabine/ Seidl, Irmi (2011): Ökonomie und Naturnutzung. Erneuerbare Energien – Produktivität und Reproduktivität von Natur und Ökonomie.

Quellenverzeichnis

In: Held, Martin/ Kubon-Gilke, Gisela/ Sturn, Richard (Hrsg.): Normative und institutionelle Grundfragen der Ökonomik. Jahrbuch 9. Institutionen ökologischer Nachhaltigkeit. Marburg, S. 201-226.

Biesecker, Adelheid/ Kesting, Stefan (2003): Mikroökonomik. Eine Einführung aus sozialökologischer Perspektive. München.

Biesecker, Adelheid/ Maite Mathes/ Schön, Susanne/ Scurrell, Babette (Hrsg.) (2000): Vorsorgendes Wirtschaften. Auf dem Weg in eine Ökonomie des Guten Lebens. Bielefeld.

Biesecker, Adelheid/ Winterfeld von, Uta (2011): Erwerbsarbeit im Schatten – im Schatten der Erwerbsarbeit? Plädoyer für ein schattenfreies Arbeiten. In: Gegenblende. Nr. 08 (März/April 2011). Unter: http://www.gegenblende.de (Stand: 28.04.2012).

Bijker, Wiebe E. (1993): Do Not Despair – There is Life after Social-Constructivism. In: Science, Technology & Human Values. Vol. 18, No. 1, pp. 113-138.

Bilden, Helga (1991): Geschlechtsspezifische Sozialisation. In: Hurrelmann, Klaus/ Ulich, Dieter (Hrsg.): Handbuch der Sozialisationsforschung. Weinheim/ Basel, S. 279-301.

Bioenergie-Region Cochem Zell (2011): Wertschöpfungsaspekte. Unter: http://www.bioenergieregion-cochem-zell.de/kv_cochem_zell_bioenergie/Bioenergie-Region/Leitbild/Wertsch%C3%B6pfungsaspekte/ (Stand: 18.11.2011).

Bleier, Ruth (1984): Science and Gender. A Critique of Biology and its Theories on Women. New York.

Blotevogel, Hans-Heinrich (2002): Lebenschancen – Gleichwertigkeit – Nachhaltigkeit. Welchen Einfluss haben Siedlungsstrukturen? Wie wollen wir sie beeinflussen? In: Anhelm, Fritz E./ Schneider, Peter-Jürgen (Hrsg.): Zukunftsfähiges Niedersachsen. Landesentwicklung und Raumordnung: Gleichwertigkeit der Lebensbedingungen in Stadt und Land. Loccumer Protokolle 40/2002, S. 127-144.

BMBF/ Bundesministerium für Bildung und Forschung (2000): Rahmenkonzept Sozial-ökologische Forschung. Bonn. Auf der Grundlage von: Becker/ Jahn/ Schramm 1999.

BMFSFJ/ Bundesministerium für Familie, Senioren, Frauen und Jugend (2012): Zeit für Familie – Ausgewählte Themen des 8. Familienberichts – Monitor Familienforschung. Ausgabe 26, Berlin. Unter: http://www.bmfsfj.de/RedaktionBMFSFJ/Broschuerenstelle/Pdf-Anlagen/Zeit-fuer-Familie-Themen-8.Familienbericht,property=pdf,bereich=bmfsfj,sprache=de,rwb=true.pdf (Stand: 06.05.2012).

BMFSFJ/ Bundesministerium für Familie, Senioren, Frauen und Jugend (Hrsg.) (2005): Gender-Datenreport. Berlin.

BMI/ Bundesministerium des Innern (2000): GGO (Gemeinsame Geschäftsordnung) der Bundesministerien vom 26.07.2000.

BMU/ Bundesministerium für Umwelt, Naturschutz und Reaktorsicherheit (Hrsg.) (o.J.): Umweltpolitik. Konferenz der Vereinten Nationen für Umwelt und Entwicklung im Juni 1992 in Rio de Janeiro – Dokumente. Agenda 21. Bonn.

BMU/ Bundesministerium für Umwelt, Naturschutz und Reaktorsicherheit (2006): Umweltbewusstsein in Deutschland 2006. Ergebnisse einer repräsentativen Bevölkerungsumfrage. Berlin.

BMU/ Bundesumweltministerium (2008): Umweltbewusstsein und Umweltverhalten der sozialen Milieus in Deutschland 2008. Repräsentativumfrage zu Umweltbewusstsein und Umweltverhalten im Jahr 2008. Unter: http://www.umweltdaten.de/publikationen/fpdf-l/3871.pdf (Stand: 06.05.2012).

BMU – Bundesministerium für Naturschutz, Umwelt und Reaktorsicherheit/ BfN – Bundesamt für Naturschutz (Hrsg.) (2010): Naturbewusstsein 2009. Bevölkerungsumfrage zu Natur und biologischer Vielfalt. Berlin.

BMVBS/ Bundesministerium für Verkehr, Bau und Stadtentwicklung (2006): Leitbilder und Handlungsstrategien für die Raumentwicklung in Deutschland. Berlin.

BMVBS – Bundesministerium für Verkehr, Bau und Stadtentwicklung/ BBSR – Bundesinstitut für Bau-, Stadt- und Raumforschung (Hrsg.) (2009a): Ursachen und Folgen des Klimawandels durch urbane Konzepte begegnen. BBSR-Online-Publikation 22/2009. Unter: http://www.bbsr.bund.de/nn_23582/BBSR/DE/Veroeffentlichungen/BBSR Online/ 2009/ON222009.html (Stand: 28.04.2012).

BMVBS – Bundesministerium für Verkehr, Bau und Stadtentwicklung/ BBSR – Bundesinstitut für Bau-, Stadt- und Raumforschung (Hrsg.) (2009b): Klimagerechte Stadtentwicklung – „Climate-Proof Planning". BBSR-Online-Publikation 26/2009.Unter: http:// www.bbsr.bund.de/nn_23582/BBSR/DE/Veroeffentlichungen/BBSROnline/2009/ON2 62009.html (Stand: 28.04.2012).

BMWi – Bundesministerium für Wirtschaft und Technologie/ BMU – Bundesministerium für Umwelt, Naturschutz und Reaktorsicherheit (Hrsg.) (2010): Energiekonzept für eine umweltschonende, zuverlässige und bezahlbare Energieversorgung. Berlin.

Bock, Bettina (2010): Personal and Social Development of Women in Rural Areas of Europe. Brussels.

Bock, Gisela (1977): Frauenbewegung und Frauenuniversität. Zur politischen Bedeutung der „Sommeruniversität für Frauen". In: Gruppe Berliner Dozentinnen (Hrsg.): Frauen und Wissenschaft. Beiträge zur Sommeruniversität für Frauen im Juli 1976. Berlin, S. 15-22.

Bock, Gisela (1983): Historische Frauenforschung: Fragestellungen und Perspektiven. In: Hausen, Karin (Hrsg.): Frauen suchen ihre Geschichte. Historische Studien zum 19. und 20. Jahrhundert. München, S. 22-60.

Bock, Gisela/ Duden, Barbara (1977): Arbeit aus Liebe – Liebe aus Arbeit: Zur Entstehung der Hausarbeit im Kapitalismus. In: Gruppe Berliner Dozentinnen (Hrsg.): Frauen und Wissenschaft. Beiträge zur Sommeruniversität für Frauen im Juli 1976. Berlin, S. 118-199.

Böhler, Susanne (2006): Ergebnisse zur Begleitmobilität von Kindern. Arbeitspapier. Unter: http://eco.psy.ruhr-uni-bochum.de/mobilanz/pdf/begleitverkehr.pdf (Stand: 28.04.2012).

Böhme, Gernot/ Schramm, Engelbert (Hrsg.) (1985): Soziale Naturwissenschaft. Wege zu einer Erweiterung der Ökologie. Frankfurt am Main.

BÖLW/ Bund Ökologische Lebensmittelwirtschaft (2012): Zahlen, Daten, Fakten. Die Bio-Branche 2012. Unter: http://www.boelw.de/uploads/pics/ZDF/ZDF_Endversion_120110. pdf (Stand: 06.05.2012).

Bookchin, Murray (1982): The Ecology of Freedom. The Emergence and Dissolution of Hierarchy. Palo Alto.

Bookchin, Murray (1985): Die Ökologie der Freiheit. Wir brauchen keine Hierarchien. Weinheim.

Bookchin, Murray (1989): Remaking Society. Montreal.

Bookchin, Murray (1992 [1989]): Die neue Gesellschaft. Grafenau-Döffingen [Remaking Society. Montreal].

Bookchin, Murray (1995): Social Anarchism or Lifestyle Anarchism. San Francisco/ Edinburgh.

Booth, Annie (1999): Does the Spirit Move You? Environmental Spirituality. In: Environmental Values. No. 8, pp. 89-105.

Bordo, Susan (1986): The Cartesian Masculinization of Thought. In: Signs: Journal of Women in Culture and Society. Vol. 11, No. 3, pp. 439-456.

Boserup, Ester (1989): Women's Role in Economic Development. London.

Braidotti, Rosi (1994a): Nomadic Subjects. Embodiment and Sexual Difference in Contemporary Feminist Theory. New York.

Braidotti, Rosi (1994b): Gender und Post-Gender. Die Zukunft einer Illusion? In: Braidotti, Rosi/ Butler, Judith/ Duden, Barbara/ Flacke, Karin/ Gutheil, Monika/ Hark, Sabine/ John, Claudia/ Höbuß, Susanne (Hrsg.): Zur Krise der Kategorien Frau. Lesbe. Geschlecht. Hrsg. vom Verein Sozialwissenschaftliche Forschung und Bildung für Frauen – SFBF e.V., Materialienband 14. Frankfurt am Main, S. 7-30.

Braidotti, Rosi/ Charkiewicz, Ewa/ Häusler, Sabine/ Wieringa, Saskia (Eds.) (1994): Women, the Environment and Sustainable Development. Towards a Theoretical Synthesis. London/ New Jersey.

Brand, Karl-Werner (2000): Nachhaltigkeitsforschung. Besonderheiten, Probleme und Erfordernisse eines neuen Forschungstypus. In: Brand, Karl-Werner (Hrsg.): Nachhaltige Entwicklung und Transdisziplinarität. Besonderheiten, Probleme und Erfordernisse der Nachhaltigkeitsforschung. Berlin, S. 9-29.

Brand, Karl-Werner (2008): Konsum im Kontext. Der ‚verantwortliche Konsument' – ein Motor nachhaltigen Konsums? In: Lange, Hellmuth (Hrsg.): Nachhaltigkeit als radikaler Wandel. Die Quadratur des Kreises? Wiesbaden, S. 71-93.

Brand, Karl-Werner/ Fürst, Volker (2002): Sondierungsstudie: Voraussetzungen und Probleme einer Politik der Nachhaltigkeit – Eine Exploration des Forschungsfelds. In: Brand, Karl-Werner (Hrsg.): Politik der Nachhaltigkeit. Voraussetzungen, Probleme, Chancen – eine kritische Diskussion. Berlin, S. 15-109.

Brand, Ulrich (1994): Weichspüler auf dem Vormarsch. Lohnt der Kampf um den Begriff Sustainable Development? In: iz3w/ Informationszentrum 3. Welt. H. 200, S. 34-37.

Brand, Ulrich (2000): Nichtregierungsorganisationen, Staat und ökologische Krise. Konturen kritischer NRO-Forschung. Das Beispiel der biologischen Vielfalt. Münster.

Brand, Ulrich (2008): „Umwelt" in der neoliberalen Politik. Sozial-ökologische Perspektiven demokratischer Gesellschaftspolitik. In: Widerspruch. Jg. 28, H. 54, S. 139-148.

Braun von, Christina (2007): Männliche und weibliche Form in Natur und Kultur in der Wissenschaft. Unter: http://www.bpb.de/files/ETGV97.pdf (Stand: 06.05.2012).

Braun, Kathrin (1995): Frauenforschung, Geschlechterforschung und feministische Politik. In: Feministische Studien. Bd. 13, H. 2, S. 107-117.

Braun Kathrin (1998): Mensch, Tier, Chimäre. Grenzauflösungen durch Technologie. In: Knapp, Gudrun-Axeli (Hrsg.): Kurskorrekturen. Feminismus zwischen Kritischer Theorie und Postmoderne. Frankfurt am Main/New York, S. 153-177.

Braun, Michael (2006): Funktionale Äquivalenz in interkulturell vergleichenden Umfragen. Mythos und Realität. Mannheim.

Braunmühl von, Claudia/ Winterfeld von, Uta (2003): Global Governance. Eine begriffliche Erkundung im Spannungsfeld von Nachhaltigkeit, Globalisierung und Demokratie. Wuppertal.

Brennan, Andrew (1992): Moral Pluralism and the Environment. In: Environmental Values. Vol 1, No. 1, pp. 15-33.

Brennan, Andrew (1997): Ethics, Conflict and animal Research. In: Animal Issues. Vol. 1, No. 2, pp. 40-56.

Bridge – Development Gender (2008): Gender and climate change: mapping the linkages. A scoping study on knowledge and gaps. Unter: www.bridge.ids.ac.uk/reports/Climate_Change_DFID.pdf (Stand: 28.04.2012).

Brinkmann, Christian/ Hiller, Karin/ Völkel, Brigitte (1995): Zur Entwicklung von Beschäftigungsgesellschaften in Ostdeutschland. In: Mitteilungen aus der Arbeitsmarkt- und Berufsforschung. Jg. 28, H. 4, S. 479.

Brodribb, Somer (1992): The Birth of Time: Generation(s) and Genealogy in Mary O'Brien and Luce Irigaray. In: Time & Society. Vol. 1, No. 2, pp. 257-270.

Bryant, Bunyan I. (1995): Environmental Justice. Washington.
Buchen, Judith/ Buchholz, Kathrin/ Hoffmann, Esther/ Hofmeister, Sabine/ Kutzner, Ralf/ Olbrich, Rüdiger/ Rüth van, Petra (Hrsg.) (1994): Das Umweltproblem ist nicht geschlechtsneutral – Feministische Perspektiven. Bielefeld.
Buchholz, Kathrin (1999): „Frauen und Umwelt" – (K)ein Thema für eine lokale Agenda 21? In: Weller, Ines/ Hofmann, Esther/ Hofmeister, Sabine (Hrsg.): Nachhaltigkeit und Feminismus: Neue Perspektiven – alte Blockaden. Bielefeld, S. 121-132.
Buege, Douglas J. (1991): Epistemic responsibility to the natural: Toward a feminist epistemology for environmental philosophy. In: American Philosophical Association Newsletter. Vol. 9, No. 1, pp. 73-78.
Buege, Douglas J. (1994): Rethinking again. A defense of ecofeministic philosophy. In: Warren Karen J. (Ed.): Ecological Feminism. London/ New York, pp. 42-63.
Buhr, Nina/ Kanning, Helga/ Rode, Michael/ Steinkraus, Katharina/ Wiehe, Julia (2006): Umwelt- und Raumverträglichkeit der energetischen Biomassenutzung. In: UVP-Report. Jg. 20, H. 4, S. 168-173.
Buhr, Nina/ Wiehe, Julia/ Steinkraus, Katharina/ Wolf, Ulrike/ Rode, Michael/ Kanning, Helga (2010): Handlungsempfehlungen für die natur- und raumverträgliche Optimierung des Biogas- und des BtL-Pfades. In: Rode, Michael/ Kanning, Helga (Hrsg.): Natur- und raumverträglicher Ausbau energetischer Biomassepfade. Stuttgart, S. 252-274.
Buhr, Regina (1999): Das Auto: Ein Mittel zur Erleichterung der Haushaltsführung? In: Flade, Antje/ Limbourg, Maria (Hrsg.): Frauen und Männer in der mobilen Gesellschaft. Opladen, S. 49-62.
Bührer, Susanne/ Schraudner, Martina (2006): Wie können Gender-Aspekte in Forschungsvorhaben erkannt und bewertet werden? Karlsruhe.
Busch-Lüty, Christiane/ Jochimsen, Maren/ Knobloch, Ulrike/ Seidl, Irmi (Hrsg.) (1994): Vorsorgendes Wirtschaften. Frauen auf dem Weg zu einer Ökonomie der Nachhaltigkeit. In: Politische Ökologie. Sonderheft 6. München.
Bush, Paul D. (1987): Theory of Institutional Change. In: Journal of Economic Issues. Vol. 21, No. 3, pp. 1075-1116.
Butler, Judith (1991): Das Unbehagen der Geschlechter. Frankfurt am Main.
Carlassare, Elizabeth (1994): Destabilizing the criticism of essentialism in ecofeminist discourse. In: Capitalism Nature Socialism. Vol. 5, No. 3, pp. 50-66.
Carrington, Christoph (1999): No place like home. Relationships and family life among Lesbians and Gay Men. Chicago/ London.
Castel, Robert/ Dörre, Klaus (Hrsg.) (2009): Prekarität, Abstieg, Ausgrenzung. Die soziale Frage am Beginn des 21. Jahrhunderts. Frankfurt am Main.
Charusheela, S./ Zein-Elabdin, Eimano O. (2003): Feminism, Postcolonial Thought, and Economics. In: Ferber, Marianne A./ Nelson, Julie A. (Eds.): Feminist Economics Today: Beyond Economic Man. Chicago/ London.
Cheney, Jim (1987): Eco-Feminism and Deep Ecology. In: Environmental Ethics. Vol. 9, No. 2, pp. 115-145.
Cheney, Jim (1990): Nature and the theorizing of difference. In: Contemporary Philosophy XIII, pp. 1-14.
Cockburn, Cynthia (1983): Caught in the Wheels: The High Cost of Being a Female Cog in the Male Machinery of Engineering. In: MacKenzie, Donald/ Wajcman Judy (Eds.): The Social Shaping of Technology. Buckingham/ Philadelphia, pp. 126-133.
Commission on Global Governance (Hrsg.) (1995): Nachbarn in einer Welt. Texte der Stiftung Entwicklung und Frieden. Bonn.
Cook, Julie (1998): The Philosophical Colonization of Ecofeminism. In: Environmental Ethics. Vol. 20, No. 3, pp. 227-246.

Cornelißen, Waltraud (Hrsg.) (2005): Gender Datenreport. 1. Datenreport zur Gleichstellung von Frauen und Männern in der Bundesrepublik Deutschland. München.
Costanza, Robert/ Cumberland, John/ Daly, Herman E./ Goodland, Robert/ Norgaard, Richard (2001): Einführung in die Ökologische Ökonomik. Stuttgart.
Cremer-Renz, Christa/ Jansen-Schulz, Bettina (Hrsg.) (2012): Von der Internationalisierung der Hochschule zur transkulturellen Wissenschaft. Baden-Baden.
Crenshaw, Kimberlé Williams (1989): Demarginalizing the Intersection of Race and Class. A black feminist Critique of Antidiscrimination Doctrine. University of Chicago Legal Forum, pp. 139-167.
Crenshaw, Kimberlé Williams (1998): Demarginalizing the Intersection of Race and Sex: A black Feminist Critique of Antidiscrimination Doctrine, Feminist Theory, and Antiracist Policies. In: Philips, Anne (Ed.): Feminism & Politics. Oxford/ New York, pp. 314-343.
Dalla Costa, Mariarosa/ Jones, Selma (1973): Die Macht der Frauen und der Umsturz der Gesellschaft. Berlin.
Daly, Herman E. (1991): Steady State Economics. Washington DC.
Daly, Herman E. (1999): Wirtschaft jenseits von Wachstum. Die Volkswirtschaftslehre nachhaltiger Entwicklung. Salzburg.
Daly, Mary (1978): Gyn/Ecology: The Meta-Ethics of Radical Feminism. Boston.
Danielzyk, Rainer (1998): Zur Neuorientierung der Regionalforschung. Wahrnehmungsgeographische Studien zur Regionalentwicklung, Bd. 17. Oldenburg.
Dankelmann, Irene (Ed.) (2010a): Gender and Climate Change. An Introduction. London.
Dankelmann, Irene (2010b): Introduction. Exporing Gender, Environment, and Climate Change. In: Dankelmann, Irene (Ed.): Gender and Climate Change. An Introduction. London, pp. 1-20.
Dankelmann, Irene/ Davidson, Joan (1988): Women and the Environment in the Third World: Alliance for Future. London.
Daschkeit, Achim/ Bechmann, Gotthard/ Hayn, Doris/ Schramm, Engelbert/ Simon, Karl-Heinz (2002): Auswertung der Sondierungsstudien. In: Balzer, Ingrid/ Wächter, Monika (Hrsg.): Sozial-ökologische Forschung. Ergebnisse der Sondierungsprojekte aus dem BMBF-Förderschwerpunkt. München, S. 551-570.
DAWN/ Development Alternatives with Women for a New Era (1992): Environment and Development: Grass Root Women's Perspectives. By Rosina Wiltshire. Bridgetown.
De Beauvoir, Simone (1951 [1949]): Das andere Geschlecht. Sitte und Sexus der Frau. Hamburg.
De Haan, Gerhard (2006): Bildung für eine nachhaltige Entwicklung – ein neues Lern- und Handlungsfeld. In: UNESCO heute. Hrsg. v. Deutsche UNESCO-Kommission. H. 1, S. 4-8.
D'Eaubonne, Francoise (1974): Le Feminisme ou la Mort. Paris.
Degele, Nina/ Winker, Gabriele (2007): Intersektionalität als Mehrebenenanalyse. Unter: http://www.tu-harburg.de/agentec/winker/pdf/Intersektionalitaet_Mehrebenen.pdf (Stand: 28.04.2012).
deNet/ Kompetenznetzwerk Dezentrale Energietechnologien (2011): Gemeinsam die regionale Energiewende voranbringen – Charta der 100ee-Regionen. Unter: http://www.100-ee.de/fileadmin/Redaktion/Downloads/Charta/Charta_100ee-Regionen.pdf (Stand: 21.11.2011).
Denton, Fatma (2002): Climate change vulnerability, impacts, and adaptation. Why does gender matter? In: Gender and Development. Vol. 10, No. 2, pp. 10-20.
Dialego AG (2007): Klimawandel. Eine Befragung der Dialego AG. Unter: http://dialego-foundation.de/index.php?id=759&ttnews=&taq=&L=37&type=98 (Stand: 03.08.201)

Diamond, Irene/ Orenstein, Gloria Femen (Eds.) (1990): Reweaving the World: The Emergence of Ecofeminism. San Francisco.

Die Bundesregierung (2002): Perspektiven für Deutschland. Unsere Strategie für eine nachhaltige Entwicklung. Berlin.

Dietzen, Agnes (1993): Soziales Geschlecht. Soziale, kulturelle und symbolische Dimensionen des Gender-Konzepts. Opladen.

Dingler, Johannes (2003): Postmoderne und Nachhaltigkeit. Eine diskurstheoretische Analyse der sozialen Konstruktionen von nachhaltiger Entwicklung. München.

Doan, Petra (2007): Queers in the American City: Transgendered Perceptions of Urban Space. In: Gender, Place and Culture. Vol. 14, No. 1, pp. 57-74.

Doblhofer, Doris/ Küng, Zita (2008): Gender Mainstreaming. Gleichstellungsmanagement als Erfolgsfaktor – das Praxisbuch. Berlin/ Heidelberg.

Döge, Peter (2002): Zwischen „Scientific Warrior" und „Mathematischem Mann" – Technik und Wissenschaft im Spiegel kritischer Männerforschung. In: Technikfolgenabschätzung – Theorie und Praxis. Jg. 11, H. 2, S. 32-36.

Dubielzig, Frank/ Schaltegger, Stefan (2004): Methoden tranzdisziplinärer Forschung und Lehre. Ein zusammenfassender Überblick. CSM, Universität Lüneburg. Unter: http://www.leuphana.de/institute/csm/publikationen/veroeffentlichungen/csm-schriften.html (Stand: 09.05.2012).

Dudeck, Anne/ Jansen-Schulz, Bettina (Hrsg.) (2006): Hochschuldidaktik und Fachkulturen – Gender als didaktisches Prinzip. Bielefeld.

Dudeck, Anne/ Jansen-Schulz, Bettina (Hrsg.) (2007): Zukunft Bologna!? Gender und Nachhaltigkeit als Leitideen für eine neue Hochschulkultur. Frankfurt am Main.

Duffield, Mark (2007): Development, Security and Unending War. Governing the World of People. Cambridge.

Dürr, Hans-Peter (2011): Das Lebende lebendiger werden lassen. Wie uns neues Denken aus der Krise führt. München.

Dziekan, Katrin/ Ahrend, Christine/ Schreiber, Annika (Hrsg.) (2011): easy.going. Herausforderung barrierefreie Mobilität. Wirtschaft trifft Wissenschaft. Münster.

Ebeling, Smilla/ Schmitz, Sigrid (Hrsg.) (2006): Geschlechterforschung und Naturwissenschaften. Einführung in ein komplexes Wechselspiel. Wiesbaden.

Eblinghausen, Helga/ Stickler, Armin (1996): Nachhaltigkeit und Macht. Zur Kritik von Sustainable Development. Frankfurt am Main.

Edvardsson, Bo (1998): Causes of customer dissatisfaction – studies of public transport by the critical-incident method. In: Managing Service Quality. Vol. 8, No. 3, pp. 189-197.

Eickhoff, Antje/ Ring, Rosemarie/ Ahrend, Christine (1994): Entschleunigung – die Abkehr von einem Lei(d)tbild. In: Frei-Räume. Streitschrift der feministischen Organisationen von Planerinnen und Architektinnen FOPA e.V. H. 7, Bielefeld.

EIGE/ European Institute for Gender Equality (2012): Review of the Implementation in the EU of area K of the Bejing Platform for Action: Women and the Environment. Gender Equality and Climate ChangeReport. Vilnius. Unter: http://www.eige.europa.eu/content/document/gender-equality-and-climate-change-report (Stand: 04.09.12).

Eisler, Riane (1990): The Gaia Tradition and the Partnership Future. In: Diamond, Irene/ Orenstein, Gloria Femen (Eds.): Reweaving the World: The Emergence of Ecofeminism. San Francisco, pp. 35-62.

Elson, Diane (2002): International Financial Architecture: A View from the Kitchen. In: Femina Politica. Zeitschrift für feministische Politikwissenschaft. Jg. 11, H. 1, S. 26-37.

Empacher, Claudia/ Hayn, Doris (2001): Sind Frauen besser? Die Relevanz der Alltagsgestaltung für nachhaltiges Konsumverhalten. In: Politische Ökologie. H. 70, S. 37-39.

Quellenverzeichnis

Empacher, Claudia/ Hayn, Doris/ Schubert, Stephanie/ Schultz, Irmgard (2001): Analyse der Folgen des Geschlechterrollenwandels für Umweltbewusstsein und Umweltverhalten. Im Auftrag des Umweltbundesamtes. Berlin.

Empacher, Claudia/ Schultz, Irmgard/ Hayn, Doris/ Schubert, Stephanie (2002): Die Bedeutung des Geschlechtsrollenwandels. In: BMU/ Umweltbundesamt (Hrsg.): Nachhaltige Konsummuster. Ein neues umweltpolitisches Handlungsfeld als Herausforderung für die Umweltkommunikation. Mit einer Zielgruppenanalyse des Frankfurter Instituts für sozial-ökologische Forschung. Berichte Nr. 6, S. 182-214.

Ernst, Waltraud (Hrsg.) (2010): Geschlecht und Innovation. Gender-Mainstreaming im Techno-Wissenschaftsbetrieb. Berlin, S. 219-282.

Eser, Uta (1999): Der Naturschutz und das Fremde: ökologische und normative Grundlagen der Umweltethik. Frankfurt am Main/ New York.

EU (2008): Special Eurobarometer 300. Europeans' attitudes towards climate change. Unter: http://ec.europa.eu/public_opinion/archives/ebs/ebs_300_full_en.pdf (Stand: 06.05.2012).

Europäische Kommission (2001): Europäisches Regieren – ein Weißbuch, KOM 428. Brüssel.

Europäische Kommission (2009): Gleichstellung von Frauen und Männern – 2010. Brüssel. Unter: http://eur-lex.europa.eu/LexUriServ/LexUriServ.do?uri=COM:2009:0694:FIN:DE: PDF (Stand: 28.04.2012).

Evers, Mariele/ Hofmeister, Sabine (2010): Flächenpolitik durch nachhaltige, geschlechtergerechte Stadtentwicklung und partizipative Planung. In: Raumforschung und Raumordnung (RuR). Jg. 68, H. 1, S. 35-47.

Evers, Mariele/ Hofmeister, Sabine (2011): Gender mainstreaming and participative planning for sustainable land management. In: Environmental Planning and Management (JEPM). Vol. 54, No. 10, pp. 1315-1329.

Faulkner, Wendy (2001): The Technology Question in Feminism: A View from Feminist Technology Studies. In: Women's Studies International Forum. Vol. 24, No. 1, pp. 79-95.

Faulstich-Wieland, Hannelore (2006): Einführung in Genderstudien. 2. Auflage. Opladen/ Farmington Hills.

Fausto-Sterling, Anne (2000): Sexing the Body. Gender Politics and the Construction of Sexuality. New York.

Feindt, Peter H. (2008): Nachhaltigkeit, Reflexivität und Verständigungsaufgaben. Konzeptionelle Ausgangsüberlegungen. In: Feindt, Peter H./ Gottschick, Manuel/ Mölders, Tanja/ Müller, Franziska/ Sodtke, Rainer/ Weiland, Sabine (Hrsg.): Nachhaltige Agrarpolitik als reflexive Politik. Plädoyer für einen neuen Diskurs zwischen Politik und Wissenschaft. Berlin, S. 41-66.

Femina Politica. Zeitschrift für feministische Politikwissenschaft (Hrsg.) (2010): Governing Gender. Feministische Studien zum Wandel des Regierens. Jg.19, H. 2, Opladen.

Fenstermaker, Sarah B./ West, Candace (2001): „Doing Difference" revisited. Probleme, Aussichten und der Dialog in der Geschlechterforschung. In: Heintz, Bettina (Hrsg.): Geschlechtersoziologie. Opladen, S. 236-249.

Ferber, Marianne A./ Nelson, Julie A. (Eds.) (1993): Beyond Economic Man. Feminist Theory and Economics. Chicago/ London.

FGSV/ Forschungsgesellschaft für Straßen- und Verkehrswesen (2004): Hinweise zu Gender-Aspekten in Nahverkehrsplänen. Köln.

Fischer, Cornelia/ Schophaus, Malte/ Trénel, Matthias/ Wallentin, Annette (2003): Die Kunst, sich nicht über den Runden Tisch ziehen zu lassen. Ein Leitfaden für BürgerInneninitiativen in Beteiligungsverfahren. Bonn.

Fischer, Karin (2011): Genderaspekte der Gebäudekerndämmung aus wiederverwerteten Rohstoffen. artec-paper Nr. 176. Bremen.

Fischer, Karin/ Grüning, Juliane/ Katz, Christine/ Mayer, Marion/ Thiem, Anja (2006): Vielfältig, kooperativ, geschlechtergerecht. Natur- und Umweltschutzverbände auf dem Weg. Dokumentation des Deutschen Naturschutzrings e.V. (Hrsg.). Berlin/ Bonn/ Lüneburg.

FOPA/ Feministische Organisation von Planerinnen und Architektinnen e.V. (Hrsg.) (1993): Regionalentwicklung – feministische Perspektiven. FREI-RÄUME. Streitschrift der feministischen Organisation von Planerinnen und Architektinnen FOPA e.V. Bd. 6. Dortmund.

FOPA/ Feministische Organisation von Planerinnen und Architektinnen e.V. (Hrsg.) (1998): Neue Wege – Neue Ziele. Positionen feministischer Planung. In: Frei.RäUMe. Streitschrift der feministischen Organisationen von Planerinnen und Architektinnen FOPA e.V. Bd. 10. Bielefeld.

Forschungsverbund ‚Blockierter Wandel?' (Hrsg.) (2007): Blockierter Wandel? Denk- und Handlungsräume für eine nachhaltige Regionalentwicklung. München.

Forsthoff, Ernst (1938): Die Verwaltung als Leistungsträger. Stuttgart/ Berlin.

Foucault, Michel (2006): Geschichte der Gouvernementalität. Bd I: Sicherheit, Territorium, Bevölkerung. Bd. II: Die Geburt der Biopolitik. Vorlesungen am Collège de France. Hrsg. von Michel Sennelart. Frankfurt am Main.

Frank, Susanne (2010): Gentrifizierung und Suburbanisierung im Fokus der Urban Gender Studies. In: Bauriedl, Sybille/ Schier, Michaela/ Strüver, Anke (Hrsg.): Geschlechterverhältnisse, Raumstrukturen, Ortsbeziehungen. Erkundungen von Vielfalt und Differenz im spatial turn. Münster, S. 26-47.

Franz-Balsen, Angela (2007): Unsichtbares sichtbar machen – Nachhaltigkeit und Gender in der Lehre. In: Dudeck, Anne/ Jansen-Schulz, Bettina (Hrsg.): Zukunft Bologna!? Gender und Nachhaltigkeit als Leitideen für eine neue Hochschulkultur. Frankfurt am Main, S. 265-282.

Franz-Balsen, Angela (2010): Gender Mainstreaming und Sustainable Development – Hochschulen als Wegbereiter für eine neue Wissenschaftskultur. In: Ernst, Waltraud (Hrsg.): Geschlecht und Innovation. Gender-Mainstreaming im Techno-Wissenschaftsbetrieb. Berlin, S. 219-238.

Franz-Balsen, Angela/ Mat Isah, Norpisah (2009): Gender & Diversity in the Context of Higher Education for Sustainable Development – An Intercontinental Exchange. In: Adomßent, Maik/ Beringer, Almut/ Barth, Matthias (Hrsg.): World in Transition: Sustainability Perspectives for Higher Education. Frankfurt am Main, pp. 228-235.

Franz-Balsen, Angela/ Mat Isah, Norpisah/ Lei, Wan Teng (2011): Merging Gender Mainstreaming and Sustainability Strategies – a win-win approach. In: Barth, Matthias/ Sanusi, Zainal A. (Eds.): 5 Years of Higher Education for Sustainable Development. Looking back – Moving Forward. Frankfurt am Main, pp. 118-131.

Fraser, Nancy (1996): Equality, Difference, and Radical Democracy. The United States Feminist Debates.

Fraser, Nancy (1997a): Die halbierte Gerechtigkeit. Frankfurt am Main.

Fraser, Nancy (1997b): Justice Interruptus. Critical Reflections on the „Postsocialist" Condition. New York/ London.

Frey, Regina (2003): Gender im Mainstreaming. Geschlechtertheorie und -praxis im internationalen Diskurs. Berlin.

Frey, Regine/ Dingler, Johannes (2001): Wie Theorien Geschlechter konstruieren. In: ALLES GENDER? ODER WAS? Theoretische Ansätze zur Konstruktion von Geschlecht(ern) und ihre Relevanz für die Praxis in Bildung, Beratung und Politik. Dokumentation einer Fachtagung der Heinrich-Böll-Stiftung und des „Forums Männer in Theorie und Praxis der Geschlechterverhältnisse" am 9./10. März 2001 in Berlin. Berlin, S. 7-25.

Friedan, Betty (1963): The Feminine Mystique. New York.
Friedrich, Beate (2011): Gesellschaftliche Natur- und Geschlechterverhältnisse. Die Ansätze von Adelheid Biesecker/ Sabine Hofmeister und Frigga Haug. In: Das Argument. Zeitschrift für Philosophie und Sozialwissenschaften. Jg. 53, H. 292, S. 413-420.
Friedrich, Beate/ Gottschlich, Daniela (2011): Lack of care?! Ecological Crisis as a Crisis of Societal Relations to Nature. Vortrag im Rahmen der 6th Conference of Critical Geography „Crisis – Causes, Dimensions, Reactions" in Frankfurt am Main (unveröffentlicht).
Frye, Marilyn (1983): The Politics of Reality. New York.
Fuchs, Gesine (2000): Feministische Partizipationsforschung. In: Braun, Kathrin/ Fuchs, Gesine/ Lemke, Christiane/ Toens, Katrin (Hrsg.): Feministische Perspektiven der Politikwissenschaft. München, S. 275-312.
Funtowicz, Silvio O./ Ravetz, Jerome R. (1991): A New Scientific Methodology for Global Environmental Issues. In: Costanza, Robert (Ed.): Ecological Economics. The Science and Management of Sustainability. New York, pp. 137-152.
Fürst, Dietrich/ Knieling, Jörg/ Danielzyk, Rainer (2001): Kann Regionalplanung durch kooperative Ansätze eine Aufwertung erlangen? In: Raumforschung und Raumordnung (RuR). H. 59, S. 184-191.
Gaard, Greta (1997): Toward a Queer Ecofeminism. In: Hypatia. Vol. 12, No. 1, pp. 137-155.
Gaard, Greta (2010): New Directions for Ecofeminism: Toward a More Feminist Ecocriticism. In: Interdisciplinary Studies in Literature and the Environment. Vol. 17, No. 4, pp. 643-665.
Garfinkel, Harold (1967): Studien über die Routinegrundlagen von Alltagshandeln. In: Steinert, Heinz (Hrsg.): Symbolische Interaktion. Arbeiten zu einer reflexiven Soziologie. Stuttgart, S. 280-293.
genanet – Leitstelle Gender, Umwelt, Nachhaltigkeit/ Deutscher Frauenrat/ kfd – Katholische Frauengemeinschaft Deutschlands/ Frauenpolitischer Rat des Landes Brandenburg e.V./ Verband deutscher Unternehmerinnen (2011): Green Economy: Gender_Gerecht! Auf dem Weg in eine ressourcenschonende und gerechte Gesellschaft. Diskussionspapier. Unter: http://www.genanet.de/fileadmin/downloads/Green_Economy/17.11.11_Diskussionspapier_end.pdf (Stand: 28.04.2012).
genSET (2010): Recommendations for Action on the Gender Dimension in Science. London.
Geppert, Kurt/ Gorning, Martin (2010): Mehr Jobs, mehr Menschen: Die Anziehungskraft der großen Städte wächst. In: Wochenbericht des DIW Berlin. Nr. 19/2010, Berlin, S. 2-10.
Gibbons, Michael/ Limoges, Camille/ Nowotny, Helga/ Schwartzmann, Simon/ Scott, Peter/ Trow, Martin (1994): The New Production of Knowledge: The Dynamics of Science and Research in Contemporary Societies. London/ Thousand Oaks/ New Delhi.
Gildemeister, Regine (2005): Carol Hagemann-White: Sozialisation: Weiblich – Männlich. In: Löw, Martina/ Mathes, Bettina (Hrsg.): Schlüsselwerke der Geschlechterforschung. Wiesbaden, S. 194-213.
Gildemeister, Regine/ Wetterer, Angelika (1992): Wie Geschlechter gemacht werden. Die soziale Konstruktion der Zweigeschlechtlichkeit und ihre Reifizierung in der Frauenforschung. In: Knapp, Gudrun Axeli/ Wetterer, Angelika (Hrsg.): Traditionen Brüche. Entwicklungen feministischer Theorie. Freiburg, S. 75-81.
Gilligan, Carol (1982): In a Different Voice. Psychological Theory and Women's Development. Cambridge.
Goffman, Erving (1994): Interaktion und Geschlecht. Hrsg. von Hubert A. Knoblauch. Frankfurt am Main/ New York.

Görg, Christoph/ Brand, Ulrich (Hrsg.) (2002): Mythen globalen Umweltmanagements. Rio + 10 und die Sackgassen „nachhaltiger Entwicklung". Münster.
Gottschlich, Daniela (1999): Nachhaltigkeit und Gender. Frauenpolitische Anforderungen an den Prozess „Lokale Agenda 21" – dargestellt am Beispiel Osnabrück. Magisterarbeit an der Universität Osnabrück, Fachbereich Sozialwissenschaften.
Gottschlich, Daniela (2012): Kommende Nachhaltigkeit. Bausteine für ein kritisches emanzipatorisches Konzept nachhaltiger Entwicklung aus feministischer, diskurstheoretischer Perspektive. Dissertationsschrift an der Universität Osnabrück, Fachbereich Sozialwissenschaften (i.V.).
Gottschlich, Daniela/ Mölders, Tanja (2006): Damit Nachhaltigkeit drin ist, wo Nachhaltigkeit drauf steht: Zur Krise der Krisenwahrnehmung und zur Notwendigkeit eines inhaltlich-konzeptionellen Geschlechterzugangs in sozial-ökologischen Forschungen. In: Aulenbacher, Brigitte/ Bereswill, Mechthild/ Löw, Martina/ Meuser, Michael/ Mordt, Gabriele/ Schäfer, Reinhild/ Scholz, Sylka (Hrsg.): FrauenMännerGeschlechterforschung. State of the Art, Schriftenreihe der Sektion Frauen- und Geschlechterforschung in der Deutschen Gesellschaft für Soziologie. Münster, S. 334-346.
Gottschlich, Daniela/ Mölders, Tanja (2011): Möglichkeiten und Grenzen der Steuerung gesellschaftlicher Naturverhältnisse. In: Kruse, Sylvia/ Baerlocher, Bianca (Hrsg.): Natur und Gesellschaft. Sozialwissenschaftliche Perspektiven auf die Regulation und Gestaltung einer Wechselbeziehung. Basel, S. 189-225.
Graham, Stephen/ Marvin, Simon (2001): Splintering urbanism. Networked infrastructures, technological mobilities and the urban condition. London/ New York.
Granovetter, Mark (1992): Economic Action and Social Structure: The Problem of Embeddedness. In: Granovetter, Mark/ Swedberg, Richard (Eds.): The Sociology of Economic Life. Boulder/ San Francisco/ Oxford, pp. 53-81.
Gransee, Carmen (1998): Grenz-Bestimmungen. Erkenntniskritische Anmerkungen zum Naturbegriff von Donna Haraway. In: Knapp, Gudrun-Axeli (Hrsg.): Kurskorrekturen. Feminismus zwischen Kritischer Theorie und Postmoderne. Frankfurt am Main/ New York, S. 126-152.
Gransee, Carmen (1999): Grenz-Bestimmungen. Zum Problem identitätslogischer Konstruktionen von „Natur" und „Geschlecht". Tübingen.
Greenberg, David E. (1988): The construction of homosexuality. Chicago.
Griffin, Susan (1978): Woman and Nature: The Roaring Inside Her. New York.
Grischkat, Sylvie (2004): Zukunft versiegelt? Kommunale Verkehrspolitik und Klimaschutz. Bonn.
Grischkat, Sylvie (2008): Umweltbilanzierung von individuellem Mobilitätsverhalten – Methodische und gestaltungsrelevante Ansätze. Mannheim.
Gross, Dieter/ Nakayama, Shuichi (2010): Barriers and Deficits with Implementing ESD 2000-2009 with Focus on UNESCO's Action Goals for the Second Half of the Decade. Unter: http://www.desd.sustain-future.org/Survey on UNESCO's Action Goals.pdf, (Stand: 20.06.2012).
Grover, Jan Zita (1997): North Enough: AIDS and Other Clear-Cuts. Saint Paul, Minnesota.
Grown, Caren/ Sebstad, Jennifer (1989): To a Wider Perspective on Women's Employment. In: World Development. Vol. 17, No. 7, pp. 937-952.
Gruen, Lori (1992): Reviewed work(s): Rethinking Ecofeminist Politics by Janet Biehl. In: Hypatia. Vol. 7, No. 3, pp. 216-220.
Grüger, Christine (2000): Nachhaltige Raumentwicklung und Gender Planning. Das Beispiel der Regionalplanung beim Verband Region Stuttgart. Dortmund.
Grunwald, Armin (2010): Wider die Privatisierung der Nachhaltigkeit. Warum ökologisch korrekter Konsum die Umwelt nicht retten kann. In: GAIA. Jg. 19, H. 3, S. 178-182.

Grunwald, Arnim/ Kopfmüller, Jürgen (2006): Nachhaltigkeit. Frankfurt am Main/ New York.
Habermann, Friederike (2004): Aus der Not eine andere Welt. Gelebter Widerstand in Argentinien. Königstein (Taunus).
Habermann, Friederike (2010): Hegemonie, Identität und der homo oeconomicus. Oder: Warum feministische Ökonomie nicht ausreicht. In: Bauhardt, Christine/ Çağlar, Gülay (Hrsg.): Gender Economics. Feministische Kritik der politischen Ökonomie. Wiesbaden, S. 151-173.
Habermas, Jürgen (1969): Erkenntnis und Interesse. Frankfurter Antrittsvorlesung vom 28.06.1965. In: Habermas, Jürgen (Hrsg.): Technik und Wissenschaft als „Ideologie". Frankfurt am Main, S. 146-168.
Habermas, Jürgen (1988): Theorie des kommunikativen Handelns. 2 Bände. Frankfurt am Main.
Hacking, Ian (1999): The social construction of what? Cambridge.
Hagemann-White, Carol (1984): Sozialisation: weiblich – männlich? Opladen.
Hagemann-White, Carol (1993): Die Konstrukteure des Geschlechts auf frischer Tat ertappen? Methodische Konsequenzen aus einer theoretischen Einsicht. In: Feministische Studien. Jg. 11, H. 2, S. 68-78.
Hagemann-White, Carol (2007) [1988]: Wir werden nicht zweigeschlechtlich geboren... In: Hagemann-White, Carol/ Rerrich, Maria (Hrsg.): FrauenMännerBilder. Männer und Männlichkeit in der Diskussion. Bielefeld, S. 224-235. Zitiert nach: Hark, Sabine (Hrsg.) (2007): Dis/Kontinuitäten: Feministische Theorie. 2. Auflage. Wiesbaden, S. 27-37.
Hagemann-White, Carol (2011): Intersektionalität als theoretische Herausforderung für die Geschlechterforschung. In: Smykalla, Sandra/ Vinz, Dagmar (Hrsg.): Intersektionalität zwischen Gender und Diversity. Münster, S. 20-33.
Hahne, Ulf (2005): Zur Neuinterpretation des Gleichwertigkeitsziels. In: Raumordnung und Raumforschung (RuR). Jg. 63, H. 4, S. 257-265.
Hahne, Ulf/ Glatthaar, Michael (2007): Nachhaltige Strategien für den Standort Deutschland? Vages und Gewagtes in den neuen Leitbildern der Raumentwicklung. In: Raum-Planung, H. 132/133, S. 113-118.
Hammer, Carmen/ Stieß, Immanuel (1995): Einleitung. In: Haraway, Donna: Die Neuerfindung der Natur. Primaten, Cyborgs und Frauen (hrsg. von Carmen Hammer und Immanuel Stieß). Frankfurt am Main/ New York, S. 9-31.
Haraway, Donna (1987): Geschlecht, Gender, Genre – Sexualpolitik eines Wortes. In: Hauser, Kornelia (Hrsg.): Viele Orte. Überall? Feminismus und Bewegung. Festschrift für Frigga Haug. Berlin, S. 22-41.
Haraway, Donna (1995 [1992]): Monströse Versprechen. Eine Erneuerungspolitik für un/an/geeignete Andere. In: Haraway, Donna: Monströse Versprechen. Die Gender- und Technologie-Essays. Argument Sonderband Neue Folge AS 234. Hamburg, S. 11-80, 185-197 (Original: The Promises of Monsters: A Regenerative Politics for Inappropiate/d Others. In: Groosberg, Lawrence/ Nelson, Cary/ Treichler, Paula A. (Eds.): Cultural Studies.New York/ London, pp. 295-337.
Haraway, Donna (1995a): Die Neuerfindung der Natur. Primaten, Cyborgs und Frauen (Hrsg. und eingeleitet von Carmen Hammer und Immanuel Stieß). Frankfurt am Main/ New York.
Haraway, Donna (1995b): Primatologie ist Politik mit anderen Mitteln. In: Orland, Barbara/ Scheich, Elvira (Hrsg.): Das Geschlecht der Natur. Feministische Beiträge zur Geschichte und Theorie der Naturwissenschaften. Frankfurt am Main, S. 136-197.
Haraway, Donna (1995c): Ein Manifest für Cyborgs. Feminismus im Streit mit den Technowissenschaften. In: Haraway, Donna: Die Neuerfindung der Natur. Primaten, Cyborgs und Frauen (hrsg. von Carmen Hammer und Immanuel Stieß). Frankfurt am Main/ New York, S. 33-72.

Haraway, Donna (1995d): „Wir sind immer mittendrin." Ein Interview mit Donna Haraway. In: Haraway, Donna: Die Neuerfindung der Natur. Primaten, Cyborgs und Frauen (hrsg. von Carmen Hammer und Immanuel Stieß). Frankfurt am Main/ New York, S. 98-122.
Haraway, Donna (1995e): Situiertes Wissen. Die Wissenschaftsfrage im Feminismus und das Privileg einer partialen Perspektive. In: Haraway, Donna: Die Neuerfindung der Natur. Primaten, Cyborgs und Frauen (hrsg. von Carmen Hammer und Immanuel Stieß). Frankfurt am Main/ New York, S. 73-97.
Haraway, Donna (1996a): Situiertes Wissen. Die Wissenschaftsfrage im Feminismus und das Privileg einer partialen Perspektive. In: Scheich, Elvira (Hrsg.): Vermittelte Weiblichkeit. Feministische Wissenschafts- und Gesellschaftstheorie. Hamburg, S. 217-248.
Haraway, Donna (1996b): Anspruchsloser Zeuge@Zweites Jahrtausend. FrauMann^C trifft OncoMouse$^{TM.}$ Leviathan und die vier Jots: Die Tatsachen verdrehen. In: Scheich, Elvira (Hrsg.): Vermittelte Weiblichkeit. Feministische Wissenschafts- und Gesellschaftstheorie. Hamburg, S. 347-389.
Haraway, Donna (1997): Modest Witness@Second_Millenium. FemaleMan© MeetsOncoMouse^{TM} Feminism and Technoscience. New York/ London.
Haraway, Donna (2003): The Companion Species Manifesto. Dogs, People, and Significant Otherness. Chicago.
Harbers, Hans (2010): Animal farm love stories. About care and economy. In: Mol, Annemarie/ Moser, Ingunn/ Pols, Jeannette (Eds.): Care in Practice. On Tinkering in Clinics, Homes and Farms. Bielefeld, pp. 141-170.
Harcourt, Wendy (1994): Feminist Perspectives on Sustainable Development. London.
Harding, Sandra (1986): The Science Question in Feminism. Ithaca/ New York.
Harding, Sandra (1990): Feministische Wissenschaftstheorie. Zum Verhältnis von Wissenschaft und sozialem Geschlecht. Hamburg.
Harding, Sandra (1994): Das Geschlecht des Wissens. Frankfurt am Main/ New York.
Harding, Sandra (2006): Science and Social Equality: Feminist and Postcolonial Issues. Urbana/ Chicago.
Harding, Sandra (2010): Wissenschafts- und Technikforschung: Multikulturelle und postkoloniale Geschlechteraspekte. In: Becker, Ruth/ Kortendiek, Beate (Hrsg.): Handbuch Frauen- und Geschlechterforschung. Theorie, Methoden, Empirie. Wiesbaden, S. 312-321.
Hark, Sabine (2007a): Dis/Kontinuitäten: Feministische Theorie. Einleitung. In: Hark, Sabine (Hrsg.): Dis/Kontinuitäten: Feministische Theorie. 2. Auflage Wiesbaden, S. 9-17.
Hark, Sabine (2007b): Kritisches Bündnis: Feminismus und Wissenschaft. Kommentar. In: Hark, Sabine (Hrsg.): Dis/Kontinuitäten: Feministische Theorie. 2. Auflage Wiesbaden, S. 239-246.
Hartmann, Heidi (Ed.) (1985): Comparable Worth. New Directions for Research. Washington D.C.
Hartmann, Kathrin (2009): Ende der Märchenstunde. Wie die Industrie die Lohas und Lifestyle-Ökos vereinnahmt. München.
Hartsock, Nancy (1990): Foucault on Power: A Theory for Women? In: Nicholson, Linda (Ed.): Feminism/Postmodernism. New York.
Haug, Frigga (1995): Einleitung zur deutschen Veröffentlichung. In: Haraway, Donna: Monströse Versprechen. Die Gender- und Technologie-Essays. Argument Sonderband Neue Folge AS 234. Hamburg, S. 6-8.
Haug, Frigga (2001): Zur Theorie der Geschlechterverhältnisse. In: Das Argument. Zeitschrift für Philosophie und Sozialwissenschaften. Jg. 43, H. 243, S. 761-787.
Haug, Frigga (2008): Die Vier-in-einem-Perspektive. Politik von Frauen für eine neue Linke. Hamburg.

Haug, Frigga (2010): Die Vier-in-einem-Perspektive und das bedingungslose Grundeinkommen. (Vortrag vom 18.12.2010) Unter: http://www.vier-in-einem.de (Stand: 28.04.2012).

Haug, Frigga (2011): Das Care-Syndrom. Ohne Geschichte hat die Frauenbewegung keine Perspektive. In: Das Argument. Zeitschrift für Philosophie und Sozialwissenschaften. Jg. 53, H. 292, S. 345-364.

Hausen, Karin (1976): Die Polarisierung der „Geschlechtercharaktere". Eine Spiegelung der Dissoziation von Erwerbs- und Familienleben. In: Conze, Werner (Hrsg.): Sozialgeschichte der Familie in der Neuzeit Europas. Stuttgart, S. 363-393.

Hawkins, Roberta/ Ojeda, Diana (2011): Gender and environment: critical tradition and new challenges. In: Environment and Planning D: Society and Space. Vol. 29, pp. 237-253.

Hawkins, Roberta/ Ojeda, Diana/ Asher, Kiran/ Baptiste, Brigitte/ Harris, Leila/ Mollett, Sharlene/ Nightingale, Andrea/ Rocheleau, Dianne/ Seager, Joni/ Sultana, Farhana (2011): A discussion. Gender and environment: critical tradition and new challenges. In: Environment and Planning D: Society and Space. Vol. 29, pp. 237-253.

Hayn, Doris (2004) (Bearb.): Gender Mainstreaming im Naturschutz. Herausgegeben vom BfN, Bundesamt für Naturschutz. Münster.

Hayn, Doris/ Nöltin, Benjamin/ Voß, Jan-Peter (2003): Methodenfragen der Nachhaltigkeitsforschung. Normativ, integrativ, partizipativ – aber wie? In: Volkens, Annette/ Fischer, Corinna/ Karmanski, Andreas/ Bartelt, Sonja/ Heinrichs, Harald (Hrsg.): Orte nachhaltiger Entwicklung: Transdisziplinäre Perspektiven. Schriftenreihe der Vereinigung für ökologische Wirtschaftsforschung. Berlin, S. 4-9.

Heck, Stephanie (2011): Von „Reproduktion" zu „Care" – zentrale Verschiebung in der feministischen Ökonomie-Debatte? In: Das Argument. Zeitschrift für Philosophie und Sozialwissenschaften. Jg. 53, H. 292, S. 408-412.

Hehn, Maria/ Katz, Christine/ Mayer, Marion/ Westermayer, Till (Hrsg.) (2010): Abschied vom grünen Rock? Forstverwaltungen, waldbezogene Umweltbildung und Geschlechterverhältnisse im Wandel. München.

Heidegger, Martin (1988 [1927]): Being and Time. Oxford.

Hein, Jan-Philipp (2007): Erderwärmung soziologisch. Männer sind schuld am Klimawandel. In: Spiegel-Online Wissenschaft. 17.11.2007. Unter: www.spiegel.de/wissenschaft/ natur/0,1518,517892,00.html (Stand: 28.04.2012).

Heine, Hartwig/ Mautz, Rüdiger/ Rosenbaum, Wolf (2001): Mobilität im Alltag. Warum wir nicht vom Auto lassen. Frankfurt am Main/ New York.

Held, Martin (2001): Sustainable Development from a Temporal Perspective. In: Time & Society. Vol. 10, No. 2/3, pp. 351-366.

Held, Martin/ Geißler, Karlheinz A. (Hrsg.) (1993): Von Rhythmen und Eigenzeiten. Perspektiven einer Ökologie der Zeit. Stuttgart.

Held, Martin/ Geißler, Karlheinz A. (Hrsg.) (1995): Ökologie der Zeit. Vom Finden der rechten Zeitmaße. Stuttgart.

Held, Martin/ Hofmeister, Sabine/ Kümmerer, Klaus/ Schmid, Bernhard (2000): Auf dem Weg von der Durchflußökonomie zur nachhaltigen Stoffwirtschaft. Ein Vorschlag zur Weiterentwicklung der grundlegenden Regeln. In: GAIA. Jg. 9, H. 4, S. 257-266.

Held, Virginia (1993): Feminist Morality: Transforming Culture, Society, and Politics. Chicago.

Heller, Chiah (1990): Toward a Radical Eco-feminism. In: John Clark (Ed.): Renewing the Earth: The Promise of Social Ecology. London, pp. 160-170.

Hemmati, Minu/ Röhr, Ulrike (2007): Gender and Climate Change: Existing Research, Knowledge Gaps, and Priorities For the Future. Research review for the United Nations Food and Agriculture Organisation (FAO) (unveröffentlicht).

Hemmati, Minu/ Röhr, Ulrike (2009): Engendering the climate change experiences. Experiences, challenges, and steps forward. In: Gender and Development. Vol. 17, No. 1, pp. 19-32.

Henderson, Hazel (1996): Building a Win-Win-World. Life beyond Global Economic Warfare. San Francisco.

Hird, Myra J. (2006): Animal Transex. In: Australian Feminist Studies. Vol. 21, No. 46, pp. 35-50.

Hirschauer, Stefan (1992): Konstruktivismus und Essentialismus. Zur Soziologie des Geschlechterunterschieds und der Homosexualität. In: Zeitschrift für Sexualforschung. Jg. 5, H. 4, S. 331-345.

Hjorthol, Randi (2008): Daily Mobility of Men and Women – A Barometer of Gender Equity? In: Priya Uteng, T./ Creswell, Tim (Hrsg.): Gendered mobilities. Aldershot, pp. 193-209.

Hoffmann, Vera (1998): Die Arbeitssituation der Waldarbeiterinnen in Deutschland. Agrarwissenschaftliche Forschungsergebnisse. Hamburg.

Hofmeister, Sabine (1989): Stoff- und Energiebilanzen. Zur Eignung des physischen Bilanz-Prinzips als Konzeption der Umweltplanung. Schriftenreihe des Fachbereichs Landschaftsentwicklung Nr. 58. Berlin.

Hofmeister, Sabine (1995): Der „blinde Fleck" ist das Ganze. Anmerkungen zur Bedeutung der Reproduktion in der Ökonomie. In: Grenzdörffer, Klaus/ Biesecker, Adelheid/ Heide, Holger/ Wolf, Sabine (Hrsg.): Neue Bewertungen in der Ökonomie. Pfaffenweiler, S. 51-65.

Hofmeister, Sabine (1998): Zeit der Erneuerung. Zur Verbindung von Zeitpolitik und Stoffökonomie im Begriff der Reproduktion. In: Adam, Barbara/ Geißler, Karlheinz A./ Held, Martin: Die Nonstopgesellschaft und ihr Preis. Vom Zeitmissbrauch zur Zeitkultur. Stuttgart/ Leipzig, S. 185-200.

Hofmeister, Sabine (2000): Welche Planung braucht eine nachhaltige Entwicklung? – Ein Blick zurück nach vorn. In: Brandt, Edmund (Hrsg.): Perspektiven der Umweltwissenschaften. Baden-Baden, S. 83-105.

Hofmeister, Sabine (2011): Anforderungen eines sozial-ökologischen Stoffstrommanagements an technische Ver- und Entsorgungssysteme. In: Tietz, Hans-Peter/ Hühner, Tanja (Hrsg.): Zukunftsfähige Infrastruktur und Regionalentwicklung – Handlungserfordernisse für Ver- und Entsorgungssysteme. Forschungs- und Sitzungsberichte der Akademie für Raumforschung und Landesplanung (ARL), Bd. 235. Hannover, S. 176-190.

Hofmeister, Sabine/ Adam, Barbara (2000): Vorsorgendes Wirtschaften in Zeiten. Zur Bedeutung der Zeitvielfalt für eine Ökonomie der Vorsorge. In: Biesecker, Adelheid/ Mathes, Maite/ Schön, Susanne/ Scurrell, Babette (Hrsg.) (2000): Vorsorgendes Wirtschaften. Auf dem Weg zu einer Ökonomie des Guten Lebens. Bielefeld, S. 238-248.

Hofmeister, Sabine/ Katz, Christine (2011): Naturverhältnisse. Geschlechterverhältnisse. Nachhaltigkeit. In: Groß, Matthias (Hrsg.): Handbuch Umweltsoziologie. Wiesbaden, S. 365-398.

Hofmeister, Sabine/ Kägi, Sylvia/ Karsten, Maria-Eleonora/ Katz, Christine/ Mölders, Tanja/ Walther, Kerstin/ Weller, Ines (2002): Vorstudie: Universitäre und universitätsübergreifende Voraussetzungen für Nachwuchsförderung im Themenfeld „Gender und Nachhaltigkeit". In: Balzer, Ingrid/ Wächter, Monika (Hrsg.): Sozial-ökologische Forschung. Ergebnisse der Sondierungsprojekte aus dem BMBF-Förderschwerpunkt. München, S. 538-549.

Hofmeister, Sabine/ Mölders, Tanja (2006): Geschlecht als Basiskategorie der Nachhaltigkeitsforschung. In: Schäfer, Martina/ Schultz, Irmgard/ Wendorf, Gabriele (Hrsg.): Gender-Perspektiven in der Sozial-ökologischen Forschung. München, S. 17-37.

Quellenverzeichnis

Hofmeister, Sabine/ Mölders, Tanja (2007): Wilde Natur – gezähmte Wirtschaft. Biosphärenreservate: Modelle für eine nachhaltige Regionalentwicklung? In: Zeitschrift für angewandte Umweltforschung (ZAU). Jg. 18, H. 2, S. 191-206.

Hofmeister, Sabine/ Mölders, Tanja/ Thiem, Anja (2012): Nachhaltige Raumentwicklung. In: Heinrichs, Harald/ Michelsen, Gerd (Hrsg.): Nachhaltigkeitswissenschaften. Berlin/ Heidelberg (i.V.).

Hofmeister, Sabine/ Scurrell, Babette (2006): Denk- und Handlungsformen für eine nachhaltige Regionalentwicklung. Annäherungen an ein sozial-ökologisches Raumkonzept. In: GAIA. Jg. 15, H. 4, S. 275-284.

Hofmeister, Sabine/ Spitzner, Meike (Hrsg.) (1999): Zeitlandschaften. Perspektiven ökosozialer Zeitpolitik. Stuttgart.

Hofmeister, Sabine/ Weller, Ines (2008): National Sustainability Strategies – „Blind Spots" from and for Gender Perspectives – Example Germany. In: Spangenberg, Joachim H. (Hrsg.): Past Conflicts and Future Challenges. Taking Stock of the Sustainable Discourse. Münster, pp. 177-197.

Holland-Cunz, Barbara (1994a): Öffentlichkeit und Intimität – demokratietheoretische Überlegungen. In: Biester, Elke/ Holland-Cunz, Barbara/ Sauer, Birgit (Hrsg.): Demokratie oder Androkratie? Theorie und Praxis demokratischer Herrschaft in der feministischen Diskussion. Frankfurt am Main/ New York, S. 227-246.

Holland-Cunz, Barbara (1994b): Soziales Subjekt Natur. Natur- und Geschlechterverhältnis in emanzipatorischen politischen Theorien. Frankfurt am Main/ New York.

Holland-Cunz, Barbara (2001): Perspektiven der Verhandlungsdemokratie – Governance-Prozesse aus frauenpolitischer Sicht. In: Leggewie, Claus/ Münch, Richard (Hrsg.) (2001): Politik im 21. Jahrhundert. Frankfurt am Main, S. 281-296.

Holtkamp, Lars/ Wiechmann, Elke/ Schnittke, Sonja (2009): Unterrepräsentanz von Frauen in der Kommunalpolitik. Berlin.

Honegger, Claudia (1991): Die Ordnung der Geschlechter. Die Wissenschaft vom Menschen und das Weib. Frankfurt am Main/ New York.

hooks, bell (1981): Ain't I a woman: Black Women and Feminism. Boston.

Höpflinger, François (2004): Familie und Beruf heute – ausgewählte statistische Informationen. In: Eidg. Koordinationskommission für Familienfragen (Hrsg.): Zeit für Familien. Beiträge zur Vereinbarkeit von Familien- und Erwerbsalltag aus familienpolitischer Sicht. Bern, S. 35-51.

Hoppe, Hella (2002): Feministische Ökonomik. Gender in Wirtschaftstheorien und ihren Methoden. Berlin.

Horkheimer, Max/ Adorno, Theodor W. (1947): Dialektik der Aufklärung. Philosophische Fragmente. Amsterdam.

Howard, Patricia L. (2003): Women & Plants. Gender Relations in Biodiversity Management & Conservation. London/ New York.

Hubbard, Ruth (1990): The Politics of Women's Biology. New Brunswick.

Hübler, Karl-Hermann/ Kaether, Johann/ Selwig, Lars/ Weiland, Ulrike (2000): Weiterentwicklung und Präzisierung des Leitbilds der nachhaltigen Entwicklung in der Regionalplanung und regionalen Entwicklungskonzepten. UBA Texte. Berlin.

Hummel, Diana/ Schultz, Irmgard (2011): Geschlechterverhältnisse und gesellschaftliche Naturverhältnisse. Perspektiven Sozialer Ökologie in der transdisziplinären Wissensproduktion. In: Scheich, Elvira/ Wagels, Karen (Hrsg.): Körper. Raum. Transformation. Gender-Dimensionen von Natur und Materie. Münster, S. 218-233.

IBA Hamburg/ Internationale Bauausstellung Hamburg (2012): Metrozonen. Neue Räume für die Stadt/ Kosmopolis. Neue Chancen für die Stadt. Unter: www.iba-hamburg.de (Stand: 28.04.2012).

Immler, Hans (1985): Natur in der ökonomischen Theorie. Wiesbaden/ Opladen.
Infas – Institut für angewandte Sozialwissenschaft GmbH/ DLR – Deutsches Zentrum für Luft- und Raumfahrt e.v. (2007): Nutzerbefragung „Mobilität in Deutschland 2002". Ergebnisse und Schlussfolgerungen. Präsentation beim Anwenderworkshop in Berlin-Adlershof am 27.08.2001. Unter: www.mobilitaet-in-deutschland.de/pdf/MID2002_Ergebnisse_Nutzerbefragung_2007.pdf (Stand: 28.04.2012).
Infas – Institut für angewandte Sozialwissenschaft GmbH/ DLR – Deutsches Zentrum für Luft- und Raumfahrt e.v. (2010): Mobilität in Deutschland 2008. Ergebnisbericht. Struktur – Aufkommen – Emissionen – Trends. www.mobilitaet-in-deutschland.de/pdf/MiD2008_Abschlussbericht_I.pdf (Stand: 28.04.2012).
Ingram, Gordon Brent (1997): Marginality and the Landscape of Erotic Alien(n)antions. In: Ingram, Gordon Brent/ Bouthillette, Anne-Marie/ Retter, Yolanda (Eds.): Queers in Space: Communities/Public Places/Sites of Resistance. Seattle/ Washington, pp. 25-52.
Inhetveen, Heide (1994): Hortikultur als Vorbild. In: Busch-Lüty, Christiane/ Jochimsen, Maren A./ Knobloch, Ulrike/ Seidl, Irmi (Hrsg.): Vorsorgendes Wirtschaften. Frauen auf dem Weg zu einer Ökonomie der Nachhaltigkeit. In: Politische Ökologie. Sonderheft 6. München, S. 22-27.
Inhetveen, Heide (2004): Nachhaltigkeit und Biodiversität im Land- und Gartenbau – geschlechtersensibel betrachtet. In: Hayn, Doris (Bearb.): Gender Mainstreaming im Naturschutz. Herausgegeben vom BfN, Bundesamt für Naturschutz. Münster, S. 67-81
Inhetveen, Heide/ Blasche, Margret (1983): Frauen in der kleinbäuerlichen Landwirtschaft: Wenn's Weiber gibt, kanns weitergehen.... Opladen.
Inhetveen, Heide/ Schmitt, Mathilde (2004): Feminization Trends in Agriculture: Theoretical Remarks and Empirical Findings from Germany. In: Buller, Henry/ Hoggart, Keith (Eds.): Women in the European Countryside. Ashgate, pp. 83-102.
IPCC/ Intergovernmental Panel on Climate Change (2007): Summary for Policy Makers. In: Parry, M.L./ Canziani, O.F./ Palutikof, J.P./ van der Linden, P.J./ Hanson, C.E. (Eds): Climate Change 2007. Impacts, Adaptation and Vulnerablity. Contribution of working group II to the fourth assessment report of the intergovernmental panel on climate change. Cambridge.
Irigaray, Luce (1983): L'Oubi de l'air, chez Martin Heidegger. Paris.
Irigaray, Luce (1989): The Temps de la difference. Pour une revolution pacifique. Paris.
Jaeger-Erben, Melanie/ Offenberger, Ursula/ Nentwich, Julia/ Schäfer, Martina/ Weller, Ines (2011): Gender im Themenschwerpunkt „Nachhaltiger Konsum – Vom Wissen zum Handeln": Ergebnisse und Perspektiven. In: Defila, Rico/ Di Guilio, Antonietta/ Kaufmann-Hayoz, Ruth (Hrsg.): Wesen und Wege nachhaltigen Konsums. München, S. 283-298.
Jaggar, Alison M./ Bordo, Susan R. (Eds.) (1989): Gender/Body/Knowledge: Feminist reconstructions of being and knowing. New Brunswick.
Jahn, Thomas/ Wehling, Peter (1998): Gesellschaftliche Naturverhältnisse – Konturen eines theoretischen Konzepts. In: Brand, Karl-Werner (Hrsg.): Soziologie und Natur. Theoretische Perspektiven. Opladen, S. 75-93.
Janowicz, Cedric (2011): Das Konzept der gesellschaftlichen Naturverhältnisse und seine Bedeutung für die Umweltsoziologie. In: Kruse, Sylvia/ Baerlocher, Bianca (Hrsg.): Natur und Gesellschaft. Sozialwissenschaftliche Perspektiven auf die Regulation und Gestaltung einer Wechselbeziehung. Basel, S. 21-43.
Jansen-Schulz, Bettina (2007): Die Strategie „Integratives Gendering" in Lehre, Forschung und Hochschulstrukturen. In: Dudeck, Anne/ Jansen-Schulz, Bettina (Hrsg.) (2007): Zukunft Bologna!? Gender und Nachhaltigkeit als Leitideen für eine neue Hochschulkultur. Frankfurt am Main, S. 167-188.

Jansen-Schulz, Bettina (2012): Diversity Managing – Theoretische Grundlagen, Diskurse, Ansätze in deutschen und deutschsprachigen Hochschulen. In: Cremer-Renz, Christa/ Jansen-Schulz, Bettina (Hrsg.): Von der Internationalisierung der Hochschule zur transkulturellen Wissenschaft. Baden-Baden (i.V.).

Jansen-Schulz, Bettina/ van Riesen, Kathrin (Hrsg.) (2011): Vielfalt und Geschlecht – relevante Kategorien in der Wissenschaft. Opladen.

Jasanoff, Sheila (2010): A new Climate for Society. In: Theory, Culture & Society. Vol. 27, No. 2/3, pp. 233-253.

Jochimsen, Maren A. (2003): Careful Economics. Integrating Caring Activities and Economic Science. Boston/ Dordrecht/ London.

Jochimsen, Maren A./ Knobloch, Ulrike (1997): Making the Hidden Visible: The Importance of Caring Activities and Their Principles for Any Economy. In: Ecological Economics. Vol. 20, No. 2, pp. 107-112.

Jochimsen, Maren A./ Knobloch, Ulrike (2006): Lebenswelt als Ort wirtschaftlicher Globalisierung. In: Jochimsen, Maren A./ Knobloch, Ulrike (Hrsg.): Lebenswelt als Ort wirtschaftlicher Globalisierung. Bielefeld, S. 9-19.

Johnsson-Latham, Gerd (2007): A study on gender equality as a prerequisite for sustainable development: what we know about the extent to which women globally live in a more sustainable way than men, leave a smaller Ecological Footprint and cause less climate change. Stockholm.

Jungkeit, Renate/ Katz, Christine/ Weber, Ivana/ Winterfeld von, Uta (2002): Natur – Wissenschaft – Nachhaltigkeit. In: Balzer, Ingrid/ Wächter, Monika (Hrsg.): Sozialökologische Forschung. Ergebnisse der Sondierungsprojekte aus dem BMBF-Förderschwerpunkt. München, S. 475-494.

Jurczyk, Karin (2004): Familie in einer neuen Erwerbswelt – Herausforderungen für eine nachhaltige Familienpolitik. In: Eidg. Koordinationskommission für Familienfragen (Hrsg): Zeit für Familien. Beiträge zur Vereinbarkeit von Familien- und Erwerbsalltag aus familienpolitischer Sicht. Bern, S. 107-128.

Jurczyk, Karin/ Schier, Michaela/ Szymenderski, Peggy/ Lange, Andreas/ Voß, G. Günter (2009): Entgrenzte Arbeit – entgrenzte Familie. Grenzmanagement im Alltag als neue Herausforderung. Reihe: Forschung aus der Hans-Böckler-Stiftung. Bd. 100, Berlin.

Kahlert, Heike (2005): Wissenschaftsentwicklung durch Inter- und Transdisziplinarität: Positionen der Frauen- und Geschlechterforschung. In: Kahlert, Heike/ Thiessen, Barbara/ Weller, Ines (Hrsg.): Quer denken – Strukturen verändern. Gender Studies zwischen Disziplinen. Wiesbaden, S. 23-60.

Kahlert, Heike (2006): Geschlecht als Struktur- und Prozesskategorie – Eine Re-Lektüre von Giddens´ Strukturationstheorie. In: Aulenbacher, Brigitte/ Bereswill, Mechthild/ Löw, Martina/ Meuser, Michael/ Mordt, Gabriele/ Schäfer, Reinhild/ Scholz, Sylka (Hrsg.): FrauenMännerGeschlechterforschung. State of the Art, Schriftenreihe der Sektion Frauen- und Geschlechterforschung in der Deutschen Gesellschaft für Soziologie. Münster, S. 205-216.

Kaika, Maria (2008): City of flow. Der Wandel der symbolischen Bedeutung technischer Infrastrukturen in der Moderne. In: Moss, Timothy/ Naumann, Matthias/ Wissen, Markus (Hrsg.): Infrastrukturnetze und Raumentwicklung. Zwischen Universalisierung und Differenzierung. München, S. 87-110.

Kanatschnig, Dietmar/ Pelikan, Irma (2010): Transitionmanagement in Theorie und Praxis. In: Steurer, Reinhard/ Trattnigg, Rita (Hrsg.) (2010): Nachhaltigkeit regieren. Eine Bilanz zu Governance-Prinzipien und -Praktiken. München, S. 75-95.

Kanning, Helga (2005): Brücken zwischen Ökologie und Ökonomie – Umweltplanerisches und ökonomisches Wissen für ein nachhaltiges regionales Wirtschaften. München.

Kanning, Helga (2011): Strategien und Instrumente der räumlichen Umweltplanung für ein proaktives, regionales (Energie)Ressourcenmanagement. In: Tietz, Hans-Peter/ Hühner, Tanja (Hrsg): Zukunftsfähige Infrastruktur und Raumentwicklung – Handlungserfordernisse für Ver- und Entsorgungssysteme. Forschungs- und Sitzungsberichte der Akademie für Raumforschung und Raumordnung (ARL), Bd. 235. S. 191-217.

Kanning, Helga (2012): Akteure und Kriterien zur erfolgreichen Gestaltung natur- und raumverträglicher Bioenergienutzungen in Regionen. In: FORUM Raumplanung. Bd. 20 „Energie und Raum", Wien (i.V.).

Kanning, Helga/ Buhr, Nina/ Steinkraus, Katharina (2009): Erneuerbare Energien – Räumliche Dimensionen, neue Akteurslandschaften und planerische (Mit)Gestaltungspotenziale am Beispiel des Biogaspfades. In: Raumforschung und Raumordnung (RuR). Themenheft: Klimawandel und räumliche Planung Nr. 2, S. 142-156.

Karl, Astrid (2008): Öffentlicher Verkehr im Gewährleistungsstaat. Der ÖPNV zwischen Regulierung und Wettbewerb. Berlin.

Katz, Christine (2006): Gender und Nachhaltigkeit. Neue Forschungsperspektiven. In: GAIA. Jg. 15, H. 3, S. 206-214.

Katz, Christine (2010): Natur ist was man daraus macht! Naturvorstellungen von forstlichen Akteuren in der waldbezogenen Umweltbildung. In: Hehn, Maria/ Katz, Christine/ Mayer, Marion/ Westermayer, Till (Hrsg.): Abschied vom grünen Rock? Forstverwaltungen, waldbezogene Umweltbildung und Geschlechterverhältnisse im Wandel. München, S. 61-94.

Katz, Christine (2011): Im Wald: Doing Gender while Doing Nature. Geschlechteraspekte der Gestaltungspraktiken eines Naturraums. In: Scheich, Elvira/ Wagels, Karen (Hrsg.): Körper. Raum. Transformation. Gender-Dimensionen von Natur und Materie. Münster, S. 176-197.

Katz, Christine/ Brouns, Ellen/ Grüning, Juliane/ Mayer, Marion/ Mölders, Tanja (2003): Geschlechteraspekte sehen und verstehen lernen. Gender Mainstreaming in Natur- und Umweltschutzorganisationen. In: Robin Wood Magazin. Jg. 78, H. 3, S. 38-40.

Katz, Christine/ Hehn, Maria (2010): Frauen, Bildung und Natur im Forstbereich oder Von der Ausgrenzung und Abwertung von Frauen und Weiblichkeit aus Forstwirtschaft, Umwelt und Wald. Ein Zwischenruf. In: Hehn, Maria/ Katz, Christine/ Mayer, Marion/ Westermayer, Till (Hrsg.): Abschied vom grünen Rock? Forstverwaltungen, waldbezogene Umweltbildung und Geschlechterverhältnisse im Wandel. München, S. 95-100.

Katz, Christine/ Mayer, Marion (2006a): Zwischen Sachzwang und Aufbruch: Natur- und Umweltschutzorganisationen go Gender Mainstreaming!? In: Mauss Bärbel/ Petersen Barbara (Hrsg.): Das Geschlecht der Biologie. Schriftenreihe des Vereins von Frauen in Naturwissenschaft und Technik e.V., Bd. 11, Mössingen-Talheim, S. 118-136.

Katz, Christine/ Mayer, Marion (2006b): MännerWeltWald – Natur- und Geschlechterkonstruktionen in Handlungsmustern von Waldakteuren/innen. In: Aulenbacher, Brigitte/ Bereswill, Mechthild/ Löw, Martina/ Meuser, Michael/ Mordt, Gabriele/ Schäfer, Reinhild/ Scholz, Sylka (Hrsg.): FrauenMännerGeschlechterforschung. State of the Art, Schriftenreihe der Sektion Frauen- und Geschlechterforschung in der Deutschen Gesellschaft für Soziologie. Münster, S. 241-253.

Katz, Christine/ Mayer, Marion (2010): Bildung für nachhaltige Entwicklung als Leitkonzept für die waldbezogene Bildungsarbeit. In: Hehn, Maria/ Katz, Christine/ Mayer, Marion/ Westermayer, Till (Hrsg.): Abschied vom grünen Rock? Forstverwaltungen, waldbezogene Umweltbildung und Geschlechterverhältnisse im Wandel. München, S. 191-208.

Katz, Christine/ Mölders, Tanja (2004): Aus(nahme)fälle in der Nachwuchsförderung – Qualifizierungen im Themenfeld „Gender und Nachhaltigkeit". In: Hertzfeldt, Hella/ Schäfgen, Katrin/ Veth, Silke (Hrsg.): GeschlechterVerhältnisse. Analysen aus Wissenschaft, Politik und Praxis. Berlin, S. 254-263.

Katz, Christine/ Mölders, Tanja/ Kägi Sylvia (2003): Aus-, Um-, Auf-Brüche: Forschungs- und Qualifizierungserfahrungen im Themenfeld „Gender und Nachhaltigkeit". In: Feministische Studien. Jg. 21, H. 1, S. 137-147.

Katz, Christine/ Westermayer, Till (2010): Abschied vom „grünen Rock". Einleitung: Abschied vom „grünen Rock"? In: Hehn, Maria/ Katz, Christine/ Mayer, Marion/ Westermayer, Till (Hrsg.): Abschied vom grünen Rock? Forstverwaltungen, waldbezogene Umweltbildung und Geschlechterverhältnisse im Wandel. München, S. 9-24.

Katz, Christine/ Winterfeld von, Uta (2006): Im Schatten der Aufklärung. Zur Kontinuität der Natur- und Geschlechterkonstruktionen von Bacon bis Brundtland. In: Ernst, Waltraud/ Bohle, Ulrike (Hrsg.): Naturbilder und Lebensgrundlagen. Konstruktionen von Geschlecht. Hamburg, S. 194-232.

Katz, Jonathan Ned (1990): The invention of heterosexuality. In: Socialist Review. Vol. 20, No. 1, pp. 7-34.

Keller, Evelyn Fox (1985): Reflections on gender and science. New Haven.

Keller, Evelyn Fox (1986): Liebe, Macht und Erkenntnis. Männliche oder weibliche Wissenschaft? München/ Wien.

Keller, Evelyn Fox (1995a): Geschlecht und Wissenschaft. Eine Standortbestimmung. In: Orland, Barbara/ Scheich, Elvira (Hrsg.): Das Geschlecht der Natur. Frankfurt am Main, S. 64-91.

Keller, Evelyn Fox (1995b): Origin, history and politics of the subject called „Gender and Science" – A first person account. In: Jasanoff, Sheila/ Markle, Gerald E./ Peterson, James C./ Pinch, Trevor (Eds.): Handbook of Science and Technology Studies. Thousand Oaks/ Newbury Park, pp. 80-94.

Kerchner, Brigitte (2010): Regieren in einer komplexer werdenden Demokratie. In: Femina Politica. Zeitschrift für feministische Politikwissenschaft. Jg. 19, H. 2, S. 24-38.

Kerchner, Brigitte/ Schneider, Silke (2010): Government – Governance – Gouvernementalität. In: Femina Politica. Zeitschrift für feministische Politikwissenschaft. Jg. 19, H. 2, S. 9-23.

Kessler, Suzanne/ McMenna, Wendy (1978): Gender. An Ethnomethodological Approach. Chicago/ London.

King, Ynestra (1981): Feminism and the Revolt of Nature. In: Heresis. Vol. 13, No. 3, pp. 12-16.

King, Ynestra (1983): Toward an Ecological Feminism and a Feminist Ecology. In: Rothschild Joan (Ed.): Machina Ex Dea. Feminist Perspectives on Technology. New York/ Oxford, pp. 118-129.

King, Ynestra (1990): Healing the Wounds: Feminism, Ecology, and the Nature/Culture Dualism. In: Diamond, Irene/ Orenstein, Femen Gloria (Eds.): Reweaving the World: The Emergence of Ecofeminism. San Francisco, pp. 106-121.

Klammer, Ute/ Klenner, Christina (2004): Geteilte Erwerbstätigkeit – Gemeinsame Fürsorge. Strategien und Perspektiven der Kombination von Erwerbs- und Familienleben in Deutschland. In: Leitner, Sigrid/ Ostner, Ilona/ Schratzenstaller, Margit (Hrsg.): Wohlfahrtsstaat und Geschlechterverhältnis im Umbruch. Wiesbaden, S. 177-207.

Klaus, Elisabeth (2004): Öffentlichkeit und Privatheit: Frauenöffentlichkeiten und feministische Öffentlichkeiten. In: Becker, Ruth/ Kortendiek, Beate (Hrsg.): Handbuch Frauen- und Geschlechterforschung. Theorie, Methoden, Empirie. Wiesbaden, S. 209-216.

Klinger, Cornelia (1995): Zwei Schritte vorwärts, einer zurück – und ein vierter darüber hinaus. Die Etappen feministischer Auseinandersetzung mit der Philosophie. In: Die Philosophin. Jg. 6, H. 12, S. 81-97.

Klinger, Cornelia (1997): Liberalismus – Marxismus – Postmoderne. Der Feminismus und seine glücklichen oder unglücklichen ‚Ehen' mit verschiedenen Theorieströmungen im 20. Jahrhundert. In: Politische Vierteljahresschrift. Jg. 38, Sonderheft: Geschlechterverhältnisse im Kontext politischer Transformation, S. 177-193.

Klinger, Cornelia/ Knapp, Gudrun-Axeli/ Sauer, Birgit (Hrsg.) (2007): Achsen der Ungleichheit. Zum Verhältnis von Klasse, Geschlecht und Ethnizität. Frankfurt am Main/ New York.

Kluge, Thomas/ Libbe, Jens (Hrsg.) (2010): Transformationsmanagement für eine nachhaltige Wasserwirtschaft. Berlin.

Kluge, Thomas/ Schramm, Engelbert (1986): Wassernöte. Umwelt- und Sozialgeschichte des Trinkwassers. Aachen.

Kluge, Thomas/ Schramm, Engelbert (2010): Geschichtlicher Exkurs zur Genese der bestehenden Systeme. In: Kluge, Thomas/ Libbe, Jens (Hrsg.): Transformationsmanagement für eine nachhaltige Wasserwirtschaft. Handreichung zur Realisierung neuartiger Infrastrukturlösungen im Bereich Wasser und Abwasser. Berlin, S. 33-36.

Knapp, Gudrun-Axeli (1989): Männliche Technik – weibliche Frau? Zur Analyse einer problematischen Beziehung. In: Becker, Dietmar/ Becker-Schmidt, Regina/ Knapp, Gudrun-Axeli/ Wacker, Ali (Hrsg.): Zeitbilder der Technik. Essays zur Geschichte von Arbeit und Technologie. Bonn, S. 193-253.

Knapp, Gudrun-Axeli (1998): Postmoderne Theorie oder Theorie der Postmoderne. Anmerkungen aus feministischer Sicht. In: Knapp, Gudrun-Axeli (Hrsg.): Kurskorrekturen. Feminismus zwischen Kritischer Theorie und Postmoderne. Frankfurt am Main/ New York, S. 25-83.

Knapp, Gudrun-Axeli (2001): Grundlagenkritik und stille Post. Zur Debatte um den Bedeutungsverlust der Kategorie Geschlecht. In: Heintz, Bettina (Hrsg.): Geschlechtersoziologie. Kölner Zeitschrift für Soziologie und Sozialpsychologie. Sonderheft 41. Wiesbaden, S. 53-74.

Knapp, Gudrun-Axeli (2002): Dezentriert und viel riskiert. Anmerkungen zur These vom Bedeutungsverlust der Kategorie Gechlecht. In: Knapp, Gudrun-Axeli/ Wetterer, Angelika (Hrsg.): Soziale Verortung der Geschlechter. Gesellschaftstheorie und feministische Kritik. Münster, S. 15-62.

Knapp, Gudrun-Axeli (2007 [1988]): Die vergessene Differenz. In: Feministische Studien. Jg. 6, H. 1, S. 12-31. zitiert nach: Hark, Sabine (Hrsg.): Dis/Kontinuitäten. Feministische Theorie. 2. Auflage. Wiesbaden, S. 263-284.

Knoll, Bente (2008): Gender Planning. Grundlagen für Verkehrs- und Mobilitätserhebungen. Saarbrücken.

Knoll, Bente/ Szalai, Elke (2008): Frauenwege – Männerwege. Entwicklung von gendersensiblen Mobilitätserhebungen. Wien.

Knothe, Bettina (2011a): Searching for meaning – Intersubjective dimensions in environmental policies. In: Altvater, Elmar/ Brunngräber, Achim (Hrsg.): After Cancún. Climate Governance or Climate Conflicts. Reihe: Energiepolitik und Klimaschutz. Wiesbaden, S. 157-171.

Knothe, Bettina (2011b): Natur-Kultur-Verhältnisse und öffentlicher Raum. In: Scambor. Elli/ Zimmer, Fränk (Hrsg.): Die intersektionelle Stadt. Geschlechterforschung und Medienkunst an den Achsen der Ungleichheit. Bielefeld, S. 107-122.

Kontos, Sylvia/ Walser, Karin (1979): … weil nur zählt, was Geld einbringt. Probleme der Hausfrauenarbeit. Glenhausen/ Berlin/ Stein Mittelfranken.

Körntgen, Silvia (1993): Koordination von Kinderbetreuung und frauengerechtem öffentlichem Personennahverkehr im Landkreis Bitburg-Prüm. In: Frei-Räume. Streitschrift der feministischen Organisationen von Planerinnen und Architektinnen FOPA e.V. H. 6, S. 90-97.

Kramer, Susanne (2005): Zeit für Mobilität. Räumliche Disparitäten der individuellen Zeitverwendung für Mobilität in Deutschland. Erdkundliches Wissen. Schriftenreihe für Forschung und Praxis (EW), Bd. 138. Stuttgart.

Quellenverzeichnis

Krikser, Thomas/ Nüthen, Inga (2010): Bildung für nachhaltige Entwicklung und ihre Geschlechter – zum Status quo der Geschlechterverhältnisse in der Bildung für nachhaltige Entwicklung. In: Femina Politica. Zeitschrift für feministische Politikwissenschaft. Jg. 19, H. 1, S. 67-76.

Kropotkin, Peter (1920 [1902]): Gegenseitige Hilfe in der Tier- und Menschenwelt. Autorisierte dt. Ausgabe von Gustav Landauer. Leipzig, S. 1890-1896.

Kropp, Cordula (2002): „Natur". Soziologische Konzepte. Politische Konsequenzen. Opladen.

Krüger, Helga (2006): Strukturdaten und Selbstinterpretation. Warum es gerade in der Geschlechterforschung so wichtig ist, beide Ebenen der Analyse aufeinander zu beziehen. In: Aulenbacher Brigitte/ Bereswill, Mechthild/ Löw, Martina/ Meuser Michael/ Mordt Gabriele/ Schäfer Reinhild/ Scholz Sylka (Hrsg.): FrauenMännerGeschlechterforschung. State of the Art, Schriftenreihe der Sektion Frauen- und Geschlechterforschung in der Deutschen Gesellschaft für Soziologie. Münster, S. 122-136.

Kruse, Sylvia (2010): Vorsorgendes Hochwassermanagement im Wandel. Ein sozialökologisches Raumkonzept für den Umgang mit Hochwasser. Wiesbaden.

Kuhn, Thomas S. (1976 [1967]): Die Struktur wissenschaftlicher Revolutionen. Frankfurt am Main.

Kuiper, Edith (2001): The Most Valuable of all Capital. A Gender Reading of Economic Texts. Amsterdam.

Kuiper, Edith/ Sap, Jolande (Hrsg.) (1995): Out of the Margin. Feminist Perspectives on Economics. London/ New York.

Kumbruck, Christel/ Rumpf, Mechthild/ Senghaas-Knobloch, Eva (2010): Unsichtbare Pflegearbeit. Fürsorgliche Praxis auf der Suche nach Anerkennung. Studien zur Pflege 3. Mit einem Beitrag von Ute Gerhard. Münster.

Kümmerer, Klaus/ Schneider, Manuel/ Held, Martin (Hrsg.) (1997): Bodenlos. Zum nachhaltigen Umgang mit Böden. Politische Ökologie. Sonderheft Nr. 15.

Kurz-Scherf, Ingrid (2002): Geschlechterdemokratie und Feminismus. Zur Notwendigkeit einer herrschaftskritischen Reformulierung eines Leitbegriffs. In: Femina Politica. Zeitschrift für feministische Politikwissenschaft. Jg. 11, H. 2, S. 42-51.

Lachenmann, Gudrun (1992): „Grüner Wall gegen die Wüste" oder ökologischer Diskurs im Sahel. In: Glaeser, Bernhard/ Teherani-Krönner, Parto (Hrsg.): Humanökologie und Kulturökologie. Grundlagen, Ansätze, Praxis. Opladen, S. 330-356.

Lachenmann, Gudrun (2001a): Geschlechtsspezifische Einbettung der Wirtschaft. In: Lachenmann, Gudrun/ Danneker, Petra (Hrsg.): Die geschlechtsspezifische Einbettung der Ökonomie. Hamburg, S. 15-47.

Lachenmann, Gudrun (2001b): Die geschlechtsspezifische Konstruktion von Umwelt in der Entwicklungspolitik. In: Nebelung, Andreas/ Poferl, Angelika/ Schultz, Irmgard (Hrsg.): Geschlechterverhältnisse – Naturverhältnisse. Feministische Auseinandersetzungen und Perspektiven der Umweltsoziologie. Opladen, S. 247-267.

Lachenmann, Gudrun/ Danneker, Petra (Hrsg.) (2001a): Die geschlechtsspezifische Einbettung der Ökonomie. Hamburg.

Lachenmann, Gudrun/ Danneker, Petra (2001b): Die geschlechtsspezifische Einbettung der Ökonomie – Engendering embeddedness. In: Lachenmann, Gudrun/ Danneker, Petra (Hrsg.): Die geschlechtsspezifische Einbettung der Ökonomie. Hamburg, S. 1-14.

Lahar, Stephanie (1991): Ecofeminist theory and grassroots politics. In: Hypatia. Vol. 6, No. 1, pp. 28-45.

Läpple, Dieter (1991): Essay über den Raum. In: Häußermann, Hartmut/ Ipsen, Detlev/ Krämer-Badoni, Thomas/ Läpple, Dieter/ Rodenstein, Marianne/ Siebel, Walter (Hrsg.): Stadt und Raum. Pfaffenweiler, S. 157-208.

Latour, Bruno (1995): Wir sind nie modern gewesen. Versuch einer symmetrischen Anthropologie. Berlin.
Latour, Bruno (2001): Das Parlament der Dinge. Für eine politische Ökologie, Frankfurt am Main.
Latour, Bruno (2004): Politics of Nature. How to Bring the Sciences into Democracy. Cambridge, Mass./ London.
Lenz, Barbara (2010): Ist Mobilität genderneutral? Kenntnisstand und Forschungsbedarf. Mobilitätsverhalten. Vortrag anlässlich des femtech Gender Awards am 10.5.2010 in Wien. Unter: http://www.femtech.at/fileadmin/downloads/Aktivitaeten/Auszeichnungen/ Mobilitaet_und_Gender_Barbara_Lenz.pdf (Stand: 06.05.2012).
Lenz, Ilse (1987): Subsistenzproduktion, Moderne und Freiheit. In: DIE GRÜNEN im Bundestag/ AK Frauenpolitik (Hrsg.): Frauen & Ökologie. Gegen den Machbarkeitswahn. Köln, S. 71-74.
Lettow, Susanne (2011): Biophilosophien. Wissenschaft, Technologie und Geschlecht im philosophischen Diskurs der Gegenwart. Reihe: Politik der Geschlechterverhältnisse. Bd.43, Frankfurt am Main/ New York.
Lettow, Susanne (2012): Materialität/Naturalität. Elemente einer feministischen Theorie gesellschaftlicher Naturverhältnisse. In: Çağlar, Gülay/ Castro Varela, María do Mar/ Schwenken, Helen (Hrsg.): Geschlecht – Macht – Klima. Feministische Perspektiven auf Klima, gesellschaftliche Naturverhältnisse und Gerechtigkeit. Berlin/ Toronto, S. 167-176.
Leuphana Universität Lüneburg (2011): Selbstbericht zur Evaluation der Genderforschung in Niedersachsen vom 15.12.2011. Lüneburg (unveröffentlicht).
Ley, Astrid/ Weitz, Ludwig (Hrsg.) (2003): Praxis Bürgerbeteiligung. Ein Methodenhandbuch. In: Stiftung Mitarbeit/ Agenda-Transfer Agenda für Nachhaltigkeit GmbH (Hrsg.): Arbeitshilfen für Selbsthilfe- und Bürgerinitiativen. Nr. 30. Bonn, S. 199-206.
Lidestav, Gun/ Reed, Maureen G. (2010): Preface: Gender and forestry. In: Scandinavian Journal of Forest Research. Vol. 25, No. 9, pp. 1-5.
Liedtke, Christa/ Welfens, Maria/ Stengel, Oliver (2007): Ressourcenschonung durch lebensstilorientierte Bildung. In: Altner, Günter/ Leitschuh, Heike/ Michelsen, Gerd/ Simonis, Udo E./ Weizsäcker, Ernst U. (Hrsg.): Jahrbuch Ökologie 2008. München, S. 142-153.
LIFE/ Bildung Umwelt Chancengleichheit e.V. (o.J.): Ökostromwechsel! 10 Schritte zum guten Gewissen. Berlin.
Lorber, Judith (1999): Gender-Paradoxien. Opladen.
Löw, Martina (2001): Raumsoziologie. Frankfurt am Main.
Löw, Martina/ Mathes, Bettina (Hrsg.) (2005): Schlüsselwerke der Geschlechterforschung. Wiesbaden.
Löw, Martina/ Sturm, Gabriele (2005): Raumsoziologie. In: Kessel, Fabian/ Reutlinger, Christian/ Maurer, Susanne/ Frey, Oliver (Hrsg.): Handbuch Sozialraum. Wiesbaden, S. 31-48.
Lucas, Rainer/ Winterfeld von, Uta (1998): Die „ganze Arbeit" als Ziel. Nachhaltigkeit als Herausforderung für eine andere Arbeit. In: Politische Ökologie. H. 54, München, S. 30-34.
Lucht, Petra/ Paulitz, Tanja (Hrsg.) (2008): Recodierungen des Wissens. Stand und Perspektiven der Geschlechterforschung in Naturwissenschaft und Technik. Frankfurt am Main.
Lucht, Petra/ Weber, Ivana (2006): Natur- und Geschlechtskonstruktionen im Naturschutzdiskurs. Ein Beitrag zur Verbindung von feministischer Umwelt- und Naturwissenschaftsforschung. In: Mauss, Bärbel/ Petersen, Barbara (Hrsg.): Das Geschlecht der Biologie. Schriftenreihe des Vereins von Frauen in Naturwissenschaft und Technik e.V. Bd. 11. Mössingen-Talheim, S. 93-117.

Ludwig, Gundula (2010): „Frauen", „Männer" und „der Staat". Foucaults Gouvernementalitätsvorlesungen als Beitrag zu einer feministischen poststrukturalistischen Staatstheorie. In: Femina Politica. Zeitschrift für feministische Politikwissenschaft. Jg. 19, H. 2, S. 39-50.

Luhmann, Niklas (1982): The Differentiation of Society. New York.

Luhmann, Niklas (1987): Soziale Systeme: Grundriß einer allgemeinen Theorie. Frankfurt am Main.

Luks, Fred/ Höhler, Sabine/ Bauriedl, Sybille/ Schindler Delia/ Winkler, Matthias (2003): Nachhaltige Entwicklung zwischen Durchsatz und Symbolik. Analyse wissenschaftlicher Evidenzproduktion und regionaler Bezüge. NEDS Working Paper 3. Hamburg. Unter: http://www.neds-projekt.de/NEDS_WP_3_05_2003.pdf (Stand: 10.03.2012).

Luxemburg, Rosa (1975 [1913]): Die Akkumulation des Kapitals. Ein Beitrag zur ökonomischen Erklärung des Imperialismus. In: Luxemburg, Rosa: Gesammelte Werke Bd. 5. Berlin.

Lyotard, Jean-François (2009 [1979]): Das postmoderne Wissen. Wien. [La condition postmoderne. Paris].

MacDonald, Heather (1999): Women's Employment and Commuting: Explaining the Links. In: Journal of Planning Literature. Vol. 13, No. 3, pp. 267-283.

Madörin, Mascha (2006): Plädoyer für eine eigenständige Theorie der Care-Ökonomie. In: Niechoj, Torsten/ Tullney, Marco (Hrsg.): Geschlechterverhältnisse in der Ökonomie. Marburg, S. 277-297.

Madörin, Mascha (2010): Care Ökonomie – eine Herausforderung für die Wirtschaftswissenschaften. In: Bauhardt, Christine/ Çağlar, Gülay (Hrsg.): Gender and Economics. Feministische Kritik der politischen Ökonomie. Berlin, S. 81-104.

Madörin, Masha (2006): Plädoyer für eine eigenständige Theorie der Care-Ökonomie. In: Niechoj, Torsten/ Tullney, Marco (Hrsg.): Geschlechterverhältnisse in der Ökonomie. Marburg, S. 277-297.

Mae, Michiko/ Saal, Britta (Hrsg.) (2007): Transkulturelle Genderforschung. Wiesbaden.

Maihofer, Andrea (2004): Geschlecht als soziale Konstruktion – eine Zwischenbetrachtung. In: Helduser, Urte/ Marx, Daniela/ Paulitz, Tanja/ Pühl, Katharina (Hrsg.): under construction? Konstruktivistische Perspektiven in feministischer Theorie und Forschungspraxis. Frankfurt am Main, S. 33-43.

Mallory, Chaone (2010): What Is Ecofeminist Political Philosophy? Gender, Nature, and the Political. In: Environmental Ethics. Vol. 32, No. 2, pp. 305-322.

Mann, Renate (2002): Weibliche Wildnis und wilde Weiblichkeit. In: Verein FluMiNuT (Hrsg.): Wissen_schaf(f)t Widerstand. Dokumentation des 27. Kongresses von Frauen in Naturwissenschaft und Technik. Wien, S. 264-269.

Marx, Karl (1973 [1844]): Ökonomisch-philosophische Manuskripte. Wiederabgedruckt. In: Marx-Engels-Werke. Ergänzungsband 1. Berlin, S. 465-588.

Marx, Karl/ Engels, Friedrich (1969 [1845]): Die deutsche Ideologie. Marx-Engels-Werke. Bd. 3, Berlin.

Masika, Rachel (Ed.) (2002): Gender, Development and Climate Change. Oxford.

Massey, Doreen (1993): Power-geometry and a progressive sense of place. In: Bird, Jon/ Curis, Barry/ Putnam, Tim/ Robertson, George/ Tickner, Lisa: Mapping the futures. Local cultures, global change, London, pp. 60-70.

Massey, Doreen (1994): Space, place and gender. Minneapolis.

Mauss, Bärbel/ Petersen, Barbara (Hrsg.) (2006): Das Geschlecht der Biologie. Schriftenreihe des Vereins von Frauen in Naturwissenschaft und Technik e.V., Bd. 11, Mössingen-Talheim.

Mayer, Marion (2010): Forstliche Bildungsarbeit zwischen Nische und Professionalisierung. In: Hehn, Maria/ Katz, Christine/ Mayer, Marion/ Westermayer, Till (Hrsg.): Abschied vom grünen Rock? Forstverwaltungen, waldbezogene Umweltbildung und Geschlechterverhältnisse im Wandel. München, S. 101-120.

Mayer, Marion/ Katz, Christine (2008): Gender in die Bildung! – Für eine nachhaltige Entwicklung. In: Zeitschrift für Nachhaltigkeit. Nr. 6, S. 73-98.

Mayer, Marion/ Katz, Christine/ Brouns, Ellen/ Grüning, Juliane/ Mölders, Tanja (2003): Gender Mainstreaming für Organisationen im Bereich von Umwelt- und Naturschutz – Ansätze, Hindernisse und Herausforderungen. In: Zeitschrift für Frauenforschung und Geschlechterstudien. Jg. 21, H.1, S. 102-111.

Mayntz, Renate (2001): Zur Selektivität der steuerungstheoretischen Perspektive. In: Burth, Hans-Peter/ Görlitz, Axel (Hrsg.): Politische Steuerung in Theorie und Praxis. Baden-Baden, S. 17-27.

Mayntz, Renate (2004): Governance Theory als fortentwickelte Steuerungstheorie? MPIfG Working Paper 04/1.

Mayntz, Renate (2009): Über Governance. Institutionen und Prozesse politischer Regelung. Frankfurt am Main/ New York.

Mayntz, Renate (2010): Governance im modernen Staat. In: Benz, Arthur/ Dose, Nicolai (Hrsg.) (2010): Regieren in komplexen Regelsystemen. Eine Einführung. Lehrbuch. 2. Auflage, Wiesbaden, S. 37-48.

Mayor, Frederico/ Bindé, Jérôme (Hrsg.) (2001): The World Ahead. Our Future in the Making. London.

McCall, Leslie (2005): The Complexity of Intersectionality. In: Journal of Women in Culture and Society. Vol. 30, No. 3, pp. 1771-1800.

McCarthy, James J./ Canziani, Osvaldo F./ Leary, Neil A./ Dokken, David J./ White, Kasey S. (Eds.) (2001): Climate Change 2001. Impacts, Adaptation and Vulnerability. Cambridge.

McDonald, Noreen C. (2005): Does Residential Density Affect the Travel „Gender Gap"? In: Transportation Research Board (Eds.): Research on Women's Issues in Transportation. Conference Proceedings 35. Vol. 2: Technical Papers. Washington, pp. 68–75.

McGregor, Sherilyn (2010): A stranger silence still: the need for feminist social research on climate change. Oxford.

McGuckin, Nancy/ Murakami, Elaine (1999): Examining trip-chaining behavior: Comparison of travel by men and women. In: Transportation Research Record. Vol. 1693, No. 1, pp. 79-85.

McIlwee, Judith S./ Robinson, Gregg J. (1992): Women in Engineering: Gender, Power and Workplace Culture. Albany/ New York.

Mellor, Mary (1992): Ecofeminism and Ecosocialism: Dilemmas of Essentialism and Materialism. Capitalism Nature Socialism. Vol. 3, No. 3, pp. 1-20.

Mellor, Mary (1994 [1982]): Wann, wenn nicht jetzt? Für einen ökofeministischen Feminismus. In: Argument Sonderband 216. Hamburg [Breaking the Boundaries: Towards a Feminist Green Socialism. London].

Mellor, Mary (1997): Feminism and Ecology. Cambridge/ New York.

Mellor, Mary (2001): Nature, Gender and the Body. In: Nebelung, Andreas/ Poferl, Angelika/ Schultz, Irmgard (Hrsg.): Geschlechterverhältnisse – Naturverhältnisse. Feministische Auseinandersetzungen und Perspektiven der Umweltsoziologie. Opladen, S. 121-139.

Mellor, Mary (2009): Ecofeminist Political Economy and the Politics of Money. In: Salleh, Ariel (Eds.): Eco-Sufficiency & Global Justice. Women write Political Ecology. Sidmouth, pp. 251-267.

Merchant, Carolyn (1987 [1980]): Der Tod der Natur. Ökologie, Frauen und neuzeitliche Naturwissenschaft. München [The Death of Nature. Women, Ecology and the Scientific Revolution. London].

Merchant, Carolyn (1990): Ecofeminism and feminist theory. In: Diamond, Irene/ Orenstein, Femen Gloria (Eds): Reweaving the World: The Emergence of Ecofeminism. San Francisco, pp. 100-106.

Messner, Dirk (2000): Ist Außenpolitik noch Außenpolitik ... und was ist eigentlich Innenpolitik? Die Transformation der Politik in der „Ära des Globalismus". In: Prokla. Zeitschrift für kritische Sozialwissenschaft. Jg. 30, Nr. 1, S. 123-150.

Meyer, Heidi (1998): Sitzplätze statt Parkplätze: quantitative und qualitative Aspekte der Mobilität von Frauen am Beispiel der Stadt Zürich. Zürich.

Meyer-Renschhausen, Elisabeth (1999): Zur Leibesvergessenheit der Agrarpolitik. Nachhaltiges Wirtschaften als haushälterisches Wirtschaften. In: Teherani-Krönner, Parto/ Hoffmann-Altmann, Uta/ Schultz, Ulrike (Hrsg.): Frauen und nachhaltige ländliche Entwicklung. Beiträge der III. Internationalen Tagung „Frauen in der Ländlichen Entwicklung". Pfaffenweiler, S. 87-97.

Michelsen, Gerd/ Adomßent, Maik/ Godemann, Jasmin (Hrsg.) (2008): Sustainable University. Frankfurt am Main.

Mies, Maria (1978): Methodische Postulate zur Frauenforschung – dargestellt am Beispiel der Gewalt gegen Frauen. In: Beiträge zur feministischen Theorie und Praxis. Jg. 1, H. 1, S. 41-63.

Mies, Maria (1983): Subsistenzproduktion, Hausfrauisierung, Kolonialisierung. In: Beiträge zur feministischen Theorie und Praxis. Jg. 6, H. 9/10, S. 115-124.

Mies, Maria (1987): Konturen einer öko-feministischen Gesellschaft. In: DIE GRÜNEN im Bundestag/ AK Frauenpolitik (Hrsg.): Frauen & Ökologie. Gegen den Machbarkeitswahn. Köln, S. 39-53.

Mies, Maria (1988): Patriarchat und Kapital. Frauen in der internationalen Arbeitsteilung. Zürich.

Mies, Maria (2002): Hausfrauisierung, Globalisierung, Subsistenzperspektive. In: Knapp, Gudrun-Axeli/ Wetterer, Angelika (Hrsg.): Soziale Verortung der Geschlechter. Gesellschaftstheorie und feministische Kritik. Münster, S. 157-187.

Mies, Maria/ Shiva, Vandana (1993): Ecofeminism. Halifax/ London/ New Jersey.

Mies, Maria/ Shiva, Vandana (1995): Ökofeminismus. Zürich.

Milieu Ltd./ LIFE e.V. (2011): Gender analysis of the policy initiatives of the Member States in relation to climate change in the sectors of transport and energy. Analysis paper for The European Institute for Gender Equality. (unveröffentlicht).

Mills, Patricia Jagentowicz (1991): Feminism and ecology: on the domination of nature. In: Hypatia. Vol. 6, No. 1, pp. 162-78.

Mohanty, Chandra T. (1991): Under Western Eyes. Feminist Scholarship and Colonial Discourse. In: Mohanty, Chandra T./ Russo, Ann/ Torres, Lourdes (Eds.): Third World Women and the Politics of Feminism. Bloomington, pp. 51-80.

Mol, Annemarie (2002): The Body Multiple. Ontology in Medical Practice. Durham, NC.

Mölders, Tanja (2008): ‚Natur' und ‚Arbeit' in der Landwirtschaft. Eine (re)produktionstheoretische Interpretation. In: Feindt, Peter H./ Gottschick, Manuel/ Mölders, Tanja/ Müller, Franziska/ Sodtke, Rainer/ Weiland, Sabine (Hrsg.): Nachhaltige Agrarpolitik als reflexive Politik. Plädoyer für einen neuen Diskurs zwischen Politik und Wissenschaft. Berlin, S. 181-211.

Mölders, Tanja (2010a): Gesellschaftliche Naturverhältnisse zwischen Krise und Vision. Eine Fallstudie im Biosphärenreservat Mittelelbe. München.

Mölders, Tanja (2010b): Von der Frauen-Frage zum Vorsorgenden Wirtschaften – eine (re)produktionstheoretische Interpretation empirischer Befunde zur Gender-Dimension von Agrarpolitik. In: Femina Politica. Zeitschrift für feministische Politikwissenschaft. Jg. 19, H. 1, S. 43-55.

Mölders, Tanja (2012): Natur schützen – Natur nutzen. Sozial-ökologische Perspektiven auf Biosphärenreservate. Natur und Landschaft. Jg. 87, H. 6, S. 266-270.

Mölders, Tanja/ Katz, Christine/ Brouns, Ellen/ Grüning, Juliane/ Mayer, Marion (2004): Auf dem Weg zum „Gender Greenstreaming"? Thematisierung von Geschlechterverhältnissen in Umwelt- und Naturschutzverbänden. In: Politische Ökologie. Jg. 22, H. 87/88, S. 107-108.

Möller, Carola (1998): Die gesellschaftliche Gesamtarbeit neu gestalten. In: Das Argument. Zeitschrift für Philosophie und Sozialwissenschaften. Jg. 40, H. 226, S.469-486.

Monstadt, Jochen (2004): Die Modernisierung der Stromversorgung. Wiesbaden.

Moock, Peter (1976): The efficiency of women as farm managers: Kenya. In: American Journal of Agricultural Economics: Proceedings Issue. Vol. 58, No. 5, pp. 831-835.

Mordt, Gabriele (2006): Struktur, Kultur und Handlung. In: Aulenbacher, Brigitte/ Bereswill, Mechthild/ Löw, Martina/ Meuser, Michael/ Mordt, Gabriele/ Schäfer, Reinhild/ Scholz, Sylka (Hrsg.): FrauenMännerGeschlechterforschung. State of the Art. Schriftenreihe der Sektion Frauen- und Geschlechterforschung in der Deutschen Gesellschaft für Soziologie. Münster, S. 137-139.

Mortimer-Sandilands, Catriona (2005): Unnatural Passions? Toward a Queer Ecology. In: Invisible Culture. No 9 (Eds. Lisa Uddin and Peter Hobbs). Unter: http://www.rochester.edu/in_visible_culture/Issue_9/title9.html (Stand: 04.03.2012).

Moss, Timothy (2008): „Cold spots" stadttechnischer Systeme. Herausforderungen an das moderne Infrastrukturideal in schrumpfenden ostdeutschen Regionen. In: Moss, Timothy/ Naumann, Matthias/ Wissen, Markus (Hrsg.): Infrastrukturnetze und Raumentwicklung. München, S. 113-140.

Moss, Timothy/ Gudermann, Rita (2009): Gemeinschaftsgüter im Dienst der Regionalentwicklung: Eine Einführung. In: Bernhard, Christoph/ Kilper, Heiderose/ Moss, Timothy (Hrsg.): Im Interesse des Gemeinwohls. Regionale Gemeinschaftsgüter in Geschichte, Politik und Planung. Frankfurt am Main/ New York, S. 11-27.

Moss, Timothy/ Naumann, Matthias/ Wissen, Markus (Hrsg.) (2008): Infrastrukturnetze und Raumentwicklung. München.

Mouffe, Chantal (1998): Für eine anti-essentialistische Konzeption feministischer Politik. In: Deutsche Zeitschrift für Philosophie. Jg. 46, H. 5, S. 841-848.

Müller, Christa (1998): Von der lokalen Ökonomie zum globalisierten Dorf. Bäuerliche Überlebensstrategien zwischen Weltmarktintegration und Regionalisierung. Frankfurt am Main/ New York.

Müller, Christa (2004): Parteilichkeit und Betroffenheit: Frauenforschung als politische Praxis. In: Becker, Ruth/ Kortendiek, Beate (Hrsg.): Handbuch Frauen- und Geschlechterforschung. Theorie, Methoden, Empirie. Wiesbaden, S. 294-297.

Müller, Christa (2009): Die neuen Gärten in der Stadt. In: Kaestle, Thomas (Hrsg.): Mind the Park. Planungsräume. Nutzersichten. Kunstvorfälle. Oldenburg, S. 84-89.

Müller, Ursula (1984): Gibt es eine spezielle Methode in der Frauenforschung? In: Zentraleinrichtung zur Förderung von Frauenstudien und Frauenforschung an der FU Berlin (Hrsg.): Methoden in der Frauenforschung. Berlin, S. 29-50.

Murphy, Patrick (1991): Ground, pivot, motion: ecofeminist theory, dialogics and literary practice. In: Hypatia. Vol. 6, No. 1, pp. 146-61.

MWK/ Niedersächsisches Ministerium für Wissenschaft und Kultur (1997): Berichte aus der Frauenforschung: Perspektiven für Naturwissenschaften, Technik und Medizin. Hannover.

Quellenverzeichnis 385

Nadai, Eva/ Seith, Corinna (2001): Frauen in der Forstwirtschaft. Hürden, Chancen, Perspektiven. Schriftenreihe Umwelt Nr. 324 des Bundesamtes für Umwelt, Wald und Landschaft (BUWAL). Bern.

Nagl-Docekal, Herta/ Pauer-Studer, Herlinde (Hrsg.) (1993): Jenseits der Geschlechtermoral. Beiträge zur feministischen Ethik. Frankfurt am Main.

Naturvårdsverket (2009): Allmänheten och klimatförändringen 2009 – Allmänhetens kunskap om och attityd till klimatförändringen,med fokus på egna åtgärder, konsumtionsbeteenden och företagens ansvar. Rapport 6311. Stockholm.

Nebelung, Andreas/ Poferl, Angelika/ Schultz, Irmgard (Hrsg.) (2001): Geschlechterverhältnisse – Naturverhältnisse. Feministische Auseinandersetzungen und Perspektiven der Umweltsoziologie. Opladen.

Netzwerk Ostdeutschlandforschung (2006): Zur Lage in Ostdeutschland. In: Berliner Debatte Initial. Jg. 17, H. 5, S. 6-16.

Neumayer, Eric/ Plümper, Thomas (2007): The gendered nature of natural disasters. The impact of catastrophic events on the gender gap in life expectancy, 1981-2002. In: Annals of the Association of American Geographers. Vol. 97, No. 3, pp. 551-566.

Neusüß, Christel (1985): Die Kopfgeburten der Arbeiterklasse oder Die Genossin Luxemburg bringt alles durcheinander. Hamburg.

Nickel, Sigrun (Hrsg.) (2011): Der Bologna-Prozess aus Sicht der Hochschulforschung. CHE/ Centrum für Hochschulentwicklung. Arbeitspapier Nr. 148, Gütersloh.

Nightingale, Andrea (2006): The nature of gender: work, gender, and environment. In: Environment and Planning D: Society and Space. Vol. 24, pp. 165-185.

Nobis, Claudia/ Lenz, Barbara (2005): Gender Differences in Travel Patterns. Role of Employment Status and Household Structure. In: Transportation Research Board (Eds.): Research on Women's Issues in Transportation. Conference Proceedings 35. Vol. 2: Technical Papers. Washington, pp. 114-123.

Notz, Gisela (1995): Zum Verhältnis von Strukturwandel, Weiterbildungsstrategien und geschlechtshierarchischer Segregation. In: Wetterer, Agelika (Hrsg.): Die Soziale Konstruktion von Geschlecht in Professionalisierungsprozessen. Frankfurt am Main/ New York, S. 205-219.

Nowotny, Helga (1994 [1989]): Time: The Modern and Postmodern Experience. Cambridge. [Eigenzeit. Entstehung und Strukturierung eines Zeitgefühls. Frankfurt am Main.]

Nowotny, Helga (2005): Unersättliche Neugier. Innovation in einer fragilen Zukunft. Berlin.

Nussbaum, Martha C. (1998): Menschliches Tun und soziale Gerechtigkeit. Zur Verteidigung des aristotelischen Essentialismus. In: Steinfath, Holmer (Hrsg.) (1998): Was ist ein gutes Leben? Frankfurt am Main, S. 196-234.

Nzioki, Akinyi (2010): Land Grabbers and Women's Rights in Kenya. In: Femina Politica. Zeitschrift für feministische Politikwissenschaft. Jg. 19, H. 2, S. 120-124.

O'Brien, Karen/ Eriksen, Siri/ Schjolden, Ane/ Nygaard, Lynn (2004): What's in a world. Conflicting interpretations of vulnerability in climate change research. Blindern.

O'Hara, Sabine (1997): Towards a Sustaining Production Theory. In: Ecological Economics. Vol. 20, No. 2, pp. 141-154.

O'Hara, Sabine (2009): Feminist Ecological Economics in Theory and Practice. In: Salleh, Ariel (Ed.): Eco-Sufficiency & Global Justice. Women Write Political Ecology. Sidmouth, pp. 180-196.

O'Brien, Mary (1981): The Politics of Reproduction. London.

O'Brien, Mary (1989): Resolute Anticipation: Heidegger and Beckett. In: O'Brien, Mary: Reproducing the World: Essays in Feminist Theory. Boulder, pp 83-101.

Offenberger, Ursula/ Nentwich, Julia (2011): Sozio-kulturelle Bedeutungen von Wärmeenergiekonsum in Privathaushalten. In: Defila, Rico/ Di Guilio, Antonietta/ Kaufmann-Hayoz, Ruth (Hrsg.): Wesen und Wege nachhaltigen Konsums. München, S. 313-329.
Orland, Barbara/ Rössler, Mechthild (1995): Women in Science – Gender in Science. Ansätze feministischer Naturwissenschaftskritik im Überblick. In: Orland, Barbara/ Scheich, Elvira (Hrsg.): Das Geschlecht der Natur. Frankfurt am Main, S. 13-63.
Orland, Barbara/ Scheich, Elvira (Hrsg.) (1995): Das Geschlecht der Natur. Frankfurt am Main.
Ortner, Sherry B. (1974): Is female to male as Nature Is to Culture? In: Rosaldo, Michelle Zimbalist/ Lamphere, Louise/ Bamberger, Joan (Eds.): Woman, Culture, and Society. Standford, pp. 67-87.
Oschmiansky, Frank (2011): Förderung des zweiten Arbeitsmarktes. Bundeszentrale für politische Bildung. Unter: http://www.bpb.de/themen/J553RM,0,F%F6rderung_des_zweiten_ Arbeitsmarktes.html (Stand: 28.04.2012).
Padmanabhan, Martina Aruna (2003). Frauenökonomie und Vorsorgendes Wirtschaften. Konzepte zur geschlechtsspezifischen Analyse des ökonomischen Handelns. In: Zeitschrift für Wirtschafts- und Unternehmensethik. Jg. 4, H. 1, S. 56-66.
Palm, Kerstin (2008): Biologie: Geschlechterforschung zwischen Reflexion und Intervention. In: Becker Ruth/ Kortendiek Beate (Hrsg.): Handbuch Frauen- und Geschlechterforschung. Theorie, Methoden, Empirie. Wiesbaden, S. 843-851.
Paulitz, Tanja (2008): Technikwissenschaften: Geschlecht in Strukturen, Praxen und Wissensformationen der Ingenieurdisziplinen und technischen Fachkulturen. In: Becker, Ruth/ Kortendiek, Beate (Hrsg.): Handbuch Frauen- und Geschlechterforschung. Theorie, Methoden, Empirie. Wiesbaden, S. 779-790.
Perkins, Elli/ Kuiper, Edith (2005): Explorations Feminist Ecological Economics. In: Feminist Economics. Vol. 11, No. 3, pp. 107-150.
Petersen, Barbara (1997a): Feministische Naturschutzforschung?! – In: Becker, Oda/ Bergmann, Dorothee/ Busemann, Meike/ Ecks, Tanja/ Feil, Sylvia/ Hartmann, Eva-Maria/ Lehmann, Heike/ Lohmann, Klaudia/ Ludewig, Dagmar/ Möser, Petra/ Osterhoff, Juli/ Reitberger, Cornelia/ Schiller, Andrea/ Schmidt, Heike/ Schmidtke, Renate/ Schönefelder, Regina/ Siegfanz, Monika/ Sommer, Heike/ Sommer, Marlies (Hrsg.): Dokumentation des 23. Kongresses von Frauen in Naturwissenschaft und Technik, 8. bis 11. Mai 1997 in Hannover. Darmstadt, S. 148-156.
Petersen, Barbara (1997b): Interdisziplinarität – mehr als ein Modetrend? In: Koryphäe. Medium für feministische Naturwissenschaft und Technik. Nr. 21, S. 10-14.
Philipose, Pamela (1989): Women Act: Women and Environmental Protection in India. In: Plant, Judith (Ed.): Healing the Wounds: The Promise of Ecofeminism. Boston, pp. 67-76.
Plant, Judith (Ed.) (1989): Healing the Wounds: The Promise of Ecofeminism. Boston.
Plonz, Sabine (2011): Mehrwert und menschliches Maß. Zur ethischen Bedeutung der feministisch-ökonomischen Care-Debatte. In: Das Argument. Zeitschrift für Philosophie und Sozialwissenschaften. Jg. 53, H. 292, S. 365-380.
Plumwood, Val (1986): Ecofeminism: An Overview and Discussion of Positions and Arguments. In: Australian Journal of Philosophy. Supplement to Vol. 64, pp. 120-138.
Plumwood, Val (1990): Women, Humanity and Nature. In: Sayers, Sean/ Osborne, Peter (Eds.): Socialism, Feminism and Philosophy. A Radical Philosophy Reader. London, pp. 211-234.
Plumwood, Val (1991): Nature, self, and gender: feminism, environmental philosophy and the critique of rationalism. In: Hypatia. Vol. 6, No. 1, pp. 3-37.
Plumwood, Val (1992): Feminism and Ecofeminism: Beyond the Dualistic Assumptions of Women, Men and Nature. In: The Ecologist. Vol. 22, No. 1, pp. 8-13.
Plumwood, Val (1997 [1993]): Feminism and the Mastery of Nature. London.

Plumwood, Val (2002a): Environmental Culture: the Ecological Crisis of Reason. New York.
Plumwood, Val (2002b): Prey to Crocodile. In: The Aisling Magazin. No. 30. Unter: http://www.aislingmagazine.com/aislingmagazine/articles/TAM30/Contents.html (Stand: 04.04.2012).
Poferl, Angelika (2001): Doing Gender, Doing Nature? Einführende Bemerkungen zur Intention des Bandes. In: Nebelung, Andreas/ Poferl, Angelika/ Schultz, Irmgard (Hrsg.): Geschlechterverhältnisse – Naturverhältnisse. Feministische Auseinandersetzungen und Perspektiven der Umweltsoziologie. Opladen, S. 9-17.
Pohl, Christian/ Hirsch Hadorn, Gertrude (2006): Gestaltungsprinzipien für die Transdisziplinäre Forschung – ein Beitrag des td-net. München.
Polk, Danne (1999): Deconstructing Origins: Prelimninaries for a Queer Ecological Identity Theory. 5th Annual Symposium on Lesbian, Gay, Bisexual and Transgender Issues, University of Rhode Island, March 1999. Unter: www.queertheory.com/theories/science/ deconstructing_origins.htm (Stand: 12.05.2012).
Preisendörfer, Peter (2007): Gender und Natur: Sind Frauen die besseren Umweltschützer? Vortrag anlässlich des Workshops „High Noon: Frauen, Männer und Naturschutz" an der Johannes-Gutenberg-Universität Mainz (unveröffentlicht).
Price, Colin (1993): Time, Discounting and Value. Oxford.
Projektträger im DLR (Deutsches Zentrum für Luft- und Raumfahrt) e.V. Umwelt, Kultur, Nachhaltigkeit (2007): Sozial-ökologische Forschung. Rahmenkonzept 2007-2010. Bonn.
Prokop, Ulrike (1976): Weiblicher Lebenszusammenhang. Von der Beschränktheit der Strategien und der Unangemessenheit der Wünsche. Frankfurt am Main.
Pross, Helge (1984): Gibt es politische Ziele für Frauenforschung bzw. Feministische Forschung? Ist es möglich, mit herkömmlichen Methoden der Sozialforschung diese Forschung zu betreiben? In: Zentraleinrichtung zur Förderung von Frauenstudien und Frauenforschung an der FU Berlin (Hrsg.): Methoden in der Frauenforschung. Berlin, S. 198-205.
Raggamby von, Anneke/ Knoblauch, Doris/ Berger, Gerald/ Sedlacko, Michal/ Zwirner, Wilhelm/ Martinuzzi, André (2010): Partizipation in der Entwicklung, Umsetzung und Evaluierung von nationalen Nachhaltigkeitsstrategien. In: Steurer, Reinhard/ Trattnigg, Rita (Hrsg.): Nachhaltigkeit regieren. Eine Bilanz zu Governance-Prinzipien und -Praktiken. München, S. 143-168.
Ramazanoglu, Caroline (1989): Feminism and the Contradictions of Oppression. London.
Randeria, Shalini (1998): Globalisierung und Geschlechterfrage: Zur Einführung. In: Klingebiel, Ruth/ Randeria, Shalini (Hrsg.): Globalisierung aus Frauensicht. Bilanzen und Visionen, Bonn, S. 16-33.
Razak, Dzulkifli A. (2008): Transforming Higher Education for a Sustainable Tomorrow. Unter: http://globalhighered.files.wordpress.com/2010/08/usmapex-universityintro.pdf (Stand: 09.05.2012).
Razak, Dzulkifli A. (2011): Transforming Higher education for a Sustainable society: Future Challenges in the Context of Sustainable Development. In: Barth, Matthias/ Rieckmann, Marco/ Sanusi, Zainal A. (Eds): Higher Eduaction for Sustainable Development: Looking Back and Moving Forward. Bad Homburg, pp. 108-116.
Reheis, Fritz (2003): Entschleunigung: Abschied vom Turbokapitalismus. München.
Rennen-Allhoff, Beate/ Thomas, Sabine (1998): Frauentypische Berufe in der Berufspädagogik. Berichte aus Lehre und Forschung Nr. 6. Fachhochschule Bielefeld – Fachbereich Pflege und Gesundheit. Bielefeld.
Reusswig, Fritz (2002): Lebensstile und Naturorientierungen. Gesellschaftliche Naturbilder und Einstellungen zum Umweltschutz. In: Rink, Dieter (Hrsg.): Lebensstile und Nachhaltigkeit. Konzepte, Befunde und Potentiale. Opladen, S.156-180.

Reuter, Norbert (1994): Der Institutionalismus: Geschichte und Theorie der evolutionären Ökonomie. Marburg.

Ribeiro, Sylvia (2002): Biopiraterie und geistiges Eigentum. Zur Privatisierung von gemeinschaftlichen Bereichen. In: Görg, Christoph/ Brand, Ulrich (Hrsg.): Mythen globalen Umweltmanagements. Münster, S. 118-137.

RNE/ Rat für nachhaltige Entwicklung (2010): Konsum und Nachhaltigkeit. Unter: http://www.nachhaltigkeitsrat.de/uploads/media/Broschuere_Konsum_und_Nachhaltigkeit_te xte_Nr_31_Maerz_2010_01.pdf (Stand: 06.05.2012).

Rocheleau, Dianne/ Thomas-Slayter, Barbara/ Wangari, Esther (1996a): Gender and Environment. A Feminist Political Ecology Perspective, in: Rocheleau, Dianne/ Thomas-Slayter, Barbara/ Wangari, Esther (Eds.): Feminist Political Ecology. Global issues and Local Experiences. London/ New York, pp. 3-23.

Rocheleau, Dianne/ Thomas-Slayter, Barbara/ Wangari, Esther (Eds.) (1996b): Feminist Political Ecology: Global Issues and Local Experiences. London/ New York.

Rode, Michael/ Kanning, Helga (Hrsg.) (2010): Natur- und raumverträglicher Ausbau energetischer Biomassepfade. Stuttgart.

Rodenstein, Marianne/ Bock, Stephanie/ Heeg, Susanne (1996): Reproduktionsarbeitskrise und Stadtstruktur. Zur Entwicklung von Agglomerationsräumen aus feministischer Sicht. In: ARL/ Akademie für Raumforschung und Landesplanung (Hrsg.): Agglomerationsräume in Deutschland: Ansichten, Einsichten, Aussichten. Forschungs- und Sitzungsberichte der Akademie für Raumforschung und Landesplanung, Bd. 199. Hannover, S. 26-50.

ROG/ Raumordnungsgesetz vom 22. Dezember 2008 (BGBl. I S. 2986), zuletzt geändert durch Artikel 9 des Gesetzes vom 31. Juli 2009 (BGBl. I S. 2585).

Röhr, Ulrike (2007): Geschlechtergerechtigkeit. Die fehlende Perspektive in der Klimapolitik. In: Khor, Martin/ Raman, Meena/ Giegold, Sven/ Yang, Ailun (Hrsg.): Klima der Gerechtigkeit. Hamburg, S. 39-47.

Röhr, Ulrike (2009a): A view from the side? Gendering the United Nations climate change negotiations. In: Gendering Climate Change, Women Gender & Research. Kopenhagen, pp. 52-61.

Röhr, Ulrike (2009b): Geschlechtergerechtigkeit in der Klimapolitik. Die Position von Frauennetzwerken in den internationalen Klimaverhandlungen. In: Das Argument. Zeitschrift für Philosophie und Sozialwissenschaften. Jg. 51, H. 283, S. 736-744.

Röhr, Ulrike/ Hemmati, Minu (2008): Solidarity in the Greenhouse: Gender Equality and Climate Change. In: Grover, Verlma I. (Ed.): Global Warming and Climate Change. Ten Years after Kyoto and Still Counting. Enfield, pp. 779-804, 1079-1083.

Röhr, Ulrike/ Schultz, Irmgard/ Seltmann, Gudrun/ Stieß, Immanuel (2004): Klimapolitik und Gender. Eine Sondierung möglicher Gender Impacts des europäischen Emissionshandelssystems. ISOE-Diskussionspapiere Nr. 21. Frankfurt am Main.

Rommelspacher, Birgit (1995): Dominanzkultur. Berlin.

Rosenau, James N./ Czempiel, Ernst-Otto (Eds.) (1992): Governance without Government: Order and Change in World Politics. Cambridge.

Rosenbloom, Sandra (2006): Understanding Women's and Men's Travel Patterns. The Research Challenge. In: Transportation Research Board (Ed.): Research on Women's Issues in Transportation. Report of a Conference, Vol. 1: Conference Overview and Plenary Papers. Washington, pp. 7-27.

Rotmans, Jan (2003): Transitiemanagement: sleutel voor een duurzame samenleving. Koninklijke van Gorcum.

Routley, Richard/ Plumwood, Val (1985): Negation and Contradiction. In: Caicedo, Xavier/ Chuaqui Rolando (Eds.): Proceedings of the Fifth Latin American Symposium on Mathematical Logic. Bogota, pp. 201-231.

Rudolph, Brigitte (2001): Mögliche Chancen und befürchtete Fallen der „Neuen Tätigkeitsgesellschaft" für Frauen. In: Aus Politik und Zeitgeschichte. Jg. 51, Bd. 21, S. 24-30.
Ruether, Radford Rosemary (1975): New Woman, New Earth- Sexist Ideologies and Human Liberation. Boston.
Sachs, Carolyn E. (1996): Gendered Fields. Rural Women, Agriculture and Environment. Colorado/ Oxford.
Sachs, Carolyn E. (2006): Rural Women and the Environment. In: Bock, Bettina/ Shortall, Sally (Eds.): Rural Gender Relations: Issues and Case Studies. Oxfordshire/ Cambridge, pp. 288-302.
Sachs, Wolfgang (1993): Die vier E's: Merkposten für einen maß-vollen Wirtschaftsstil. In: Politische Ökologie. H. 33, S. 69-72.
Salhus, Megan (2001): Social Ecology and Feminism: Can Socialist Ecofeminism be the Answer? Dissertationsschrift, Lancaster University.
Salleh, Ariel (1988): Epistemology and the metaphors of production: An eco-feminist reading of critical theory. In: Studies in the Humanities. Special issue on feminism, ecology, and the future of the humanities (Ed. Murphy Patrick). Vol. 15, No. 2, pp. 130-139.
Salleh, Ariel (1996): Social Ecology and 'The Man Question'. In: Environmental Politics. Vol. 5, No. 2, pp. 258-273.
Salleh, Ariel (Ed.) (2009): Eco-Sufficiency and Global Justice. New York/ London.
Sandilands, Catriona (1998): The good-natured feminist: Ecofeminism and democracy. In: Keil, Rogerl/ Bell, David (Eds.): Political Ecology: global and local. London/ New York, pp. 240-258.
Sandilands, Catriona (1999): The Good Natured Feminist. Ecofeminism and the Quest for Democracy. Minneapolis.
Sandilands, Catriona (2004): Where the Mountain Men Meet the Lesbian Rangers: Gender, Nation, and Nature in the Rocky Mountain National Parks. In: Hessing, Melody/ Raglon, Rebecca/ Sandilands, Catriona (Eds.): This Elusive Land: Women and the Canadian Environment. Vancouver/ Toronto, pp. 142-162.
Sandilands, Catriona/ Erickson Bruce (Eds.) (2010): Queer Ecologies. Sex, Nature, Politics, Desire. Bloomington/ Indianapolis.
Sauer, Birgit (1994): Was heißt und zu welchem Zwecke partizipieren wir? Kritische Anmerkungen zur Partizipationsforschung. In: Biester, Elke/ Holland-Cunz, Barbara/ Sauer, Birgit (Hrsg.): Demokratie oder Androkratie? Theorie und Praxis demokratischer Herrschaft in der feministischen Diskussion. Frankfurt am Main/ New York, S. 99-130.
Sauer, Birgit (2007): Diversity. Eine staats- und hegemonietheoretische Reflexion. In: Femina Politica. Zeitschrift für feministische Politikwissenschaft. Jg. 16, H. 1, S. 33-44.
Saugeres, Lise (2002): The cultural representation of the farming landscape: masculinity, power and nature. In: Journal of Rural Studies. Vol. 18, No. 4, pp. 373-384.
Saupe, Angelika (2002): Verlebendigung der Technik. Perspektiven im feministischen Technikdiskurs. Bielefeld.
Schäfer, Martina/ Schultz, Irmgard/ Wendorf, Gabriele (Hrsg.) (2006): Gender-Perspektiven in der Sozial-ökologischen Forschung. Herausforderungen und Erfahrungen aus inter- und transdisziplinären Projekten. München.
Schalatek, Liane (2010): Geschlechtergleichheit – (k)ein Mandat für internationale Klimaverhandlungen? In: Femina Politica. Zeitschrift für feministische Politikwissenschaft. Jg. 19, H. 1, S. 56-66.
Scheich, Elvira (1987): ‚Größer als alle Fenster'. Zur Kritik des Geschlechterverhältnisses und der Naturwissenschaften. In: Scheich, Elvira/ Schultz, Irmgard: Soziale Ökologie und Feminismus. Sozial-ökologische Arbeitspapiere Nr. 2. Frankfurt am Main.

Scheich, Elvira (1993): Naturbeherrschung und Weiblichkeit. Denkformen und Phantasmen der modernen Naturwissenschaften. Pfaffenweiler.

Scheich, Elvira (1995): Klassifiziert nach Geschlecht. Die Funktionalisierung des Weiblichen für die Genealogie des Lebendigen in Darwins Abstammungslehre. In: Orland, Barbara/ Scheich, Elvira (Hrsg.): Das Geschlecht der Natur. Frankfurt am Main, S. 270-288.

Scheich, Elvira (2001): Frauen und Männer in der TechnoScience? Überlegungen zum Verhältnis von Wissenschaft und Gesellschaft. In: Nebelung, Andreas/ Poferl, Angelika/ Schultz, Irmgard (Hrsg.): Geschlechterverhältnisse – Naturverhältnisse. Feministische Auseinandersetzungen und Perspektiven der Umweltsoziologie. Opladen, S. 75-101.

Scheich, Elvira (2006): Geschlechterverhältnis und Naturgestaltung: Lernende Forschungsprozesse zwischen gender studies und Umweltforschung. In: Schäfer, Martina/ Schultz, Irmgard/ Wendorf, Gabriele (Hrsg.): Gender-Perspektiven in der Sozial-ökologischen Forschung. Herausforderungen und Erfahrungen aus inter- und transdisziplinären Projekten. München, S. 117-133.

Scheich, Elvira/ Schultz, Irmgard (Hrsg.) (1987): Soziale Ökologie und Feminismus. Sozial-ökologische Arbeitspapiere Nr. 2. Frankfurt am Main.

Scheich, Elvira/ Wagels, Karen (2011): Räumlich/ Körperlich: Transformative gender-Dimensionen von Natur und Materie. In: Scheich, Elvira/ Wagels, Karen (Hrsg.): Körper. Raum. Transformation. Gender-Dimensionen von Natur und Materie. Münster, S. 7-30.

Scheiner, Joachim (2010): Social inequalities in travel behavior: trip distances in the context of residential self-selection and lifestyles. In: Journal of Transport Geography. Vol. 18, pp. 679-690.

Schiebinger, Londa (1993): Schöne Geister: Frauen in den Anfängen der modernen Wissenschaft. Stuttgart.

Schiebinger, Londa (2000): Frauen forschen anders. Wie weiblich ist die Wissenschaft? München.

Schier, Michaela (2010): Mobilität und Multilokalität aus Sicht der Geschlechterforschung. In: Bauriedl, Sybille/ Schier, Michaela/ Strüver, Anke (Hrsg.): Geschlechterverhältnisse, Raumstrukturen, Ortsbeziehungen: Erkundungen von Vielfalt und Differenz im spatial turn. Münster, S. 121-144.

Schindler, Delia/ Schultz, Irmgard (2006): Methodologie und Methodenentwicklung in Verknüpfung mit der Kategorie Geschlecht in der SÖF. In: Schäfer, Martina/ Schultz, Irmgard/ Wendorf, Gabriele (Hrsg.): Gender-Perspektiven in der Sozial-ökologischen Forschung. Herausforderungen und Erfahrungen aus inter- und transdisziplinären Projekten. München, S. 77-102.

Schmitt, Mathilde (1997): Landwirtinnen. Chancen und Risiken von Frauen in einem traditionellen Männerberuf. Opladen.

Schneider, Manuel/ Geißler, Karlheinz A./ Held, Martin (Hrsg.) (1995): Zeitfraß. Zur Ökologie der Zeit in Landwirtschaft und Ernährung. Politische Ökologie. Sonderheft Nr. 13.

Schneidewind, Uwe (2009): Nachhaltige Wissenschaft. Plädoyer für einen Klimawandel im deutschen Wissenschafts- und Hochschulsystem. Marburg.

Scholz, Roland, W./ Lang, Daniel/ Wiek, Arnim/ Walter, Alexander/ Stuaffacher, Michael (2006): Transdiciplinary Case studies as a Means of Sustainability Learning: Historical Framework and Theory. In: International Journal of Sustainability in Higher Education. Vol. 7, No. 3, pp. 226-251.

Schön, Susanne (2005): Gender in der Sozial-ökologischen Forschung: Ja! Aber wie? Orientierende Hinweise aus dem Forschungsverbund „Blockierter Wandel?". In: Zeitschrift für Frauenforschung & Geschlechterstudien. Jg. 23, H. 1/2, S. 79-85.

Schön, Susanne/ Biesecker, Adelheid/ Hofmeister, Sabine/ Scurrell, Babette (2012): (Re)Produktivität im Dialog mit der Praxis. In: Netzwerk Vorsorgendes Wirtschaften (Hrsg.): Wege Vorsorgenden Wirtschaftens. Marburg (i.V.).

Schön, Susanne/ Keppler, Dorothee/ Geißel, Brigitte (2002): Gender und Nachhaltigkeit. In: Balzer, Ingrid/ Wächter, Monika (Hrsg.): Sozial-ökologische Forschung. Ergebnisse der Sondierungsprojekte aus dem BMBF-Förderschwerpunkt. München, S. 453-473.

Schrader, Ulf/ Hansen, Ursula (Hrsg.) (2001): Nachhaltiger Konsum. Forschung und Praxis im Dialog. Frankfurt am Main/ New York.

Schultz, Irmgard (1987): Feministische Stimme in einer Forschungsprogrammatik Soziale Ökologie. Überlegungen zu einer Forschungskonzeption ‚Soziale Ökologie' in 7 Thesen. In: Scheich, Elvira/ Schultz, Irmgard (Hrsg.): Soziale Ökologie und Feminismus. Sozial-ökologische Arbeitspapiere Nr. 2. Frankfurt am Main.

Schultz, Irmgard (1993): Der GlobalHaushalt – der „Naturhaushalt" und die ökologische Verantwortung der Frauen. In: Schultz, Irmgard (Hrsg.): GlobalHaushalt: Globalisierung von Stoffströmen – Feminisierung von Verantwortung. Frankfurt am Main, S. 189-205.

Schultz, Irmgard (1994): Das Frauen & Müll-Syndrom – Überlegungen in Richtung einer feministischen Umweltforschung. In: Buchen, Judith/ Buchholz, Kathrin/ Hoffmann, Esther/ Hofmeister, Sabine/ Kutzner, Ralf/ Olbrich, Rüdiger/ Ruth von, Petra (Hrsg.): Das Umweltproblem ist nicht geschlechtsneutral – Feministische Perspektiven. Bielefeld, S. 152-167.

Schultz, Irmgard (1995): Forschungen zu „Gender and Environment" im Institut für sozialökologische Forschung. In: Schultz, Irmgard/ Weller, Ines (Hrsg.): Gender & Environment. Frankfurt am Main, S. 10-19.

Schultz, Irmgard (1996a): Feministische Analyse als Übersetzungsarbeit? Eine Auseinandersetzung mit zwei zentralen Ansprüchen kritischer Gesellschaftstheorie im Ökologiezeitalter. In: Scheich, Elvira (Hrsg.): Vermittelte Weiblichkeit. Feministische Wissenschafts- und Gesellschaftstheorie. Hamburg, S. 183-214.

Schultz, Irmgard (1996b): Die Liebe der Männer zu nachhaltigen Zahlen. Eine Betrachtung der Studie „Zukunftsfähiges Deutschland" aus feministischer Sicht. In: WechselWirkung. Jg. 18, H. 78, S. 59-63.

Schultz, Irmgard (1999): Eine feministische Kritik an der Studie Zukunftsfähiges Deutschland. Statt einer ausschließlich zielorientierten Konzeptualisierung erfordert eine nachhaltige Entwicklung eine prozessorientierte Konzeptualisierung. In: Weller, Ines/ Hoffmann, Esther/ Hofmeister, Sabine (Hrsg.): Nachhaltigkeit und Feminismus. Neue Perspektiven – Alte Blockaden. Bielefeld, S. 99-109.

Schultz, Irmgard (2001): Umwelt- und Geschlechterforschung: eine notwendige Übersetzungsarbeit. In: Nebelung, Andreas/ Poferl, Angelika/ Schultz, Irmgard (Hrsg.): Geschlechterverhältnisse – Naturverhältnisse. Feministische Auseinandersetzungen und Perspektiven der Umweltsoziologie. Opladen, S. 25-51.

Schultz, Irmgard (2004): Gender-Dimensionen in der sozial-ökologischen Forschung. In: Röhr, Ulrike/ Schultz, Irmgard/ Seltmann, Gudrun/ Stieß, Immanuel (Hrsg.): Klimapolitik und Gender. Eine Sondierung möglicher Gender-Impacts des europäischen Emissionshandelssystems. ISOE-Diskussionspapiere Nr. 21. Frankfurt am Main, S. 10-26.

Schultz, Irmgard (2006): The Natural World and the Nature of Gender. In: Davis, Kathy/ Evans, Mary/ Lorber, Judith (Eds.): Handbook of Gender and Women's Studies. London/ Thousand Oaks/ New Deli, pp. 376-396.

Schultz, Irmgard (2008): Die Gender-Dimension im Exzellenz- und Qualitätsverständnis: EU-Forschung und sozial-ökologische Forschung im Vergleich. In: Bergmann, Matthias/ Schramm, Engelbert (Hrsg.): Transdisziplinäre Forschung. Frankfurt am Main, S. 233-252.

Schultz, Irmgard/ Empacher, Claudia/ Hayn, Doris/ Hummel, Diana (2001): Gender in Research: Gender Impact Assessment of the specific programs of the Fifth Framework Program „Environment and Sustainable Development". Brussels.

Schultz, Irmgard/ Hayn, Doris/ Lux, Alexandra (2006): Gender & Environment. In: Becker, Egon/ Jahn, Thomas (Hrsg.): Soziale Ökologie. Grundzüge einer Wissenschaft von den gesellschaftlichen Naturverhältnissen. Frankfurt am Main/ New York, S. 434-446.

Schultz, Irmgard/ Hummel, Diana/ Hayn, Doris (2006): Geschlechterverhältnisse. In: Becker, Egon/ Jahn, Thomas (Hrsg.): Soziale Ökologie. Grundzüge einer Wissenschaft von den gesellschaftlichen Naturverhältnissen. Frankfurt am Main/ New York, S. 224-235.

Schultz, Irmgard/ Stieß, Immanuel (2006): Emissionshandel und Gender. Ergebnisse einer transdisziplinären Genderanalyse. ISOE-Diskussionspapiere Nr. 29. Frankfurt am Main.

Schultz, Irmgard/ Stieß, Immanuel (2009): Gender aspects of sustainable consumption strategies and instruments. Eupopp Working Paper 1. Frankfurt am Main Unter: http://www.eupopp.net/docs/isoe-gender_wp1_20090426-endlv.pdf (Stand: 06.05. 2012).

Schultz, Irmgard/ Weiland, Monika (1991): Frauen und Müll. Frauen als Handelnde in der kommunalen Abfallwirtschaft. Frankfurt am Main.

Schultz, Irmgard/ Weller, Ines (Hrsg.) (1995): Gender & Environment. Ökologie und die Gestaltungsmacht der Frauen. Frankfurt am Main.

Schultz, Irmgard/ Wendorf, Gabriele (2006): Gender im Förderschwerpunt der SÖF. In: Schäfer, Martina/ Schultz, Irmgard/ Wendorf, Gabriele (Hrsg.): Gender-Perspektiven in der Sozial-ökologischen Forschung. Herausforderungen und Erfahrungen aus inter- und transdisziplinären Projekten. München, S. 39-56.

Schwanen, Tim (2007): Gender Differences in Chauffeuring children among Dual-Earner Families. In: The Professional Geographer. Vol. 59, No. 4, pp. 447-462.

Schwarze, Barbara (2007): Gender und Diversity in Ingenieurwissenschaften und Informatik. In: Dudeck, Anne/Jansen-Schulz, Bettina (Hrsg.), Zukunft Bologna!? Gender und Nachhaltigkeit als Leitideen für eine neue Hochschulkultur. Frankfurt am Main, S. 197-220.

Scurrell, Babette (1997): Wochenmarkt statt Weltmarkt: Über die Chancen einer regional ausgerichteten Ökonomie der Nachhaltigkeit. In: Politische Ökologie. Sonderheft 9, München, S. 16-19.

Sen, Amartya Kumar (1981): Poverty and Famines. An Essay on Entitlement and Deprivation. Oxford.

Senatsverwaltung für Stadtentwicklung Berlin (Hrsg.) (2007): Der Nahverkehrsplan – Berlin fährt vor! Nahverkehrsplan des Landes Berlin 2006-2009. Berlin.

Senatsverwaltung für Stadtentwicklung Berlin (Hrsg.) (2011): Stadtentwicklungsplan Berlin. Berlin.

Shiva, Vandana (1988): Staying Alive. Women, Ecology and Survival in India. New Dehli.

Shiva, Vandana (1989a): Staying Alive: Women, Ecology and Development. London/ New Jersey.

Shiva, Vandana (1989b): Das Geschlecht des Lebens. Frauen, Ökologie und Dritte Welt. Berlin.

Shiva, Vandana (1995a): Frauen, Ökologie und Gesundheit: Verbindungen wieder aufnehmen. In: Shiva, Vandana (Hrsg.): …schließlich ist es unser Leben. Ökofeministische Beiträge von Frauen aus aller Welt. Göttingen/ Darmstadt, S. 11-22.

Shiva, Vandana (1995b): Saatgut und Erde. Biotechnologie und die Kolonialisierung der Regeneration, In: Shiva, Vandana (Hrsg.): … schließlich ist es unser Leben. Ökofeministische Beiträge von Frauen aus aller Welt. Göttingen/ Darmstadt, S. 187-208.

Shiva, Vandana (2001): Biodiversität. Plädoyer für eine nachhaltige Entwicklung. Bern/ Stuttgart/ Wien.

Quellenverzeichnis

Shiva, Vandana (2004): Geraubte Erde. Biodiversität und Ernährungspolitik. Berlin.
Shiva, Vandana (2008): Soil not Oil. Climate Change, Peak Oil and Food Insecurity. London/ New York.
Shiva, Vandana/ Mies, Maria (1995): Ökofeminismus: Beiträge zur Praxis und Theorie. Zürich.
Shortall, Sally (2006): Economic Status and Gender Roles. In: Bock, Bettina/ Shortall, Sally (Eds.): Rural Gender Relations: Issues and Case Studies. Oxfordshire/ Cambridge, pp. 303-315.
Shuttleton, David (2000): The Queer Politics of Gay Pastoral. In: Phillips, Richard/ West, Diane/ Shuttleton David (Eds.): De-Centring Sexualities: Politics and Representation Beyond the Metropolis. London, pp. 125-146.
Sicks, Kathrin (2011): Geschlechterverhältnis des aktionsräumlichen Verhaltens im Zeitverlauf. Arbeitspapier Nr. 23 des Fachgebiets Verkehrswesen und Verkehrsplanung. Dortmund. Unter: www.vpl.tu-dortmund.de/cms/Medienpool/PDF_Dokomunte/Arbeitspapiere/ AP23_von_Kathrin_Sicks.pdf (Stand: 28.04.2012).
Silverstone, Martin (2000): The Case of the Lesbian Gulls. In: Equinox. No. 110, p. 6.
Singleton, Vicky (2010): Good farming. Control or care? In: Mol, Annemarie/ Moser, Ingunn/ Pols, Jeannette (Eds.): Care in Practice. On Tinkering in Clinics, Homes and Farms. Bielefeld, pp. 235-256.
Skinner, Emmeline (2011): Gender and Climate Change. Overview Report. Brighton.
Sonderegger, Christa (2007): Soziale Gerechtigkeit und Gender im Bologna Prozess. In: Dudeck, Anne/ Jansen-Schulz, Bettina (Hrsg.) (2007): Zukunft Bologna!? Gender und Nachhaltigkeit als Leitideen für eine neue Hochschulkultur. Frankfurt am Main, S. 69-89.
Southwell, Mirjam (2000): Design for Sustainable Development: A Gendered Perspective. Conference Proceeding: International Summer Academy on Technology Studies: Strategies of a Sustainable Product Policy. In: Soziale Technik. No. 3, pp. 19-2.
Spangenberg, Joachim/ Niestroy, Ingeborg (2010): Politische Lernprozesse durch Peer Reviews. In: Steurer, Reinhard/ Trattnigg, Rita (Hrsg.): Nachhaltigkeit regieren. Eine Bilanz zu Governance-Prinzipien und -Praktiken. München, S. 215-235.
Spehl, Harald (2005): Nachhaltige Raumentwicklung. In: ARL/ Akademie für Raumforschung und Landesplanung (Hrsg.): Handwörterbuch der Raumordnung. Hannover, S. 679-685.
Spehr, Christoph (1996): Die Ökofalle. Nachhaltigkeit und Krise. Wien.
Spehr, Christoph/ Stickler, Armin (1997): Morphing Zone – Nachhaltigkeit und postmodernes Ordnungsdenken. In: Foitzik, Andreas/ Marvakis, Athanasios (Hrsg.): Tarzan – was nun? Internationale Solidarität im Dschungel der Widersprüche. Hamburg, S. 211-225.
Spellerberg, Annette (2005): Familienorientierung und Arbeitsmarktbindung. Stabilität und Wandel von Geschlechterrollen zu Beginn des neuen Jahrhunderts. In: Spellerberg, Anette (Hrsg.): Die Hälfte des Hörsaals. Frauen in Hochschule, Wissenschaft und Technik. Berlin. S. 21-47.
Spitzner, Meike (1999): Zukunftsoffenheit statt Zeitherrschaft. In: Hofmeister, Sabine/ Spitzner, Meike (Hrsg.): Zeitlandschaften: Perspektiven öko-sozialer Zeitpolitik. Stuttgart, S. 267-327.
Spitzner, Meike (2005): Gender-Problematiken und Energie-Effizienz. Problemlagen gesellschaftlicher Geschlechterverhältnisse in Bezug auf Nachhaltigkeit und daraus resultierende Orientierungen für Energie-Effizienz-Politiken. Working Paper. Wuppertal (unveröffentlicht).
Spitzner, Meike (2009): How Climate Change is Gendered. In: Salleh, Ariel (Ed.): Eco-Sufficiency and Global Justice. New York/ London, pp. 218-229.
Spretnak, Charlene (1982): The Politics of Women's Spirituality. Garden City/ New York.

Spretnak, Charlene (1989): Towards an Ecofeminist Spirituality. In: Judith Plant (Ed.): Healing the Wounds: The Promise of Ecofeminism. London, pp. 127-132.

Spretnak, Charlene (1990): Ecofeminism: Our Roots and Flowering. In: Diamond, Irene/ Orenstein, Gloria Femen (Eds.): Reweaving the World: The Emergence of Ecofeminism. San Francisco, pp. 3-14.

SRL/ Vereinigung für Stadt-, Regional- und Landesplanung (Hrsg.) (2002): Bitte Platz nehmen! Vom Umgang mit öffentlichen Räumen. PLANERIN. Fachzeitschrift für Stadt-, Regional- und Landesplanung. H. 2.

SRL/ Vereinigung für Stadt-, Regional- und Landesplanung (Hrsg.) (2004): Der andere Blick. Gender Mainstreaming in der Planung. PLANERIN. Fachzeitschrift für Stadt-, Regional- und Landesplanung. H. 4.

Starhawk (1990): Power, authority, and mystery: Ecofeminism and earth-based spirituality. In: Diamond, Irene/ Orenstein, Gloria Femen (Eds.): Reweaving the World: The Emergence of Ecofeminism. San Francisco, pp. 73-86.

Staveren van, Irene (2010): Feminist Economics: Setting out the Parameters. In: Bauhardt, Christine/ Çağlar, Gülay (Hrsg.): Gender Economics. Feministische Kritik der politischen Ökonomie. Wiesbaden, S. 18-48.

Steinkraus, Katharina/ Wolf, Ulrike/ Lahner, Marion/ Kanning, Helga/ Rode, Michael (2010): Akteursanalyse. In: Rode, Michael/ Kanning, Helga (Hrsg.): Natur- und raumverträglicher Ausbau energetischer Biomassepfade. Stuttgart, S. 157-240.

Steurer, Reinhard (2010a): Nachhaltigkeit regieren: Potentiale und Grenzen. In: Steurer, Reinhard/ Trattnigg, Rita (Hrsg.): Nachhaltigkeit regieren. Eine Bilanz zu Governance-Prinzipien und -Praktiken. München, S. 259-267.

Steurer, Reinhard (2010b): Sustainable development as governance reform agenda: Principles and challenges. In: Steurer, Reinhard/ Trattnigg, Rita (Hrsg.): Nachhaltigkeit regieren. Eine Bilanz zu Governance-Prinzipien und -Praktiken. München, S. 33-52.

Steurer, Reinhard/ Trattnigg, Rita (Hrsg.) (2010): Nachhaltigkeit regieren. Eine Bilanz zu Governance-Prinzipien und -Praktiken. München.

Stieß, Immanuel/ Hayn, Doris (2005): Ernährungsstile im Alltag. Ergebnisse einer repräsentativen Untersuchung. ISOE-Diskussionspapier Nr. 24. Frankfurt am Main.

Strüver, Anke (2010): KörperMachtRaum und RaumMachtKörper. Bedeutungsverflechtungen von Körpern und Räumen. In: Bauriedl, Sybille/ Schier, Michaela/ Strüver, Anke (Hrsg.) (2010): Geschlechterverhältnisse, Raumstrukturen, Ortsbeziehungen. Erkundigungen von Vielfalt und Differenz im spatial turn. Münster, S. 217-237.

Sturgeon, Noel (1997): Ecofeminist Natures – Race, Gender, Feminist Theory and Political Action. London.

Sturm, Gabriele (2000): Wege zum Raum. Methodologische Annäherungen an ein Basiskonzept raumbezogener Wissenschaften. Opladen.

Sturm, Gabriele (2004): Forschungsmethodologie: Vorüberlegungen für eine Evaluation feministischer (Sozial)Forschung. In: Becker, Ruth/ Kortendiek, Beate (Hrsg.): Handbuch Frauen- und Geschlechterforschung. Theorie, Methoden, Empirie. Wiesbaden, S. 342-350.

Sutcliffe, Hilary (2011): A Report on Responsible Research & Innovation. Matter. Unter: http://ec.europa.eu/research/science-society/document_library/pdf_06/rri-report-hilary-sutcliffe_en.pdf (Stand: 09.05.2012).

Terlinden, Ulla (1990): Gebrauchswirtschaft und Raumstruktur: ein feministischer Ansatz in der soziologischen Stadtforschung. Berlin.

Termeer, Marcus (2005): Verkörperungen des Waldes. Eine Körper-, Geschlechter- und Herrschaftsgeschichte. Bielefeld.

Terry, Geraldine (2009): Climate change and gender justice. Oxford.

Terry, Jennifer (2000): „Unnatural Acts" in Nature: The Scientific Fascination with Queer Animals. In: GLQ: A Journal of Lesbian and Gay Studies. Vol. 6, No. 2, pp. 151-193.
Thakuriah, Piyushimita Vonu/ Menchu, Shashi/ Tang, Lei (2010): Car Ownership Among Young Adults. In: Transportation Research Record. Vol. 2156, pp. 1-8.
Theoriegruppe Vorsorgendes Wirtschaften (2000): Zur theoretisch-wissenschaftlichen Fundierung Vorsorgenden Wirtschaftens. In: Biesecker, Adelheid/ Mathes, Maite/ Schön, Susanne/ Scurrell, Babette (Hrsg.): Vorsorgendes Wirtschaften. Auf dem Weg zu einer Ökonomie des Guten Lebens. Bielefeld, S. 27-69.
Theweleit, Klaus (1980): Männerphantasien. 2 Bde. Reinbek bei Hamburg.
Thiem, Anja (2006): Mentoring für Nachwuchswissenschaftlerinnen als hochschuldidaktische Maßnahme in der Universität Lüneburg. In: Jansen-Schulz, Bettina/ Dudeck, Anne (Hrsg.): Hochschuldidaktik und Fachkulturen. Gender als didaktisches Prinzip. Bielefeld, S. 133-143.
Thiem, Anja (2009): Leben in Dörfern. Analyse der geschlechterspezifischen Raumaneignung von Frauen. Wiesbaden.
Thürmer-Rohr, Christina (1984): Der Chor der Opfer ist verstummt. In: Beiträge zur feministischen Theorie und Praxis. Jg. 7, H. 11, S. 71-84.
Tong, Rosemarie (1989): Feminist Thought. A Comprehensive Introduction. London/ Sydney/ Wellington.
Treibel, Annette (1995): Einführung in soziologische Theorien der Gegenwart. Opladen.
Trent Barton (2012): Trent barton – the really good bus company. Unter: http://www.trentbarton.co.uk (Stand: 28.04.2012).
Tronto, Joan (1993): Moral Boundaries. A political argument for an ethics of care. New York/ London.
Tuana, Nancy (2008): Viscous Porosity: Witnessing Katrina. In: Alaimo, Stacy/ Hekman, Susan (Eds.): Material Feminism. Bloomington, pp. 188-213.
Turner, Jeff/ Hamilton, Kerry/ Spitzner, Meike (2006): Women and transport study. Brüssel. Unter: www.europarl.europa.eu/meetdocs/2004_2009/documents/dv/tran20060912_womentransportstudy/tran20060912_womentransportstudy.pdf (Stand: 28.04.2012).
Twine, Richard (2001): Ecofeminisms in Process. Unter: www.ecofem.org/journal (Stand: 29.04.12).
Uexküll, Jakob von/ Kriszat, Georg (1983 [1934]): Streifzüge durch die Umwelten von Tieren und Menschen. Frankfurt am Main.
UN News Centre (2009): Women must have greater say in tackling climate change – Secretary-General. 24.09.2009. Unter: http://www.un.org/apps/news/story.asp?NewsID=32230&Cr=&Cr1= (Stand: 28.04.2012).
UNCED/ United Nations Conference on Environment and Development (1992): Agenda 21. New York. Unter:http://www.un.org/esa/sustdev/agenda21.htm (Stand: 06.05. 2012).
UNESCO (2009): Bonner Erklärung. Unter: http://www.unesco.de/bonner_erklaerung.html?&L=0 (Stand: 09.05.2012).
Vance, Colin/ Iovanna, Rich (2007): Gender and the Automobile. Analysis of Nonwork Service Trips. In: Transportation Research Record. Vol. 2013, pp. 54-61.
Varnelis, Kazys (Ed.) (2008): The infrastructural city. Networked ecologies in Los Angeles. Barcelona/ New York.
Vasey, Paul/ Sommer, Volker (2006): Homosexual Behaviour in Animals: An Evolutionary Perspective. Cambridge.
Vicinus, Martha (1993): „They wonder to which sex I belong": The historical roots of the modern lesbian identity. In: Abelove, Henry/ Aina Barale, Michele/ Halperin, David M. (Eds.): The lesbian and gay studies reader. New York, S. 432-452.

Villa, Paula-Irene (2007): Soziale Konstruktion: Wie Geschlecht gemacht wird. (Kommentar). In: Hark, Sabine (Hrsg.): Dis/Kontinuitäten. Feministische Theorie. 2. Auflage, Wiesbaden, S. 19-26.

Villa, Paula-Irene (2008): Poststrukturalismus: Postmoderne + Poststrukturalismus = Postfeminismus? In: Becker, Ruth/ Kortendiek, Beate (Hrsg.): Handbuch Frauen- und Geschlechterforschung. Theorie, Methoden, Empirie. 2. Auflage, Wiesbaden, S. 262-266.

Vinz, Dagmar (2005): Nachhaltigkeit und Gender – Umweltpolitik aus der Perspektive der Geschlechterforschung. Unter: http://web.fu-berlin.de/gpo/pdf/dagmar_vinz/vinz.pdf (Stand: 29.04.2012).

Vogel, Berthold (2004): Der Nachmittag des Wohlfahrtstaates. In: Mittelweg 36. Zeitschrift des Hamburger Instituts für Sozialforschung. Jg. 13, H. 4, S. 36-55.

Voß, Jan-Peter (2008a): Nebenwirkungen und Nachhaltigkeit: Reflexive Gestaltungsansätze zum Umgang mit sozial-ökologischen Ko-Evolutionsprozessen. In: Lange, Helmuth (Hrsg.): Nachhaltigkeit als radikaler Wandel. Die Quadratur des Kreises? Wiesbaden, S. 237-260.

Voß, Jan-Peter (2008b): Steuerung nachhaltiger Entwicklung. In: Amelung, Nina/ Mayer-Scholl, Barbara/ Schäfer, Martina/ Weber, Janine (Hrsg.): Einstieg in Nachhaltige Entwicklung. Frankfurt am Main, S. 231-248.

Voss, Martin (Hrsg.) (2010): Der Klimawandel: Sozialwissenschaftliche Perspektiven. Wiesbaden.

Wächter, Monika (1996): Frauen und Naturschutz – Selbstverständnis und Widerspruch. In: Frei-Räume. Streitschrift der feministischen Organisationen von Planerinnen und Architektinnen FOPA e.V. Bd. 9: Ortswechsel – Blickwechsel. Frauenräume in der Migration. Bielefeld, S. 153-163.

Wächter, Monika (2004): Vom konservierenden zum integrierenden Naturschutz – Eine Chance für Geschlechtergerechtigkeit. In: Hayn, Doris (Bearb.): Gender Mainstreaming im Naturschutz. Herausgegeben von BfN, Bundesamt für Naturschutz. Münster, S. 31-41.

Walgenbach, Katharina (2007): Gender als interdependente Kategorie. In: Walgenbach, Katharina/ Dietze, Gabriele/ Hornscheidt, Antje/ Palm, Kerstin (Hrsg.): Gender als interdependente Kategorie. Neue Perspektiven auf Intersektionalität, Diversität und Heterogenität. Opladen, S. 23-64.

Walk, Heike (2008): Partizipative Governance. Beteiligungsformen und Beteiligungsrechte im Mehrebenensystem der Klimapolitik. Wiesbaden.

Walker, Margaret U. (1998): Moral Understandings: a Feminist Study in Ethics. New York.

Waring, Marilyn (1988): If Women Counted. A New Feminist Economics. New York.

Waring, Marilyn (2009): Policy and the Measure of Women. In: Salleh, Ariel (Ed.): Eco-Sufficiency & Global Justice. Women write Political Ecology. Sidmouth, pp. 165-179.

Warren, Karen J. (1987): Feminism and ecology: making connections. In: Environmental Ethics. Vol. 9, No. 1, pp. 3-20.

Warren, Karen J. (1988): Toward an ecofeminist ethic. In: Studies in the Humanities. No. 15, pp. 140-156.

Warren, Karen J. (1990): The Power and Promise of Ecological Feminism. In: Environmental Ethics. Vol. 12, No. 2, pp.125-146.

Warren, Karen J. (1991): Feminism and the environment: an overview of the issues. In: American Philosophical Association Newsletter on Feminism and Philosophy. Vol. 90, No. 3, pp. 108-116.

Warren, Karen J. (1993): A Feminist Philosophical Perspective on Ecofeminist Spiritualities. In: Adams, Carol (Ed.): Ecofeminism and the Sacred. New York, pp. 119-132.

Warren, Karen J. (2000): Ecofeminist Philosophy: a western Perspective on what it is and why it matters. Studies in social, political, and legal Philosophy. Lanham.

Quellenverzeichnis

Warren, Karen J. (Ed.) (1994): Ecological Feminism. New York.
Warren, Karen J. (Ed.) (1996): Ecological Feminist Philosophies. Indianapolis.
Warren, Karen J./ Cheney Jim (l991): Ecological feminism and ecosystem ecology. In: Hypatia. Vol. 6, No. 1, pp. 179-197.
Wastl-Walter, Doris (2010): Gender Geographien. Geschlecht und Raum als soziale Konstruktionen. Stuttgart.
WBGU/ Wissenschaftlicher Beirat der Bundesregierung Globale Umweltveränderungen (2011): Welt im Wandel. Gesellschaftsvertrag für eine Große Transformation. Berlin.
WCED/ World Commission on Environment and Development (1987): Our Common Future. The Brundtland Report. Oxford.
Weber, Ivana (2007): Die Natur des Naturschutzes. Wie Naturkonzepte und Geschlechtskodierungen das Schützenswerte bestimmen. München.
Weller, Ines (1995): Forschungs- und Diskussionsstand zu „Gender & Environment". In: Schultz, Irmgard/ Weller, Ines (Hrsg.): Gender & Environment. Frankfurt am Main, S. 20-42.
Weller, Ines (2004): Nachhaltigkeit und Gender. Neue Perspektiven für die Gestaltung und Nutzung von Produkten. München.
Weller, Ines (2005): Inter- und Transdisziplinarität in der Umweltforschung: Gender als Integrationsperspektive? In: Kahlert, Heike/ Thiessen, Barbara/ Weller, Ines (Hrsg.): Quer denken – Strukturen verändern. Gender Studies zwischen Disziplinen. Wiesbaden, S. 163-181.
Weller, Ines (2007): Ist der Klimawandel geschlechtsneutral? Manuskript des Vortrags im Rahmen der Reihe „Ortswechsel". Bremen, 15.11.2007. Unter: www.artec.uni-bremen. de/files/sonstiges/klima-gender-weller07.pdf (Stand: 28.04.2012).
Weller, Ines (2009): Industrial Ecology und die Forschung zu nachhaltigem Konsum: Neue Forschungsperspektiven zur Bedeutung und Bestimmung der Umweltwirkungen von Konsum- und Produktionsmustern. In: Weller, Ines (Hrsg.): Systems of Provision & Industrial Ecology: Neue Perspektiven für die Forschung zu nachhaltigem Konsum. artec-paper Nr. 162. Bremen, S. 91-108.
Weller, Ines (2012): Klimawandel, Konsum und Gender. In: Çağlar, Gülay/ Castro Varela, Maria do Mar/ Schwenken, Helen (Hrsg.): Geschlecht – Macht – Klima. Feministische Perspektiven auf Klima, gesellschaftliche Naturverhältnisse und Gerechtigkeit. Opladen/ Berlin/ Toronto, S. 177-190.
Weller, Ines/ Hayn, Doris/ Schultz, Irmgard (2002): Geschlechterverhältnisse, nachhaltige Konsummuster und Umweltbelastungen. In: Balzer, Ingrid/ Wächter, Monika (Hrsg.): Sozial-ökologische Forschung. Ergebnisse der Sondierungsprojekte aus dem BMBF-Förderschwerpunkt. München, S. 431-452.
Weller, Ines/ Krapf, Hanna/ Wehlau, Diana/ Fischer, Karin (2010): Untersuchung der Wahrnehmung des Klimawandels im Alltag und seiner Folgen für Konsumverhalten und Vulnerabilität in der Nordwest-Region. Eine explorative Studie. artec-paper Nr. 166. Bremen.
Welsch, Wolfgang (2010): Was ist eigentlich Transkulturalität? In: Darowska, Lucyna/ Lüttenberg, Thomas/ Macholg, Claudia (Hrsg.): Hochschule als transkultureller Raum? Kultur, Bildung und Differenz in der Universität. Bielefeld, S. 39-66.
WEN/ Women's Environmental Network (2010): Gender and the climate agenda. The impacts of climate change on women and public policy. Unter: www.gdnonline.org/ resources/Gender and the climate change agenda 21.pdf (Stand: 28.04.2012).
Werlen, Benno/ Reutlinger, Christian (2005): Sozialgeographie. In: Kessel, Fabian/ Reutlinger, Christian/ Maurer, Susanne/ Frey, Oliver (Hrsg.): Handbuch Sozialraum. Wiesbaden, S. 49-66.
Werlhof von, Claudia (1978): Frauenarbeit: Der Blinde Fleck in der Kritik der politischen Ökonomie. In: Beiträge zur feministischen Theorie und Praxis. Jg. 1, H. 1, S. 18-32.

Werlhof von, Claudia (1983): Der Proletarier ist tot. Es lebe die Hausfrau? In: Werlhof von, Claudia/ Mies, Maria/ Bennholdt-Thomsen, Veronika (Hrsg.): Frauen, die letzte Kolonie. Reinbek, S. 113-136.

Werlhof von, Claudia/ Mies, Maria/ Bennholdt-Thomsen, Veronika (Hrsg.) (1983): Frauen, die letzte Kolonie. Reinbek.

West, Candace/ Zimmerman, Don H. (1987): Doing Gender. In: Gender & Society. Vol. 1, No. 2, pp. 125-151.

Westermayer, Till/ Blum, Sabine (2010): Fallbeispiel: Geschlechterverhältnisse in einer deutschen Forstverwaltung. In: Hehn, Maria/ Katz, Christine/ Mayer, Marion/ Westermayer, Till (Hrsg.): Abschied vom grünen Rock? Forstverwaltungen, waldbezogene Umweltbildung und Geschlechterverhältnisse im Wandel. München, S. 147-164.

Westle, Bettina (2001): Politische Partizipation und Geschlecht. In: Koch, Achim/ Wasmer, Martin/ Schmidt, Peter (Hrsg.): Politische Partizipation in der Bundesrepublik Deutschland: Empirische Befunde und theoretische Erklärungen. Opladen, S. 138-168.

WGBU/ Wissenschaftliche Beirat der Bundesregierung Globale Umweltveränderungen (2011): Welt im Wandel. Gesellschaftsvertrag für eine Große Transformation.

Whatmore, Sarah (1991): Farming Women. Gender, Work and Familiy Enterprise. Hampshire/ London.

Wichterich, Christa (1992): Die Erde bemuttern. Frauen und Ökologie nach dem Erdgipfel in Rio. Köln.

Wichterich, Christa (2002): Sichere Lebensgrundlagen statt effizienter Naturbeherrschung – Das Konzept nachhaltige Entwicklung aus feministischer Sicht. In: Christoph Görg/ Ulrich Brand (Hrsg.): Mythen globalen Umweltmanagements. Rio + 10 und die Sackgassen „nachhaltiger Entwicklung". Münster, S. 72-92.

Wichterich, Christa (2004): Überlebenssicherung, Gender und Globalisierung. Soziale Reproduktion und Livelihood – Rechte in der neoliberalen Globalisierung. Wuppertal-Papers Nr. 141. Wuppertal/ Wiesbaden, S. 203-220.

Wichterich, Christa (2012): Die Zukunft, die wir wollen. Eine feministische Perspektive. Hrsg. von der Heinrich-Böll-Stiftung. Schriften zur Ökologie. Bd. 21. Berlin.

Wiehe, Julia/ Buhr, Nina/ Wolf, Ulrike/ Kanning, Helga/ Rode, Michael (2010): Planerische Koordinierung für einen natur- und raumverträglichen Ausbau energetischer Biomassepfade. In: Rode, Michael/ Kanning, Helga (Hrsg.): Natur- und raumverträglicher Ausbau energetischer Biomassepfade. Stuttgart, S. 241-251.

Wiesner, Heike (2002): Die Inszenierung der Geschlechter in den Naturwissenschaften. Wissenschafts- und Genderforschung im Dialog. Frankfurt am Main/ New York.

Winkel, Rainer (2008): Öffentliche Infrastrukturversorgung im Planungsparadigma. In: Informationen zur Raumentwicklung. H. 1-2, S. 41-47.

Winker, Gabriele/ Degele, Nina (2009): Intersektionalität. Zur Analyse sozialer Ungleichheiten. Bielefeld.

Winterfeld von, Uta (2006): Naturpatriarchen. Geburt und Dilemma der Naturbeherrschung bei den geistigen Vätern der Neuzeit. München.

Winterfeld von, Uta/ Petersen, Barbara (2009): Besondere Betroffenheit oder kritische Analyse? Zum Fachgespräch „Gender, Biodiversität und Klimawandel" der AG Frauen im Forum Umwelt und Entwicklung in Bonn. In: Forum Umwelt & Entwicklung – Rundbrief. Nr. 2, S. 28-29.

Wissen, Markus (2009): Wassermangel im Überfluss – zum Spannungsverhältnis von Infrastruktur- und Wasserhaushaltsproblemen. In: Bernhard, Christoph/ Kilper, Heiderose/ Moss, Timothy (Hrsg.): Im Interesse des Gemeinwohls. Regionale Gemeinschaftsgüter in Geschichte, Politik und Planung. Frankfurt am Main/ New York, S. 115-151.

Wissen, Markus (2011): Gesellschaftliche Naturverhältnisse in der Internationalisierung des Staates. Konflikte um Räumlichkeit staatlicher Politik und der Kontrolle natürlicher Ressourcen. Münster.

Wöhl, Stefanie (2010): Die neoliberale Gouvernementalität des Sozialen. Die offene Methode der Koordinierung in der Europäischen Beschäftigungsstrategie. In: Femina Politica. Zeitschrift für feministische Politikwissenschaft. Jg. 19, H. 2, S. 50-61.

Wolf, Judith (1996): Nachhaltige Raumentwicklung. Ein Beitrag zu einem neuen Leitbild der Raumordnung. Berlin.

Wolf, Judith (1997): Gleichwertige Lebensverhältnisse versus nachhaltige Entwicklung. – was heißt das für Brandenburg-Berlin? In: Hübler, Karl H./ Weiland, Ulrike (Hrsg.): Bausteine für eine nachhaltige Raumentwicklung in Brandenburg und Berlin. Akademische Abhandlungen zur Raum- und Umweltforschung. Berlin, S. 25-42.

Wolf, Sabine (1996): Ökonomie und „Geschlechterverhältnis". Pfaffenweiler.

Wolf, Ulrike/ Buhr, Nina/ Wiehe, Julia/ Rode, Michael/ Kanning, Helga (2010): Untersuchungsrahmen. In: Rode, Michael/ Kanning, Helga (Hrsg.): Natur- und raumverträglicher Ausbau energetischer Biomassepfade. Stuttgart, S. 5-20.

Wolff, Franziska/ Schönherr, Norma (2011): Effects and success factor of sustainable consumption policy instruments: a comparative assessment across Europe. Unter: http://www.eupopp.net/docs/wp3_2_synth_final_13.7.11.pdf (Stand: 06.05.2012).

Wolfram, Karin (2002): Raumbezogene Nachhaltigkeitsforschung. Bewertende Synopse der ARL-Forschung und Forschungsbedarf. Arbeitsmaterial der Akademie für Raumforschung und Landesplanung (ARL) Bd. 288, Hannover.

Wonneberger, Eva (2004): Arbeit rund um Wald im Geschlechterblick. In: Lewark, Siegfried/ Kastenholz, Edgar (Hrsg.): Waldarbeitspapier Nr. 7. Freiburg.

Wright, Tarah S. A. (2007): Developing research priorities with a cohort of higher education for sustainability experts. In: International Journal of Sustainability in Higher Education. Vol. 8, No. 1, pp. 34-43.

Zapf, Wolfgang (1998): Modernisierung und Transformation. In: Schäfers, Bernhard/ Zapf, Wolfgang (Hrsg.): Handwörterbuch zur Gesellschaft Deutschlands. Opladen, S. 472-482.

Zibell, Barbara (1999): Nachhaltige Raumentwicklung – nicht ohne Frauen. In: Planerin. Fachzeitschrift für Stadt-, Regional- und Landesplanung. Hrsg. Von der Vereinigung für Stadt-, Regional- und Landesplanung (SRL). Jg. 1, H. 2, S. 25-27.

Zürn, Michael (1998): Regieren jenseits des Nationalstaats. Globalisierung und Denationalisierung als Chance. Frankfurt am Main.

Autorinnen

Christine Ahrend, Univ.-Prof., Dr.-Ing., Fachgebietsleitung des FG Integrierte Verkehrsplanung am Institut für Land- und Seeverkehr der Technischen Universität Berlin. Arbeitsschwerpunkte: empirische Mobilitätsforschung, Zukunftsforschung im Verkehrswesen, Nutzer_innenforschung

Barbara Adam, Univ.-Prof. PhD, DScEcon. Emerita, Cardiff University, Wales, UK in der School of Social Sciences. Forschungs- und Lehrgebiet Soziologie und Gesellschaftstheorie. Arbeitsschwerpunkte: Zeit-, Zukunfts-, Umwelttheorie und -praxis

Sybille Bauriedl, Dr. rer. nat., wissenschaftliche Mitarbeiterin an der Universität Kassel im Teilprojekt „Partizipation, Akzeptanz, regionale Governance" im Rahmen des Verbundprojektes KLIMZUG-Nordhessen. Projekte zu nachhaltiger Stadt- und Regionalentwicklung. Arbeitsschwerpunkte: Politische Ökologie, Raum- und Geschlechterverhältnisse, Gentrifizierung, dezentrale Energiewende

Adelheid Biesecker, Univ.-Prof. i.R., Dr. rer. pol., bis 2004 Professorin für Ökonomische Theorie am Fachbereich Wirtschaftswissenschaft der Universität Bremen. Arbeitsschwerpunkte: Geschichte ökonomischer Theorie, Mikroökonomik aus sozial-ökologischer Perspektive, ökologische Ökonomik, feministische Ökonomik, Zukunft der Arbeit

Claudia von Braunmühl, Dr. phil., unabhängige entwicklungspolitische Gutachterin und Honorarprofessorin für Internationale Politik im Fachbereich Politik- und Sozialwissenschaften der Freien Universität Berlin. Arbeitsschwerpunkte: Entwicklungstheorie, Entwicklungspolitik, feministische Theorie, Gender Mainstreaming, politiktheoretische Dimensionen von Global Governance

Autorinnen

Angela Franz-Balsen, Dr. rer. nat., Umweltwissenschaftlerin. Lehre und Forschung zu den Schwerpunkten Umwelt- und Nachhaltigkeitskommunikation an den Universitäten Lüneburg, Luxemburg und Rostock. Arbeitsschwerpunkt: Professionalität und Gender in der Umwelt- und Nachhaltigkeitskommunikation

Daniela Gottschlich, MA. pol., Leiterin der Forschungsnachwuchsgruppe „PoNa – Politiken der Naturgestaltung. Ländliche Entwicklung und Agro-Gentechnik zwischen Kritik und Vision" an der Leuphana Universität Lüneburg. Arbeitsschwerpunkte: Feministische Ökonomie, Care, Environmental & Ecological Justice, Gender und Nachhaltigkeit

Sylvie Grischkat, Dr. phil., Beraterin bei der KCW Strategie- und Managementberatung für öffentliche Dienstleistungen in Hamburg/Berlin. Arbeitsschwerpunkte: Umweltauswirkungen des Verkehrs und des individuellen Mobilitätsverhaltens, Umweltstandards in Ausschreibungen von Verkehrsleistungen, Qualitätssicherung im ÖPNV, Multimodalität

Melanie Herget, Dipl.-Umweltwissenschaftlerin, Fachgebiet Integrierte Verkehrsplanung am Institut für Land- und Seeverkehr der Technischen Universität Berlin. Arbeitsschwerpunkte: umwelt- und familienfreundliche Mobilität im ländlichen Raum, geschlechtstypische Arbeitsteilung, Zukunftsforschung

Sabine Höhler, Associate Prof., Dr. phil., Forschungs- und Lehrgebiet Science and Technology Studies an der Abteilung für Geschichte der Naturwissenschaften, Technik und Umwelt der Königlichen Technischen Hochschule (KTH) in Stockholm. Arbeitsschwerpunkte: Kulturgeschichte der Erdwissenschaften und Ökologie, feministische Wissenschafts- und Technikforschung

Sabine Hofmeister, Univ.-Prof., Dr.-Ing., Forschungs- und Lehrgebiet Umweltplanung in der Fakultät Nachhaltigkeit der Leuphana Universität Lüneburg. Arbeitsschwerpunkte: Nachhaltige Raumentwicklung, Geschlechterverhältnisse und Nachhaltigkeit.

Helga Kanning, apl. Prof., Dr.-Ing. habil., Lehrgebiet Nachhaltige Raum- und Umweltentwicklung an der Fakultät Architektur und Landschaft der Gottfried Wilhelm Leibniz Universität Hannover. Arbeitsschwerpunkte: Nachhaltige Raumentwicklung, nachhaltiges Wirtschaften, nachhaltige Energiesysteme, Bildung und Forschung für eine nachhaltige Entwicklung

Astrid Karl, Dr. phil., Expertin/ Beraterin bei der KCW GmbH, Strategie- und Managementberatung für öffentliche Dienstleistungen, Berlin. Arbeitsschwerpunkte: rechtliche und organisatorische Rahmenbedingungen des ÖPNV, Konzeption der Daseinsvorsorge im ÖPNV

Christine Katz, Dr. rer. nat., wissenschaftliche Angestellte an der Leuphana-Universität Lüneburg; Projekte zu Klimafolgenanpassung und Bildung sowie zu Nachhaltigkeitskompetenz und Gender. Arbeitsschwerpunkte: Natur- und Geschlechterverhältnisse bei Umweltakteuren, Interkulturalität, Gender und Nachhaltigkeit

Bettina Knothe, Dr. rer. nat., selbstständig tätig als Diplombiologin, Gender-Trainerin, Yogalehrerin BDY/EYU. Arbeitsschwerpunkte: Transformationsprozesse in der Wasserwirtschaft, Frauen- und Geschlechterforschung in den Naturwissenschaften, eigenständige Regionalentwicklung sowie nachhaltige Gesundheitsförderung

Tanja Mölders, Dr. rer. soc., Leiterin der Forschungsnachwuchsgruppe „Po-Na – Politiken der Naturgestaltung. Ländliche Entwicklung und Agro-Gentechnik zwischen Kritik und Vision" an der Leuphana Universität Lüneburg. Arbeitsschwerpunkte: Gesellschaftliche Natur- & Geschlechterverhältnisse, Nachhaltige Entwicklung ländlicher Räume

Barbara Petersen, Dipl.-Biol., Wissenschaftliche Mitarbeiterin im Bundesamt für Naturschutz (BfN). Teilweise von ihren Fachaufgaben entlastet für die Wahrnehmung der Funktion der Gleichstellungsbeauftragten im BfN. Arbeitsschwerpunkte: Biotopschutz, NATURA 2000, Ramsar-Konvention, Bundesprogramm Biologische Vielfalt, Genderaspekte im Naturschutz

Ulrike Röhr, Dipl. Ing. und Dipl. Soz., Leiterin von genanet – Gender, Umwelt, Nachhaltigkeit. Arbeitsschwerpunkte: Genderaspekte der nationalen und internationalen Klima- und Energiepolitik in Forschung und politischer Praxis

Martina Schäfer, Prof. Dr.-Ing., Dr. phil., stellvertretende Geschäftsführerin des Zentrums Technik und Gesellschaft der Technischen Universität Berlin. Arbeitsschwerpunkte: Nachhaltiger Konsum, Nachhaltige Regionalentwicklung, Methoden inter- und transdisziplinärer Forschung

Babette Scurrell, Dr. phil., wissenschaftliche Mitarbeiterin der Stiftung Bauhaus Dessau, Arbeitsschwerpunkte: Arbeit und Wirtschaft für eine nachhaltige Regionalentwicklung, sozial-ökologische Raumentwicklung in Städten und Regionen ohne Wachstum

Anja Thiem, Dr. phil., wissenschaftliche Angestellte an der Leuphana Universität Lüneburg. Arbeitsschwerpunkte: Nachhaltige Raumentwicklung, Geschlechterverhältnisse, Kompetenzentwicklung, Mentoring und Qualitätsmanagement

Ines Weller, Univ.-Prof., Dr. rer. nat., artec| Forschungszentrum Nachhaltigkeit und Zentrum Gender Studies der Universität Bremen. Arbeitsschwerpunkte: Nachhaltige Konsum- und Produktionsmuster, Nachhaltigkeit und Gender

Uta von Winterfeld, PD Dr. phil., Projektleiterin in der Forschungsgruppe Zukünftige Energie- und Mobilitätsstrukturen am Wuppertal Institut für Klima, Umwelt, Energie und Privatdozentin im Fachbereich Politik- und Sozialwissenschaften an der Freien Universität Berlin. Arbeitsschwerpunkte: Macht, Nachhaltigkeit und Geschlechterverhältnisse, Governance, Partizipation und Anpassung an die Folgen des Klimawandels

Klima und Geschlecht

Gülay Çağlar
María do Mar Castro Varela
Helen Schwenken (Hrsg.)

Geschlecht – Macht – Klima

Feministische Perspektiven auf Klima, gesellschaftliche Naturverhältnisse und Gerechtigkeit
Politik und Geschlecht, Band 23
2012. 221 Seiten. Kart.
24,90 € (D),
25,60 € (A),
35,90 SFr
ISBN 978-3-86649-330-8

Hat die Debatte um den Klimawandel ein geschlechterpolitisches Moment? Sofort tauchen Schlagworte wie Ressourcenverteilung, nachhaltiges Wirtschaften und Konsum auf. Die Beiträge bieten aus einer Geschlechterperspektive einen Überblick über die aktuellen Diskussionen um Klimawandel und die damit einhergehenden sozialen und politischen Veränderungsprozesse. Im Mittelpunkt stehen die Fragen, inwiefern der politische und gesellschaftliche Umgang mit Klimawandel zur Reproduktion der sozialen und politischen Ungerechtigkeit in den Geschlechterverhältnissen beiträgt und welche geschlechterpolitischen Potenziale die Klimadebatte in sich birgt.

**Verlag Barbara Budrich •
Barbara Budrich Publishers**
Stauffenbergstr. 7. D-51379 Leverkusen Opladen
Tel +49 (0)2171.344.594 • Fax +49 (0)2171.344.693 •
info@budrich-verlag.de

www.budrich-verlag.de